Lehr- und Handbücher der Politikwissenschaft

Herausgegeben von
Dr. Arno Mohr

Lieferbare Titel:

Barrios · Stefes, Einführung in die Comparative Politics
Bellers · Kipke, Einführung in die Politikwissenschaft, 4. Auflage
Benz, Der moderne Staat
Bierling, Die Außenpolitik der Bundesrepublik Deutschland, 2. A.
Deichmann, Lehrbuch Politikdidaktik
Detjen, Politische Bildung
Gabriel · Holtmann, Handbuch Politisches System der Bundesrepublik Deutschland, 3. Auflage
Jäger · Haas · Welz, Regierungssystem der USA, 3. Auflage
Kempf, Chinas Außenpolitik
Krumm · Noetzel, Das Regierungssystem Großbritanniens
Lehmkuhl, Theorien Internationaler Politik, 3. Auflage
Lemke, Internationale Beziehungen, 2. Auflage
Lenz · Ruchlak, Kleines Politik-Lexikon
Maier · Rattinger, Methoden der sozialwissenschaftlichen Datenanalyse
Naßmacher, Politikwissenschaft, 5. Auflage
Pilz · Ortwein, Das politische System Deutschlands, 4. Auflage

Reese-Schäfer, Politisches Denken heute, 2. Auflage
Reese-Schäfer, Politische Ideengeschichte
Reese-Schäfer, Politische Theorie heute
Reese-Schäfer, Politische Theorie der Gegenwart in fünfzehn Modellen
Riescher · Ruß · Haas (Hrg.), Zweite Kammern, 2. Auflage
Rupp, Politische Geschichte der Bundesrepublik Deutschland, 3. Auflage
Schmid, Verbände
Schubert · Bandelow (Hrg.), Lehrbuch der Politikfeldanalyse
Schumann, Repräsentative Umfrage, 4. Auflage
Tömmel, Das politische System der EU, 3. Auflage
Wagschal, Statistik für Politikwissenschaftler, 2. Auflage
von Westphalen (Hrg.), Deutsches Regierungssystem
Wilhelm, Außenpolitik
Xuewu Gu, Theorien der internationalen Beziehungen · Einführung

Das politische System Deutschlands

Systemintegrierende Einführung in das
Regierungs-, Wirtschafts- und Sozialsystem

von
Prof. Dr. Frank Pilz
und
Heike Ortwein M. A.

4., vollständig überarbeitete Auflage

Oldenbourg Verlag München Wien

Bibliografische Information der Deutschen Nationalbibliothek

Die Deutsche Nationalbibliothek verzeichnet diese Publikation in der Deutschen Nationalbibliografie; detaillierte bibliografische Daten sind im Internet über <http://dnb.d-nb.de> abrufbar.

© 2008 Oldenbourg Wissenschaftsverlag GmbH
Rosenheimer Straße 145, D-81671 München
Telefon: (089) 4 50 51-0
oldenbourg.de

Das Werk einschließlich aller Abbildungen ist urheberrechtlich geschützt. Jede Verwertung außerhalb der Grenzen des Urheberrechtsgesetzes ist ohne Zustimmung des Verlages unzulässig und strafbar. Das gilt insbesondere für Vervielfältigungen, Übersetzungen, Mikroverfilmungen und die Einspeicherung und Bearbeitung in elektronischen Systemen.

Lektorat: Wirtschafts- und Sozialwissenschaften, wiso@oldenbourg.de
Herstellung: Anna Grosser
Coverentwurf: Kochan & Partner, München
Gedruckt auf säure- und chlorfreiem Papier
Gesamtherstellung: Druckhaus „Thomas Müntzer" GmbH, Bad Langensalza

ISBN 978-3-486-58564-3

Vorwort zur 4. Auflage

Kritische Äußerungen von Wissenschaftlern, Lehrern und Studenten in Lehrveranstaltungen, auf Tagungen und bei persönlichen Begegnungen in den neuen und alten Bundesländern über die vorhandene politische System-Literatur waren in der ersten Auflage für die Autoren Anstoß und Beweggrund, ein zentrale Teilsysteme integrierendes Buch über das politische System des vereinten Deutschlands vorzulegen. In vielen Diskussionen wurde insbesondere beklagt, dass es bisher kein einführendes Studienbuch gebe, das die Komplexität und die Interdependenz moderner politischer, ökonomischer und sozialer Politikstrukturen und Politikentwicklungen berücksichtigt. Anliegen dieses Buches über das politische System war deshalb vor allem, eine das Regierungs-, Wirtschafts- und Sozialsystem integrierende Darstellung politischer Organisationsstrukturen und politischer Prozesse zu liefern.

Anliegen dieser Neuauflage ist, unter Berücksichtigung der Polity-, der Policy- und der Politics-Dimension Muster der Politik im deutschen politischen System komplex und differenziert zu beschreiben und zu beurteilen: Den Verfassungsprinzipien gilt deshalb besondere Beachtung, weil sie den politischen Akteuren einen normativen Handlungsrahmen vorgeben. Die Charakterisierung der Institutionen und ihrer Verfahren dient dazu, die Organisationsstrukturen, Art und Umfang staatlicher Aufgabenerfüllung und die Modi der Politikformulierung und -umsetzung zu verdeutlichen. Bei der Kennzeichnung der Politikfelder stehen politische Inhalte und der Prozess der Konfliktregelung im Vordergrund des Interesses.

Die Autoren haben Politikfelder ausgewählt, die die innenpolitische Diskussion seit der deutschen Vereinigung dominierten und nach wie vor dominieren. Politisch-ökonomische Politikfelder stehen dabei im Mittelpunkt der Ausführungen, weil sie für Politik, Wirtschaft und den einzelnen Bürger gleichermaßen von zentraler Bedeutung sind: So beeinflusst beispielsweise die Steuerpolitik die Wettbewerbsfähigkeit der deutschen Wirtschaft, die Einnahmenentwicklung der öffentlichen Haushalte und die Einkommenssituation der privaten Haushalte. Die Finanzpolitik entscheidet über Struktur und Niveau des Staatsanteils, die Entwicklung der öffentlichen Verschuldung und die einnahmenbedingte Handlungsfähigkeit des Staates. Politikfelder wie die Sozial-, Arbeitsmarkt-, Gesundheits- und Rentenpolitik betreffen das (Sozial-)Kostenniveau der Wirtschaft, die Ausgleichsverpflichtungen des Bundes gegenüber dem sozialen Sicherungssystem und die existenzielle Lage von Arbeitslosen und älteren Menschen. Diese getroffene Auswahl impliziert den Verzicht auf die Darstellung von Politikfeldern wie beispielsweise denen der Rechts-, Sicherheits-, Verkehrs-, Energie- und Einwanderungspolitik.

Im Interesse der Aktualisierung zentraler politischer Themen für die vierte Auflage des politischen Systems Deutschlands waren die Autoren bemüht, auch Reformen wie die Föderalismus-, die Gesundheits- und die Arbeitsmarktreform vorzustellen sowie Stärken und Defizite der Politik der Großen Koalition zu diskutieren.

Das vorliegende Buch über das deutsche politische System wendet sich primär an Studenten und Dozenten der Fachrichtung Politikwissenschaft, eignet sich aber wegen der für notwendig befundenen Erörterung systemrelevanter rechtlicher, historischer und wirtschaftlicher Bedingungen auch für angrenzende Disziplinen wie die Rechts-, Geschichts-, Wirtschafts- und Sozialwissenschaften.

Besonderer Dank gilt Frau Dipl. sc. pol. Univ. Malgorzata Waniak und Herrn Dipl. sc. pol. Univ. Sven Sandner für ihre Literaturrecherchen, für das Korrekturlesen und für ihre hilfreichen inhaltlichen Änderungsvorschläge. Auch den Teilnehmern der Lehrveranstaltungen der Universität Regensburg und der Hochschule für Politik München sei für ihr Interesse, ihre kritischen Beiträge und fruchtbaren Anregungen herzlich gedankt.

München, im Oktober 2007

Inhaltsverzeichnis

Vorwort		V
Einleitung		1
A	DEFINITIONEN UND PRINZIPIEN	3
I	Begriffserklärung	4
1	Dimensionen des Politikbegriffs	4
1.1	Die Polity-Dimension	4
1.2	Die Politics-Dimension	5
1.3	Die Policy-Dimension	6
2	Definitionen des politischen Systems	7
3	Definitionen des Regierungssystems und Gegenstände der Regierungslehre	11
II	Prinzipien	12
1	Rechtsstaatsprinzip	12
1.1	Bindung aller staatlichen Gewalt an Verfassung, Gesetz und Recht	13
1.1.1	Die konstitutionelle Bindung der Exekutive, der Legislative und der Judikative	13
1.1.2	Das Europäische Polizeiamt (Europol) und die Bindung der vollziehenden Gewalt	15
1.1.3	Die vorbeugende Telekommunikationsüberwachung und die Bindung an Verfassung und Gesetz	16
1.2	Schutz der Menschenwürde und der Menschenrechte	17
1.2.1	Die Unantastbarkeit der Menschenwürde als Leitgrundsatz der Verfassung	17
1.2.2	Das Luftsicherheitsgesetz als Beispiel für die Unvereinbarkeit mit dem Grundrecht auf Leben und der Menschenwürdegarantie	18
1.2.3	Der „Große Lauschangriff" und die Unverletzlichkeit der Wohnung	18
1.2.4	Die Entscheidung des Bundesverfassungsgerichts zum „Großen Lauschangriff"	19
1.3	Das Prinzip der Freiheit	20
1.3.1	Konkretisierung der Freiheitsrechte	20
1.3.2	Die Rasterfahndung: Das Grundrecht auf informationelle Selbstbestimmung und der Grundsatz der Verhältnismäßigkeit	21
1.4	Der Grundsatz der Gleichheit	22

1.5	Grundsätze der Verhältnismäßigkeit und des Übermaßverbots	23
1.6	Gewaltenteilung und Kontrolle politischer Macht	23
1.7	Rechtsschutz und Rechtsprechung	24
1.7.1	Wesentliche Elemente	25
1.7.2	Das Rückwirkungsverbot: Die Entscheidung des Bundesverfassungsgerichts zum Schusswaffengebrauch an der innerdeutschen Grenze	25
2	**Demokratieprinzip**	**26**
2.1	Die deutsche Demokratie: Typus einer demokratischen "Mischform" und Dominanz der repräsentativen Demokratie	26
2.1.1	„Mischform" zwischen Konkurrenz- und Konkordanzdemokratie	27
2.1.2	Die repräsentative Demokratie: Prinzipielle Begründung und Kritik an der Ausgestaltung	27
2.1.3	Die repräsentative Demokratie des Grundgesetzes	30
2.2	Formen direkter Demokratie: partizipatorische und plebiszitäre Demokratie	33
2.2.1	Die partizipatorische Demokratie und ihre Kritik	33
2.2.2	Die plebiszitäre Demokratie: Leistungen und Defizite	34
2.3	Folgen der Globalisierung für Nation und Demokratie	36
2.4	Postdemokratie: zentrale Merkmale und Kritik	36
2.4.1	Politisch-kulturelle und politisch-institutionelle Dimension der Postdemokratie	37
2.4.2	Die politikwissenschaftliche Kritik	37
3	**Bundesstaatsprinzip**	**38**
3.1	Entwicklungsgeschichtliche Interpretation verschiedener Ausprägungen des deutschen Bundesstaats	38
3.1.1	Die Interpretation reformorientierter Unitarisierung	39
3.1.2	Die Deutungsmuster bundesstaatlicher Politik inkrementeller Anpassung	40
3.1.3	Vereinigungsbedingte Erklärung der Zentralisierung	41
3.1.4	Erklärungsansatz der Asymmetrie des Bundesstaats	42
3.1.5	Deutungsmuster des Wandels des Bundesstaats im Mehrebenensystem	43
3.2	Interpretationen des kooperativen Föderalismus als des dominierenden Bundesstaatsprinzips	44
3.2.1	Kooperationsrechtfertigende Positionen	44
3.2.2	Kooperationskritische Positionen	45
3.3	Der Verbundföderalismus	47
3.3.1	Verteilung der Gesetzgebungskompetenzen zwischen Bund und Ländern	47
3.3.2	Bundesstaatliche Verteilung der Steuergesetzgebungskompetenzen und Steuererträge	50
3.3.3	Das System der Mischfinanzierung	51
3.3.4	Das Bundesverfassungsgerichts-Urteil zum Länderfinanzausgleich	53
3.3.5	Das Maßstäbegesetz und der Solidarpakt II	57
3.3.6	Die Entscheidung des Bundesverfassungsgerichts zum Anspruch Berlins auf Sanierungshilfen	59

3.4	Die Föderalismusreform 2006	60
3.4.1	Der Weg zur Verfassungsreform	60
3.4.2	Neuverteilung der Gesetzgebungskompetenzen zwischen Bund und Ländern	62
3.4.3	Konkurrierende Gesetzgebungskompetenz	62
3.4.4	Ausführung von Bundesgesetzen und Länder-Abweichungsbefugnissen	65
3.4.5	Verschiedene Kompetenzformen: Umwelt- und Hochschulrecht	65
3.4.6	Mitwirkungsbefugnisse der Länder in EU-Angelegenheiten	66
3.4.7	Bundesgesetze und Kostenfolgen für die Länder	66
3.4.8	Abbau der Mischfinanzierung: Gemeinschaftsaufgaben und Finanzhilfen	68
3.4.9	Defizite der Föderalismusreform	69
4	**Sozialstaatsprinzip**	**74**
4.1	Interpretationen	74
4.1.1	Grenzen- und gemeinwohlorientierte Interpretation	74
4.1.2	Bestandssichernde Position	76
4.1.3	Gerechtigkeitsorientierte Deutungsmuster	77
4.1.4	Steuerungsorientierte Interpretation	83
4.2	Prinzipien und Strukturelemente des sozialen Sicherungssystems	83
4.2.1	Das Subsidiaritäts- und Solidaritätsprinzip	84
4.2.2	Versicherungs-, Versorgungs- und Fürsorgeprinzip	85
4.2.3	Institutionelle Strukturelemente	86
4.3	Ausgestaltung des Prinzips: Leistungen und Probleme	87
4.3.1	Stabilitäts- und legitimationsfördernde Politik durch große Sozialstaatsparteien	88
4.3.2	Zunehmende politische, ökonomische und gesellschaftliche Probleme	89
B	**INSTITUTIONEN**	**91**
I	**Nationalstaatliche Handlungsspielräume unter europäischen Integrations- und internationalen Wettbewerbsbedingungen**	**91**
1	**Die Politik der negativen und positiven Integration und die Verengung nationaler Gestaltungsspielräume**	**92**
2	**Wettbewerbsorientierte Erklärung der Einschränkung nationaler Handlungsspielräume**	**96**
3	**Sozialstaats- und legitimationsrelevante Kritik an der Integrationspolitik**	**97**
II	**Institutionen des Bundes**	**100**
1	**Formen des Regierens, staatliche Aufgaben und Prozess des Regierens im Wandel**	**100**
1.1	Formenwandel des Regierens	100
1.2	Wandel der Staats- und Regierungsaufgaben	101
1.3	Konfliktaustragung und Konsensfindung im Prozess des Regierens	103

2	**Die Bundesregierung**	**104**
2.1	Die Organisationsprinzipien	104
2.1.1	Das Kanzlerprinzip	105
2.1.2	Das Ressortprinzip	109
2.1.3	Das Kabinettsprinzip	114
2.2	Die Regierungspolitik und ihre Handlungsspielräume	115
2.2.1	Erklärungsansätze für die geringe Gestaltungsfähigkeit des Staates und der Regierung	116
2.2.2	Koalitionspolitische Determinanten	118
2.2.3	Finanzverfassungsrechtliche und finanzpolitische Restriktionen	120
2.2.4	Verfassungsgerichtliche Vorgaben: Beispiele der Finanz- und Steuerpolitik	121
2.3	Konkrete Regierungspolitik	125
2.3.1	Formierung und Deformierung des „Systems Kohl": Patriarchalische Herrschaft und Informalisierung der Politik	125
2.3.2	Charakteristika des Regierens in der ersten Amtszeit des Kanzlers Schröder	127
2.3.3	Die Regierungspolitik in der zweiten Amtszeit Schröders	129
2.4	Die Große Koalition	132
2.4.1	Der Weg zu Neuwahlen: Die Rolle des Bundeskanzlers, des Bundestags, des Bundespräsidenten und des Bundesverfassungsgerichts	132
2.4.2	Die Institutionalisierung des Koalitionsausschusses	134
2.4.3	Die eingeschränkte Richtlinienkompetenz	135
2.4.4	Das Fehlen einer gemeinsamen Strategie von Union und SPD	136
2.4.5	Zwischenbilanz: Die Entwicklung von der Partnerschaft zur Gegnerschaft	138
3	**Der Bundestag**	**140**
3.1	Grundstrukturen der Organisation	140
3.1.1	Verfassungs- und geschäftsordnungsrechtliche Grundlagen	140
3.1.2	Der Abgeordnete	141
3.1.3	Die Fraktionen	144
3.1.4	Die Ausschüsse	146
3.2	Die Funktionen des Bundestags und ihre politische Bedeutung	149
3.2.1	Die Wahlfunktion	149
3.2.2	Die Gesetzgebungsfunktion	151
3.2.3	Der Vermittlungsausschuss als „Überparlament"?	155
3.2.4	Die Reichweite völkerrechtlicher Mitwirkungsbefugnis	156
3.2.5	Die parlamentarische Kontrollfunktion	157
3.2.6	Die Kommunikationsfunktion	161
3.3	Bedeutungsverlust des Parlaments?	162
4	**Der Bundesrat**	**164**
4.1	Zusammensetzung, Verfahrensweise und Institutionen	164

4.1.1	Mitgliedschaft, Stimmenverteilung und Abstimmungsmodus	164
4.1.2	Befugnisse des Präsidenten, des Direktors, der Bevollmächtigten der Länder und der Ausschüsse	166
4.2	Mitwirkung an der nationalen Gesetzgebung und in europäischen Angelegenheiten	167
4.2.1	Die Gesetzgebungsbefugnis	167
4.2.2	Europäische Mitwirkungsbefugnisse	168
4.3	Die politische Rolle des Bundesrats	170
4.3.1	Institutionelle Kompromisszwänge	170
4.3.2	Die Einflussnahme politisch-administrativer Akteure	170
4.3.3	Der Bundesrat als Instrument der Opposition und der Blockade	171
4.3.4	Der Bundesrat und die Große Koalition im Bund	173

5 Das Bundesverfassungsgericht — 174

5.1	Die Organisation des Bundesverfassungsgerichtes	175
5.1.1	Zusammensetzung und Struktur	175
5.1.2	Die Richterwahl und ihre Kritik	176
5.2	Die Zuständigkeiten	177
5.2.1	Bund-Länder-Streitigkeiten	178
5.2.2	Organklagen	178
5.2.3	Normenkontrollverfahren	179
5.2.4	Verfassungsbeschwerden	180
5.2.5	Sonstige Kompetenzen	182
5.3	Die politische Rolle im Wandel	183
5.3.1	Aktive und konservativ dominierende Rolle im politischen Prozess	183
5.3.2	„Wächterfunktion" gegenüber den ostdeutschen Bürgern	185
5.3.3	Beeinflussung der politischen Willensbildung am Beispiel des „Blauhelm-Urteils"	187
5.4	Stellung und Funktionen im politisch-institutionellen Interaktionssystem	187

6 Europäisierung der Institutionen des Bundes — 190

6.1	Die Bundesregierung im europäischen Koordinierungssystem	190
6.2	Der Bundestag unter den Bedingungen der Europäisierung	193
6.3	Der Bundesrat: „Verlierer" der Europäisierung im deutschen Regierungssystem?	195
6.4	Das Bundesverfassungsgericht im Spannungsfeld von Gemeinschaftsrecht und nationalem Recht	197
6.4.1	Konträre Positionen der Gerichte zum Rang des deutschen Verfassungsrechts und des Gemeinschaftsrechts	198
6.4.2	„Solange II-Beschluss": Temporärer Rückzug von der Ausübung der Gerichtsbarkeit im Gemeinschaftsrecht	198
6.4.3	„Solange III-Beschluss": Bekräftigung verfassungsgerichtlicher Prüfungsvorbehalte gegenüber dem Gemeinschaftsrecht	199
6.4.4	Kritik und Fazit	200

| C | **POLITIKFELDER** | **203** |

| I | Konzeptionen wirtschafts-, finanz- und sozialpolitischer Steuerung | 203 |

1 Der Ordoliberalismus
1.1 Theoretische Grundlagen 204
1.1.1 Ordnungstheoretische Grundsätze 204
1.1.2 Ordnungspolitische Prinzipien 205
1.2 Umsetzung und Weiterentwicklung der ordoliberalen Konzepton 206

2 Der Keynesianismus und die Weiterentwicklung   **209**
    des keynesschen Ansatzes

2.1 Der „keynesianische Konsensus" als politische Grundorientierung
    marktwirtschaftlicher Gesellschaften 209
2.2 Die „postkeynesianische" Weiterentwicklung des keynesschen Ansatzes 210
2.3 Die traditionelle Konzeption der Globalsteuerung 211
2.4 Die Konzeption des „Strukturkeynesianismus" 213
2.4.1 Mittelfristige Orientierung der Politikstrategie 213
2.4.2 Beschäftigungsorientierte Finanzpolitik: Vorrang staatlicher
    Investitionstätigkeit vor privater Investitionsförderung 214
2.4.3 Selektive Strukturpolitik 216
2.5 Die „postkeynesianische" Weiterentwicklung des keynesschen Ansatzes 217

3 Die Konzeption der Angebotspolitik   **219**
3.1 Praxisrelevante theoretische Grundlagen und Prämissen 219
3.1.1 Grundorientierung an der Neoklassik und dem Monetarismus 219
3.1.2 Ordnungs- und wirtschaftspolitische Prämissen der Angebotspolitik 221

3.2 Zielsetzungen und Instrumente 222
3.2.1 Finanzpolitisches Ziel der Konsolidierung und fiskalische Instrumente ... 222
3.2.2 Ordnungspolitische Zielsetzung und Instrumente: Die Politik der Privatisierung
    und Deregulierung 224
3.2.2.1 Die Politik der Privatisierung 224
3.2.2.2 Die Politik der Deregulierung 226

3.3 Kritik an der Angebotspolitik 227

| II | **Politikfeldspezifische Strategien** | **228** |

1 Wirtschaftspolitik   **228**

1.1 Die prekäre Symbiose zwischen demokratischer Politik
    und kapitalistischer Wirtschaft 229

1.2 Das Dilemma demokratischer Politik unter Bedingungen globalisierter
    Finanzmärkte 230

2	**Finanz- und Steuerpolitik**	**231**
2.1	Die Konsolidierungs- und Steuerpolitik in der ersten Legislaturperiode der rot-grünen Koalition	231
2.1.1	Begründungen für die Fortsetzung des Konsolidierungskurses	231
2.1.2	Vorrang für die Einschränkung des Ausgabenanstiegs und Kritik	232
2.1.3	Steuerpolitik	233
2.2	Politik der Senkung der Staats-, Steuer- und Schuldenquote in der zweiten Amtszeit der Regierung Schröder	238
2.2.1	Kontinuierliche Rückführung der Staatsquote	238
2.2.2	Senkung der Abgabenquote: erfolgreiche Reduzierung der Steuerquote und mäßiger Rückgang der Sozialbeitragsquote	240
2.2.3	Das Scheitern des Ziels des Abbaus staatlicher Defizite	241
2.3	Die Finanzpolitik der Großen Koalition	242
2.3.1	Die Fortsetzung der Konsolidierungspolitik	242
2.3.2	Die Unternehmenssteuerreform	242
2.3.3	Kritische Würdigung der Vorschläge zur Unternehmenssteuersenkung 2008	243
3	**Sozialpolitik**	**244**
3.1	Vom sozialpolitischen Konsens zur Konfliktverschärfung	244
3.2	Die Sozialpolitik in der ersten rot-grünen Koalition	248
3.2.1	Rentenpolitischer Kurswechsel und arbeitsmarktpolitische Kontinuität	248
3.2.2	Neuregelung der Scheinselbstständigkeit und der geringfügigen Beschäftigung	249
3.3	Die Sozialpolitik der rot-grünen Koalition 2002–2005	251
3.3.1	Die Agenda-Politik des Bundeskanzlers Schröder zur Arbeitsmarkt- und Gesundheitsreform	252
3.3.2	Die einnahmenorientierte Alterssicherungspolitik	253
4	**Arbeitsmarktpolitik**	**254**
4.1	Allgemeine arbeitsmarktpolitische Zielsetzung	255
4.2	Arbeitsmarktpolitisches Leitbild und einzelne arbeitsmarktpolitische Maßnahmen	255
4.3	Wachstum als Voraussetzung einer positiven Beschäftigungsentwicklung	256
4.4	Angebotsorientierte Strategie der Bekämpfung der Arbeitslosigkeit	257
4.4.1	Produktivitätsorientierte Lohnpolitik und Lohndifferenziezung	257
4.4.2	Verbesserung institutioneller Regelungen	258
4.5	Kritik und alternative Lösungsansätze	260
4.6	Die Hartz-Gesetze der Regierung Schröder	261
4.6.1	Das Hartz-I-Gesetz	262
4.6.2	Das Hartz-II-Gesetz	264
4.6.3	Das Hartz-III-Gesetz	265
4.6.4	Das Hartz-IV-Gesetz	266

4.7	Die Arbeitsmarktreformen der Großen Koalition	269
4.7.1	Ansatzpunkte für Arbeitsmarktreformen: Die Defizite der Bundesagentur für Arbeit	270
4.7.2	Grundzüge eines angebotspolitischen Kombilohnvorschlags	272
4.7.3	Begründung für Mindestlöhne und ihre Kritik	272
4.7.4	Der Kompromiss zum Mindestlohn	276
4.7.5	Staatliche Zuschüsse zu den Sozialbeiträgen und Senkung der Zahl der „Aufstocker"	279
4.7.6	Die Flexibilisierung des Tarifvertragssystems	280

5 Gesundheitspolitik   282

5.1	Das Gesundheitsstrukturgesetz von 1993	282
5.2	Das Gesundheitssystem-Modernisierungsgesetz (GMG) von 2004	283
5.2.1	Leistungsausgrenzungen, Einführung von Gebühren und erhöhte Zuzahlungen	283
5.2.2	Kritik	284
5.3	Die Gesundheitsreform 2007	285
5.3.1	Der Gesundheitsfonds	285
5.3.2	Einführung der Versicherungspflicht für jeden Bürger	287
5.3.3	Änderung des Leistungskatalogs	287
5.3.4	Finanzausgleich	288
5.3.5	Private Versicherung	288
5.3.6	Maßnahmen im Arzneimittelsektor	289
5.3.7	Ärzehonorare	289
5.3.8	Reform der Organisation der Krankenkassen	290
5.3.9	Defizite und Vorzüge der Reform	291

6 Rentenpolitik   294

6.1	Entwicklung des Beitragssatzes	294
6.2	Die Rentenreformen 1992, 1999 und 2001	294
6.3	Kontroverse Diskussion über Mindestsicherung und private Altersvorsorge	300
6.4	Staatliche Förderung der privaten Altersvorsorge	298
6.5	Ausbau der betrieblichen Altersvorsorge	298
6.6	Die bedarfsorientierte Grundsicherung	299
6.7	Das „Rentennotpaket" und Programm zum Umbau der Rentenversicherung in der zweiten Amtszeit der Regierung Schröder	299
6.8	Die Rentenpolitik der Großen Koalition	300
6.8.1	Rente mit 67	300
6.8.2	„Initiative 50 plus" und Änderungen der Riesterrente	301
6.9	Kritische Würdigung der Rentenreformen	302

7	**Europäisierung deutscher Politikfelder**	**303**
7.1	Kompetenzausweitung der EU durch die europäischen Verträge	303
7.2	Politikfeldspezifisch unterschiedlicher Europäisierungsgrad	303
7.2.1	Sozial- und Beschäftigungspolitik	304
7.2.2	Umweltpolitik	304
7.2.3	Politik in den Bereichen der Telekommunikation, des Flug- und Straßengüterverkehrs und des Versicherungswesens	304
7.2.4	Regulative Sozialpolitik	305
7.2.5	Agrarpolitik sowie Regional- und Strukturpolitik	305
7.2.6	Außen-, Sicherheits- und Verteidigungspolitik sowie Innen- und Justizpolitik	305
7.2.7	Asyl-, Einwanderungs- und Visapolitik	307

Literaturverzeichnis   **309**

Stichwortverzeichnis   **349**

Einleitung

Kernanliegen des Buches über das politische System Deutschlands ist, systemrelevante Prinzipien, politische Institutionen und vorwiegend innenpolitische Politikfelder zu beschreiben und zu beurteilen. Dabei stehen Aspekte vorfindbarer formaler Strukturen, die Institutionen und ihre Verfahren, innerhalb derer Politik formuliert und durchgesetzt wird, sowie der Prozess der Konfliktregelung und Konsensfindung im Mittelpunkt der Charakterisierung des politischen Systems.

Die besondere Aufmerksamkeit der Darstellung gilt im Kapitel A. den Verfassungsprinzipien des Rechtstaats, der Demokratie, des Bundesstaats und des Sozialstaats, die den Akteuren der Gesetzgebung, der Exekutive und der Rechtsprechung einen normativen Handlungsrahmen vorgeben. Da die allgemein formulierten Prinzipien einen weiten Interpretationsspielraum zulassen, werden nach einer knappen historischen Erörterung der Ausprägungen der Grundsätze – abgesehen von den durch das Bundesverfassungsgericht vorgegebenen Auslegungen des Rechtsstaatsprinzips – unterschiedliche Interpretationen dazu vorgestellt. In einem weiteren Schritt wird die Konkretisierung der Prinzipien in der politischen Willensbildung und Entscheidungsfindung erörtert.

In der Diskussion über die Ausgestaltung des Demokratieprinzips sind die grundsätzlich akzeptierte deutsche repräsentive Demokratie und auch Möglichkeiten und Grenzen der Ergänzung um plebiszitäre Elemente wenig umstritten. Kontrovers wird dagegen die Einschätzung der Auswirkungen der Europäisierung, Internationalisierung und Globalisierung auf das Gewicht der Institutionen und Verfahren demokratischer Politik erörtert, und das „Ende des Zeitalters der Demokratie" betont.

Die Darstellung der Interpretationen des kooperativen Föderalismus als des dominierenden Bundesstaatsprinzips soll kooperationsrechtfertigende, aber auch kooperationskritische Positionen verdeutlichen. Der für den deutschen Bundesstaat charakteristische Verbundföderalismus wird in seinen politisch-institutionellen Regelungen, d.h. auf der Ebene der (Steuer-) Gesetzgebung, der Einnahmen und Ausgaben/Aufgaben und der Sonderregelung des Länderfinanzausgleichs gekennzeichnet. Des Weiteren werden wichtige Änderungen der Föderalismusreform 2006 und deren Kritikpunkte vorgestellt.

Schließlich wird die Erörterung des Sozialstaatsprinzips aufzuzeigen haben, dass die Möglichkeiten und Grenzen der politischen Ausgestaltung dieses Strukturprinzips des deutschen politischen Systems in Politik und Wissenschaft recht unterschiedlich interpretiert werden: Dabei reicht die Spannweite von Positionen, die die sozialstaatlichen Aktivitäten stark begrenzen wollen, über Interpretationen, die den „Kernbestand" des Sozialstaats für unantastbar ansehen, und gerechtigkeitsorientierten Deutungsmustern bis zu Positionen, die dem Sozialstaat aktiv gestaltende Aufgaben abverlangen. Die Darstellung wichtiger sozialer Prinzipien und institutioneller Strukturelemente versucht zu erklären, warum das deutsche soziale Sicherungssystem auf so große Akzeptanz in der Gesellschaft stößt. Gleichwohl wird zu hinterfragen sein, mit welchen zunehmenden politischen, ökonomischen und gesellschaftlichen Problemen die Politik bei der Ausgestaltung des Sozialstaatsprinzips konfrontiert wird.

Im Kapitel B wird zunächst zu diskutieren sein, ob und inwieweit die nationalstaatlichen Handlungsspielräume durch Bedingungen der europäischen Integration und des internationalen Wettbewerbs eingeschränkt werden.

Ein Schwerpunkt der Darstellung ist die Kennzeichnung der Institutionen des Bundes und ihrer Verfahren. Zunächst wird der Frage nachzugehen sein, inwieweit sich vor allem seit der deutschen Vereinigung die Formen des Regierens, der Staats- und Regierungsaufgaben und des Prozesses der Konfliktregelung gewandelt haben.

Im Anschluss daran werden Institutionen des Bundes wie die Bundesregierung, der Bundestag, der Bundesrat und das unabhängige Verfassungsorgan des Bundesverfassungsgerichts nach ihren (Organisations-)Strukturen, ihren Handlungsprinzipien, Kompetenzen, Aufgaben und Verfahren, innerhalb derer die Politikformulierung und -umsetzung stattfindet, qualifiziert. Im Vordergrund der politisch-institutionellen Erörterung stehen dabei Polity- und Politics-Aspekte. Schließlich gilt noch besondere Aufmerksamkeit der Darstellung des Einflusses der Europäisierung auf die Strukturen und Funktionsweisen der deutschen Institutionen des Bundes.

Im Kapitel C, das die Politikinhalte in den Mittelpunkt der Erörterung stellt, werden deshalb wirtschaftlich, fiskalisch und sozial relevante Politikfelder ausgewählt, weil die Autoren von einem hohen Durchdringungsrad von Politik und Ökonomie in modernen Gesellschaften und politischen Systemen ausgehen. Bevor die Inhalte der Politikfelder näher gekennzeichnet werden, werden zunächst Grundelemente von Konzeptionen wie denen des Ordoliberalismus, des Keynesianismus einschließlich bedeutender Varianten und der in Politik und Wissenschaft nach wie vor dominierenden (neoliberalen) Angebotspolitik vorgestellt.

Die Darstellung der Wirtschaftspolitik geht zunächst grundsätzlch auf das politikwissenschaftlich relevante Spannungsverhältnis zwischen demokratischer Politik und kapitalistischer Wirtschaft ein. Im Kontext der Europäisierung, Internationalisierung und Globalisierung gilt dabei der Diskussion die Aufmerksamkeit, in welches Dilemma die demokratische Politik und insbesondere die Wirtschafts-, Steuer-, Tarif-, Sozial- und Arbeitsmarktpolitik geraten sind.

Die Auswahl der Politikfelder erfolgte nach Kriterien der Relevanz für die Politik, die Wirtschaft und jeden einzelnen Bürger: So ist beispielsweise die Ausgestaltung der Finanz- und Steuerpolitik für die internationalen Wettbewerbsfähigkeit der deutschen Wirtschaft von herausragender Bedeutung. Jede demokratisch gewählte Regierung ist aber nicht nur an die Normen der Verfassung gebunden, sondern muss auch im Interesse der Wiederwahl bei der Politikformulierung auf Gemeinwohl- und Gerechtigkeitsaspekte achten. Der Kennzeichnung der Politikfelder der Sozial-, Arbeitsmarkt-, Gesundheits- und Rentenpolitik kommt als „Domänen" der Innenpolitik herausragende politische, ökonomische und fiskalische Bedeutung zu. Da die Formulierung und Umsetzung der Inhalte dieser Politikfelder dem konfliktverschärfenden Parteienwettbewerb ausgesetzt sind, stehen hier die Policy- und Politics-Dimension im Vordergrund der Darstellung.

A DEFINITIONEN UND PRINZIPIEN

Die Ausführungen des Kapitels A gelten politisch-systemrelevanten Definitionen sowie der Beschreibung und Bewertung von Verfassungsprinzipien. Zunächst werden die für die Politikentwicklung zentralen Begriffe wie die formalen Organisationsstrukturen (Polity-Dimension), innerhalb deren die Inhalte der Politik formuliert und durchgeführt werden (Policy-Dimension) und die Prozesse der politischen Konfliktaustragung und Konsensfindung (Politics-Dimension) erläutert. Hinsichtlich der Definitionen des politischen Systems werden in Grundzügen system- und handlungstheoretische und politisch-ökonomische Versuche vorgestellt, den Begriff politisches System nach Merkmalen der „Grenze", der „Interdependenz" und der „Interpenetration" von anderen Teilsystemen abzugrenzen. Schließlich werden Hauptmerkmale des Regierungssystems als des „zentralen politischen Systems" gekennzeichnet und Gegenstände der Regierungslehre erörtert.

Schwerpunkt der Darstellung des Kapitels A sind die Verfassungsprinzipien des deutschen politischen Systems, die den politischen, korporativen und gesellschaftlichen Akteuren einen normativen Ordnungsrahmen vorgeben. Da aber die Verständnisse vom Rechtsstaat, von Demokratie, vom Bundesstaat und Sozialstaat in Politik und Wissenschaft weit auseinandergehen, werden nach einer kurzen Abhandlung über die historische Entwicklung dieser Normen unterschiedliche Interpretationen und die reale Ausgestaltung der Prinzipien zu beschreiben und zu bewerten sein.

Während die Konkretisierung des Rechtsstaatsprinzips maßgeblich durch die „Deutungshoheit" des Bundesverfassungsgerichts bestimmt wird, werden mit der Bedeutung der Formen repräsentativer und direkter Demokratie divergierende Vorstellungen verbunden. Dabei gilt besondere Aufmerksamkeit der Begründung repräsentativer Demokratie, aber auch den Möglichkeiten und Grenzen plebiszitärer Demokratie. Das Bundesstaatsprinzip in der Ausgestaltung des kooperativen Föderalismus wird von den einen wegen seiner Leistungen gerechtfertigt, von den anderen wegen seiner manifesten Strukturmängel der Kritik ausgesetzt. Da das Sozialstaatsprinzip im Grundgesetz nur allgemein formuliert wird, eröffnet diese Norm einen großen Interpretationsspielraum für kontroverse Diskussionen über Art und Umfang sozialstaatlicher Aufgabenerfüllung.

I Begriffserklärungen

Die Kennzeichnung des Regierungssystems setzt die Begriffserklärung grundlegender politischer Dimensionen voraus. Eine systemintegrierende Darstellung des politischen Systems Deutschlands verlangt des weiteren den Versuch, das politische System von wichtigen anderen politischen Teilsystemen (Subsystemen) abzugrenzen. Schließlich sollen Grundmerkmale des Regierungssystems als eines „zentralen politischen Systems" und Gegenstände der Regierungslehre vorgestellt werden.

1 Dimensionen des Politikbegriffs

Aufgrund der Mehrdeutigkeit des Begriffs „Politik" wird häufig an die in der englischen Sprache übliche Unterscheidung in Polity, Politics und Policy angeknüpft (Heidenheimer 1986). Im politischen System agieren die Inhaber von Institutionen innerhalb eines Handlungsrahmens von Politikstrukturen (Polity) und nehmen auf den politischen Prozess Einfluss (Politics), indem sie politische Inhalte formulieren und umsetzen (Policy).

Der Politikbegriff umfasst in dieser allgemeinen Definition folgende Dimensionen (Böhret u.a. 1988, S. 3 f.):

- die Formen bzw. Strukturen, in denen Politik abläuft (z.B. Verfassung, Gesetze, Rechtsverordnungen, Satzungen und Institutionen),
- die Prozesse, in denen eine Vielzahl von Akteuren Konflikte austrägt und einen Konsens zu erreichen versucht und
- die Inhalte, die durch Programme, Ziele, Werte, Konzeptionen etc. verwirklicht werden sollen.

Während sich die Politikwissenschaft in Westdeutschland nach dem Zweiten Weltkrieg zunächst mit der Polity-Dimension befasst hat (Institutionenlehre), widmete sie sich anschließend der Politics-Dimension (politischen Entscheidungsprozessen) und beschäftigt sich in jüngster Zeit verstärkt mit der Policy-Dimension (Politikinhalten).

1.1 Die Polity-Dimension

Politisches Handeln ist zunächst durch Verfassungs- und Rechtsnormen und institutionelle Strukturen vorgegeben. Diese Formen der Politik bilden quasi als „geronnene" Politik für die Akteure einen verbindlichen Handlungsrahmen und schreiben Machtverhältnisse fest. Der Handlungsrahmen wird eine umso größere Stabilität aufweisen, je mehr er als Ergebnis langfristiger Entwicklungen zustande gekommen ist. Im Unterschied zu der nur unzureichend gesellschaftlich akzeptierten Verfassung der Weimarer Republik erfährt ein institutioneller Handlungsrahmen wie der des Grundgesetzes in dem Maße größere Legitimation und Stabilität, wie er „tradierte Werte der Bevölkerung" berücksichtigt (Naßmacher 1994, S. 2 f.).

Der Handlungsrahmen stellt den politischen Akteuren Handlungspotenziale bereit, die ihnen Entscheidungsspielräume eröffnen, auf welche Weise sie in der Politik mitentscheiden dürfen bzw. „auf wen Rücksicht genommen werden muss" (Rohe 1983, S. 352). Die Handlungspotenziale können in dem Maße wirkungsvoll genutzt werden, wie die Akteure neben den informellen Einwirkungsmöglichkeiten die formalen Verfahrensregeln wie Geschäftsordnungen, Gemeindeordnungen, Satzungen, Richtlinien etc. kennen. Formen der Politik sind aber nicht nur die rechtlichen Normen als verbindliche Ergebnisse gesellschaftlicher Entwicklungen, sondern auch politische Institutionen wie die Regierung, das Parlament, die Gerichte, die Zentralbank, die Verwaltungen, die bundes- und sozialstaatliche Ordnung etc. Formen der Politik sind nicht nur das normierte Ergebnis von Verhandlungen und gesellschaftlichen Änderungen, sondern stellen ihrerseits auch Weichen für neue politische, wirtschaftliche und soziale Umstrukturierungen.

Die Strukturen politischer Institutionen prägen nicht unerheblich die „Dehnbarkeit" politischer Handlungsspielräume, wählen also Handlungsprämissen aus und legen maßgeblich die Restriktionen politischen Handelns fest (Offe 1972, S. 79). Die Formen der Politik geben also den beiden anderen Dimensionen, den politischen Prozessen und Politikinhalten, den Handlungskorridor vor. Dem Einfluss der politischen Institutionen auf die Politikentwicklung und die inhaltliche Politikformulierung gilt in den Ausführungen dieses Buches besondere Aufmerksamkeit.

1.2 Die Politics-Dimension

Der Begriff Politics fasst die prozessuale Dimension von Politik, also jene politischen Prozesse, in denen zur Durchsetzung bestimmter Interessen Konflikte ausgetragen und vielfach auch „konsensuale" Lösungen erzielt werden. Die wichtigsten Mechanismen der Konfliktbewältigung sind Macht und Konsens.

Während im politischen Prozess Macht auch bedeutet, notfalls den Konflikt mit „Zwangsmitteln" einseitig zu lösen, verlangt Konsensbildung, dass die Akteure in Abstimmungs- und Koordinationsmechanismen von Verhandlungen ihre inhaltlichen Positionen annähern und einen Kompromiss finden.

Da in den realen konfliktreichen politischen Prozessen aufgrund des zu erledigenden Aufgabenpensums immer wieder Prioritäten gesetzt werden müssen, werden Interessen und Widerstände bestimmter Gruppierungen weniger stark artikuliert oder sogar ausgegrenzt. Macht bedeutet also nicht nur, seinen Willen notfalls gegen den Widerstand anderer durchsetzen zu können (P. Hanke 1994, S. 341 ff.), sondern auch, bestimmte Konfliktstoffe im politischen Entscheidungsprozess nicht oder nur unzulänglich zu diskutieren. Diese eingeschränkte Thematisierung oder sogar Dethematisierung politischer Probleme wird auch als „non-decisions-making" bezeichnet (Bachrach/Baratz 1977).

Politikfelder eingeschränkter Thematisierung waren trotz der Vorlage von Wahl- und Regierungsprogrammen der Parteien im Bundestagswahlkampf 1994 die Probleme „verfestigter" Arbeitslosigkeit und die Frage nach dem Umbau des Sozialstaats. Dass diese Themen nur „andiskutiert" wurden, ist auch Ausdruck der Unsicherheit und Ratlosigkeit der politisch verantwortlichen Akteure, welche Lösungskonzepte geeignet sind, die Arbeitslosigkeit abzubauen und das soziale Sicherungssystem vor schleichender Erosion zu bewahren. Zur Konfliktentlastung sollte auch der Bundestags-Wahlkampf 1998 beitragen, in dem die Beschwörung der „Neuen Mitte", die allgemeine Betonung von mehr Innovation und sozialer Gerechtigkeit und dem Versprechen der Wiedereinführung des Bündnisses für Arbeit Auseinandersetzungen über die Inhalte wichtiger Politikfelder wie der Steuer-, Renten-, Gesundheits- und innerer Sicherheitspolitik weitgehend vermieden wurden. An einer breiten und intensiven Diskussion dieser Themen konnte den Parteien auch deshalb nicht gelegen sein, weil jede Neuordnung spezifischer Politikbereiche Fragen der Finanzierung und Leistungsgewährung aufwirft, die immer zu Lasten konkreter Gruppen gehen.

Gleichwohl muss jede Regierung ihre Entscheidungsfähigkeit sichern, d.h. bei der Suche nach Mehrheiten unvermeidliche Konflikte austragen. Wird im konfliktreichen politischen Prozess das Handeln der Regierung in den Mittelpunkt der Betrachtung gerückt, „lässt sich politics auch als Regieren kennzeichnen" (Naßmacher 1994, S. 3).

1.3 Die Policy-Dimension

Der Terminus Policy kennzeichnet den inhaltlichen Aspekt von Politik. Diese Dimension der Politik hebt insbesondere auf die Phasen der Formulierung und Umsetzung (Implementation) der Politik ab (Windhoff-Héritier 1987). In der Policy-Analyse interessieren vor allem die Fragen politischer Gestaltung und Problemlösung, d.h. welche Akteure unter welchen Bedingungen aus welchen Motiven heraus und mit welchen Instrumenten welche Ziele und Werte (Konzeptionen) verfolgen, welche Aufgaben mit welchen Ergebnissen erfüllen, aber wer auch mit welchem Erfolg die Problembearbeitung zu verhindern versucht. Die Policy-Orientierung der Politikwissenschaft widmet sich vor allem den inhaltlichen Aspekten einzelner Politikfelder wie denen der Finanz-, Wirtschafts- und Geld-, Arbeitsmarkt- und Sozialpolitik etc. (Politikfeldanalyse!) (Holtmann 1994, S. 458).

Der Policy-Analyse geht es zunächst um die Frage, mit welchem Ressourcen-Einsatz und welcher Qualität inhaltliche Leistungen („Policy-Outputs") erzeugt werden. Ergebnis dieser Phase der Politikgestaltung (Politikformulierung) sind Programme, Gesetze, Verordnungen u.a. Wichtiger Bestandteil der Policy-Analyse ist des Weiteren die Frage, inwieweit und auf welche Weise die notwendigen Entscheidungen der Regierenden umgesetzt werden. Von Bedeutung ist dabei, wie die Gesetze und Verordnungen gegenüber dem Bürger, der Wirtschaft und zum Teil auch im politisch-administrativen System selbst zur Anwendung kommen, also implementiert werden.

Da die Dimensionen des Politikbegriffs eng zusammenhängen, ihre Übergänge also fließend sind, beeinflussen sich die Bereiche wechselseitig. Gesetzliche Regelungen, Institutionen sowie Konzeptionen sind sowohl Ergebnis als auch Voraussetzung für zukünftige politische Prozesse und Inhalte. Auch Politikinhalte wie Policy-Instrumente (z.B. finanzielle Anreize oder Ge- und Verbote) bestimmen den Konfliktlösungsmechanismus: „Policies determine politics" (Lowi 1972, S. 299). Um weniger „harte" Instrumente in Politikfeldern wie beispielsweise in der Gesundheitspolitik einsetzen zu müssen, hat sich in den achtziger Jahren ein deutlicher Wandel in der Verwendung von Policy-Instrumenten vollzogen: „Sanfte (finanzielle) Anreize setzende Instrumente haben zunehmend Gebote und Verbote verdrängt" (Le Grand).

Die jüngste Schwerpunktverlagerung auf die Policy-Orientierung hat erhebliche Kritik ausgelöst. Dabei wurde insbesondere eingewendet, dass die Hinwendung zur Untersuchung einzelner Politikbereiche, z.B. der Umwelt-, Gesundheits- oder Arbeitsmarktpolitik zu einer „Aufbröselung der Disziplin in diverse Policy-Bereiche" geführt habe (Veen 1982, S. 7f.; J.J. Hesse 1985). Die Einwände werden mit der „Gefahr einer konzeptionellen Fragmentierung einer policy-areas begründet", die gesellschaftlich produzierte Probleme außer Betracht lässt. In dieser Fragmentierung in verschiedene Politikbereiche spiegelt sich der Verzicht wider, die komplizierten Einzelprobleme und politischen Maßnahmen zu ihrer Bewältigung auf gesamtgesellschaftliche Entstehungsgründe hin zu interpretieren. Diese Fragmentierung der Politik drückt überdies aus, dass die Politikwissenschaft und die Politik nicht mehr bestrebt sind, die Vielfalt der Interventionen zu einem Konzept „aktiver Gestaltung ... der

Gesamtgesellschaft" zusammenzufügen (Greven 1990, S. 28f.). Ferner werden die Bedenken gegen die Policy-Orientierung mit der Befürchtung begründet, dass die traditionellen politikwissenschaftlichen Fragen nach Macht und Interesse und nach den normativen Voraussetzungen einer „guten" Ordnung zunehmend ignoriert würden.

Demgegenüber halten die Verfechter einer stärkeren Policy-Orientierung sinnvolle Politik-Analysen erst dann für möglich, wenn Institutionen und Strukturen (Polity), Konflikte und Prozesse (Politics) sowie Inhalte und Ergebnisse (Policy) gleichermaßen berücksichtigt werden (M.G. Schmidt 1985, S. 139). In dieser Sichtweise müsse mit der Betonung der Policies, also der Politikinhalte nicht die „Aufbröselung" der Disziplin befürchtet werden, sondern die Policy-Orientierung biete die Chance, herauszufinden, welche Institutionen, Personen und Verfahren „gute" Politik im Sinne von materiellen Policies möglich machen (Böhret u.a. 1988, S. 8).

2   Definitionen des politischen Systems

Das politische System ist als Allgemeinbegriff in der policy-orientierten Betrachtung noch ohne größere Schwierigkeiten zu definieren, ist aber angesichts fortschreitender Durchdringung der verschiedenen Entscheidungsarenen von anderen gesellschaftlichen Teilsystemen nur mit einem gewissen Maß an Willkür abzugrenzen. Während sich die Darstellungen des Regierungssystems als des „zentralen politischen Systems" vorwiegend dem Staat in Gestalt der Regierungsinstitutionen wie der Regierungen, Parlamente, Gerichte, der Politik-Netzwerke etc. und ihren politischen Entscheidungsprozessen widmen (Berg-Schlosser/ Stammen 1992, S. 199ff.), wird mit dem Begriff des politischen Systems der Bereich des „policy-making" weit gefasst.

Die Einführung des Begriffs politisches System entsprach dem zu klassifizierenden Bedürfnis, die relativ eindeutig bestimmbare Kategorie des Staates von anderen Systemen bzw. Subsystemen wie dem sozialen, politischen, wirtschaftlichen, kulturellen etc. abzugrenzen. Als allgemeiner Begriff bezeichnet das politische System die Gesamtheit der staatlichen und außerstaatlichen Institutionen, Akteure, Normen und Verfahren, die innerhalb eines vorgegebenen Handlungsrahmens an politischen Prozessen insbesondere der Politikformulierung und -umsetzung beteiligt sind (Holtmann 1994, S. 517).

Der Allgemeinbegriff des politischen Systems beruht auf theoretischen Überlegungen und Grundannahmen, die zunächst in der Soziologie von Talcott Parsons und von Systemtheoretikern wie David Easton sowie Gabriel Almond entwickelt worden sind und über Theorien der Selbstorganisation (Autopoiesis) bis zu „neueren" Systemtheorien reichen, die die Steuerung von Systemen in ausdifferenzierten Subsystemen als Hauptproblem der Systemforschung sehen.

In Parsons Systembegriff ist das soziale System der Oberbegriff, der in vier Subsysteme untergliedert wird: in das wirtschaftliche Subsystem, das politische Subsystem, das Rechtssystem (der gesetzlichen Normen und sozialen Kontrolle) und das kulturelle System (Parsons 1951). Der Parsons'schen Begrifflichkeit wird vorgeworfen, dass sie zu statisch sei, da sie von vorgegebenen Zielen ausgehe. Auch wenn Theoretiker wie Karl Deutsch vorgeschlagen haben, den Begriff des sozialen Systems um Funktionen des politischen und sozialen Wandels zu ergänzen, verliert die Parsons'sche Begriffserklärung nicht ihren „ahistorischen" Charakter. Kritisch wird zudem angemerkt, dass der „politische Bereich seltsam verschwommen bleibt", und das politische System nicht immer als „Subsystem" klassifiziert werden kann, sondern heute vielfach einen breiteren Geltungsbereich als das soziale System hat (Beyme 1992, S. 146).

Zur Abgrenzung des Begriffs politisches System von anderen Systemen dienen vor allem die beiden Merkmale der „Grenze" des Systems und der „Interdependenz" der Teilsysteme sowie der Grad der „Interpenetration". Das Problem der Bestimmung der Systemgrenze wird beim politischen System deshalb als weniger schwierig eingeschätzt, weil der Begriff des politischen Systems als identisch mit den Grenzen des traditionellen Staatsbegriffs angesehen wird. Identitätsprobleme treten nur dann auf, wenn – wie im Falle des früher geteilten Deutschlands – Staat, Nation und Staatsgrenzen nicht übereinstimmen.

Das Merkmal der Interdependenz spielt zur Kennzeichnung der Reichweite des politischen Systems eine bedeutende Rolle. Auch wenn Kritiker eine Gefahr darin erblicken, dass dieses Kriterium zu „beliebigen" Kombinationen von Strukturen und Zwecken verwendet wird, und damit die Systeme inhaltlich nicht mehr sinnvoll voneinander abgegrenzt werden können (Deutsch 1966, S. 49), hebt der Systemtheoretiker David Easton die Systembedeutung der Interdependenz hervor (Easton 1953). Für Easton wird der spezifische Interdependenzcharakter eines politischen Systems durch die politischen Merkmale der Entscheidungsrelevanz und der gesamtgesellschaftlichen Sanktionsgeltung gekennzeichnet:

– Das politische System unterscheidet sich vom sozialen System insofern, als seine spezifisch „politischen" Funktionen, d.h. allgemeinverbindliche Zuteilungen von Gütern für die Gesellschaft (authoritative allocation of values), besondere Relevanz haben.
– Die Hauptaufgabe des politischen Systems besteht zudem darin, dass die Mehrheit der Gesellschaft die Verteilung respektiert und die Autorität der Systemleitung (Regierung) im Fall abweichenden Verhaltens Sanktionen bereithält und auch einsetzt.

In der Systemtheorie Eastons haben politische Systeme die Aufgabe, „Inputs" aus der Umwelt aufzunehmen und sie in „Outputs" umzusetzen. „Inputs" sind sowohl Forderungen an das System als auch Unterstützungen für das System: Das politische System wird mit Forderungen bespielsweise nach Bereitstellung einer öffentlichen Infrastruktur oder nach verstärkten Partizipationsmöglichkeiten konfrontiert. Das politische System kann aber auch mit Unterstützung wie der Zahlung von Steuern und freiwilligem Gehorsam gegenüber Gesetzen rechnen.

Die politischen Syteme setzen diese „Inputs" in „Outputs" um: Gesetze regeln die Art der Besteuerung, rufen Dienstleistungen (z.B. Wehrdienst) ab und schreiben bestimmte Verhaltensweisen vor (z.B. im Straßenverkehr). „Outputs" sind ferner die im öffentlichen Haushalt festgelegten Ausgaben für öffentliche Güter und Dienste und symbolische Aktivitäten wie Presseerklärungen, Zeremonien usw. Wie die „Inputs" in „Outputs" im politischen System umgesetzt werden, hängt von der Fähigkeit der Ressourcenbeschaffung, der Regulierung gesellschaftlichen Verhaltens und der Beinflussung der Güterverteilung ab. Die Umsetzung hängt außerdem von der Responsivität des Systems, d.h. von der Art ab, wie das System auf Forderungen seiner Umwelt reagiert.

Bei der Umwandlung („Konversion") der meist diffusen Wünsche in politikgerechte „Inputs" kommt nach Easton den Interessengruppen eine besondere Rolle zu. Diese bündeln nicht nur die Vielzahl der Bedarfs-Anmeldungen, sondern wehren auch einen Teil der an das politische System herangetragenen Leistungsansprüche ab, um eine Überlastung des Systems („overload") zu vermeiden (Easton 1967, S. 27ff.).

Die Leistung der Sytemtheorie liegt darin, eine zentrale Fragestellung der Politik aufgegriffen zu haben, nämlich die Frage nach „den Zusammenhängen zwischen den Aufgaben und

I Begriffserklärungen

Funktionen von Politik und den institutionellen Strukturen und Verfahren, innerhalb derer Politik formuliert und durchgeführt wird" (Lehner/Widmaier 1995, S. 40). Kritisch wird allerdings angemerkt, dass die Systemtheorie ein generelles Begriffssystem zur Verfügung stelle, das sich lediglich auf abstrakte Funktionen, Merkmale und Prozsse von politischen Systemen beziehe. Die Kritik hebt hervor, dass die Systemtheorie zwar die Systemfähigkeiten und Funktionen allgemein beschreibe, sie aber nicht realen Strukturen, Verfahren und Prozessen zuordne. Kritisiert wird vor allem, dass eine zweckrationale und zielgerichtete Organsation von politischen Systemen unterstellt werde. Empirische Untersuchungen belegten dagegen, dass politische Systeme häufig ihre Aufgaben und Funktionen nicht angmessen erfüllen könnten (Lehner/Widmaier 1995, S. 40)

Kritiker bestreiten, ob mit den Eastonschen Kriterien das politische System hinreichend abgegrenzt werden könne, da die Maße der Wertezuteilung auch für Subsysteme des politischen Systems wie für Kirchen und Großbetriebe gelten (Finer 1969/70, S. 9). Das Merkmal der Sanktionsgeltung für die gesamte Gesellschaft wird auch in dem Maße für fragwürdig erachtet, wie das Sanktionssystem des Staates immer weniger in „Subsysteme" wie soziale Bewegungen hineinreiche (Beyme 1992, S. 148).

In soziologischen handlungstheoretischen Analysen wird die Bedeutung der Interpenetration des ökonomischen, des politischen, des sozio-kulturellen Systems usw. für die Politikentwicklung hervorgehoben (Miebach 1991). Demzufolge sei die Gesellschaft durch „relativ ausdifferenzierte und dennoch integrierte Teilsysteme" gekennzeichnet. Jedes System sei zwar relativ autonom, aber dennoch mit den anderen Subsystemen eng verbunden (Mohr 1997, S. 247f.). Auch die Ansätze der Politischen Ökonomie stellen auf die enge Verflechtung von Politik und Ökonomie ab. Für die Vertreter dieser Schule zeichnen sich moderne Industriegesellschaften durch einen „hohen wechselseitigen Durchdringungsgrad von Politik und Ökonomie" aus (Lehner/Widmaier 1995, S. 42).

Almond, der das Eastonsche Konzept weiterentwickelt hat, rechnet zu den Forderungen der Gesellschaft solche nach Zuteilung von Gütern und Dienstleistungen, nach Beteiligungen am politischen Prozess sowie nach Informationsmöglichkeiten, während die von der Gesellschaft zu erbringenden Unterstützungen („supports") materielle wie Steuern und Abgaben sowie immaterielle wie Gehorsam, Loyalität usw. sind. Almond und Coleman klassifizieren die Komplexität des politischen Systems nach vier Input-Funktionen (Almond/Coleman 1960):

- politische Sozialisation und Rekrutierung,
- Interessenartikulation (vor allem durch Interessengruppen),
- Interessenaggregation (vor allem durch Parteien),
- politische Kommunikation

und nach drei Output-Funktionen:

- Normsetzung (Gesetzgebung),
- Normanwendung (Regierung),
- Normauslegung (Rechtsprechung).

In Anlehnung an Max Webers Kategorie des legitimen staatlichen Gewaltmonopols wird dem politischen System die bedeutende Funktion der Integration und Anpassung zugewiesen: Das politische System legitimiert sich dadurch, dass es durch Androhung und Anwendung mehr oder weniger legitimen physischen Zwangs die Ordnung in der Gesellschaft aufrechterhält.

Auch wenn mit der Almondschen Klassifizierung die Input- und Output-Funktionen oft zu schematisch getrennt werden (Beyme 1992, S. 152), und die Grenze zwischen politischem

System und sozialer Umwelt nicht präzise gezogen wird, wurde die frühere Fixierung der älteren Staatslehre auf Verfassungs- und Verfahrensprobleme sowie Machtfragen überwunden. Das Verdienst dieser Systembegriffserklärung liegt darin, die Austauschbeziehungen zwischen staatlich-politischer und außerstaatlich-gesellschaftlicher Sphäre in die politische Betrachtung einbezogen zu haben (Holtmann 1994, S. 519).

In den Reformphasen vieler westlicher Länder Ende der sechziger und Anfang der siebziger Jahre fanden Planungskonzepte und Systemtheorien in Theorie und politischer Praxis große Beachtung. Spätestens seit der Ölkrise im Jahr 1973 sind – auch aus Gründen der Finanzierbarkeit – Reformstrategien immer stärker durch kurzfristiges Krisenmanagement ersetzt worden. Die Steuerungsfähigkeit des Staates wurde zunehmend in Frage gestellt, was sich auch sprachlich darin ausdrückt, dass der Begriff Planung zunehmend durch den „bescheideneren Terminus ‚Steuerung'" ersetzt wurde (Beyme 1992, S. 158).

Der Paradigmenwechsel erfasste auch die deutsche Systemtheorie, insbesondere die Theorie der Selbstorganisation (Autopoiesis) der so genannten Bielefelder Schule (Willke 1989, S. 44; Görlitz/Voigt 1985, S. 185). Die „neuere" Systemtheorie befasst sich vor allem mit der Frage, wie in einem politischen System wie dem Deutschlands die zentrale Steuerung beispielsweise durch die Regierungsinstitutionen des Bundes mit den Autonomiebestrebungen und eigenen Steuerungskapazitäten der Subsysteme verbunden werden kann (vg. Kap. B.II). Der neueren Systemtheorie muss zwar zugute gehalten werden, dass sie wieder stärker Staat und Recht in ihre Analysen einbezog, doch billigen sie zentralen politischen Instanzen nur noch (sehr) begrenzte Steuerungsfähigkeit zu, eine Sichtweise, die sich im Lichte der Erfahrungen vereinigungsbedingter verstärkter interventionistischer Politik durch den Bund wenig später zumindest als korrekturbedürftig wenn nicht schlicht als „falsch" erweisen sollte.

Die „hochgradig zentralisierte Struktur politischer Strategieentwicklung" in der ersten Phase des Vereinigungsprozesses (Lehmbruch 1992, S. 23) hat deutlich gemacht, dass die „hierarchische" Politiksteuerung über beachtliche mobilisierbare Potenziale verfügt. Im Vereinigungsprozess hat sich im deutschen Bundesstaat gerade die Politik des Bundes zwar als nicht umfassend reformfähig, aber doch in hohem Maße als „anpassungselastisch" erwiesen (M.G. Schmidt 1993, S. 449).

Das politische System ist angesichts der zunehmenden Fragmentierung und Pluralisierung der Gesellschaft kaum noch von mächtigen Subsystemen abgrenzbar und lässt sich auch infolge wachsender Durchdringung politischer und wirtschaftlicher Entscheidungsarenen und ihrer politischen Folgewirkungen nicht mehr hinreichend in politische und wirtschaftliche (Sub-)Systeme untergliedern. Demzufolge wird das politische System hier in integrierender Betrachtungsweise als Oberbegriff verstanden, der wichtige Teilsysteme wie das Regierungs-, das Wirtschafts- und das (staatliche) Sozialsystem umfasst.

Der politische Systembegriff muss dann weitgefasst werden, wenn die drei politikwissenschaftlichen Dimensionen des „Politischen" die System-Definitionen bestimmen:

Die Verfassungsordnung, Wirtschafts-, Finanz- und Sozialgesetze, Rechtsverordnungen usw., die politischen Institutionen wie die Regierungen, die Parlamente, die Gerichte, die Zentralbank etc. geben einen politischen Handlungsrahmen vor, der die politischen, wirtschaftlichen, finanziellen, sozialen und kulturellen Bedingungen der Individuen, der staatlichen und verbandlichen Akteure, der Parteien, der Kirchen usw. in unterschiedlichem Ausmaß beeinflusst.

I Begriffserklärungen

Das politische System wird maßgeblich durch Prozesse der Konfliktaustragung und Konsensbildung bestimmt. Im bundesstaatlichen System Deutschlands kommt dabei den oft konfliktreichen Abstimmungs- und Koordinierungsmechanismen der Bund-Länder-Politikverflechtung besondere Bedeutung zu. Auch die Staat-Verbände-Beziehungen und vernetzte Verhandlungssysteme nehmen auf Strukturen und Prozesse des politischen Systems prägenden Einfluss.

3 Definition des Regierungssystems und Gegenstände der Regierungslehre

Das Regierungssystem wird deshalb als „zentrales politisches System" charakterisiert, weil in diesem System die Regierung die dominante Institution ist, die die Aufgabe des Regierens wahrnimmt, d.h. in erster Linie Aufgabenschwerpunkte setzt, über die Dringlichkeit der Aufgabenerfüllung und über die Festlegung von Politikinhalten entscheidet (Berg-Schlosser/ Stammen 1992, S. 199 f.). Die Dominanz der Regierung liegt in der „Logik" des parlamentarischen Regierungssystems, im verfassungsrechtlich verankerten Kanzlerprinzip (Richtlinienkompetenz des Regierungschefs) und in der mit (überlegenem) Sachverstand ausgestatteten Ministerialbürokratie begründet (Erdmenger 1994, S. 557; Glaeßner 1999, S. 199–204).

Die auf die Erforschung des Regierungssystems bezogene Teildisziplin der Politikwissenschaft nennt sich „Regierungslehre" („government") (Ellwein 1966; Stammen 1967; Hennis 1968, S. 81 ff.). Der in den sechziger Jahren in Deutschland entwickelten eigenständigen Regierungslehre geht es um die Frage, wie unter den Bedingungen zunehmender Staatstätigkeiten die „Lenkung, Führung und Koordination eines Gemeinwesens" organisiert werden kann (Hennis 1968, S. 84). Art und Umfang staatlicher Aufgaben stehen im Mittelpunkt der politikwissenschaftlichen Regierungslehre. Ihr geht es nicht nur um das „‚Wie' der Politik, sondern auch um das ‚Was'" (Ellwein 1966, S. 84). Da in dieser Sichtweise die Organisationsformen im Bereich der Regierung als „sachgemäß" begriffen werden, kommt der Aufgabenerfüllung auch besonderes Gewicht zu. Nach diesem aufgabenorientierten Verständnis wird der „ursprüngliche Aspekt" der Verfassungs- und Verwaltungsinstitutionen zurückgewonnen, „Instrumente der Regierung zu sein" (Hennis 1968, S. 93).

Entsprechend der den Aufgaben in der Regierungslehre zugewiesenen zentralen Rolle versucht Ellwein die fundamentalen Staatstätigkeiten, insbesondere die des Regierungsapparats, zu klassifizieren:

- Der Schutz persönlicher und politischer Rechte und die Förderung der sozialen Sicherung werden als Aufgaben interpretiert, „die den Bürger unmittelbar betreffen".
- Allgemeine Strukturaufgaben, Erwerbsförderung und Geldwesen werden zu den Aufgaben der Politik gerechnet, die „Raum und Wirtschaft betreffen".
- Schließlich werden Aufgaben der Politik wie die Verwaltungsorganisation, öffentliches Eigentum und öffentliche Einnahmen als das zur öffentlichen Aufgabenerfüllung „notwendige Instrumentarium" bezeichnet.

Nach dieser Klassifizierung erweist sich die traditionelle Aufgabenzuweisung auf die initiierende Gesetzgebung und die ausführende Exekutive schnell als überholte isolierende Betrachtungsweise, der es nicht gelingt, die die politischen Prozesse und Politikinhalte bestimmenden Akteure, Konfliktregelungsmechanismen, die Festlegung von Programmen und den Charakter der Umsetzungsprozesse ausfindig zu machen. Die auf normativen Verfassungsstrukturen fixierten Sichtweisen erschweren Aussagen darüber, „wie über die Aufgaben und die Art und Weise ihrer Ausführung in Wirklichkeit befunden wird" (Hirsch 1972, S. 239).

Konkrete Analysen der Funktion des modernen Regierungssystems geben heute Aufschluss darüber, dass insbesondere die Ministerialabürokratie einen hohen Anteil an den Regierungsfunktionen übernommen hat, da sie nicht nur „ausführende" Tätigkeiten wahrnimmt, sondern in beachtlichem Ausmaß an der Programmvoberitung, der Politikformulierung und Problemlösung mitwirkt (Prätorius 1994, S. 78f.). Zwar liegen die legalisierenden und legitimierenden Kompetenzen nach wie vor bei den Verfassungsorganen wie den Regierungen, den Parlamenten und auch dem Bundesverfassungsgericht, doch wirkt sich die – durch die deutsche Vereinigung erhöhte – Steuerungskapazität der (Bundes-)Regierung und ihres ministerialbürokratischen Apparats „ausgesprochen zu ungunsten des Parlaments" aus (Berg-Schlosser/Stammen 1992, S. 202).

Eine den aktuellen Problemlagen des politischen Systems Deutschlands und den komplexen Herausforderungen des Regierens gerecht werdende Regierungslehre wird sich deshalb verstärkt der Untersuchung des Struktur- und Aufgabenwandels moderner Regierungssysteme und ihrer politischen Anpassungs- und Lernfähigkeit zu widmen haben. Aus der Sicht der hier befürworteten Stärkung der politischen Steuerungsfähigkeit gilt deshalb der Darstellung der Quantität und Qualität der Aufgabenerfüllung der Regierungsinstitutionen besondere Aufmerksamkeit (Renzsch 1999a, S. 363–384). Vor dem Hintergrund der fortschreitenden Ausdifferenzierung der Gesellschaft soll im Kern die Frage beantwortet werden, ob und inwieweit Regieren im Sinne politischer Gestaltung des politischen Prozesses und der inhaltlichen Politikformulierung zur Geltung kommt.

II Prinzipien

Die Prinzipien des Rechtsstaats, der Demokratie, des Bundes- und Sozialstaats werden zunächst in ihrer historischen Entwicklung (kurz) vorgestellt. Besondere Aufmerksamkeit gilt den recht unterschiedlichen Interpretationen der Verfassungsprinzipien, um im Anschluss daran deren konkrete Bedeutung zu beschreiben und zu bewerten sowie die Notwendigkeit der Weiterentwicklung dieser Prinzipien zu erörtern.

1 Rechtsstaatsprinzip

Die Rechtsstaatlichkeit als Verfassungsprinzip ist ein Leitgrundsatz des politischen Systems der Bundesrepublik Deutschland, eines der elementaren Prinzipien des Grundgesetzes. Das Grundgesetz bietet zwar keine umfassende Definition der Rechtsstaatlichkeit, die Ausrichtung einzelner Bestimmungen drückt aber das Grundanliegen der Rechtsstaatsidee aus: die Sicherung der persönlichen Freiheit und die rechtliche Bindung der Staatsgewalt.

In der rechtswissenschaftlichen Literatur werden zwei Komponenten des Rechtsstaatsbegriffs unterschieden: ein formeller, durch formale Verfahren gekennzeichneter und ein materieller, auf Ziele und Inhalte gerichteter Rechtsstaat (Piazolo 2004; S. 14–21). Demzufolge beinhaltet der Rechtsstaat im formellen Sinn die Idee des Primats des Rechts und die Vorstellung der Beschränkung der Macht durch Grundrechte. Der Primat des Rechts, der im Vorrang der Verfassung und im Vorrang des Gesetzes zur Geltung kommt, ist die Grundidee einer rechtsstaatlichen Ordnung (Hesse 1999, S. 88). Rechtsstaat im formellen Sinn bedeutet

II Prinzipien

also die Ausrichtung aller staatlichen Tätigkeiten am Recht und die Begrenzung der staatlicher Macht durch Recht. Zu machthemmenden Elementen des Rechtsstaatsprinzips gehören demnach

- „Machtbändigung durch Verfassung und Gesetze
- Machtverteilung durch Gewaltenteilung und Subsidiarität
- Machtbeschränkung durch unantastbare Grundrechte
- Machtmäßigung durch das Verhältnismäßigkeitsprinzip
- Machtbeteiligung der Bürger in der Demokratie
- Machtausgleich durch Verminderung des Machtgefälles" (Piazolo 2004, S. 19).

Der materielle Rechtsstaat zielt dagegen auf die Verwirklichung und den Schutz der Menschenwürde sowie die Beachtung von Gerechtigkeitsnormen bei der Formulierung und Umsetzung von Recht und Politik. Der materielle Rechtsstaat sichert die Stellung des Einzelnen gegenüber staatlichen Institutionen. Die Verfassung verleiht dem Einzelnen unmittelbare Rechte, stattet dem Bürger also mit subjektiven, einklagbaren Rechten aus.

Elemente des materiellen Rechtsstaatsprinzips sind auch ein gemeinwohlverantwortliches Handeln des Einzelnen und der Politik. Dabei werden die Grundrechte als Teil einer objektiven Werteordnung verstanden, die dem Einzelnen nicht nur Abwehrrechte gegen den Staat sichern, sondern dem Bürger wie dem politischen System Werte und politische Grundorientierung bieten können (Piazolo 2004, S. 20).

Vor dem Hintergrund des wachsenden Einflusses der Organisierten Kriminalität und als Folge der Terror-Anschläge vom 11. September 2001 in den USA sind auch in Deutschland verfassungsrechtliche und gesetzliche Regelungen zur Bekämpfung der internationalen Krimnalität und des Terrorismus ständig ausgeweitet und verschärft worden. Im Folgenden soll im Zusammenhang mit der Kennzeichnung relevanter rechtsstaatlicher Prinzipien anhand der Beispiele der Telekommunikationsüberwachung, des Luftsicherheitsgesetzes, der akustischen Wohnraumüberwachung und der Rasterfahndung die Frage erörtert werden, ob und inwieweit durch die Politik der Rechtsstaat und seine Prinzipien an Substanz und Bedeutung verlieren, und inwieweit das Bundesverfassungsgericht dieser Entwicklung entgegenwirkt.

1.1 Bindung aller staatlichen Gewalt an Verfassung, Gesetz und Recht

Ausgangspunkt für das verfassungsrechtliche Verständnis der Rechtsstaatlichkeit ist der Art. 20 Abs. 3 GG: „Die Gesetzgebung ist an die verfassungsmäßige Ordnung, die vollziehende Gewalt und die Rechtsprechung sind an Gesetz und Recht gebunden". Auch wenn Rechts- und Verfassungsstaat seit dem 19. Jahrhundert eng zusammengehören, ist erst mit dieser grundlegenden Norm der Vorrang der Verfassung vor dem Gesetzgeber festgelegt worden. Diese Verfassungsbindung wird bereits in Artikel 1 des Grundgesetzes ausdrücklich für die Grundrechte genannt und darf auch durch Verfassungsänderungen nicht beseitigt werden (Art. 79 Abs. 3 GG).

1.1.1 Die konstitutionelle Bindung der Exekutive, der Legislative und der Judikative

Für das Handeln aller staatlichen Organe in Deutschland gilt also die konstitutionelle Bindung, d.h., dass die Verfassung als oberste Norm die Gesetzgebung, die Exekutive (Regierung und Verwaltung) und die Rechtsprechung bindet und Vorrang hat vor allen Rechtsetzungsakten. Die Rechtsbindung gilt nicht nur für die Regierenden und die Majorität, sondern auch für die Regierten und die Minorität in der Gesellschaft.

Für die vollziehende Gewalt und die Rechtsprechung gilt der Vorrang des Gesetzes, ihre Akte dürfen also nicht gegen Gesetz und Recht verstoßen. Der Grundsatz des Vorrangs des Gesetzes setzt also den politisch-administrativen Akteuren (allen Beamten und Angestellten des öffentlichen Dienstes) Schranken erlaubten Verwaltungshandelns. Das gesetzte Recht umfasst neben formellen Gesetzen auch Rechtsverordnungen, Verwaltungsvorschriften, Satzungen usw., während zum „Recht" allgemein auch die ungeschriebenen Normen des Gewohnheitsrechts und die in der Gesellschaft vorherrschenden Grundsätze der Gerechtigkeit zählen (Maunz 1991, S. 93).

Außerdem gilt für die Exekutive und Judikative der Vorbehalt des Gesetzes, d.h., dass alle ihre Entscheidungen und Regelungen einer gesetzlichen Grundlage bedürfen. Der Grundsatz des Gesetzesvorbehalts ist in der konstitutionellen Monarchie entwickelt worden und sollte die Bürger vor staatlichen Eingriffen insbesondere in Freiheit und Eigentum schützen. Das Bundesverfassungsgericht hat den Gesetzesvorbehalt nach der so genannten Wesentlichkeitstheorie näher interpretiert: Danach muss der reguläre Gesetzgeber, also das Parlament, „wesentliche Entscheidungen" selbst treffen (Parlamentsvorbehalt!) und darf sie nicht einem ermächtigten Exekutivorgan übertragen (BVerfGE 40, 248 ff.; 49, 126 f.; 58, 268 ff.).

Für die Kritik bleibt nach dieser Theorie die Frage offen, wie die „wesentlichen" Entscheidungsbefugnisse zwischen Parlament und Regierung abgegrenzt werden sollen (Kloepfer 1989, S. 195). Das Prinzip ausgewogener Gewaltenteilung verbietet einen zu weit reichenden Parlamentsvorbehalt. Der Gewaltenteilungs-Grundsatz verlangt, dass auch der Regierung und Verwaltung noch ein angemessener Handlungsspielraum verbleibt, um „situationsgerechte eigenverantwortliche Entscheidungen" treffen zu können (Maunz 1991, S. 92). Außerdem widerspreche eine Entwicklung zum „Gewaltenmonismus" nicht nur der Grundentscheidung der Verfassung für eine gewaltenteilige Demokratie, sondern unterschätze auch „die demokratische Legitimation der anderen Staatsorgane" (BVerfGE 49, 124 ff.; 68, 86 ff.).

Orientiert sich eine „sachgerechte" Kompetenzzuweisung an den Normen der Verfassung, dann sind Maßnahmen wie beispielsweise Grundgesetzänderungen oder in Gesetzen festzulegende Schranken (etwa im Fall der privaten Eigentumsnutzung) dem Gesetzgeber vorbehalten (BVerfGE 47, 78 f.). In auswärtigen Angelegenheiten ist allerdings seit der deutschen Vereinigung der Parlamentsvorbehalt durch die Bundesregierung in wesentlichen Entscheidungen (z.B. Beteiligung der Bundeswehr an Einsätzen außerhalb des NATO-Gebietes) immer weiter ausgehöhlt worden. Der Tendenz der Regierungspolitik, „am Parlament vorbei" Entscheidungen zu treffen, hat das Bundesverfassungsgericht in seinem „Blauhelmurteil" vom 12. Juli 1994 Einhalt geboten. Das Verfassungsgericht hat das Mitwirkungsrecht des Parlaments durch die Verpflichtung der Bundesregierung gestärkt, für einen Einsatz von Streitkräften die vorherige „konstitutive Zustimmung des Deutsches Bundestags einzuholen" (Leitsatz 3a des „Blauhelmurteils").

Die Verwaltung darf wegen des Gesetzesvorbehalts „belastende Akte" (z.B. Arbeitszeitregelungen, Lehr- oder Prüfungsverpflichtungen) nur dann vollziehen, wenn sich ihre Regelungen und Maßnahmen auf Ermächtigung des gesetzten Rechts, nicht aber auf Gewohnheitsrecht oder herrschende Gerechtigkeitsvorstellungen gründen. Der Aspekt des Gesetzesvorbehalts steht in engem Zusammenhang mit der Gesetzmäßigkeit der Verwaltung: Ermächtigungen zu belastenden Verwaltungsakten müssen nach Inhalt, Zweck und Ausmaß hinreichend bestimmt sein (Art. 80 Abs. 1 GG), um Eingriffe nachprüfbar und für den Betroffenen voraussehbar und berechenbar zu machen. Die Gesetzmäßigkeit der Verwaltung sollte allerdings nicht zu einer vom Parlament zu weit getriebenen „Vergesetzlichung" führen, die die Eigenständigkeit und die notwendige Flexibilität des Verwaltungshandelns beeinträchtigt. Im Interesse einer effizienten Verwaltung müssen Ermessensspielräume für „situations- und sachgerechte Einzelfallentscheidungen" erhalten bleiben (Zippelius 1989, § 24).

1.1.2 Das Europäische Polizeiamt (Europol) und die Bindung der vollziehenden Gewalt

Massive Kritik an der Aushöhlung des rechtsstaatlichen Grundsatzes der Bindung der vollziehenden Gewalt ist vor allem im Zuge der Errichtung des Europäischen Polizeiamts (Europol) erhoben worden (Lisken/Mokros 1998, S. 200–205). Da die „Europol-Konvention" gemäß Art. 59 Abs. 2 GG ein völkerrechtlicher Vertrag ist, konnte der Bundestag dem Vertragstext nur uneingeschränkt zustimmen oder die Konvention ganz ablehnen. Mit der Zustimmung des Bundestags zu der von Regierungsakteuren der EU-Mitgliedsstaaten ausgehandelten Europol-Konvention im Oktober 1997 wurde eine Behörde mit polizeilichen Befugnissen geschaffen, ohne dass der deutsche Gesetzgeber Begrenzungen und Vorgaben für deren Eingriffshandeln festlegen konnte. Die Bindung dieser Strafverfolgungsbehörde an Gesetz und Recht gilt demnach, so betont die Kritik, nicht für das polizeiliche Handeln auf EU-Ebene (Lisken/Mokros 1998, S. 201). Dieses gesetzlich bindungsfreie Handeln kann auch nicht mit dem Hinweis darauf gerechtfertigt werden, dass Beamte von Europol keine eigenständigen Ermittlungen vornehmen dürfen und auch keine Exekutivbefugnisse haben, sondern lediglich die Erkenntnisse nationaler Polizeien sammeln und auswerten dürfen.

Deutsche Ermittlungsbehörden unterliegen bei der Erhebung, Speicherung, Weitergabe und Nutzung der Europol-Daten ausschließlich nationalem Recht (z.B. der Strafprozessordnung oder den Polizeigesetzen der Länder). Der Umgang mit so genannten „weichen" Daten wäre demzufolge nach nationalem Recht zu behandeln, sodass Betroffene auch den Rechtsschutz deutscher Verwaltungsgerichte in Anspruch nehmen könnten. Voller Rechtsschutz durch nationale Gerichte ist allerdings deshalb nicht gewährleistet, weil eine rechtliche Überprüfbarkeit des Umgangs mit Daten durch Europol selbst fehlt.

Das verfassungsrechtlich geschützte „Recht auf informationelle Selbstbestimmung" (BVerfGE 65,1) wird solange nicht verletzt, wie betroffene Bundesbürger nach dem Bundesdatenschutzgesetz sämtliche von deutschen Behörden bei Europol gespeicherten Daten einsehen können. Dieses Recht wird aber insofern empfindlich ausgehöhlt, als sich die Einsichtnahme von Daten, die andere EU-Staaten eingebracht haben, nach den jeweiligen Rechtsvorschriften des einbringenden Staates richten.

Nach geltenden Bestimmungen können Europol-Bedienstete im Rahmen der Zuständigkeiten von Europol (z.B. bei grenzüberschreitender organisierter Kriminalität) in nationale Ermittlungsbehörden eingebunden werden (so genannte Joint Invention Teams). Bedenklich ist dabei, dass sich die rechtliche Überprüfbarkeit polizeilichen Handelns ausschließlich auf Polizeibedienstete der Nationalstaaten beschränkt.

Neben diesen demokratisch legitimationsrelevanten Kritikpunkten bestehen auch erhebliche Bedenken gegen die den Bediensteten von Europol zugebilligten Immunitäten nach Maßgabe eines Protokolls der Europol-Konvention (Art. 41 Abs. 1). Gemäß diesem Protokoll genießen die Mitglieder der Organe und des Personals von Europol Immunität gegenüber jeglicher Gerichtsbarkeit, womit erstmals in der europäischen Rechtsgeschichte Polizeibeamte von jeglicher gerichtlicher Verantwortung freigestellt werden (Simitis 1997, S. 6).

Auf Kritik stößt besonders der Verweis der Bundesregierung, dass es der allgemeinen völkerrechtlichen Praxis entspreche, Bediensteten internationaler Organisationen Immunität zu gewähren. Aus der Sicht der Kritik habe die Immunität der Europolizisten nichts mit der den Parlamenten oder dem diplomatischen Dienst eingeräumten Privilegien zu tun. Die Immunität von Abgeordneten und Diplomaten sei nämlich örtlich, zeitlich und sachlich beschränkt. Während also Abgeordnete und Diplomaten strafrechtlich verantwortlich bleiben, werden Polizisten von dieser strafrechtlichen Verantwortung freigestellt. Aus kritischer Sicht widerspricht dies der in Art. 20 Abs. 3 GG unabänderlich fixierten Bindung der Exekutive an Gesetz und Recht. Demzufolge sollten im Rechtsstaat Ziele wie „Einbußen an vermeintlicher Effektivität oder Erfolg" keinen Vorrang vor den Garantien der Menschenrechte haben (Lisken/Mokros 1998, S. 204).

Sollte Europol künftig mit eigenen Ermittlungszuständigkeiten und womöglich auch Exekutivbefugnissen betraut werden, müsste auch das Handeln von Europol rechtlich überprüft werden können. Gemäß dem während der deutschen EU-Ratspräsidentschaft im Januar 2007 vorgelegten EU-Kommissions-Entwurf wurde dann auch die EU-Finanzierung von Europol an die Voraussetzung geknüpft, die Immunität von Europol-Bediensteten – zumindest für die Teilnahme an operativen Maßnahmen – aufzuheben.

1.1.3 Die vorbeugende Telekommunikationsüberwachung und die Bindung an Verfassung und Gesetz

Die im Niedersächsischen Polizeigesetz geregelte vorbeugende Telefonüberwachung ist ein geeignetes Beispiel dafür, dass Vorgaben des Bundesverfassungsgerichts wie die zur heimlichen Telefon- oder Kommunikationsüberwachung unzulänglich umgesetzt, und damit Fragen der Bindungswirkung des Art.20 Abs.3 GG berührt werden.

Das Bundesverfassungsgericht hat mit seinem Urteil vom Juli 2005 Regelungen des Niedersächsischen Gesetzes über die öffentliche Sicherheit und Ordnung (§ 33a Abs. 1 Nr. 2 und 3) für nichtig erklärt (BVerfG,1 BvR 668/04 vom 27.7.2005). Dieses Gesetz, das die Polizei zur Telekommunikationsüberwachung zum Zwecke der Verhütung und der Vorsorge für die Verfolgung von Straftaten ermächtigt, verstoße gegen das Fernmeldegeheimnis (Art. 10 Abs. 1 GG). Der niedersächsische Gesetzgeber habe überdies teilweise seine Kompetenzen überschritten, da die Verfolgungsvorsorge zum gerichtlichen Verfahren nach Art. 74 Abs. 1 Nr. 1 GG und damit zur konkurrierenden Gesetzgebung des Bundes gehöre.

Außerdem sei die gesetzliche Ermächtigung nicht hinreichend bestimmt und erfülle nicht die Anforderungen an den Grundsatz der Verhältnismäßigkeit: Die Ausrichtung auf „Straftaten von erheblicher Bedeutung" sei insofern unpräzise, als dieses Tatbestandsmerkmal wenig darüber aussage, wann ein Verhalten künftig auf solche Straftaten hindeute. Der Grundsatz der Verhältnismäßigkeit werde insofern verletzt, als die Telefonüberwachung einen schwerwiegenden Eingriff in das Fermeldegeheimnis ermögliche. Die Datenerhebung verschaffe Einblicke in das soziale Umfeld und liefere umfangreiche Informationen über das persönliche Verhalten der überwachten Person. Durch die Telefonüberwachung bestehe die Gefahr, dass die Einbußen an grundrechtlich geschützter Freiheit in unangemessenem Verhältnis zum Zweck vorbeugender Strafverfolgung stehe.

Schließlich würden nicht hinreichend Vorkehrungen getroffen, dass es zu Eingriffen in den absolut geschützten Kernbereich privater Lebensgestaltung komme. Da das Risiko groß sei, dass Informationen aus diesem schützenswerten Kernbereich geliefert werden, sei die Abhör-

maßnahme allenfalls hinzunehmen, wenn es sich um einen besonders hohen Rang des gefährdeten Rechtsguts und einer hohen Intensität der Gefährdung handle.
Kritiker erheben den Vorwurf, dass die Vorgaben des Urteils von der Gesetzgebung, der Polizei und den Geheimdiensten nur unzureichend beachtet würden. So sei mehr als zwei Jahre nach dem Urteil die „Strafverfolgungsvorsorge" noch nicht aus allen Landespolizeigesetzen gestrichen worden. Auch die im Urteil beanstandeten Anforderungen an die Bestimmtheit und die Verhältnismäßigkeit der Telefonüberwachung sei noch unzulänglich. Darüber hinaus gäbe es keine ausreichenden Bestimmungen zum Schutz des Kernbereichs privater Lebensgestaltung (Puschke/Singelnstein 2005, S. 3534 ff.; Kutscha 2005, S. 16 ff.)
Kritiker bemängeln, dass die Bindungswirkung von Urteilen des Bundesverfassungsgerichts „in der Praxis der Sicherheitsinstitutionen noch geringer" sei als beim Gesetzgeber (Singelnstein 2007, S. 110). Die strengen Anforderungen an die akustische Wohnraumüberwachung würden in der Praxis weitgehend beachtet. Da Polizei und Verfassungsschutz diese Form der Überwachung nicht mehr für praktikabel hielten, sei die Zahl der Wohnraumüberwachungen auf sieben bis acht Fälle zurückgegangen (Schneider/Ramelsberger 2007, S. 5). Die richterlichen Vorgaben zum privaten Kernbereichsschutz würden dagegen bei der Telekommunikationsüberwachung nur unzulänglich berücksichtigt oder ganz ignoriert. Damit verstoße der Gesetzgeber und die Exekutive im Bereich der Telefonüberwachung zum großen Teil gegen den Art. 20 Abs. 3 GG (Singelnstein 2007, S. 110).
Hier bahne sich eine grundsätzliche Auseinandersetzung um die Bedeutung rechtsstaatlicher Prinzipien an. Während das Bundesverfassungsgericht, Bürgerrechtsorganisationen und Teile der Medien den hohen Stellenwert der rechtsstaatlichen Grundsätze der Freiheit betonen, setzen wesentliche Teile der Politik auf Sicherheit im Sinne der Stärkung der Effektivität von Strafverfolgung und Gefahrenabwehr (Darnstädt 2007, S. 18–30).

1.2 Schutz der Menschenwürde und der Menschenrechte

Die Garantie der Menschenwürde ist nicht nur ein Leitgrundsatz der Verfassung, sondern auch ein Grundrecht, dem in neueren Entscheidungen des Bundesverfassungsgerichts beispielsweise zum Luftsicherheitsgesetz oder zum „Großen Lauschangriff" große Bedeutung eingeräumt wurde.

1.2.1 Die Unantastbarkeit der Menschenwürde als Leitgrundsatz der Verfassung

Die Verankerung der Menschenwürde und der Menschenrechte an erster Stelle des Grundgesetzes drückt den hohen Stellenwert aus, den die Verfassungsgesetzgeber dieser Norm beimessen. Mit dem Bekenntnis zur Unantastbarkeit der Menschenwürde (Art. 1 Abs. 1 GG) und der Unverletzlichkeit der Menschenrechte „als Grundlage der menschlichen Gemeinschaft, des Friedens und der Gerechtigkeit in der Welt" (Art. 1 Abs. 2 GG) reagierten die Verfassungsschöpfer auf die tatsächliche Verletzung der Normen insbesondere in der jüngeren deutschen Geschichte.
Die Menschenwürdegarantie des Artikels 1 GG wird in einzelnen Grundrechten konkretisiert (K. Hesse 1993, S. 124 f.). Die Menschenrechts-Normen des Grundgesetzes als „Grundlage jeder menschlichen Gemeinschaft" begründen und begrenzen staatliches Handeln und gehen allen anderen Staatszielen vor. Der hohe Stellenwert der Menschenwürdegarantie wird durch den unantastbaren Schutz der so genannten „Ewigkeitsklausel" (Art. 79 Abs. 3 GG) noch unterstrichen.

1.2.2 Das Luftsicherheitsgesetz als Beispiel für die Unvereinbarkeit mit dem Grundrecht auf Leben und der Menschenwürdegarantie

Das Bundesverfassungsgericht erklärte in seinem Urteil vom Februar 2006 das Luftsicherheitsgesetz, in dem die Streitkräfte zum Abschuss von entführten Flugzeugen mit spezifisch militärischen Waffen ermächtigt werden sollten, als mit dem Grundgesetz unvereinbar und nichtig (BVerfG, 1 BvR 357/05 vom 15.2.2006). Der Bund habe bereits keine Gesetzgebungsbefugnis (nach Art.35 Abs. 2 Satz 2 und Abs. 3 Satz 1 GG) bei der Bekämpfung von Naturkatastrophen oder besonders schweren Unglücksfällen, mit militärischen Waffen einzugreifen. Die Ermächtigung der Streitkräfte (§ 14 Abs. 3 des Luftsicherheitsgesetzes), mit Waffengewalt ein Flugzeug abzuschießen, sei darüber hinaus mit dem Recht auf Leben (Art. 2 Abs. 2 Satz 1 GG) in Verbindung mit der Menschenwürdegarantie (Art. 1 Abs. 1 GG) unvereinbar, soweit davon „tatunbeteiligte" Menschen im Flugzeug betroffen werden (Leitsatz 3).

Da die im entführten Flugzeug befindlichen Passagiere und Besatzungsmitglieder in einer ausweglosen Lage seien, werden sie zum Objekt des Täters und des Staates. Der Staat behandle sie als bloße Objekte zum Schutz anderer. Die Betroffenen würden durch ihre Tötung zur Rettung anderer instrumentalisiert und zugleich entrechtlicht werden.

Auch die Garantie der Menschenwürde verbiete, aufgrund einer gesetzlichen Ermächtigung unschuldige Menschen in einer hilflosen Lage vorsätzlich zu töten. Menschliches Leben und menschliche Würde genössen unabhängig von der Dauer der physischen Existenz gleichen verfassungsrechtlichen Schutz. Deshalb sei der Gedanke, der Einzelne sei im Interesse des Staatsganzen notfalls verpflichtet, sein Leben aufzuopfern, nicht nur moralisch verwerflich, sondern auch ein fundamentaler Verstoß gegen die grundgesetzlich geschützte Menschenwürde.

1.2.3 Der „Große Lauschangriff" und die Unverletzlichkeit der Wohnung

Besondere Kritik hat das durch die Verfassungsänderung zur akustischen Wohnraumüberwachung („Großer Lauschangriff") eingeschränkte Grundrecht der Unverletzlichkeit der Wohnung (Art. 13 GG) als wesentlicher Bestandteil der Unverletzlichkeit der Privatsphäre hervorgerufen (Bechtold 1998; Kant 1998). Nachdem bestimmte Berufsgruppen vom Lauschangriff ausgenommen worden sind (Priester, Ärzte, Anwälte, Journalisten) und das „Begleitgesetz" den Vermittlungsausschuss passiert hatte, ist im März 1998 mit Zustimmung der CDU/CSU, SPD und FDP der Art. 13 Abs. 3 GG neu geregelt worden: „Begründen bestimmte Tatsachen den Verdacht, dass jemand ... besonders schwere Straftaten begangen hat, so dürfen ... aufgrund richterlicher Anordnung technische Mittel zur akustischen Überwachung von Wohnungen ... eingesetzt werden .... Die Anordnung erfolgt durch einen mit drei Richtern besetzten Spruchkörper. Bei Gefahr im Verzuge kann sie auch durch einen einzelnen Richter getroffen werden".

Wie bisher schon bei der Telefonüberwachung wird befürchtet, dass mit einfacher Mehrheit ständig neue Katalogtaten dem Gesetz hinzugefügt werden könnten (Bechtold 1998, S. 154). Kritisch wird außerdem angemerkt, dass für die Überwachung der Wohnung lediglich ein einfacher Tatverdacht ausreiche, also kein „dringender" Tatverdacht vorliegen müsse. Beim „Großen Lauschangriff" gelten damit geringere Erfordernisse als beim vorläufigen Entzug der Fahrerlaubnis gegen einen alkoholisierten Fahrer. Die Einwände richten sich ferner dagegen, dass verdächtige Personen in Wohnungen belauscht werden könnten, in denen sich

„der Beschuldigte vermutlich aufhält". Damit werde ein Grundsatz des Rechtsstaats insofern verletzt, als nicht nur „Ganovenwohnungen", sondern vielmehr auch völlig unverdächtige „Kontaktpersonen" belauscht werden könnten. Demzufolge sei nicht absehbar, wie viele Personen in ihrer Privatsphäre beeinträchtigt und wie viele Gespräche aufgezeichnet werden. Da bestimmte Berufsgruppen vom „Lauschangriff" ausgenommen werden, kann die absurde Situation eintreten, dass das heimliche Belauschen des Gesprächs mit dem Anwalt verboten, das heimliche Belauschen von Ehepartnern in den eigenen vier Wänden hingegen erlaubt sei.

Der „Lauschangriff" wird als „schwerer Einbruch in unsere verfassungsmäßige Rechts- und Werteordnung" aufgefasst (Bechtold 1998, S. 155), da dem Einzelnen „um der freien und selbstverantwortlichen Entfaltung seiner Persönlichkeit willen ‚Innenraum' verbleiben" muss, in dem er „ein Recht auf Einsamkeit genießt" (BVerfGE 27,1). Mit dem „Lauschangriff", so betonen dessen Kritiker, sei selbst das Privateste nicht mehr tabu und verliere der Einzelne seine Personalität.

Außerdem tangiere der „Lauschangriff" die das Strafverfahren prägende Unschuldsvermutung: Durch das heimliche Mithören werde nicht nur das Recht des Beschuldigten, zu schweigen, sondern auch das Zeugnisverweigerungsrecht von anderen umgangen. Der „Große Lauschangriff" verstoße zudem gegen die in Art. 19 Abs. 4 GG festgelegte Rechtsweggarantie. Zwar soll nach den „Begleitregelungen" zum Art. 13 GG der per „Wanze" Belauschte nach Abschluss der Maßnahme benachrichtigt werden, sodass er die Maßnahme zumindest nachträglich überprüfen lassen kann. Da aber schon aus polizeitaktischen Gründen auf diese Pflicht zur Benachrichtigung verzichtet werde, erfährt der Belauschte nichts von der Überwachung seiner Wohnung. Es könne also passieren, dass die Staatsanwaltschaft und das Gericht das „Lauschprotokoll" in allen Einzelheiten kennen, während der Belauschte vom Lauschangriff und von seinem Ergebnis keine Ahnung habe, also auch keine Beschwerde einlegen könne.

1.2.4 Die Entscheidung des Bundesverfassungsgerichts zum „Großen Lauschangriff"

Das Bundesverfassungsgericht hat mit seinem Urteil vom März 2004 entschieden, dass die 1998 vorgenommene Verfassungsänderung des Art. 13 Abs. 3 GG zur akustischen Wohnraumüberwachung nicht verfassungswidrig, sondern mit der Ewigkeitsklausel des Art. 79 Abs. 3 GG vereinbar sei (1. Leitsatz) (BVerfG, 1 BvR 2378/98 vom 3.3.2004). Demgegenüber seien wesentliche Teile der gesetzlichen Ermächtigung zur Durchführung der akustischen Wohnraumüberwachung (vor allem § 100c Abs. 1 Nr. 3, Abs. 2 und 3 der Strafprozessordnung) verfassungswidrig (6. Leitsatz).

Die Vereinbarkeit des geänderten Artikels 13 Abs. 3 mit der Ewigkeitsklausel wird damit erklärt, dass die Verfassungsänderung des Art. 13 GG die Menschenrechtsgarantie des Art. 1 Abs. 1 GG nicht angetastet habe (Möllers 2006, S. 362–366). Der neue Artikel 13 ermächtige nur eingeschränkt zu solchen Überwachungsmaßnahmen, die die Menschenwürde wahren. Das höchste Gericht spricht sich deshalb für eine restriktive, an der Menschenwürde orientierte Auslegung des Art. 13 Abs. 3 GG aus.

Die Menschenwürde gebiete darüber hinaus die strikte Achtung einer Sphäre der privaten – „höchstpersönlichen" – Entfaltung. Gerade in seinen privaten Räumen müsse der Einzelne sicher sein, nicht von staatlichen Stellen an der Entfaltung seiner Persönlichkeit im Kernbereich privater Lebensgestaltung überwacht zu werden. Die akustische Überwachung dürfe deshalb auch nicht im Interesse einer effektiven Strafverfolgung in diesen Kernbereich eingreifen. Eine Abwägung nach dem Grundsatz der Verhältnismäßigkeit zwischen der Unverletzlichkeit der Wohnung und dem Strafverfolgungsinteresse sei insoweit nicht zulässig (2. Leitsatz).

Das zur Ausgestaltung des Art. 13 Abs. 3 GG geschaffene Gesetz zur Verbesserung der Bekämpfung der Organisierten Kriminalität müsse nähere Sicherungen der Unantastbarkeit der Menschenwürde enthalten. Das Bundesverfassungsgericht stellt umso strengere Anforderungen an die Rechtmäßigkeit der Wohnraumüberwachung, je größer das Risiko sei, dass Gespräche höchstpersönlichen Inhalts erfasst würden. Führe die Überwachung unerwartet zur Beschaffung absolut geschützter Informationen, müssen die Überwachung sogar abgebrochen und die Aufzeichnungen gelöscht werden. Da die einfachgesetzlichen Änderungen der Strafprozessordnung zur Durchführung der akustischen Überwachung von Wohnraum den strengen rechtsstaatlichen Anforderungen nicht genügten, sei der Schutz der Menschenwürde, der Grundsatz der Verhältnismäßigkeit, die Gewährung effektiven Rechtsschutzes (Art. 19 Abs. 4 GG) und der Anspruch auf rechtliches Gehör (Art. 103 Abs. 1 GG) „nicht in vollem Umfang" gewährleistet (6. Leitsatz). Obwohl das Bundesverfassungsgericht keinen Verstoß gegen den Art. 79 Abs. 3 GG feststellen konnte, verpflichtet es unter Bezug auf Art. 19 Abs. 2 GG (Wesensgehaltsgarantie) den Gesetzgeber zur Änderung der einfachgesetzlichen Regelung, im vorliegenden Fall also der Strafprozessordnung.

1.3 Das Prinzip der Freiheit

Die im 19. Jahrhundert im Bürgertum entstandene Idee des Rechtsstaats, ungerechtfertigte staatliche Eingriffe abzuwehren, d.h. insbesondere die individuelle Freiheit zu sichern, prägt das Grundgesetz. Auch wenn der Sicherung der Freiheitsrechte, die in zahlreichen Artikeln konkretisiert werden, ein „Übergewicht" zukommt, hat die Garantie der Gleichheitsrechte einen hohen Stellenwert (Böckenförde 1969, S. 53ff.; 1999, S. 10; Kunig 1986; Stern 1984).

1.3.1 Konkretisierung der Freiheitsrechte

Das allgemeine Freiheitsprinzip des Grundgesetzes, das Recht auf freie Entfaltung der Persönlichkeit (Art. 2 GG), wird in einzelnen Rechten konkretisiert. Werden die Freiheitsrechte nach ihren hauptsächlichen Schutzzwecken gegliedert, lassen sich drei Gruppen unterscheiden (K. Hesse 1999, S. 161–198):

- Die individuellen Freiheitsrechte umfassen diejenigen Rechte, die den Menschen in seiner Würde und individuellen Unversehrtheit schützen. Dazu zählen der Schutz des Lebens und der körperlichen Unversehrtheit (Art. 2 Abs. 2), die Gewissens- und Religionsfreiheit (Art. 4), das Brief- und Fernmeldegeheimnis (Art. 10), die Freizügigkeit (Art. 11) und die Unverletzlichkeit der Wohnung (Art. 13). Sie umfassen auch noch das Recht auf allgemeine Handlungsfreiheit (Art. 2 Abs. 1), da dieses insbesondere als Auffangrecht für Ausländer gilt, da ihnen nach dem Grundgesetz keine Bürgerrechte zustehen (z.B. Versammlungsfreiheit, Vereinigungsfreiheit, Freizügigkeit). Zu diesen individuellen Freiheitsrechten gehören aber auch die Rechte und Garantien des gerichtlichen Rechtsschutzes (Art. 19 Abs. 4, Art. 92 bis 104).
- Als zweite Kategorie sind die wirtschaftlichen Freiheitsrechte zu nennen. Sie umfassen im Wesentlichen die Garantie des Eigentums und des Erbrechts, deren Gebrauch zugleich dem „Wohl der Allgemeinheit" dienen soll (Art. 14), die Freiheit der Wahl des

II Prinzipien

Berufes, des Arbeitsplatzes und der Ausbildungsstätte (Art. 12) und die Freiheit des Zusammenschlusses von Arbeitnehmern und Arbeitgebern zu Gewerkschaften und Arbeitgebervereinigungen (Koalitionsfreiheit) (Art. 9 Abs. 3). Zu den wirtschaftlichen Freiheitsrechten gehören auch die aus dem Eigentumsschutz und der wirtschaftlichen Handlungsfreiheit (Art. 2 Abs. 1 GG) abgeleiteten unternehmerischen Dispositionsfreiheiten. Konkrete Unternehmerfreiheiten sind vor allem die Investitions-, Gewinnverwendungs- und Preisgestaltungsfreiheit.

- Eine dritte Gruppe von Freiheitsrechten bilden die Beteiligungs- und Mitwirkungsrechte am politischen und gesellschaftlichen Leben. Dazu gehören die Meinungs- und Pressefreiheit (Art. 5), die Versammlungs- und Vereinigungsfreiheit (Art. 8 und 9); grundlegende politische Teilhaberechte sind aber auch das Wahlrecht und die Freiheit zur Bildung politischer Parteien.

Die Nutzung der Freiheitsrechte hat allerdings dort ihre Grenzen, wo Rechte anderer verletzt werden, gegen die verfassungsmäßige Ordnung oder das Sittengesetz verstoßen wird (Art. 2). Der Einschränkung individueller Freiheitsrechte werden aber vom Grundgesetz enge Grenzen gesetzt. Art. 19 Abs. 1 und 2 GG nennen die Voraussetzungen und Formen der Einschränkung von Grundrechten: „Soweit nach diesem Grundgesetz ein Grundrecht durch Gesetz oder aufgrund eines Gesetzes eingeschränkt werden kann, muss das Gesetz allgemein und nicht nur für den Einzelfall gelten ..." „In keinem Fall darf ein Grundrecht in seinem Wesensgehalt angetastet werden".

In die konkreten Grundfreiheiten des Grundgesetzes, in das Recht auf Leben und körperliche Unversehrtheit und die Freiheit der Person (Art. 2 Abs. 2 GG), darf nur aufgrund eines Gesetzes eingegriffen werden, dessen formelle Voraussetzungen Art. 104 GG normiert: Dieser Artikel macht die freiheitssichernde Funktion eines rechtsstaatlichen Verfahrens sichtbar. Danach sind Freiheitsbeschränkungen nur aufgrund eines förmlichen Gesetzes zulässig, in dem Art und Maß der Freiheitsentziehung festgelegt werden müssen. Sind diese formellen Voraussetzungen erfüllt, können Gerichte oder Organe der vollziehenden Gewalt die körperliche Bewegungsfreiheit einschränken.

Über den Eingriff in die Freiheitsentziehung hat allerdings ein Richter zu entscheiden (Art. 104 Abs. 2 GG). Wenn kein Richter die Freiheitsentziehung angeordnet hat, ist eine richterliche Entscheidung unverzüglich herbeizuführen. Die Polizei darf aus eigener Machtvollkommenheit niemanden länger als bis zum Ende des Tages nach dem Ergreifen festhalten (Art. 104 Abs. 2 GG). Jeder vorläufig Festgenommene ist spätestens am Tage nach der Festnahme dem Richter vorzuführen. Der Richter hat entweder einen begründeten schriftlichen Haftbefehl zu erlassen oder die Freilassung anzuordnen (Art. 104 Abs. 3 GG). Für jede Freiheitsentziehung gilt die Vorschrift, dass ein Angehöriger des Festgehaltenen oder eine Person des Vertrauens von der richterlichen Entscheidung unverzüglich zu benachrichtigen sind (Art. 104 Abs. 4 GG).

1.3.2 Die Rasterfahndung: Das Grundrecht auf informationelle Selbsbestimmung und der Grundsatz der Verhältnismäßigkeit

Das Bundesverfassungsgericht hat in seinem Urteil vom April 2006 die präventive polizeiliche Rasterfahndung nach dem Polizeigesetz von Nordrhein-Westfalen für unvereinbar mit dem Grundrecht der informationellen Selbstbestimmung (Art. 2 Abs. 2 in Verbindung mit Art. 1 Abs. 1 GG) erklärt (BVerfG, 1 BvR 518/02 vom 4.4.2006). Die Rasterfahndung als polizeiliche Fahndungsmethode, die einen automatisierten Abgleich („Rasterung") personenbezogener Daten mit anderen Daten vornimmt, sei nur dann verfassungskonform, wenn eine hinreichend konkrete Gefahr für hochrangige Rechtsgüter wie den Bestand oder die Sicherheit des Bundes oder eines Landes oder für Leib, Leben oder Freiheit einer Person gegeben sei (1. Leitsatz). Eine allgemeine Bedrohungslage wie die nach den Anschlägen vom 11. September 2001, oder außenpolitische Spannungslagen reichten für die gerichtliche Anordnung nicht aus (2. Leitsatz). Nach dem Urteil des Bundesverfassungsgericht sei allerdings beim Vorliegen einer „Dauergefahr" (Orientierungssatz 1b cc) eine Rasterfahndung grundsätzlich möglich.

Nach Auffassung des Bundesverfassungsgerichts gebiete der rechtsstaatliche Grundsatz der Verhältnismäßigkeit, dass der Gesetzgeber intensive Grundrechtseingriffe wie die der Rasterfandung erst von bestimmen „Verdachts- oder Gefahrenstufen an" vorsehen darf: Das Polizeigesetz von Nordrhein-Westfalen 1990 (§ 31 Abs. 1 PolG) ermögliche aber verdachtslose Grundrechtseingriffe „mit großer Streubreite". Das Polizeigesetz beziehe nicht nur den Betroffenen der Eingriffsmaßnahme, sondern alle die Auswahlkriterien erfüllenden Personen ein. Schnell würden ohne konkrete Verdachtsmomente als „Schläfer" angesehene Bürger in die Rasterfahndung einbezogen, für die Unauffälligkeit und Angepasstheit wesentliche Kriterien der Suche sind.

Angesichts des Gewichts des Grundrechtseingriffs der Rasterfahndung müsse der Gesetzgeber rechtsstaatliche Anforderungen wahren, indem er den Eingriff erst von der Schwelle einer hinreichend konkreten Gefahr an zulasse. Im Vorfeld einer konkreten Gefahr scheide deshalb eine Rasterfahndung aus.

1.4 Der Grundsatz der Gleichheit

Auch wenn ein verfassungsrechtliches „Übergewicht" der Freiheitsrechte konstatiert worden ist, kommt der Garantie der Gleichheitsrechte eine beachtenswerte Funktion zu (Beyme 2004, S. 38–45). Eine freie Gesellschaft, in der „die natürliche und besitzbestimmte Ungleichheit der Menschen zur vollen Entfaltung kommt", entwickle aus sich heraus notwendig soziale Ungleichheit. Das Erbrecht verstärke diese Ungleichheit noch in die Generationen hinein, womit sich die Unterschiedlichkeit der Ausgangspunkte noch verfestige. Dem Staat wird deshalb die notwendige Aufgabe zugewiesen, „der sozialen Ungleichheit entgegenzuwirken und ihren Umschlag in soziale Unfreiheit zu verhindern. Demzufolge habe die Politik die Verpflichtung, die „sich stets neu bildende soziale Ungleichheit durch Maßnahmen der sozialen Sicherung und des sozialen Ausgleichs" zumindest zu relativieren (Böckenförde 1999, S. 10).

Das allgemeine Gleichheitsprinzip ist in Art. 3 Abs. 1 GG normiert: „Alle Menschen sind vor dem Gesetz gleich". Dieser „formale" Gleichheitsgrundsatz wird in mehreren Bestimmungen konkretisiert wie beispielsweise im Gebot der Gleichberechtigung von Männern und Frauen (Art. 3 Abs. 2). Um auch in der Praxis die allgegenwärtige wirtschaftliche und soziale Benachteiligung von Frauen zumindest zu verringern, ist im Zuge der vereinigungsbedingten Verfassungsänderungen die Forderung der Gleichbehandlung als Auftrag an den Staat bekräftigt und an Art. 3 Abs. 2 GG folgender Satz angefügt worden: „Der Staat fördert die tatsächliche Durchsetzung der Gleichberechtigung von Frauen und Männern und wirkt auf die Beseitigung bestehender Nachteile hin". Konkrete Formulierungen des Gleichheitsprinzips sind des Weiteren das umfassende Verbot der Diskriminierung aus Gründen der Abstammung, der Rasse, der Sprache, religiöser oder politischer Anschauungen usw. In Art. 33 wird das Recht auf staatsbürgerliche Gleichstellung aller Deutschen festgelegt.

Da im überkommenen Rechtsstaatsverständnis die Rechtsgleichheit lediglich als „formal gleiche Anwendung des Rechts ohne Ansehen der Person" verstanden wurde, kam nach In-Kraft-Treten des Grundgesetzes der Frage der „inhaltlichen" (materiellen) Ausgestaltung des Gleichheitsgrundsatzes großes Gewicht zu. Da der allgemeine Gleichheitssatz des Grundgesetzes konkretisiert werden muss, werden „der Verfassungsrechtsprechung weite Entscheidungsspielräume eröffnet" (Schefold 1994, S. 548).

Nach Auffassung des Bundesverfassungsgerichts bezieht sich die Gleichheit vor dem Gesetz auf Form und Inhalt. Der Gleichheitssatz wird als „allgemeine Weisung" an den Gesetzgeber interpretiert, „bei steter Orientierung am Gerechtigkeitsdenken ... Ungleiches seiner Eigenart entsprechend verschieden zu behandeln". In dieser Sichtweise ist der Rechtsstaat heute nicht mehr nur im formellen Sinn („Gesetzesstaat"), sondern auch im materiellen Sinn („Gerechtigkeitsstaat") zu verstehen (BVerfGE 20, 331). Dem Gesetzgeber wird damit die Rechtfertigung für eine gerechtigkeitsorientierte kompensatorische Politik geliefert, d.h., beispielsweise in der Bildungspolitik Schülern, Auszubildenden, Studenten usw. aus „bildungsfernen" Schichten und infrastrukturell „unterausgestatteten" Regionen zur Verringerung dieser Benachteiligungen bevorzugt staatliche Unterstützungsleistungen zu gewähren (Böhret u.a. 1988, S. 250f.).

1.5 Grundsätze der Verhältnismäßigkeit und des Übermaßverbots

Über den Schutz der Grundrechte hinaus müssen alle gesetzlichen Maßnahmen dem Grundsatz der Verhältnismäßigkeit entsprechen (Benda 1993, S. 459) (siehe auch Kap. A.1.3.2). Dieser Grundsatz verlangt, dass Maßnahmen (Eingriffe) und Nutzen in einem angemessenen Verhältnis zueinander stehen. Die Maßnahmen müssen zur Erreichung des Ziels geeignet sein, und der Nutzen muss den Nachteil der Maßnahmen überwiegen (BVerfGE 81, 192). Außerdem muss die gesetzgeberische Regelung „dem Betroffenen zumutbar" sein (Benda 1993, S. 459; Hesse 1999, S. 84).

In engem Zusammenhang mit diesem Rechtsstaatsprinzip steht der Grundsatz des Übermaßverbots. Dieser Grundsatz, der aus dem allgemeinen Gleichheitssatz als Willkürverbot abgeleitet wird, verlangt, dass von den zur Verfügung stehenden Alternativen (Eingriffen) die mildeste Maßnahme zum Zuge kommen muss. Nach dem Grundsatz des Übermaßverbots wird der schonendste Eingriff gewählt, der entgegenstehende Interessen am wenigsten gefährdet (Hesse 1999, S. 190; Piazolo 2004, S. 66).

1.6 Gewaltenteilung und Kontrolle politischer Macht

Die Gewaltenteilung ist nicht nur ein dem Bundesstaat innewohnendes Prinzip, die horizontale um die vertikale Gewaltenteilung zu ergänzen, sondern ist auch ein konstitutives Element jeder Demokratie und jedes Rechtsstaats.

Für Konrad Hesse kann die Gewaltenteilung in der Ordnung des Grundgesetzes unter drei Gesichtspunkten bestimmt werden (K. Hesse 1999, S. 207–215):

- Das Grundgesetz verteilt die Zuständigkeiten und Aufgaben der Staatsgewalt auf die drei Grundtypen staatlicher Tätigkeiten: auf die Gesetzgebung, die vollziehende Gewalt (Regierung/Verwaltung) und die Rechtsprechung (Art. 20 Abs. 2 GG).
- Der Grundsatz der Gewaltenteilung verlangt aber nicht nur die Abgrenzung der Kompetenzen zwischen diesen Organen, sondern auch ein geordnetes Zusammenwirken der staatlichen Institutionen, damit die Aufgabenerfüllung aufeinander abgestimmt und koor-

diniert werden kann. Die modernen Verhandlungssysteme sind auch innerhalb des politisch-administrativen Systems durch enge Netze von formalen und informellen Mitwirkungsbefugnissen beispielsweise im Gesetzgebungsverfahren miteinander verbunden.
- Die Gewaltenteilung, der im politischen System eine wichtige machthemmende Funktion zugewiesen wird, soll verhindern, dass ein staatliches Organ zu weitreichende Regelbefugnisse in Anspruch nimmt, soll also Tendenzen zum „Gewaltenmonismus" möglichst früh unterbinden (BVerfGE 49, 124ff.). Der Grundsatz der Gewaltenteilung kommt umso wirkungsvoller zum Tragen, je mehr die „Ausbalancierung" der Machtverteilung zwischen den staatlichen Organen gelingt.

Die machtbegrenzende Funktion der Gewaltenteilung soll auch dazu beitragen, dass die Kompetenzverteilung und die Verfahrensregelungen nicht nur „formale" Bestimmungen bleiben. Um eine „ausgewogene" Kompetenzverteilung in der Praxis zu gewährleisten, kommt der Justiz eine besondere Verantwortung zu, ihre Kontrollbefugnisse insbesondere gegenüber der staatlichen Verwaltung wahrzunehmen (Benda 1993, S. 458).

1.7 Rechtsschutz und Rechtsprechung

Der Anspruch auf Rechtsschutz gegen alle staatlichen Eingriffe und das Recht auf Einhaltung der Verfahrensgrundsätze sind zentrale Elemente des Rechtsstaats.

1.7.1 Wesentliche Elemente

Der gerichtliche Rechtsschutz und die „Rechtsweggarantie" haben ihre verfassungsrechtlichen Grundlagen in Art. 19 Abs. 4: „Wird jemand durch die öffentliche Gewalt in seinen Rechten verletzt, so steht ihm der Rechtsweg offen". Jedem Bürger steht also die Möglichkeit offen, ein Gericht anzurufen, wenn er sich insbesondere durch Maßnahmen der vollziehenden Gewalt in seinen Rechten verletzt glaubt. Nach Auffassung des Bundesverfassungsgerichts liegt die Bedeutung dieser Verfassungsnorm darin, dass „die Selbstherrlichkeit" der vollziehenden Gewalt im Verhältnis zum Bürger beseitigt wird, sich also kein Akt der Exekutive richterlicher Nachprüfung entziehen kann (BVerfGE 60, 269; 78, 99).

Die Rechtsprechung hat die Aufgabe, in Fällen verletzten Rechts unparteiisch und verbindlich in einem bestimmten Verfahren zu entscheiden (vgl. Kap. B.II.5.). Der Art. 95 GG gliedert die rechtsprechende Gewalt in fünf selbstständige Gerichtszweige: die ordentliche Gerichtsbarkeit (Zivil- und Strafgerichtsbarkeit), die Verwaltungs-, Finanz-, Arbeits- und Sozialgerichtsbarkeit; für diese Gebiete errichtet der Bund Oberste Gerichtshöfe.

Eine wichtige Voraussetzung für die Durchsetzung des Rechts in allen Regelungsbereichen zwischen Staat und Bürgern und zwischen den Bürgern ist die klare Trennung der Rechtsprechung von anderen Staatsgewalten und die Unabhängigkeit ihrer Aufgabenwahrnehmung. In Art. 97 GG wird deshalb die Unabhängigkeit der Richter festgelegt. Diese Unabhängigkeit wird in sachlicher und persönlicher Weise garantiert: Der Richter ist sachlich unabhängig, weil er allein dem Gesetz unterworfen ist und bei seiner Aufgabenerfüllung keinerlei Weisungen unterliegt. Die persönliche Unabhängigkeit der Richter bedeutet vor allem, dass er in der Regel nicht abgesetzt und nicht gegen seinen Willen versetzt werden kann (Maunz 1991, S. 306). Neben der Gewährleistung richterlicher Unabhängigkeit enthält das Grundgesetz eine Reihe von Schutzgarantien für die Stellung des Bürgers vor Gericht.

Art. 101 Abs. 1 GG verbietet nicht nur Ausnahmegerichte, sondern gebietet, dass niemand seinem gesetzlichen Richter entzogen werden darf. Ausnahmegerichte dürfen also nicht eigens für Entscheidungen bestimmter konkreter Fälle gebildet werden (wie dies beispielsweise zur Bekämpfung der politischen Kriminalität in der Weimarer Republik möglich war). Das Prinzip des gesetzlichen Richters verlangt, dass die Zuständigkeit eines Gerichts und seine personelle Zusammensetzung vor den Gerichtsverhandlungen durch gesetzliche Regelungen festgelegt sein müssen. Dieses Prinzip verlangt außerdem die strikte Beachtung der örtlichen Zuständigkeit, wodurch Betroffene die Sicherheit erhalten, nicht nach Belieben der Strafverfolgungsbehörden vor einem Gericht vorgeführt zu werden.

Der Grundsatz des rechtlichen Gehörs (Art. 103 Abs. 1 GG) ist im Gerichtsverfahren selbst von Bedeutung. Danach darf niemandem verwehrt werden, sich vor Gericht in seinem Fall zu äußern. Diese Schutzbestimmung des Rechtsstaats soll vor allem Personen zugute kommen, die sich in einem Strafverfahren zu verantworten haben (Mauder 1986). Das Aussagerecht wird ergänzt durch das Recht, Angaben zur Sache zu vermeiden (Aussageverweigerungsrecht).

Der rechtsstaatliche Grundsatz des Vertrauensschutzes impliziert, Gesetze nur ausnahmsweise rückwirkend In-Kraft-Treten zu lassen (Benda 1993). Deshalb ist im Grundgesetz auch das Verbot der Rückwirkung von Strafgesetzen verankert worden (Art. 103 Abs. 2 GG). Diese Verfassungsnorm besagt, dass eine Tat nur bestraft werden kann, wenn die Strafbarkeit gesetzlich bestimmt war, bevor die Tat begangen wurde („nulla poena sine lege praevia"). Dieses Rückwirkungsverbot berücksichtigte zwei Grundsätze: Um im Voraus ermessen zu können, welche Handlungen strafbar sind, muss der Straftatbestand bereits zur Tatzeit präzisiert sein. Damit das Ausmaß der Strafe voraussehbar ist, muss auch die Strafandrohung bereits zur Tatzeit gesetzlich festgelegt sein (Maunz 1991, S. 355).

1.7.2 Das Rückwirkungsverbot: Die Enscheidung des Bundesverfassungsgerichts zum Schusswaffengebrauch an der innerdeutschen Grenze

Das durch die Entscheidung des Bundesverfassungsgerichts vom 24. Oktober 1996 (BVerfGE 95, 96) eingeschränkte Rückwirkungsverbot für die Aburteilung von in der DDR begangenen Handlungen wie der Schusswaffengebrauch an der innerdeutschen Grenze hat starke Kritik hervorgerufen. Da das Rückwirkungsverbot nach der Intention der Verfassungsgesetzgeber keine Ausnahme zulässt, stand für den Beitritt der DDR zur Bundesrepublik für alle Rechtskundigen außer Frage, dass weder eine rückwirkende Anwendung des Strafrechts der Bundesrepublik auf das Gebiet der DDR in Betracht kam, noch Sondergesetze zur Ahndung strafwürdiger Taten erlassen werden sollten (Grünwald 1998, S. 267–272). Dementsprechend wurde im Einigungsvertrag festgelegt (Art. 315 EG StGB), dass in der DDR begangene Handlungen nur soweit zu bestrafen sind, wie sie das zur Tatzeit geltende DDR-Recht verletzten.

Die Voraussetzung für die Bestrafung einer Handlung ist, dass sie auch nach den Gesetzen der DDR strafbar war. Diese Voraussetzung ist auch für das Strafmaß der Grenzsoldaten, die auf Flüchtende geschossen haben, von Bedeutung: Ihre Bestrafung richtet sich danach, inwieweit sie die Bestimmungen des DDR-Grenzgesetzes eingehalten oder verletzt haben. Danach war der Schusswaffengebrauch nur als äußerstes Mittel vorgesehen, d.h., dass „das Leben von Personen nach Möglichkeit zu schonen" war. Auch nach dem DDR-Grenzgesetz war es also einerseits strafbar, einen Flüchtling zu erschießen, obwohl die Flucht bereits gescheitert war oder durch mildere Mittel hätte verhindert werden können. Andererseits war der Schusswaffengebrauch straflos, da faktisch aus politischen Gründen keine Klage wegen der Erschießung eines Flüchtlings erhoben wurde.

Als „verfehlt" wird deshalb die Begründung des Urteils des Bundesverfassungsgerichts vom Oktober 1996 interpretiert, mit der die Verfassungsbeschwerden von Mitgliedern des nationalen Verteidigungsrats und eines Angehörigen der Grenztruppen zurückgewiesen wurden: Die Kritik betont, dass auch der Verweis auf die Ablösung des Rechts der DDR als „eines Staates, der weder die Demokratie noch die Gewaltenteilung noch die Grundrechte verwirklichte", keine Ausnahme vom Rückwirkungsverbot zulasse (Grünwald 1998, S. 270 f.). Selbst wenn von der Prämisse – schwerwiegende Menschenrechtsverletzungen – ausgegangen wird, könne das verfassungsrechtlich fixierte Rückwirkungsverbot und die Nichtzulässigkeit von Ausnahmen auch nicht durch eine Entscheidung des Verfassungsgerichts außer Kraft gesetzt werden. Die Kritik verweist auf das bereits vorliegende einfache Gesetz zum Einigungsvertrag (Art. 315 EG StGB), wonach die Bestrafung von Handlungen – auch bezüglich der Schüsse an Mauer und Grenze – auch die Strafbarkeit nach Gesetzen der DDR voraussetzt. Die Bedenken richten sich gegen eine Interpretation rückwirkender Strafbarkeitserklärungen durch das Bundesverfassungsgericht, die die Verantwortung des Parlaments für Verfassungsänderungen und für den Erlass einfacher Gesetze ausschaltet und damit das demokratische Gewaltenteilungsprinzip in Frage stellt.

Die Kritiker sehen deshalb eine verfassungskonforme und demokratisch hinreichend legitimierte Strategie nur darin, durch Verfassungsänderung von Bundestag und Bundesrat eine gesetzliche Einschränkung des Rückwirkungsverbots zuzulassen. Damit könnte der Weg für ein Gesetz eröffnet werden, das „mit der erforderlichen Bestimmtheit" die Handlungen bezeichnete, die rückwirkend für strafbar erklärt werden (Grünwald 1998, S. 271).

Für Kritiker dieses umfassenden gerichtlichen Rechtsschutzes wird die Ausgestaltung des Rechtsstaats „auf die Spitze getrieben" (Schefold 1994, S. 548): Die alle Lebensbereiche erfassende „Verrechtlichung" grenze die individuellen Handlungsspielräume gravierend ein (Voigt u.a. 1980) und berge die Gefahr der Entwicklung zum „totalen Rechtsstaat" (Bettermann 1986). Je mehr die weiten Entscheidungsspielräume bei der Konkretisierung der allgemeinen Verfassungsnormen „den Richtern anvertraut" werden (Art. 92 GG), desto mehr werden politisch relevante Entscheidungen „von deren gruppenspezifischen Vorverständnissen abhängig" und zu einer „offenen Politisierung und Polarisierung richterlicher Tätigkeit führen" (Schefold 1994, S. 548).

2 Demokratieprinzip

Bevor die Prinzipien, Ausprägungen und Reformvorschläge der repräsentativen Demokratie des Grundgesetzes beschrieben und bewertet werden, werden die verschiedenen Formen der direkten Demokratie vorgestellt. Dabei gilt den Grundsätzen, Instrumenten und auch den Kritikpunkten zu den Varianten der partizipatorischen und plebiszitären Demokratie die Aufmerksamkeit der Darstellung. Schließlich soll der „neue" Diskurs über die Postdemokratie Aufschluss darüber geben, ob und inwieweit es gerechtfertigt ist, vom „Ende des Zeitalters der Demokratie" zu sprechen.

2.1 Die deutsche Demokratie: Typus einer demokratischen „Mischform" und Dominanz der repräsentativen Demokratie

Der Demokratietypus Deutschlands wird als demokratische „Mischform" gekennzeichnet, die zwischen den Extrempolen der Formen der Konkurrenzdemokratie und der Konkordanzdemokratie liegt (Abromeit 1993; Glaeßner 1999; M.G. Schmidt 2000, S. 325–338). Die

Demokratie Nachkriegsdeutschlands ist bewusst in Abkehr von direktdemokratischen Vorstellungen als repräsentative Demokratie konzipiert und ausgestaltet worden.

2.1.1 „Mischform" zwischen Konkurrenz- und Konkordanzdemokratie

Während Konkurrenzdemokratien wie die der USA oder Großbritanniens mit ihrem Mehrheitswahlsystem und ausgeprägtem Zweiparteiensystem ihre Konflikte überwiegend mit Hilfe des Mehrheitsprinzips regeln, kommen in konkordanzdemokratischen Ländern wie in der Schweiz oder in den Niederlanden Entscheidungsmaximen des gütlichen Einvernehmens zur Geltung: In der Konkurrenz- bzw. Mehrheitsdemokratie hat die aus allgemeinen Wahlen oder der Parlamentsmehrheit hervorgehende Exekutive einen weiten politischen Gestaltungsspielraum (Lijphart 1984; 1994), in der Konkordanzdemokratie werden dagegen die Konflikte weder nach dem Mehrheitsprinzip noch durch Befehle geregelt. Für die Konkordanzdemokratie ist charakteristisch, dass sie ihre Kompromissverfahren durch Einbindung von Minderheiten in Gestalt formeller Proporz- oder Paritätsregeln bei der Bildung von Koalitionen, der Besetzung öffentlicher Ämter oder bei der Patronage staatlich kontrollierter Wirtschaftsbereiche absichert (Lehmbruch 1967; 1992).

Die auf der von der Konkurrenzdemokratie zur Konkordanzdemokratie reichenden Achse als Mischform qualifizierte Demokratie Deutschlands verfügt in nicht geringem Umfang über konkordanzdemokratische Strukturen und Verfahren: So dominieren Techniken des gütlichen Einvernehmens bei der Entscheidungsfindung in der Bildungspolitik wie beispielsweise in der Kultusministerkonferenz oder bei der Besetzung oberster Bundesgerichte (M.G. Schmidt 2000, S. 329). Auch Verfassungsänderungen, die eine Zwei-Drittel-Mehrheit im Bundestag und Bundesrat erfordern, und die Beschlüsse über zustimmungspflichtige Gesetzesvorlagen erzwingen Kompromissverfahren des gütlichen Einvernehmens. Auch in der Patronagepolitik der öffentlich-rechtlichen Rundfunkanstalten erleichtern konkordanzdemokratische Mechanismen die personelle und programmatische Konsensfindung.

Als bedeutende Leistungen dieser konkordanzdemokratischen Strukturen und Verfahren werden insbesondere ihre Beiträge zur politischen Stabilisierung und ihre Fähigkeit zur Integration hervorgehoben. Konkordanzdemokratische Aushandlungs- und Steuerungsprozesse erweisen sich mehrheitsdemokratischen Regeln vielfach als überlegen, weil sie Konflikte zwischen rivalisierenden Gruppen nicht nur besser aushalten, sondern auch zu zügeln in der Lage sind (Luthardt 1988, S. 242 f.). Entscheidungsregeln des gütlichen Einvernehmens dominieren solange und soweit, wie die politischen Eliten von Mehrheitsstrategien keine sicher kalkulierbaren Gewinne erwarten können (Lehmbruch 1992, S. 210).

2.1.2 Die repräsentative Demokratie: Prinzipielle Begründung und Kritik an der Ausgestaltung

Anknüpfungspunkt repräsentativ-demokratischer Positionen ist die Überzeugung, dass diese Demokratieform zur Auswahl sachkundiger Volksvertreter befähigt ist. Die Überlegenheit der Repräsentativverfassung wird mit der „Ordnungsfunktion" und der „Verbesserungsfunktion" der Repräsentation begründet (Guggenberger 1993, S.148 ff.): Die Ordnungsfunktion der Repräsentation könne einen Beitrag zur effektiven Handlungs- und Entscheidungsfähigkeit eines politischen Systems leisten. Die Verbesserungsfunktion der Repräsentation liege darin, durch sachkundige und verantwortliche Volksvertreter die gemeinwohlverträgliche Entscheidungsfindung qualitativ zu verbessern.

Die Anhänger der Form repräsentativer Demokratie wenden sich gegen das weitverbreitete „Missverständnis", die repräsentative Demokratie sei lediglich eine „defizitäre Form der Demokratie". Die Befürworter dieser Demokratieform verweisen auf Erklärungen Montesquieus, dass zwar das Volk als Ganzes die gesetzgebende Gewalt haben müsste, dies aber „in den großen Staaten unmöglich und in den kleinen mit vielen Misshelligkeiten verbunden ist. Deshalb ist es nötig, dass das Volk durch seine Repräsentanten das tun lässt, was es selbst nicht tun kann" (Montesquieu 1951, VIII 16; VIII 19; Zippelius 1994, S. 124-127).

Die heutigen Befürworter der repräsentativen Demokratie versuchen wie die Theoretiker der demokratischen Repräsentativverfassung, das demokratische Prinzip mit dem aristokratischen Prinzip („Herrschaft der Besten") zu verbinden. Dieser Sichtweise liegt die Überzeugung von der Überlegenheit der Repräsentativverfassung zugrunde, dass in freiheitlichen Verfassungsstaaten die Wahl von Repräsentanten eine Auslese der Besten ermöglichen kann (Guggenberger 1993, S. 148; Glaeßner 1999). Diese Möglichkeit der Herrschaft der „Überdurchschnittlichen" sehen allerdings auch die Verfechter der repräsentativen Demokratie in dem Maße eingeschränkt, wie unter Bedingungen der Wählererwartungen eigenständige politische Positionen aufgegeben werden und „risikoscheues Politmanagement" zum Tragen komme (Guggenberger 1993, S. 151).

Als Vorzug der Form repräsentativer Demokratie wird hervorgehoben, dass die Repräsentanten nicht nur Exekutoren des Volkswillens sind, sondern die Willensbildung des Volkes und den politischen Entscheidungsprozess „eigenverantwortlich" interpretieren, antizipieren und anleiten können. Das zwischen Repräsentanten und Repräsentierten bestehende Vertrauensverhältnis wird als wichtige Voraussetzung angesehen, dass der Repräsentant seinen verfassungsrechtlich zulässigen Gestaltungsspielraum eigenverantwortlich nutzen kann (Glaeßner 1999). Dem Vertrauen für die durch Wahlen ermächtigten Repräsentanten entspricht das Misstrauen gegenüber basisdemokratischen Entscheidungen der „Vielen", da vor dem Hintergrund der Erfahrungen des 20. Jahrhunderts auf die „Verführbarkeit der Massen" verwiesen wird. Die Verfechter der repräsentativen Demokratie bezweifeln, ob die Mitwirkung der Basis „ressentimentfreiere, sachlich angemessenere, weisere Entscheidungen" hervorbringe (Guggenberger 1993, S. 149). Wegen dieser Zweifel an der Urteils- und Verantwortungsfähigkeit der Basis wird ein angemessener Weg zur Verbesserung der Rationalität von Entscheidungen darin gesehen, relativ freie, urteilsfähige und verantwortliche Repräsentanten „zwischenzuschalten".

Zwei zentrale Elemente der repräsentativen Demokratie seien charakteristisch: der Amtsgedanke und die Idee einer zeitlich befristeten und verantwortlichen Regierung. Die Befürworter der repräsentativen Demokratie heben nicht nur die Nutzungsmöglichkeiten des Sachverstands von Amtsträgern hervor, also das Leistungsvermögen insbesondere des kontinuierlich arbeitenden Apparats der Regierung, sondern auch die Potenziale repräsentativen Regierens insgesamt. Regierungsfähigkeit ist für sie umso mehr gefordert, je weniger moderne Politik im Flächenstaat in der Lage ist, für alle zur selben Zeit am selben Ort verbindliche Entscheidungen zu treffen.

Mit der Ordnungsfunktion der Repräsentation, Handlungen und Entscheidungen effektiver zu machen, ist eng die Überzeugung verbunden, dass repräsentativ-demokratische Mechanismen die Entscheidungen auch qualitativ verbessern könnten. In dieser Sicht könnten Repräsentanten als sachkundige Vertreter des Volkes zur diskursiven Gemeinwohlfindung und mithin zur emotions- und pressionsfreien Entscheidungsfindung beitragen (Guggenberger 1993, S. 152).

II Prinzipien

In dieser normativen Sichtweise begünstige eine arbeitsteilige Übertragung von Entscheidungsbefugnissen auf verantwortlich abwägende Repräsentanten rationale und von Partialinteressen unbeeinflusste Entscheidungsprozesse. Kernanliegen der repräsentativen Demokratie sei hier die Bildung einer verantwortlichen Regierung („responsible government"), deren Entscheidungen zugleich zurechenbar und kontrollierbar sein müssen (Guggenberger 1993, S. 152). Repräsentativen Demokratievorstellungen zufolge gehe es also weniger um erweiterte Beteiligungschancen als vielmehr darum, Verantwortung zu ermöglichen und sichtbar zu machen. Eigenverantwortliche Repräsentanten unterliegen allerdings den Begründungszwängen der öffentlichen Meinung und der Wahlbürgerschaft. Spielten die auf effektive Entscheidungen abstellende „Ordnungsfunktion" der Repräsentation und die die Eigenverantwortung der Repräsentanten betonende „Verbesserungsfunktion" zusammen, könnten entscheidungsfähige und zugleich verantwortungspflichtige politische Institutionen gewährleistet werden.

Die Kritik an der Ausgestaltung der repräsentativen Demokratie in Deutschland hebt die Gefahr von Oligarchisierungs- und Verselbstständigungstendenzen in der Parteiendemokratie hervor (Hohm 1983, S. 406; Luthardt 1992, S. 152; Thaysen 1992, S. 145–161; Beyme 1997, S. 378 ff.). In dem Maße, wie sich die Bevölkerung auf der einen Seite und Parteien und Politiker auf der anderen Seite entfremdeten, werde in der repräsentativen Demokratie die Rückkoppelung der Repräsentanten an die Bedürfnisse und Interessen der Bevölkerung bedroht (Obst 1986, S. 15; Bugiel 1991, S. 474 f.). Die Verlagerung der Repräsentationsfunktion von der Ebene der Wähler auf jene der Parteieliten sei auf zwei Tendenzen zurückzuführen: Die geforderte Effektivität der Entscheidungen führe dazu, dass sich die Macht bei Fraktionsspitzen und Parteiführungsgremien konzentriere. Der einzelne Abgeordnete unterliege der Partei- und Fraktionsdisziplin und sei umso weniger Repräsentant des Volkswillens, je mehr sich die Machtstrukturen zentralisierten und hierarchisierten (Knaup 1993, S. 21 f.).

Außerdem hinderten die weniger gemeinwohlorientierten als vielmehr auf Erhaltung und Ausbau gerichteten Machtpositionen der Abgeordneten die Kommunikation mit den Bevölkerungsinteressen und verstärkten damit die „Entfremdung" zwischen Repräsentanten und Repräsentierten (Luthardt 1988, S. 40; Rommelfanger 1988, S. 21, 110).

Die Schwächung des Parlaments zugunsten der Regierung und ihres Apparats sowie der Fraktionsführung und die damit einhergehende Oligarchisierung und Hierarchisierung der Politikentwicklung erschweren in der Sicht der Kritik die Rückkoppelung an den „empirischen Volkswillen" (Rossbrey/Schuon/Strübel 1986, S. 171 ff.). Gerade weil die Verselbstständigungstendenzen der Regierungs-, Partei- und Fraktionsführungen „funktional für unvermeidbar" angesehen werden, werde die Verbesserungsfunktion verantwortungspflichtiger und kontrollierbarer Repräsentation zunehmend beeinträchtigt (Beyme 1997, S. 380).

Als weiterer Kritikpunkt an der repräsentativen Demokratie werden die Mitwirkungsdefizite des Bürgers als Folgen gestiegener Problemkomplexität und wachsender Risiken angeführt. Je mehr sich aber exekutives Handeln ausweite und je weniger sich der einzelne Bürger gegen unabsehbare Risiken politischer Entscheidungen zur Wehr setzen könne, umso mehr werden die unzulänglichen Partizipations- und Kontrollkompetenzen des Bürgers in der repräsentativen Demokratie beklagt (Luthardt 1988, S. 40; Beck 1986; Preuß 1996, S. 537–546). Die zunehmende exekutive Kompetenz bei zunehmendem Risikopotenzial und nachlassender demokratischer Kontrolle sei aber nicht mit zunehmender politischer Problemlösungsfähigkeit verbunden. Die Kritik an der Ausgestaltung der repräsentativen Demokratie hebt damit die unzulängliche Erfüllung der Ordnungsfunktion hervor, für effektive politische Handlungs- und Entscheidungsbedingungen zu sorgen (Knaup 1994, S. 23 f.).

Schließlich werden der repräsentativen Demokratie nicht zu unterschätzende Legitimations- und Akzeptanzdefizite zugeschrieben. Für die Kritik verschafften repräsentativdemokratische Verfahren und Institutionen der politischen Ordnung nicht die notwendige Legitimation, da sie zu sehr „outputorientiert" seien (Troitzsch 1979, S. 128). Die der repräsentativen Demokratie immanente Trennung von politischer und staatlicher Willensbildung habe auf Dauer destabilisierende und delegitimierende Wirkung (Hohm 1983, S. 409 f.). Politische Weichenstellungen wie die Wiederbewaffnung, die Nachrüstung, die zivile Nutzung der Kernenergie oder die Einführung des Euro verdeutlichen, dass wichtige Entscheidungen gegen den Mehrheitswillen der Bevölkerung durchgesetzt worden seien. Allgemeine Akzeptanzprobleme drückten sich in der Diskussion über „Politik- oder Parteiverdrossenheit", in unkonventionellen Beteiligungsformen wie Hausbesetzungen, Sitzstreiks, Menschen- oder Lichterketten oder in einer gesteigerten Partizipationsnachfrage aus (Geitmann 1988, S. 127 ff.; Evers 1991, S. 8 f.; Knaup 1994, S. 25; Falter/Rattinger 1997, S. 495–501).

2.1.3 Die repräsentative Demokratie des Grundgesetzes

Sowohl die Ausarbeitung als auch die Ratifizierung des Grundgesetzes in den Jahren 1948/49 ist das Werk politisch-administrativer Akteure der Länder und Kommunen: Aufgrund der fehlenden und erst einzurichtenden zentralen staatlichen Organe des Parlaments und der Regierung dominierten bei der Verfassungsgebung im Parlamentarischen Rat Landesregierungs-Mitglieder und Landes- sowie Kommunal-Beamte. Wie stark der Einfluss föderativer Gruppierungen und die repräsentative gegenüber der plebiszitären Komponente schon in der Entstehungsphase des Grundgesetzes waren, spiegelt die Ratifizierung des Grundgesetzes wider: Nach zahlreichen Interventionen der Alliierten wurde das Grundgesetz nicht vom Volk, sondern der Mehrheit der (west-)deutschen Landtage ratifiziert (Merkl 1968; E. Schmidt 1974; Niclauß 1974; Pfetsch 1990; Glaeßner 1999, S. 147; Beyme 2004, S. 35–38).

Das Demokratieverständnis des Grundgesetzes geht von einer repräsentativen Willensbildung aus, bei der die Regierung durch das Parlament legitimiert und kontrolliert wird (Glaeßner 1999). Diesem repräsentativ-demokratischen Verständnis zufolge wird die Volksherrschaft nicht unmittelbar hergestellt, sondern „in Wahlen und Abstimmungen durch besondere Organe der Gesetzgebung, der vollziehenden Gewalt und der Rechtsprechung ausgeübt" (Art. 20 Abs. 2 GG).

Dieses Demokratiemodell will staatliche Macht sowohl legitimieren als auch kontrollieren:

- Das Volk beauftragt durch Wahlen die Inhaber staatlicher Herrschaft mit der Ausübung der Macht auf Zeit.
- Auch Verfassungsnormen wie die Meinungsfreiheit (Art. 5 GG), die Demonstrationsfreiheit (Art. 8 GG), die Vereinigungsfreiheit (Art. 9 GG) usw. eröffnen dem Bürger Möglichkeiten zur Kontrolle, ob und inwieweit die jeweiligen Machthaber auch tatsächlich den Willen des Volkes ausführen.

Für Verfassungsrechtler wie Rupert Scholz haben plebiszitäre Verfahren in der Gesetzgebung und in der unmittelbaren Wahl des Reichspräsidenten in der Weimarer Republik entscheidend zum Scheitern der Weimarer Demokratie beigetragen. Der Parlamentarische Rat habe aus diesem Scheitern die richtigen Konsequenzen gezogen und Vorkehrungen für die Konstituierung einer wirklich stabilen Demokratie getroffen. Dies bedeutete, „auf den strikten Primat der repräsentativen Demokratie, also das parlamentarische System, zu setzen" (Scholz 2002, S. 86). Um dem Primat und der Ausschließlichkeit der parlamentarischen Demokratie Geltung zu verschaffen, verzichteten die Verfassungsgeber bewusst auf plebiszitäre Verfahren wie Volksinitiative, Volksbegehren und Volksentscheid.

Nach dem vorherrschenden Repräsentationsverständnis der Verfassungsgeber wird der Wille des Volkes durch die vom Volk gewählten Repräsentanten umgesetzt. Weil der Wählerwille unmittelbar im Parlament zum Ausdruck kommt, wird dem Parlament ein „Legitimationsmonopol" zugesprochen (Hesse/Ellwein 1992, S. 113; Glaeßner 1999, S. 199–204). Ein starkes repräsentativ-demokratisches Element des Grundgesetzes ist im Art. 38 verankert worden. Mit der Normierung des unabhängigen, an Aufträge und Weisungen nicht gebundenen und nur seinem Gewissen unterworfenen Abgeordneten wird das imperative Mandat abgelehnt.

Die in liberaler Tradition stehende rechtsstaatliche Demokratieauffassung, im Interesse des Rechtsstaates die Mehrheitsherrschaft zu begrenzen, wurde durch den Missbrauch von Wählermehrheiten 1933 bestärkt (Beyme 1991, S. 49). Diese Skepsis gegenüber dem Mehrheitsprinzip, die „Willkür parlamentarischer Mehrheiten" nicht mehr zuzulassen, schlug sich in den Regelungen des konstruktiven Misstrauensvotums (Art. 67 GG) und in der von erschwerten Bedingungen abhängigen Vertrauensfrage (Art. 68 GG) nieder (Niclauß 1974, S. 177). Der Geltung des Mehrheitsprinzips wurden überdies enge verfassungsrechtliche Grenzen gezogen. Mehrheitsentscheidungen dürfen keine Grundrechte verletzen und unterliegen der richterlichen Überprüfbarkeit.

Angesichts der Komplexität politischer Problemstellungen und der fortschreitenden Ausdifferenzierung der gesellschaftlichen Teilsysteme wird nicht mehr eine engere Verkoppelung von Regierenden und Regierten für notwendig befunden, sondern die Nutzung der Möglichkeiten sowohl hierarchischer als auch horizontaler Steuerungsformen unter repräsentativdemokratischen Bedingungen hervorgehoben (Bermbach 1994, S. 132). Der neueren Demokratiediskussion geht es deshalb weniger um die Ausweitung von Plebisziten als vielmehr um die Frage, ob und inwieweit direkt-demokratische Elemente in die bestehenden Repräsentativsysteme eingebaut werden könnten und sollten.

Das Grundgesetz setzt zwar „das Rechtsstaatsprinzip über das demokratische Partizipationspostulat" (Beyme 2004, S. 48), doch schließt die Dominanz der repräsentativen Demokratie Partizipation nicht aus. Im Gegensatz zum Grundgesetz mit seiner Begrenzung der plebiszitären Komponente bieten die Verfassungen der Länder, Gesetze und Satzungen mehr Möglichkeiten politischer Beteiligung: So enthalten einige Landesverfassungen nicht nur die Möglichkeit des Volksbegehrens, Volksentscheids usw., sondern auch die Normen des Wahlrechts, der Gemeindeordnungen (Bürgerbegehren, Bürgerbescheid, Eingaberechte) und der Partei- und Verbandssatzungen beachtliche Mitwirkungs- und Teilnahmerechte (Hesse/ Ellwein 1992, S. 120; Schuster 1994a).

Der deutsche Einigungsprozess eröffnete grundsätzlich die Chance, durch Änderung oder Ergänzung des Grundgesetzes (Art. 5 des Einigungsvertrags) die plebiszitäre Demokratie zu stärken, machte aber bald deutlich, wie stark insbesondere bei den politischen Eliten „das Misstrauen gegenüber plebiszitären Mehrheitsentscheidungen" ausgeprägt war (Hesse/ Ellwein 1992, S. 126). Von den beiden Optionen für die Verwirklichung der Wiedervereinigung – den Beitritt der DDR nach Art. 23 GG oder die Schaffung einer neuen Verfassung durch die Ausübung der verfassunggebenden Gewalt nach Art. 146 GG – wurde die weniger „riskante" des Beitritts gewählt (Lehmbruch 1990, S. 463).

Auch wenn bald nur noch eine Minderheit von Staatsrechtlern und Publizisten für die Schaffung einer gesamtdeutschen Verfassung nach Art. 146 GG eintrat, empfahl der Einigungsvertrag den gesetzgebenden Körperschaften des vereinten Deutschlands, sich mit „Fragen zur Änderung und Ergänzung des Grundgesetzes zu befassen" (Art. 5 EV). Die gesetzgebenden Organe sollten sich neben dem Problem des bundesstaatlichen Verhältnisses, der Neugliederung des Raumes Berlin/Brandenburg und der Aufnahme von Staatszielbestimmungen der Frage widmen, ob und inwieweit im Rahmen des Art. 146 eine Volksabstimmung zur Anwendung kommen kann und soll.

Durch plebiszitäre Regelungen in den Verfassungen der neuen Länder und durch die Empfehlung des Einigungsvertrags zu Grundgesetzänderungen und -ergänzungen erhielt die Diskussion über die Stärkung der plebiszitären Komponente neue Nahrung. In der im Januar 1992 eingerichteten und je zur Hälfte aus Mitgliedern des Bundestags und Bundesrats zusammengesetzten Verfassungskommission bestand weitgehend Einigkeit darüber, die repräsentative Demokratie des Grundgesetzes als bewährtes Strukturelement nicht zur Disposition zu stellen. Kontrovers wurde dagegen die Frage diskutiert, ob und inwieweit das repräsentativdemokratische System um Elemente der direkten Demokratie, insbesondere um Volksinitiative, Volksbegehren und Volksentscheid, ergänzt werden könne und solle (Bundestags-Drucksache 12/6000, S. 84).

Befürworter und Gegner des Ausbaus direkt-demokratischer Elemente im Grundgesetz machten im Wesentlichen folgende Gründe geltend: Die Verfechter der Einfügung plebiszitärer Regelungen ins Grundgesetz betonten die Chance der Nutzung der hohen Bereitschaft der Bevölkerung an der Mitwirkung im Gemeinwesen, die Möglichkeit des effektiveren Einflusses des Volkes auf Parlamentsentscheidungen, die durch Bürgerbeteiligung geförderte Festigung der parlamentarischen Demokratie und verwiesen schließlich auf die positiven Erfahrungen direkter Bürgerbeteiligung in Verfassungen des europäischen Auslands (Glaeßner 1999, S. 592–595).

Volksentscheide seien am ehesten in den Bereichen angebracht, in denen das parlamentarische Verfahren „strukturell für Fehlentscheidungen anfällig ist" (H. Meyer 2002, S. 80). Gerade wenn es um eigene Angelegenheiten der politischen Klasse gehe, fehle das notwendige Korrektiv im parlamentarischen System. Weder die parlamentarische Opposition noch die Ministerialbürokratie seien in der Lage, diesen Fehlenentscheidungen wirkungsvoll zu begegnen.

Für Kritiker plebszitärer Verfahren beruhten die Forderungen nach der Wiedervereinigung, Instrumente wie die Volkinitiative, das Volksbegehren oder den Volkentscheid auf Bundesebene zu stärken, auf einem prinzipiellen Missverständnis: Bei der einigungsvertraglich empfohlenen Reform des Grundgesetzes sei es nicht um „die revolutionäre Begründung von Demokratie", sondern um die Übertragung der bewährten repräsentativen Demokratie nach dem Grundgesetz auf die ehemalige DDR gegangen (Scholz 2002, S. 84).

Die Gegner der Aufnahme von Formen plebiszitärer Demokratie ins Grundgesetz hoben dagegen nicht nur die negativen Erfahrungen in der Weimarer Republik hervor, sondern sahen in Plebisziten politisch-institutionelle Risiken wie die Gefährdung der parlamentarischen Demokratie, die Schwächung des föderativen Systems und der einseitigen Berücksichtigung gut organisierter Verbände und aktiver Minderheiten sowie des Machtzuwachses der Parteien und letztlich eine „Entrationalisierung" politischer Entscheidungen und eine nicht intendierte Bürokratisierung.

2.2 Formen direkter Demokratie: partizipatorische und plebiszitäre Demokratie

Die Entwicklung des Modells der direkten Demokratie geht maßgeblich auf die Identitätstheorie Rousseaus (1712–1778) zurück. Direkte Demokratievorstellungen zielen auf eine möglichst unmittelbare Umsetzung des politischen Willens der Bürger in politische Entscheidungen ab. Die Anhänger der direkten Demokratie trachten danach, die Idee der Identität von Regierenden und Regierten auch institutionell zu verwirklichen. Von den relevanten Formen direkter Demokratie werden im Folgenden die partizipatorische und plebiszitäre Demokratie, die auf erweiterte Mitwirkungsrechte der Bürger und institutionelle „Verbesserungen" der gegebenen repräsentativen Demokratie abstellen.

2.2.1 Die partizipatorische Demokratie und ihre Kritik

Die Vorstellungen über Art und Umfang der Partizipation als einer Form der Beteiligung zur Erreichung von Entscheidungen in allen Bereichen des politischen und gesellschaftlichen Systems gehen weit auseinander (Alemann 1975, S. 41). Das Verständnis von Partizipation als instrumentelle und zielgerichtete Aktivität hängt eng mit den jeweils vorherrschenden Demokratievorstellungen zusammen: Prinzipiell wird die partizipatorische Demokratie als Chance begriffen, „die Volkssouveränität als oberste Legitimationsquelle des Politischen" zu stärken. Mehr Partizipation biete also die Möglichkeit, „das soziale Kapital des Gemeinwesens individuell und kollektiv" besser zu nutzen. Erweiterte Beteiligungsrechte stärkten eine Sozialisation, die politisch verantwortliche Sicht- und Verhaltensweisen begünstigt (Waschkuhn 1998, S. 1998, S. 509).

Während anfänglich der Partizipationsbegriff gleiche Beteiligungsrechte bei Wahlen sowie die Mitwirkung in Parteien und Verbänden meinte, zielt der heutige Begriff der Partizipation auf umfassende und vielschichtige Beteiligungsformen der Bürger ab. Der Demokratietypus mit erweiterten Beteiligungsrechten der Bürger, der in sozialliberalen, sozialdemokratischen und sozialistischen politischen Programmen gefordert wird (Vilmar 1983, S. 339 f.), wird als partizipatorische Demokratie qualifiziert (Naßmacher 1994, S. 23).

In den 1970er und 1980er-Jahren gewannen die „unkonventionellen Beteiligungsformen" (Kaase 1983, S. 340 f.) wie genehmigte und ungenehmigte Demonstrationen, Hausbesetzungen, Bürgerinitiativen (Gabriel 1994, S. 68–71), soziale Bewegungen in Gestalt von Umwelt-, Frauen- oder Friedensbewegung (K.-W. Brand 1985) an politischer Bedeutung. Die unkonventionellen Beteiligungsformen haben nicht nur das politische „Handlungsrepertoire der Bürger" erweitert, sondern auch zur Thematisierung und Sensibilisierung gesellschaftlicher Probleme beigetragen (Kaase 1983, S. 324).

Die Kritik an partizipatorischen Demokratievorstellungen hebt die mitunter unrealistische Überbetonung normativer Positionen hervor. Das beispielsweise von P. Bachrach unterstellte Interesse des Volkes am Prozess der Partizipation (Bachrach 1970, S. 119 f.) mag zwar für manche Perioden und manche Gruppen durchaus zutreffend sein (z.B. für Bürger mit postmaterieller Wertorientierung), sei aber empirisch nicht hinlänglich abgesichert (Offe 1995, S. 27 f.).

Außerdem wird den Anhängern partizipatorischer Demokratie ihr überoptimistisches Menschenbild vorgehalten: Sie übersehen, dass die Bürger zuvörderst ihren individuellen Eigennutzen maximieren möchten und unter spezifischen Bedingungen gemeinwohlorientiert seien (Elster 1986). Die partizipatorische Demokratievariante überschätze die politischen Ressourcen des durchschnittlichen Bürgers, sich die notwendigen Informationen über die komplexen Sachverhalte zu beschaffen, und die notwendige Zeit für eine umfassende Beteiligung an öffentlichen Angelegenheiten aufzubringen (Offe 1995; Waschkuhn 1998, S. 509).

Ferner betont die Kritik, dass zunehmende partizipatorische Demokratisierung die Gefahr des Despotismus steigere: Selbsternannte „Avantgarden" einer Gesellschaft oder einer Klasse oder „Führer" sektiererischer Gruppen beanspruchten, die „wahren" Interessen ihrer Klientel oder Gemeinschaft zu vertreten.

Eine weitere Gruppe der Kritik richtet sich gegen konfliktverschärfende und destabilisierende Wirkungen eines „Übermaßes" an Beteiligung: Wachsende Ansprüche an das politische System zerstörten nicht nur die notwendige Balance zwischen Konflikt und Konsens sowie zwischen Aktivismus und Apathie, sondern destabilisierten auch die politische Ordnung (M.G. Schmidt 1995, S. 177).

Außerdem wird der Form der partizipatorischen Demokratie Eindimensionalität vorgeworfen, d.h., dass es ihren Vertretern erklärtermaßen vor allem um die Erweiterung von Beteiligung gehe, die Folgen politischer Entscheidungen dagegen weitgehend außer Betracht blieben. Die Variante der partizipatorischen Demokratie vernachlässige also Effizienzprobleme und andere gesellschaftliche Zielvorstellungen (Naschold 1971; Lindner 1990).

2.2.2 Die plebiszitäre Demokratie: Leistungen und Defizite

Eine weitere Variante der direkten Demokratie ist die plebiszitäre Demokratie, in der in Abstimmungen (Plebisziten) direkt über politische Fragen entschieden wird. Formen plebiszitärer Demokratie gab es in der Versammlungsdemokratie der klassischen griechischen Stadtstaaten und sind heute noch in der kantonalen Versammlungsdemokratie der Schweiz anzutreffen.

Diese als „reduzierte Form" der direkten Demokratie bezeichnete plebiszitäre Demokratie (Bermbach 1994, S. 131) umfasst Instrumente wie das Volksbegehren, die Volksabstimmung, die Kandidatenaufstellung durch die Parteienbasis, die Rotation und das Recall (Rückberufung aus dem Amt per Abstimmung). Als Folge der in der Nachkriegszeit negativ bewerteten Erfahrungen mit Plebisziten in der Weimarer Republik sind in das Grundgesetz nur zwei plebiszitäre Instrumente eingefügt worden: Das Grundgesetz lässt lediglich in Art. 29 einen Volksentscheid bei der Neugliederung der Bundesländer zu und sieht darüber hinaus in Art. 146 vor, dass das Grundgesetz seine Gültigkeit an dem Tage verliert, „an dem eine Verfassung in Kraft tritt, die von dem deutschen Volke in freier Entscheidung beschlossen worden ist".

Einige Länder- und Kommunalverfassungen enthalten erweiterte plebiszitäre Regelungen (z.B. ein Volksbegehren mit dem Ziel einer Neuwahl des Abgeordnetenhauses in Berlin). Besonders die neuen Bundesländer haben die plebiszitäre Komponente in ihren Verfassungen erheblich gestärkt (Schuster 1994a).

Plebiszitkritische Positionen in Deutschland, die maßgeblich von den Erfahrungen der Weimarer Reichsverfassung mit ihren destabilisierend wirkenden Instrumenten der Volkswahl des Reichspräsidenten, des präsidialen Rechts zur Parlamentsauflösung sowie zur Ernennung und Entlassung des Reichskanzlers und des Volksentscheids und Volksbegehrens geprägt worden sind, werden heute von der Forschung nicht mehr geteilt. Mittlerweile werden weniger die destabilisierenden Wirkungen unmittelbarer politischer Beteiligungsformen als vielmehr die strukturkonservierende, integrierende und legitimationsfördernde Funktion der Direktdemokratie hervorgehoben (Butler/Ranney 1994; Jung 1994; Luthardt 1994).

Auch wenn plebiszitäre Entscheidungsverfahren nur zu überschaubaren politisch-territorialen Einheiten passen mögen (Waschkuhn 1998, S. 509 f.), sind für die Beurteilung der Leistungsfähigkeit und der Defizite von Plebisziten die Lehren aus der Schweizerischen Demokratie als dem politischen System mit dem größten Ausmaß direktdemokratischer Beteiligung und der Vergleich mit plebiszitären Elementen beispielsweise in amerikanischen Bundesstaaten instruktiv (Linder 1994):

Direktdemokratien im allgemeinen wie die Schweizerische Demokratie im besonderen sind darauf ausgelegt, die potenzielle Bereitschaft der Bevölkerung an der Mitwirkung im Gemeinwesen zu nutzen. Schweizerische Studien über Beteiligungen an Abstimmungen haben aufgedeckt, dass je nach Spezifik der abzustimmenden Materie die Beteiligungsmöglichkeiten unterschiedlich genutzt werden: Besonders kontrovers diskutierte weltanschauliche Themen wie die Abschaffung oder Beibehaltung der Armee oder die Ausländerpolitik („Überfremdungsinitiative") mobilisieren die Mehrheit der stimmberechtigten Bürger. Die Beteiligung an Abstimmungen über komplexe Themen wie schwierige wirtschafts-, finanz- oder sozialpolitische Fragen ist dagegen gering, weil nicht wenige Stimmbürger bei der Erfassung der Zusammenhänge überfordert werden (Kriesi 1991, S. 52).

Die Entwicklung des Schweizerischen demokratischen Systems zeigt, dass eine starke Direktdemokratie auch in modernen komplexen Gesellschaftssystemen möglich ist und nicht zwingend zur Anarchie führen und aktionistischen Reformzwängen unterliegen muss. Die Schweizerische Referendumsdemokratie widerlegt also die in Deutschland verbreitete These, dass die Direktdemokratie eine „Prämie für Demagogen" (Theodor Heuss) sei. Als Leistung dieser Demokratieform muss vielmehr aufgrund hoher Mehrheitsschwellen und des damit erreichten Minderheitenschutzes ihre sozial integrierende und politisch befriedende Wirkung betont werden (Neidhart 1992, S. 32).

Eine Schwäche direktdemokratischer Beteiligungsformen liegt in der potenziell einseitigen Interessenberücksichtigung organisations- und konfliktfähiger Verbände und aktiver Minderheiten. Zwar leisten Direktdemokratien wie die Schweiz gemeinwohlverträgliche Stabilisierungsfunktionen, doch bleiben direktdemokratische Arrangements grundsätzlich anfällig für Manipulation und „Capture", d.h. für Gefangennahme durch Sonderinteressen (Stelzenmüller 1994). Als weiterer Kritikpunkt ausgedehnter Beteiligungsmöglichkeiten wird die These vertreten, dass die Direktdemokratie wie ein „Schwamm" wirke (Kriesi 1991, S. 47): Die plebiszitäre Demokratie nehme zwar die an den Staat gerichteten Forderungen auf, ist aber nur begrenzt in der Lage, sie in konkrete Entscheidungen umzusetzen.

Werden die Leistungen und Defizite direkter Demokratie an den Erfahrungen des Schweizerischen Systems gemessen, erweisen sich plebiszitäre Verfahren insofern als konservativ-stabilisierend, als sie Sicherungen gegen weitreichende staatliche Umverteilungsmaßnahmen enthalten und antietatistische und antizentralistische Tendenzen verstärken. Die hohen Mehrheitsschwellen machen politische Entscheidungen blockadeanfällig und begünstigen damit eine – Konflikte eindämmende – Politik der Besitzstandswahrung, die gravierende Reformen erschwert oder sogar verhindert.

Auch die Befunde zur ausgebauten plebiszitären Demokratie im amerikanischen Bundesstaat Kalifornien widersprechen der These der progressiven Funktion der Direktdemokratie. Plebiszitäre Verfahren werden sogar vielfach für populistische Zwecke mißbraucht, indem sie als Instrumente zur Ausgrenzung von Minderheiten und zur „Abwehr staatlich vermittelter Sozialintegration" eingesetzt werden (Fialkowski 1989, S. 12).

Das hohe Maß an Machtaufteilung der direkten Demokratien birgt auch die Gefahr, dass die Rolle des Parteiensystems und des Föderalismus geschwächt wird, sofern nicht – wie in der Schweiz – plebiszitäre Sicherungen gegen Eingriffe übergeordneter Ebenen vorhanden sind. Auch parlamentarische Entscheidungen werden in dem Maße zurückgedrängt, wie alle politischen Entscheidungen Referenden unterworfen werden können. Die plebiszitäre Demokratie schweizerischer Ausprägung hat sich längst zu einer Verhandlungsdemokratie umgeformt, in der meist „referendumsfeste" Kompromisse ausgehandelt werden, die vom Parlament kaum noch modifiziert werden können (Neidhart 1970).

Plebiszite gefährden insofern die Rationalität politischer Entscheidungen, als nicht selten Zufallskonstellationen und Stimmungsschwankungen den Ausschlag geben. Eine Reduzierung der Abstimmungen auf Ja/Nein-Antworten lassen keine weitere Alternativen zu und erschweren damit die Konsensfindung (Waschkuhn 1998, S. 510). Das handlungsrelevante Defizit direktdemokratischer Mechanismen liegt demnach darin, dass der politische Entscheidungsprozess infolge des hohen Konsensbildungsbedarfs erschwert und verlängert wird. Die Reaktionsfähigkeit der Politik gegenüber neuen Herausforderungen wird dadurch nicht unerheblich beeinträchtigt.

2.3 Folgen der Globalisierung für Nation und Demokratie

Die Globalisierung hat tiefreichende Auswirkungen auf die verbindenden Strukturen der Nation und die Geltung des demokratischen Prinzips. Da für Politikwissenschaftler wie Jean-Marie Guéhenno „Demokratie und Nation eine Einheit bilden" (Guéhenno 1999, S. 11), schwäche die Globalisierung nicht nur „verbindende Strukturen der menschlichen Gemeinschaft" wie die Nation, sondern entwerte auch das demokratische Prinzip, zur notwendigen Begrenzung der Macht beizutragen. Die Begegnung der Bürger, Konsumenten und Produzenten mit der globalisierten Welt zerstöre die traditionellen politischen Zusammenhänge. Die Nationalstaaten könnten immer weniger das tiefe Bedürfnis der Menschen befriedigen, ihr Leben in besonderen Gemeinschaften zu verankern.

Die Krise der Nation nähre heute auch die Krise der Demokratie: Territorial begrenzte (nationale) Politik verliere immer mehr die Fähigkeit, den Wunsch der Menschen nach Zugehörigkeit zu Gemeinschaften mit der Notwendigkeit demokratischer Machtkontrolle zu versöhnen (Guéhenno 1999, S. 12).

Die Globalisierung beschleunige die wachsende Zersplitterung der Gesellschaft in homogene Gruppen, verstärke also den Wunsch, nur mit seinesgleichen umgehen zu wollen. Mit dieser abnehmenden Bereitschaft, zwischen Unterschieden vermitteln zu wollen, verändere sich auch das Verständnis von demokratischen Regeln und Verfahren. Demokratische Politik wird immer weniger als Mittel zum Machtausgleich begriffen, sondern auf eine Technik reduziert, eine homogene Mehrheit in die Lage zu versetzen, Minderheiten den Mehrheitswillen aufzuzwingen. Damit verfehle die Demokratie ihre originäre Aufgabe und ihren tieferen Sinn, zwischen Gegensätzen auszugleichen und den Schutz von Minderheiten zu gewährleisten (Guéhenno 1999, S. 12).

2.4 Postdemokratie: Zentrale Merkmale und Kritik

Der Begriff Postdemokratie wird in sozial- und politikwissenschaftlichen Analysen völlig unterschiedlich verwendet (Buchstein/Nullmeier 2006, S. 16–22). Politikwissenschaftler wie Rancière oder der amerikanische politische Philosoph Wolin richten ihr analytisches Interesse vor allem auf die politische Kultur moderner Demokratien. Crouch als Hauptvertreter des Analysemusters der Postdemokratie zielt primär auf Funktionsdefizite liberal-demokratischer Institutionen.

2.4.1 Politisch-kulturelle und politisch-institutionelle Dimension der Postdemokratie

Der zuerst von Jacques Rancière verwendete Begriff Postdemokratie impliziert die kulturkritische These vom „Verschwinden der Politik" aus modernen Gesellschaften und ihre Ersetzung durch Verrechtlichung und Ökonomisierung gesellschaftlichen Handelns und Denkens (Rancière 2002, S. 105–131; 2005, S. 58 ff.). Als Alternative zu dieser Entwicklung plädiert Rancière für ein radikal emanzipatorisches Modell politischen Handelns im Namen der Gleichheit (Rancière 2006).

Die systematischsten Analysen zur Postdemokratie liefert Colin Crouch (Crouch 2004). Für Crouch sind die Institutionen der parlamentarischen Demokratie wie Wahlen, Parteienkonkurrenz, Gewaltenteilung formal intakt. Ein postdemokratisches System weise noch die Eigenschaften eines demokratischen Systems auf und sei deshalb nicht mit undemokratischen Gesellschaften gleichzusetzen. Dennoch stimme die aus der Partizipation der Bürger abgeleitete Legitimation politischen Handelns nicht mehr mit der Realität überein.

Der Wahlkampf reduziere Politik zu einem Spektakel. Professionelle Spindoctors entscheiden über die Themenauswahl und personalisieren die Politik immer stärker. Der Bürger spiele nur noch eine passive Rolle und sei unfähig zur Mitgestaltung des Gemeinwesens. Hinter dieser Inszenierung der Politik finde die tatsächliche Entscheidungsfindung und Willenbildung statt. Ähnlich wie die These der Entpolitisierung von Rancière beschreibt Crouch den Untergang der auf Klassen beruhenden Politik (Dahrendorf 2002, S. 8 f, 66 f.). Während früher soziostrukturelle Gruppen wie Parteien und Verbände das Fundament der Massendemokratie bildeten, treten an deren Stelle zunehmend einzelne große Unternehmen als politische Akteure. Diese Unternehmen ließen sich nicht mehr in korporatistische Arrangements einbinden. Wesentliches Merkmal postdemokratischer Politik sei deshalb die Gestaltung der Politik durch einzelne Unternehmen (Crouch 2004, S. 24–29).

Der politische Philosoph Sheldon S. Wolin versteht unter Postdemokratie eine politische Kultur, die maßgeblich vom Konsumismus geprägt ist. In diesen Gesellschaften führe eine vorherrschende privatistische Mentalität dazu, dass das Interesse an und das Engagement für Politik schwinde (Wolin 2001).

Rancière und Wolin verwenden den Begriff der Postdemokratie insofern mit einer gewissen Melancholie, als für sie die Demokratie „ihre große Zeit" bereits hinter sich habe. Damit sei der geschichtsphilosophische Fortschrittsoptimimus, der der modernen Demokratietheorie zugeschrieben wurde, beendet. Für Crouch soll dagegen der Begriff der Postdemokratie die Politik dazu animieren, die liberale Demokratie wieder zu stärken (Buchstein/Nullmeier 2006, S. 19).

2.4.2 Die politikwissenschaftliche Kritik

Was kann angesichts der unterschiedlichen empirischen und normativen Aussagen der Begriff Postdemokratie leisten? Müssen nicht die gekennzeichneten Entwicklungen zutreffender als „undemokratisch", „postparlamentarisch" oder gar als „postpolitisch" bezeichnet werden? Die politikwissenschaftliche Kritik erörtert nicht nur die analytischen Kapazitäten des Begriffs, sondern setzt sich auch mit den politischen Intentionen auseinander, die diesem Begriff zugrunde liegen.

Für scharfe Kritiker wie Emanuel Richter sei der Begriff Postdemokratie ein falscher Name für eine teilweise richtige Kritik (Richter, S. 35f.). Die Postdemokratie suggeriere das „Ende des demokratischen Zeitalters". Ein seit langem etabliertes Leitbild politischer Organisation in westlichen Demokratien sei „ausgezehrt und beendet" (Richter 2006, S. 23). Für Richter sei der Begriff konzeptionell und normativ diffus und widersprüchlich. So sei bisher nicht klar, ob die Vokabel als kritischer Begriff, beschreibender Terminus oder gar als politisches Programm tauge.

Für den Politikwissenschaftler Dirk Jörke liefere der Begriff Postdemokratie über seine Unzulänglichkeit hinaus auch zutreffende Beschreibungen des Strukturwandels moderner Demokratie. So benenne Postdemokratie auf emprischer Ebene plausibel die Entwicklung westlicher Demokratien in Richtung von „Enklavendemokratien" oder forcierter Exklusion der Unterschichten vom Politikbetrieb als wesentliche Merkmale für postdemokratische Tendenzen. Auf theoriepolitischer Ebene warnt dagegen Jörke vor dem Gebrauch des Wortes Postdemokratie, wenn damit die Hoffnung auf eine Renaissance partizipatorischer Demokratie verknüpft werde (Jörke 2006, S. 41–45).

Kritiker der Postdemokratie wie Karsten Fischer identifizieren auch Gemeinsamkeiten aller Theoretiker der Postdemokratie. Jenseits ihrer Differenzen seien sich ihre Hauptvertreter Rancière und Crouch in ihrer Kritik an einer Demokratie einig, die sich institutionell vorwiegend über intermediäre Systeme, Politiknetzwerke und korporatistische Arrangements organisiere.

Diese Gemeinsamkeiten sind für Fischer Anlass, um die demokratische Substanz des „Netzwerk-Staates" zu prüfen (Schuppert 2005, S. 420ff.; Fischer 2006, S. 51–56). Angesichts diagnostizierbarer Tendenzen einer „Enthierarchisierung des Staates" kommt Fischer zu dem demokratierelevanten Ergebnis, dass jede halbwegs funktionierende Demokratie der Zukunft ihre traditionellen Staatsaufgaben nicht weiter reduzieren könne, sondern auf die Strategie des „Mehr Staat wagen!" setzen müsse (Fischer 2006, S. 56).

3 Bundesstaatsprinzip

Da das Bundesstaatsprinzip im Nachkriegsdeutschland unterschiedlich ausgestaltet worden ist, werden zunächst in einer entwicklungsgeschichtlichen Interpretation die verschiedenen Ausprägungen des deutschen Bundesstaats dargestellt. In einem nächsten Schritt werden die Interpretationen des kooperativen Föderalismus vorgestellt, dessen enges Verbundsystem Zustimmung und Kritik ausgelöst haben. Des Weiteren werden die politisch-institutionellen Strukturen dieses Verbund-Föderalismus auf Gesetzgebungsebene, im Finanzwesen sowie bei den Exekutiven und Parteien gekennzeichnet. Schließlich gilt der Darstellung der kontroversen Diskussion besondere Aufmerksamkeit, welche Möglichkeiten und Grenzen mit einer Weiterentwicklung des Föderalismus zum Wettbewerbsföderalismus verbunden sind.

3.1 Entwicklungsgeschichtliche Interpretation verschiedener Ausprägungen des deutschen Bundesstaats

In entwicklungsgeschichtlicher Betrachtung hat der deutsche Bundesstaat seit seiner Neu-Etablierung nach Kriegsende unterschiedliche Ausprägungen erfahren, die sich durch struktu-

II Prinzipien   39

rellen Wandel, aber auch institutionelle Kontinuitäten auszeichnen. In politics- und policy-orientierten Interpretationen lassen sich vier bedeutende Phasen im Bund-Länder-Verhältnis unterscheiden: In der ersten Phase der Bund-Länder-Kooperation bis Anfang der 1970er-Jahre begünstigten die geringe Bedeutung des Parteien-Wettbewerbs, gleichgerichtete Mehrheitsverhältnisse in Bundestag und Bundesrat, ein breiter Konsens über wesentliche politische Grundsätze, das Verwaltungshandeln usw. Unitarisierungstendenzen und die Umsetzung von Reformen. In der Phase bis zur deutschen Vereinigung erschwerten in der Sicht dieser Interpretationsgruppe die verschärfte parteipolitische Konfrontation, die entgegengesetzten Mehrheiten in Bundestag und Bundesrat, krisenbedingte Einschränkungen des Gestaltungsspielraums des Bundes die Durchführung von Reformen. In den Deutungen bundesstaatlicher Politikmuster nach der Wiedervereinigung wird hervorgehoben, dass die deutsche Einheit lediglich eine Politik inkrementeller (schrittweiser) Anpassung zuließ. Die deutsche Einheit löste einen kurzfristigen Zentralisierungsschub aus, der aber bald wieder von der Rückkehr zur Routine der konfliktträchtigen Bund-Länder-Kooperation abgelöst wurde. In dieser Sichtweise werden die Auseinandersetzungen über die vereinigungsbedingte Lastenverteilung im Bundesstaat zum beherrschenden Problem der Bund-Länder-Beziehungen. Die Entwicklung im vereinten Deutschland ab den 1990er-Jahren ist durch eine wachsende Asymmetrie gekennzeichnet, die maßgeblich auf wirtschaftliche und fiskalische Ungleichgewichte zwischen Ost- und Westdeutschland und konfliktverschärfende parteipolitische Konstellationen zurückzuführen ist. Schließlich werden die Deutungsmuster der Folgen der Ausdehnung der Politikverflechtung auf die europäische Ebene (Mehrebenensystem!) zu erklären versucht. Besondere Aufmerksamkeit gilt dabei der Frage, inwieweit die Europäisierung den deutschen kooperativen Föderalismus stabilisiert oder destabilisiert hat, und inwieweit sich die Verhandlungsmacht des Bundes in der Bund-Länder-Kooperation geändert hat.

3.1.1 Die Interpretation reformorientierter Unitarisierung

Die auch nach dem zweiten Weltkrieg vorhandenen Unterschiede der deutschen Länder in der Wirtschafts- und Finanzkraft und der – in der Regel – kompetitiv orientierte Parteienwettbewerb erklären in dieser entwicklungsgeschichtlichen und konfliktorientierten Interpretation zunächst Tendenzen zur Unitarisierung und zu einer Reformpolitik. Das niedrige Niveau an Verteilungskonflikten wird nicht nur mit der politischen Apathie der Bevölkerung nach Kriegsende, sondern auch mit dem vorherrschenden Konsens begründet, die Tradition des deutschen Sozialstaats fortzuführen sowie auf die Vereinheitlichung der Rechtsordnung und auf die Herstellung möglichst gleichwertiger Wirtschafts- und Lebensverhältnisse hinzuwirken (Benz 1999, S. 138–141).

Das hohe Wirtschaftswachstum der 1950er-Jahre und die daraus resultierenden wachsenden Steuereinnahmen erlaubten primär dem Bund, auf die wirtschaftlichen und finanziellen Disparitäten zwischen den Ländern vor allem mit distributiver Politik, also mit Finanzzuweisungen, zu reagieren. Auch wenn jeder Parteienwettbewerb potenziell konfliktverschärfend wirkt, überlagerte in der Nachkriegsphase eine große Kooperationsbereitschaft zwischen Bund und Ländern den dualistischen Parteienwettbewerb. Diese Kooperation wurde noch durch gleichgerichtete Mehrheitsverhältnisse in Bundestag und Bundesrat sowie durch einen Grundkonsens der am Aufbau der Wirtschaft und des Sozialstaats interessierten großen Verbände befördert.

Die Unitarisierungstendenzen wurden darüber hinaus dadurch unterstützt, dass der Bund die im Grundgesetz angelegten Kompetenzen ausschöpfte und sie durch zahlreiche Verfassungsänderungen erweiterte. Auch die Länder verstärkten diese Unitarisierung durch Kooperation mit dem Bund und durch institutionalisierte und informelle Zusammenarbeit zwischen den Ländern (Laufer/Münch 1998).

Die Verfassungsrevision der Großen Koalition von 1969 und die damit intensivierte vertikale Politikverflechtung konnten auch deshalb realisiert werden, weil ein politischer Konsens über wesentliche sozial-, rechts- und bildungspolitische Grundsätze wie die Herstellung gleichwertiger Lebensverhältnisse, die Wahrung der Rechtseinheit im Bundesstaat und die Förderung der Chancengleichheit im Bildungssystem bestand. Die in den bundesstaatlichen Verbundgremien agierende Verwaltung war treibende Kraft der Unitarisierung und entlastete damit die Politik von potenziell konfliktträchtigen Entscheidungen (Lehmbruch 1976, S. 97–100). Unter Wachstumsbedingungen und bei steigenden Steuereinnahmen schadeten die redistributiven Verfahren des Finanzausgleichs den reichen Ländern nur wenig. Auch die ausgeweitete Mitfinanzierung des Bundes (z.B. im Rahmen der Gemeinschaftsaufgaben) und die damit verbundene Stärkung distributiver Politik hielten die Verteilungskonflikte auf niedrigem Niveau (Benz 1999, S. 149f.).

3.1.2 Die Deutungsmuster bundesstaatlicher Politik inkrementeller Anpassung

Mit Bildung der sozialliberalen Koalitionsregierung 1969 stießen nicht nur Reformbemühungen an enge Grenzen, sondern erschwerte sich auch die Konsensfindung zwischen Bund und Ländern, weil die Konfrontation zwischen den Parteien zunahm und bei knapper Mehrheit der SPD/FDP-Regierungsfraktion im Bundestag und einer Mehrheit des unionsgeführten Bundesrats die Mehrheitsverhältnisse entgegengesetzt waren.

Die Reformvorhaben der sozialliberalen Regierungskoalition beispielsweise in der Finanzverfassung mit dem Ziel einer integrierten Finanz- und Aufgabenplanung oder in der Bildungs- und Rentenpolitik scheiterten wesentlich daran, dass der dualistische Parteienwettbewerb wichtige Politikfelder einem hohen Maß an Ideologisierung unterwarf. Die verstärkte Intstitutionalisierung des kooperativen Bundesstaats und der damit einhergehende zusätzliche Konsensfindungszwang zwischen Bund und Ländern sowie die verschärfte parteipolitische Konfrontation errichteten für die Reformpolitik hohe Schranken (Scharpf/Reissert/Schnabel 1976).

Nach dem Ölpreisschock von 1973 und den dadurch ausgelösten Konjunktur- und branchenspezifischen Strukturkrisen (in der Kohle-, Stahl- und Werftindustrie) büßte der Bund beträchtliche Gestaltungsspielräume ein: Weder funktionierte die tripartistische Politik zwischen Regierung, Gewerkschaften und Arbeitgeberorganisationen noch konnte die Finanzpolitik unter erschwerten Finanzierungsbedingungen den restriktiven Kurs der Geldpolitik durch eine expansive Politik ausgleichen. Die nach der Ölkrise angestiegene Arbeitslosigkeit untergrub die Finanzierungsbasis der sozialen Sicherungssysteme und zwang die Politik zu Konsolidierungsmaßnahmen.

Diese Restriktionen einer Reformpolitik führten gleichwohl zu keinen Politikblockaden, sondern veranlassten die Politik, sich den veränderten Problemkonstellationen inkrementell anzupassen (Benz 1999, S. 141 ff.). Wirtschafts-, Finanz-, Sozial-, Umweltpolitik u.a. setzten an Symptomen an, ohne die Ursachen der Problemerzeugung zu bekämpfen, reagierten also nur noch auf sektorale und regionale Problemverschärfungen. Die eher distributiv als redistributiv angelegte Politik der inkrementellen Anpassung tastete die überkommenen Verteilungsstrukturen zwischen Territorien und sozialen Gruppen im wesentlichen nicht an und konnte somit die Verteilungskonflikte in Grenzen halten. Noch bestand ein breiter Konsens über die Ziele der Gleichwertigkeit der Lebensverhältnisse und der Sicherung des sozialstaatlichen Leistungsniveaus. Nachdem aber in den 1980er-Jahren die Verteilungsspielräume immer enger wurden, wurde auch das Verfassungsgebot gleichwertiger Lebensverhältnisse zunehmend in Frage gestellt.

Die in den Ländern aufgelegten eigenen struktur- und arbeitsmarktpolitischen Programme als Reaktion auf die sich regional unterschiedlich auswirkenden wirtschaftlichen und sozialen Probleme bewirkten eine faktische Dezentralisierung. Diese Politik der Dezentralisierung hatte aber für die einzelnen Länder ambivalente Folgen: Während die finanzstarken Länder durch struktur- und technologiepolitische Programme ihr Entwicklungsniveau anheben konnten, blieben die finanzschwachen Länder auf Bundeshilfen angewiesen und waren damit auch von der Konsolidierungspolitik des Bundes betroffen (Hesse/Benz 1990, S. 78–180).

Mit der Bildung der christlich-liberalen Bundesregierung im Herbst 1982 verhinderten die bald wieder entgegengesetzten Mehrheitsverhältnisse im Bundestag und dem SPD-geführten Bundesrat einen radikalen Politikwechsel. Der dualistische Parteienwettbewerb erlaubte lediglich eine Politik inkrementeller Anpassung. Infolge der veränderten Problemkonstellationen nahmen aber die Verteilungskonflikte zwischen den Gebietskörperschaften zu: Trotz größer werdender Disparitäten und sich verschlechternder Finanzlage der öffentlichen Haushalte konnte, wie die Konflikte um den Länderfinanzausgleich zeigten, das Ausgleichsniveau etwa gehalten werden (Renzsch 1997, S. 87–100).

3.1.3 Vereinigungsbedingte Erklärung der Zentralisierung

Die Verteilungskonflikte wurden nach der deutschen Vereinigung zum beherrschenden Problem der Bund-Länder-Beziehungen. Die parteipolitischen Konflikte wurden bald durch die finanzpolitischen Auseinandersetzungen zwischen Bund und Ländern über die vereinigungsbedingte Lastenverteilung überlagert (Renzsch 1998, S. 348). Da der Parteienkonflikt weitgehend „stillgelegt" war und die Landesregierungen sich zunächst zurückhielten, wurde der Bundesregierung die Führungsrolle zugewiesen und abverlangt (Benz 1999, S. 143 f.). Auch wenn die Bundesregierung über keine ausformulierte Strategie zur Steuerung des Einigungsprozesses verfügte, war sie für kurze Zeit außergewöhnlich steuerungsfähig und trug wesentlich zu dieser situativen Zentralisierung bei (Lehmbruch 1991). Die bundesstaatlich relevante Einrichtung des Fonds „Deutsche Einheit" war bereits als Ergebnis eines Verhandlungskompromisses zwischen Bund und Ländern in einer Phase beschlossen worden, in der die Bundesregierung nicht mehr allein Akteur des Einigungsprozesses war (Altemeier 1998). Die Einrichtung des Fonds „Deutsche Einheit" wie die Einbeziehung der neuen Länder in die Gemeinschaftsaufgabe „Verbesserung der regionalen Wirtschaftsstruktur" hatten im Bund-Länder-Verhältnis eine konfliktentlastende Wirkung: Mit der Einrichtung des Fonds konnte zunächst eine Neuverteilung der Finanzen zwischen Bund und Ländern und die Neuordnung des Länderfinanzausgleichs vertagt werden. Die Mischfinanzierung der Gemeinschaftsaufgabe belastete die alten Länder nur zum Teil und auch die Finanzhilfen der Förderprogramme für den „Aufbau Ost" wurden überwiegend vom Bund aufgebracht (Pilz 1998a, S. 165–188).

Die deutsche Einheit bewirkte zumindest kurzfristig einen Zentralisierungsschub, der situationsbedingt war und sich institutionell nicht verfestigte, als die Politik der deutschen Einheit wieder in die gewohnten Routinen der Bund-Länder-Kooperation überging, erwies sich die Zentralisierung der Entscheidungskompetenz eher als Nachteil. Der Bund als Hauptakteur der Vereinigung und als Repräsentant gesamtstaatlicher Interessen wurde dafür verantwortlich gemacht, auch die Einigungslasten zu übernehmen.

3.1.4 Der Erklärungsansatz der Asymmetrie des Bundesstaats

Dass der Bundesstaat im vereinten Deutschland asymmetrischer wird, wird durch wirtschaftliche Ungleichgewichte zwischen West- und Ostdeutschland bedingte Verteilungskonflikte, die durch parteipolitische Strukturen verstärkt werden, erklärt (Renzsch 1997; 1998; Altemeier 1998; Benz 1993; 1999). Auch wenn in einigen Politikfeldern Blockadetendenzen zunehmen, kann gleichwohl generell nicht von einer Politikblockade gesprochen werden. Die unter Zeitdruck ausgehandelten Vereinbarungen des Solidarpakts von 1993, in dem für den Zeitraum 1995–2004 zahlreiche Bundesergänzungshilfen insbesondere für die neuen Länder beschlossen worden sind, sind zwar von der Größenordnung her beachtlich, haben aber das bundesstaatliche Finanzausgleichssystem nicht grundlegend reformiert (Pilz 2000). So einigten sich die Länder untereinander auf nur unwesentliche Änderungen des Finanzausgleichsgesetzes. Die Länder stimmten der Beteiligung an den Transferzahlungen für Ostdeutschland erst zu, nachdem ihnen der Bund einen höheren Anteil am Umsatzsteueraufkommen zugebilligt hatte. Für diese Steuerausfälle entschädigte sich der Bund wiederum zum Teil auf Kosten der Steuerzahler, indem er den Solidaritätszuschlag beibehielt (Renzsch 1997).

Die gravierenden Verteilungskonflikte im vereinten Deutschland wurden also nach herkömmlichen Muster fortgeführt, ohne dass es zu durchgängigen Entscheidungsblockaden kam. Gleichwohl haben in einigen Politikfeldern Blockadetendenzen zugenommen: So scheiterte zur Jahreswende 1997/1998 die Große Steuerreform, weil mit dem Näherrücken der Bundestags-Wahl der sich verschärfende Parteienwettbewerb trotz massiver Einkommensteuerausfälle bei Bund, Ländern und Gemeinden eine Einigung unmöglich machte. Die Politik der Bekämpfung der Massenarbeitslosigkeit setzte auf traditionelle Rezepte der Verringerung des Arbeitskräfteangebots (z.B. Frühverrentung), ohne dass alternative Reformansätze wie beispielsweise die „Subventionierung des Niedriglohnsektors" (vgl. Kap. C.II.4.7) hinreichend politische Unterstützung finden.

In der Rechts- und Innenpolitik einigten sich dagegen Bund und Länder auf zum Teil heftig kritisierte Verfassungsänderungen: So wurde nicht nur der Art. 16 GG geändert, um den Zustrom von Asylbewerbern einzudämmen, sondern auch die Unverletzlichkeit der Wohnung (Art. 13 GG) neu gefasst, um die organisierte Kriminalität schärfer zu überwachen. Auch die Einführung der Pflegeversicherung ging zwar mit einer Verteilung von Finanzierungslasten zwischen Ländern und Beitragszahlern einher, konnte aber als sozialpolitische Neuerung gegen massive Widerstände durchgesetzt werden (Götting/Hinrichs 1993). Die redistributiven Politiken im Finanzausgleich und in der Sozialpolitik verschärfen insofern die Verteilungskonflikte, als sie von den westlichen Ländern zunehmend als Belastung empfunden werden. Gegen das Gebot der Herstellung gleichwertiger Lebensverhältnisse wird die Forderung nach Stärkung des Wettbewerbsföderalismus (vgl. Kap. A.II.3.4) gesetzt (Pilz 2002). Die Schranken für institutionelle Reformen des Bundesstaats wie ein von den Wettbewerbsföderalisten propagiertes stärkeres Trennsystem bei den Steuereinnahmen oder der Aufgaben-/Ausgabenverteilung sind deshalb so hoch, weil alle Vorschläge zur „Reföderalisierung" die Asymmetrie zwischen Ost- und Westdeutschland vergrößern.

Ende der 1990er-Jahre sind auf Länderebene unterschiedliche Koalitionsregierungen charakteristisch. SPD und CDU/CSU-geführte Länder erreichen nur noch vorübergehend die für

Zustimmungsgesetze im Bundesrat erforderliche Mehrheit von 35 Stimmen, so dass sich der Einigungszwang verstärkt hat. Die Politik im Bundesstaat wird häufiger von zufälligen Entscheidungen pluralistisch zusammengesetzter Landesregierungen abhängig. Dabei wird die Durchsetzung von Reformen in dem Maße unwahrscheinlicher, wie vor allem die Finanz- und Sozialpolitik Verteilungsfragen zwischen ost- und westdeutschen Ländern berührt. Da die Regierungskoalitionen auf Landesebene und die verfolgten Politiken der Landesregierungen zwischen Ost und West stark differieren, droht der asymmetrische Bundesstaat noch stärker in die Politikverflechtungsfalle zu geraten (Scharpf 1985): Sich verhärtende unterschiedliche Föderalismusverständnisse zwischen den Ländern sowie zwischen Bund und Ländern erschweren die Kooperation und bilden hohe Barrieren für institutionelle Reformen (Jeffery 1995; Schultze 1997; Pilz 2002).

3.1.5 Deutungsmuster des Wandels des Bundesstaats im Mehrebenensystem

Für politikwissenschaftliche Autoren hat die europäische Integration die Politikverflechtung auf die europäische Ebene ausgedehnt und zugleich die Institutionalisierung verfestigt, d.h. den kooperativen Bundesstaat stabilisiert. Die durch den neugefassten Art. 23 GG erweiterten Beteiligungsrechte der deutschen Länder führten nicht nur zu einer Stabilisierung der Politikverflechtung, sondern haben auch die Bund-Länder-Kooperation grundlegend verändert (Hrbek 1986; Götz 1995; Benz 1999). Die Länder befürchteten zwar Kompetenzübertragungen auf europäische Institutionen, doch waren sie in erster Linie an einer Beteiligung an europapolitischen Entscheidungen interessiert. Die Neufassung des Art. 23 GG sollte die Mitwirkung der Länderregierungen in europäischen Angelegenheiten über den Bundesrat garantieren und damit die exekutive Politikverflechtung absichern.

Die europäische Integration hat insofern ein qualitativ neues Mehrebenensystem erzeugt, als die Länder in der Regel nicht direkt in die intergouvernementalen Verhandlungssysteme einbezogen werden, sondern wie „externe Interessenorganisationen" das Regierungs- und Verwaltungshandeln der deutschen Repräsentanten in EU-Institutionen beeinflussen und kontrollieren.

Die verfassungsrechtlich verankerten Beteiligungsrechte der Länder haben für die Handlungs- und Kompromissfähigkeit der Bundesregierung im Ministerrat gravierende Folgen und Rückwirkungen auf das innerstaatliche Bund-Länder-Verhältnis: Muss beispielsweise die Bundesregierung die Stellungnahme der Länder „maßgeblich berücksichtigen" (Art. 23 Abs. 5 Satz 2 GG), läuft sie Gefahr, bei Mehrheitsentscheidungen überstimmt zu werden. Bei einstimmig zu fassenden Beschlüssen haben die deutschen Regierungsvertreter keinen oder nur geringen Verhandlungsspielraum und sind im Wesentlichen nicht mehr kompromissfähig. Im Wissen um diese Probleme geben die Länder häufig nicht bindende Stellungnahmen ab oder setzen ihre Vetomöglichkeiten ein, um den Bund zu Zugeständnissen zu bewegen. Bei innerstaatlichen Entscheidungen zeichnet sich eine Entwicklung ab, die die Länder in die Lage versetzt, den Bund verstärkt zu Tauschgeschäften zu veranlassen. Darüber hinaus wird die Verhandlungsmacht des Bundes in der Bund-Länder-Kooperation durch das Instrument der EU-Richtlinien geschwächt. Betreffen diese Richtlinien, die rechtzeitig in nationales Recht umzusetzen sind, zustimmungspflichtige Gesetze, kann der Bund unter erheblichen Zeitdruck geraten. Diese Entscheidungszwänge der Bundesregierung und des Bundesgesetzgebers stärken nicht nur die Verhandlungsposition der Länder, sondern können auch helfen, Politikblockaden zu vermeiden. Die Rechtsetzung der EU kann also dem nationalen Politikprozess Anstöße geben und durchaus konfliktminimierend wirken (Héritier 1997; Benz 1999).

Interpretationen der Politikprozesse im Mehrebenensystem heben die paradoxen Folgen der europäischen Integration hervor: Sie verstärke zwar die institutionalisierte Politikverflechtung und schaffe damit Bedingungen für bundesstaatliche Politikblockaden, trage aber zugleich zur Konfliktentlastung im Bund-Länder-Verhältnis bei. Diese scheinbare paradoxe Entwicklung könne am Beispiel der regionalen Wirtschaftsförderung verdeutlicht werden: Während die EU-Förderpolitik die verfassungsrechtlich institutionalisierte Gemeinschaftsaufgabe (Art. 91 a GG) in ihrer Stellung nicht angetastet habe, ändere sie die Politikergebnisse der Bund-Länder-Kooperation in Richtung auf einen gezielteren Einsatz der Fördermittel und eine stärkere Regionalisierung der Wirtschaftsförderung (Naegele 1997; Pilz 1998a).

Die europäische Integration habe auch insofern paradoxe Folgen, als die Länder ihre geforderten Beteiligungsrechte in der EU zwar nicht erreichten, sie ihre Verhandlungsposition im Bundesstaat jedoch stärken konnten (Kohler-Koch u.a. 1998). Die Länder gewannen auch deshalb an Gewicht, weil im europäischen Binnenmarkt weniger Nationen als vielmehr regionale Standorte um die Ansiedlung internationaler Unternehmen konkurrieren.

Deshalb werden die Länder in der regionalen Entwicklungspolitik für die Europäische Kommission zu wichtigen Partnern der Kohäsions- und Strukturpolitik. Die durch die Europäisierung beförderte Regionalisierung und der Standortwettbewerb verschärfen allerdings die Disparitäten zwischen den Bundesländern und insbesondere zwischen den ost- und westdeutschen Ländern. Auch wenn die EU-Kohäsions- und Strukturpolitik der Verringerung der Ungleichgewichte dient, dürfte sie nur begrenzte Wirksamkeit haben. Um die Ungleichgewichte zwischen den Ländern nicht noch zu vergrößern, werden deshalb noch für einen längeren Zeitraum die Sicherung des Niveaus des vertikalen und horizontalen Finanzausgleichs und redistributive Programme für unverzichtbar gehalten (Pilz 1998a).

3.2 Interpretationen des kooperativen Föderalismus als des dominierenden Bundesstaatsprinzips

Da Konzeption und Realität des deutschen Bundesstaats auf Kooperation angelegt waren und sind, sind die unterschiedlichen Interpretationen des Bundesstaats und seiner Prinzipien sowie seiner Ausgestaltung vor dem Hintergrund der kooperativen Strukturen des Föderalismus zu sehen. Das im deutschen politischen System dominierende Bundesstaatsprinzip des kooperativen Föderalismus hatte in der planungsfreundlichen Phase der 1960er-Jahre in der alten Bundesrepublik seine Blütezeit und fand breite politische Unterstützung. Aber kurze Zeit nach Einrichtung zahlreicher Bund-Länder-Institutionen, insbesondere im Gefolge der Verfassungsrevision von 1969, war die Bund-Länder-Politikverflechtung in Wissenschaft und Politik wachsender Kritik ausgesetzt.

3.2.1 Kooperationsrechtfertigende Positionen

Der Ausbau des kooperativen Föderalismus wurde vor allem mit Effizienzgesichtspunkten, mit der Logik des gewaltengeteilten Bundesstaats und der ausdifferenzierten Gesellschaft, mit Modernisierungs- und Reformerfordernissen und mit der nötigen Stärkung des Verbindlichkeitsgrads politischer Beschlüsse begründet.

Für die Befürworter der Intensivierung der föderativen Kooperation, die in der Sicht Abromeits als „Politikvereinheitlicher" agieren (Abromeit 1992, S. 49), komme die Bund-Länder-Zusammenarbeit der Effizienz der Aufgabenerledigung und der Mittelverwendung zugute. Die wirkungsvolle Bewältigung der „Sachaufgaben" erfordere „eine einheitliche und planend

II Prinzipien

abgestimmte Zusammenarbeit aller (föderativen) Ebenen" (Scheuner 1962, S. 643). Der „kooperative Föderalismus" wird auch damit gerechtfertigt, dass er „den höchsten Grad des öffentlichen Mitteleinsatzes" gewährleiste. Die Nutzung neuer Formen institutionalisierter Zusammenarbeit von Bund und Ländern sei „im Interesse des öffentlichen Wohls geboten" (Gutachten zur Finanzreform 1966).

Die Bund-Länder-Politikverflechtung werde außerdem als unvermeidbare Konsequenz des vertikalen Gewaltenteilungsgrundsatzes angesehen (Laufer 1991, S. 169). Die Verteilung der Kompetenzen und Finanzierungsmittel auf die föderativen Ebenen impliziere, dass die verschiedenen Regierungen, Parlamente, Verwaltungen und Parteien in Bund und Ländern bei der Politikformulierung und -durchsetzung aufeinander angewiesen seien und kooperative Aushandlungsmechanismen finden müssten.

Die zunehmende Bund-Länder-Politikverflechtung entspreche ferner der Logik der Ausdifferenzierung der Gesellschaft in „autonome und operativ geschlossene Funktionssysteme" (Willke 1992, S. 42). Je mehr die Gesellschaft autonome horizontale Politiknetzwerke entwickele, umso weniger sei auch im Bundesstaat „hierarchische Steuerung" als politische Gestaltung von oben nach unten machbar (Willke 1992, S. 111). Um eine Blockadepolitik zu verhindern, seien deshalb Formen intensiver Abstimmung und Aushandlung zwischen den föderativen Akteuren vonnöten.

Als Rechtfertigung des Ausbaus des kooperativen Föderalismus machen vor allem Verwaltungspraktiker und Planer – wie Scharpf in seinen Fallstudien belegt hat – die Notwendigkeit geltend, durch funktionierende Bund-Länder-Kooperation eine Politik der „negativen Koordination" im Sinne der Einigung auf den kleinsten gemeinsamen Nenner zu überwinden (Scharpf/Reissert/Schnabel 1976, 1977; Scharpf 1993b, S. 57–83). Die politisch-administrativen Akteure beklagen, dass das praktizierte Einstimmigkeitsprinzip eine weitreichende Reformpolitik erschwere oder verhindere. Angesichts des „Strukturbruchs" in Deutschland und Europa und international verschärfter Wettbewerbsbedingungen müsse ein tiefreichender Modernisierungsprozess gefördert werden, um den Strukturwandel bewältigen zu können. Erst Abstimmungsquoten, die Vetopositionen überwinden können, schaffen Verhandlungszwänge und üben den notwendigen Druck zur Konsensfindung aus und ermöglichen damit erst eine modernisierungsorientierte Reformpolitik.

Schließlich hoben und heben die „Politikvereinheitlicher" hervor, dass vor der verfassungsrechtlichen Institutionalisierung neuer Bund-Länder-Gremien die Verbindlichkeit der Beschlüsse nur unzulänglich gesichert war. Solange in wichtigen Politikfeldern der föderative Abstimmungsmechanismus keinen konkreten Verfahrensregeln unterlag, konnten sich die Landtage leichter der Verpflichtung entziehen, mühevoll zwischen Bund und Ländern zustande gekommene Beschlüsse wieder zu verwerfen. Dieses Manko glaubten die Anhänger des kooperativen Föderalismus vornehmlich mit der Einfügung des Instituts der Bund-Länder-Gemeinschaftsaufgaben ins Grundgesetz (Art. 91a GG) zumindest für die drei aufgeführten Bereiche des Hochschulbaus, der regionalen Wirtschaftsstruktur und der Agrarstruktur sowie des Küstenschutzes beseitigt zu haben.

3.2.2 Kooperationskritische Positionen

Nach der verfassungsrechtlichen, gesetzlichen und vertraglichen Institutionalisierung der Zusammenarbeit von Bund und Ländern in Gestalt der Gemeinschaftsaufgaben der Bildungsplanung und Forschungsförderung (Art. 91b GG), der Bundes-Finanzhilfen für bedeutsame

Investitionen der Länder und Gemeinden (Art. 104a Abs. 4 GG) und dem Finanzplanungsrat und Konjunkturrat (§§ 9 und 18 des Stabilitätsgesetzes) löste diese Form der förderativen Politikverflechtung bald zunehmende Kritik aus. Die Kritikpunkte betreffen vor allem die dadurch geförderten Zentralisierungstendenzen, die eingeschränkte Problembewältigungsfähigkeit der kooperativen Gremien, die Tendenzen zum Exekutivföderalismus zulasten des politischen Gestaltungsspielraums der Länder und den Bedeutungsverlust der Parlamente, vornehmlich der Landesparlamente.

Die Gegner wachsender Bund-Länder-Politikverflechtung sehen im Ausbau der vertikalen Verbundplanung eine Verstärkung der Zentralisierungstendenzen und damit eine Gefährdung bundesstaatlicher Essenziale (Abromeit 1992, Laufer 1991). Die Kritiker föderativer Kooperationsformen beklagen darüber hinaus von der deutschen Vereinigung einen „weiteren Zentralisierungsschub" (Klatt 1991, S. 438 ff.).

Die deutsche Vereinigung erzeuge einen Zentralisierungsdruck, da die Forderungen der Bevölkerung an die Politik, das Wirtschafts-, Finanz- und Sozialgefälle abzubauen, vornehmlich dem Bund die Verantwortung für die Integrationsaufgaben zuweisen (Abromeit 1992, S. 8–16; Pilz/Ortwein 1992, S. 43–49). Die massiven Transferzahlungen von West- nach Ostdeutschland zur Angleichung der Lebensverhältnisse leistet überwiegend der Bund, der sich – wie auch die Solidarpakt-Vereinbarungen von 1993 und der Solidarpakt II dokumentieren – verpflichtet hat, auf Jahrzehnte hinaus die einigungsbedingten Lasten zu tragen.

Die Einwände gegen den kooperativen Föderalismus werden damit begründet, dass die Institutionalisierung der Gemeinschaftsaufgaben zusätzlich zur schrittweisen Ausweitung der konkurrierenden Gesetzgebung (faktisch eine nahezu ausschließliche Bundes-Gesetzgebung!) den politischen Gestaltungsspielraum der Länder eingeengt habe. Die Einschränkungen eigener Aufgaben- und Ausgabenzuständigkeiten der Länder berühre „ein Essenzial der bundesstaatlichen Ordnung" (Laufer 1991, S. 188) und trage gleichzeitig zur „Verwischung von Verantwortlichkeiten" bei (Abromeit 1992, S. 52). Da in der Verbundplanung das föderalistische Einstimmigkeitsprinzip aufgegeben werde, können wegen der in den Bund-Länder-Ausschüssen erforderlichen Drei-Viertel-Mehrheit für das Zustandekommen von Beschlüssen Entscheidungen zwar gegen die Hälfte der Stimmen der Landesregierungen, nie aber gegen die Hälfte der Stimmen des Bundes (16 Stimmen!) gefällt werden. Auch wenn die Landtage formal die Fördermittel des Bundes zurückweisen könnten, verschafft die Stimmendominanz des Bundes dem Zentralstaat zusätzliches Gewicht bei der Ausgestaltung der Gemeinschaftsaufgaben.

Die Verbundplanung der Gemeinschaftsaufgaben, bei der die Mittel nach den „Prinzipien der Gleichbehandlung und Besitzstandswahrung" verteilt werden, wird als ein untaugliches Steuerungsinstrument beurteilt, die dort enumerierten staatlichen Aufgaben effektiv zu bewältigen (Scharpf 1978, S. 29). Diese Maximen der gemeinsamen Förderung der Aufgaben erschweren nicht nur die Auswahl der Mittel nach Kriterien der – stets umstrittenen – Dringlichkeit und Bedürftigkeit, sondern erschweren auch wegen der nötigen wechselseitigen Akzeptanz der Besitzstandswahrung Mittelumlenkungen zum Zwecke des Abbaus gravierender regionaler Disparitäten. Nach den Untersuchungsergebnissen der von Scharpf, Reissert und Schnabel vorgelegten Studien über die praktizierte Politik der Gemeinschaftsaufgaben ist das Ziel fehlgeschlagen, mit der Verbundplanung die Problemlösungskapazitäten im Bundesstaat zu stärken (Scharpf/Reissert/Schnabel 1976, 1977). Nach dem Urteil dieser Kooperationskritiker hätten die Länder bei entsprechender Finanzausstattung die Aufgaben auch allein hinreichend erfüllen können.

Als weiterer Nachteil der Bund-Länder-Politikverflechtung wird die ineffiziente Tendenz zum Exekutivföderalismus hervorgehoben. Die Kritik beklagt, dass durch die gleichzeitige administrative Bearbeitung von Problemen in den Verbundgremien und den Bundes- sowie Landesministerien der Verwaltungsaufwand über Gebühr steige. Die Koordination der hochspezialisierten Fachbeamten in ihren spezifischen Politikfeldern bewirkten überdies, dass sich die Fachleute der Ressorts von Bund und Ländern vor allem in „ihren" Aufgabenbereichen abstimmen, während gleichzeitig die horizontale Koordination auf der Regierungsebene der Länder erschwert werde. Die vertikalen Planungsverbünde aus Ministerialbeamten des Bundes und der Länder schotten sich ab und verselbstständigen sich mit dem Ergebnis, dass eine „vertikale Ressort-Kumpanei" entstehe und sich „vertikale Fachbrüderschaften" bilden (Wagner 1978, S. 155). Das Verwaltungshandeln in den Verbundgremien wird nicht nur als intransparent beurteilt, sondern trage – entgegen der ursprünglichen Intention – auch dazu bei, dass ressort- und aufgabenübergreifende Gesichtspunkte nicht zum Tragen kämen.

Außerdem richten sich die Bedenken gegen die Präjudizierung politischer Entscheidungen durch die Ministerialbürokratie. Da die Ressortchefs von Bund und Ländern schon allein aus Zeitgründen an den Vorbereitungsarbeiten in den Verbundgremien (z.B. in den Planungsausschüssen) nicht mitwirken und die inhaltliche Ausgestaltung der „mischfinanzierten" Aufgaben den Fachbeamten überlassen, bestimme bürokratisches Denken den politischen Entscheidungsprozess (Laufer 1991, S. 188f). „An die Stelle politischer Entscheidungen durch Regierung und Parlament tritt die bürokratische Steuerung der Politik" (Klatt 1982, S. 8f).

Ein Hauptkritikpunkt am föderativen Kooperations- und Mischsystem richtet sich schließlich gegen die Mißachtung parlamentarischer Grundprinzipien (Laufer 1991, S. 188f). Der zusätzliche Bedeutungsverlust von Bundes- und Landesparlamenten resultiere daraus, dass formal zwar das Budgetrecht nicht angetastet werde, die Parlamente also ihr Vetorecht gegenüber den in ihrem Land durchzuführenden Projekten behielten, parteipolitisch dominante Kalküle aber den (Mehrheits-)Fraktionen im Landtag nahelegten, die einmal (oft nach langwierigen Verhandlungen) getroffenen und für die Regierungen in Bund und Ländern verbindlichen Beschlüsse auch „mitzutragen".

Die fortschreitende Ausschaltung der Parlamente wird auch unter Demokratieaspekten beklagt. In dem Maße, wie die Parlamente ihren Einfluss auf die Politikformulierung verlieren, schwinden auch die Möglichkeiten der Wähler, über die Zusammensetzung des Bundestags und der Landtage an der Auswahl von Personen und politischen Programmen mitzuwirken (Böhret u.a. 1988, S. 101).

3.3 Der Verbundföderalismus

Art und Ausmaß des Bund-Länder-Verflechtungssystems werden auf den Ebenen der Gesetzgebung, der Einnahmen, Ausgaben/Aufgaben und der Sonderregelung des Finanzausgleichs verdeutlicht.

3.3.1 Verteilung der Gesetzgebungskompetenzen zwischen Bund und Ländern

Die Verteilung der Befugnisse zur Gesetzgebung zwischen Bund und Ländern ist so kooperativ angelegt, dass sie als „Verbundföderalismus" qualifiziert wird (Abromeit 1993, S. 136). Zwar weist der Art. 70 GG den Ländern die Gesetzgebungszuständigkeit zu, „soweit dieses Grundgesetz nicht dem Bund Gesetzgebungsbefugnisse verleiht". Diese Verfassungsnorm enthält also eine Vermutung zugunsten der Gesetzgebungszuständigkeit der Länder (Maunz/

Zippelius 1991, S. 319). Diese Kompetenz-Vermutung wird aber sogleich wieder korrigiert, indem in Art. 72 und Art. 74 GG das Institut der konkurrierenden Gesetzgebung normiert wird und Art. 75 im originären Aufgabenbereich der Länder dem Bund die Rahmengesetzgebungskompetenz zuweist.

Die ausschließliche Gesetzgebung hat der Bund vor allem bei der Regelung überregionaler Probleme, bei denen ihm eine gesamtstaatliche Verantwortung zufällt: Die Länder sind hier weitgehend von der Gesetzgebung ausgeschlossen, es sei denn, sie werden hierzu durch Bundesgesetz ausdrücklich ermächtigt (Art. 71 GG). Ausschließliche Gesetzgebungsbefugnis hat der Bund vor allem über die auswärtigen Angelegenheiten sowie die Verteidigung, das Währungs- und Geldwesen, die Bundeseisenbahn und den Luftverkehr, das Post- und Fernmeldewesen, die Rechtsverhältnisse der öffentlich Bediensteten und die bundesstaatliche Zusammenarbeit in Fragen der inneren Sicherheit (Art. 73 GG). Der durch das Maastrichter Vertragswerk eingefügte neue „Europa-Artikel" 23 GG regelt für den Bereich ausschließlicher Zuständigkeit des Bundes, dass die Bundesregierung die Stellungnahme des Bundesrates „berücksichtigt" (Art. 23 Abs. 5 GG).

Die Länder haben die ausschließliche Gesetzgebungskompetenz für alle Materien, die dem Bund nicht ausdrücklich zugewiesen worden sind (Art. 70 Abs. 1 GG). Schweigt das Grundgesetz über die zu regelnden Bereiche, sind die Länder allein für die Gesetzgebung zuständig (z.B. für das Schul-, Polizei-, Gemeinderecht). Sind in Angelegenheiten der Europäischen Union ausschließliche Gesetzgebungsbefugnisse der Länder betroffen, soll die Wahrnehmung des Bundesrechts „vom Bund auf einen vom Bundesrat benannten Vertreter der Länder übertragen werden" (Art. 23 Abs. 6 GG).

Im Bereich der konkurrierenden Gesetzgebung haben die Länder die Gesetzgebungsbefugnis, „solange und soweit der Bund von seinem Gesetzgebungsrecht keinen Gebrauch macht" (Art. 72 Abs. 1 GG). Die Namensgebung dieser Gesetzgebungsform, die eine chancengleiche Zuständigkeit von Bund und Ländern suggeriert, wird als „irreführend" angesehen, da die Länderzuständigkeit dann erlösche, wenn – nach der bis 1994 geltenden Regelung – ein „Bedürfnis nach bundesgesetzlicher Regelung" bestand (Art. 72 Abs. 2 GG). Der Bund konnte in diesem Fall sein Gesetzgebungsrecht aus folgenden drei Gründen in Anspruch nehmen, wenn:

1. eine Angelegenheit durch die Gesetzgebung einzelner Länder nicht wirksam geregelt werden kann oder
2. die Regelung einer Angelegenheit durch ein Landesgesetz die Interessen anderer Länder oder der Gesamtheit beeinträchtigen könnte oder
3. Wahrung der Rechts- oder Wirtschaftseinheit, insbesondere die Wahrung der Einheitlichkeit der Lebensverhältnisse über das Gebiet eines Landes hinaus sie erfordert.

Beim Zugriff auf die konkurrierende Gesetzgebung hat „der Bund Vorrang vor den Ländern" (Maunz/Zippelius 1991, S. 319). Der Bund entscheidet also darüber, ob, wann und inwieweit er im Bereich der konkurrierenden Gesetzgebung tätig wird. Da die Bedingungen für die Wahrnehmung der Bundesgesetzgebung weit gefasst sind, d.h. die Bedürfnis-Kriterien der Wirksamkeit, Beeinträchtigung und Wahrung der Einheitlichkeit für eine bundesgesetzliche Regelung früher und erst recht unter der Herausforderung der deutschen Vereinigung zumeist erfüllt sind, wird dem Bundesgesetzgeber ein weiter Gestaltungsspielraum eingeräumt. Angesichts des Wirtschafts- und Finanzkraftgefälles innerhalb des vereinten Deutschlands können die Bundespolitiker mit dem Verweis auf die nötige „Wahrung der Einheitlichkeit der Lebensverhältnisse" stets eine bundesgesetzliche Regelung rechtfertigen (Pilz/Ortwein 1992, S. 43 ff).

II Prinzipien

Auch das Bundesverfassungsgericht hat noch für die alte Bundesrepublik den Begriff des „Bedürfnisses" nach bundesgesetzlicher Regelung weit ausgelegt. Nach Auffassung des Gerichts räumt der Bedürfnis-Begriff dem Bundesgesetzgeber einen großen Beurteilungsspielraum ein, wenn sich der Gesetzgeber an die in dem Art. 72 Abs. 2 genannten Kriterien und an die im Art. 74 GG aufgezählten Gebiete der konkurrierenden Gesetzgebung hält (BVerfGE 13, 233f). Solange diese Grenzen nicht „eindeutig" überschritten werden, der Gesetzgeber also sein Ermessen nicht mißbraucht, entzieht sich die Definition des Bedürfnisses der Nachprüfung durch das Bundesverfassungsgericht (BVerfGE 10, 245; 33, 229; 34, 39).

Das höchste deutsche Gericht hat mit dazu beigetragen, dass die konkurrierende Gesetzgebung in der Praxis zu einer nahezu ausschließlichen Gesetzgebungskompetenz des Bundes geworden ist (Laufer 1991, S. 117). In der Einschätzung Abromeits können sich die Länder „in den im Art. 74 aufgezählten Sachgebieten gerade noch in den vom Bund übrig gelassenen Zwischenräumen tummeln" (Abromeit 1993, S. 136).

Der Bund hat die sich im Bereich der konkurrierenden Gesetzgebung eröffnenden Möglichkeiten in der früheren Bundesrepublik extensiv genutzt. Als Reaktion auf politisch besonders umstrittene Handlungsfelder hob der Bund immer wieder seine gesamtstaatliche Verantwortung hervor und begründete damit seine Ansprüche auf Ausweitung der konkurrierenden Gesetzgebungsmaterien. Bekannte Beispiele für den deklarierten staatlichen Regelungsbedarf und für die Einfügung neuer Gebiete der konkurrierenden Gesetzgebung in das Grundgesetz sind die wirtschaftliche Sicherung der Krankenhäuser (Art. 74 Nr. 19a), die Besoldung und Versorgung der Angehörigen des öffentlichen Dienstes (Art. 74 a GG), die Abfallbeseitigung, die Luftreinhaltung und die Lärmbekämpfung (Art. 74 Nr. 24).

Da die Bedürfnisklausel des Art. 72 Abs. 2 GG wegen der tendenziellen Auszehrung der Länderkompetenzen auf breite Kritik stieß, wurde auch in der Großen Verfassungskommission Einvernehmen darüber erzielt, die Inanspruchnahme der konkurrierenden Gesetzgebung durch den Bund zu präzisieren (Bericht der Verfassungskommission 1993, S. 33).

Die Konkretisierung des Bedürfnisbegriffes war dennoch bis zum Ende der Beratungen der Verfassungskommission (Oktober 1993) umstritten. Unsicherheit bestand insbesondere hinsichtlich der Auswirkungen auf das Gesetzgebungsrecht des Bundes über Steuern, deren Aufkommen dem Bund ganz oder zum Teil zusteht (Art. 105 Abs. 2 GG) und des verfassungsrechtlichen Erfordernisses bei der Umsatzsteuerverteilung zwischen Bund und Ländern, dass die „Deckungsbedürfnisse des Bundes und der Länder ... aufeinander abzustimmen" sind (Art. 106 Abs. 3 Ziff. 2 GG).

Die schließlich erzielte Einigung bestand darin, dass dem Bund fortan nur noch zwei Alternativen zur Verfügung stehen sollten, die konkurrierende Gesetzgebungskompetenz zu beanspruchen. Anlaß und Umfang der Gesetzgebungsbefugnis des Bundes („wenn und soweit") sollten also begrenzt werden. Deshalb lautet seit 1994 der Art. 72 Abs. 2 GG wie folgt: „Der Bund hat in diesem Bereich das Gesetzgebungsrecht, wenn und soweit die Herstellung gleichwertiger Lebensverhältnisse im Bundesgebiet oder die Wahrung der Rechts- und Wirtschaftseinheit im gesamtstaatlichen Interesse eine bundesgesetzliche Regelung erforderlich macht".

Die Ablösung des Wortes „einheitlich" durch den Begriff „gleichwertig" entspricht den Vorstellungen der Verfechter des Wettbewerbsföderalismus. Im Sinne des finanzverfassungsrechtlichen „Nivellierungsverbots", wonach der Länderfinanzausgleich „die Reihenfolge der Länder nach der Leistungskraft nicht (wesentlich) verändern darf" (Schuppert 1993, S. 273), lässt das Attribut „gleichwertiger" Lebensverhältnisse im Bundesgebiet durchaus wirtschaftliche, finanzielle und soziale Disparitäten zu. Diese Wortwahl gebietet der Politik (des Bundes) im Hinblick auf Maßnahmen zur Herstellung der „inneren Einheit" nicht zwingend, das Wirtschafts-, Finanz- und Sozialgefälle innerhalb Deutschlands vollkommen abzubauen, sondern trägt den bundesstaatlichen Erfordernissen Rechnung, „die Unterschiedlichkeit von Lebensverhältnissen auf dem Territorium des vereinigten Deutschlands daher längerfristig wohl eher als föderale Tugend denn als Defizit interpretieren" zu müssen (Hesse 1993, S. 438).

Die zweite Alternative benennt die Zielorientierung der zu sichernden Rechtseinheit, da die „Wahrung der Rechtseinheit nicht per se, sondern erst das gesamtstaatliche Interesse eine bundesgesetzliche Regelung begründet" (Bericht der Verfassungskommission 1993, S. 34). Diese zunächst geforderte zweite Bedingung für die Inanspruchnahme der Bundesgesetzgebung, die Beschränkung auf die Rechtseinheit und der Wegfall der Wahrung der Wirtschaftseinheit, hat bei den Wirtschaftsverbänden und Gewerkschaften deutliche Kritik ausgelöst.

Alle Wirtschaftsverbände (BDI, BDA, DIHT, Handwerk) und die Gewerkschaften befürchteten, dass die vorgeschlagene Neuformulierung in allen wirtschaftlich und sozial relevanten Regelungsbereichen zu Rechtsunsicherheit über die Fortgeltung bestehenden Bundesrechts führt. Da zur konkurrierenden Gesetzgebung bedeutende Gesetze wie das Aktiengesetz, das Handelsgesetzbuch, das Berufsbildungsgesetz und das Sozialgesetzbuch gehören, drohen Kompetenzverschiebungen die Rechts- und Wirtschaftseinheit infrage zu stellen. Als Reaktion auf die Kritik der Verbände verständigten sich die Bundesregierung und die unionsregierten Länder darauf, als Ergänzung zur Rechtseinheit den Begriff der Wirtschaftseinheit wieder einzufügen.

In der Verfassungskommission bestand anfänglich nicht nur Konsens darüber, der Erweiterung der konkurrierenden Gesetzgebungskompetenzen des Bundes entgegenzuwirken, sondern den Ländern wieder Kompetenzen zurückzugeben. Eine „Rückholbefugnis" sieht vor, dass die Länder dann wieder Zuständigkeiten im Bereich konkurrierender Gesetzgebungskompetenz erhalten, wenn eine „Erforderlichkeit" für eine bundesgesetzliche Regelung nicht mehr besteht (Art. 72 Abs. 3 GG). Die Verfassungskommission einigte sich auf eine „abgeschwächte Form" der Rückholklausel, die es dem Bund – und nicht dem Antragsrecht eines Landtages – überlässt, über rückzuholende Regelungsbereiche zu entscheiden. Aus Gründen der Rechtssicherheit und Konfliktvermeidung soll der Bundesgesetzgeber über die Wiedereröffnung der Länderkompetenz allein bestimmen (Bericht der Verfassungskommission 1993, S. 34).

Im Verlauf der abschließenden parlamentarischen Beratungen über die Verfassungsreform machte insbesondere die CDU/CSU-Bundestagsfraktion zunehmende Bedenken gegen erweiterte Gesetzgebungskompetenzen der Länder geltend. Die Befürchtungen, dass die Länder von ihren neuen Kompetenzen extensiv Gebrauch machen, wurden mit drohenden Folgen weiterer Aushöhlung der Bundeskompetenzen begründet: Der Einschränkung der Bundeskompetenzen über die Mittelbeschaffung (Verteilung der Steuererträge zulasten des Bundes!) folge die Beschneidung der Gesetzgebungskompetenzen.

3.3.2 Bundesstaatliche Verteilung der Kompetenzen der Steuergesetzgebung und der Steuererträge

Im deutschen Finanzsystem finden sich Elemente des Trenn-, des Verbund- und Zuweisungssystems (Peffekoven 1980, S. 619–622). Das auf Kooperation zwischen Bund und

Ländern angelegte „Mischsystem" setzt sich im Finanzwesen fort. Das Finanzverfassungsrecht (Art. 104a–115 GG) schafft die Grundlagen für die bundesstaatliche Trennung und Verknüpfung der Steuergesetzgebungskompetenzen sowie des Steueraufkommens und des Systems des Finanzausgleichs.

Der Bund hat die konkurrierende Gesetzgebung über Steuern, wenn ihm nach Art. 105 GG das Aufkommen der Steuern „ganz oder zum Teil zusteht oder die Voraussetzung des Art. 72 Abs. 2 vorliegen": So steht dem Bund nach Art. 106 Abs. 1 GG vor allem das Aufkommen der immer stärker ins Gewicht fallenden Verbrauchssteuern zu. Außerdem erhält der Bund die Straßengüterverkehrssteuer, die Kapitalverkehr- und Versicherungssteuer, die Vermögensabgaben, die Ergänzungsabgaben zur Einkommen- und Körperschaftsteuer und die Abgaben im Rahmen der EU. Diese Steuerarten haben seit der deutschen Vereinigung deshalb an Bedeutung gewonnen, weil der Bund bei der Ausgestaltung dieser „Bundessteuern" nicht der Zustimmung des Bundesrats bedarf, also Steuererhöhungen des Bundes in diesem Fall auch gegen Widerstände des Bundesrats durchgesetzt werden können.

Die Länder verfügen zwar nach Art. 106 Abs. 2 GG über eigene Einnahmequellen (z.B. Vermögen-, Erbschafts-, Kraftfahrzeugsteuern), können aber deren Ausgestaltung (Höhe der Steuersätze, Freibeträge usw.) nicht allein bestimmen. Da heute – als Folge der Wiedervereinigung noch verstärkt – die Herstellung gleichwertiger Lebensverhältnisse eine bundesgesetzliche Regelung erforderlich macht, kann der Bund die „Kompetenz-Konkurrenz" extensiv nutzen, also sämtliche Steuermaterien erschöpfend regeln (Abromeit 1993, S. 138).

Im Zuge der Reform der Finanzverfassung von 1969 ist der sogenannte „Große Steuerverbund" eingeführt worden: Seitdem steht das Aufkommen der Einkommensteuer, der Körperschaftsteuer und der Umsatzsteuer dem Bund und den Ländern gemeinsam zu (Gemeinschaftssteuern) (Art. 106 Abs. 3 GG). Die Verteilung der aufkommensstarken Gemeinschaftssteuern ist bezüglich der Einkommen- und Körperschaftsteuer verfassungsrechtlich fixiert, während die Verteilung der Umsatzsteueranteile lediglich durch ein zustimmungsbedürftiges Bundesgesetz festzusetzen ist. Da also im Grundgesetz festgelegt ist, dass Bund und Länder je zur Hälfte an der Einkommen- und Körperschaftsteuer beteiligt sind (davon steht den Gemeinden ein Anteil von 15 % des Aufkommens der Lohn- und Einkommensteuer zu), verlagern sich die politischen Auseinandersetzungen zwischen Bund und Ländern auf die durch einfaches Bundesgesetz veränderbaren Umsatzsteueranteile, auf das sogenannte „variable Element im Steuerverbund" (Fischer 1992, S. 20).

3.3.3 Das System des vertikalen und horizontalen Finanzausgleichs

Bei der Festsetzung des Umsatzsteuer-Beteiligungsverhältnisses sollen primär die Deckungsquote von Bund und Ländern – das ist das Verhältnis von laufenden Einnahmen zu Ausgaben – angeglichen werden. Die Konflikte entzünden sich daran, wie das Kriterium der „Gleichmäßigkeit" des Anspruchs (von Bund und Ländern) auf Deckung ihrer notwendigen Ausgaben (Art. 106 Abs. 3 Satz 4 Nr. 1 GG) zu definieren ist. Dafür sind die Deckungsbedürfnisse des Bundes und der Länder so aufeinander abzustimmen, dass insbesondere „die Einheitlichkeit der Lebensverhältnisse im Bundesgebiet gewahrt wird" (Art. 106 Abs. 3 Satz 4 Nr. 2 GG). Seit der deutschen Vereinigung macht der Bund einen verstärkten Anspruch auf Deckung seiner notwendigen Transferausgaben für Ostdeutschland geltend. Die Länder verweisen dagegen auf die noch für viele Jahre erwartete niedrige Deckungsquote der neuen Länder, die im Rahmen des Länderfinanzausgleichs die (westdeutschen) Länder stärker in die Pflicht nimmt, folglich für eine höhere Länderquote spricht (Färber 1993, S. 369). Darüber hinaus lässt der Art. 106 Abs. 4 GG die Änderung der Verteilungsquote zu, wenn sich das Verhältnis der Bund-Länder-Einnahmen und -Ausgaben „wesentlich anders entwickelt".

Dass das Bund-Länder-Verhandlungssystem über die Neufestsetzung der Umsatzsteueranteile zwar konfliktreich, aber letztlich hinreichend anpassungsfähig ist, haben die Solidarpaktvereinbarungen von 1993 gezeigt. Zum Zwecke der besseren Finanzausstattung der neuen Bundesländer ist die Einigung erzielt worden, ab 1995 den Umsatzsteueranteil der Länder von 37 % (1994) auf 44 % anzuheben.

Nicht nur die vertikale Umsatzsteuerverteilung, sondern auch der horizontale Finanzausgleich (in Gestalt der besonderen Problematik der Verteilung der Umsatzsteuer zwischen den Ländern nach Art. 107 Abs. 1 Satz 4 GG und des Finanzausgleichs im engeren Sinne nach Art. 107 Abs. 2 GG) erfordert schwierige Abstimmungsprozesse.

Die Verteilung des Länderanteils am Aufkommen der Umsatzsteuer erfolgt nach dem Maßstab ihrer Einwohnerzahl. Diese nivellierende Wirkung, die mit der Verteilung der Umsatzsteuer nach der Einwohnerzahl erreicht wird, wird noch durch eine „vorab" erfolgende Regelung verstärkt. Denn bis zu 25 % des Länderanteils an der Umsatzsteuer können durch zustimmungsbedürftiges Bundesgesetz vorweg als sogenannte „Ergänzungsanteile" finanzschwachen Ländern zugewiesen werden, deren Finanzkraft unter 92 % der durchschnittlichen Steuerkraft der Länder liegt (Färber 1993, S. 369).

Der Länderfinanzausgleich, der Finanzausgleich i.e.S., ist darauf angelegt, ein gewisses Maß an Einheitlichkeit der Lebensverhältnisse in allen deutschen Bundesländern zu erreichen. Nach Art. 107 Abs. 2 GG ist deshalb sicherzustellen, „dass die unterschiedliche Finanzkraft der Länder angemessen ausgeglichen wird". Ziel dieses im Finanzausgleichsgesetz (FAG) geregelten Verfahrens ist, dass die finanzkräftigen Länder Ausgleichszahlungen an finanzschwache Länder leisten: Jedes Land soll durch den Länderfinanzausgleich über mindestens 95 % der durchschnittlichen Pro-Kopf-Steuerkraft der Länder verfügen (§ 10 Finanzausgleichsgesetz).

Da den Regelungen des Finanzausgleichs zwar der Bundesrat, nicht aber die einzelnen Länder zustimmen müssen, haben ein Land oder mehrere Länder gegen jede Novellierung des FAG Verfassungsklage eingereicht (Abromeit 1993, S. 139). Im Kern waren die Verhandlungen über Änderungen der Ausgleichsbeiträge deshalb so konfliktreich, weil die Interpretation über die Anforderung der „Angemessenheit" des Ausgleichs weit auseinandergingen: Damit alle Länder im Interesse realer Eigenstaatlichkeit ihre Aufgaben hinreichend erfüllen können, hat das Bundesverfassungsgericht im Jahr 1992 zu Gunsten der finanzschwachen Länder das „bündische Prinzip des Einstehens füreinander" im Verhältnis der Länder untereinander hervorgehoben (BVerfGE 72, 388ff.). Nach höchstrichterlicher Auffassung schließt die Zielnorm „angemessener Ausgleich" aus, dass durch den horizontalen Finanzausgleich die unterschiedliche Finanzkraft der Länder auf 100 % vereinheitlicht wird. Dieses sogenannte Nivellierungsverbot wird auch ökonomisch damit gerechtfertigt, dass die Anreize für die finanzstarken Länder erhalten bleiben, aufgrund ausreichend eigener Finanzmittel beispielsweise eine relativ stärkere Investitionsförderungs- oder Ansiedlungspolitik verfolgen zu können. Finanzschwachen Ländern soll nicht über die völlige Nivellierung der Landes-Finanzkraft der Anreiz genommen werden, sich um die Verbesserung der „eigenen" Finanzkraft zu bemühen (Peffekoven 1987, S. 217ff.).

Angesichts der schwachen Finanzausstattung der neuen Länder steht dem horizontalen Finanzausgleich (im engeren Sinn), in dem den finanzstarken Ländern besondere Solidari-

II Prinzipien

tätsopfer abverlangt werden, die Bewährungsprobe noch bevor. Da die westdeutschen Länder an die Grenzen ihrer finanziellen Leistungsfähigkeit stoßen, wird die Politik des Bundes mit verstärkten Zuweisungsforderungen konfrontiert werden. Den Bund-Länder-Politiknetzwerken im Finanzwesen kommt deshalb in Zukunft die große politische Verantwortung zu, einen Beitrag zur finanzpolitischen Konsensfindung zu leisten. Ein erster einigungsbedingter Test für die Fähigkeit bundesstaatlicher Verhandlungssysteme, die Finanzausstattung der ostdeutschen Länder primär über die Stärkung des Instruments der Bundesergänzungszuweisungen (BEZ) zu verbessern, waren die Solidarpakt-Beschlüsse von 1993.

Der Bund kann den Länderfinanzausgleich dadurch ergänzen, dass er „leistungsschwachen Ländern Zuweisungen zur ergänzenden Deckung ihres allgemeinen Finanzbedarfs (Ergänzungszuweisungen) gewährt" (Art. 107 Abs. 2 S. 3 GG). Während der Bund anfänglich Zuweisungspauschalen zur Verfügung stellte, dynamisierte er ab 1988 das Volumen, indem er seine Zuweisungen an 2 % des gesamten Umsatzsteueraufkommens koppelte (Fischer 1988, S. 255 ff).

Die in der alten Bundesrepublik gewährten Bundesergänzungszuweisungen machten rd. 3 Mrd. DM jährlich aus. Mit der in der Bund-Länder-Vereinbarung des Solidarpakts getroffenen Entscheidung des Bundes, ab 1995 die Hauptlast der Finanztransfers für die Haushalte der neuen Länder zu übernehmen, steigt das Volumen der BEZ, verteilt auf die Formen der Fehlbetrags-BEZ, der Sonderbedarfs-BEZ, der Übergangs-BEZ und auf die Zuweisungen an Bremen und das Saarland, auf über 25 Mrd. DM (1996).

Die Bundesergänzungszuweisungen fließen generell nach dem Maßstab des Fehlbetrags (sogenannter Fehlbetragsschlüssel) an besonders finanzschwache Länder. Der Fehlbetrag ist der Differenzbetrag, der unter der – bisher geltenden – Mindestfinanzkraft von 95 % der länderdurchschnittlichen Finanzkraft liegt. Zugunsten der vor allem finanzschwachen neuen Länder hat sich der Bund in der Solidarpakt-Einigung verpflichtet, ab 1995 finanzkraftbezogene „Fehlbetrags-BEZ" zu gewähren (Pilz 2002).

Die nach dem Grundgesetz subsidiäre Funktion der Bundesergänzungszuweisungen ist durch die Bereitschaft des Bundes, für Infrastrukturmaßnahmen in Ostdeutschland die gesamtstaatliche Verantwortung und Finanzierung zu übernehmen, in ihr Gegenteil verkehrt worden. Zur Deckung des Nachholbedarfs beim Aufbau der ostdeutschen Infrastruktur hat sich der Bund in der Solidarpakt-Vereinbarung dazu bereit erklärt, ab 1995 erhebliche Mittel für die „Sonderbedarfs-BEZ" zur Verfügung zu stellen.

Um den alten Bundesländern den Übergang in den neuen Finanzausgleich zu erleichtern, ist außerdem in den Solidarpakt-Verhandlungen ein Konsens darüber erzielt worden, dass der Bund den bisher finanzschwachen alten Bundesländern für 5 Jahre „Übergangs-BEZ" gewährt. Schließlich stellt der Bund entsprechend der Vorgaben des Bundesverfassungsgerichts den hoch verschuldeten Ländern Bremen und Saarland für 5 Jahre Zuweisungen zur Überwindung ihrer Haushalts-Notlage bereit (Pilz 2002).

3.3.4 Das Bundesverfassungsgerichts-Urteil zum Länderfinanzausgleich

Die Entscheidung des Bundesverfassungsgerichts zum Länderfinanzausgleich vom November 1999 hat tiefreichende finanzielle Folgen vor allem für den horizontalen, aber auch für den vertikalen Finanzausgleich im deutschen Bundesstaat. Von besonderer Bedeutung sind dabei die höchstrichterlichen Entscheidungen über die Regelungen der vertikalen Umsatzsteuerverteilung, das Ausgleichsniveau des horizontalen Finanzausgleichs, die Bedingungen für die Gewährung von Bundesergänzungszuweisungen sowie für Einzelregelungen wie die „Seehafenlasten" oder die „Einwohnergewichtung" von Stadtstaaten.

Mit dem Länderfinanzausgleichs-Urteil vom November 1999 hatte das Bundesverfassungsgericht über die Normenkontrollanträge Bayerns, Baden-Württembergs und Hessens zu entscheiden (Pressemitteilung des Bundesverfassungsgerichts Nr.117/99 vom 11.11.1999). Die Klagen der drei Länder richteten sich vor allem gegen das hohe Ausgleichsniveau im Länderfinanzausgleich (LFA) und die Änderung in der Reihenfolge der Finanzkraft. Das Gericht hatte zwar in der Sache selbst nicht entschieden, der Regierung und dem Gesetzgeber aber enge Fristen gesetzt: Die bestehenden Regelungen des Finanzausgleichsgesetzes (FAG) dürfen bis zum Ende des Jahres 2004 angewendet werden, wenn in einem ersten Schritt die abstrakten Normen des Grundgesetzes in einem „Maßstäbegesetz" bis zum Ende des Jahres 2002 konkretisiert worden sind. In einem zweiten Schritt ist auf der Grundlage des Maßstäbegesetzes das FAG bis Ende 2004 neu zu regeln. Andernfalls würde das FAG am 1.1.2005 verfassungswidrig und nichtig werden.

Das Bundesverfassungsgericht hatte mit den zeitlichen Vorgaben einer Gestaltung in zwei Phasen einen enormen Einigungsdruck auf die bundesstaatlichen Verhandlungspartner ausgelöst. Um zu vermeiden, dass das geltende FAG nichtig wird, muss auch die Mehrheit der vom Ausgkleichssystem profitierenden finanzschwachen Länder an einer baldigen konsensualen Lösung interssiert sein. Der durch das Urteil geschaffene Konsensfindungszwang kann damit einen wichtigen Beitrag zur Überwindung der Blockadehaltung der ausgleichsberechtigten Länder leisten. Das Bundesverfassungsgericht hatte im Vergleich zur bisherigen Rechtsprechung insbesondere hinsichtlich der vertikalen Steuerverteilung, des Zwecks des horizontalen Finanzausgleichs einschließlich der Höhe des Ausgleichs, der Zahlung von BEZ und Einzelregelungen wie den Seehafenlasten und der Einwohnergewichtung wichtige Grundsätze formuliert und neue Positionen bezogen.

Unerwartet hatte das Gericht die in den Normenkontrollanträgen nicht thematisierte vertikale Umsatzsteuerverteilung des Art. 106 Abs. 3 Ziff. 1 und 2 GG aufgegriffen. In finanzwissenschaftlicher Sicht soll die Gegenüberstellung von „laufenden Einnahmen" und „notwendigen Ausgaben" (der Quotient ist die Deckungsquote) dem Ziel dienen, beim Bund und der Ländergesamtheit eine auf Dauer etwa gleich hohe Deckungsquote zu erreichen (Sachverständigenkommission des BMF 1981, S. 22ff.). Diese Umsetzung des Auftrags des Bundesverfassungsgerichts, Maßstäbe festzulegen „für die Bestimmung der Einnahmen und Ausgaben des Bundes und der Länder..., nach denen die Umsatzsteueranteile... zu berechnen sind" (Pressemitteilung Nr. 117/99, S. 84), dürfte allerdings auf erhebliche Schwierigkeiten stoßen. Bislang wurde zwischen Bund und Ländern keine Verständigung darüber erzielt, wie laufende Einnahmen und notwendige Augaben zu definieren sind (Wissenschaftlicher Beirat beim Bundesfinanzministerium 1995):

Streitpunkte waren und sind beispielsweise Einnahmen wie die Bundesbankgewinne, Ausgaben wie die Abgaben des Bundes an die EU oder die Mitfinanzierung von EU-Maßnahmen seitens der Länder. Die Ermittlung des Umfangs der Ausgaben in der mehrjährigen Finanzplanung (Art. 106 Abs. 3, Ziff 1 GG) ist deshalb so umstritten, weil Finanzplanungen nicht nur realisierbare, sondern auch -wechselseitig für „notwendig" befundene- wünschbare Ausgaben („Luftbuchungen") enthalten (Renzsch 1999, S. 717). Das Verfahren zur Festlegung der Umsatzsteueranteile müsse überdies vermeiden, dass sich „eine großzügige Ausgabenpolitik bei der Umsatzsteuerzuteilung refinanzieren könnte" (Pressemitteilung Nr. 117/99,

II Prinzipien

S. 92), also durch Deklaration „notwendiger Ausgaben" prämiert, eine strikte Haushaltspolitik dagegen infolge niedrigerer Ausgaben bestraft wird.

Zwar erhofft sich das Bundesverfassungsgericht eine Lösung des Problems durch eine Finanzplanung, die lanfristig angelegt ist und auf einheitlichen Maßstäben beruht. Wegen der Unmöglichkeit aber, die „Notwendigkeit" von Ausgaben objektiv und ohne politische Interessenabwägung bestimmen zu können, bleibt die Umsatzsteuerverteilung letztlich auf eine politische Konsensfindung angewiesen. Möglicherweise könnte eine Schlichtungskommission, wie sie 1992 vom Wissenschaftlichen Beirat beim Bundesministerium für Finanzen vorgeschlagen wurde, konsensfördernd wirken (Wissenschaftlicher Beirat beim BMF 1992). Eine solche Kommission könnte einen notwendigen Einigungsdruck erzeugen und einen Verhandlungsspielraum markieren, in dem letztlich eine politische Verständigung gefunden werden muß (Peffekoven 1999, S. 711).

Im Urteil zum Länderfinanzausgleich sind wichtige Grundsätze zum horizontalen Finanzausgleich i.e.S. (Art. 107 Abs. 2 GG) formuliert worden: „Dieser Finanzausgleich soll die Finanzkraftunterschiede unter den Ländern verringern, aber nicht beseitigen" (Pressemitteilung Nr. 117/99, S. 94). „Der annähernde, nicht gleichstellende Finanzausgleich" darf also die „Abstände zwischen allen 16 ... Ländern verringern, nicht aber aufheben oder ins Gegenteil verkehren. ... Eine Solidarität unter Bundesstaaten mindert Unterschiede, ebnet sie aber nicht ein" (Pressemitteilung Nr. 117/99, S. 95 f.).

Das Bundesverfassungsgericht hält die den finanzschwachen Ländern nach dem FAG eingeräumte Finanzausstattung von mindest 95 % der durchschnittlichen Finanzkraft aller Bundesländer für akzeptabel. Dieses Ausgleichsniveau stelle „eine vertretbare Balance zwischen Landesautonomie und bundesstaatlicher Solidargemeinschaft her" (Pressemitteilung Nr. 117/99, S. 110).

Die Kritik am Urteil weist allerdings neben der Gefahr einer „Überstrapazierung" der Solidargemeinschaft auf die Disincentiv-Effekte eines solch hohen Augleichsniveaus hin: Finanzschwachen Ländern gingen die Anreize verloren, über eine attraktive Ansiedlungs- und Steuerpolitik höhere Steuereinnahmen zu erzielen. Zudem könnten „die finanziellen Konsequenzen einer fehlerhaften Wirschafts- und Finanzpolitik auf andere Gebietskörperschaften abgewälzt werden" (Wissenschaftlicher Beirat beim BMF 1992, S. 48). Auch die finanzstarken Länder hätten nur geringe Anreize, über eine aktive ausgabenwirksame Wirtschaftspolitik ihre Steuereinnahmen zu vermehren (Peffekoven 1999, S. 714).

Die Kritik widerspricht auch der Feststellung des Gerichts, daß dieser Ausgleichsmechanismus keine Nivellierungseffekte habe und die Finanzkraftreihenfolge nicht ändere: „Er nähert die Finanzkraft an, ohne zu nivellieren, erhält die Finanzkraftreihenfolge und vermeidet grundsätzlich übermäßige Abschöpfungen (Pressebericht Nr. 117/99, S. 110). Diese Aussage sei zumindest für den Bereich ausgleichsberechtiger Länder falsch, da ein Ausgleichsmechanismus von mindestens 90 % und unter Berücksichtigung von Fehlbetrags-BEZ sogar von 99,5 % als nivellierend bezeichnet werden müsse, und sich auch die Finanzkraftreihenfolge ändere. Nach Durchführung des Finanzausgleichs verringerten sich nich nur die Abstände zwischen den finanzschwachen Ländern, sondern sie seien faktisch sogar aufgehoben. Diese Effekte hatte aber das Bundesverfassungsgericht im eigenen Urteil für unzulässig erklärt (Peffekoven 1999, S. 714).

Zu der von Bayern, Baden-Württemberg und Hessen beklagten zu hohen Abschöpfung der über die durchschnittliche Finanzkraft aller Bundesländer hinausgehenden Finanzkraft hat das Gericht keine näheren Ausführungen gemacht. Mit der Aussage des Gerichts, es gebe im LFA keine „grundsätzliche übermäßige Abschöpfung" bei den finanzstarken Ländern, wird die konkrete (Neu-)Festlegung der Höhe der Abschöpfung der Bundesregierung und dem Gesetzgeber überantwortet. Die Kritik der Klageländer galt der bisherigen Regelung, die die überdurchschnittliche Finanzkraft progressiv abschöpft: Länder, die einen Überschuss zwischen 100 % und 101 % des Durchschnitts haben, müssen lediglich 15 % abgeben. Die Abschöpfungsquote der Länder, deren Überschuss zwischen 101 % und 110 % liegt, beträgt bereits zwei Drittel, und deren Überschuss darüber liegt, werden zu 80 % abgeschöpft.

Soll eine hohe Nivellierung und eine Änderung in der Reihenfolge der Finanzkraft vermieden werden, müsste ein „linearer Ausgleichstarif" eingeführt werden: Die Finanzkraft eines Landes, die unter (über) der durschnittlichen Finanzkraft aller Bundesländer liegt, wird mit einem bestimmten Prozentsatz (z.B. 50 %) aufgefüllt (abgeschöpft). Die Höhe dieses Ausgleichssatzes hängt von der politischen Entscheidung ab, auf welches Niveau das finanzschwächste Land angehoben werden soll.

Im Urtreil wird außerdem verlangt, „dass das nachrangige Instrument der Bundesergänzungszuweisungen nur als Ergänzung, nicht als Ersatz des horizontalen Finanzausgleichs angelegt ist" (Pressemitteilung Nr. 117/99, S. 144). Diese ergänzende Funktion der BEZ begrenzt den Mitteleinsatz im Verhältnis zum Länderfinanzausgleich. Die Gewährung von Fehlbetrags-BEZ, mit denen jedes Land mindestens 99,5 % der durchschnittlichen Finanzkraft aller Bundesländer erreicht, ist mit diesem Urteil schwerlich vereinbar.

Zahlungen von Sonderbedarfs-BEZ sind zukünftig nur noch für Ausnahmesituationen vorzusehen, bedürfen einer besonderen Begründung und haben den föderativen Gleichbehandlungsgrundsatz zu beachten: Für die Gewährung von Sonderbedarfs-BEZ müssen „außergewöhnliche Gegebenheiten vorliegen, die einer besonderen, den Ausnahmecharakter ausweisenden Begründungspflicht unterliegen" (können) (Pressemitteilung, Nr. 117/99, S. 114). Nach diesem Urteil sind zwar die vereinigungsbedingten Hilfen an die ostdeutschen Länder sowie die Hilfen an Bremen und das Saarland zur Haushaltssanierung, kaum aber die überdurchschnittlichen Kosten politischer Führung zu rechtfertigen.

Bei der Einschätzung von Einzelreglungen wie den „Seehafenlasten" hatte das BverfG neue Positionen bezogen: Die Regelung des FAG, wonach die Länder Bremen, Hamburg, Mecklenburg-Vorpommern und Niedersachsen für die Unterhaltung und Erneuerung ihrer Seehäfen Sonderlasten zu tragen haben und deshalb bei der Ermittlung ihrer Finanzkraft Pauschalbeträge absetzen können, erklärte das Gericht bisher „aus historischen Gründen" für zulässig (BVerfGE, 86, 148, 238). Nach Auffassung des BVerfG habe nunmehr der Gesetzgeber zu prüfen, „ob ähnliche Mehrbedarfe existieren, die dann ebenfalls berücksichtigt werden müssten" (Pressemitteilung, Nr. 117/99, S. 106). Kontroversen wird vor allem die Frage auslösen, ob und inwieweit neue Sonderbedarfe wie die Belastung Berlins durch ihre Hauptstadtfunktion zu begründen sind (vgl. Kap. A. 3.3.6.).

Ferner ist die hälftige Einbeziehung der Gemeindesteuern in den Länderfinanzausgleich, die auf einen nicht näher begründeten politischen Kompromiss aus dem Jahr 1955 zurückgeht, kaum mit dem Urteil zu vereinbaren. Auch wenn das Gericht nicht vorschreibt, die Gemeindesteuern bei der Ermittlung der Finanzkraft der Länder voll zu berücksichtigen, legt es doch nahe, sie zukünftig in höherem Maße als bisher in den Ausgleich einzubeziehen (Renzsch 1999, S. 719).

Schließlich hielt das BVerfG die Einwohnergewichtung zugunsten der Stadtstaaten, die wegen der für das Umland zu erbringenden Dienstleistungen einen höheren Finanzbedarf gel-

II Prinzipien

tend machen können, entgegen der bisherigen Rechtsprechung für „überprüfungsbedürftig" (Pressemitteilung, Nr. 117/99, S. 108). Während derzeit bei der Ermittlung des Finanzbedarfs für die Flächenländer die tatsächliche Einwohnerzahl angesetzt wird, werden bei den Stadtstaaten die Einwohnerzahlen mit dem Faktor 1,35 multipliziert, also gewichtet (§ 9 Abs. 2 FAG). Nach den Ausführungen im Urteil dürften Umfang und Höhe des zusätzlichen Finanzbedarfs „vom Gesetzgeber nicht frei gegriffen werden".

Das Länderfinanzaugleichs-Urteil hat tiefreichende Folgen für die Finanzaustattung der Länder, insbesondere für die vertikalen und horizontalen Hilfen an die ostdeutschen Länder. Angesichts der vom Gericht vorgegebenen engen Fristen hängen die Ergebnisse der Bund-Länder-Verhandlungen maßgeblich von der Überzeugungskraft der Begründungen höherer Lasten und Bedarfe ab.

Im Rahmen der zu erwartenden Neugestaltung ausgleichsrelevanter Regelungen ist damit zu rechnen, dass der Länderfinanzausgleich infolge eines höher zu berücksichtigenden Steueraufkommens der Gemeinden bei der Ermittlung der Finanzkraft insbesondere westdeutscher Flächenstaaten (z.B. Bayern und Baden-Württemberg) für die ausgleichspflichtigen Länder „tendenziell eher teurer als billiger" wird (Renzsch 1999, S. 720). Zu den Verlierern eines reformierten Länderfinanzausgleichs werden dann die Stadtstaaten zählen, wenn ihnen der Nachweis nicht gelingt, dass einerseits höhere Lasten einen Abzug bei der Ermittlung der Finanzkraft rechtfertigen und andererseits die Erfüllung verfassungsmäßig und bundesgesetzlich vorgegebener Aufgaben (z.B. bei der Bildung und der inneren Sicherheit) einen höheren Finanzbedarf begründet. Profitieren können dagegen Länder wie Mecklenburg-Vorpommern und Brandenburg, falls eine im Urteil angesprochene höhere Einwohnergewichtung zugunsten der Länder mit besonders geringer Siedlungsdichte auch politisch umgesetzt werden sollte.

Die ostdeutschen Länder werden sich bei den BEZ auf geringere Zahlungen einstellen müssen: Nicht nur die Fehlbetrags-BEZ sind mit den Ausführungen des Gerichts nicht länger zu rechtfertigen, sondern auch die überproportionalen Kosten der politischen Führung dürften einer sachlichen Überprüfung kaum standhalten, da sie den strengen Anforderungen an die Gewährung von Sonderlasten nicht genügen. Als Kompensation für die absehbaren Einnahmenverluste können die finanzschwachen Länder infolge einer wahrscheinlich höheren Einbeziehung der Gemeindeeinnahmen in den LFA mit höheren horizontalen Hilfen rechnen.

3.3.5 Das Maßstäbegesetz und der Solidarpakt II

Im Anschluss an das Urteil des Bundesverfassungsgerichts zum Länderfinanzausgleich vom 11. November 1999 (BVerfGE 101, 158 ff.) sind von Bund und Ländern Maßstäbe für die Verteilung des Umsatzsteueraufkommens, für den Finanzausgleich unter den Ländern und für die Gewährung von Bundesergänzungszuweisungen im so genannten Maßstäbegesetz konkretisiert worden.

Nach schwierigen und langwierigen Verhandlungen einigten sich die Ministerpräsidenten und der Bundeskanzler über die Neugestaltung des Länderfinanzausgleichs in Berlin im Juni 2001 vor allem zu Lasten des Bundes. Als Folge der Lastenübernahme des Bundes wurden alle Länder gegenüber dem geltenden Recht besser gestellt. Diese Einigung zwischen Bund und Ländern wurde dann im Maßstäbegesetz von September 2001 (BGBl.I, S.2302) und im Gesetz zur Fortführung des Solidarpaktes vom Dezember 2001 (BGBl. I, S.3955) umgesetzt.

Der Kompromiss kam erst dann zustande, nachdem sich der Bund bereit erklärt hatte, die Annuitäten der westdeutschen Bundesländer beim Fonds Deutsche Einheit ab 2005 bis 2019 zu übernehmen (Renzsch 2001, S. 1). Nach den Berliner Beschlüssen wird die Regelung des Umsatzsteuervorwegausgleichs, zuerst Ergänzungsanteile an finanzschwache Länder zu vergeben und anschließend das verbleibende Umsatzsteueraufkommen nach der Einwohnerzahl zu verteilen (Art. 107 Abs. 1 GG), prinzipiell beibehalten (Pilz 2002, S. 31).

Beim Länderfinanzausgleich im engeren Sinn wurden die Tarife bei der Auffüllung der Länderfinanzkraft mäßiger degressiv ausgestaltet: Liegt die Finanzkraft eines Landes unter 80 % des Länderdurchschnitts, wird sie zu 75 % des Länderdurchschnitts aufgefüllt. Im Bereich der Finanzkraft zwischen 80 % und 93 % geht die Auffüllung von 75 % auf 70 % und ab einer Finanzkraft von 93 % der länderdurchschnittlichen Finanzkraft auf 44 % zurück. Die Tarife der Abschöpfung der überdurchschnittlichen Landesfinanzkraft wurden mäßiger progressiv ausgestaltet: Der Tarif der Abschöpfung des Überschusses über der durchschnittlichen Finanzkraft der Länder von 107 % steigt auf 70 %, im Bereich zwischen 107 und 120 % des Länderdurchschnitts auf 75 % und bleibt ab einer überdurchschnittlichen Finanzkraft von 120 % bei 75 % konstant (SVR-Jahresgutachten 2001/02, Ziff. 230). Außerdem wurden als „Prämie" Selbstbehalte eingeführt, d.h., dass Länder mit überdurchschnittlichen Steuermehreinnahmen gegenüber dem Vorjahr ein Dutzend davon behalten dürfen (SVR-Jahresgutachten 2001/02, Ziff. 231).

Die erhöhte Einwohnerwertung für Stadtstaaten von 135 % als Ausgleich für mehr Aufwand zugunsten des Umlands wurde vor allem auf Betreiben des Bundes beibehalten. Damit löste der Bund das Versprechen ein, dass Bundeskanzler Schröder dem Stadtstaat Bremen mit einer Großen Koalition aus SPD und CDU gegeben hatte, um dessen Zustimmung bei der Bundesrats-Abstimmung zur Steuerreform vom Juli 2000 zu gewinnen (Pilz 2002, S.32, Fn131). Außerdem erhielten die dünn besiedelten Länder Mecklenburg-Vorpommern, Brandenburg und Sachsen-Anhalt einen gering höheren Gewichtungsfaktor (SVR-Jahresgutachten 2001/02, Ziff. 229).

Über die Fortsetzung des Solidarpakts für 15 Jahre (von 2005 bis 2019) einigten sich Bund und Länder ohne große Widerstände der Länder, weil die Zahlungen überwiegend vom Bund getragen werden. Der Bund gewährt degressiv ausgestaltete Zuweisungen des so genannten Korbes I im Umfang von 105,3 Milliarden Euro, Sonderbedarfs-BEZ und Finanzhilfen nach dem Investitionsförderungsgesetz. Die Mittel des Korbes I sind gesetzlich gebunden und fließen entsprechend in die Länderetats.

Der Korb II mit einem Fördervolumen von 51,2 Milliarden Euro sieht über die gesamte Laufzeit des Solidarpakts vor, die Mischfinanzierungen der Gemeinschaftsaufgaben und Investitions-Finanzhilfen (ohne Investitionsförderungsgesetz) fortzusetzen. Bis Ende 2006 war umstritten, wie die bislang nicht verbindlich festgelegten Mittel von rund 51 Milliarden Euro verwendet werden sollten und wie hoch die Anrechnung von Bundesmitteln, die in Ostdeutschland beispielsweise für Verkehrsprojekte ausgegeben werden, sein sollte. Während bislang etwa neun Milliarden, die der Bund z.B. für Verkehrsprojekte ausgab, auf die jährliche Mittelvergabe angerechnet wurden, einigten sich der Bund und die ostdeutschen Ministerpräsidenten Ende 2006 darauf, dass lediglich sechs Milliarden angerechnet werden. Überdies wurde eine „Marschroute" für die generelle Verwendung der Mittel aus dem Korb II festgelegt. Die Mittel werden primär für Verkehr, Investitionszulagen und Städtebauförderung verwendet (C. Kohl 2006).

II Prinzipien

3.3.6 Die Entscheidung des Bundesverfassungsgerichts zum Anspruch Berlins auf Sanierungshilfen

In einem abstrakten Normenkontrollverfahren machte der Senat von Berlin geltend, dass dem Land Berlin für die Jahre seit 2002 zum Zwecke der Haushaltssanierung Sonderbedarfs-Bundesergänzungszuweisungen (BEZ) gemäß Art. 107 Abs. 2 Satz 3 GG in Verbindung mit dem bundesstaatlichen Prinzip gewährt werden müssten. Mit dem Urteil des Bundesverfassungsgerichts vom Oktober 2006 wurde der Normenkontrollantrag des Landes Berlin abgewiesen (2 BvF 3703 vom 19.10.2006). Die angegriffenen Regelungen des Finanzausgleichsgesetzes (§ 11 Abs. 6) und des Solidarpaktfortführungsgesetzes (Art. 5 § 11) seien mit Artikel 107 Absatz 2 Satz 3 des Grundgesetzes vereinbar.

Für das Bundesverfassungsgericht lasse sich ein bundesstaatlicher Notstand in dem Sinne, dass das Land Berlin eine Existenzbedrohung nicht mehr ohne fremde Hilfe abwehren könne, nicht feststellen. Das Land Berlin befinde sich nicht in einer extremen, sondern lediglich in einer „angespannten" Haushaltslage, die aber von Berlin mit großer Wahrscheinlichkeit aus eigener Kraft überwunden werden könne.

Mit diesem Urteil hatte das Bundesverfassungsgericht seine Anforderungen an die Gewährung von Sonderbedarfs-BEZ deutlich verschärft (BverfG, 2BvF 3/03 Rdnr. 29–40). Sanierungspflichten des Bundes und korrespondierende Ansprüche eines Not leidenden Landes erwiesen sich als „Fremdkörper innerhalb des geltenden bundesstaatlichen" Finanzausgleichs. Bundesergänzungszuweisungen zum Zwecke der Sanierung ... eines Landeshaushalts unterliegen einem strengen Ultima-Ratio-Prinzip" (2. Leitsatz).

Eine bundesstaatliche Hilfeleistung sei verfassungsrechtlich nur dann zulässig und geboten, wenn die Haushaltslage eines Landes relativ – im Verhältnis zu den übrigen Ländern – als extrem zu werten sei. Außerdem müsse sie auch absolut ein solches Ausmaß erreicht haben, dass das Land seine ihm verfassungsrechtlich zugewiesenen Aufgaben nicht mehr ohne fremde Hilfe erfüllen könne (Leitsatz 2a). Die Gewährung von Sanierungshilfen des Bundes setze allerdings voraus, dass „das Land alle ihm verfügbaren Möglichkeiten der Abhilfe erschöpft" habe (Leitsatz 2b).

Nach dem Urteil des Bundesverfassungsgerichts gebe es für die Berliner Haushaltswirtschaft durchaus noch erfolgversprechende Möglichkeiten, die vorhandenen Haushaltsengpässe selbständig zu bewältigen. Das Gericht wirft dem Berliner Senat vor, nicht „hinreichend plausibel" begründet zu haben, dass der Berliner Haushalt keine ausreichenden Konsolidierungspotentiale mehr habe.

Bei einem groben Vergleich der Einnahmen und Ausgaben Berlins müsse man zu dem Schluss kommen, dass die schwierigen Haushaltsprobleme weniger auf der Einnahmen-, als vielmehr auf der Ausgabenseite liegen. Da trotz Steuermehreinnahmen die hohen Ausgaben im Zeitraum zwischen 1995 und 2004 nicht wesentlich reduziert werden konnten, vermutete das Gericht erhebliche, noch nicht ausgeschöpfte Einsparpotentiale.

Das Verfassungsgericht stellte darüber hinaus einen Stadtstaatenvergleich für einzelne Ausgabenblöcke an, die deutliche Mehrausgaben Berlins gegenüber Hamburg zeigen. Diese eindrucksvollen Mehrausgaben Berlins gegenüber Hamburg betrafen im zugrunde gelegten Jahr 2003 insbesondere die Bereiche „Hochschulen und außeruniversitäre Wissenschaft", „Kulturelle Angelegenheiten" und den Bereich „Gesundheit, Umwelt, Sport und Erholung". Die größten Ausgabenvorsprünge Berlins beklagte das Gericht im Bereich Wohnungswesen.

Eine weitere Verbesserung der Haushaltseinnahmen sah das Gericht insbesondere in erhöhten Gewerbesteuerhebesätzen und in Verkäufen von Landesvermögen. Nach Angaben des Sentas gebe es nach wie vor Möglichkeiten der Vermögensveräußerung primär beim landeseigenen Wohnungsbestand. Würde der mögliche Veräußerungserlös im Umfang von mehreren Milliarden Euro für die Schuldentilgung verwendet, könnten nach Auffassung des Bundesverfassungsgerichts die reduzierten Zinslasten die Nettoeinnahmen aus den landeseigenen Wohnungen übersteigen.

Seitens der Kritiker wird für bemerkenswert befunden, dass das Bundesverfassungsgericht dem Gesetzgeber keine konkreten Handlungsvorgaben machte. Darin werde eine Chance gesehen, die Finanzbeziehungen zwischen Bund und Ländern in der zweiten Stufe der Föderalismusreform sinnvoll neu zu gestalten. Das Gericht mahnte lediglich die Politik, dass das Bundesstaatsprinzip Lösungskonzepte zur Bewältigung und Vorbeugung von Haushaltskrisen erforderlich mache. Diese richterliche Zurückhaltung erhöhe zugleich den Erwartungs- und Handlungsdruck auf die politischen Akteure (SVR-Jahresgutachten 2006/07, Ziff. 40 ff.).

Die Hinweise des Gerichts, dass Berlin sein Einnahmenpotential noch nicht ausgeschöpft habe, werden nur zum Teil für sinnvoll gehalten. Die angesprochenen weiteren Privatisierungserlöse durch den Verkauf landeseigener Wohnungen würde aber die Haushaltslage nicht wirklich entlasten: Im Fall des Verkaufs solcher Wohnungen in größerem Umfang müsste nicht nur mit einem beträchtlichen Preisverfall gerechnet werden, sondern die heutigen Einnahmen aus dem Verkauf stünden zukünftig geringeren Mieteinnahmen gegenüber (SVR-Jahresgutachten 2006/07, Ziff. 40).

3.4 Die Föderalismusreform 2006

3.4.1 Der Weg zur Verfassungsreform

Der Verabschiedung der Föderalismusreform im Bundesrat im Juli 2006 ist eine mehrjährige kontroverse Diskussion in Politik und Wissenschaft über die Notwendigkeit einer Verfassungsreform vorausgegangen. Die Mitwirkung der Regierungen der Länder an der Gesetzgebung des Bundes und die damit verbundene Blockadeanfälligkeit des politischen Entscheidungsprozesses wurde als erhebliches Problem empfunden. Zunehmender Reformbedarf wurde insbesondere in der Wirtschaft, in der wirtschaftsnahen FDP und in den süddeutschen Ländern geltend gemacht. Um den Staat wieder handlungsfähiger zu machen, wurde ein Umbau in Richtung eines Wettbewerbsföderalismus gefordert, der im Interesse stärkerer Entscheidungsfreiheit und klarerer Verantwortlichkeit die Gesetzgebungkompetenzen neu zuweisen, die Verteilung der Steuern und der Aufgabenerfüllung zwischen Bund und Ländern stärker trennen, größere Disparitäten der Finanzkraft zulassen und das Postulat der Einheitlichkeit oder Gleichwertigkeit der Lebensverhältnisse im Bundesgebiet geringer betonen sollte (Pilz 2002, S. 4–9; Benz 2005, S. 207).

Nach der Bundestagswahl 2002 erklärte die Bundesregierung die Föderalismusreform zu einer zentralen staatlichen Aufgabe, die Landtage und die Landesregierungen stellten ihre eigenen Konzepte vor, und im Oktober 2003 beschlossen Bundestag und Bundesrat, eine „Kommission zur Modernisierung der bundesstaatlichen Ordnung" (Kombo) einzusetzen.

Die 32-köpfige stimmberechtigte Kommission unter Vorsitz des damaligen SPD-Fraktionsvorsitzenden Franz Müntefering und des bayerischen Ministerpräsidenten Edmund Stoiber setzte sich aus 16 Abgeordneten des Bundestags und den 16 Ministerpräsidenten der Länder als Vertreter des Bundesrats zusammen. Die Bundesregierung war durch die vier Minister (Kanzleramt, Finanz-, Justiz- und Verbraucherministerium) vertreten, die kein Stimmrecht hatten. Des Weiteren nahmen Vertreter der Landtage, der kommunalen Spitzenverbände und zwölf wissenschaftliche Sachverständige in beratender Funktion teil.

Im Laufe der Beratungen erklärten insbesondere Landesregierungen, Landtage und Bundestagsabgeordnete der Opposition die Entflechtung von Kompetenzen in Verbindung mit der Subsidiarität und der Dezentralisierung zum zentralen Ziel der Föderalismusreform (Krings/ Gönner 2004; K. Beck 2004; Positionpapier der Landtage 2004). Die Bunderegierung betrachtete dagegen die Entflechtung als Voraussetzung von Regierbarkeit.

Wegen unüberbrückbarer Differenzen vor allem in der Bildungs- und Hochschulpolitik erklärten Müntefering und Stoiber im Dezember 2004 die Arbeit der Föderalismuskommission für gescheitert. Im März 2005 drang Bundespräsident Horst Köhler darauf, die abgebrochenen Verhandlungen wieder aufzunehmen. Eine mögliche Verabschiedung des Reformkonzepts bis zum Herbst 2005 lehnte aber der ehemalige SPD-Vorsitzende Müntefering wegen der angekündigten vorgezogenen Wahl des Bundestags ab.

Nach der Bundestagswahl einigten sich im November 2005 Union und SPD auf der Basis der Vorschläge der Bundesstaatskommission in den Koalitionsverhandlungen in den Hauptsreitpunkten. Als umfassende Anlage 2 wurde die Föderalismusreform in den Koalitionsvertrag zwischen CDU, CSU und SPD vom 11.11.2005 aufgenommen.

Im März 2006 stimmten die Konferenz der Ministerpräsidenten und die Bundesregierung der Staatreform zu. Zwar akzeptierte auch die Mehrheit der Bundestagsfraktionen von Union und SPD das Reformvorhaben, doch kritisierten mehrere Abgeordnete, dass der Bund zu viele Kompetenzen an die Länder abgebe und ein Rückfall in die „Kleinstaaterei" zu befürchten sei.

Mitte Mai bis Anfang Juni 2006 fanden gemeinsame Sachverständigen-Anhörungen von Bundestag und Bundesrat in Berlin statt. Die weiter unten näher auszuführenden Bedenken der Sachverständigen gefährdeten aber letztlich nicht die mehrheitliche Zustimmung im Bundestag.

Vor der entscheidenden Abstimmung im Bundestag machten die Länder dem Bund das Zugeständnis, dass er künftig neben der Forschung gemeinsam mit den Ländern auch die Lehre an den Hochschulen fördern kann.

In der Begründung des dann gemeinsam von Bundestag und Bundesrat eingebrachten Gesetzentwurfs wurden die wesentlichen Ziele der Föderalismusreform nochmals genannt: „Die nun vereinbarte Reform soll demokratie- und effizienzhinderliche Verflechtungen zwischen Bund und Ländern abbauen und wieder klarere Verantwortlichkeiten schaffen und so die föderalen Elemente der Solidarität und der Kooperation einerseits und des Wettbewerbs andererseits neu ausbalancieren. Insgesamt geht es um eine nachhaltige Stärkung der Handlungs- und Entscheidungsfähigkeit des Bundes und auch der Länder (einschließlich der Kommunen)" (Bundestags-Drucksache 16/813, S. 7).

Das größte Reformpaket des Grundgesetzes seit seiner Verkündung 1949 hatte dann auch im Bundestag Ende Juni 2006 die erforderliche Mehrheit erhalten: Für den Entwurf der Föderalismusreform stimmten 428 Abgeordnete und damit 18 mehr als für eine Grundgesetzänderung notwendig gewesen wäre. 162 Abgeordnete votierten dagegen, drei enthielten sich (Bode 2006, S. 1).

3.4.2 Neuverteilung der Gesetzgebungskompetenzen zwischen Bund und Ländern

Sowohl die Mitglieder der Kommission zur Modernisierung der bundesstaatlichen Ordnung als auch die Arbeitsgruppe der Großen Koalition zur Föderalisimusreform verfolgten das zentrale Ziel, die Gesetzgebungs- und Aufgabenkompetenzen zu entflechten. Die Landesregierungen erklärten sich, um die Blockadeanfälligkeit der Entscheidungsprozesse im Bundesstaat zu verringern, von Anfang an bereit, auf Zustimmungsrechte im Bundesrat zu verzichten, wenn ihnen der Bund im Gegenzug Gesetzgebungskompetenzen übertragen sollte.

Wie sieht nun die Kompetenzverschiebung zwischen Bund und Ländern in der Gesetzgebung und bei den Gemeinschaftaufgaben sowie die neu geregelte Gewährung von Finanzhilfen aus? Welche verfassungsrechtliche und politische Bedeutung kommt ferner der Einführung von Abweichungsbefugnissen für die Länder bei der Gesetzgebung und der Ausführung von Bundesgesetzen zu? Welche Folgen hat schließlich die Neuregelung der Bundesgesetze mit Kostenfolgen für die bundesstaatlichen Machtverhältnisse?

a)   Neue Gesetzgebunskompetenzen der Länder

Die Arbeitsgruppe der Großen Koalition zur Föderalisimusreform hatte im November 2005 beschlossen, wesentliche Kompetenzen der konkurrierenden und der Rahmengesetzgebung (Art. 74 und 75) auf die Länder zu verlagern:

1. Versammlungsrecht
2. Strafvollzug
3. Notariat
4. Heimrecht
5. Ladenschlussrecht
6. Gaststättenrecht
7. Sport-, Freizeit- und sog. sozialer Lärm (Anlagen mit sozialer Zweckbestimmung)
8. Die allgemeinen Rechtsverhältnisse der Presse

b)   Alleinige Zuständigkeit des Bundes

Im Gegenzug wurden folgende Materien in die ausschließliche Gesetzgebung des Bundes (Art. 73 GG) verlagert:

1. Waffen- und Sprengstoffrecht
2. Kompetenz des Bundeskriminalamts (BKA) zur Abwehr von Gefahren des internationalen Terrorismus
3. Versorgung der Kriegsbeschädigten und Kriegshinterbliebenen
4. Erzeugung und Nutzung der Kernenergie zu friedlichen Zwecken, Errichtung und Betrieb von Anlagen
5. Melde- und Ausweiswesen
6. Schutz deutschen Kulturgutes gegen Abwanderung ins Ausland.

3.4.3 Konkurrierende Gesetzgebungskompetenz

a)   Bindung an die Erforderlichkeitsklausel

Außerdem wurde die Zahl der konkurrierenden Gesetzgebungskompetenzen, die dem Erforderlichkeitskriterium des Art. 72 Abs. 2 GG unterliegen, verringert. So hat der Bund (nur

II Prinzipien

noch) das Gesetzgebungsrecht auf den Gebieten des Art. 74 Abs. 1 Nrn. 4, 7, 11, 13, 15, 19a, 20, 22, 24 (außer Luftreinhaltung und Lärmbekämpfung) 25 und 26, wenn und soweit die Herstellung gleichwertiger Lebensverhältnisse im Bundesgebiet oder die Wahrung der Rechts- oder Wirtschaftseinheit im gesamtstaatlichen Interesse eine bundesgesetzliche Regelung erforderlich macht.

b) Freistellung von der Erforderlichkeitsklausel (kein Erforderlichkeitsnachweis)

Durch die Föderalismusreform wurden wichtige Kompetenzen des Art. 74 GG von der Erforderlichkeitsklausel freigestellt, d.h., dass für den Bund die Inanspruchnahme der konkunkurrierenden Gesetzgebung erleichtert worden ist. Der Bund kann also künftig gesetzgeberisch tätig werden, ohne nachweisen zu müssen, dass dies zur Herstellung gleichwertiger Lebensverhältnisse notwendig ist. Die Befreiung vom Erforderlichkeitskriterium stärkt die Handlungsfähigkeit des Bundes in den Materien, in denen nicht die regionalen Besonderheiten, sondern die Wahrung der Rechts- und insbesondere der Wirtschaftseinheit im Vordergrund stehen.

Diese Änderung der Erforderlichkeitsklausel betrifft so wichtige konkurrierende Gesetzgebungskompetenzen des Bundes wie das Arbeitsrecht einschließlich der Betriebsverfassung und die Sozialversicherung einschließlich der Arbeitslosenversicherung (Art. 74 Abs. 1 Nr. 12) sowie die Luftreinhaltung und Lärmbekämpfung (Art. 74 Abs. 1 Nr. 24). Da der Bund in diesen Materien ohne Nachweis der Notwendigkeit der Herstellung gleichwertiger Lebensverhältnisse von seiner Gesetzgebungskompetenz Gebrauch machen kann, stellt sich die Frage, warum dann diese Materien überhaupt noch in der konkurrierenden Gesetzgebung verblieben sind.

Die in der Föderalismusreform beschlossene Aufhebung der Bindung einer Vielzahl von Materien der konkurrierenden Gesetzgebung an das Erforderlichkeitskriterium des Art. 72 Abs. 2 GG trug der jüngsten Rechtsprechung des höchsten deutschen Gerichts Rechnung. Die Rechtsprechung des Bundesverfassungsgerichts hatte an die Norm der Erforderlichkeit strenge Maßstäbe angelegt. Das Gericht interpretierte die Nutzung der konkurrierenden Gesetzgebung in einer Weise, die die Dezentralisierung deutlich förderte und bis zur Föderalismusreform die Machtverhältnisse zugunsten der Länder verschob (Benz 2005, S. 207). Das Gericht ließ nur noch eine konkurrierende Gesetzgebungskompetenz des Bundes zu, „wenn sich die Lebensverhältnisse in den Ländern der Bundesrepublik in erheblicher, das bundesstaatliche Sozialgefüge beeinträchtigender Weise auseinander entwickelt haben oder sich eine derartige Entwicklung konkret abzeichnet" (BVerfGE 106, 63, 144). Nach Auffassung des Verfassungsgerichts erlaubten weder das Ziel der Herstellung gleichwertiger Lebensverhältnisse und die Ziele der Wahrung der Rechts- oder Wirtschaftseinheit noch das Merkmal des gesamtstaatlichen Interesses dem Bundesgesetzgeber, uneingeschränkt tätig zu werden (Pilz 2006, S. 412).

Das Ziel der Rechtseinheit bedeute nicht, stets bundeseinheitliches Recht setzen zu müssen. Unterschiedliche Rechtslagen seien vielmehr für die Bürger eine „notwendige Folge des bundesstaatlichen Aufbaus". Die Voraussetzungen einer bundesgesetzlichen Regelung seien erst dann erfüllt, wenn „eine Rechtszersplitterung mit problematischen Folgen" drohe (BVerfGE 106, 145).

Das Ziel der Wahrung der Wirtschaftseinheit berechtige den Bund im gesamtstaatlichen Interesse zur Gesetzgebung, wenn eine einheitliche Rechtssetzung zur „Erhaltung der Funktionsfähigkeit des Wirtschaftsraums der Bundesrepublik Deutschland" beitrage (BVerfGE 106, 62; 111, 254).

Das Urteil des Bundesverfassungsgerichts über die Juniorprofessur vom Sommer 2004 hatte für die Verteilung von Kompetenzen zwischen Bund und Ländern neue länderfreundliche Maßstäbe gesetzt. Für das Gericht liege der Sinn des Föderalismus darin, „den Ländern eigenständige Kompetenzräume für partikular-differenzierte Regelungen zu eröffnen" (BVerfGE 106, 62; 111, 254).

Aus der Sicht der Kritiker dieser Entscheidung müsse für die bundesstaatliche Kompetenzverteilung ausschlaggebend sein, ob sich die Erfüllung einer Aufgabe für regional differenzierte Regelungen eignet. Als ungeeignet für die Wahrnehmung eigenständiger Kompetenzen durch die Länder müssten Aufgaben angesehen werden, deren Zweck in der Vermeidung von oft gefährlichen unterschiedlichen Sichtweisen bei der Problemlösung liegt: So haben gerade die unzulänglichen Abstimmungen beim Hochwasserschutz zwischen deutschen Bundesländern die Notwendigkeit eines überregionalen Krisenmanagements deutlich gemacht. Als ungeeignet für regional differenzierte Regelungen müssten ferner Materien aufgefasst werden, die wie beispielsweise eigene Steuerrechtskompetenzen zu einem ruinösen Wettbewerb zu Lasten struktur- und finanzschwacher Länder führen würden (Darnstädt u.a. 2006).

c) Konkurrierende Gesetzgebung und Abweichungsbefugnisse der Länder

Von besonderer verfassungsrechtlicher und politischer Bedeutung ist die Einführung von Abweichungsbefugnissen für die Länder. Mit der Föderalismusreform sind vor allem umwelt- und hochschulpolitisch relevante Materien in die Abweichungsgesetzgebung überführt worden. Der neu formulierte Art. 72 Abs. 3 GG sieht nun folgende Regelung vor: „Hat der Bund von seiner Gesetzgebungsbefugnis Gebrauch gemacht, können die Länder durch Gesetz hiervon abweichende Regelungen auf folgenden Gebieten treffen.

1. Jagdwesen
2. Naturschutz und Landschaftspflege, soweit es sich nicht um Grundsätze des Naturschutzes, das Recht des Artenschutzes oder des Meeresnaturschutzes handelt;
3. Bodenverteilung;
4. Raumordnung;
5. Wasserhaushalt;
6. Hochschulzulassung und Hochschulabschlüsse."

Werden auf diesen Gebieten Bundesgesetze beschlossen, treten sie frühestens sechs Monate nach ihrer Verkündung in Kraft (Art. 72 Abs. 2 Satz 2 GG). Im Verhältnis von Bundes- und Landesrecht geht das jeweils spätere Gesetz vor (Art. 72 Abs. 2 Satz 3 GG), gilt also das zuletzt erlassene Recht (so genannte Lex-Posterior-Regelung).

Aus der Sicht der Befürworter der Reform bringe das neue Instrument der Abweichungsbefugnis sowohl für den Bund als auch für die Länder Vorteile (Anlage 2 zum Koalitionsvertrag zwischen CDU, CSU und SPD vom 11.11.2005): So könne der Bund sein eigenes politisches Konzept verwirklichen und müsse sich nicht mehr auf das Rahmenrecht beschränken. Außerdem sei er nicht mehr an das Erforderlichkeitskriterium des Art. 72 Abs. 2 GG gebunden. Der Bund könne jetzt die EU-Vorgaben „in einem Guss" umsetzen. Die Länder könnten nun mit Ausnahme eng definierter „abweichungsfester" Kerne (z.B. Grundsätze des Naturschutzes) eigenständige Landesgesetze erlassen. Gerade kleine und schwache Länder könnten entweder Bundesrecht in ihrem Land gelten lassen oder Gesetze anderer Länder „ab-

II Prinzipien

schreiben". Die in den Art. 72 Abs. 3 eingefügte Lex-Posterior-Regelung soll ein Hin und Her bei der Gesetzgebung verhindern. Danach können die Landtage innerhalb von sechs Monaten prüfen, ob sie das Recht des Bundes in ihrem Gebiet gar nicht erst in Kraft treten lassen und vor Fistablauf eigenes Landesrecht erlassen.

3.4.4 Ausführung von Bundesgesetzen und Länder-Abweichungsbefugnissen

Die Föderalismusreform von 2006 war auch darauf angelegt, den Ländern bei der Ausführung von Bundesgesetzen, insbesondere bei der Regelung von Verwaltungsverfahren, mehr Entscheidungsfreiheit einzuräumen. Künftig kann der Bund zwar Gesetze, die die Behördeneinrichtung und die Verwaltungsverfahren der Länder regeln, ohne Zustimmung des Bundesrats erlassen, die Länder können aber von dem Bundesrecht, abgesehen von Ausnahmefällen, abweichen. Mit der Neufassung des Art. 84 GG erwarten die Befürworter der Föderalismusreform eine nicht geringe Reduzierung zustimmungspflichtiger Gesetze. Seit September 2006 lautet der neue Art. 84 GG wie folgt:

„Führen die Länder die Bundesgesetze als eigene Angelegenheit aus, so regeln sie die Einrichtung der Behörden und das Verwaltungsverfahren. Sofern Bundesgesetze etwas anderes bestimmen, können die Länder davon abweichende Regelungen treffen. Hat ein Land eine abweichende Regelung ... getroffen, treten ... hierauf bezogene spätere bundesgesetzliche Regelungen ... frühestens sechs Monate nach ihrer Verkündung in Kraft ... In Ausnahmefällen kann der Bund wegen eines besonderen Bedürfnisses nach bundeseinheitlicher Regelung das Verwaltungsverfahren ohne Abweichungsmöglichkeit für die Länder regeln. Diese Gesetze bedürfen der Zustimmung des Bundesrates."

Zwar war sich die Arbeitsgruppe der Großen Koalition zur Föderalismusreform weitgehend einig, dass bei überregionalen Verwaltungsverfahren (vor allem beim Umweltverfahrensrecht) ein besonderes Bedürfnis nach bundeseinheitlicher Regelung bestehe und dann die Länder keine Abweichungsmöglichkeit haben. Doch wird erst die Praxis erweisen, inwieweit die Länder unter vage formulierten Nichtabweichungsvorbehalten von ihrem Recht Gebrauch machen, von den Bundesvorgaben abzuweichen. Da aber davon auszugehen ist, dass auch in Zukunft beispielsweise beim Abfallbeseitigungsrecht die Kriterien der Erforderlichkeit und des besonderen Bedürfnisses nach bundeseinheitlicher Regelung zwischen den föderativen Ebenen unterschiedlich ausgelegt werden, muss letztlich das Bundesverfassungsgericht darüber entscheiden.

3.4.5 Verschiedene Kompetenzformen: Das Umwelt- und Hochschulrecht

Im Bereich des Umweltschutzes war die bisherige Kompetenzverteilung durch eine wenig systematische und unkoordinierte Gesetzgebung gekennzeichnet. Die Föderalismusreform hatte in der Umweltpolitik zu wesentlichen verfassungsrechtlichen Änderungen geführt. Während die Nutzung der Kernenergie in alleinige Bundeskompetenz überführt wurde, bleiben weiterhin Materien wie die Abfallbeseitigung (Art. 74 Abs. 1 Ziff. 24 GG) und das umweltrelevante Recht der Wirtschaft (z.B. stützen sich Regelungen zu erneuerbaren Energien oder zum Klimaschutz auf Art. 74 Abs.1 Ziff. 11 GG) dem Erforderlichkeitsnachweis unterstellt. Bereiche wie die Luftreinhaltung und der Lärmschutz wurden dagegen von der Erforderlichkeitsklausel des Art. 72 Abs. 2 GG freigestellt.

Die Rahmengesetzgebung des Bundes nach Art. 75 GG ist abgeschafft worden. Umweltrelevante Rahmenkompetenzen sind in die konkurrierende Gesetzgebung überführt worden:

Naturschutz und Landschaftspflege (Art. 74 Abs. 1 Ziff. 29 GG), Raumordnung (Art. 74 Abs. 1 Ziff. 31 GG) sowie Wasserhaushalt (Art. 74 Abs.1 Ziff. 32 GG).

Im Grundsatz würde mit dieser Neuregelung ein Kompetenzzuwachs des Bundes einhergehen. Anstelle eines allgemeinen Rechtsrahmens kann der Bund zukünftig die genannten Regelungsbereiche selbst und mit unmittelbarer Wirkung ausgestalten. Diese zusätzlichen Bundeskompetenzen werden jedoch durch eine Relativierung des Rangs des Bundesrechts „erkauft". In Abweichung vom bestehenden Verfassungsrecht des Art. 31 GG (Bundesrecht bricht Landesrecht!) sind die Länder nun befugt, von den bundesrechtlichen Regelungen abzuweichen. Nur als „abweichungsfest" ausgewiesene Materien sind für einen Länderzugriff gesperrt (SRU 2006, S. 7).

Als „abweichungsfest" gelten im Bereich des Naturschutzes und der Landschaftspflege die „Grundsätze" des Naturschutzes, der Artenschutz und der Meeresnaturschutz. Im Bereich des Wasserhaushalts sind die stoff- und anlagenbezogenen Regelungen „abweichungsfest". Der Koalitionsvertrag der Großen Koalition enthält keine nähere Definition der „abweichungsfesten" Kernkompetenzen des Bundes. Lediglich zu den Grundsätzen des Naturschutzes weist der Begleittext darauf hin, dass es sich hierbei insbesondere um die Erhaltung der biologischen Vielfalt und die Sicherung der Funktionsfähigkeit des Naturhaushaltes handelt (Begleittext Nr. 41).

Im Hochschulrecht wurden die Regelungen des Hochschulrahmengesetzes (Art. 75 GG) durch Landesrecht ersetzt. Lediglich für die Hochschulzulassung und die Hochschulabschlüsse hat der Bund eine neue konkurrierende Gestzgebung erhalten (Art. 74 Abs. 1 Nr. 33 GG). Während der Bund bisher nach Art. 75 GG nur allgemeine Grundsätze regeln konnte, kann er jetzt detaillierte und unmittelbar geltende Regelungen treffen. So gibt ihm die Kompetenz für die Hochschulzulassung die Möglichkeit, insbesondere bei bundesweit zulassungsbeschränkten Studiengängen Vorgaben für die Ermittlung und Ausschöpfung der Ausbildungskapazitäten zu machen, und die Vergabe von Studienplätzen einheitlich zu regeln.

3.4.6   Mitwirkungsbefunisse der Länder in EU-Angelegenheiten

Die Europatauglichkeit des deutschen Föderalismus ist aus der Sicht der Anhänger der Reform durch die Änderung des Europa-Artikels 23 des Grundgesetzes verbessert worden. Die Mitwirkungsbefugnisse der Länder in EU-Angelegenheiten sind im Bereich ausschließlicher Gesetzgebung konkretisiert worden. Seit 2006 sieht der neu gefasste Art. 23 Abs. 6 GG vor, dass die ausschließliche Gesetzgebung der Länder auf die schulische Bildung, die Kultur oder den Rundfunk beschränkt wird. In diesen Fällen *muss* die Bundesregierung die Verhandlungsführung in den Gremien der Kommmission und des Ministerrats auf einen Vertreter der Länder im Ministerrang übertragen. Nach der alten Regelung „sollte" sie dies nur (Anlage 2 des Koalitionsvertrags zwischen CDU, CSU und SPD vom 11.11.2005).

Überdies haben sich Bund und Länder eine Verbesserung des gegenseitigen Informationsaustausches versprochen. „Bund und Länder ... nutzen die regelmäßigen Sitzungen des EU-Ausschusses des Bundesrats zu einem frühzeitigen Austausch über aktuelle Entwicklungen auf EU-Ebene" (Begleittext des CDU-CSU-SPD-Koalitionsvertrags zu Art. 23 Abs. 6 GG, S. 44).

3.4.7   Bundesgesetze mit Kostenfolgen für die Länder

Im Dezember 2006 löste die lange umstrittene Frage der Kostenbeteiligung des Bundes an der Unterbringung von Hartz-IV-Empfängern einen heftigen Verfassungsstreit aus. Dabei

II Prinzipien

ging es um den auch nach der Föderalismusreform unveränderten Artikel 104a Absatz 3 Satz 1: „Bundesgesetze, die Geldleistungen gewähren und von den Ländern ausgeführt werden, können bestimmen, dass die Geldleistungen ganz oder zum Teil vom Bund getragen werden".

Das vom Bundestag verabschiedete Gesetz über die Verteilung von Zuschüssen an die Länder in Höhe von 4,3 Milliarden Euro, mit denen die Kommunen einen Teil ihrer Ausgaben für Empfänger des Arbeitslosengeldes II (für Wohnungs- und Heizungskosten) erstattet bekommen, stießen im Bundeskanzleramt und bei den Haushaltspolitikern des Bundestags auf verfassungsrechtliche Bedenken. In dem Verfassungsstreit ging es um eine von den Staaskanzleien der Länder – unter Billigung aller 16 Bundesländer – vereinbarten Regelung, wonach die Gemeinden aller Länder nicht die gleiche Quote von 31,8 Prozent für die Arbeitslosengeld-II-Empfänger erstattet erhalten sollten: Nach der zwischen den Ländern ausgehandelten Fassung sollten den Kommunen von Baden-Württemberg rund 35 Prozent und denen von Rheinland-Pfalz rund 41 Prozent zugewiesen werden. Die Kommunen der anderen 14 Länder sollten lediglich 31 Prozent bekommen. Die beiden bevorzugten Bundesländer hatten ihre höheren Zuschüsse damit begründet, dass ihre Gemeinden durch die Zusammenlegung der Arbeitslosen- und der Sozialhilfe (Arbeitslosengeld II) besonders benachteiligt seien. Die anderen Länder hatten dies akzeptiert, nachdem der Bund infolge konjunkturbedingter Steuermehreinnahmen im Herbst 2006 seinen ursprünglich niedrigeren Zuschuss für die Kostenbeteiligung an der Unterbringung von Hartz-IV-Empfängern erhöht hatte.

Das Bundeskanzleramt begründete seine Bedenken damit, dass die „Festlegung von länderbezogenen unterschiedlichen Beteiligungsquoten des Bundes an den Kosten der Unterkunft nicht mit Art. 104a Abs. 3 GG vereinbar ist. Die Regelung lässt nur eine für alle Länder einheitliche Beteiligungsquote zu" (Frankfurter Allgemeine Zeitung vom 6.1.2006, S. 3).

Der neu formulierte Art. 104a Abs. 4 räumt den Ländern Zustimmungsvorbehalte bei Bundesgesetzen mit Kostenfolgen ein. Den neu in das Grundgesetz eingefügten Zustimmungstatbestand interpretierten die Länder als Recht, sich vor kostenbelastenden Bundesgesetzen schützen zu können. Allerdings wurde damit gleichzeitig das Ziel konterkariert, die Zahl der zustimmungspflichtigen Gesetze zu reduzieren.

Seit 2006 heißt dieser neue Artikel wie folgt:
„Bundesgesetze, die Pflichten der Länder zur Erbringung von Geldleistungen, Geldwerten, Sachleistungen oder vergleichbaren Dienstleistungen ... begründen und von den Ländern als eigene Angelegenheit oder nach Absatz 3 Satz 2 im Auftrag des Bundes ausgeführt werden, bedürfen der Zustimmung des Bundesrates, wenn daraus entstehende Ausgaben von den Ländern zu tragen sind".

Die Bestimmung, dass Bundesgesetze der Zustimmung der Länder bedürfen, wenn sie Pflichten der Länder zur Erbringung kostenwirksamer Leistungen begründen, wurde am Ende der parlamentarischen Beratungen im Sommer 2006 in zwei Punkten klargestellt: Diese Bestimmung findet nur dann Anwendung, wenn die Ausgaben von den Ländern zu tragen sind, der Bund also die Ausgaben nicht voll erstattet. Außerdem sind noch Pflichten zur Erbringung von „vergleichbaren Dienstleistungen" einbezogen worden (Maiwald 2006, S. XIII).

Beispiele dafür, dass der Bundesgesetzgeber den Ländern keine wesentlichen Spielräume für das Ausmaß der Leistungspflichten einräumt, sind die Pflichten der Länder, Einrichtungen für die Unterbringung von Asylbewerbern zu schaffen und zu unterhalten, Schuldnerberatungen zu erbringen oder Tagesbetreuungsplätze für Kinder bereitzustellen. Wird der Begriff der Sachleistung weit gefasst, beinhalten beispielsweise die Bereitstellung von Tagesbetreuungsplätzen ein Bündel von Sach- und vergleichbaren Dienstleistungen, wie Räumlichkeiten und deren Ausstattung sowie Betreuungs- bzw. Erziehungsleistungen.

3.4.8 Abbau der Mischfinanzierung: Gemeinschaftsaufgaben und Finanzhilfen

Mit der Föderalismusreform werden ferner die Gemeinschaftsaufgaben Hochschulbau (Art. 91a Abs. 1 Nr. 1 GG) und Bildungsplanung (Art. 91b GG) abgeschafft. Die Gemeinschaftsaufgaben Verbesserung der regionalen Wirtschaftsstruktur (Art. 91a GG) und Verbesserung der Agrarstruktur und des Küstenschutzes (Art. 91a GG) werden aber beibehalten.

Die Zusammenarbeit von Bund und Ländern nach Art. 91b ist in Fällen überregionaler Bedeutung und zum besseren internationalen Vergleich von Bildungsstandards neu geregelt worden:

Absatz 1: „Bund und Länder können aufgrund von Vereinbarungen auf folgenden Gebieten in Fällen überregionaler Bedeutung zusammenwirken:

1. bei der Förderung von Einrichtungen und Vorhaben der wissenschaftlichen Forschung außerhalb der Hochschulen;
2. bei der Förderung von Vorhaben der wissenschaftlichen Forschung an Hochschulen sowie Forschungsbauten an Hochschulen einschließlich Großgeräten.

Der Begriff „Förderung der wissenschaftlichen Forschung" ist weit zu verstehen, umfasst also Förderungen außerhochschulischer Einrichtungen und Projektförderungen in und außerhalb der Hochschulen.

Absatz 2: „Bund und Länder können aufgrund von Vereinbarungen zur Feststellung der Leistungsfähigkeit des Bildungswesens im internationalen Vergleich und diesbezüglichen Berichten und Empfehlungen zusammenwirken".

Die Zusammenarbeit von Bund und Ländern im Rahmen der nationalen Bildungsberichterstattung soll Grundinformationen (einschließlich Finanz- und Strukturdaten) liefern und gemeinsame Empfehlungen abgeben, um die internationale Wettbewerbsfähigkeit des deutschen Bildungswesens zu gewährleisten.

Absatz 3: „Die Kostentragung wird in der Vereinbarung geregelt."

Durch den Begriff „Kostentragung" wird klargestellt, dass der Bund im Rahmen der Vereinbarung mit Zustimmung der Länder (mindestens 13 Stimmen) auch alleine fördern darf.

Die Finanzhilfen des Bundes nach Art. 104a Abs. 4 zur Verbesserung der Verkehrsverhältnisse der Gemeinden und zur Förderung des Wohnungsbaus werden abgeschafft. Die Zuständigkeit für die Gemeindeverkehrsfinanzierung und Wohnungsbauförderung wird auf die Länder übertragen.

Der Art. 104a Abs. 4 wird gestrichen und durch Art. 104b ersetzt:

„(1) Der Bund kann ... den Ländern für besonders bedeutsame Investitionen der Länder und der Gemeinden (Gemeindeverbände) Finanzhilfen für Vorhaben gewähren, die

1. zur Abwehr der Störung des gesamtwirtschaftlichen Gleichgewichts,
2. zum Ausgleich unterschiedlicher Wirtschaftskraft im Bundesgebiet oder
3. zur Förderung des wirtschaftlichen Wachstums

erforderlich sind."

Satz 1 gilt nicht für Gegenstände der ausschließlichen Gesetzgebung der Länder. Im ergänzten Absatz 2 des neuen Artikels 104b wird festgelegt, dass die Mittel befristet und degressiv zu gewähren sind. Außerdem bestimmt der Absatz 3 zur wirksameren Kontrolle der Mittelverwendung, dass „Bundestag, Bundesregierung und Bundesrat ... auf Verlangen über die Durchführung der Maßnahmen und die erzielten Verbesserungen zu unterrichten" sind.

Zur Kompensation der wegfallenden Bundesmittel für die Gemeinschaftsaufgaben und die Finanzhilfen erhalten die Länder für den Zeitraum 2007 bis 2019 Beträge aus dem Bundeshaushalt. Diese Beträge werden (bis 2013) aus dem Durchschnitt der Finanzierungsanteile des Bundes im Vergleichszeitraum 2000 bis 2008 ermittelt.

3.4.9 Defizite der Föderalismusreform

Die Leitidee beziehungsweise das Ziel der Entflechtung der Föderalismusreform wurde deshalb stark kritisiert, weil die Interdependenz der Aufgaben des Bundes und der Länder mit jeder Kompetenztrennung zwangsläufig einen nicht geringen Koordinationsbedarf im Bundesstaat erzeugt. Außerdem sagt das Entflechtungsziel nichts darüber aus, in welche Richtung sich die Reform entwickeln soll, da Entflechten sowohl Zentralisierung als auch Dezentralisierung bedeuten kann (Benz 2006, S. 6).

Die Nichteinigung von Bund und Ländern auf einen Reformkurs erschwerte von vornherein die bundesstaatliche Kompromissfindung: Während die Länder für die Stärkung der Subsidiarität und eine Erweiterung ihrer Kompetenzen eintraten, ging es dem Bund vor allem um die Reduzierung der Zahl zustimmungspflichtiger Gesetze. Damit geriet die Entflechtung zu einem Konflikt um die Umverteilung der Kompetenzen von Bund und Ländern und verhinderte eine flexible Kompetenzzuordnung: So schlug beispielsweise der Politikwissenschaftler Arthur Benz vor, den Länderparlamenten einen „bedingten" Zugriff auf Bundeskompetenzen zu erlauben. Der Bundesgesetzgeber hätte allerdings dann widersprechen können, wenn ein Landesgesetz offenkundige Nachteile für andere Länder oder den Gesamtstaat erzeugt hätte. Wäre der Bund ermächtigt worden, die Länder durch „benchmarking" zu Innovationen anzuregen, hätte der Bundesstaat insgesamt innovationsfähiger gemacht werden können. Die Dominanz des Entflechtungsziels ließ im politischen Prozess eine Diskussion über die Effektivität und Effizienz solcher Vorschläge nicht zu (Benz 2005, S. 209; 2006, S. 7).

Wie stark als Folge der Kompetenztrennung der Koordinationsbedarf im Bundesstaat ist, verdeutlichten Ende 2006 die Auseinandersetzungen um das Rauchverbot. Während auf Bundesebene Ministerien wie das Gesundheits- und das Verbraucherschutzministerium mit Verweis auf den Arbeitsschutz (Art. 74 Abs. 1 Nr. 12) oder auf die notwendige Abwehr gemeingefährlicher Krankheiten (Art. 74 Abs. 1 Nr. 19) dem Bund die umfassende Kompetenz für den Nichtraucherschutz zubilligten, machten Ministerien wie das Justiz- und Innenministerium verfassungsrechtliche Bedenken geltend. Seit der Föderalismusreform seien die Länder für das Gaststättenrecht zuständig und könnten eigenständige Landesgesetze erlassen. Um aber einen „Flickenteppich" unterschiedlicher Regelungen zum Rauchverbot zu vermeiden und bundeseinheitliche Standards zum Nichtraucherschutz zu erreichen, sah sich Kanzlerin Merkel veranlasst, in Beratungen mit den Ministerpräsidenten der Länder sich auf ein gemeinsames Vorgehen zu einigen.

Für die Kritiker hätten sich die Augen über die Konsequenzen der Föderalismusreform „ausgerechnet im Zigarettenqualm geöffnet" (Prantl 2006a, S. 4). Nun räche sich, dass die Politik keine grundsätzlichen Entscheidungen darüber getroffen habe, wo gleichwertige Lebensverhältnisse gesichert werden müssten und wo nicht. Ein wirkungsvoller Nichtraucherschutz müsse allen Bürgern gewährt werden und dürfe nicht durch länderspezifische Sonderregelungen aufgeweicht werden.

Bei kritischer Bewertung der Willensbildung und Entscheidungsfindung der Großen Koalition zur größten Grundgesetzänderung der Geschichte der Republik muss festgehalten werden, dass es den politisch verantwortlichen Akteuren nach der Bundestagsahl 2005 mehr um die Demonstration der Handlungsfähikeit der schwarz-roten Regierungskoalition als um die Bewertung der Stellungnahmen der Sachverständigen bei den Anhörungen im Bundestag ging.

Für den Politikwissenschaftler Fritz Scharpf sind intelligente Lösungen an zeitlichen und personellen Faktoren gescheitert. Bei den Beratungen zur Föderalismusreform habe nicht nur die Zeit für intensive Diskussionen gefehlt, sondern auch die Teilnahme der unmittelbaren Entscheider wie der Ministerpräsidenten der Länder habe die Kompromissfindung erheblich erschwert oder sogar verhindert. Wenn aus der isolierten Sicht eines „Vetospielers" von einem Lösungsvorschlag Nachteile erwartet werden, könne keine Einigung mehr über eine ausgewogene Gesamtlösung erreicht werden (Scharpf 2006).

Inwieweit das Ziel des Bundes, die Zahl der zustimmungspflichtigen Gesetze zu reduzieren, erreicht werde, werde trotz der die Zielsetzung bestätigenden Untersuchung der Wissenschaftlichen Dienste des Deutschen Bundestages (Georgii/Borhanian 2006) erst die Praxis zeigen. Zwar verliere der Bundesrat bei einigen Gesetzen sein Vetorecht, weil die Länder für diese Materien nun selbst zuständig sind, doch seien gleichzeitig neue Zustimmungsrechte wie bei den Bundesgesetzen mit Kostenfolgen geschaffen worden. Im Ergebnis gewannen weder Bund noch Länder entscheidende neue, autonome Handlungsmöglichkeiten (Grimm 2004, Scharpf 2006, S. 4).

Politikwissenschaftler wie Scharpf kritisierten, dass das Ziel der Länder, über die Enflechtung eine „klare Trennung" der Kompetenzen zwischen Bund und Ländern zu erreichen, auf die realen Bedingungen der Aufgabenverflechtung im deutschen Föderalismus zu wenig Rücksicht nehme. Die Länder ignorierten mit ihrer Forderung, ganze „Lebenssachverhalte" in die ausschließliche Kompetenz der Länder zu übertagen, den Mehrebenencharakter, d.h. die Verflechtung der Aufgabenerfüllung zwischen der lokalen, regionalen, nationalen und europäischen Ebene in vielen Politikfeldern. So sei gerade die Bildungspolitik ein Beispiel dafür, wie die Probleme am besten in den Universitäten und Schulen selbst, die Erhöhung der Lehrkapazitäten und der Studienplätze dagegen am besten durch nationale einheitliche Standards und die wissenschaftliche Forschung womöglich europaweit effizient geregelt werden könnten. Der Mehrebenencharakter betreffe auch Politikfelder wie die Finanz-, Wirtschafts-, Sozial- oder Umweltpolitik (Scharpf 2006a, S. 10).

In den verflochtenen Zuständigkeiten von Bund und Ländern scheint demzufolge ein wichtiger Grund dafür zu liegen, dass laut einer Studie der Bundestagsverwaltung vom Januar 2007 das Ziel der Senkung des Anteils zustimmungspflichtiger Gesetze verfehlt wurde (Roßmann 2007, S. 6): Im Gegensatz zu der von der Großen Koalition erwarteten Halbierung der Zahl der Zustimmungsgesetze war nach einer Analyse des Bundesinnenministeriums vom Oktober 2007 seit Inkrafttreten der Reform am 1. September 2006 noch bei 44 Prozent der Bundesgesetze die Zustimmung des Bundesrats erforderlich. Die zwar reduzierte, aber immer noch hohe Quote kann damit erklärt werden, dass für kostenwirksame Bundesgesetze (Art. 104a Abs. 4 GG) eine neue Zustimmungspflicht des Bundesrats eingeführt worden ist.

II Prinzipien

Ein weiterer wichtiger Grund für die durch die Reform kaum erweiterten Handlungsspielräume der Länder wird in den in Deutschland historisch gewachsenen Vorbehalten gegen regionale Unterschiede gesehen. Die von den Ländern geforderte Stärkung des bundesstaatlichen Trennsystems bei der Gesetzgebung und den Aufgaben ignoriert den seit den napoleonischen Freiheitskriegen existenten kulturellen Nationalismus der Eliten und deren Abneigung gegen die „deutsche Kleinstaaterei" (Lehmbruch 2001, S. 53–110). So werde der Föderalismus in der Schweiz oder in Belgien positiv beurteilt, weil er dem Schutz sprachlicher, ethnischer und religiöser Minderheiten diene. Auch in den USA werden die Vorzüge regionaler Unterschiede als Ausdruck regionaler Demokratie hervorgehoben. In Deutschland werden dagegen die regionalen Besonderheiten vielfach als Mobilitätshindernis und als Verweigerung des Verfassungsanspruchs auf einheitliche oder wenigstens gleichwertige Lebensverhältnisse aufgefasst (Scharpf 2006a, S. 10).

An der immobilen und konfliktfördernden Grundkonstellation des deutschen Bundesstaats, dass der Bund überwiegend die Gesetze macht und die Regierungen der Bundesländer direkt an der Gesetzgebung des Bundes mitwirken, hat sich nichts wesentliches geändert. Auch wenn die Länder nun bei einigen Gesetzesmaterien und bei der Ausführung von Bundesgesetzen Abweichungsbefugnisse haben, werden die Inhalte in der Phase der Politikformulierung weitgehend vom Bund bestimmt.

Die Kritik hob bei den Anhörungen zur Föderalismusreform im Bundestag im Mai 2006 die Gefahr hervor, dass mit der Einführung von Abweichungsmöglichkeiten eine Zersplitterung des Umweltrechts drohe. So werden die Zuständigkeiten für umwelt- und hochschulpolitisch relevante Materien wie für den Naturschutz, die Landschaftspflege, die Raumordnung, den Wasserhaushalt oder die Hochschulzulassung entgegen dem Ziel klarer Verantwortungszuweisung nicht eindeutig auf Bund und Länder verteilt. Die Föderalismusreform habe insofern eine „echte Doppelzuständigkeit" geschaffen, als der Bund in diesen Feldern zunächst uneingeschränkt Gesetze erlassen darf. Wenn seine Gesetze nach sechs Monaten in Kraft getreten sind, könnten die Länder aber grundsätzlich oder nur in einigen Punkten von dieser Bundes-Gesetzgebung abweichen. Und wenn der Bund Einwände gegen diese Landesgesetze habe, dürfe er „zurückregeln", und so weiter. Zwar haben bei wenigen Kernkompetenzen des Bundes die Länder kein Abweichungsrecht wie beispielsweise bei den „Grundsätzen des Naturschutzes", doch sei die Reichweite dieser Grundsätze nicht nicht klar definiert (T.E. Schmidt 2006, S. 4).

Der Sachverständigenrat für Umweltfragen beklagt, dass die Kompetenzverschiebungen zwischen Bund und Ländern zur „kostenintensiven Parallelgesetzgebung" und zu einem „hohen Maß an Unklarheit" führe (Sachverständigenrat für Umweltfragen 2006, S. 4–7). Schlimmstenfalls drohten 16 verschiedene Umweltgesetze in Deutschland.

Das nach dem Koalitionsvertrag der Großen Koalition geplante neue Umweltgesetzbuch könnte der Zersplitterung der Regeln Einhalt gebieten. Es könnte die verschiedenen Ökoregeln – von der Umweltverträglichkeitsprüfung bis zur Luftreinhaltung und zum Abfallrecht – bündeln und verschlanken. Aber auch hier vertreten die Sachverständigen unterschiedliche Positionen: Während die einen fürchten, dass sich diese Regeln per Abweichungsrecht umgehen ließen, sehen die anderen darin eine Richtschnur für umweltverantwortliches Handeln (Kloepfer 2006).

Es sei zu befürchten, dass sich vermehrt die Gerichte bis zum Bundesverfassungsgericht mit der Frage beschäftigen müssen, bei welchen Regelungen die Länder welche Spielräume bekommen. Für den früheren Bundesjustizminister Edzard Schmidt-Jorzig sei mit „heftigen

Auslegungsfehden" zu rechnen. Umweltschützer beklagen überdies, dass die Bundesländer ihre neuen Freiheiten zur Verwässerung der Öko-Standards nutzen könnten. Im Wettlauf um Investoren könnten sich die Länder mit laxen Auflagen gegenseitig unterbieten. Der Vorsitzende des Sachverständigenrats für Umweltfragen, Hans-Jachim Koch, warnte davor, dass im Standortwettbewerb der Naturschutz „weicher gefahren" werden könnte.

Der Staatsrechtler Hans Meyer von der Freien Universität Berlin kritisiert, dass mit der Einführung der Zustimmungsbedürftigkeit des Bundesrats für Bundesgesetze mit Kostenfolgen, die Pflichten der Länder zu „geldwerten Leistungen" begründen, die Kompromissfindung erschwert werde, da die Länder einfach nein sagen könnten. Die Föderalismusreform verschaffe dem Bundesrat ein Blockadeinstrument gerade im kostenintensiven Kernbereich der notwendigen Reformpolitik: beim Umbau des Sozialstaats.

Inwieweit die Länder von der neuen Regelung der Abweichungsbefugnisse Gebrauch machen, hänge auch von ihren finanziellen Gestaltungsmöglichkeiten ab. Die Möglichkeiten der Länderparlamente, mehr Gesetze nach Länderinteressen auszugestalten, werden lediglich finanzstarke Länder nutzen können. Denn je mehr finanzschwache Länder gezwungen sind, Bundesrecht zu übernehmen, umso weniger können sie den Gestaltungseinfluss ihrer Parlamente und ihre Wettbewerbsfähigkeit stärken (T.E. Schmidt 2006, S. 4).

Politikwissenschaftler wie Benz und Scharpf sehen eine Alternative zu den beschlossenen Abweichungsbefugnissen in einem „bedingten" Abweichungsrecht, das abweichende Ländergesetze von der Zustimmung des Bundesgesetzgebers abhängig gemacht hätte. Dadurch könnte eine flexible Anpassung von Kompetenzen möglich und zugleich der Wettbewerb der Länder um intelligentere Lösungen stimuliert werden (Scharpf 1999, S. 34; Benz 2004; Grimm 2004).

Eigene Gesetzgebungskompetenzen und Abweichungsbefugnisse nutzten aber den Ländern solange wenig, wie sie nur einen begrenzten Einfluss auf ihre Einnahmen haben. Da aber heute Länder im Fall höherer Steuereinnahmen weniger aus dem Verteilungstopf des Finanzausgleichs erhielten und Länder mit zurückgehenden Einnahmen belohnt würden, bedürfe der Finanzausgleich einer grundlegenden Korrektur. Das System des Finanzausgleichs müsse derart geändert werden, dass die Länder die Möglichkeit erhielten, ihre eigenen Steuern zu erhöhen oder zu senken. Dann dürfte sich der Finanzausgleich nicht mehr an der Finanzkraft der Länder, sondern an deren wirtschaftlicher Leistungsfähigkeit orientieren, also am Bruttoinlandsprodukt pro Kopf (Scharpf 2006, S. 4; 2007, S. 197–214).

Aber schon die Aussage, eine klarere Verantwortungszuweisung erreicht zu haben, muss zu bedenken geben, wenn die falsche föderative Ebene für die neue Aufgabenerledigung zuständig ist. Der Wunsch, eine säuberliche Trennung der Zuständigkeiten von Bund und Ländern zu wollen, sei ein Fehler der Föderalismusreform gewesen. In hochkomplexen bundesstaatlichen Systemen gebe es auch im Bereich alleiniger Länderzuständigkeit Fragen, die bundeseinheitlich oder europäisch geregelt werden müssten (Scharpf 2006, S. 4).

Als gravierende Beispiele für wenig überzeugende Neuregelungen wurden der Strafvollzug, der Naturschutz, die Europatauglichkeit des Grundgesetzes und das Berufsrecht der Notare erörtert: Die berechtigten Bedenken der Praktiker und wissenschaftlichen Experten gegen die Überführung des Strafvollzugs in die Kompetenz der Länder wurden seitens der Politiker der Großen Koalition ignoriert.

Der deutsche Verbundföderalismus hat schon bisher auf europäischer Ebene zu wiederholt kritisierten komplizierten und oft langwierigen Abstimmungsverfahren zwischen Bund und Ländern geführt. Zwar konnten die Länder dem Bund durch die Einfügung des Europa-

II Prinzipien

Artikels 23 in das Grundgesetz 1992 eine deutlichere Berücksichtgung ihrer Interessen abtrotzen. Vor allem der Art. 23 Abs. 6 GG räumte den Ländern eine direkte Vertretung im EU-Minsterrat ein: „Wenn im Schwerpunkt ausschließliche Gesetzgebungsbefugnisse der Länder betroffen sind, soll die Wahrnehmung der Rechte, die der Bundesrepublik Deutschland als Mitglied der Europäischen Union zustehen, vom Bund auf einen vom Bundesrat benannten Vertreter übertagen werden ...". Doch hat bis zum In-Kraft-Treten der Föderalismusreform die Vertretung der Länder in den Verhandlungen des EU-Ministerrats keine bedeutende Rolle gespielt: Auch wenn die Länder immer wieder die Verhandlungsführung in ausschließlichen Gesetzgebungsmaterien forderten, sorgte die Bundesregierung zwar dafür, dass die Länder im EU-Ministerrat ihre Position vortragen konnten, doch behielt sie sich stets die Leitung der deutschen Delegation vor (Sturm/Pehle 2005, S. 93).

Durch die Föderalismusreform erfolgte insofern eine Präzisierung des Art. 23 Abs. 6 Satz 1 GG, als fortan in den Bereichen schulische Bildung, Kultur und Rundfunk die Bundesrepublik Deutschland allein von einem Landesvertreter im EU-Ministerrat repräsentiert wird. Aus der bisherigen Soll-Vorschrift wurde eine zwingende Norm. Die obligatorische Vertretung umfasst aber nicht mehr alle ausschließlichen Länderkompetenzen, schließt also Bereiche wie die Hochschulpolitik oder die auswärtige Kulturpolitik aus (Maiwald 2006, S. XXII).

Künftig ist davon auszugehen, dass es in den drei festgelegten Politikfeldern des neuen Absatzes 6 zu einer kontinuierlichen Vertretung durch die Länder in Brüssel kommt. Diese neue Kompetenzzuweisung macht nicht nur eine verstärkte Zusammenarbeit mit dem Bund, sondern auch eine regelmäßige Koordination unter den Ländern erforderlich (Benz 2006, S. 2). Auch die neuen Kompetenzen der Europakammer des Bundesrats, im schriftlichen Umfrageverfahren Entscheidungen herbeizuführen, kann die bundesstaatliche Koordination verbessern helfen. Dieses Verfahren schafft die Möglichkeit, sich auch außerhalb des Bundesratsplenums rasch und fexibel auf eine gemeinsame Länderhaltung zu einigen.

Im Interesse rascher innerstaatlicher Umsetzung von EU-Richtlinien war dem Bund daran gelegen, insbesondere in der Umweltpolitik möglichst in alleiniger Zuständigkeit langwierige Abstimmungsprozesse mit den Ländern zu vermeiden. Da die EU Richtlinien erlässt, die mehrere Umweltmedien wie etwa Boden, Wasser und Luft betreffen, wollte der Bund die verschiedenen umweltrelevanten Materien in einem „Umweltgesetzbuch" zusammenfassen. Damit der Bund EU-Recht zumindest in konkurrierender Gesetzgebungsbefugnis umsetzen kann, hat er Abweichungsrechte der Länder – wie zum Beispiel beim Naturschutz, bei der Bodenverteilung und Raumordnung und beim Wasserhaushalt (Art. 72 Abs. 3 GG) – in Kauf genommen (Eppler 2006, S. 22).

Vor dem Hintergrund hoher und steigender Studentenzahlen wurde in der Endphase der parlamentarischen Beratungen vor allem kritisiert, dass der Bund nach Abschaffung der Gemeinschaftsaufgaben Hochschulbau und Bildungsplanung nur noch Forschungsprojekte fördern, aber von der Förderung der Lehre und der Studienplätze wegen der alleinigen Zuständigkeit der Länder ausgeschlossen werden sollte. Den Kritikern zufolge seien die Hochschulen künftig nicht in der Lage, angesichts der Konsolidierungszwänge der Landeshaushalte den „zweiten Studentenberg" bewältigen zu können: Die Schulzeitverkürzungen in den meisten Bundesländern und die wegen des deutschen Akademikerdefizits gewünschte höhere Studienquote werden nach Schätzungen der Kultusministerkonferenz an den Unis bis 2015 bis zu 36 Prozent mehr Studenten bringen. Die Rektoren der deutschen Hochschulen hatten deshalb vor der parlamentarischen Verabschiedung der Föderalismusreform im Juni 2006 die Politik aufgefordert, den Ausbau der Hochschulen als gesamtstaatliche Aufgabe anzusehen und gemeinsam mehr Studienplätze und Lehrkapazitäten zu schaffen. Um vor der endgültigen Abstimmung über die Föderalismusreform im Bundestag die erforderliche Mehrheit nicht zu gefährden, wurde schließlich den Ländern das Zugeständnis abgerungen, dass künftig auch der Bund gemeinsam mit den Ländern Studienplätze und die Lehre fördern kann.

Auf der Grundlage dieses hochschulpolitischen Kompromisses konnte im November 2006 ein „Hochschulpakt" zwischen Bund und Ländern geschlossen werden. Diese Vereinbarung, bis 2010 zusätzlich 90.000 Studienplätze zu schaffen, löse zwar nicht das Problem unzulänglicher Raum- und Personalausstattung an den Hochschulen, konnte aber zumindest zur Aufrechterhaltung des Ausbildungsbetriebes beitragen.

Mit Berufung auf Studien, die das Bildungssystem in 14 Industrieländern (auch in Bundesstaaten wie Kanada und USA) untersucht haben, hebt der Föderalismusforscher Hans-Peter Schneider hervor, dass in diesen Ländern alle staatlichen Ebenen an der Bildungspolitik mitwirken könnten (Schneider 2005). Vertreter von Wissenschaftsorganisationen wie beispielsweise der Vorsitzende des Wissenschaftsrates, Peter Strohschneider, bezweifeln überdies, dass finanzschwache Bundesländer den Hochschulen ausreichend Finanzmittel bereitstellen könnten. Mit der Abschaffung der Gemeinschaftsaufgabe Hochschulbau müssten vor allem die unter starkem finanziellen Druck stehenden Universitätskliniken dringend und dauerhaft unterstützt werden.

Diesen Einwänden wird entgegengehalten, dass Föderalismus Eigenverantwortung der Ebenen bedeute, d.h., dass jede föderative Ebene eigene Finanzquellen für die Wahrnehmung ihrer Aufgaben haben müsse. Die Politik des „goldenen Zügels", mit der der Bund sich mit Zuschüssen die „Gefügigkeit der Länder zum Beispiel bei bestimmten Bundesratsabstimmungen zu erkaufen pflegte" , müsse überwunden werden (Herzog 2006, S. 2).

4 Sozialstaatsprinzip

Dem Sozialstaatsprinzip und dessen politischer Ausgestaltung kommt schon wegen der Größenordnung der geleisteten direkten Sozialleistungen von über 700 Milliarden Euro (im Jahr 2007) ein herausragendes Gewicht zu. Über Art und Ausmaß der Umsetzung des Sozialstaatsprinzips gibt es demzufolge recht unterschiedliche Interpretationen, die im folgenden vorgestellt werden. Die Konkretisierung des Sozialstaatsprinzips wird deshalb so kontrovers diskutiert, weil sozialstaatliche Maßnahmen – mit Hilfe der Instrumente des Geldes und des Rechts – nicht nur jeden einzelnen Bürger betreffen, sondern auch tiefreichende Folgen für die Politik der Mittelverwendung und Aufgabenerfüllung haben.

4.1 Interpretationen

Die Sozialstaatlichkeit ist als Verfassungsprinzip so allgemein gefasst, dass sie theoretischen Erklärungen und der politischen Ausgestaltung einen weiten Interpretationsspielraum eröffnet.

4.1.1 Grenzen- und gemeinwohlorientierte Interpretation

Zwei gegensätzliche Interpretationsgruppen betonen die Grenzen sozialstaatlichen Handelns: Während in der konservativen Position vor allem die Notwendigkeit der Rückführung sozialstaatlicher Aktivitäten hervorgehoben wird, wird in gemeinwohlorientierten Deutungsmustern dem Staat die Verantwortung zugewiesen und abverlangt, soziale Ungleichheiten ein gewisses Maß nicht überschreiten zu lassen.

a) Konservative Position: Begrenzung sozialstaatlicher Aktivitäten

Konservative Staatsrechtler konstruieren einen Gegensatz zwischen Rechtsstaat und Sozialstaat. Während der Rechtsstaat im Sinne bürgerlicher Rechtstradition als Garant persönlicher Freiheit begriffen wird, wirke der Sozialstaat in dem Maße freiheitsgefährdend, je mehr er sich zu einem die Menschen betreuenden, kontrollierenden, bevormundenden und teuren Wohlfahrtsstaat entwickle (Schelsky 1976; Hamm 1981, S. 128 ff).

In diesem auf begrenzte sozialstaatliche Aufgabenerfüllung angelegten Ansatz wird die Qualität des Sozialstaatsprinzips als eigenständiges Verfassungsprinzip bestritten. Da dem Rechtsstaat gegenüber dem Sozialstaat verfassungsrechtlich im Zweifel Vorrang eingeräumt wird, müsse der Rechtsstaat alle jene Ansprüche abweisen, die soziale Grundrechte in die Verfassung einfügen wollen (Böhret u.a. 1988, S. 246).

Das Sozialstaatsgebot des Grundgesetzes (Art. 20 Abs. 1 GG) ist in dieser konservativen Interpretation eine allgemeine Verpflichtung, die dem Staat nur noch die Aufgabe zuweist, die eng definierten „sozialen Grundbedürfnisse" der Menschen zu befriedigen. Neben den für selbstverständlich gehaltenen Aufgaben der Daseinsvorsorge (z.B. Wasser- und Elektrizitätsversorgung) wird das Sozialstaatsprinzip als normatives Bekenntnis zu einem staatlichen Handeln ausgelegt, das die verschiedenen Formen der Not zu beheben oder zumindest zu lindern und die sozial Schwächeren zu schützen habe (Ipsen 1968; Schwerdtfeger 1972; BAGE 1 (10), 9, 260, 279). Dieser Interpretation zufolge hat der Sozialstaat konkrete Notstände (Naturkatastrophen, Ernte- und Witterungsschäden, Brände) zu beseitigen und einem engen Personenkreis Hilfen in sozialen Notfällen bereitzustellen.

Vertreter des bedürftigkeits- und grenzenorientierten Sozialstaatsansatzes tendieren dazu, den Handlungsspielraum der sozialstaatlichen Politik eng auszulegen und weniger die Möglichkeiten als vielmehr „die Grenzen des Sozialstaats" hervorzuheben (Forsthoff 1971, S. 152; 1976, S. 203 ff.; Schmitt 1986, S. 126). Sie verweisen zuvörderst auf Entscheidungen des Bundesverfassungsgerichts, dass der Staat nicht nur zu Hilfen bei Missernten und Naturkatastrophen sowie zur Fürsorge für Hilfsbedürftige verpflichtet ist, sondern bei der Lastenverteilung auch die Prinzipien des sozialen Ausgleichs zu beachten hat (BVerfGE 35, 302, 314). Die Präferenz gilt jenen Interpretationen des Verfassungsgerichts, die sich mit der Reichweite des sozialen Ausgleichsprinzips befassen. Dieses Prinzip verpflichtet den Staat,

– nach der sozialen Schutzbedürftigkeit des Empfängers zu differenzieren, d.h. soziale Leistungen und sozialpolitische Maßnahmen auf Bedürftige zu konzentrieren, und
– die Hilfen für die Selbsthilfe nicht zu vernachlässigen.

Da im pluralistischen System nicht unbedingt die Bedürftigen, sondern vor allem mächtige Verbände und ihre Mitglieder die „Nutznießer" des Sozial- und Wohlfahrtsstaats seien (z.B. Eintreten der Gewerkschaften für „ihre Arbeitsplatzbesitzer" oder der Industrieverbände für sozialpolitisch begründete Subventionen), sollten primär den Aktivitäten dieser Organisationen Grenzen gesetzt werden. In der Sicht der konservativen Sozialstaatskritik erweist sich damit der Sozialstaat als unfähig zur Lösung der wirklichen „sozialen Fragen" (Geissler 1976, S. 16 ff).

Die Beachtung der „Grenzen des Sozialstaats" wird auch mit der Kritik an demokratischen Grundsätzen und Verfahren begründet: Der Sozialstaat entwickelt sich in dem Maße zum

„Wahlgeschenkestaat", wie kurzfristig denkende Politiker im Interesse der Stimmenmaximierung jede Umsetzung einer auf soziale Ausgabenkürzungen angelegten Strategie erschweren oder verhindern (Hamm 1981, S. 118). Die „Offenheit" für unterschiedliche Interpretationen des allgemein formulierten Sozialstaatsprinzips erleichtert politischen Akteuren im demokratischen Wohlfahrtsstaat „die normative Begründung immer neuer Interventionen" (Streit 1986, S. 100). Solche verfassungsrechtlichen Bedingungen begünstigen Entwicklungen, die die Wertschöpfung durch eine Politik der Verteilungen vorhandener Ressourcen ersetzen, ohne dass die Ergebnisse dieser demokratischen Konfliktregelungsmechanismen befriedigen (Buchanan/Tollison/Tullock 1980). Die Folgerung lautet deshalb, nicht nur die demokratischen Verfahren restriktiveren Regeln zu unterwerfen, sondern auch der „Ausuferung" des Sozialstaats bzw. des Interventionsstaats engere Grenzen zu ziehen.

Schließlich wird dem „aufgeblähten" Sozial- und Wohlfahrtsstaat angelastet, zur Deformierung individuellen Denkens und Handelns beizutragen (Benda 1983; Hamm 1981, S. 128 ff.; Bundesvereinigung Deutscher Arbeitgeberverbände 1994): Gefahren werden darin gesehen, dass die Eigenverantwortung und die Leistungsbereitschaft geschwächt, soziale Leistungen missbräuchlich in Anspruch genommen und der Sozialneid gefördert würden.

b) Gemeinwohlverantwortliche Position: Staatliche Begrenzung der Ungleichheit

In verfassungsrechtlichen Interpretationen wird als Folge der Freisetzung der Marktkräfte und der Globalisierung der Ökonomie die notwendige Gemeinwohlorientierung des Staates zum Ausgleich der sozialen Ungleichheiten und zur Begrenzung mächtiger wirtschaftlicher und gesellschaftlicher Akteure hervorgehoben (Böckenförde 1999, S. 11). Da die Marktwirtschaft soziale Ungleichheiten produziere, die noch durch die Garantie von Eigentum und Erbrecht verfestigt werden, werde ein Teil der Menschen in der Nutzung ihrer Freiheitsrechte eingeschränkt. Dem Staat fällt deshalb die Aufgabe zu, „die soziale Voraussetzung zur Realisierung ihrer rechtlichen Freiheit" zu schaffen. Ungleichheit dürfe „ein gewisses Maß nicht überschreiten", um nicht in Unfreiheit überzugehen.

Vertreter dieser Interpretation betonen, dass zur (Sozial-)Staatlichkeit „eine ungeteilte, nicht auf Sektoren begrenzte Gemeinwohlverantwortung" gehöre (Böckenförde 1999, S. 11). Auch wenn sich global und im europäischen Binnenmarkt die Marktkräfte weitgehend ungehindert entfalten könnten und dem Nationalstaat gemeinwohlorientierte Politik zunehmend erschwert werde, bleibe die Verantwortung für den Arbeitsmarkt und das Soziale unverzichtbare „Domäne staatlicher Innenpolitik" (F.-X. Kaufmann 1997, S. 153). Die Politik sei deshalb gefordert, das richtige Verhältnis von Freisetzung der Marktkräfte und Begrenzung der Freiheit zu finden. Der Staat habe die Verantwortung, der Nutzung der Freiheit Schranken zu setzen, „damit sie nicht zum Recht des Stärkeren verkommt". Gemeinwohlverantwortliches und repräsentativ politisches Handeln müsse also besonders darauf achten, das Spiel der freien Kräfte zu beschränken, und „nicht den in Wirtschaft und Gesellschaft mächtigen Akteuren zu überlassen" (Böckenförde 1999, S. 11).

4.1.2 Bestandssichernde Position

Als Folge des arbeitslosigkeits- und vereinigungsbedingt enorm angestiegenen öffentlichen Finanzbedarfs wurde und wird die Frage aufgeworfen, wann und wo angesichts der primär auf den Sozialbereich gerichteten Konsolidierungspolitik das soziale Netz keine Sicherheit mehr bietet, d.h. der schützenswerte „Kernbestand des Sozialstaats" angetastet wird.

Angesichts der seit den 1980er-Jahren anhaltenden restriktiven sozialstaatlichen Politik verweisen die Anhänger des bestandssichernden Ansatzes auf Entscheidungen des Bundesverfassungsgerichts zur Kennzeichnung des unverzichtbaren Kerns des Sozialstaats. In der Rechtsprechung wie in der praktizierten Politik gilt die Sicherung staatlicher Fürsorgeleistungen für Hilfsbedürftige, also zumindest die Gewährleistung des materiellen Existenzminimums als unantastbares Element des Sozialstaats (BVerfGE 36, 202, 236; 40, 121, 133). Durch die Sozialstaatsklausel genießen jene sozialen Leistungen besonderen Schutz, die „für die betroffenen Menschen von existenzieller Bedeutung sind und auf deren Bestand sie vertrauen". Nach dieser Interpretation dürften die im Zuge der Konsolidierungspolitik Mitte der 1990er-Jahre beschlossenen Maßnahmen, in der Sozialhilfe für 1994 bis 1996 nur noch Steigerungen der Regelsätze im Umfang der Entwicklung der Nettolöhne zuzulassen, und damit das reale Hilfsniveau etwa „einzufrieren", noch nicht die Substanz des Sozialstaats angreifen.

Zu einer unverzichtbaren Grundanforderung an die Steuerpolitik im Sozialstaat gehört nach Auffassung des Bundesverfassungsgerichts ferner, „den in der Rechtsgemeinschaft anerkannten Mindestbedarf zu decken", sprich: das Existenzminimum von der Einkommensteuer zu befreien (BVerfGE 87, 153 f). Danach wird der Steuergesetzgeber verpflichtet, von den Erwerbsbezügen des Bürgers zumindest das steuerlich nicht zu erfassen, was zur Befriedigung des existenznotwendigen Bedarfs benötigt wird.

Darüber hinaus gelten die Leistungen der „klassischen Sozialpolitik", also Renten, Arbeitslosenunterstützung und Sach- sowie Geldleistungen der Krankenversicherung im Kern als unantastbar. Als mit dem Sozialstaatsgebot noch vereinbar werden dementsprechend Maßnahmen beurteilt, die in der Rentenversicherung als Folge der Umstellung vom Brutto- auf das Nettoprinzip niedrigere Rentenanpassungen, in der Arbeitslosenversicherung abgesenkte Leistungssätze oder strengere Voraussetzungen für den Leistungsbezug und in der Krankenversicherung höhere „Zuzahlungen" bei Medikamenten, ärztlichen sowie zahnärztlichen Leistungen mit sich bringen. „Extreme" Einschnitte in das soziale Netz wie beispielsweise eine Besteuerung mit der Folge überdurchschnittlicher Rentenkürzungen oder sogar eine Absenkung der Sozialeinkommen unter das Sozialhilfeniveau würden dagegen die „gewachsenen" Grundlagen der Sozialpolitik untergraben.

Zu den unverzichtbaren Elementen des Sozialstaats werden schließlich die arbeits- und sozialrechtlichen Institutionen mit längerer Rechtstradition und allgemeiner Anerkennung gezählt. Darunter fallen unterdessen „traditionelle" Regelungen wie z.B. der Kündigungsschutz für werdende Mütter, das Recht auf Urlaub oder die – 6 Wochen lang vom Arbeitgeber geleistete – Lohnfortzahlung im Krankheitsfall. Auch hier würde die Einführung von Karenztagen, die z.B. am Montag oder Freitag die volle Lohnfortzahlung ausschließen würde, noch „im Ermessen" des Gesetzgebers liegen und die sozialstaatlichen Regelungen in der Substanz nicht gefährden. Eine zeitliche Halbierung der Lohnfortzahlung oder eine Absenkung der Sätze auf unter 50 % des Bruttolohns müsste dagegen als gravierende Aushöhlung des Kernbestands des Sozialstaats aufgefasst werden.

4.1.3 Gerechtigkeitsorientierte Deutungsmuster

Da ein einheitlicher Gerechtigkeitsbegriff weder der Verfassung, den Definitionen im Sozialrecht oder der Rechtsprechung noch wissenschaftlichen Deutungsversuchen entnommen werden kann, eröffnet sich ein weiter Interpretationsspielraum. Die vom Sozialrecht und der Ökonomie dominierten Auslegungen der Gerechtigkeitsnorm betreffen vor allem die Auseinandersetzung über Bedeutung und Interpretation des Versicherungs- bzw. Äquivalenzprinzips. Während im deutschen Sozialsystem die versicherungsrechtliche Rolle eher überinterpretiert wird, hat die Bedarfsgerechtigkeit einen nur nachgeordneten Stellenwert.

Wichtige Gründe für die Entstehung des Sozialstaats liegen im (partiellen) Versagen von Marktmechanismen. Konstitutiv sind deshalb für den Sozialstaat politisch festzulegende Maßstäbe eines sozialen Bedarfs, der vom sozialen Sicherungssystem zu decken ist. Sozialpolitische Auseinandersetzungen konzentrieren sich vornehmlich auf den Konflikt um das „angemessene" Verhältnis zwischen (marktvermittelter) „Leistungsgerechtigkeit" und solidaritätsorientierter „Bedarfsgerechtigkeit" (Zacher 1990).

Kennzeichnend für das deutsche Sicherungssystem ist das Spannungsverhältnis zwischen Leistungs- bzw. Versicherungsprinzip einerseits und Solidaritätsprinzip, Solidarausgleich oder auch Sozialprinzip andererseits (Schulin 1993, S. 20 ff.). Abweichungen vom Leistungsprinzip werden nicht als Kern sozialstaatlicher Sicherung interpretiert, sondern als Übergang zur Versorgung bzw. zum „Versorgungsstaat" kritisiert (Herzog 1990, S. 696). Wenn Leistungen nach dem Solidaritätsprinzip gewährt werden, ist der Terminus „sozialer Ausgleich" vorherrschend (Nullmeier/Vobruba 1995).

Die Interpretation der Gerechtigkeitsnorm wird maßgeblich von marktorientierten liberalen Vorstellungen zur Leistungsgerechtigkeit bzw. zum Versicherungsprinzip geprägt. In marktorientierten Positionen wird eine enge Verknüpfung von Beitrag und Gegenleistung deshalb befürwortet, weil damit der Preischarakter von Beitragszahlungen verdeutlicht und die Akzeptanz des beitragsfinanzierten Systems gestärkt wird. Je mehr nämlich der Sozialversicherungsbeitrag zu einer Art Preis gemacht wird, umso positiver wird aus der Sicht der Versicherungspflichtigen die Gegenleistung bewertet (Schmähl 1999, S. 713). Leistungsgerechtigkeit im Sinne des Äquivalenzprinzips lässt auch nur eine begrenzte Umverteilung innerhalb des sozialen Sicherungssystems zu, weist also Umverteilungsaufgaben zuvörderst der Steuer- und Finanzpolitik zu (Berthold 2002, S. 2–16; Pilz 2004, S. 60–72; Butterwegge 2006, S. 247–255).

Die strengere Anwendung des Äquivalenzprinzips wird aber auch in „traditionellen" sozialdemokratischen Denkansätzen propagiert, damit bisher beitragsfinanzierte versicherungsfremde Leistungen, die als gesellschaftliche Aufgaben begriffen werden, zukünftig aus dem Staatshaushalt finanziert werden.

Die Bedarfsgerechtigkeit und der ihr zugrunde liegende Wert der Solidarität bzw. des Solidaritätsprinzips wird vor allem von Gewerkschaften und in der sozialdemokratisch/sozialistischen Programmatik als Grundwert hervorgehoben und meint allgemein das Einstehen der Mitglieder einer Gruppe füreinander.

Interpretationen der Solidarität gehen von der Existenz eines ausdifferenzierten sozialen Sicherungssystems aus, in dem persönliche gegenseitige Hilfe (z.B. Familien- oder Nachbarschaftshilfe) bestenfalls eine ergänzende Funktion hat. In kritischer Sicht werden solidarische Hilfen der Familien oder solidarische Selbsthilfegruppen nicht als wirkliche Alternativen zum herkömmlichen Sozialstaat begriffen, da ihnen die Garantie von Beständigkeit, Zuverlässigkeit und sozialer Gleichbehandlung fehle (Neumann/Schaper 1998, S. 149).

Zum Solidaritätsprinzip, das sich im sozialen Sicherungssystem als anonymer Akt der Umverteilung der Finanzierung und/oder der Leistungen konkretisiert, gibt es zwei wesentliche Interpretationsgruppen:

II Prinzipien

Das Solidaritätsprinzip wird als Norm interpretiert, die eine intertemporale Umverteilung zwischen jung und alt erfordert, sich also im Generationenvertrag verwirklicht (Schreiber 1968). Das Solidaritätsprinzip verlangt, das Lebenseinkommen in der Solidargemeinschaft so umzuverteilen, dass der lebensnotwendige Bedarf auch in Zeiten ohne Leistungseinkommen abgedeckt wird.

Die zweite Interpretation sieht das Solidaritätsprinzip erst dann verwirklicht, wenn es zu einer merklichen interpersonellen Umverteilung kommt. Solidarisch ist eine Versichertengemeinschaft erst dann, wen die Lasten von den ökonomisch Leistungsfähigen zugunsten der sozialökonomisch Schlechtergestellten umverteilt werden. Beispielsweise kommt in der gesetzlichen Krankenversicherung ein hohes Maß an interpersoneller Einkommensumverteilung zum Tragen: Während die Finanzierung der Krankenversicherung durch einkommensabhängige Sozialbeiträge erfolgt, werden die Sachleistungen prinzipiell einkommensunabhängig gewährt (Schmähl 1998, S. 716).

Im deutschen Sozialstaat überwiegt eine Verteilungskonzeption, die sich an politisch definierten Bedarfen orientiert: Die Rentenversicherung will zumindest den Lebensstandard des „Standardrentners" sichern, die Arbeitslosenversicherung will eine für den Lebensunterhalt „ausreichende" Lohnersatzleistung gewähren, die Sozialhilfe will eine „Mindestsicherung" garantieren usw. Die Akteurkonstellationen, die in konkreten Situationen die bedarfsbezogene Definitionsmacht haben, entscheiden also letztlich über die Niveaufestsetzung der Bedarfe.

Aufgrund der Ausklammerung der Beamten und Selbstständigen aus dem Sozialversicherungssystem und politisch-institutioneller Regelungen wie der Beitragsbemessungsgrenze bedeutet jede Aufgabenverlagerung auf die Parafiski (wie der Finanzierung arbeitsmarktpolitischer Aufgaben in Ostdeutschland) eine Entlasungsstrategie zugunsten bestimmter Gruppen (Nullmeier 1992). Die damit einhergehenden interpersonellen Verteilungseffekte vertragen sich keineswegs mit den impliziten Gerechtigkeitsmaßstäben des deutschen Sozialsystems (Nullmeier/Vobruba 1995, S. 28).

Die Schaffung sozialer Gerechtigkeit ist im deutschen Sozialsystem weitgehend an die Integration in den Arbeitsmarkt gebunden. Je mehr aber das Normalarbeitsverhältnis erodiert, um so mehr werden Normen der Leistungs- und Bedarfsgerechtigkeit verletzt. Je deutlicher die Finanzierungs- und Leistungsseite des Sozialstaats nach Kriterien der Leistungsgerechtigkeit organisiert wird, desto anfälliger wird das Sozialsystem für Ungerechtigkeiten des Marktes. Leistungsgerechtigkeit bzw. das Versicherungsprinzip verlieren dann an Bedeutung, wenn der (Arbeits-)Markt versagt, also genau dann, wenn sie ihre Funktion zu erfüllen hätten.

Wenn im Zuge der Individualisierung und Pluralisierung von Lebensstilen den Individuen „alle Definitionsleistungen" zugemutet und auferlegt werden (Beck 1993, S. 538), wird auch die Bestimmung standardisierter Bedarfe erschwert. Nicht nur unterschiedliche Positionen der Experten erschweren die Definition der Bedarfe, sondern auch die Vielfalt der Interessen der Individuen: Angesichts divergierender Lebens- und Freizeitstile, unterschiedlicher Wertvorstellungen usw. stellt sich vor allem in der gesetzlichen Krankenversicherung die Frage nach Art und Umfang bedarfsgerechter Sachleistungen, die den unterschiedlichen Stilen, Bedürfnissen und Erwartungen gerecht werden können und finanzierbar sind (Arnold 1993, S. 12).

Da auch in der Renten- und Arbeitslosenversicherung z.B. bei der Festlegung des Lebensstandard-Niveaus oder der Höhe des Arbeitslosengeldes von „Normalitäts"-Vorstellungen ausgegangen wird, wird die Entscheidung über die Niveaufestlegung einheitlicher Bedarfe zukünftig schwieriger.

Mit dem Verweis auf das Politik-Ökonomie-Verständnis des Neoliberalismus wird ferner der enge Zusammenhang zwischen der Gerechtigkeits- und Machtfrage betont: Da der Neoliberalismus Politik mit Wirtschaft verwechsle, werde der Unterschied zwischen Beschäftigten, die weisungsgebunden sind und entlassen werden können, und Wählern mit verfassungsrechtlich verbürgten Rechten übersehen. Die jahrelang vorherrschende angebotsorientierte restriktive Sozialpolitik wurde in Großbritannien wie in Deutschland letztlich mit Wahlniederlagen und Machtentzug quittiert. Denn in keiner Demokratie werden die Wähler für die sukzessive Beschneidung sozialer Rechte und von Leistungskürzungen, also „für ihren kollektiven Abstieg" votieren (Beck 1999, S. 13).

Für die Interpreten der „Wahlverwandtschaft" der Gerechtigkeits- mit der Machtfrage eröffnen sich aber auch Chancen, die soziale Demokratie zu erneuern. Politische Akteure müssen allein aus Gründen der Wählerzustimmung und des Machterhalts daran interessiert sein, diesen Zusammenhang aktiv zu gestalten. Demzufolge müssen Politiker, um Wahlniederlagen zu vermeiden, sich zur großen Aufgabe machen, „das Soziale und das Demokratische gegen den Primat der Wirtschaft" neu zu definieren und politisch auszugestalten. Um diese Aufgabe zu bewältigen, müsse sich eine sozial gerechte Politik nicht nur gegen den Neoliberalismus abgrenzen, sondern auch der Herausforderung der wirtschaftlichen Globalisierung durch politische Gestaltung begegnen (Beck 1999, S. 7; Pilz 1998, S. 68–88).

Der Vorstellung der Bedarfsgerechtigkeit liegt die Verfassungsnorm des Art. 72 GG zugrunde, wonach der Bund für die Herstellung gleichwertiger Lebensverhältnisse zu sorgen hat. Dieser normative Grundsatz verlangt „vergleichbare Lebenslagen" für die Mitglieder einer Gesellschaft, d.h., dass diese sich wechselseitig bestimmte Rechte und Leistungen (wie z.B. die auf medizinische Versorgung) ohne Rücksicht auf die ihnen verfügbare Kaufkraft zugestehen müssen (Hengsbach/Möhring-Hesse 1999, S. 35). Im Interesse des sozialen Zusammenhalts einer Gesellschaft müssen Individuen mit ungleichen Fähigkeiten und Interessen in vergleichbaren Lebensverhältnissen existieren können.

Mit Bezug auf die Unantastbarkeit der Menschenwürde erfordert zudem die Bedarfsgerechtigkeit eine Politik, die das materielle Existenzminimum garantiert, also ein politisch festzulegendes menschenwürdiges Mindesteinkommen sichert (Vobruba 1990). Menschenwürde und Bedarfsgerechtigkeit verpflichten in dieser Auslegung den Sozialstaat, der Sozialhilfe und minimalen Anteilen am gesellschaftlich verfügbaren Reichtum den Rang eines „Grundrechts" einzuräumen (Hengsbach/Möhring-Hesse 1999, S. 35). Der Grundsatz der Bedarfsgerechtigkeit wird in den sozialen Sicherungssystemen unterschiedlich ausgelegt: In der Arbeitslosen- und Rentenversicherung wird der Grundsatz überwiegend als Prinzip der Lebensstandard-Sicherung begriffen. In beiden Sozialversicherungen gilt der Bedarf dann als gedeckt, wenn die Betroffenen ihren in der Erwerbsphase erworbenen Standard annähernd weiterführen können. Bemessungsgrundlage bildet bei dieser Bedarfsdefinition das vorheriger Erwerbseinkommen, so dass unterschiedliche einkommensabhängige Beitragszahlungen unterschiedliche Leistungen zur Folge haben. Eine solche Leistungsgewährung bleibt dem Grundsatz der Leistungsgerechtigkeit verhaftet.

Im Gesundheitssystem wird dagegen der Grundsatz der Bedarfsgerechtigkeit konsequenter eingehalten. Bedarf wird hier als notwendige Versorgung zur Überwindung von Notlagen definiert. Die Definition stellt nicht auf vorher erworbene, individuelle Ansprüche ab, sondern auf das, was allgemein als „unbedingt notwendig" festgelegt oder im konkreten Einzelfall durch Begutachtung von Ärzten bzw. Sozialarbeitern als bedarfsgerecht erachtet worden ist.

II Prinzipien

Das Bundesverfassungsgericht hat in seinen zahlreichen Urteilen zur Steuerpolitik recht unterschiedliche Interpretationen der Gerechtigkeitsnorm geliefert. Während dem Gesetzgeber in den 1970er-Jahren ein großer Spielraum für die Auslegung der Gerechtigkeit in der Steuerpolitik gelassen wurde (z.B. das Urteil von 1971 über die Besteuerung von Musikautomaten nach dem nordrhein-westfälischen Vergnügungssteuergesetz), begnügte sich das Gericht in den 1980er-Jahren oft mit Hinweisen und Ermahnungen oder gewährte Übergangszeiten für verfassungsrechtlich bedenkliche Steuern. In dieser Zeit forderte das Gericht auch, den Gerechtigkeitsaspekt der Besteuerung nach der wirtschaftlichen Leistungsfähigkeit stärker Geltung zu verschaffen. In den 1990er-Jahren konkretisierte das Bundesverfassungsgericht zunehmend seine Vorstellungen von Gerechtigkeit: Der Gesetzgeber wurde durch Fristsetzungen und vorsorgliche Anordnungen gerade in der Steuerpolitik und beim bundesstaatlichen Finanzausgleich unter Handlungsdruck gesetzt.

Um den – unterschiedlichen verfassungstheoretischen und -politischen Konzeptionen zugrunde liegenden – Dualismus von Freiheit und sozialer Gerechtigkeit zu überwinden (Frankenberg 1994, S. 214–218), muss aus dieser Perspektive der „materielle Rechtsstaatsgedanke auf die Arbeits- und Güterordnung" ausgedehnt werden (Heller 1976, S. 61). In dieser die Grundsätze der Freiheit und Gleichheit integrierenden Sichtweise werden die Prinzipien der Rechtsstaatlichkeit, Sozialstaatlichkeit und der Demokratie miteinander verknüpft. Freiheit wird hier nicht als „gesellschaftliche Gegebenheit" verstanden, sondern als ein Grundwert, der alltäglich durch mannigfache Abhängigkeiten, Hierarchien, Manipulationsunterworfenheit, Sachzwänge usw. eingeschränkt wird. Da der einzelne nur selten in der Lage ist, seine Freiheitsräume zu erweitern, muss die sozialstaatliche Politik erst wichtige materielle Voraussetzungen für die individuelle Entfaltung schaffen (Hartwich 1970, S. 352; 1990, S. 20 ff.).

Das Sozialstaatspostulat des Grundgesetzes wird als staatlicher Auftrag interpretiert, auf „eine annähernd gleichmäßige Förderung des Wohls aller Bürger und eine annähernd gleichmäßige Verteilung der Lasten" hinzuwirken (Maunz/Zippelius 1991, S. 99). Die Verwirklichung dieses Auftrags bedeutet in erster Linie, die im „Erwerbspersonen-Sozialstaat" an die Erwerbsarbeit gekoppelte Verteilung von sozialer Sicherheit zu organisieren (Schmidt 1988, S. 159; Frankenberg 1994, S. 215 f.).

Auch das Bundesverfassungsgericht leitet aus dem Begriff des Sozialstaats einen (allgemeinen) Auftrag zu sozialer Gerechtigkeit ab (BVerfGE 5, 198; 36, 84; 40, 133 f.). Danach sanktioniere das Grundgesetz zwar nicht die historisch vorfindbaren gesellschaftlichen Verhältnisse, lehne sie aber auch nicht grundsätzlich ab. Für die „verbesserungsfähig und verbesserungsbedürftig" gehaltenen gesellschaftlichen Strukturen muss deshalb „der Fortschritt zu sozialer Gerechtigkeit" ein leitendes Prinzip sein.

Nach dieser gerechtigkeitsorientierten Interpretation wird dem Sozialstaat die Aufgabe zugewiesen, sich nicht nur um die Verhinderung und die Beseitigung von Not und Armut zu sorgen, sondern auch die für die individuellen und gesellschaftlichen Entwicklungsmöglichkeiten unverzichtbare öffentliche Infrastruktur wie Kindergärten, Schulen, Ausbildungsstätten, Jugendzentren, Altenheime, Krankenhäuser usw. zur Verfügung zu stellen (Matzner 1982).

Der Stellenwert der sozialen Gerechtigkeit in einem politischen System lässt sich besonders daran messen, welche Bedeutung das Gerechtigkeitsprinzip in der Steuer- und Bildungspolitik wie bei der Verteilung der Einkommen und Vermögen hat.

In der Steuerpolitik hängt die Umsetzung des Prinzips der sozialen Steuergerechtigkeit von den jeweils vorherrschenden Normvorstellungen ab und unterliegt deshalb permanenten politischen Auseinandersetzungen. In dieser Sozialstaatsinterpretation wird Gerechtigkeitsanforderungen dann Rechnung getragen, wenn die Steuerlasten nach Maßgabe der wirtschaftlichen Leistungsfähigkeit verteilt werden (Lang 1993, S. 96 ff). Das in dieser Interpretation vertretene Postulat der „gleichmäßigen" Besteuerung bedeutet, dass Steuerpflichtige mit wachsender wirtschaftlicher Leistungsfähigkeit (als Indikatoren kommen vor allem Einkommen und Vermögen in Betracht!) eine höhere Steuerlast zu tragen haben (Nowotny 1987, S. 138 f). Das steuerpolitische Gerechtigkeitsmaß der wirtschaftlichen Leistungsfähigkeit beinhaltet eine progressive Besteuerung der Einkommen. Dabei wird der sozialstaatlichen Politik ein großer Gestaltungsspielraum zugebilligt, die Höhe der steuerlichen Freibeträge, den Tariftyp (proportional, progressiv) und den Tarifverlauf festzulegen (Tipke 1993, S. 411 f.).

Als Alternative zur – vor allem seitens der Sozialdemokratie geforderten – problematischen Wiedereinführung der Vermögensteuer (hoher Verwaltungsaufwand und relativ geringe Ergiebigkeit!) werden Möglichkeiten und Grenzen der Erhöhung der Erbschaftsteuer diskutiert (Piper 1999, S. 4).

Eine höhere Besteuerung von Erbschaften würde nicht nur einem – im internationalen Vergleich – bestehenden Nachholbedarf bei der Besteuerung von Vermögen (z.B. ist in der Schweiz die Vermögensteuer drei mal so hoch wie in Deutschland), sondern auch zentralen Gerechtigkeitsanforderungen gerecht: Die Besteuerung von Erbschaften wird insofern als gerecht angesehen, als sie einen Beitrag zur Angleichung der Lebensverhältnisse zwischen den Beziehern von Kapital- und Arbeitseinkommen, zwischen den über nur geringe Vermögen verfügenden Ostdeutschen und den relativ vermögenden Westdeutschen usw. leisten kann.

Demzufolge gilt eine Steuerreform als durchaus schlüssig, die sowohl die Sätze als auch die Bemessungsgrundlage der Erbschaftsteuer erhöht. Bei der Umsetzung sollten dabei weder die Nachfolgen in mittelständischen Betrieben gefährdet noch die Erben von Eigenheimen wegen der Steuer zum Verkauf gezwungen werden. Eine höhe Erbschaftsteuer kann also sowohl über zusätzliche Steuereinnahmen dem Konsolidierungsziel dienen, als auch die Akzeptanz des ganzen Steuersystems befördern.

Auch in der Bildungspolitik kommt unter Gerechtigkeitsaspekten vor allem dem Recht auf chancengleichen Zugang zu allen Bildungseinrichtungen und der grundsätzlichen Öffnung zu weiterführenden Bildungsgängen große Bedeutung zu. Der chancengleiche Zugang zu allen Bildungsformen folgt aus dem Gleichheitsprinzip des Art. 3 Abs. 1 GG in Verbindung mit der Wahlfreiheit der Ausbildungsstätte des Art. 12 GG (Arbeitsgruppe Bildungsbericht am Max-Planck-Institut 1994, S. 107 f.). Um ein breites Angebot an Übergangsmöglichkeiten beispielsweise von der Hauptschule oder Realschule in die Sekundarstufe 2 zu schaffen, ist im föderativen System insbesondere die Politik des Landesgesetzgebers gefordert.

Im gerechtigkeitsorientierten Ansatz werden gleiche Bildungschancen nur dann annähernd gewährleistet, wenn benachteiligte Bevölkerungsgruppen (z.B. aus „bildungsfernen" Regionen oder finanziell schwächeren Familien) eine überproportionale Förderung in der Ausbildung und im Beruf erfahren. Nach dieser Auffassung verlangt das Gerechtigkeitsprinzip eine kompensatorische Bildungs- und Weiterbildungspolitik, die den besonderen Lebenslagen der Benachteiligten und Leistungsschwächeren Rechnung trägt (Wollenweber 1980; Arbeitsgruppe Bildungsbericht am Max-Planck-Institut 1994, S. 626 ff.).

Ein weiterer zentraler Gegenstand der Diskussion über soziale Gerechtigkeit ist die Frage der Verteilungsgerechtigkeit. In der Gerechtigkeits-Diskussion geht es um Art und Ausmaß der

II Prinzipien 83

Verteilung zwischen Kapital- und Arbeitseinkommen, zwischen Beschäftigten und Arbeitslosen, zwischen Jung und Alt, zwischen Kinderreichen und Kinderlosen, zwischen Frauen und Männern, zwischen Ost und West usw. Für Vertreter verteilungsorientierter Gerechtigkeitsvorstellungen liegt der „Kern aller sozialen Gerechtigkeit" darin, die Lasten gerecht zu verteilen und für Chancengleichheit zu sorgen (G.Hofmann 1999, S. 5).

4.1.4 Steuerungsorientierte Interpretation

Die steuerungsorientierte Sozialstaatsinterpretation geht von der „Offenheit" der Verfassung im allgemeinen und von der Sozialstaatsklausel im besonderen aus (K. Hesse 1978, S. 11). Da die Verfassungsgesetzgeber das Sozialstaatprinzip des Art. 20 Abs. 1 GG „als allgemeine Staatszielbestimmung und nicht als Auftrag zu bestimmten gesetzgeberischen Maßnahmen" verstanden wissen wollten, eröffnet sich ein weiter verfassungsrechtlicher Interpretations- und ein weiter politischer Handlungsspielraum (Maunz/Zippelius 1991, S. 99). Nach dieser Auffassung kann dem Sozialstaatsprinzip für sich allein genommen keine Pflicht zu bestimmten sozialen Reformen entnommen werden. Die Sozialstaatsklausel enthält auch keine einklagbaren Rechtsansprüche auf konkrete sozialstaatliche Maßnahmen, da deren Ausgestaltung von sich ständig wandelnden konkreten Problemlagen und wechselnden Ressourcen abhängt. Damit der Sozialstaat den sich ständig ändernden Aufgabenstellungen gerecht werden kann, wird dem Gesetzgeber bzw. der politischen Führung ein großer politischer Handlungsspielraum zugebilligt sowie „aktiver Gestaltungswille" und politische Steuerungsfähigkeit abverlangt (Greven 1990, S. 26 und 29).

Für die Interpreten dieses Sozialstaatsverständnisses bleibt es der politischen Führung überlassen, in einem offenen demokratischen Entscheidungsprozess nach ihrem Präferenzsystem die sozialstaatliche Politik konkret auszugestalten. In diesem Ansatz hat die Politik die Steuerungsverantwortung, „den Wurzeln der sozialen Probleme und Folgeprobleme auf die Spur zu kommen, um die Sozialordnung möglichst schon dort zu heilen" (Suhr 1970, S. 77). Um die mannigfachen Schäden nicht erst nachträglich zu beseitigen, ist eine vorausschauend gestaltende Politik gefordert, möglichst früh wirtschaftlichen, sozialen und ökologischen Fehlentwicklungen wie steigender Arbeitslosigkeit und zunehmender Umweltzerstörung gegenzusteuern (Harnischfeger 1969; Hartwich 1993, S. 17ff). In dieser Auslegung des Sozialstaatspostulats wird der Politik „der Auftrag zu sozial gestaltender Tätigkeit" übertragen, den Prozess der Politikformulierung nach sozialen Kriterien (z.B. soziale Sicherheit, soziale Gerechtigkeit) zu steuern (Scheuner 1960, S. 261).

4.2 Prinzipien und Strukturelemente des sozialen Sicherungssystems

Die deutsche Sozialpolitik wird von zwei Grundideen, dem Subsidiaritäts- und dem Solidaritätsprinzip bestimmt. In Interpretationen der beiden Prinzipien werden Gegensätze, aber auch Ergänzungen gesehen. Auch der propagierte Stellenwert und das politische Gewicht werden recht unterschiedlich beurteilt. Außerdem werden die bedeutsame Merkmale des (versicherungstechnischen) Äquivalenzprinzips, des Versorgungsprinzips und des Fürsorgeprinzips im sozialen Sicherungssystem zu kennzeichnen sein. Zudem werden institutionelle Strukturelemente der sozialen Sicherung zu beschreiben und zu bewerten sein, die wie die Pflichtversicherung, das Äquivalenzprinzip, die Beitragsbemessungsgrenzen, die Beitragsparität von Arbeitnehmern und Arbeitgebern und die Defizithaftung des Bundes zur Stabilisierung des Systems beigetragen haben und in der Bevölkerung große Akzeptanz genießen. Schließlich wird noch zu erörtern sein, welche Leistungen, aber auch welche Defizite der Ausgestaltung des Sozialstaatsprinzips zuzuschreiben sind.

4.2.1 Das Subsidiaritäts- und Solidaritätsprinzip

Das Subsidiaritätsprinzip entstammt der katholischen Soziallehre und gehört heute zum allgemeinen Gedankengut konservativer Sozialpolitik-Interpretationen (Staudt 1981, Wallraff 1982; Neumann/Schaper 1998; Deufel/Wolf 2003).

In der heute vorherrschenden restriktiven Auslegung dieses Prinzips gilt für die Gewährung sozialer Transfers die Rangfolge, dass der Staat als letzter „Ausfallbürge" bei Notlagen erst dann eingreifen darf, wenn alle untergeordneten Instanzen wie Familie, Verwandte, Freunde usw. keine Hilfe mehr leisten können. Zunächst sollen das Individuum oder kleinere Einheiten durch Selbsthilfe für sich sorgen. In aufsteigender Linie sollen die nächst höheren Einheiten – erst die Wohlfahrtsverbände wie z.B. die Caritas, Miserior oder die Arbeiterwohlfahrt bis hinauf zur Bundes- oder EU-Ebene – die Leistungen erbringen (Bäcker/Bispinck/Hofemann/Naegele 1989; Articus 2003).

Im Gegensatz zur herrschenden Interpretation des Subsidiaritätsprinzips bedeutet für den Sozialwissenschaftler von Nell-Breuning dieses Prinzip nicht, dass der einzelne vorzuleisten und erst nach Erschöpfung seiner Kräfte die Gesellschaft in die Pflicht zu nehmen habe. Für Nell-Breuning hat nämlich der gesellschaftliche Verband, entweder die Familie oder auch der Staat, vorzuleisten (z.B. in Form der Erziehung oder der Bereitstellung von sozialer Infrastruktur), damit die Kinder oder der einzelne Staatsbürger erst in die Lage versetzt werden können, eigene Leistungen zu erbringen (Nell-Breuning 1983).

In der restriktiven Deutung des Subsidiaritätsprinzips gilt dagegen folgende Rangfolge der Leistungsbereitstellung: Erst wenn die individuellen Hilfsquellen erschöpft sind, hat der übergeordnete Verband das sittliche Recht, aber auch die Pflicht, Unterstützung zu leisten (Blüm 1983).

Kritisch wird dazu angemerkt, dass eine solche Auslegung eine Entwicklung fördert, die Folgen der Ausgrenzung aus dem System der Sozialleistungen (z.B. Nichterfüllung der Anwartschaftszeiten oder der Bedürftigkeit in der Arbeitslosenunterstützung, Erschwerung der Zugangsbarrieren zur Sozialhilfe) immer mehr den Familien zu übertragen. Die Kritik wendet sich gegen die Wortwahl und Zielrichtung des Vorrangs der solidarischen Selbsthilfe vor staatlicher Betreuung, weil mit dem Begriff solidarische Selbsthilfe suggeriert werde, dass Selbsthilfe immer positiv, staatliche Sozialpolitik dagegen negativ und bevormundend sei. Die Kritik hebt im Gegenzug die Vorzüge der staatlichen Sozialpolitik hervor, die den Bürger durch den staatlich garantierten Rechtsanspruch erst vor Willkür und Bevormundung schütze. Demgegenüber wird auf die Gefahren der „solidarischen Selbsthilfe" hingewiesen, die neue Abhängigkeiten und Versorgungsunsicherheiten sowie Schuldgefühle beim Leistungsempfänger erzeugen können (Huber 1984; Muhr 1983).

Zur Forderung nach Stärkung subsidiärer Hilfen, also nach einer Revitalisierung traditioneller Gemeinschaftsbindungen wird allerdings die Kritik geäußert, dass solche Formen praktischer Hilfeleistungen heute in der erwünschten Weise nicht mehr „tragfähig" sind. Die Überforderung auch gutwilliger Pflegender zeigt sich etwa an der Altenpflege in der Kleinfamilie. Die Bedenken richten sich gegen eine subsidiäre Sozialpolitik, die es in einem weitgehend entstaatlichten System am Ende dem Zufall überlässt, ob jemand in intakte soziale Beziehungen eingebettet ist und Hilfe leistende Organisationen findet oder nicht (Frankenberg 1994, S. 223).

Das Prinzip der Solidarität bedeutet allgemein, dass soziale Werte der Verbundenheit aller Mitglieder der Gesellschaft wie das „Füreinander-Einstehen" und die Hilfsbereitschaft für Bedürftige und leistungsgeschwächte Menschen zum Tragen kommen sollen (Neumann/ Schaper 1998 S.141–149). Das Solidaritätsprinzip verlangt also Beiträge und Leistungen der Gemeinschaft für den Einzelnen, sobald und soweit er nicht mehr in der Lage ist, aus eigener Kraft ein menschenwürdiges Leben zu führen (Böhret u.a. 1988, S. 156).

Das Solidaritätsprinzip grenzt sich bewusst von strengen Kosten-Nutzen-Kalkülen wie dem Äquivalenzprinzip ab, wonach die empfangenen Leistungen den vorher gezahlten Beiträgen entsprechen müssen (Weddingen 1956; Braun 1972; Brück 1978; Neumann/Schaper). Das Solidaritätsprinzip, das sich im modernen politischen System Geltung verschaffen will, muß sich im wesentlichen an zwei Maßstäben orientieren:

- Die Finanzierung und die Leistungen der sozialen Sicherung sind so zu organisieren, dass das versicherungstechniche Äquivalenzprinzip durch umverteilende Maßnahmen zugunsten einkommensschwacher Gruppen zu korrigieren ist.
- Gerade in einer Konkurrenzgesellschaft, in der soziale Werte wie Kooperation, Hilfsbereitschaft usw. weiter an Bedeutung zu verlieren drohen, ist die Politik umso stärker gefordert, über gesetzliche Maßnahmen den „leistungsfähigen" Bürgern solidarische „Opfer" abzuverlangen.

Während konservative Vertreter der katholischen Soziallehre das Subsidiaritätsprinzip in den Vordergrund stellen, hat bei progressiven Vertretern (z.B. Gewerkschaften und einem Teil der Sozialdemokratie sowie der Bündnis-Grünen) das Solidaritätsprinzip als Leitmotiv einen hohen Stellenwert (Bäcker 1993, S.187–209). Zwar wird solidarisches „Teilen" als ureigene Aufgabe der Sozialpolitik in Wissenschaft, Politik und auch seitens der Kirchen immer wieder eingefordert, doch muss zugleich eingeräumt werden, dass außerhalb der hergebrachten sozialen Sicherungssysteme und (halb)staatlicher Wohlfahrtspflege „heute Solidarität auf gesamtstaatlicher Ebene keine Chance" mehr habe (Frankenberg 1994, S. 214). Für den Sozialwissenschaftler Franz-Xaver Kaufmann sei sogar in dem Maße „mit zunehemenden Entsolidarisierungen" zu rechnen, wie die Chancen einzelner Gruppen (z.B. der Selbständigen, Beamten) stiegen, sich dem Umverteilungsdruck zu entziehen (F.-X. Kaufmann 2002, S. 294 f.).

4.2.2 Versicherungs-, Versorgungs- und Fürsorgeprinzip

Das Versicherungsprinzip geht von der Überlegung aus, den nicht vorhersehbaren Risikoeintritt für den einzelnen und den unkalkulierbaren Mittelbedarf für eine größere Gemeinschaft kalkulierbar zu machen (Lampert 1980, S. 144; Neumann /Schaper 1998, S. 141–149).

In der Individualversicherung bzw. der Privatversicherung herrscht das versicherungstechnische Äquivalenzprinzip, das eine strenge Entsprechung von Prämienzahlungen nach der Wahrscheinlichkeit des Risikoeintritts und den beanspruchbaren Leistungen verlangt.

In der Sozialversicherung wird das Äquivalenzprinzip durchbrochen und nach dem Grundsatz der Solidarität modifiziert: Die zu entrichtenden Beiträge orientieren sich nicht streng an der Wahrscheinlichkeit des individuellen Risikoeintritts (z.B. beitragslose Mitversicherung von Familienmitgliedern) und auch die Leistungen hängen nicht streng von den im Vorjahr erbrachten Beiträgen ab (z.B. die sogenannten „versicherungsfremden" Leistungen wie Kriegsfolgelasten, vorgezogene Altersrenten, Kindererziehungszeiten in der Rentenversicherung usw.). Die solidarische Orientierung der Sozialversicherung lässt im Gegensatz zur

Privatversicherung grundsätzlich keine Risiko- und Leistungsausschlüsse zu. Wesentliches Merkmal der Sozialversicherung ist schließlich, dass die Beiträge einen Rechtsanspruch auf Leistung begründen.

Das Versorgungsprinzip verlangt für Leistungen keine vorher entrichteten Beitragszahlungen, sondern kommt dann zur Anwendung, wenn Leistungen oder Opfer für die Gesellschaft erbracht worden sind (z.B. die Dienste von Beamten, Kriegsopfern). Die für den Staat/die Gemeinschaft geleisteten Dienste oder erlittenen Opfer begründen die Finanzierung der Versorgungsleistungen aus dem Staatshaushalt. Während die Geltung des Versorgungsprinzips wie im Fall von Kriegsopfern unumstritten ist, waren und sind jene Versorgungssysteme wie die für die Altersversorgung der Beamten der Kritik ausgesetzt, weil hier unter Umgehung des Solidarprinzips bestimmte Gruppen von der Finanzierung der sozialen Sicherung freigestellt werden.

Nach dem Fürsorgeprinzip werden Geld- und/oder Sachleistungen ohne vorherige Beitragszahlungen gewährt, wenn bei Eintritt einer Notlage der Betroffene seine „Bedürftigkeit" nachweist. Das Fürsorgeprinzip begründet in der Sozialhilfe nur einen Rechtsanspruch „dem Grunde nach", aber keinen Anspruch auf konkrete Hilfen in bestimmter Höhe. Bei der Gewährung von Sozialhilfeleistungen haben die Behörden einen nicht geringen Ermessensspielraum, den Besonderheiten des „Einzelfalls" nach Art und Höhe der Leistungen Rechnung zu tragen (Lampert 1989, S. 145).

4.2.3 Institutionelle Strukturelemente

a) Plichtversicherung

Die deutschen sozialen Sicherungssysteme sind als Pflichtversicherungen konstruiert, da den Teilnehmern kein zu großes Vertrauen in die Bereitschaft eigenverantwortlicher Absicherung gegen die „Wechselfälle des Lebens" entgegengebracht wird. Die Konstruktion der Pflichtversicherung dient dazu, dass möglichst viele Bürger Ansprüche auf Leistungen erwerben, die sich durch Beitragszahlungen verdient haben. Die Pflichtversicherung bietet eine gewisse Gewähr dafür, dass die Finanzierung von Leistungen aus den laufenden Einkommen der Erwerbstätigen auch gesichert wird (Offe 1990, S. 182–185; M. G. Schmidt 2007, S. 415–417).

Die Pflichtversicherung erschwert oder verhindert gleichzeitig, dass Leistungen an „Nichtberechtigte", die keinen Eigenbeitrag aufgebracht haben, gewährt werden. Die Pflichtversicherung schließt überdies aus, dass sich Beschäftigte ihrer Verpflichtung entziehen und im Fall einer Notlage doch Leistungen aus Steuermitteln in Anspruch nehmen.

b) Äquivalenzprinzip, Beitragsbemessungsgrenzen und Koppelung der Leistungen an die Erwerbsarbeit

Das Äquivalenzprinzip, wonach die Leistungen den vorher gezahlten Beiträgen entsprechen sollen, schließt den Empfang von Leistungen durch Nichtberechtigte weitgehend aus. Die innerhalb der Sicherungssysteme stattfindenden Umverteilungen zwischen Erwerbstätigen und Arbeitslosen, zwischen Kranken und Gesunden, zwischen lang lebenden und früh sterbenden Menschen beeinträchtigen die Akzeptanz des Systems deshalb nicht, weil diese Umverteilungseffekte nicht angestrebt, sondern den nicht zu verhindernden Wechselfällen des Lebens zugeschrieben werden. Selbst Umverteilungseffekte, die zwischen Angestellten und

II Prinzipien

Arbeitern oder zwischen Männern und Frauen unterschiedlich verteilt sind (z.B. mehr Unfälle bei Arbeitern oder längere Lebenserwartung von Frauen) werden als moralisch nicht anstößig begriffen. Auch Bedürftigkeitsprüfungen wie beim Bezug des Arbeitslosengelds II werden solange als vetretbar angesehen, wie diese Leistungen von allen Steuerzahlern aufzubringen sind.

Die Beitragsbemessungsgrenzen, also die Zahlung von Sozialversicherungsbeiträgen bis zu einer bestimmten Bruttoeinkommensgrenze, stellen sicher, dass die Bezieher hoher Einkommen in ihrer Bereitschaft zur Solidarität nicht überstrapaziert werden. Des Weiteren erleichtern diese Einkommenshöchstgrenzen für die Beitragsentrichtung die Teilnahme gut verdienender Beschäftigter an zusätzlichen betrieblichen und privaten Vorsorgesystemen.

Ein weiteres institutionelles Strukturelement des deutschen „Erwerbstätigensozialstaats", die Koppelung des Leistungsbezugs an die Erwerbsarbeit, führt zum weitgehenden Ausschluss Nichtberechtigter aus dem Leistungssystem (M. G. Schmidt 2005, S. 165). Denn grundsätzlich haben nur jene Personen einen Anspruch auf soziale Leistungen erworben, die eine Zeit lang ein sozialversicherungspflichtiges Beschäftigungsverhältnis hatten.

c) Dominanz der Beitragsfinanzierung und der paritätischen Finanzierung

Mit der im deutschen Sozialsystem dominierenden Beitragsfinanzierung haben die Beitragszahler eigentumsähnliche Ansprüche erworben. Über die Mittel der Sozialversicherung können Regierung und Gesetzgeber nur in begrenztem Maße verfügen, die Haushalte der Sozialversicherung drohen also nicht zur beliebigen Manövriermasse des Bundes zu werden. Im Unterschied zu steuerfinanzierten Leistungen wie dem Wohngeld oder dem Elterngeld sind deshalb beitragsfinanzierte Leistungen wie Renten und Arbeitslosengeld I stärker vor Leistungseinschnitten der Politik geschützt (Pilz 2004, S. 96).

Dieser eigentumsähnliche Verfügungsvorbehalt gegenüber der Politik wird durch die Selbstverwaltung der sozialen Sicherungssysteme, in denen der Staat, Arbeitgeberorganisationen und Gewerkschaften vetreten sind, noch verstärkt. Da durch die paritätische Finanzierung auch Arbeitgeber und Arbeitnehmer auf die Beitrags- und Leistungsentwicklung Einfluss nehmen können, haben sie ein gemeinsames Interesse, ihre Gestaltungsmöglichkeiten gegenüber der Politik zu verteidigen.

d) Die Defizithaftung des Bundes

Der Bund haftet gesetzlich und verfassungsrechtlich für Defizite, die in der Renten- und Arbeitslosenversicherung entstanden sind: Im Fall der Rentenversicherung muss der Bund nach dem Sozialgesetzbuch (SGB VI) und im Fall der Arbeitslosenversicherung nach Art. 120 GG die Defizite ausgleichen. Die Defizithaftung soll den Anspruchsberechtigten auch bei konjunktur- und arbeitslosigkeitsbedingten Defiziten den Erhalt ihrer Leistungen sichern. Außerdem werden mit dem Bundeszuschuss gesellschaftspolitisch wichtige „versicherungsfremde" Leistungen wie die Anrechnung von Wehrdienst-, Ausbildungs- und Kindererziehungszeiten in der Rentenversicherung und Leistungen der Bundesagentur für Arbeit wie z.B. der Gründungszuschuss finanziert.

4.3 Ausgestaltung des Sozialstaatsprinzips: Leistungen und Probleme

Die Umsetzung des Sozialstaatsprinzips im Sinne praktizierter Sozialpolitik hat beachtenswerte Leistungen hervorgebracht, aber auch nicht geringe Probleme erzeugt.

4.3.1 Stabilitäts- und legitimationsfördende Politik durch große Sozialstaatsparteien

Die Sozialpolitik hat insofern zur politischen Stabilität beigetragen, als sie Politik grundsätzlich berechenbarer gemacht hat. Auch wenn durch ihr großes Sozialbudget und durch ihre Pfadabhängigkeit ihr Veränderungsspielraum eingeschränkt ist, hat sie zur Verlässlichkeit und Kontinuität der Politik beigetragen. Die in Deutschland charakteristische sozialstaatsfreundliche Politik konnte gesellschaftliche und wirtschaftliche Umbrüche insgesamt leichter bewältigen (M. G. Schmidt 2007, S. 415 f.).

Das Sozialstaatsprinzip wurde und wird im breiten politischen Konsens als Auftrag verstanden, die Bürger vor materieller Verelendung zu schützen. Die Sozialpolitik schützte vor Risiken wie Einkommensausfällen infolge der „Wechselfälle des Lebens" durch Gewährung zumindest einer Grundsicherung. Neuere Beispiele für diese Form der Sicherung sind die Hartz-IV-Leistungen für Langzeitarbeitslose oder die bedarfsorientierte Grundsicherung in der Rentenversicherung (vgl. Kap. C. 6.6.). Außerdem verhinderte eine sozialpolitisch motivierte Steuerpolitik Belastungen unterer Einkommensgruppen, indem durch Einräumung eines Grundfreibetrags niedrige Einkommen von der Besteuerung befreit wurden.

Sozialpolitik trug und trägt darüber hinaus zur Legitimierung der Demokratie bei (Conradt 1980; Roller 1996; M. G. Schmidt 2005, S. 288 f.). Die Demokratie gewährleistet allen erwachsenen Staatsbürgern eine Stimme, sowohl denen, die keine Steuern und Sozialabgaben zahlen als auch denen, die vom Sozialstaat Vorteile erwarten. Ferner können demokratische Wahlen nur von Parteien gewonnen werden, die von einer Mehrheit sozialstaatlich Begünstigter unterstützt werden. Schließlich dienen die häufig stattfindenden Wahlen in der Demokratie der expansiven Ausgestaltung des Sozialstaatsprinzips: Die Sozialpolitik erhält ein großes Gewicht beim ständigen Werben um Bündnispartner und Wähler (Roller 1992; Offe 2006).

In Deutschland förderte überdies dem Politikwissenschaftler Manfred G. Schmidt zufolge die Konkurrenz zweier großer Sozialstaatsparteien – Union und SPD – den Ausbau und die Sicherung sozialstaatlicher Regelungen und Leistungen (M. G. Schmidt 2007, S. 408 f.). Die beiden großen Parteien erzielten über wichtige sozialpolitische Entscheidungen wie über die Einrichtung der Pflegeversicherung, die Einführung des Elterngeldes oder die Gesundheitsreform 2007 – häufig nach langen politischen Auseinandersetzungen – eine Einigung, obwohl sie sich in der Sozialpolitik inhaltlich und in ihrem Staatsverständnis erheblich unterscheiden: Die SPD trete stärker als die CDU für umfassende arbeits- und sozialrechtliche Schutzregelungen und für ein starkes sozialstaatliches Leistungsniveau ein. Ihre auf Egalisierung gerichtete arbeitnehmer- und gewerkschaftsfreundliche Sozialpolitik leiste damit einen wichtigen Beitrag zur Stabilisierung der Demokratie. Die von der katholischen Soziallehre und der katholischen Arbeiterbewegung geprägte Sozialpolitik der Union befürworte dagegen den erwerbszentrierten „Sozialversicherungsstaat" einschließlich der Familienangehörigen. Die Union halte stärker als die SPD zu den Gewerkschaften Distanz und unterstütze grundsätzlich Maßnahmen zur Deregulierung und Flexibilisierung des Arbeitsmarkts.

Außerdem unterschieden sich SPD und Union in ihren Gerechtigkeitsvorstellungen und in ihrer Auffassung von der Rolle des Staates und des Individuums. Mit dem Verweis auf das SPD-Grundsatzprogrammm von 1989 strebe die SPD nach Ergebnisgerechtigkeit: „Gerechtigkeit erfordert mehr Gleichheit in der Verteilung von Einkommen, Eigentum und Macht" (T. Meyer 2004, S. 181–190). Die Union favorisiere dagegen die durch das Äquivalenzprinzip gewährleistete Beitragsgerechtigkeit. Ferner betone die Union stärker das Subsidiaritätsprinzip als das Solidaritärsprinzip, dem die SPD Vorrang einräumt. Die Union plädiere im Unterschied zur SPD auch nicht für den steuernden Staat oder das Kollektiv, sondern für individuelle Freiräume und die Förderung der Familien.

4.3.2 Zunehmende politische, ökonomische und gesellschaftliche Probleme

Die Politik wurde bei der Ausgestaltung des Sozialstaatsprinzips im Zuge des Ausbaus des Sozialstaats und des tief greifenden ökonomischen und gesellschaftlichen Wandels zunehmend mit weltwirtschaftlichen Veränderungen, abgabenbegründeten Akzeptanzproblemen, der Unterfinanzierung zukunftsrelevanter Politikfelder und mit dem sich im Zuge der Alterung der Gesellschaft verschärfenden Generationenungleichgewicht konfrontiert.

Die Spannungen zwischen sozialpolitischen Zielen und vor allem wirtschafts- und beschäftigungspolitischen Zielen haben sich insbesondere seit den 1990er-Jahren verschärft. Das Verhältnis zwischen sozialpolitischem Aufwand und wirtschaftlichem Wachstum ist unterdessen aus dem Gleichgewicht geraten: Die Sozialleistungsquote und die Ausgaben des sozialen Sicherungssystems haben Dimensionen erreicht, die relativ zur Entwicklung der Wirtschaftskraft nur noch schwer zu rechtfertigen sind (OECD 2004; Maddison 2003).

Die Konstruktion des deutschen Sozialstaats verstärkte den durch die Globalisierung verschärften Wettbewerbsdruck auf dem Arbeitsmarkt. Die sozialpolitisch motivierte Regulierungsdichte des Arbeitsmarkts erfüllte zwar wichtige Schutzfunktionen für die Arbeitnehmer, hatte aber unter globalen Bedingungen für Arbeitgeber investitions- und beschäftigungshemmende Wirkungen. Darüber hinaus erzeugten der überwiegend beitragsfinanzierte deutsche Sozialstaat und die damit einhergehenden überdurchschnittlich hohen Sozialabgaben hohe Arbeitskosten, die eine Verlagerung primär von geringfügig qualifizierten Arbeitsplätzen in Niedriglohnländer förderten und fördern (Pilz 2004, S. 107–111). Die Sozialpolitik wird angesichts dieser in vielen kontinentaleuropäischen Ländern hohen Abgabenlasten in dem Maße mit wachsenden gesellschaftlichen Akzeptanzproblemen zu rechnen haben, wie Steuern und Sozialabgaben weiter steigen (M. G. Schmidt 2005, S. 294).

Außerdem hatte die sozialstaatsfreundliche Politik zu einem problematischen Ungleichgewicht der Finanzierung der öffentlichen Aufgaben geführt. Während die Politik für eine aufwändige Finanzierung des Sozialstaats sorgte, wurden andere Staatsaufgaben nur unzureichend finanziert. Die Sozialpolitik wurde fast überall, insbesondere in der Alterssicherungspolitik, zu Lasten zukunftsrelevanter Politikfelder wie der Bildung, Forschung und Umwelt ausgebaut. Die Konkurrenz der Mittelverwendung hat in jüngerer Zeit diesen Trend zu Lasten außersozialpolitischer Felder sogar noch verstärkt (Castles 2006). Der zum Teil über Kredite finanzierte Ausbau des Sozialstaats ist mitverantwortlich dafür, dass der Schuldenstand in Deutschland einen Anteil von rund zwei Dritteln am Bruttoinlandsprodukt erreicht hat (siehe Kap. C. II.2.2).

Schließlich hatte die Sozialpolitik zur Verstärkung des Generationenungleichgewichts beigetragen. Die Politik hatte jahrelang die Förderung der Kindererziehung und den Ausbau der Infrastruktur für Kinder und jüngere Bevölkerungsgruppen vernachlässigt und der sozialen Sicherung älterer Menschen Vorrang eingeräumt (Wolf 2006, S. 235–239; M. G. Schmidt 2007, S. 417).

B   INSTITUTIONEN

Die Darstellung der Organisationsstrukturen, der Funktionen und der politischen Konfliktregelung der Institutionen gliedert sich in drei Hauptabschnitte: In einem ersten Schritt werden wichtige Restriktionen des Regierens in Deutschland wie die europäische Integration und der internationale Wettbewerb erörtert. Im Anschluss daran werden als Schwerpunkt der Kennzeichnung des deutschen politischen Systems (Regierungs-)Institutionen des Bundes, insbesondere die der Bundesregierung, des Bundestags, des Bundesrats und des Bundesverfassungsgerichts vorgestellt. In diesem institutionellen Kontext gilt auch der Diskussion der Frage besondere Aufmerksamkeit, inwieweit die Europäisierung die Strukturen und Arbeitsweisen der Institutionen des Bundes beeinflusst hat.

I   Nationale Handlungsspielräume unter europäischen Integrations- und internationalen Wettbewerbsbedingungen

Zuerst wird die Frage zu erörtern sein, ob und inwieweit die europäische Integration, aber auch der internationale Wettbewerb den Handlungsspielraum nationalen Regierens einschränken. Dabei werden die handlungsrestringierende Bedeutung der Politik der so genannten negativen und positiven Integration, Erklärungen der Folgen des zunehmenden internationalen Wettbewerbsdrucks für Politik und Wirtschaft sowie relevante Kritikpunkte an der Integrationspolitik näher zu beschreiben und zu bewerten sein.

Um vor dem Hintergrund wachsender europäischer Integration das Ausmaß der Einschränkung nationalstaatlicher Handlungsfähigkeit erfassen zu können, muss auf den unterschiedlichen Einfluss der beiden in der wirtschafts- und politikwissenschaftlichen Literatur relevanten Formen der „negativen" und „positiven" Integration eingegangen werden. Auch der internationale Wettbewerb wirkt als Restriktion der nationalen Handlungs- und Problemlösungsfähigkeit, die aber je nach Politikfeld die politischen Freiräume des Nationalstaats unterschiedlich eingrenzt (Tinbergen 1965; Taylor 1983; Merkel 1993; Scharpf 1994; 1996; 1998; 1999).

Im Anschluss an F. W. Scharpf können die Begriffe der negativen und positiven Integration ideologisch unterschieden werden: Die Unterscheidung zwischen negativer und positiver Integration markiert ideologische Trennlinien zwischen neoliberalen (angebotsorientierten) und interventionistischen (sozialdemokratischen oder keynesianischen) wissenschaftlichen, (partei-)politischen und interessengruppenspezifischen Positionen (Scharpf 1999, S. 49).

Demzufolge sind politische Maßnahmen der negativen Integration als „marktschaffend" zu klassifizieren. Maßnahmen der positiven Integration können sowohl marktschaffend (z.B. bezüglich der „Harmonisierung" der verschiedenen nationalen Produktstandards) als auch marktkorrigierend sein (z.B. produktions- und standardbezogene Vorschriften über den Umweltschutz oder die Sozialpolitik).

Die Entwicklung der Politik negativer oder positiver Integration hängt nach Fritz W. Scharpf maßgeblich von der Interessenübereinstimmung oder den Interessenkonflikten zwischen den Mitgliedsstaaten in den einzelnen Politikbereichen ab (Scharpf 1996, S. 15–39; 1998, S. 151–174): Während bei der Politik der Marktöffnung (der negativen Integration) das gemeinsame Interesse eindeutig dominiert, haben die Beteiligten für Maßnahmen der positiven Integration zwar unterschiedliche Präferenzen, doch überwiegt noch immer das gemeinsame Interesse an einheitlichen Regelungen. Zu den positiv integrierenden Maßnahmen gehört die Harmonisierung produktbezogener Regelungen einschließlich der Normen des Umwelt- und Arbeitsschutzes, die mit Vollendung des Binnenmarkts anfangs der neunziger Jahre auch weitgehend erreicht worden ist. Am größten sind die Interessenkonflikte im Bereich prozessbezogener Regelungen (der positiven Integration) wie insbesondere in der Umwelt- und Sozialpolitik (Scharpf 1998, S. 161 ff.).

Unter Bedingungen verschärfter Standortkonkurrenz hat die Politik der positiven Integration gravierende Folgen für die Produktionskosten der Unternehmen und die Wiederwahlchancen der Politiker. Die nationalstaatliche Politik muss im europäischen Wettbewerb ihren Beitrag zur Entwicklung annähernd gleicher Stückkosten der Produktion innerhalb der EU leisten. Dies bedeutet, dass in Ländern mit niedriger Produktivität wie in Griechenland oder Portugal nicht nur die Lohnkosten sondern auch die Sozialabgaben, die Unternehmensteuern und die Regulierungskosten entsprechend niedriger liegen müssen.

Die Politik in den hochentwickelten Ländern kann im Interesse der Wiederwahl die sozialen und ökologischen Standards nicht auf das Niveau produktivitätsschwacher Länder absenken. Auch die Politik in den Ländern mit niedriger Produktivität darf nicht, will sie ihre eigene Wirtschaft nicht ruinieren, kostenträchtige einheitliche Regelungen auf dem hohen Niveau fortgeschrittener Sozial- und Interventionsstaaten zulassen. Eine Intensivierung der Politik der positiven Integration liegt demzufolge weder im Interesse der nationalstaatlichen Politik noch im Interesse der Unternehmen.

1 Die Politik der negativen und positiven Integration und die Verengung nationaler Gestaltungsspielräume

Die binnenmarktorientierte Integrationspolitik konnte sich deshalb relativ rasch durchsetzen, weil die „Entscheidungen" und „Richtlinien" der Kommission (nach Art. 89 und 90 EGV) sowie „Aufsichtsklagen" der Kommission (Art. 169 EGV) und die Entscheidungen des Europäischen Gerichtshofs (EuGH) nicht der Zustimmung des EU-Ministerrats bedürfen. Die Politik der Marktöffnung wird auch dadurch gefördert, dass die nationalen Gerichte bei Rechtsstreitigkeiten das Europarecht unmittelbar anwenden und der Europäische Gerichtshof auf „Vorlage" eines nationalen Gerichts hin eine „Vorabentscheidung" treffen kann (Art. 177 EGV). Diese Entscheidungen zur binnenmarktorientierten Integration stützen sich auf die „Suprematie" des Rechts der Römischen Verträge von 1957 und werden durch „bloße Interpretation" des Römischen Vertragswerks legitimiert (Burley/Mattli 1993).

Die zur Vollendung des Binnenmarkts am 1.1.1993 erheblich intensivierte Politik marktschaffender Regulierungen, d.h. die Politik des Abbaus staatsinterventionistischer Vorschriften (Deregulierungspolitik), schränkt den nationalen Handlungsspielraum radikal ein. Nationale Maßnahmen, die die Öffnung des Binnenmarkts rückgängig machen würden, sind geradezu „blockiert" (Scharpf 1994, S. 2). Nationale „Alleingänge" werden aber auch dort erschwert, wo es keine europarechtlichen Hindernisse gibt, weil die fortschreitende Marktintegration europa- und weltweit faktisch längst unumkehrbar geworden ist. Da die marktschaffende Regulierung unter Ausschluss des EU-Ministerrats und der nationalen Regierungen (die allenfalls als Beklagte vor Gericht auftreten) erfolgt, läuft diese Form der Integrationspolitik auf den „Verlust nationaler Gestaltungs- und Problemlösungsfähigkeit" hinaus (Scharpf 1994, S. 3; Weiler 1994).

Demgegenüber sind die Regelungen der positiven Integration, d.h. marktkorrigierende Regelungen wie beispielsweise die Festlegung von Umwelt-, Gesundheits- und Arbeitsschutzstandards, auf die Zustimmung des Ministerrats und zunehmend auch auf die des Parlaments angewiesen. Die Entscheidungsprozesse zur Harmonisierung nationaler Standards (positive Integration) weisen zwar durch Zustimmungserfordernis aller nationaler Regierungen im Ministerrat eine hohe Legitimation auf, doch ist gleichzeitig die Handlungsfähigkeit der EU-Politik in diesem Bereich sehr gering (Tsebelis 1994). Infolge des hohen Konsensbedarfs und damit der Existenz von Vetopositionen sind die Entscheidungsverfahren schwerfällig und leicht blockierbar (Scharpf 1994, S. 5).

Die aufgrund wahrscheinlicher Entscheidungsblockaden geringe Handlungsfähigkeit der EU bei Maßnahmen der positiven Integration kann mit fundamentalen Ziel- und Interessenkonflikten zwischen den Mitgliedsstaaten erklärt werden. Da seit der Süderweiterung neben reichen Mitgliedsstaaten mit hohem Entwicklungsniveau auch Länder mit niedrigen Einkommen und geringer Produktivität Mitglieder der Europäischen Union sind, haben Maßnahmen der positiven Integration gravierende wettbewerbs-, industrie-, arbeitsmarkt- und sozialpolitische Folgen insbesondere für die schwach entwickelten Länder. Wollen diese Mitgliedsstaaten wettbewerbsfähig bleiben, müssen sie aus Überlebensgründen ihre Produktionskosten (einschließlich der Lohnnebenkosten) niedriger als die produktivitätsstarken Länder halten.

Zwar haben bei den produktbezogenen Standards des Gesundheits-, Umwelt-, Arbeits- und Verbraucherschutzes die ärmeren Länder schon aus Gründen der Zahlungsfähigkeit ihrer Verbraucher ein Interesse an weniger anspruchsvollen Standards und damit billigeren Produkten, doch akzeptieren sie bei den Produkten gemeinsame europaweite Standards, wenn auch auf möglichst niedrigem Niveau (Scharpf 1994, S. 7).

Vitale Interessenunterschiede zwischen den Mitgliedsstaaten kommen bei den produktionsbezogenen (standortbezogenen) Regelungen der Umwelt-, Arbeitsschutz- oder Sozialstandards zum Tragen (Lange 1992; Héritier 1993). Im Gegensatz zur Angleichung produktbezogener Standards stößt die Harmonisierung produktionsbezogener Standards infolge des zunehmenden Standortwettbewerbs im europäischen Binnenmarkt auf wachsende massive Hindernisse der (produktivitäts-)schwächeren Länder. Zur Sicherung ihrer Wettbewerbsfähigkeit sind die weniger entwickelten Länder darauf angewiesen, ihre Produktions- und Arbeitskosten entsprechend niedrig zu halten. Wollen verantwortungsvolle Politiker der ärmeren Länder eine ähnlich massive De-Industrialisierung und Arbeitsplatz-Vernichtung wie in der DDR/den ostdeutschen Bundesländern verhindern, müssen sie aus Existenzgründen kostentreibenden Harmonisierungs-Regelungen ihre Zustimmung verweigern. Deshalb wird mit Recht darauf verwiesen, dass Maßnahmen der positiven Integration zur Gestaltung einer europäischen Sozialpolitik nicht nur bei den Unternehmen Widerstände auslösen, sondern auch bei den Regierungen der ökonomisch schwächeren Staaten auf Widerstand stoßen (Streeck 1993).

Einer Angleichung der Standards auf höherem Niveau stehen – anders als bei der vereinigungsbedingten Lastenverteilung zwischen West- und Ostdeutschland – aber auch Widerstände der reichen EU-Länder entgegen, die angesichts „hauseigener" Finanzierungsknappheit nicht bereit sind, die Folgen von Wirtschaftskrisen in den ärmeren Ländern durch Transferleistungen auszugleichen. Auch der Weg, sozial- und umweltpolitische Maßnahmen durch höhere Einkommen- oder Konsumsteuern in den schwächeren Ländern zu finanzieren, ist angesichts der ohnehin extrem niedrigen Einkommen weitgehend versperrt.

Da sich die politischen und wirtschaftlichen Akteure der weniger entwickelten Länder gegen eine Harmonisierung produktionsbezogener Standards wehren (müssen), ihnen aber die europäischen Abstimmungsregeln dafür ein Veto bereitstellen, ist in diesem Bereich mit einer wachsenden Blockadepolitik zu rechnen. Die schon in der Vergangenheit geringen Chancen einer marktgestaltenden und marktkorrigierenden Politik der positiven Integration und die für die Zukunft absehbaren Entscheidungsblockaden werfen die Frage auf, ob und inwieweit über die Stärkung des Subsidiaritätsprinzips nationale Handlungsspielräume wiedergewonnen und damit die Politikfähigkeit insgesamt gestärkt werden kann.

Das Subsidiaritätsprinzip des Maastrichter Vertrags gilt nicht für Binnenmarktregelungen, da dieses Prinzip nur auf Bereiche angewendet werden darf, die – wie marktkorrigierende und -gestaltende Maßnahmen – nicht in die ausschließliche Kompetenz der Europäischen Union fallen. Da die Maßnahmen der positiven Integration, für die das Subsidiaritätsprinzip gilt, nirgendwo näher definiert werden, kann die Gemeinschaft auch keine ausschließliche Zuständigkeit geltend machen. Obwohl die Binnenmarktregelungen den nationalen Handlungsspielraum massiv einschränken, konzentriert sich das politische Interesse auf die Frage, ob im Bereich der positiven Integration die nationalen Gestaltungsmöglichkeiten über das Subsidiaritätsprinzip gestärkt werden können.

Der Politik fortschreitender europäischer Intregration sind enge Grenzen gesetzt, da die EU-Kompetenzen im wesentlichen auf binnenmarktschaffende Regulierungen beschränkt bleiben, und politisch-ökonomische Faktoren (Gefahr kostentreibender Harmonisierung!) die produktionsbezogenen Interventions- und Gestaltungsmöglichkeiten der EU beschneiden.

Während die Politik der negativen Integration durch die Kommission und den Gerichtshof vorangetrieben werden konnte, wird die Handlungs- und Problemlösungsfähigkeit der Politik der positiven Integration nicht nur durch die Abstimmungsmodalitäten im Ministerrat und durch intergouvernementale Beziehungen, sondern auch durch nicht verhandelbare Konflikte begrenzt (Scharpf 1999, S. 70–80).

Zwar wurde mit der durch die Einheitliche Europäische Akte 1986 wieder eingeführten qualifizierten Mehrheit im Ministerrat bei binnenmarktschaffenden Maßnahmen (Art. 100a EGV) der Entscheidungsprozess tatsächlich beschleunigt (Golub 1997; Hayes/Renshaw/Wallace 1997). Die Konsensfindung wird aber weiterhin erschwert, da die Kräfteverhältnisse und die Absimmungsregeln im Rat dafür sorgen, dass einzelne Ländergruppen mit gemeinsamen Interessen nicht überstimmt werden können (Hosli 1996). Einem einzelnen Land wird sogar dann „ein informelles Veto" zugestanden, wenn seine „vitalen Interessen" berührt werden (Scharpf 1999, S. 71). Der Konsensbedarf bleibt überdies solange hoch, wie für die meisten Maßnahmen der positiven Integration die Einstimmigkeitsregel nicht aufgegeben worden ist.

Auch wenn unterstellt werden kann, dass das Europäische Parlament, die Präsidentschaft der Kommission, die Generaldirektionen und der Ausschuss der ständigen Vertreter eine pro-

I Nationale Handlungsspielräume

interventionistische Politik unterstützen (Pollack 1997), liegt das Scheitern vieler Vorhaben der positiven Integration in den unterschiedlichen Interessen zwischen den Regierungen im Ministerrat begründet. Da die Mehrheits- und Einstimmigkeitsregeln im Ministerrat die Entstehung von Vetopositionen begünstigen, ist die EU nur dann zu positivem Handeln fähig, wenn gemeinsame Vorteile erreicht werden können. Aber auch wenn die Interessen nur partiell übereinstimmen, können Professionalismus und Engagement von EU-Akteuren oder der Einsatz von Ausgleichszahlungen oder Koppelgeschäften die Kompromissfindung erleichtern (Jörges/Neyer 1997).

Im EU-Ministerrat drohen die gegenwärtigen Abstimmungsregeln durch Forderungen nach noch höheren Quoten die Konsensbildung weiter zu erschweren. Zukünftig ist mit noch schwerfälligeren Entscheidungen und zunehmenden Blockaden nicht nur wegen der Richtungskonflikte zwischen „deregulierungsfreundlichen Wirtschaftsliberalen" und „Interventionisten", sondern auch wegen sich verschärfender Verteilungskonflikte zwischen den Mitgliedsstaaten zu rechnen.

Wenn aber die politische Handlungsfähigkeit der Gemeinschaft eng begrenzt bleibt, stellt sich die Frage, ob und wie das Subsidiaritätsprinzip geeignet ist, die nationalen Gestaltungsspielräume der Politik zu erweitern. Das Subsidiaritätsprinzip, das die Entscheidungen in den unterhalb der EU-Ebene liegenden politischen Einheiten (Kommunen, Regionen, Ländern, Nationalstaaten) effektiver und effizienter machen will, soll die Politikfähigkeit der Mitgliedsstaaten so wenig wie möglich beschneiden (Behrens 1994). Dieser Forderung kann aber das Subsidiaritätsprinzip insofern nicht gerecht werden, als Kriterien wie Effektivität und Effizienz Gerichten nur wenig Handhabe bieten, von der EU wahrgenommene Befugnisse und Aufgaben zu beschränken oder sogar wieder auf die Mitgliedsstaaten zurückzuverlagern (Dehousse 1993).

Das Subsidiaritätsprinzip hat im Ministerrat deshalb keine faktische Bedeutung, weil die nationalen Regierungen vorher nur deshalb den Verordnungen, Richtlinien und Förderprogrammen der EU zugestimmt haben, weil sie mehrheitlich davon überzeugt waren, dass die Ziele der getroffenen Maßnahmen „auf Ebene der Mitgliedsstaaten nicht ausreichend erreicht werden können" (Art. 3b Abs. 2 EGV). Kein Gericht wird EU-Regelungskompetenzen überzeugend beschränken können, wenn die EU-Maßnahmen die Zustimmung der Mitgliedsstaaten gefunden haben (Scharpf 1994, S. 20).

Deshalb wird das Subsidiaritätsprinzip des Maastrichter Vertrags auch als Aufforderung an den Ministerrat verstanden, nicht der Versuchung der Zentralisierung zu unterliegen, weil Entscheidungen auf EU-Ebene leichter zu rechtfertigen sind. Kritiker stellen Vergleiche zum deutschen Föderalismus mit seinen Tendenzen zur „Überflechtung" an, die den Akteuren der föderativen Verbundplanung Gelegenheit bot, sich der Kontrolle und Kritik ihrer Bundes- und Landesparlamente zu entziehen (Scharpf 1985).

Ein weiterer relevanter Erklärungsgrund für die feststellbare Tendenz der EU-Institutionen, Verordnungen und Richtlinien möglichst detailliert zu regeln, liegt in der Abhängigkeit der Europäischen Union von den Verwaltungen der Mitgliedsstaaten, die die Regelungen umsetzen müssen. Daraus erklärt sich im deutschen Bundesstaat das Interesse des Bundes, die Regelungen möglichst präzise zu formulieren, weil in der anschließenden Phase der Politikimplementation der Bund generell keine Möglichkeiten mehr hat, durch Weisungen auf die Vollzugsbehörden einzuwirken (Scharpf 1970). Folglich ist plausibel, dass auch die EU-Kommission ein machtpolitisch begründetes Interesse an weitgehend detaillierten Regelungen haben muss.

Angesichts der schwerfälligen und zur Blockade neigenden Entscheidungsverfahren der EU in der Politik standortbezogener Regelungen sieht Scharpf Ansatzpunkte für die Rückgewinnung nationaler politischer Handlungsspielräume zuvörderst in Steuererhöhungen und nicht in kostentreibenden sozialpolitischen Maßnahmen (Scharpf 1994, S. 33): Auch wenn für notwendig erachtete nationale Steuererhöhungen zukünftig auf politische Widerstände stoßen, müssen sie nicht unmittelbar die unternehmerische internationale Wettbewerbsfähigkeit gefährden. Im zunehmenden Standortwettbewerb des Binnenmarkts wird die Durchsetzung einer Politik bezweifelt, die den Unternehmen höhere Sozialleistungen aufbürdet, die auf Dauer die internationale Wettbewerbsfähigkeit untergraben könnte.

2 Wettbewerbsorientierte Erklärung der Einschränkung nationaler Handlungsspielräume

In handlungsorientierten Interpretationen der Restriktionen nationaler Gestaltungsspielräume wird hervorgehoben, dass die Wirkungen nicht nur der europäischen Integration sondern auch des internationalen Wettbewerbs auf die nationale Handlungsfähigkeit je nach Politikfeld unterschiedlich sind.

Der nationale Handlungsspielraum ist bei der Ausgestaltung von Produktvorschriften zum Umwelt-, Verbraucher- und Gesundheitsschutz deshalb so groß, weil hohe Regulierungsstandards als Ausweis einer höheren Produktqualität dienen können. National festgelegte hohe Schutzniveaus werden dann sogar zum Wettbewerbsvorteil für Unternehmen, die sich ihnen unterwerfen. Damit üben nationale Regierungen einen Wettbewebsdruck auf andere Staaten aus, ihre Regulierungsstandards ebenfalls anzuheben.

Nationale Maßnahmen wie produktionsbezogene Umweltschutzregelungen, Sozialvorschriften über Arbeitsbedingungen, Kündigungschutz und kollektive Arbeitsbeziehungen sowie Steuern und Abgaben auf Kapital und Arbeit sind prinzipiell dem internationalen Wettbewerb ausgesetzt und begrenzen tendenziell den nationalen Handlungsspielraum. Da produktionsbezogene Vorschriften beispielsweise über Luftreinhaltung, Lohnfortzahlung im Krankheitsfall oder Arbeitnehmer-Mitbestimmung zwar die Qualität der Produkte nicht unmittelbar beeinflussen, aber die Produktionskosten erhöhen, übt nicht nur die europäische Integration sondern die weltweite Konkurrenz einen Druck auf die Senkung nationaler Standards aus.

In Erklärungen zum wettbewerbsbedingten „Abwärtsdruck" auf umwelt- und sozialpolitische Vorschriften sowie auf die Steuerpolitik wird betont, dass der nationalstaatliche Handlungskorridor bei der Regulierung und Besteuerung je nach Politikbereich unterschiedlich begrenzt wird. Dass produktions- und standardbezogene Regeln gegenüber dem Wettbewerb relativ immun sind, die nationale Handlungsfähigkeit also nur „weichen" Restriktionen unterliegt, wird mit wirtschaftlichen und politischen Faktoren begründet (Vogel 1997; Eichener 1997).

Viele Vorschriften zum Umweltschutz, zum Gesundheitsschutz und zur Arbeitssicherheit erhöhen die Produktionskosten nur marginal, und die Höhe der Regulierungskosten und der Wettbewerbsdruck weisen von Branche zu Branche erhebliche Unterschiede auf. Der internationale Wettbewerbsdruck auf niedrigere Schutzstandards und damit die Eingrenzung des politischen Handlungsspielraums ist dort am stärksten, wo die Industriezweige einem heftigen internationalen Wettbewerb ausgesetzt sind und hohe Umweltkosten haben.

Die nationalen Regierungen unterliegen allerdings dann Zwängen zur Senkung ökologischer Standards, wenn umweltpolitische Ziele einen hohen politischen Stellenwert haben und mit großen politischen Widerständen gegen umweltpolitische Deregulierungen zu rechnen ist. Der „Lockerung" standortbezogener Regeln wird umso größerer politischer Widerstand entgegengesetzt, je mehr die Schutzstandards als Werte per se begriffen werden. In diesem Fall werden „wirtschaftliche Verluste als notwendige und einkalkulierte Folge bewertet", so dass der nationalen Regierung nicht geringe Freiräume erhalten bleiben (Scharpf 1999, S. 93).

Auch die nationale Handlungsfähigkeit über die Festlegung sozialpolitischer Vorschriften einschließlich der Gewährleistung von Mitbestimmungsrechten, die eine Verringerung von Gewinnen bewirken, wird in dem Maße beschnitten, wie erweiterte, weltweite Anlagemöglichkeiten der nationalen Politik moderate Belastungen des mobilen Faktors Kapital abverlangen. Der internationale Wettlauf um die Absenkung der sozialen Standards wird allerdings anders als bei den Steuern durch das sozialpolitische Engagement und politische Widerstände nicht unerheblich abgeschwächt (Pierson 1994; 1996).

In der Steuerpolitik bringt der internationale Wettbewerb vor allem kleine Staaten in Versuchung, im Interesse ausreichender Mittelbeschaffung und einer attraktiven Ansiedlungspolitik die Steuersätze herabzusetzen und so Anreize für Investitionen zu schaffen. Um aber den Abfluss besteuerbarer Ressourcen in Länder mit hohen erwartbaren Renditen zu erschweren, werden die anderen Staaten gezwungen, vor allem mobile Faktoren wie Kapital weniger zu besteuern (Genschel/Plümper 1997). Da aber Nationalstaaten auch an der Schaffung und Erhaltung von Arbeitsplätzen interessiert sein müssen, unterliegen sie unter verschärften internationalen Wettbewerbsbedingungen der Versuchung, nicht nur Realinvestitionen steuerlich zu begünstigen oder ganz von der Besteuerung zu befreien, sondern sogar staatliche Zuschüsse für investitionswillige Unternehmen und Kapitalanleger zu zahlen (Gordon/Bovenberg 1996). In der Steuerpolitik beschränken die gesteigerte Mobilität des Faktors Kapital und die damit erweiterten weltweiten Anlagemöglichkeiten den nationalen Gestaltungsspielraum am stärksten (Scharpf 1999, S. 94ff.; 2005, S. 48–52).

3 Sozialstaats- und legitimationsrelevante Kritik an der Integrationspolitik

In der Kritik werden neben sozialökonomischen Schadenswirkungen der negativen Integration auch die Gefahren einer stärker positiv integrierenden europäischen Regierungskapazität („governing capacity") hervorgehoben. Das in dieser Sicht mit der positiven Integration verbundene Defizit demokratischer Legitimation wird in erster Linie darauf zurückgeführt, dass die auf Vertrauen und Solidarität aufbauenden integrationsfördernden Binnenstrukturen einer „Nation" in der Europäischen Union nicht existieren.

Effektive „hierarchische" Steuerung als vertikale Form staatlicher Herrschaft, wie sie sich in der Durchsetzung von Bürgerpflichten wie der Schulpflicht, Wehrpflicht oder Steuerpflicht manifestiert, setzt Vertrauen und Solidarität der Bürger untereinander voraus (Offe 1998, S. 105). Bürger müssen sich also erst gegenseitig anerkennen, d.h. hinreichend „gutwillig" (vertrauenswürdig) und „nicht-indifferent" (solidarisch) zueinander sein, bevor sie staatliche Autorität anerkennen.

Das Vertrauen, das den Mitbürgern einer politischen Gemeinschaft (nicht allen „Menschen"!) entgegengebracht wird, ist eine wichtige moralische Grundlage der Demokratie, auf deren Risiken sich der einzelne Bürger ohne dieses Vertrauen sonst nicht einlassen würde. Die Solidarität, zu der sich der einzelne Bürger seinen Mitbürgern gegenüber verpflichtet fühlt beziehungsweise zu der er sich durch Entscheidungen repräsentativer Institutionen verpflichten lässt, ist die moralische Grundlage des Wohlfahrtsstaats. Beide, Demokratie und Wohlfahrtsstaat, sind also auf die „Zufuhr" robuster und belastbarer zwischenbürgerlicher Überzeugungen wie die des Vertrauens und der Solidarität angewiesen, die ihrerseits an die nationalstaatliche Form eines politischen Gemeinwesens gebunden sind (Offe 1998, S. 104f.).

Die Zugehörigkeit zu einer nationalen politischen Gemeinschaft enthält also ein besonderes „Verpflichtungspotenzial" seiner Bürger. Die Nationalität ist auf individueller Ebene ein „fester" Status, weil dieses Recht zwar autoritativ verliehen (durch Einbürgerung), aber auch nicht kontraktuell erworben (durch Kauf) werden kann. Nationalität ist auch auf kollektiver Ebene ein „fester" Status, da Nationen anders als etwa Firmen oder Staaten als „Vergesellschaftungsformen" weder „gegründet" werden noch in Liquidation gehen können. Diese „Ewigkeitsfiktion" der Nation und die Zugehörigkeit zu ihr qua Statusrecht erleichtern den Angehörigen des „Sozialverbandes ‚Nation' ", Vertrauen zwischen den Mitbürgern zu entwickeln beziehungsweise solidarische Opfer zu erbringen (Offe 1998, S. 106).

Die Kritik an der Politik der negativen Integration betont insbesondere die Gefährdung des sozialstaatlichen Schutzes und die an der Politik der positiven Integration vor allem die Defizite demokratischer Legitimation (Offe 1998, S. 109ff.; Scharpf 1998).

Zwar erwarten die Befürworter einer Minimierung nationalstaatlicher Kompetenzen und Aufgaben zugunsten einer positiv integrierenden Regierungskapazität die politisch immer weniger kontrollierbaren „Naturgewalten des Marktes" wieder stärker zügeln zu können, doch übersieht die Kritik auch nicht die mit einer solchen Ausweitung der positiven Integration verbundenen Probleme:

Die Entwicklung eines starken Regimetyps auf europäischer Ebene könnte Befürchtungen auslösen, dass eine auf Mehrheitsentscheidungen beruhende Regierungskapazität die Mitgliedsländer erst recht schutzlos gegen politische Vorgaben dominanter europäischer Regierungsakteure macht. Eine Gefahr wird darin gesehen, dass in einem europäisierten Entscheidungssystem eine bisher (stabile) nationale Mehrheits-Präferenz als europäische Minderheitsposition untergehen könnte. Außerdem befürchtet die Kritik, dass der drohende Verlust der demokratischen nationalstaatlichen „Autonomie der Willensbildung" (Scharpf 1996/97, S. 65) den Integrationsprozess auf die negative Integration reduzieren und die politischen Zuständigkeiten des Nationalstaats konservieren oder sogar wieder ausweiten könnte.

Das Fazit der Kritik lautet, dass die sozialökonomischen Folgen einer negativen Integration genauso verhängnisvoll wie die politischen Schäden einer euroföderalen positiven Integration sind (Andersen/Eliassen 1996; Offe 1998): Eine Politik der rein negativen Integration setzt den sozialstaatlichen Schutz aufs Spiel, den die Nationalstaaten ihren Bürgern bisher mit autonomer Finanz-, Wirtschafts-, Arbeitsmarkt- und Sozialpolitik zu bieten in der Lage waren. Eine Politik der rein positiven Integration gefährdet die demokratische Legitimation, für die es nur in den Nationalstaaten eingespielte Institutionen und Verfahren gibt. In dieser Sichtweise wird aber die Politik der europäischen Union auf lange Sicht nicht die nötige Legitimation haben, weil die Binnenstrukturen einer „Nation" mit ihren zwischenbürgerlichen Überzeugungen und Wertorientierungen des Vertrauens und der Solidarität fehlen.

Auch die diskutierten Wege, das Demokratiedefizit des europäischen Integrationsprozesses durch institutionelle Reformen zu überwinden, stoßen auf Vorbehalte: So werden die Erwartungen gedämpft, das Legitimationsproblem der europäischen Integration einfach im Effektivitätsproblem aufgehen zu lassen. Lediglich für die Anfangsphase der negativen Integration wird die Vorstellung für realistisch gehalten, dass sich die Kommission durch Kompetenzbeschränkung und Sachkunde die nötige Legitimation für ihr exekutives Handeln verschafft. Dieser Modus der Rechtfertigung wirkt allerdings in dem Maße überzeugend, in dem EU-Organe wie beispielsweise die Kommission einer negativen Politisierung im Sinne der Vorhaltung von Mißmanagement, der Vetternwirtschaft und der Korruption ausgesetzt werden (Scharpf 1996, S. 154f.).

In der Sicht der Kritik kann auch weder die Repräsentation des Ministerrats noch die Ausweitung qualifizierter Mehrheitsentscheidungen im Ministerrat zur Bewältigung des europäischen Demokratiedefizits beitragen. Die Legitimationsschwäche des Ministerrats ergibt sich aus seiner Zusammensetzung, d.h. dass der Ministerrat keine durch unmittelbare Wahlen legitimierte europäische „Legislative" ist, sondern eine Repräsentation nationaler Fachminister. Die nur unzulänglich demokratisch legitimierte Kommission hat nicht nur gegenüber dem Ministerrat die überlegene Fachkompetenz, sondern kann auch aufgrund ihrer Kenntnisse der Modi der Konfliktregelung und Konsensfindung auf den Ministerrat stärker Einfluss nehmen als nationale Parlamente (Marks u.a. 1996, S. 22). Die Kommission kann auch deshalb die Entscheidungsmaterien des Ministerrats wirksam beeinflussen, weil die Ministerrats-Beschlüsse im Gegensatz zu den nationalen Parlamentsentscheidungen nicht im gleichen Maße dem Rechtfertigungsdruck der publizistischen und politischen Öffentlichkeit ausgesetzt sind.

Auch die Forderung, über die Ausweitung der qualifizierten Mehrheitsentscheidungen die demokratische Legitimation zu stärken, wird skeptisch beurteilt. Für die Kritik ist fraglich, ob mit dem Abstimmungsquorum der qualifizierten Mehrheit die Legitimation oder nur die Effektivität und Geschwindigkeit des Entscheidungsprozesses gesteigert wird (Scharpf 1996, S. 26).

Darüber hinaus gibt die Kritik zu bedenken, dass auch die 1979 eingeführte direkte Wahl zum Europäischen Parlament und die seit In-Kraft-Treten des Maastrichter wie des Amterdamer Vertrages erweiterten parlamentarischen Mitentscheidungsrechte (z.B. Wahl des Kommissionspräsidenten) das Legitimationspotenzial des Parlaments „rudimentär" bleibt (Middlemas 1995, S. 340–364). Die „Scheinparlamentarisierung" der EU hilft das Demokratiedefizit auch deshalb nicht zu verringern, weil es weder europäische Parteien und ein europäisch harmonisiertes Wahlrecht noch eine medienvermittelte europäische Öffentlichkeit gibt (Offe 1998, S. 116).

Schließlich können auch staatlich-verbandliche Verhandlungssysteme, wie sie zwar in den Nationalstaaten, aber nicht in der EU existieren, auf absehbare Zeit keine Beiträge zur Stärkung der Legitimation europäischer Entscheidungsprozesse liefern. Es müssten sich also auch in der EU quasi-korporatistische Systeme der Interessenvermittlung der Arbeitnehmer, Arbeitgeber und staatlicher Institutionen formieren, um europäischen politischen Entscheidungen eine stärkere Legitimation zu verschaffen. Die Akteure solcher Verhandlungssysteme müssten nicht nur zur gruppenegoistischen Einflussnahme auf europäische Institutionen, sondern auch zu einer „gemeinwohlverträglichen" Kompromissfindung bereit und fähig sein. Aber weder vorhandene politische Institutionen (wie z.B. der Wirtschafts- und Sozialausschuss der EU) noch die Tarifparteien sind auf EU-Ebene organisatorisch und politisch in der Lage, diesen legitimationsrelevanten Anforderungen gerecht zu werden (Anderen/Eliassen 1996, S. 40–51).

II Institutionen des Bundes: Strukturen, Funktionen und Prozesse

Zu Beginn der Darstellung im Kapitel B werden Organisationsstrukturen, Funktionen und Prozesse der Institutionen des Bundes gekennzeichnet. In einem ersten Schritt werden Folgen des innenpolitischen Strukturwandels, der weltwirtschaftlichen und europäischen Veränderungen für die Formen des Regierens, der Staatstätigkeiten und spezifisch der Regierungsaufgaben sowie des politischen Prozesses der Konfliktregelung erörtert. In einem weiteren Schritt werden die Organisationsstrukturen der Institutionen der Bundesregierung, des Bundestags, des Bundesrats und des Bundesverfassungsgerichts sowie deren Verfahren, innerhalb derer Politik formuliert und umgesetzt wird, beschrieben. Um auch die Einbeziehung dieser Institutionen in den konflikthaften politischen Prozess nicht zu vernachlässigen, werden charakteristische Muster der Konfliktregelung aufgezeigt.

1 Formen des Regierens, staatliche Aufgaben und Prozess des Regierens im Wandel

Regieren (governance) kann in Abgrenzung vom agierenden Staat (government) allgemein als „Führen auf ein Ziel hin" oder als „zielgerichtete Regelung gesellschaftlicher Prozesse" definiert werden (Sellin 1984, S. 263; Zürn 1998a, S. 91–120; Wewer 1990, S. 497). Inwieweit sich die Muster des Regierens bzw. des Regierungshandelns im politischen System Deutschlands insbesondere nach der deutschen Vereinigung, durch die europäische Integration, durch die Globalisierung der Ökonomie und durch den Regierungswechsel von 1998 im Bund verändert haben, soll anhand der Formen, der Inhalte und des Prozesses des Regierens in Grundzügen dargestellt werden.

1.1 Formenwandel des Regierens

Die Normen der Verfassung, der Gesetze, der Rechtsverordnungen usw. geben dem Regieren Formen vor, die die Regierungsakteure als „quasi geronnene Politik" ins Kalkül zu ziehen haben. Dieser formell vorgegebene Rahmen kann durch informelles Handeln gedehnt oder sogar umgangen werden (Wewer 1998, S. 324–329).

Der Handlungsspielraum des Regierens wird zuvörderst durch die Normen des Grundgesetzes und der Landesverfassungen vorgegeben. Die zahlreichen Änderungen des Grundgesetzes, die hauptsächlich die Abschnitte „Die Gesetzgebung des Bundes", „Finanzwesen" und „Rechtsprechung" betreffen (Schindler 1994, S. 1125 ff.), haben nicht nur die Anpassungsfähigkeit des Rechtsstaats, der repräsentativen Demokratie und des Sozialstaats an die veränderten nationalen und internationalen Bedingungen ermöglicht, sondern auch die Entwicklung zum Exekutivföderalismus befördert (vgl. Kap. A.3.). Die deutsche Vereinigung brachte zwar keine „Totalrevision" im Sinne der Einführung sozialer Grundrechte oder der Stärkung plebiszitärer Elemente, doch der Einigungsvertrag zwischen der Bundesrepublik und der DDR und das dazu geänderte Grundgesetz bewirkten einen Formenwandel, der das Regieren in Bund und Ländern vor außergewöhnliche Herausforderungen stellte und weiterhin stellt (vgl. Kap. A.1.). Die deutsche Vereinigung ist weder zu einer Neugliederung der Länder noch durch eine Änderung der Finanzverfassung zu einer Verringerung der strukturellen Disparitäten zwischen den Ländern genutzt worden (vgl. Kap. A.3.). Das politisch-institutionelle Regelwerk, das dem Regieren in Bund und Ländern Handlungsmöglichkeiten eröffnet, aber auch Restriktionen unterwirft, hat sich zwar ständig leicht verändert (Wewer 1999, S. 502), ist aber nicht grundlegend reformiert worden. Die mit der „Verfassungsrevision von 1969" intensivierte Politikverflechtung zwischen Bund und Ländern und die „Mitregenten" Bundesverfassungsgericht und Bundesbank/Europäische Zentralbank erlauben den Regierungen nur eine „Politik des mittleren Weges" (M. G. Schmidt), setzen also einer gestaltenden Regierungspolitik enge Grenzen (Pilz 1998, S. 52–88).

In den 1990er-Jahren hat sich die Tendenz zur Informalisierung der (Regierungs-)Politik verstärkt, um die Blockadeanfälligkeit formaler Verfahren und Institutionen zu verringern (Czada 1995; 1999). Informelle (netzwerkartige) Interaktionen schaffen zusätzliche Wege für eine Koordination zwischen politischen, wirtschaftlichen, verbandlichen und wissenschaftlichen Akteuren und begünstigen somit die politische Konsensfindung: Informelle Verhandlungssysteme wie die vereinigungsbedingten Solidarpaktverhandlungen von 1993, die Bündnisse für Arbeit, die Energie- und Rentenkonsensgespräche, in denen die Akteure keinen strikten Zwängen durch Verfahrensregeln unterworfen werden, erleichtern die Annäherung der Problemeinschätzung sowie der Interessendefinition und erweitern die Problemsicht (Benz 1995, S. 220). Die gravierendste Schwachstelle informeller Politik ist ihr demokratisches Legitimationsdefizit. Im demokratischen System kann Legitimation nur durch formale Institutionen und Verfahren gesichert werden, die dafür Sorge tragen, dass Entscheidungen verbindlich und nachvollziehbar sind (Benz 1995, S. 203).

Auch die Europäischen Gemeinschaftsverträge haben den Gestaltungsspielraum nationalen Regierens nicht unwesentlich eingeschränkt. Die Europäisierung der Politik hat je nach Spezifik des Politikfelds die Handlungsfähigkeit der Regierungen der Mitgliedsstaaten unterschiedlich beeinträchtigt: Während bei marktschaffenden Maßnahmen der negativen Integration die nationale Regierungsfähigkeit weitgehend verloren gegangen ist, bleibt die Ausgestaltung marktkorrigierender Maßnahmen wie die der Sozial-, Beschäftigungs- und Steuerpolitik weitgehend in der Kompetenz nationaler Regierungen (vgl. Kap. B.1.2.).

Die Globalisierung der Ökonomie übt einen erheblichen Druck auf das nationale Regierungshandeln aus, zur Sicherung der Wettbewerbsfähigkeit einmal jede Erhöhung von Lohnnebenkosten zu vermeiden, also zuvörderst auf eine Senkung der Sozialversicherungsbeiträge hinzuwirken, und zum anderen zur Ausgabenreduzierung des Sozialstaats soziale Leistungen einzuschränken. Inwieweit nationale Verfassungsgarantien wie der Artikel 79 Absatz 3 GG den „Kernbestand" des Sozialstaats schützen können, ist unter verschärften globalen Wettbewerbsbedingungen schwer einzuschätzen (Döring 1999).

Der Regierungswechsel des Jahres 1998 im Bund hat während des ersten Regierungsjahres weder das verfassungsrechtliche noch das gesetzliche Institutionengefüge wesentlich geändert: So erfolgte die Einführung der „doppelten Staatsbürgerschaft" in Abstimmung mit den Oppositionsparteien, und Deregulierungsmaßnahmen der Kohl-Regierung wie die der Lohnfortzahlung im Krankheitsfall und die „Lockerung" des Kündigungsschutzes wurden lediglich rückgängig gemacht, stellten aber keinen radikalen Formenwandel dar (vgl. Kap. C.II.3.2.).

1.2 Wandel der Staats- und Regierungsaufgaben

In Anlehnung an Bob Jessop haben wichtige ökonomische und soziale Tendenzen in den Industrieländern entscheidende Rückwirkungen auf die Inhalte der Politik, verändern also Quantität, Rangfolge und Dringlichkeit staatlicher Aufgabenerfüllung (Jessop 1996, S. 58).

Die auf das politische System einwirkenden Tendenzen erzwängen eine Umorientierung der staatlichen Aktivitäten insgesamt und des Regierens im besonderen im Hinblick auf die staatliche Förderung von Technologien, die politische Reaktion auf die Globalisierung der Finanzmärkte, die Wohlfahrtssicherung für alle Bürger und die Programmatik von Regierungen und Parteien.

Die Subventionspolitik zugunsten der „alten" Industriebranchen wie der Kohle-, Stahl- und Werftenindustrie wird mit wachsenden politischen Widerständen zu rechnen haben. Eine neuorientierte Förderpolitik der Regierungen werde in dem Maße politische Unterstützung finden, wie die neuen Schlüsseltechnologien als Wachstumsmotor und als Chance zum Abbau der Arbeitslosigkeit begriffen werden.

Der Aufgabe der Förderung von Schlüsseltechnologien wie der Bio- und Gentechnologie, der Informationstechnologie und der Entwicklung neuer Materialien komme also in dem Maße wachsende Bedeutung zu, wie die neuen Technologien für die Konkurrenzfähigkeit, das Wachstum und das Niveau der Arbeitslosigkeit eines Staates entscheidend sind.

Die Internationalisierung des Handels und der Produktion sowie die Globalisierung der Finanzmärkte erforderten eine staatliche Umorientierung in relevanten Politikfeldern wie denen der Arbeitsmarkt- und Sozialpolitik, der Finanz-, Steuer-, Umweltpolitik usw.: Die nationalstaatliche Politik müsse im Interesse der Wettbewerbssicherung und der Investitionstätigkeit im eigenen Land einen Anstieg der Lohnnebenkosten und der Steuern auf den Faktor Kapital verhindern oder erschweren. Sie müsse auch die ausgabenwirksamen Aktivitäten des Sozialstaats eindämmen, ohne überkommene Gerechtigkeitsvorstellungen in der Gesellschaft zu verletzen.

Die Globalisierung der Finanzmärkte zwinge die nationalen Regierungen, sich nicht nur international über das Vorgehen zur Eingrenzung instabiler Entwicklungen abzustimmen, sondern auch angesichts der „neuen" Verteilungsrelationen zwischen den Arbeits- und Kapitaleinkommen ihre Regierungspolitik neu auszurichten (vgl. Kap. B.I.3.). Die Verteilungspolitik werde vor große Herausforderungen gestellt, wenn zukünftig nur noch die Kapitaleinkommen und weniger die Arbeitseinkommen wachsen. Auch die Überwindung hoher Arbeitslosigkeit insbesondere im Bereich geringqualifizierter Tätigkeiten verlange dem Regieren große Verantwortung und überzeugende Problemlösungen ab (Scharpf 1999).

Aus der Globalisierung der Risiken, wie sie bei der Nutzung von Energie und Ressourcen und damit einhergehenden Umweltbelastungen entstehen, ergäben sich neue Probleme für das Risikomanagement. Da die Fähigkeit zur Problemlösung weit über die Kapazitäten wirtschaftlicher, verbandlicher und wissenschaftlicher Akteure hinausgehe, würden Regierungen damit konfrontiert, mehr Verantwortung für die Verteilung der Risiken zu übernehmen (Beck 1989/90, S. 3). Wie diesen eher als Einschränkungen oder Störungen des Regierungshandelns und weniger als notwendige staatliche Aufgabenerfüllung wahrgenommenen globalen Risiken begegnet werde, hänge primär von den Handlungskapazitäten nationaler Regierungen und den wechselnden politischen Kräftekonstellationen in den Nationalstaaten ab (Jessop 1996, S. 60f.).

Die Abnahme der Beschäftigung im industriellen Sektor und die Zunahme der Dienstleistungen werde sich nachhaltig auf Veränderungen der Sozialstruktur und auf die Umbildung politischer Kräfte und damit auf den Wandel der Parteien- und Regierungsprogrammatik auswirken. Die inhaltliche Ausgestaltung der Programme insbesondere der politischen Linken werde sich nicht mehr vorwiegend an den herkömmlichen Interessen der Arbeitnehmer orientieren können, sondern müsse stattdessen stärker auf die Mobilisierung des Wählerpotenzials in der – sich vornehmlich aus Dienstleistern rekrutierenden – „Neuen Mitte" setzen (vgl. Kap. C.II.1.).

Diese Neuausrichtung der Staatstätigkeit und des Regierens beinhaltet im wesentlichen eine stärkere Betonung der Eigenverantwortung der Bürger und einen partiellen Rückzug von der Aufgabenwahrnehmung des traditionellen Steuerungs- und Wohlfahrtsstaats (Pilz 1998). Die Regierung werde ferner ihre Prioritäten zugunsten der Förderung der strukturellen Konkurrenzfähigkeit zu setzen haben, d.h., dass zukünftig weniger die schon vorhandenen Kapazitäten zu nutzen, sondern vielmehr die Kapazitäten zur Innovation zu entwickeln seien (Jessop 1996, S. 63).

Die nach der deutschen Vereinigung vornehmlich der Bundesregierung abverlangte Aufgabe der sozialen und wirtschaftlichen Intergration Ostdeutschlands in das vereinte Deutschland ist noch keineswegs abgeschlossen und wird noch einen nicht näher bestimmbaren Zeitraum in Anspruch nehmen. Die politische Herausforderung, die Staats- und Regierungsaufgaben im Rahmen der Europäisierung der Politik und unter den Bedingungen globalisierter Märkte zu modernisieren und neu zu definieren, wird zwar politisch diskutiert, stößt aber auf vielfältige politisch-institutionelle Hindernisse und erheblich divergierende Politikverständnisse (vgl. Kap. B.I.).

Die Politik und die Aufgabenerfüllung im politischen System Deutschlands tendierte eher zu begrenzten, mittelfristig angelegten Anpassungsleistungen als zu signifikanten Politikänderungen. Die Prioritäten und Verschiebungen der staatlichen und exekutiven Aufgaben folgten und folgen in erster Linie den ökonomischen, sozialen und politischen Herausforderungen. „Eher suchten sich die Herausforderungen politische Mehrheiten, als dass politische Mehrheiten Aufgaben definierten" (Renzsch 1999, S. 383).

1.3 Konfliktaustragung und Konsensfindung im Prozess des Regierens

Der Prozess des Regierens ist seit der Gründung der Bundesrepublik nicht nur immer „anspruchsvoller, komplizierter und zeitaufwendiger" (Wewer 1999, S. 509), sondern seit der deutschen Vereinigung auch konfliktträchtiger geworden (Bissinger 1999): Zwar gab es in der Innen- und Rechtspolitik einen breiten Konsens für Verfassungsänderungen wie die Neuregelung des Asylrechts oder die Einschränkung der Unverletzlichkeit der Wohnung („großer Lauschangriff"!) (vgl. Kap. A.II.1.), doch verhärteten sich die Positionen in Politikfeldern, die wie die Steuer- und Arbeitsmarkpolitik von großer verteilungspolitischer Bedeutung waren und sind. Gleichwohl fanden die Rentenreform von 1992 und die seit 1999 geltende „doppelte Staatsbürgerschaft" letztlich parteiübergreifende Zustimmung.

Die Konfliktaustragung hat sich dagegen insbesondere im bundesstaatlichen Finanzausgleich und in Fragen der Art, des Umfangs und der Dringlichkeit des „Umbaus" des Sozialstaats verschärft (Pilz 2004). Unter der christlich-liberalen Bundesregierung waren vor allem in der zweiten Hälfte der 1990er-Jahre signifikante Reformprojekte an den Widerständen des Koalitionspartners, an den unterschiedlichen Mehrheitsverhältnissen in Bundestag und Bundesrat und an sich zunehmend verhärtenden divergierenden Föderalismusverständnissen gescheitert: So drohte im Vorfeld der Bundestagswahl 1997/98 der Koalitionspartner FDP in der Regierung mit dem Koalitionsbruch, falls die Union in der Steuerpolitik mit der SPD einen Kompromiss schließt. Auch die von den Wettbewerbsföderalisten geforderte Neugestaltung des Finanzausgleichs (geringere Nivellierung zwischen den Ländern und gekürzte Abschöpfung der überdurchschnittlichen Steuereinnahmen!) hatte in dem Maße geringere Umsetzungschancen, wie sich die Föderalismusverständnisse zwischen den systemerhaltenden und den wettbewerbsorientierten Positionen auseinanderentwickelten (vgl. Kap. A.II.3.4.).

Die Vielzahl der Regierungen auf Landes-, Bundes- und Europaebene, die größere Heterogenität der Parteienkoalitionen in den Ländern und die Dominanz von Verteilungsfragen haben aber den politischen Prozess nicht durchgängig blockadeanfällig gemacht. Je mehr Akteure an einer Entscheidung mitwirken und die politischen Konfliktlinien vielfältiger werden und sich überlappen, um so mehr können Konflikte durch „mutual partisan adjustment" entlastet werden: Die Akteure reagieren wie „Parteigänger" wechselseitig aufeinander und ihre Positionen nähern sich schrittweise an. Diese Art des politischen Prozesses könne auch als „pluralistisches ‚Durchwursteln' " bezeichnet werden (Czada 1999, S. 405).

2 Die Bundesregierung

Der Diskussion der Organisationsprinzipien der Bundesregierung als des „Führungsorgans" des politischen Systems Deutschlands gilt zunächst das Interesse, weil diese in der Verfassung festgelegten Grundsätze für das Regierungshandeln einen Rahmen bilden, der auf höchst unterschiedliche Weise politisch ausgefüllt wird. Des weiteren gilt den Handlungsspielräumen der Regierung besondere Aufmerksamkeit, um die Frage zu beantworten, welche Auswirkungen partei- bzw. koalitionspolitische Bedingungen oder finanzverfassungsrechtliche Grenzen für das Regierungshandeln haben. Schließlich soll aufgezeigt werden, inwieweit sich finanzpolitische Faktoren auf die politische Gestaltungsfähigkeit von Regierungen auswirken, also Regierungshandeln „fördern" oder begrenzen. Weitere, den Handlungsspielraum der Regierung eingrenzende Faktoren wie Vorgaben des höchsten deutschen Gerichtes oder aus internationalen Verträgen wie dem Regelwerk der europäischen Gemeinschaften resultierende Verpflichtungen werden in den Ausführungen über die jeweiligen Institutionen näher erläutert.

2.1 Die Organisationsprinzipien

Im Gegensatz zu den Regelungen über die Regierungs-Zusammensetzung in einigen deutschen Bundesländern bestimmt der Art. 62 GG für den Bund knapp und eindeutig: „Die Bundesregierung besteht aus dem Bundeskanzler und den Bundesministern". Die verfassungsrechtlich festgelegten Prinzipien der Bundesregierung beziehen sich infolgedessen nur auf den Regierungschef und die Bundesminister, während für die beamteten und parlamentarischen Staatssekretäre des Bundes, die keine Mitglieder der Bundesregierung sind, die Gestaltungsprinzipien der Regierung keine direkte Gültigkeit haben.

Der Art. 65 GG regelt die drei Organisations- bzw. Gestaltungsprinzipien der Bundesregierung: „Der Bundeskanzler bestimmt die Richtlinien der Politik und trägt dafür die Verantwortung. Innerhalb dieser Richtlinien leitet jeder Bundesminister seinen Geschäftsbereich selbstständig und unter eigener Verantwortung. Über Meinungsverschiedenheiten zwischen den Bundesministern entscheidet die Bundesregierung."

Im folgenden werden die verfassungsrechtlichen Grundlagen des Kanzler-, Ressort- und Kabinettsprinzips beschrieben, wobei dem politischen Gewicht dieser drei Prinzipien das bevorzugte Interesse gilt.

2.1.1 Das Kanzlerprinzip

Die verfassungsrechtliche Regelung, wonach der Bundeskanzler die Richtlinien der Politik bestimmt, setzt lediglich einen weit gefassten Rahmen, dessen Ausgestaltung immer von bestimmten Konstellationen, der Persönlichkeit und politischen Gestaltungs- und Durchsetzungskraft des jeweiligen Regierungschefs, den konkreten politischen Problemlagen und gesellschaftlichen Bedingungen abhängig ist. Die Interpretation der Reichweite des Kanzlerprinzips liegt letztlich beim jeweiligen Bundeskanzler.

Da der Begriff der „Richtlinien" nicht eindeutig definiert werden kann, umfasst die Richtlinienkompetenz praktisch alle Angelegenheiten, „die für die Gesamtpolitik der jeweiligen Bundesregierung bedeutsam sind" (Forsthoff 1964, S. 204f.; Pfister 1974). Das Kanzlerprinzip bezieht sich weniger auf die Formulierung konkreter politischer Programme als vielmehr auf die Aufstellung allgemeiner Grundsätze. Die Richtlinienkompetenz kann demnach als „Führungsbefugnis" interpretiert werden, „nach der der Bundeskanzler in allen Zweifelsfällen seine Vorstellungen durchsetzen können muss" (Hesse/Ellwein 1992, S. 279). Diese Richtlinienkompetenz ermächtigt den Kanzler nicht, konkret in die Geschäftsbereiche eines Ministers einzugreifen, verleiht ihm aber generelle Weisungsrechte, für die politische Programmentwicklung allgemeine Grundsätze aufzustellen und ihre Einhaltung zu kontrollieren.

Für den Politikwissenschaftler Karlheinz Niclauß zeichnet sich die „Kanzlerdemokratie" durch folgende Merkmale aus (Niclauß 1988, S. 67ff.):

- die praktische Dominanz des Kanzlerprinzips über das Ressort- und Kabinettsprinzip,
- das persönliche Prestige des Bundeskanzlers, das ihm zumindest im Regierungslager und bei der Mehrheit der Wähler einen „Kanzlerbonus" verschafft,
- die Personalisierung der politischen Konfliktaustragung zwischen Kanzler und Kanzlerkandidaten,
- eine enge Verknüpfung zwischen dem Amt des Bundeskanzlers und der Führung der größten Regierungspartei,
- die inszenierte Herausbildung gegensätzlicher „politischer Lager" und die Reduktion der Politik auf die Standpunkte pro und contra und
- das starke Engagement des Kanzlers in der Außenpolitik.

Das dem Bundeskanzler unterstehende Bundeskanzleramt hat sich mit den wachsenden Staatsaufgaben zusehends ausdifferenziert und ist heute für die Politikgestaltung des Regierungschefs eine unverzichtbare Lenkungs- und Koordinierungsinstitution.

Das als „Amt" und nicht als Ministerium eingerichtete Bundeskanzleramt wird zwar in der Verfassung nicht erwähnt, doch ermöglicht die Organisationsgewalt des Regierungschefs, eine ihm zuarbeitende Behörde zu installieren. Umstritten war und ist aber die Fülle seiner Aufgabenwahrnehmung und sein Steuerungspotenzial (Müller-Rommel/Pieper 1991).

Nach den Aufgabenzuweisungen des Bundeshaushalts (Vorwort zum Einzelplan 04) hat das Bundeskanzleramt den Kanzler „über die laufenden Fragen der allgemeinen Politik und die Arbeit in den Bundesministerien zu unterrichten". Neben der Entscheidungsvorbereitung und -durchführung für den Bundeskanzler hat es auch noch „die Arbeit in den Bundesministerien zu koordinieren".

Dem Bundeskanzleramt unterstehen darüber hinaus das Presse- und Informationsamt der Bundesregierung und der Bundesnachrichtendienst (BND) (Holtmann 1994).

Die extensive Nutzung des Richtlinien-Potenzials durch den ersten Bundeskanzler Konrad Adenauer und die sich rasch entwickelnde Vorrangstellung des Bundeskanzlers im deutschen Regierungssystem hat bewirkt, dass die spezifische Ausprägung der Demokratie des westlichen Nachkriegsdeutschlands als Kanzlerdemokratie qualifiziert wurde (Niclauß 1988). Der Begriff der Kanzlerdemokratie mit der herausragenden Stellung des Regierungschefs erwies sich allerdings bald als eine für die Ära Adenauer gültige Kategorie, während alle nachfolgenden Kanzler die Adenauer'sche Sonderstellung nicht mehr erreichten.

Adenauer, der als „Mann einsamer Entschlüsse" zeitweise einen autoritären Führungsstil pflegte (Küpper 1985, S. 162), billigte verfassungsmäßig vorgesehenen kollektiven Entscheidungsorganen wie dem Bundeskabinett eine nur begrenzte Gestaltungsrolle zu. Zur Rechtfertigung und Umsetzung seiner politischen Entscheidungen zog er „Sachverständige" heran und umgab sich mit loyalen Beratern, die insbesondere in außen- und verteidigungspolitischen Fragen seine Führungsrolle abzusichern hatten. Adenauer machte das Bundeskanzleramt zu einem „reibungslos funktionierenden Führungsinstrument", das über die Personalpolitik in die Fachministerien hineinwirkte. Für Adenauer war das Kanzleramt eine bedeutende Schaltzentrale und entscheidendes „Hilfsmittel für die Herausbildung der Kanzlerdemokratie" (Niclauß 1988, S. 145).

Unter dem Kanzler Ludwig Erhard, der das „Antibild des Machtpolitikers Adenauer" verkörperte (Beyme 1993, S. 294) und im Kabinett einen kollegialen Stil pflegte, erhielten die Minister erweiterte Verantwortung und verselbstständigten sich die Ressorts. Die Trennung von Kanzleramt und CDU-Vorsitz schwächte die Führungsrolle Erhards und trug dazu bei, dass sich politische Nebenzentren bildeten und Konflikte innerhalb der Partei nur unzulänglich ausgetragen wurden.

Auch das Bundeskanzleramt büßte unter Erhard seine politische Lenkungsfunktion ein: Die unter Adenauer entstandenen engen Kontakte zu den Mitarbeitern des Kanzlers und dem Bundeskanzleramt lösten sich allmählich auf; das Kanzleramt „diente vorwiegend als Informationsquelle" (Müller/Rommel 1991, S. 26) und nicht mehr als Führungsinstrument des Kanzlers.

Auch unter dem Kanzler der Großen Koalition, Kurt Georg Kiesinger (1966–1969), kam das Kanzlerprinzip kaum noch zur Geltung. Die Koordinierungsaufgaben im Parlament teilten sich die Fraktionsführer der CDU/CSU und der SPD, Rainer Barzel und Helmut Schmidt, und im Kabinett übernahmen die einflussreichen Bundesminister Franz-Josef Strauß und Karl Schiller wichtige Gestaltungsaufgaben. Weniger der Kanzler als vielmehr „ein engerer Führungskern im Kabinett" bestimmte die Richtlinien der Politik und den Rahmen der mehrjährigen Finanzplanung, die politischen Aufgabenschwerpunkte und ihre Finanzierung (Hesse/Ellwein 1992, S. 282).

Mit der Bildung der sozial-liberalen Koalition im Jahre 1969 sollte anfänglich das Kanzlerprinzip durch Ausbau des Kanzleramts zu einer zentralen Planungs- und Koordinierungsinstanz revitalisiert werden. Das zur Stärkung der Richtlinienkompetenz und zur ministeriellen Abstimmung der Aufgabenerledigung angestrebte „ressortübergreifende" Planungssystem des Kanzleramts stieß neben der teilweise rigorosen Vorgehensweise des Chefs der Behörde, Horst Ehmke, auf Widerstände in den Ministerien.

Da sich der Bundeskanzler der Regierung Brandt/Scheel (1969–1972) in seiner ersten Regierungsphase auf außenpolitische, vor allem ostpolitische Fragen konzentrierte, konnten in der Innenpolitik die Minister ihre Gestaltungsfreiheiten nutzen. Kompetente Politiker wie

Karl Schiller (Wirtschaftsminister), Hans Möller (Finanzminister) und Helmut Schmidt (Verteidigungsminister) hätten sich ohnehin nur schwer in eine exorbitante Wahrnehmung der Richtlinienkompetenz durch Bundeskanzler Willi Brandt „einbinden" lassen (Beyme 1993, S. 295).

Brandts Charisma konnte zunächst noch seine „latente Führungsschwäche" verdecken (Müller-Rommel/Pieper 1991, S. 11), doch offenbarte sich seine fehlende Entscheidungskraft in dem Maße, wie sich im zweiten Kabinett der sozialliberalen Koalition (1972–1974) SPD und FDP inhaltlich zusehends voneinander abgrenzten. Der Bedeutungsverlust des Kanzlerprinzips hing auch damit zusammen, dass der Bundeskanzler über keine effiziente Instanz oder keine einflussreichen Akteure verfügte, die die Regierungspolitik koordiniert und seine Richtlinienkompetenz durchgesetzt hätten.

Bundeskanzler Helmut Schmidt (1974–1982) machte von seiner Richtlinienkompetenz wieder intensiveren Gebrauch, indem er neben seinem Engagement in der internationalen Sicherheitspolitik als wirtschaftlich kompetenter Regierungschef die Führungsrolle der Wirtschafts- und Währungspolitik in der Bundesrepublik und in den westlichen Industriestaaten übernahm. Schmidt bediente sich auch der vielfältigen Steuerungsmöglichkeiten des Bundeskanzleramts: Er pflegte nicht nur intensive persönliche Kontakte zu den Abteilungs- und Referatsleitern, sondern nutzte das Amt auch für die Informationsbeschaffung und -verarbeitung, für die Durchsetzung politischer Ziele und auch als Apparat, der seine Stellung innerhalb der Regierung absichern sollte (Müller-Rommel/Pieper 1991, S. 12).

Schmidt, der als Kanzler nicht zugleich SPD-Vorsitzender, sondern nur stellvertretender Parteivorsitzender war, verlor aufgrund seines distanzierten Verhältnisses zur Partei, seiner pragmatischen Grundorientierung und seiner engagierten „Nachrüstungs"-Politik zunehmend die Unterstützung von Teilen seiner Partei. In der Spätphase seiner Kanzlerschaft (1981–82) erfuhr auch Schmidt die begrenzte Geltung des Kanzlerprinzips, da sich ein Teil der FDP-Führung von der sozialliberalen Koalition zu distanzieren begann, und sich Regierungsmitglieder des Koalitionspartners nicht durch Richtlinien des Kanzlers „disziplinieren" ließen.

Bundeskanzler Helmut Kohl (seit 1982), der sich als „Generalist" sowie als politischer und moralischer Führer verstand, hatte in Bezug auf die politische Programmentwicklung von seiner Richtlinienkompetenz insgesamt nur sehr zurückhaltend Gebrauch gemacht. Der an Detailfragen weniger interessierte Kohl verschaffte damit den Fachministern erweiterte Entscheidungsmacht und inhaltliche Gestaltungsspielräume. Seine Führungsstärke schlug sich weniger im Setzen inhaltlicher Prioritäten als vielmehr in der Fähigkeit nieder, die CDU als Partei zu führen und auch innerhalb der Regierungskoalition Konflikte zwischen den „Schwester-parteien" CSU und der FDP zu managen.

Das Kanzlerprinzip kam nicht mehr im traditionellen Sinn zum Tragen, indem der Regierungschef politische Richtlinien gegenüber den Ministern oder dem Kabinett als Kollegialorgan festlegte. Neues Entscheidungskriterium für das Regierungshandeln des Kanzlers wurde die „Handhabung der Netzwerke innerhalb der politischen Klasse" (Beyme 1993, S. 295). Kohl entfaltete seine Richtlinienkompetenz nicht überwiegend im Bundeskabinett, an dem vielfach wichtige Entscheidungen vorbeigingen, sondern nutzte bevorzugt die dichten Kommunikationssysteme informeller Insider-Zirkel mit Partei- und Fraktionschefs von Bund und Ländern. Aus Misstrauen gegenüber Informationen aus der eigenen Fraktionsführung des Bundestags unterhielt er ein Netz von Zuträgern, das wichtige Vertrauensleute seiner Bundestags-Fraktion, CDU/CSU-Landesminister, Landtags-Fraktionschefs usw. umfasste. Das Informations- und Kontrollsystem Kohls war soweit ausdifferenziert, dass Mitarbeiter der Parteizentrale aus der parteinahen Konrad-Adenauer-Stiftung Protokolle bei Landes- oder Kreisparteitagen, bei Tagungen der Jungen Union, der Frauen-Union oder des Wirtschaftsrats führten.

Dieses Informationsbeschaffungs-System wurde nun um ein vielschichtiges Gratifikations- und Bestrafungs-System ergänzt: Nach Einschätzung Ralf Dahrendorfs waren Anfang der 1990er-Jahre über die Hälfte der Bundesparteitags-Delegierten und der CDU-Bundestagsabgeordneten Kohl für persönliche Förderung zu Dank verpflichtet. Das „Frühwarnsystem" Kohls konnte aber auch zur Behinderung und Bestrafung parteipolitischer Konkurrenten seine Dienste leisten: Da Kohl vom Vorhaben des rheinland-pfälzischen Parteivorstands, den Kohl-Kritiker Heiner Geißler zum Landesvorsitzenden zu wählen, rechtzeitig informiert wurde, konnte der Bundesvorsitzende Kohl gegen dieses Vorhaben agieren und diese Wahl verhindern und seinen Freund Gerster als Vorsitzenden durchsetzen. Auch der frühere baden-württembergische Ministerpräsident Lothar Späth und heutige Vorstandsvorsitzende von Jen-Optik, der 1989 Kohl vom Parteivorsitz „ablösen" wollte, sollte ursprünglich in den aus Topmanagern und Wissenschaftlern rekrutierten „Technologierat" der Bundesregierung berufen werden. Kohl strich Lothar Späth von der Liste und verhinderte damit seine Berufung.

Wenn es im wahlstrategischen Interesse Kohls lag, reklamierte er – am Ressortprinzip der „selbstständigen" Leitung jedes Bundesministers vorbei – die Zuständigkeit für das wirtschaftliche Wohlergehen und auch außenpolitische Kompetenzen für sich: Kohl versprach nicht nur in der Rezessionsphase Ende 1993 bereits den konjunkturellen Aufschwung, sondern führte auch zu Lasten des FDP-Außenministers Klaus Kinkel Regie in europapolitischen Fragen und bei Kontakten zu den Weltmächten USA und Rußland.

Trotz gelegentlicher Unstimmigkeiten zwischen dem Bundeskanzler und den Vertretern der Wirtschaft unterhielt Kohl ein dichtes Kontakt- und Fördernetz insbesondere mit den Akteuren der Industrie und der Banken. Eine Fülle kleiner Gesetzesänderungen in Gestalt von Steuervergünstigungen und Finanzhilfen verschaffte in der Regierungszeit Kohls mittelständischen Unternehmen und der Industrie beachtliche Vorteile. Die wirtschaftspolitische Abteilung des Kanzleramts unter Leitung Johannes Ludewigs als „Beauftragten des Bundeskanzlers" überwachte die Entscheidungen für bedeutsame industrielle Investitionsprojekte und trug damit zur Politisierung des wirtschaftlichen Strukturwandels bei (z.B. Förderung der Magnet-Schwebebahn Transrapid oder des ostdeutschen Chemiestandorts Leuna).

Kohl hatte außerdem in bisher unbekanntem Ausmaß auf die Rekrutierung von Banken-, Verbands- und Industrieführern aus seiner Staatssekretärsriege Einfluss genommen: So wechselte Horst Köhler als Staatssekretär des Finanzministeriums in den Sparkassen- und Giroverband und Hans Tietmeyer wurde als Staatssekretär des Finanzministeriums und Vertrauter Kohls in das Bundesbankpräsidium berufen. Auch Ludolph von Wartenberg ist als Parlamentarischer Staatssekretär im Bundeswirtschaftsministerium mit Unterstützung Kohls 1990 zum Hauptgeschäftsführer des Bundesverbands der Deutschen Industrie (BDI) gewählt worden.

Schließlich hatte Kohl die Beteiligungspolitik konservativer Medienvertreter an Privatsendern unterstützt und seine Kontakte zu führenden konservativen Akteuren des Mediensystems schrittweise intensiviert: Der Fernsehsender SAT 1 war von Bernhard Vogel, dem ehemaligen rheinland-pfälzischen Ministerpräsidenten, nach den Vorstellungen des „Medien-Multi" Leo Kirch konzipiert worden. Kirch, der Kohl politisch eng verbunden war, hatte sich unterdessen an den Fernsehanstalten Pro 7, Kabelkanal und Premiere beteiligt. Beteiligungen wie die Teilhabe des konservativen Kaufhauseigentümers Otto Bensheim (Metro und Kaufhof) am Kabelkanal hatte der Bundeskanzler ebenso „eingefädelt" wie den Erwerb der Aktienmehrheit Leo Kirchs am Verlag Springer.

Über ein selektives System von Ein- und Nichteinladungen (zu Kanzlerreisen und ins Kanzlerbungalow) pflegte Kohl seine Kontakte zu Vertretern des bürgerlich-konservativen Medienblocks, der von Boulevardzeitungen wie „Bild", Tageszeitungen wie „Die Welt" und „Frankfurter Allgemeine" über Illustrierte wie die „Bunte" bis zu politischen Magazinen wie dem „Focus" mit dem Chef Helmut Markwort als „Kohl-Verehrer" reichte. Dem Politikstil des „ungenierten Zusammenspiels" (G. Hofmann 1994, S. 3) mit den Medien entsprach überdies der Arbeitsauftrag an Mitarbeiter des Bundeskanzleramts, regelmäßig ausgewählte und politisch befreundete Journalisten zu betreuen. Als Kohls Verbindungsmann zu den Journalisten agierte Eduard Ackermann, der 1982 im Kanzleramt die Leitung der „Abteilung für Kommunikation, Dokumentation und politische Planung" übernahm.

Seit der Bundestagswahl vom Oktober 1994 sorgte die neueingerichtete und dem Bundeskanzler direkt unterstellte Abteilung „Stabsstelle für Öffentlichkeitsarbeit und Medien" unter Leitung Andreas Fritzenkötters für die Koordination aller medienpolitischen Aktivitäten der Bundesregierung. Kohl war daran gelegen, die tiefgreifende Neuordnung des Medienmarkts zu nutzen. Nach dem Auslaufen des Kabelmonopols der Post wollten auch branchenfremde und finanzstarke Firmen wie Siemens, Quelle, aber auch Energieversorgungsunternehmen wie VEBA und RWE mit eigenen Sendern am TV-Geschäft mitwirken. Dieser expandierende Medienmarkt mit zukünftig Hunderten von Programmen, Tele-Shopping, Tele-Banking usw. eröffnete auch Politikern außergewöhnliche Chancen zur Selbstdarstellung. Mit Hilfe des zentral steuernden Staates und der engen Kontakte Fritzenkötters insbesondere zu Privatsendern wollte Kohl verstärkt auf die Personal- und Sachentscheidungen des Mediensektors Einfluss nehmen.

2.1.2 Das Ressortprinzip

Die Einrichtung von Ministerien und die Kompetenzverteilung zwischen den Ministerien fällt im Bund in die sogenannte Organisationsgewalt des Regierungschefs. Der Kanzler entscheidet, welche Behörden er mit welchen Zuständigkeiten schaffen will, während das Parlament nur indirekt – in Gestalt der Bereitstellung von Haushaltsmitteln – beteiligt ist.

Die Kompetenz des Bundeskanzlers, Ministerien einzurichten, wird aus Art. 64 GG abgeleitet, demzufolge die Bundesminister „auf Vorschlag des Bundeskanzlers vom Bundespräsidenten ernannt und entlassen" werden. Die Organisationsgewalt, die Kompetenzen auf die Ministerien zuzuteilen, gründet sich auf Art. 65 GG und Art. 86 GG sowie auf § 9 der Geschäftsordnung der Bundesregierung (Hesse/Ellwein 1992, S. 266).

Das Ressortprinzip, wonach „jeder Bundesminister seinen Geschäftsbereich selbstständig und unter eigener Verantwortung" leitet (Art. 65 S. 2 GG), bedeutet, dass der Minister in seinem Haus volle Organisationsgewalt hat. Die Leitung des Ministeriums umschließt die Kompetenz, über Zahl und Zuschnitt der Referate, Abteilungen und Unterabteilungen zu entscheiden, eine ministerielle Geschäftsordnung zu erlassen und über die Personalpolitik des Hauses zu bestimmen.

Die Regelung, dass der Bundesminister seinen Geschäftsbereich „unter eigener Verantwortung" leitet, sagt nichts darüber aus, wem gegenüber sich der Ressortchef zu verantworten hat. In verfassungsrechtlichen und politikwissenschaftlichen Kommentaren wird zwar der Kanzler als Adressat der Minister-Verantwortung genannt, weil nur der Regierungschef personelle Konsequenzen ziehen, also die Entlassung des Ministers veranlassen kann. Doch kann der Bundestag zumindest indirekt seine Ministerverantwortlichkeit geltend machen, indem das Parlament öffentlichkeitswirksam den Regierungschef und den Minister – nötigenfalls massiv – zwingen kann, die „politische" Verantwortung durch Entlassung bzw. Rücktritt zu übernehmen (Wengst 1984, S. 539 f.).

Das politische Gewicht der Ministerien und Minister hängt von einer Reihe von Faktoren ab: Der Finanzminister hat eine verfassungsrechtliche Sonderstellung, die ihm neben Koordinationsmöglichkeiten vor allem Vetofunktionen zubilligt: Nach Art. 112 GG bedürfen „überplanmäßige und außerplanmäßige Ausgaben ... der Zustimmung des Bundesministers der Finanzen. Sie darf nur im Falle eines unvorhergesehenen und unabweisbaren Bedürfnisses erteilt werden."

Die Einführung der mehrjährigen Finanzplanung im Jahr 1969, wonach Bund und Länder ihrer Haushaltswirtschaft eine fünfjährige Finanzplanung zugrunde zu legen haben (§ 50 Haushaltsgrundsätzegesetz) und die damit einhergehende Institutionalisierung des Finanzplanungsrats, in dem die Fachminister von Bund und Ländern sowie die Vertreter der Gemeinden ihre Finanzplanung koordinieren und als „Empfehlungen" öffentliche Ausgabensteigerungen vereinbaren, bindet zwar den Bundesfinanzminister stärker ein und hat den Vetofunktionen engere Grenzen gezogen. Gleichwohl hat die Finanzplanung die herausragende Stellung des Ministers noch gestärkt, da ihm die Koordinierungsaufgaben im Finanzplanungsrat zusätzlichen Gestaltungseinfluss verschafft haben (Zunker 1972, S. 121). Seit der deutschen Vereinigung kommt dem Finanzminister eine noch wichtigere gestaltende Rolle zu, da die enormen West-Ost-Transfers und die dafür erforderliche Politik der Mittelbeschaffung und -verwendung dem Minister eine außergewöhnliche Steuerungsfähigkeit abverlangen.

Weitere Faktoren für die politische Relevanz eines Ressorts sind Größe und Funktionen sowie die Verwaltungsstruktur eines Ministeriums. Ministerien, die wie das Sozial-, Finanz-, Wirtschafts-, Verkehrs- oder Verteidigungsministerium über immense Etatmittel und/oder hohe Beschäftigtenzahlen verfügen, haben als „ressourcenintensive" Regierungsapparate beachtliches Gewicht (Ellwein 1970, 1978).

Die drei klassischen Ressorts – Inneres, Finanzen und Justiz – die schon traditionell einen besonderen Status erlangt haben, sind im Bund durch das Auswärtige Amt und das Verteidigungsministerium komplettiert worden. Vor allem aus dem Innenressort sind Ministerien wie Kultus, Wirtschaft, Landwirtschaft und Soziales hervorgegangen.

Koalitionspolitische Rücksichtnahmen oder aktueller Problemdruck führten zur Einrichtung weiterer neuer Ministerien, aber auch zu ihrer Auflösung oder ihrer Zusammenlegung mit anderen Ressorts: So sind aus koalitionspolitischen Gründen das Atomministerium oder das Gesundheitsministerium geschaffen worden; während das Umweltministerium als Reaktion des Reaktorunfalls von Tschernobyl gebildet worden ist. Nach der Wiedervereinigung ist beispielsweise das Ministerium für innerdeutsche Beziehungen aufgelöst worden, so dass Teile davon ins Innenministerium (re-)integriert wurden.

Der Steuerungseinfluss eines Ministeriums hängt ferner von Art und Umfang seiner Funktionen ab. Neben der herkömmlichen Funktionen der Ministerien, Gesetz- und Verordnungsentwürfe zu formulieren, nehmen die meisten Ministerien an der politischen Aufgabenplanung teil, nehmen aber auch Beobachtungs- und Aufklärungsfunktionen (z.B. Maßnahmen des Bundesgesundheitsministeriums gegen Aids) sowie Vollzugsaufgaben wahr.

Der Lenkungs-, Überwachungs- und Kontrolleinfluss eines Ministeriums nimmt in dem Maße zu, wie ihm Vollzugsaufgaben übertragen worden sind. Im Gegensatz zum Bund, in dem es „bloße Gesetzgebungsministerien" gibt, dirigieren die Landesministerien mehr oder weniger große „Vollzugsapparate" (Hesse/Ellwein 1993, S. 268). Deshalb können auch die Kultusministerien der Länder als besonders „mächtige" Ministerien qualifiziert werden, da sie Politik in Gestalt von Gesetzen und Verordnungen nicht nur „bestimmen", sondern auch die Leitung von Schulverwaltungen, die Schulaufsicht, die Genehmigung von Lehr-plänen und die Besetzung von Stellen „ausführen" und kontrollieren können (Sternberger 1960, S. 22 ff.). Auch im Bund ist das Verteidigungsministerium nicht nur als Auftraggeber für die Wirtschaft ein einflussreicher politischer und ökonomischer Faktor, sondern mit einer ansehnlichen Verfügungsmacht ausgestattet, da es die Leitungsbehörde der gesamten Bundeswehr und der ihr unterstehenden Verwaltung ist.

Schließlich ist die Verwaltungsstruktur ein wichtiger Bestimmungsfaktor für das politische Gewicht eines Ministeriums. Der jedem Minister persönlich zugeordnete Arbeitsstab, das Ministerbüro, besteht in der Regel vor allem aus dem persönlichen Referenten, dem Pressereferenten oder dem Kabinettsreferenten. Eine besondere Stellung hat noch die eigene Zentralabteilung, die sich mit Haushalts- und Personalangelegenheiten und mit Organisationsfragen befaßt.

Mit der Institutionalisierung von Aufgabenplanungssystemen in den Ministerien Ende der 1960er-Jahre (Pilz 1976) sind neben den traditionellen bürokratisierten Organisationsgliederungen Grundsatzabteilungen oder Planungsstäbe eingerichtet worden. Die Arbeit mit Stäben hatte bald zu Konflikten geführt, weil die „Quereinsteiger" nicht nur als Bedrohung des Berufsbeamtentums, sondern auch als Gefahr angesehen wurden, der „parteipolitisierten Penetration" Tür und Tor zu öffnen (Beyme 1993, S. 309). Mit dem Abklingen der Planungseuphorie unter Bundeskanzler Schmidt begann die „Verschlankung" oder gar die Auflösung von Planungsstäben im Bundeskanzleramt oder in einigen Ministerien.

Die traditionelle Organisation der Ministerien gliedert sich im Bund in
- Fachreferate unter Leitung des Referenten (Ministerialrats),
- Unterabteilungen, denen der Ministerialdirigent vorsteht,
- Abteilungen, in denen als Abteilungsleiter ein Ministerialdirektor fungiert, und
- die Spitze der Verwaltung, der ein beamteter Staatssekretär vorsteht.

Die beamteten Staatssekretäre und Abteilungsleiter gelten als „politische Beamte", was für ihre Ernennung und Entlassung von Bedeutung ist: Bei ihrer Ernennung werden die Laufbahnbestimmungen nur eingeschränkt angewendet und bei ihrem Ausscheiden aus dem Amt können sie – im Gegensatz zu den anderen Beamten – vorzeitig in den Ruhestand geschickt werden (Derlien 1984, S. 689 ff.).

Kennzeichnend für das deutsche Regierungssystem war die im Vergleich zu anderen großen westlichen Demokratien beschränkte Zahl von Ministerien (im Durchschnitt 18). Die Ausdifferenzierung der Institutionen schlug sich aber dafür innerhalb der Ministerien nieder. 1967 wurde zunächst für die großen Ministerien – das Amt des Parlamentarischen Staatssekretärs und ab 1974 auch das Amt des Staatsministers geschaffen, die vor allem die Koordination zwischen Parlament und Regierung verbessern sollten. Die gegenüber den Beamten nicht weisungsbefugten Staatssekretäre und Staatsminister sollten nicht nur den Minister gegenüber dem Parlament entlasten, sondern dienten auch der besseren Abstimmung innerhalb der Koalition und der „regionalen Ausbalancierung" des Kabinetts (Ritzel/Bäcker 1989). Das Amt des Parlamentarischen Staatssekretärs war in dem Maße verstärkter Kritik ausgesetzt, wie seine ursprüngliche Zielsetzung verfehlt wurde und diese Einrichtung als Versorgungsinstitution „verdienstvoller Parlamentarier" mißbraucht wurde und wird.

Schließlich hängt die politische Bedeutung eines Ressorts auch von der Persönlichkeitsstruktur des Amtsinhabers ab. Grundsätzlich bestimmt sich der Steuerungseinfluss eines Ministers nach der Fähigkeit des Ressortchefs, alle formalen und informellen Wege der Informationsbeschaffung, der Informationsverarbeitung und des Entscheidungsvollzugs zu nutzen. In einer hierarchischen Organisation wie einem Ministerium kann im Interesse des Ministers eine rationale Politik darin liegen, aus der „Flut" der Informationen die politisch „relevanten" Informationen abzufiltern und damit eine fortwährende Entscheidungsüberlastung zu vermeiden. Eine solche „Rationalisierung" des Entscheidungsprozesses kann allerdings auch zur Entmachtung des Ministers beitragen, wenn die Ministerialbeamten ihrem Ressortchef politisch „brisante" Alternativen und deren Konsequenzen vorenthalten (Hesse/Ellwein 1992, S. 267). Ein gut informierter und rational handelnder Minister wird deshalb auch die informellen Wege der politisch-administrativen Meinungs- und Willensbildung zu nutzen wissen.

Angesichts zunehmender Komplexität und Risiken sowie der Interdependenz der politischen Problemstellungen kommt der Quantität und Qualität der Informationssteuerung steigende Bedeutung zu. Das beachtliche politische Gewicht der Ministerialbürokratie resultiert maßgeblich daraus, dass die meisten höheren Beamten nach Jahren ihrer Tätigkeit – unabhängig von den zu beachtenden Verfahrensvorschriften – nicht nur hervorragende Kenner der informellen Informationsströme sind, sondern auch die Problemzusammenhänge „ihres" Politiksektors fachlich und politisch bewerten können. Verwaltungswissenschaftliche Studien belegen, dass Ministerialbeamte – verbunden mit Loyalitätsbekundungen – den Minister häufig „einseitig oder unvollständig informieren", um die Zustimmung des Ministers für ihre eigene Einschätzung zu erhalten (Steinkemper 1984; Derlien/Pippig 1984, S. 32–35).

Ministerialbeamte können in dem Maße mit politischer Unterstützung ihrer Vorschläge und Beurteilungen rechnen, in dem sie die Entscheidungen ihres Vorgesetzten, ihres Ressortchefs, der Bundesregierung oder der Mehrheitsfraktionen antizipieren. Dieses bürokratische Verhaltensmuster bewirkt, dass die Begründungen der Gesetzentwürfe gegenüber dem Minister, aber auch dem Parlament vielfach im Indikativ abgefaßt werden. Damit hat die Ministerialbürokratie bei einer Vielzahl von Entwurfsbegründungen – abgesehen von den auf Koalitionsführungs- oder Ministerialebene behandelten politisch brisanten Angelegenheiten – einen bemerkenswerten inhaltlichen Gestaltungseinfluss. Kennzeichnend für diese latente bürokratische Einflussnahme ist, dass diese erheblichen Steuerungsmöglichkeiten gleichzeitig geleugnet werden (Ellwein/Zoll 1973).

Auch die deutsche Vereinigung, die als „Stunde der Exekutive" bezeichnet wurde (Beyme 1993, S. 317), machte die politische Bedeutung der (westdeutschen) (Ministerial-)Bürokratie im Sinne der Abhängigkeit der neuen Bundesländer von der Verwaltungskompetenz der alten Bundesrepublik deutlich. Während aber nach dem Ende des 2. Weltkriegs auf die vorhandene Verwaltungselite nicht verzichtet werden konnte, mussten nach der Vereinigung und der Einführung des westdeutschen Rechtssystems in Ostdeutschland ganz neue Verwaltungsstrukturen aufgebaut werden. Ein großer Teil der nach den Anforderungen einer „politisierten Kaderverwaltung" prämierten Verwaltung der DDR war nach westdeutschen Standards inkompetent (Derlien 1991, S. 46) und der andere Teil der Verwaltungsbeschäftigten musste sich erst neue Kenntnisse und Fähigkeiten aneignen.

Mit der Wiederherstellung der Länder in Ostdeutschland mussten völlig neue Organisationsstrukturen für die Ministerialverwaltung aufgebaut werden. Dabei waren sich die politischen Eliten der alten Bundesrepublik mit den neuen Eliten der DDR weitgehend einig, „die Verwaltungsstrukturen der alten DDR zu zerschlagen" (Lehmbruch 1992, S. 33). Die politischen Akteure waren überzeugt, dass mit der zentralisierten „Kader"-Verwaltung der DDR die rechtsstaatliche und marktwirtschaftliche Umstrukturierung nicht zu bewältigen sei. Deshalb war auch in den Verhandlungen über die Verträge zur deutschen Einheit die Vereinbarung des Einigungsvertrags nicht strittig, in Ostdeutschland das Berufsbeamtentum wieder einzuführen (Art. 20 Abs. 2 EV). Wo Einrichtungen öffentliche Aufgaben wahrnahmen (z.B. die DDR-Bezirksverwaltungen oder die Akademien der Wissenschaften), die zukünftig von diesen Institutionen nicht mehr geleistet werden sollten, wurde der Modus der „Abwicklung" festgelegt (Art. 13 EV). Die Regelung des Einigungsvertrags, die Angestellten des öffentlichen Dienstes weitgehend zu übernehmen, führte dazu, dass hergebrachte Grundsätze des Berufsbeamtentums wie die Treuepflicht gegenüber dem Staat bei vielen ehemaligen SED-Mitgliedern nicht streng angewendet werden konnten und zum Teil „modifiziert" werden mussten (Goerlich 1991, S. 77).

Der Mangel an geeignetem Verwaltungspersonal und der deshalb erforderliche Personaltransfer von West nach Ost und die im Einigungsvertrag vereinbarte Übernahme der Angestellten des öffentlichen Dienstes warfen vor allem im Justiz- und Finanzbereich äußerst schwierige Probleme auf. Der Mangel an Experten und Fachbeamten machte sich insbesondere in den Finanzministerien und der Finanzverwaltung und in der Rechtspflege bemerkbar: So sind nicht nur Finanz- und Justizminister aus Westdeutschland übernommen, sondern auch die Grundbuch- und Katasterämter allein mit westdeutschem Personal besetzt worden. Die teilweisen Widerstände westdeutscher Behörden gegen die „Auszehrung" ihrer Verwaltungen und auch die geringe Bereitschaft vieler Verwaltungsbeamter, ihren Dienst in den neuen Ländern zu leisten, konnten nur durch massive Anreize wie Aufwandsentschädigungen („Buschgeld"), Steuervergünstigungen, Wochenendflüge und Aussichten auf einen außergewöhnlichen beruflichen Aufstieg überwunden werden.

Der Zwang zum Aufbau einer „regelorientierten rechtsstaatlichen Verwaltung" barg und birgt allerdings auch die Gefahr, dass nach „Abwicklung" von Teilen der DDR-Verwaltung an deren Stelle eine neue Variante „politisierter Inkompetenz" durch (westdeutsche) Parteipatronage tritt (ein eklatantes Beispiel ist die durch die CDU/CSU dominierte Stellenbesetzung im Mitteldeutschen Rundfunk) (Lehmbruch 1992, S. 34).

Trotz der weitgehenden Zerschlagung der alten DDR-Verwaltungsstruktur ist auffällig, dass gewissermaßen als „institutioneller Mantel" zentrale Einrichtungen aus der Übergangsphase der DDR wie die Treuhandanstalt (auch die Gliederung der Niederlassungen nach den alten 15 Bezirken) und die Gauck-Behörde konserviert wurden. Bemerkenswert ist dabei, dass der Bund „in das Erbe des DDR-Zentralismus" eintritt, indem die Gesetzgebung des Bundes den rechtlichen Rahmen und die politische Strategie festlegt und sich die Bundesministerien als politische Leitungsinstanzen Weisungs- und Interventionsbefugnisse vorbehalten (Lehmbruch 1992, S. 35).

2.1.3 Das Kabinettsprinzip

Der dritte Satz des Artikel 65 des Grundgesetzes umschreibt das Kabinettsprinzip lediglich mit den Worten: „Über Meinungsverschiedenheiten zwischen den Bundesministern entscheidet die Bundesregierung". Nach traditionellem Verständnis bedeutet das Kabinettsprinzip, dass „die Regierung als Ganzes einerseits Beschlußorgan und andererseits Organ der Koordination zwischen den unterschiedlichen Ressorts ist" (Hesse/Ellwein 1992, S. 269). Deshalb nimmt das Kabinett neben dem Regierungschef nicht nur im wesentlichen die politische Koordinierung und Verteilung der Regierungsaufgaben wahr, sondern das Kollegialorgan berät und beschließt über alle wichtigen Angelegenheiten des Gemeinwesens. Dieses Prinzip konkretisiert der § 15 der Geschäftsordnung der Bundesregierung, denn nach ihm sind „alle Angelegenheiten von allgemeiner innen- oder außenpolitischer, wirtschaftlicher, sozialer, finanzieller oder kultureller Bedeutung", insbesondere alle Gesetz- und Verordnungsentwürfe, der Bundesregierung „zur Beratung und Beschlußfassung zu unterbreiten". Das Kabinettsprinzip entspricht insofern der Konzeption der „aktiven" Politik, als es ressort- und politikfeldübergreifenden Anforderungen an politische Entscheidungen gerecht wird.

Die Bundesregierung faßt ihre Beschlüsse mit Stimmenmehrheit. Bei Stimmengleichheit entscheidet die Stimme des Bundeskanzlers (§ 24 Abs. 2 GOBReg). Der Bundesfinanzminister kann in Fragen von finanzieller Bedeutung Widerspruch erheben, so dass in einer weiteren Sitzung darüber abgestimmt werden muss. Die finanzwirksame Maßnahme wird nur dann durchgeführt, wenn sie in erneuter Abstimmung in Anwesenheit des Bundesfinanzministers oder seines Vertreters die Mehrheit der Bundesminister erhält und der Bundeskanzler mit der Mehrheit gestimmt hat (§ 26 Abs. 1 GOBReg.).

Die Führungsposition des Regierungschefs im Kabinett ergibt sich aus der verfassungsrechtlichen Bestimmung, nach der der Bundeskanzler die „Geschäfte" der Bundesregierung nach einer von der Bundesregierung genehmigten Geschäftsordnung „leitet" (Art. 65 Satz 4 GG). Der Bundeskanzler hat „auf die Einheitlichkeit der Geschäftsführung in der Bundesregierung hinzuwirken" (§ 2 GOBReg). Dem Staatssekretär des Bundeskanzleramts kommt insofern besondere Bedeutung zu, als er „zugleich die Geschäfte eines Staatssekretärs der Bundesregierung wahrnimmt" und die Sitzungen der Bundesregierung nach näherer Anweisung des Bundeskanzlers festsetzt (§§ 7 und 21 GOBReg). Sofern eine mündliche Beratung im Kabinett nicht erforderlich ist, holt der Staatssekretär des Bundeskanzleramts die Zustimmung der Minister „auf schriftlichem Wege" ein (Umlaufsache) (§ 20 Abs. 2 GOBReg).

An den im Bund wöchentlich stattfindenden Kabinettssitzungen nehmen neben dem Regierungschef und den Bundesministern der Chef und der Parlamentarische Staatssekretär des Bundeskanzleramts, der persönliche Referent des Kanzlers und der Bundespressechef teil; der Chef des Bundespräsidialamts kann teilnehmen. In der Regel werden Ministerialbeamte hinzugezogen, die für die jeweils zu beratenden und zu beschließenden Programme oder Gesetzesmaterien zuständig sind.

Zwar verschafft die Teilhabe an den Entscheidungen der politischen Führung jedem Regierungsmitglied beachtliche Mitwirkungsmöglichkeiten an der politischen Gestaltung, verpflichtet es aber gleichzeitig, die einmal getroffenen Entscheidungen auch „mitzutragen" und sich öffentlich nicht dagegen auszusprechen. Diese „Regierungsdisziplin" schränkt zwar einerseits die Meinungs- und Entscheidungsfreiheit des Ministers ein, da er/sie trotz anderer Meinung im Parlament im Sinne der Kanzlerrichtlinien bzw. des Regierungsbeschlusses abzustimmen hat (§ 12 GOBReg.). Andererseits bietet der Kabinettsrang jedem

Minister aber zugleich einen kollektiven Schutz vor politischen Anfeindungen oder sogar Diffamierungen.

Da im Bund das Kabinett infolge seiner Größe als Koordinierungsorgan nicht wirkungsvoll agieren kann, werden sogenannte Kabinettsausschüsse (für Fragen der deutschen Einheit, Europapolitik, Umweltfragen usw.) eingerichtet. „Teilkabinette" wie die Kabinettsausschüsse sind weder im Grundgesetz noch in der Geschäftsordnung der Bundesregierung erwähnt, sondern als Folge des steigenden Koordinierungs- und Planungsbedarfs entstanden. Die der „gruppendynamischen Idealgröße von sieben bis neun Ministern" (Projektgruppe für Regierungs- und Verwaltungsreform, Bonn 1969, S. 14) entsprechenden Kabinettsausschüsse können den Anforderungen des „aktiven" Politikkonzepts insofern gerecht werden, als sich in diesen Gremien leichter ressortübergreifende und problemorientierte konsensuale Politikergebnisse erzielen lassen.

Die persönliche Einstellung des früheren Bundeskanzlers Kohl, sich keinem Termin- und Tagesordnungsdruck zu unterwerfen und der Konfliktaustragung im Kabinett möglichst auszuweichen, hatte problematische institutionelle Konsequenzen. Die Verlagerung der Willensbildung und Entscheidungsfindung in Koalitionsrunden, informelle Verhandlungssysteme usw. lief auf „die totale Aushebelung der Bundesregierung als Streitentscheidungsinstitution" hinaus (Hennis 1998, S. 161). Kanzler Kohl funktionierte das Kabinett weitgehend zu einer Einrichtung um, die bereits außerhalb des Kollegialorgans getroffene Entscheidungen nur noch „abzusegnen" hatte.

2.2 Die Regierungspolitik und ihre Handlungsspielräume

Der politische Handlungsspielraum einer jeden Regierung wird durch eine Vielzahl von Faktoren bestimmt. Der Handlungskorridor einer Regierung bzw. die Anpassungs- oder Steuerungsfähigkeit ist dabei keine Konstante, sondern variiert je nach politisch-institutionellem Bedingungskomplex. Die Bestimmungsfaktoren können der Regierungspolitik entweder große Handlungsspielräume eröffnen oder sich als Restriktion erweisen. Vor der Erörterung politisch-institutioneller Bestimmungsfaktoren der exekutiven Handlungsspielräume werden zunächst verfassungspolitische, wirtschaftsrechtliche, politisch-ökonomische und politikwissenschaftliche Analysen vorgestellt, die formelle und informelle Möglichkeiten und Begrenzungen staatlicher Gestaltungsfähigkeit und des Regierungshandelns reflektieren.

Die Bundesregierung hat bei der Gestaltung ihrer Politik zunächst verfassungsrechtliche Schranken und Vorgaben des Bundesverfassungsgerichts zu beachten. Des weiteren begrenzen koalitionspolitische Rücksichtnahmen die politische Handlungs- oder Gestaltungsfähigkeit ebenso wie die „Mitregierung" des Bundesrats (durch die Mitwirkung an zustimmungsbedürftigen Gesetzen). Darüber hinaus stellen die seit der Wiedervereinigung zugenommenen fiskalischen Probleme Restriktionen des Regierungshandelns dar. Seit In-Kraft-Treten des Maastrichter Vertrags hat die Bundesregierung überdies (schuldenbezogene) Konvergenzkriterien zu berücksichtigen und unterliegt einer forcierten Haushaltsdisziplin.

Die Oppositions- und Blockademöglichkeiten des Bundesrats werden ebenso wie die Vorgaben des Bundesverfassungsgerichtes in den Ausführungen über diese beiden Institutionen behandelt (vgl. Kap. B.4. und B.5.). Aufgrund der zentralen Rolle der fiskalischen Probleme finden die mittels Finanzverfassung vorgegebenen Handlungsspielräume und die finanzpolitischen Bestimmungsfaktoren besondere Aufmerkamkeit.

2.2.1 Erklärungsansätze für die geringe Gestaltungsfähigkeit des Staates und der Regierung

Peter Katzensteins Studie zufolge sei in Deutschland die Gestaltungsmacht des Staates im allgemeinen und der Regierung im besonderen eng begrenzt (Katzenstein 1987). Die Vielzahl politischer und ökonomischer Restriktionen erlaube zwar eine Politik inkrementeller Anpassung, lasse aber signifikante Politikänderungen nicht zu. Das bundesstaatliche Verflechtungssystem, das hohe Niveau an Verstaatlichung der Parteien, der wahlrechtsbedingte Zwang zur Bildung von Koalitionsregierungen und die starke Stellung öffentlich-rechtlicher Institutionen wie die Sozialversicherungen beschränkten den Handlunsspielraum jeder Regierung. Ferner erzeugten die Einbindung in internationale Verträge (NATO, europäische Gemeinschaftsverträge) Handlungszwänge, die unabhängiges nationales Regieren erheblich einschränke. Schließlich habe die Regierung wegen des vergleichsweise hohen Maßes der Zentralisierung von Arbeits-Kapital-Beziehungen in der Tarifpolitik nur geringe Gestaltungsmöglichkeiten.

Wird der Klassifizierung Manfred G. Schmidts gefolgt, lassen sich ökonomische und politische Restriktionen des Regierungshandelns unterscheiden (M. G. Schmidt 1992, S. 210–213): In verfassungspolitischen und wirtschaftsrechtlichen Analysen werden formell-ökonomische Begrenzungen hervorgehoben. Eine Regierungspolitik, die einen Kurswechsel in Richtung einer Stärkung des sozialen Ausgleichs und einer Schwächung von Marktprinzipien vornehmen möchte, stoße an enge formell-ökonomische Schranken wie insbesondere die durch das Grundgesetz faktisch sanktionierte Marktwirtschaft und die Eigentumsordnung. Die deutsche Wirtschaftsverfassung gewährleiste auf der Grundlage des privaten Eigentumsschutzes die Investitions-, Gewinnverwendungs-, Preisgestaltungsfreiheit usw. und beschränke politische Eingriffsmöglichkeiten in diese Rechte erheblich. Die Wirtschaftsverfassung Deutschlands grenze damit den Spielraum für große Politikkorrekturen stark ein. Die Schranken seien für Regierungen mit Links-Parteien massiver als für Regierungen mit angebotspolitisch/neoliberal orientierten Programmen.

Auch wenn es vielfältige politische Eingriffe in wirtschaftliche Abläufe wie Steuern, Sozialabgaben, Subventionen, Gebote, Verbote usw. gibt, unterliege aus politisch-ökonomischer Perspektive die Regierungspolitik auch materiell-ökonomischen Beschränkungen (Ronge/Schmieg 1973). Das asymmetrische Verhältnis zwischen Staat und Wirtschaft grenze den Handlungsspielraum von Regierungsakteuren ein, die grundlegende Reformen umsetzen wollen. Da der Staat überdies auf unternehmerische Investitionen der Beschäftigung und der Steuereinnahmen wegen angewiesen sei, liege es „im Interesse des Staates an sich selbst" (Offe 1975), die „besteuerungsfähige und sozialabgabenfähige Produktion" nur moderat zu belasten (M.G. Schmidt 1992, S. 211). Rationales Regieren bedeute dann, alles zu unterlassen, was die Steuer- bzw. Sozialabgabenquelle zum Versiegen bringen könnte. Der Steuerstaat müsse auch selbst dafür Sorge tragen, dass die Wachstumsdynamik erhalten bleibe. Der Vorteil, dass bei anhaltendem Wachstum für alle Beteiligten Einkommens- und Steuereinnahmen-Zuwächse anfallen, habe jedoch auch einen Nachteil: Der Zwang, im Interesse des Wachstums auf die Investitionsneigung und Gewinnchancen der Unternehmen Rücksicht zu nehmen, beschränke automatisch die Wahlmöglichkeiten der Politik.

In politikwissenschaftlichen Analysen wird naturgemäß die Bedeutung der Restriktionen betont. Eine auf Kurskorrekturen angelegte Regierungspolitik stoße deshalb an formell-politische Restriktionen, die individuelle und kollektive Rechte absichern, also Schutz gegen umfangreiche staatliche Steuerung gewähren. Außerdem errichte die bundesstaatliche Kompetenzverteilung formell-politische Hürden, die eine einseitige Machtkonzentration beim Zentral- oder bei den Gliedstaaten verhinderten. Schließlich unterliege die Bundesregierung den formell-politischen Vorgaben von „Mitregenten" wie vor allem denen des Bundesverfassungsgerichts (vgl. Kap. B.5.).

Die moderne Politikwissenschaft widmet sich der Analyse des Gewichts politisch-institutioneller Restriktionen. Solche Handlungsrestriktionen für die Bundesregierung ergäben sich nicht nur aus dem bundesstaatlichen Beziehungsgeflecht, sondern auch aus dem demokratiespezifischen Problem der Bewältigung des kurzfristigen Erfolges. Dieses Problem sei nicht nur durch die Häufigkeit aufeinanderfolgender Wahlen bedingt, sondern auch innerparteilich und zwischenparteilich bedeutsam. Der innerparteiliche Zwang zur Wiederwahl, raschen Erfolg vorweisen zu können und der zwischenparteiliche permanente „Fähigkeits- und Demonstrationszwang" der Politiker benötigten Politiken, die sich kurzfristig „verkaufen lassen" (M. G. Schmidt 1992, S. 213).

Diese kurzfristige Politikorientierung hat für die Inhalte der Politik problematische Folgen: Kurzfristig entworfene Programme genießen Vorrang, längerfristig angelegte Reformstrategien hingegen „sind in der Regel ,out', sie bringen zuviel Risiko, zuviel politische Kosten und zuwenig kurzfristige Attraktivität" (M. G. Schmidt 1992, S. 213).

Signifikante Politikreformen seien demnach in einer – die Regel bildenden – Kleinen Koalition auf Bundesebene (sozial-liberale, konservativ-liberale oder rot-grüne Koalition) nur durchzusetzen, wenn die Inhaber von Vetopositionen ihre Vetomacht nicht einsetzen wollten oder könnten. Das politisch-institutionelle Regelwerk erlaube eine Überwindung von Barrieren nur durch Bildung einer (formellen oder informellen) „doppelten Großen Koalition": Nur wenn Regierungsparteien und stärkste Oppositionspartei im Bundestag sowie die Regierungskoalition des Bundes und die Bundesratsmehrheit miteinander koalierten, seien grundlegende Reformen durchsetzbar. Die „Verfassungsrevision" von 1969 am Ende der Großen Koalition aus CDU/CSU und SPD war ein überzeugender Beleg für diese politisch-institutionelle Deutung der Regierungs- und Reformfähigkeit eines politischen Systems. Wenn Tsebelis das deutsche politische System als Staat der Großen Koalition („Grand Coalition State") kennzeichnet, ist dieser ausgeprägte institutionalisierte Konsensbildungszwang gemeint. Diesem Einigungszwang könnten die beteiligten Akteure nur entgehen, wenn sie eine Blockade des Entscheidungsprozesses in Kauf nehmen (Tsebelis 1995, S. 289–325).

In einer weiteren Deutung gesellschaftlicher und exekutiver Gestaltungsfähigkeit wird hervorgehoben, dass pluralistische Systeme insofern nur über eine begrenzte Rationalität verfügten, als sie lediglich zu einer Politik „inkrementalen Durchwurstelns" fähig seien (Czada 1999, S. 410). Die Kritik richtet sich gegen den im politischen Wettbewerb vorherrschenden „Mythos der Machbarkeit", da in Wirklichkeit von der Politik nur stückwerkartige Impulse ausgingen. Im föderativen, von Gegenmächten wie dem Bundesverfassungsgericht oder der unabhängigen Zentralbank gezähmten, neokorporatistischen Staat mit stark widerstreitenden Interessen maßgeblicher staatlicher, korporativer und gesellschaftlicher Akteure seien abrupte und grundlegende politische Kurswechsel nicht durchsetzbar. Bei so komplizierten staatlichen Strukturen wie denen des deutschen politischen Systems sei nicht mehr als ein „kleinschrittiger, reformloser Wandel" zu erwarten (Czada 1999, S. 411). Gleichwohl wird der demokratischen Politik mit ihrem austarierten Gleichgewichtssystem die Handlungsfähigkeit zugesprochen, durch kleine Impulse längerfristig folgenreiche Veränderungen zu bewirken.

2.2.2 Koalitionspolitische Determinanten

Der von Manfred G. Schmidt entwickelte Ansatz der „Politik des mittleren Weges" sieht in der partei- bzw. koalitionspolitischen Zusammensetzung der Bundesregierungen einen bedeutenden politisch-institutionellen Faktor für die tendenziell moderate Politik in der alten Bundesrepublik. Der Zwang zur Koalitionsbildung im Bund trägt wesentlich dazu bei, dass sowohl sozialstaatlich begründete „extreme" Aufgaben- und Leistungsausweitungen als auch ein „radikaler" Rückzug des Staates aus sozialstaatlicher und beschäftigungspolitischer Verantwortung erschwert oder verhindert worden sind (M. G. Schmidt 1990; 1992).

Der Handlungsspielraum der Bundesregierungen war maßgeblich von der außerordentlich langen Regierungsbeteiligung der FDP bestimmt worden. Mit Ausnahme der Jahre 1957 bis 1961 und 1966 bis 1969 war die FDP bis zur Bildung der rot-grünen Koalition im Jahr 1998 stets an den CDU/CSU- oder SPD-geführten Bundesregierungen beteiligt. Wird als Maßstab für die Stärke der Regierungsbeteiligung der Anteil an Ministerien zugrunde gelegt, dann waren die Liberalen – bei einem Zweitstimmenanteil von durchschnittlich 9 % – überpropotional stark an der Regierung beteiligt. Die lange und starke Regierungsbeteiligung der Liberalen hatte tiefgreifende Folgen für Art und Umfang der Prioritäten staatlicher Aufgabenerfüllung.

Der Politikansatz des mittleren Weges versucht zu erklären, wie die Beteiligung der FDP an Koalitionsregierungen mit der CDU/CSU oder der SPD die Politik der großen Parteien „zähmt", die tendenziell auf Wohlstandssicherung und auf den Ausbau des Sozialstaats angelegt sind. Liberaler Parteiprogrammatik entsprechend stoßen in der Finanzpolitik staatliche Aufgaben- und Ausgabenzuwächse, Steuererhöhungen und staatlich finanzierte Beschäftigungsprogramme regelmäßig auf den Widerstand der FDP. Dieser koalitionspolitische Einigungszwang hat eine gemäßigte Ausgaben- und Steuerpolitik und des weiteren zur Folge, dass der politische Zielkonflikt zwischen Preisstabilität und Vollbeschäftigung zugunsten der Preisstabilität und zulasten ordnungspolitisch bedenklicher und ausgabenintensiver Beschäftigungsprogramme gelöst wird (Scharpf 1987).

Trotz der auf Beschränkung der Staatstätigkeiten ausgerichteten liberalen Parteiprogrammatik verbleiben jeder Koalitionsregierung Handlungsspielräume für ausgabensteigernde sozialpolitische Maßnahmen. Die FDP konnte sich als Regierungspartner gerade in Phasen wirtschaftlichen Wachstums und relativ großer Verteilungsspielräume mit einer Politik arrangieren, die einen stetigen begrenzten Ausbau des sozialen Sicherungssystems zuließ. Der grundsätzliche Zielkonflikt zwischen der – liberaler Ordnungspolitik entsprechenden – vorrangigen Effizienzsteigerung und den an sozialen Leistungsausweitungen interessierten „Volksparteien" konnte somit leichter überwunden werden und die Konsensfindung der Koalitionsregierungen erleichtern. Diese Arrangements kamen der Politik des mittleren Weges zugute, d.h. die gegensätzlichen Ziele der wirtschaftlichen Effizienz und der sozialen Gleichheit mussten und konnten immer wieder ausbalanciert werden (M. G. Schmidt 1990, S. 30).

Dass der Handlungskorridor für staatliche Interventionen nicht übermäßig eingegrenzt wird, ist nach diesem Erklärungsansatz dem besonderen Wohlfahrtsstaats-Typus Deutschlands zu verdanken. Die Konsensbildung mit den liberalen Koalitionspartnern wird deshalb gefördert, weil die sozialstaatliche Konstruktion der Aufgaben- und Finanzierungsverteilung zwischen privatem und staatlichem Sektor die Einwilligung der FDP zu staatlichen Interventionen erleichtert: Während ein Großteil der Bereitstellung der öffentlichen Infrastruktur (z.B. in der Bauindustrie) oder der Leistungserbringung (z.B. im Gesundheitsbereich) privat erfolgt, wird deren Finanzierung zum Teil und weitgehend staatlich gewährleistet.

Nach Schmidts Auffassung ist die Politik des mittleren Weges im politischen Institutionengefüge Deutschlands fest verankert und erfährt traditionell eine breite Akzeptanz. Die Politik des mittleren Weges hat deshalb eine beachtliche Anhängerschaft, weil die „Gewinner" dieses Politikmodus jeweils zu den Kerngruppen der großen Volksparteien und der FDP zählen: Preisstabilität genießt nicht nur bei der Mehrheit der Unternehmer, der freien Berufe und der Besitzer von Vermögenswerten, sondern auch bei der Mehrheit der Wähler mit geringem Vermögen und niedrigem Einkommen (z.B. Arbeitnehmer und Rentner) Priorität.

Dieser Erklärungsansatz zeigt schließlich auch die Defizite der Politik des mittleren Weges auf: Auch wenn die im Urteil der Wählermehrheit so bedeutende „Stellung der Sicherheitsbedürfnisse" für die Problemlösungsfähigkeit der Politik des mittleren Weges spricht, ist eine solche Politik auf Herausforderungen außergewöhnlicher zeitlicher und finanzieller Dimension wie der deutschen Vereinigung nicht eingestellt. Schmidt räumt deshalb auch ein, dass sich diese Politik zur „Bewältigung komplexer Probleme mit hohem Umverteilungsgehalt" nicht eignet und darüber hinaus infolge der institutionellen Restriktionen der Finanzpolitik im Bundesstaat den Handlungsspielraum der Bundesregierung erheblich verengt (M. G. Schmidt 1990, S. 30f.).

Durch die Wiedervereinigung hatte die Politik des mittleren Weges als vorherrschende Form der Politikentwicklung ihre Grundlage verloren. Insbesondere im Politikfeld der Finanzpolitik hatte sich infolge des enorm gestiegenen Problemdrucks gezeigt, dass vom „Pfad" der Politik des mittleren Weges abgewichen und ein radikaler Kurswechsel vollzogen werden musste (Rohwer 1993; M. G. Schmidt 1993) (vgl. Kap. B.2.2.3.).

Der Handlungskorridor der Bundesregierung hatte sich in den 1990er-Jahren in dem Maße erweitert, wie die Koalitionen in den Ländern vielfältiger wurden und damit einseitige Parteipräferenzen bei Abstimmungen im Bundesrat an Gewicht verloren. So war der Trend zu parteipolitisch unterschiedlich zusammengesetzten Landesregierungen unverkennbar: Anfang 2000 gab es vier CDU/CSU-Alleinregierungen (Saarland, Sachsen, Thüringen, Bayern), zwei SPD-Alleinregierungen (Niedersachsen, Sachsen-Anhalt), zwei CDU/FDP-Koalitionen (Baden-Württemberg, Hessen), drei SPD/ Bündnisgrüne-Koalitionen (Hamburg, Nordrhein-Westfalen, Schleswig-Holstein), eine SPD-FDP-Koalition (Rheinland-Pfalz), drei große Koalitionen von CDU und SPD (Berlin, Brandenburg, Bremen) und eine SPD-PDS-Koalition (Mecklenburg-Vorpommern). Diese Ausdifferenzierung der parteipolitischen Zusammensetzung der Landesregierungen machte die Entscheidungen der Bundesregierung von Mehrheiten der Länder unabhängiger, dehnte also deren Handlungsspielraum aus (König 1998; Benz 1999a).

Eine solche Vielfalt der Regierungskoalitionen in den Ländern mit unterschiedlichsten Interessen trägt zur Entpolarisierung der parteipolitischen Konflikte im Bundesrat bei (Czada 1995). Zugleich entstehen aber neue Polarisierungen im politischen System und in Politikfeldern mit verteilungspolitischer Relevanz, wie die sich verhärtenden Auseinandersetzungen im bundesstaatlichen Finanzausgleich belegen (Pilz 2002).

Der Stärkung der Handlungsfähigkeit der Bundesregierung durch die vielfältigen Parteienkoalitionen steht allerdings die Schwächung der Formulierung und Durchsetzung einer bundeseinheitlichen Parteiprogrammatik gegenüber. Die größere Heterogenität der Parteienkoalitionen und die gestiegene Dominanz von Verteilungsfragen erschweren also eine in sich schlüssige programmatische Positionierung der Bundesparteien (Czada 1999, S. 404).

2.2.3 Finanzverfassungsrechtliche und finanzpolitische Restriktionen

Die Bundesregierung hat bei der Gestaltung der Politik verfassungsrechtliche Schranken zu beachten, die infolge wachsender fiskalischer Probleme zunehmend die Vorschriften der Finanzverfassung und die Finanzpolitik tangieren. Überdies hat die Bundesregierung seit In-Kraft-Treten des Maastrichter Vertrages (schuldenbezogene) Konvergenzkriterien zu berücksichtigen und unterliegt deshalb einer stringenten Haushaltsdisziplin.

Die Schuldenaufnahme der Bundesregierung wird durch die Regelung des Art. 115 Abs. 1 GG begrenzt: „Die Einnahmen aus Krediten dürfen die Summe der im Haushaltsplan veranschlagten Ausgaben für Investitionen nicht überschreiten; Ausnahmen sind nur zulässig zur Abwehr einer Störung des gesamtwirtschaftlichen Gleichgewichts". Das verfassungsrechtliche Gebot, neue Schulden lediglich in Höhe der investiven Ausgaben des Haushalts aufzunehmen, engt den finanzpolitischen Handlungsspielraum der Bundesregierung nur begrenzt ein, da nicht nur der Begriff der „öffentlichen Investitionen" nicht eindeutig definiert ist, sondern auch das Ausnahmekriterium der „Störung des gesamtwirtschaftlichen Gleichgewichts" einen weiten Interpretationsspielraum zulässt.

Da infolge nationaler, europäischer und globaler Umbrüche das Kriterium des „gestörten Gleichgewichts" in Gestalt „unzulänglicher" privater und öffentlicher Investitionstätigkeit und „unzureichender" Beschäftigung stets erfüllt ist, kann die Ausnahmebestimmung immer als Rechtfertigung für den enormen Schuldenanstieg und das hohe Schuldenniveau aller Gebietskörperschaften dienen. Die Schuldengrenze des Art. 115 GG ist also angesichts der außergewöhnlichen wirtschaftlichen und finanziellen Herausforderungen wenig geeignet, den finanzpolitischen Handlungsspielraum der Bundesregierung ernsthaft zu bedrohen.

Weder die Begrenzung der Staatsverschuldung nach Art. 115 GG noch der Art. 109 Abs. 2 GG, der Bund und Länder in ihrer Haushaltspolitik auf „Erfordernisse des gesamtwirtschaftlichen Gleichgewichts" verpflichtet, haben die dringend gebotene Koordinierung der öffentlichen Schuldenpolitik intensiviert. In Deutschland ist die Koordinierung der Defizitpolitik deshalb so schwierig, weil die staatlichen Ebenen keinen „Einigungszwängen" unterliegen, sondern Art. 109 Abs. 1 GG festlegt, dass „Bund und Länder in ihrer Haushaltswirtschaft selbstständig und von einander unabhängig sind". Auch den Gemeinden billigt Art. 28 Abs. 2 GG das Recht zu, „alle Angelegenheiten der örtlichen Gemeinschaft ... in eigener Verantwortung zu regeln". Als politische Konsequenz des fehlenden Einigungszwanges haben die „nachgeordneten" bundesstaatlichen Ebenen, die Bundesländer und Gemeinden, relativ hohe Anteile an der Verschuldungs- und Staatsquote. Auch der 1969 eingerichtete Finanzplanungsrat, als bundesstaatliches Koordinierungsgremium vor allem zur Eingrenzung der öffentlichen Ausgabenentwicklung konzipiert, konnte wegen des nur „empfehlenden" Charakters seiner Beschlüsse nur begrenzte Wirkung entfalten.

Als Reaktion auf die vielfach im Bundesstaat nicht erreichten Ziele eingeschränkter Ausgaben- und Schuldenentwicklung sollte schon 1967 durch Einfügung der Absätze 2 bis 4 in Art. 109 GG „die gesamtstaatliche Solidarverantwortung und die Verpflichtung zur wechselseitigen finanzpolitischen Rücksichtnahme von Bund und Ländern" gestärkt werden („Maastricht"-Gutachten des Wissenschaftlichen Beirats beim Bundesfinanzministerium 1994, S. 45). Das auf der Grundlage dieser Verfassungsergänzung erlassene Haushaltsgrundsätzegesetz vom 19.8.1969 (BGBl. I S. 1273) enthält allerdings keine Begrenzungsmaßstäbe für die Kreditaufnahme der Länder. Zwar haben einige Länder wie Baden-Württemberg und Niedersachsen und teilweise auch die neuen Länder die Verschuldungsnormen des Art. 115

Abs. 1 Satz 2 GG in ihren Verfassungen und Landeshaushaltsordnungen übernommen, andere Länder wie das Saarland und Schleswig-Holstein kennen aber solche Begrenzungsnormen der Verschuldung nicht. Die einzige bundeseinheitliche Regelung, die Bindung von Bund und Ländern an das gesamtwirtschaftliche Gleichgewicht des Art. 109 Abs. 2 GG, erwies sich wegen des Fehlens eines institutionalisierten Abstimmungsmechanismus als stumpfe Waffe.

Als Reaktion auf die bundesstaatlichen Probleme der Koordinierung der öffentlichen Defizitpolitik haben sich die politischen Akteure im Zustimmungsgesetz zum Maastricht-Vertrag darauf geeinigt, in der Verschuldungspolitik eine „Abstimmung" zwischen Bund und Ländern festzuschreiben: Art. 2 des Gesetzes zum Vertrag über die Europäische Union (BGBl. I 1992, S. 251) normiert nun, dass die Verpflichtungen aus Art. 104c EGV in den Bundes- und Landeshaushalten unter Beachtung der Haushaltsautonomie der föderativen Ebenen und der Erfordernisse des gesamtwirtschaftlichen Gleichgewichts „auf der Grundlage einer Abstimmung zwischen Bund und Ländern zu erfüllen" sind.

Die Kritik an dieser Regelung der föderativen „Abstimmung" hebt hervor, dass die haushaltspolitischen Abstimmungsmechanismen nach Art. 109 GG und im Finanzplanungsrat lediglich „Empfehlungen aussprechen" können, während „verpflichtende Festlegungen" nicht möglich sind. Deshalb ist nach Auffassung des Wissenschaftlichen Beirats beim Bundesfinanzministerium „eine bindend festgelegte Aufteilung des Verschuldungsrahmens zwischen Bund und Ländern und der Länder untereinander erforderlich". Der Beirat schlägt für „Normalsituationen" vor, die Verschuldungsobergrenzen je zur Hälfte auf den Bund und die Gesamtheit der Länder aufzuteilen. Des weiteren wird dafür plädiert, die Verschuldung auf unter 3 % des Bruttoinlandprodukts zu reduzieren, um unverzichtbare Verschuldungs-Spielräume für konjunkturelle Rückschläge und „strukturelle Sondersituationen" wie beispielsweise die Wiedervereinigung zu schaffen („Maastricht"-Gutachten des Wissenschaftlichen Beirats beim Bundesfinanzministerium 1994, S. 20 f., 49, 51 f.).

2.2.4 Verfassungsgerichtliche Vorgaben: das Beispiel der Finanz- und Steuerpolitik

Welche zeitlichen und inhaltlichen Vorgaben das Bundesverfassungsgericht der Bundesregierung (bzw. dem jeweils zuständigen Fachministerium) macht und welchen Kompetenzbereich und Gestaltungsspielraum das höchste Gericht der Bundesregierung zubilligt, soll anhand einiger Karlsruher Entscheidungen zur Sozial-, Finanz- und Steuerpolitik dargestellt werden.

In seinem ersten Urteil hat das Bundesverfassungsgericht zum Sozialstaatsgebot des Grundgesetzes Stellung genommen und festgestellt, dass die in Artikel 1 des Grundgesetzes normierte Menschenwürde dem Staat die Pflicht auferlegt, das Existenzminimum jedes Menschen sicherzustellen (BVerfGE 1, 1 ff.). Das Bundesverfassungsgericht hatte sich gegenüber konkreten Vorgaben (z.B. Höhe und Anpassung des Existenzminimums oder das Setzen von Fristen) oder einer konkreten Ausgestaltung von Leistungen (z.B. Anspruchsbedingungen, Leistungshöhe, Dauer des Leistungsbezuges sog. Transfereinkommen wie Sozialhilfe, Arbeitslosenhilfe, Wohngeld usw.) in seinen Urteilen jahrelang Zurückhaltung auferlegt, um den politischen Gestaltungsspielraum der politischen Akteure nicht zu begrenzen. In den 1990er Jahren wurden allerdings die höchstrichterlichen Vorgaben zunehmend detaillierter (z.B. im „Familienurteil" von 1999).

Für den Bereich der Sozialpolitik bedeutete die Orientierung am Grundsatz der Selbstbeschränkung für die Richter auch noch in den 1970er-Jahren, Leistungsansprüche des Einzelnen nicht soweit zu unterstützen, dass dem Staat finanzielle Verpflichtungen in einem Maße erwachsen, die seine Haushaltsplanung beeinträchtigen könnten. So verpflichtete das Gericht den Staat im „Numerus-clausus-Urteil von 1972" (BVerfGE 33, 303 ff.) beispielsweise zur Verteilung der bereitgestellten Mittel unter Beachtung des Gleichheitsgrundsatzes, nicht hingegen zur Mittelausweitung, um für alle Studierwilligen entsprechend Studienplätze bereitzustellen.

Das Bundesverfassungsgericht erklärte in seiner Entscheidung über das steuerlich zu verschonende Existenzminimum vom 25.9.1992 (BVerfGE 87, 153 ff.), dass die nicht zur Deckung des existenznotwendigen Bedarfs ausreichen. Das Bundesverfassungsgericht folgte damit der Rechtsauffassung des Klägers, dass die Regelungen des Grundfreibetrags und des Kinderfreibetrags gegen Art. 1 GG in Verbindung mit dem Sozialstaatsgrundsatz des Art. 20 Abs. 1 GG sowie gegen Art. 3 Abs. 1 (Gleichheitsgrundsatz) und Art. 6 Abs. 1 GG (besonderer Schutz der Familie) verstießen, da sie nicht ausreichen, das Existenzminimum des Steuerpflichtigen und seiner Familie steuerfrei zu belassen (BVerfGE 87, 164).

Dem Gesetzgeber, d.h. faktisch dem Bundesfinanzministerium wird aufgegeben, spätestens mit Wirkung vom 1. Januar 1996 die verfassungswidrige durch eine verfassungsgemäße Regelung zu ersetzen (BVerfGE 87, 181). Da nach Auffassung des Bundesverfassungsgerichts Steuergesetze keine „erdrosselnde" Wirkung haben dürften, also ein „Kernbestand des Erfolges" wirtschaftlicher Betätigung erhalten werden müsse, müsse dem Steuerpflichtigen von seinen Erwerbsbezügen zumindest soviel verbleiben, dass er seinen notwendigen Lebensunterhalt bestreiten könne. Der Bundesregierung wird demzufolge für den einkommensteuerlichen Zugriff eine „Untergrenze" gesetzt, die der existenznotwendige Bedarf bildet. Jeder Steuerpflichtige muss also vorweg einen nach dem Existenzminimum bemessenen Freibetrag erhalten (BVerfGE 87, 169).

Bei der Bemessung des steuerfreien Existenzminimums habe der Bundesfinanzminister als verfassungsrechtliche Vorgaben die Kriterien der „allgemeinen wirtschaftlichen Verhältnisse" und „des in der Rechtsgemeinschaft anerkannten Mindestbedarfs" zu berücksichtigen (BVerfGE 87, 170). Während das Kriterium der allgemeinen wirtschaftlichen Verhältnisse und der davon abhängigen öffentlichen Finanzlage der Regierungspolitik einen weiten Interpretations- und Gestaltungsspielraum zubilligt, läßt die Ausgestaltung des am Sozialhilferecht orientierten Mindestbedarfs keinen großen Spielraum zu.

Bei der Ermittlung der Höhe des sozialhilferechtlichen Existenzminimums als Maßstab für den steuerlichen Freibetrag setzt das Bundesverfassungsgericht der Bundesregierung enge Grenzen: Während die Bundesregierung aus fiskalischen Gründen dafür plädierte, Transferleistungen wie Wohngeld, Wohnungsbauprämien oder BAföG-Leistungen auf das steuerfreie Existenzminimum anzurechnen, also den Steuerfreibetrag möglichst niedrig anzusetzen, widersprach das Bundesverfassungsgericht dieser Interpretation der Berechnung des sozialhilferechtlichen Existenzminimums. Nach Auffassung des Gerichts dienten die verschiedenen Förderleistungen nicht dazu, den existenziellen Grundbedarf sicherzustellen, sondern sind zur „Deckung eines besonderen Bedarfs bestimmt" (BVerfGE 87, 176). Deshalb müssten solche steuerfreien Leistungen bei der Bemessung des steuerfreien Existenzminimums außer Betracht bleiben.

Diese Entscheidung des Bundesverfassungsgerichts führt dazu, dass die Finanzpolitik der Bundesregierung in Zukunft höhere Steuerfreibeträge und folglich beachtliche Steuerausfälle in Kauf nehmen muss (in Größenordnungen von 15 bis 60 Milliarden Mark jährlich). Mit dem Auftrag des Bundesverfassungsgerichts an die politischen Akteure, „gerade bei wachsendem staatlichen Finanzbedarf und einer ihm entsprechenden steigenden Steuerbelastung ... eine gerechte Verteilung der Lasten zu gewährleisten", setzt das Gericht zwar relativ konkrete Untergrenzen für den steuerlichen Zugriff auf niedrige Erwerbsbezüge, billigt aber zugleich der Bundesregierung zu, bei höheren Einkommen ihren steuer-, sozial- und familienpolitischen Gestaltungsspielraum zu nutzen (BVerfGE 87, 172 f., 178).

Um die finanzielle Handlungsfähigkeit der Regierung nicht zu bedrohen, müsse nach dem Karlsruher Urteil die verfassungswidrige Bemessung des steuerlichen Existenzminimums nicht rückwirkend beseitigt werden. Um die öffentlichen Haushalte nicht „mit Steuererstattungsansprüchen von außerordentlicher Höhe" zu belasten, „genügt" dem Gericht, wenn die Regierung „die gebotene Neuregelung für die Zukunft trifft und sie bereits gegenwärtig ihrer Finanzplanung zugrunde legt" (BVerfGE 87, 179).

Die Rechtsprechung im Zuge der deutschen Einheit berücksichtigt ebenfalls in starkem Maße die „finanzielle Leistungsfähigkeit von Bund und Ländern und auch die sonstigen Staatsaufgaben". Diese Argumentation findet sich sowohl im Urteil bezüglich der „Enteignungen auf besatzungsrechtlicher Grundlage" vom September 1990 (BVerfGE 86, 2 ff.) als auch in den Urteilsbegründungen zur „Warteschleife" vom April 1991. Als Warteschleife wurde die 6-monatige (bei über 50-Jährigen 9-monatige) Beurlaubung bezeichnet, in die Angestellte des öffentlichen Dienstes unter Weiterzahlung von 70 % ihres letzten Gehaltes geschickt wurden, die in Einrichtungen arbeiteten, welche von Bund, Ländern und Gemeinden nach der staatsrechtlichen Vereinigung der beiden deutschen Staaten am 3. Oktober 1990 nicht übernommen, im Amtsdeutsch „abgewickelt" wurden.

Deutliche Schranken werden der Regierung und dem Gesetzgeber auch durch den Vermögensteuerbeschluss („Einheitswerte-Urteil") des Bundesverfassungsgerichts vom Juni 1995 (BVerfGE 93, 121) gesetzt. Der Beschluss des Bundesverfassungsgerichts wurde durch einen Vorlagebeschluss des Finanzgerichts Rheinland-Pfalz veranlasst, das dem Bundesverfassungsgericht die Frage vorlegte, ob die unterschiedliche vermögenssteuerliche Belastung einheitswertgebundenen Vermögens (z.B. Grundbesitz) und nicht einheitswertgebundenen Vermögens (z.B. Geld oder Gebrauchsvermögen) mit dem Gleichheitssatz des Art. 3 Abs. 1 GG zu vereinbaren sei. Die Stellungnahmen in Rechtsprechung und Literatur hoben eindeutig hervor, dass die Erhebung von Vermögensteuer auf der Grundlage von (relativ niedrigen) Einheitswerten den Verkehrswert auch nicht annähernd wirklichkeitsgerecht wiedergibt (BFH, Bundessteuerblatt II, 1986, S. 782; Tipke/Lang 1996, S. 496 ff.).

Wenn sich das Bundesverfassungsgericht auf die Beantwortung der Vorlagefrage des rheinland-pfälzischen Finanzgerichts beschränkt hätte, wäre es seiner richterlichen Aufgabe der nachträglichen Kontrolle der Verfassungsmäßigkeit von Normen gerecht geworden und hätte der Regierungspolitik und der Gesetzgebung Klarheit über die Rechtslage verschafft (Wieland 1998, S. 179). Das Verfassungsgericht hat aber insofern in die steuerpolitische Kompetenz der Regierung eingegriffen, als es konkrete Ausführungen über die Grundlagen und Grenzen der Vermögensbesteuerung machte.

Besondere Kritik hat nicht nur die Vorgabe, auf die Vermögenssubstanz grundsätzlich nicht zugreifen zu dürfen, sondern auch die Formulierung des „Halbteilungsgrundsatzes" ausgelöst, wonach die Vermögenserträge nur etwa bis zur Hälfte vom Fiskus „konfisziert" werden dürfen.

Nach dem Urteil des Bundesverfassungsgerichts greife – in Annäherung an das vom Verfassungsrichter Paul Kirchhof entwickelte Eigentumsverständnis des Grundgesetzes – die Vermögensteuer „in die ... allgemeine Handlungsfreiheit (Art. 2 Abs. 1 GG) und in deren Ausprägung als persönliche Entfaltung im vermögensrechtlichen Bereich ein (Art. 14 GG)" (BVerfGE 93, 121, 137). Wird zwischen nomineller Vermögensteuer (Mittelaufbringung aus den Vermögenserträgen!) und reeller Vermögensteuer (Mittelaufbringung aus der Vermögenssubstanz!) unterschieden, darf der Steuergesetzgeber nicht auf „die Substanz des Vermögens, den Vermögensstamm" zugreifen. Folglich muss die Vermögensteuer so bemessen werden, dass sie „aus den üblicherweise zu erwartenden, möglichen Erträgen (Sollerträge) bezahlt werden kann" (BVerfGE 93, 137).

Mit der Qualifizierung der Vermögensteuer als Sollertragsteuer setzte sich das Gericht in Widerspruch zur Vermögensdefinition des Gesetzgebers und der Finanzwissenschaft: Nach dem Willen des Gesetzgebers stelle „das Vermögen an sich ... bereits eine steuerlich relevante Leistungsfähigkeit des Steuerpflichtigen" dar (Bundestags-Drucksache VI/3418, S. 51). Auch für die Finanzwissenschaft basiere die Vermögensteuerpflicht auf dem einfachen Faktum des Vermögensbesitzes; es sei irrelevant, ob das Vermögen Ertrag abwerfe oder nicht, ob es produktiv angelegt sei oder nicht (Wieland 1998, S. 182). Der ehemalige Verfassungsrichter Böckenförde hebt zudem in seinem Sondervotum hervor, dass der Vermögenssteuerschuldner „in seinem Vermögen als Ganzem" betroffen ist und ihm „nicht bestimmte, durch Art. 14 Abs. 1 GG geschützte Eigentumspositionen" entzogen werden können (BVerfGE 93, 149, 153).

Ein besonderer Einschnitt in die politische Gestaltungskompetenz der Regierung und des Gesetzgebers bedeutet die Festlegung des „Halbteilungsgrundsatzes": Die Vermögensteuer dürfe zu den übrigen Ertragssteuern nur soweit hinzutreten, wie „die steuerliche Gesamtbelastung des Sollertrags ... in der Nähe einer hälftigen Teilung zwischen privater und öffentlicher Hand verbleibt" (BVerfGE 93, 121, 138). Das Gericht gibt sogar detaillierte Handlungsanweisungen vor, indem Vermögenswerte wie „durchschnittliche Einfamilienhäuser" von der Vermögensteuer freigestellt werden müssen.

Das Verfassungsgericht kann mit dem Vermögensteuer-Urteil nicht hinlänglich begründen, warum ausgerechnet die Vermögenssubstanz – anders als etwa Lohn- oder Zinsansprüche – von der Besteuerung freigestellt wird. Vor dem Hintergrund anhaltend hohen öffentlichen Finanzierungsbedarfs und der europäischen und globalen Herausforderungen sollten der Regierung keine zu engen Fesseln angelegt werden, sondern Freiräume für eine eigenverantwortliche Ausgestaltung der Steuerpolitik eingeräumt werden. Das Bundesverfassungsgericht sollte wegen der enormen wirtschaftlichen, sozialen und politischen Dynamik und der damit verbundenen gestiegenen Anforderungen an die Regierungsfähigkeit ihrem Grundsatz richterlicher Selbstbeschränkung wieder stärker Beachtung schenken.

Im „Familienurteil" vom Januar 1999 schreibt das Bundesverfassungsgericht der Bundesregierung vor, innerhalb bestimmter Fristen Ehepaare mit Kindern mit Hilfe konkreter Freibeträge steuerlich zu entlasten. 1982 hatte das Bundesverfassungsgericht nur Alleinerziehenden Freibeträge eingeräumt, weil sie besonders benachteiligt seien. Nach dem Familienurteil verbiete aber der Gleichheitssatz des Artikels 6, Ehepaare mit Kindern vom steuermindernden Abzug der Kinderbetreuungskosten und eines Haushaltsfreibetrags auszuschließen. Wesentliches Ziel dieses Urteils sei es also, die steuerliche „Schlechterstellung von Ehe und Familie zu beseitigen" (Kirchhof 1999, S. 12).

Künftig sollte für jede Familie ein Kinderbetreuungsbedarf von 4.000 für das erste und von 2.000 Mark für alle weiteren Kinder und ein Erziehungsbedarf von 5.616 Mark steuerlich berücksichtigt werden. Bezüglich der Kinderbetreuungskosten hatte das Gericht besonders strenge Fristen gesetzt: Diese Kosten musste die Koalition bereits zum Januar 2000 neu geregelt haben; die Frist für die Neuregelung des Erziehungsfreibetrags wurde für Anfang 2002 festgesetzt. Das Existenzminimum sollte bei allen Familienmitgliedern steuerfrei bleiben.

Die zeitlichen Vorgaben für die Umsetzung des Urteils unterwerfen die Regierung und den Gesetzgeber besonders strengen Bedingungen: Wird der Neuregelungsauftrag in einer bestimmten Zeit nicht erfüllt, dann wird, wie das Gericht im Urteil hinzugefügt hat, vorläufig die vom Gesetzgeber für die Nichtverheirateten vorgesehene Regelung auch für die Verheirateten angewandt (Kirchhof 1999, S. 12).

Kritiker wie der Verfassungsrechtler Badura müssen sich nach dem Familienurteil in ihren Vorbehalten bestätigt sehen, dass die Vorgaben des Gerichts gegenüber dem Gesetzgeber „zunehmend detaillierter, zunehmend enger, zunehmend spezieller" geworden sind (Kerscher 1999, S. 2). Auch für den Verfassungsrechtler Pieroth sind die steuerlichen Entscheidungen zugunsten von Ehepaaren mit Kindern signifikante Beispiele für die „Usurpation der Rolle des Gesetzgebers", d.h. auch für die Einschränkung des Gestaltungsspielraums der Regierung (Pieroth 1999, S. 2).

2.3 Konkrete Regierungspolitik

2.3.1 Formierung und Deformierung des „Systems Kohl": Patriarchalische Herrschaft und Informalisierung der Politik

Die interne Machtregulierung des „Systems Kohl" ist durch eine Verknüpfung der politischen und persönlichen Dimension gekennzeichnet, die letztlich die klassische Unterscheidung zwischen öffentlicher und privater Sphäre auflöst. Im System Kohl ist die Ämter- und Regierungsordnung des Grundgesetzes allmählich in eine von „politischen Ämtern auf Personen umgestellte, radikal parteienstaatliche und personalisierte Herrschaftsweise" transformiert worden (Hennis 1998, S. 160).

Die CDU-Spendenaffäre Ende 1999 mit ihrer konspirativen Kontoführung, den „schwarzen Kassen" in der Schweiz, der „Geldwäsche" über die Staatsbürgerliche Vereinigung und Stiftungen und ihren Begleiterscheinungen des Verfassungs- und Gesetzesbruchs Kohls und enger Vertrauter gegenüber den Bestimmungen der Parteienfinanzierung, des Verrats am Wähler und am Parteimitglied offenbarte den deformierten Charakter des ausdifferenzierten Kohl-Systems (Sontheimer 2000, S. 3–5; Morlock 2000, S. 6–14).

Das über viele Jahre mit krimineller Energie verfolgte Finanzgebaren als der „Achillesferse" im System Kohl stellte nicht nur die Glaubwürdigkeit der Politik der CDU mit ihrem programmatischen Anspruch, den Rechtsstaat wahren zu wollen, in Frage. Sie gefährdete auch die historische Leistung und die stabilitätsfördernde Rolle der CDU, eine Bindekraft für national-konservative Liberale und christlich-soziale Gruppierungen zu sein.

Kohl, der sich weniger für Sachfragen interessierte und „ohne inhaltlichen Kompetenzanspruch und Orientierung" glaubte auskommen zu können (G. Hofmann 1999, S. 11), war damit ausgelastet, seine Macht zu sichern, seine Rivalen zu verdrängen und für ihn „ungefährliche" Mitarbeiter um sich zu versammeln (Riehl-Heyse 1999, S. 13). Macht war im Gesamtsystem Kohl die zentrale Kategorie, in dem Politisches und Privates zusammenflossen. Diese Form der Machtausübung und -nutzung war nicht „fair, transparent und diskursiv": Nicht Distanz als „Merkmal jeder Hierarchie- und Ämterordnung" prägte das System Kohl, sondern „Kameradschaft, Dankbarkeit und das Gegenteil davon, dünnhäutiges Misstrauen... Über-den-Tisch-Ziehen..." (Hennis 1998, S. 160).

Auch die Außenpolitik Kohls wurde wesentlich als eine Form des Aufbaus und der Pflege privater Beziehungen verstanden, öffentliche Äußerungen über den Modus oder Inhalte von Verhandlungen mit ausländischen Staats- oder Regierungschefs verstand Kohl weniger als demokratische Pflicht zur Information des Parlaments oder der Öffentlichkeit als vielmehr als überflüssige Indiskretion oder sogar als Vertrauensbruch unter Freunden.

Kohl hat Formen patriarchalischer Herrschaft der Leistung und Gegenleistung entwickelt, indem er seinen Untergebenen strikte Loyalität abverlangte, ihnen dafür aber Schutz und Fürsorge zuteil werden ließ. Diese wechselseitige Nutznießerschaft implizierte, dass Kohl nicht nur finanzielle Zuwendungen Personen und Institutionen gewährte, sondern Gremien auf allen Ebenen von Partei und Regierung mit seinen „Gefolgsleuten" besetzte und damit potenzielle Widerstände gegen seine Politik und Person auf ein Minimum zu reduzieren versuchte.

Erst die CDU-Parteispenden-Affäre von 1999 hat deshalb so große Irritationen hervorgerufen, weil die „Geschäftsgrundlage der beiderseitigen Nutznießung" zutage gefördert wurde. Die undurchsichtigen, rechtlich umstrittenen, aber zumindest politisch zu kritisierenden Begleitumstände haben dem „Loyalitätspakt" zwischen Kohl und der CDU bzw. der CDU-Wählerschaft die Basis entzogen.

Der „koordinationsdemokratische" Charakter der Politikentwicklung im System Kohl drückte sich darin aus, dass die Sondierung wichtiger Fragen bei der „Morgenlage" im Kanzleramt, bei wöchentlichen Abendrunden in Parteigremien oder auf gesellschaftlichen Veranstaltungen und in unzählbaren persönlichen Hintergrundgesprächen erfolgte, bevor die Öffentlichkeit unterrichtet wurde (Schreckenberger 1994, S. 329–346).

Dieses Aushandlungs- und Koordinierungssystem, den politischen Kurs möglichst früh mit den verantwortlichen Akteuren abzustimmen und Interessenkonflikte nach Möglichkeit auszugleichen, wurde vom Prinzip der „Männerfreundschaft" und der Diskretion bestimmt.

Ein Netz persönlicher Bindungen trug wesentlich zu seiner Machterhaltung bei. Wer gegen die unverbrüchliche Loyalität und das Vertrauen als Essenziale der „Männerfreundschaft" verstieß, wurde mit harten Sanktionen belegt.

Diskretion war ein zweites zentrales Prinzip des Systems Kohl: Er sicherte sich seine Macht als Parteichef und Kanzler dadurch, dass er seine Informationen gezielt kanalisierte, also immer nur ihm vertrauenswürdig erscheinende Mitarbeiter in die anstehende Materie einweihte. Kohl war darauf bedacht, nicht nur ausgewählte Informationen weiterzugeben, sondern auch möglichst wenige schriftliche Unterlagen und Aktennotizen als mögliche Beweismittel zu hinterlassen.

Die Bevorzugung vertrauensvoller Gespräche und informeller Kontakte vor dem Austausch schriftlicher Demarchen kennzeichnet auch Kohls Regierungshandeln. Der Regierungschef verstärkte insofern die Informalisierung der Politik (Rudzio 2005), als er während seiner Kanzlerschaft immer mehr dazu überging, die für die Politikformulierung zuständigen und verantwortlichen Institutionen wie die Bundesregierung, die Bundesministerien oder das Parlament zu umgehen und die politischen Entscheidungen in informelle Verhandlungssysteme auszulagern.

Die institutionellen Konsequenzen der persönlichen Charakterstruktur Helmut Kohls, sich nicht den Zwängen von Verfahrensregeln und dem Tagesordnungsdruck auszusetzen, lief auf

„die totale Aushebelung der Bundesregierung als Streitentscheidungsinstitution" hinaus (Hennis 1998, S. 161). Das Kabinettsprinzip, wonach Meinungsverschiedenheiten zwischen den Bundesministern im Kollegialorgan Bundesregierung entschieden werden sollen, verliert damit seine verfassungsrechtlich zugeschriebene Funktion als politisches Aushandlungs- und Steuerungssystem auf Bundesebene.

Der Sinn des Kabinettsprinzips, Meinungsverschiedenheiten auszutragen, wurde in sein Gegenteil verkehrt, wenn es unter der Kanzlerschaft Kohls „nur noch einstimmig gefasste Beschlüsse gab" (Hennis 1998, S. 163). Das System Kohl entwertete nicht nur das Kabinetts-, sondern auch das Ressortprinzip: In dem Maße, wie das Kanzleramt die Politikformulierung an sich zog und den Gestaltungseinfluss der Ressortminister beschränkte, verlor das Ressortprinzip seine verfassungsrechtlich festgelegte Funktion der selbstständigen und eigenverantwortlichen Leitung ihres Geschäftsbereichs.

Die Konfliktregelung und Konsensfindung wurde in die wöchentlich tagende Koalitionsrunde verlagert. Die „politische Gewalt" übte damit ein informelles Verhandlungssystem aus, das nicht nur das Kabinettsprinzip ignorierte, sondern sich auch keiner Verfassungsinstitution gegenüber zu verantworten hatte und somit demokratisch unzulänglich legitimiert war.

Die Koalitionsrunde, die sich in der Regel aus der Partei- und Fraktionsführung der CDU/CSU und FDP rekrutierte (Schreckenberger 1994), hatte auch für die politische Bedeutung des Kanzlerprinzips fatale Folgen: Da Helmut Kohl in der Koalitionsrunde nicht mehr in seiner Funktion als Kanzler agieren konnte, sondern „Gleicher unter Gleichen" war, konnte der Kanzler die Koalitionspartner und die Repräsentanten der „Schwesterpartei" CSU auch zu nichts verpflichten (Hennis 1998, S. 163). Der Grad der Verbindlichkeit der Beschlüsse eines solchen Abstimmungssystems war immer dann in Frage gestellt, wenn nicht alle zur Runde gehörenden Mitglieder des engen Kreises anwesend waren.

Die Verlagerung politischer Entscheidungen in Koalitionsrunden hat tiefreichende Folgen für den Politikcharakter: Die Rücksichtnahme der Parteiführer in diesem informellen Verhandlungssystem auf Koalitionsinteressen, die eigene Klientel, die Wähler erschwerte die Formulierung und Umsetzung einer mittel- oder langfristig angelegten, vorausschauenden „aktiven" Reformpolitik (Schreckenberger 1994, S. 329–346; Wewer 1999, S. 504–512). Wichtiges Strukturelement des Systems Kohl war die dominierende Strategie des Regierungschefs einer Koalitionsregierung, wegen aktueller Konflikte über Sachthemen die machterhaltende Koalition auf keinen Fall aufs Spiel zu setzen. Der koalitionspolitische Einigungszwang beförderte also eine „Politik des mittleren Weges", die einen gravierenden politischen Kurswechsel und damit grundlegende Reformen nicht zuließ (M. G. Schmidt 1990, S. 23–31).

2.3.2 Charakteristika des Regierens in der ersten Amtszeit des Kanzlers Schröder

a) Der Kurswechsel von der interventionistischen zur angebotsorientierten Politik

Die Politik der rot-grünen Bundesregierung hat im ersten vollen Regierungsjahr 1999 bezüglich des Politikstils des Kanzlers Schröder und der programmatischen Ausrichtung zwei unterschiedliche Phasen durchlaufen. Nach den Ankündigungen Schröders vor der Bundestagswahl 1998, einer angebotsorientierten sozialdemokratischen Politikorientierung mit der Kernforderung nach Reduzierung der Ansprüche an den (Sozial-)Staat zum Durchbruch zu verhelfen, präsentierte sich Schröder zunächst als nur begrenzt handlungsfähig.

In den ersten Monaten nach der Regierungsübernahme erweckte Bundeskanzler Schröder den Eindruck des Zauderers, der den Bundesfinanzminister Lafontaine und seiner weitgehend interventionistischen, nachfrageorientierten Verteilungspolitik das Feld überließ. Eine Steuerreform, die auf Steigerung der Massenkaufkraft setzte und primär die unteren Einkommensgruppen steuerlich entlasten und die Unternehmen belasten wollte (vgl. Kap. C.2.1.3.) und eine Politik des Nachbesserns beim 630-Mark-Gesetz und bei den Regelungen zur Scheinselbstständigkeit waren charakteristische Politikmuster des Regierungshandelns. Diese Politik des „Durchwurstelns" war weniger Ausdruck handwerklicher Anfangsfehler als vielmehr programmatischer Divergenzen innerhalb der sozialdemokratischen Führung und koalitionsinterner Zerrissenheit.

Bis zum Frühsommer 1999 erweckte der Bundeskanzler den Eindruck, von der Richtlinienkompetenz lediglich rhetorisch als Betonung der Modernisierung von Politik Gebrauch zu machen. Anstatt inhaltlicher Politikgestaltung drohte das Regierungshandeln Schröders lediglich zur Inszenierung von Politik zu verkommen. Bevor sich aber das Bild vom Kanzler als Regierungschef ohne Überzeugungen bzw. als „Mann ohne Eigenschaften" verfestigen konnte, entzog sich Schröder ein zweites Mal der politischen Einordnung. Was die Mehrheit der Wähler nicht mehr zu erwarten wagte und was erhebliche politische Widerstände auslöste, ist dem Nachfolger Lafontaines, Bundesfinanzminister Hans Eichel mit der Vorlage seines Steuerpakets (vgl. Kap. C.2.1.3.) gelungen: Trotz desaströser Wahlniederlagen in den Landtagswahlen von 1999 hatte die Schröder-Regierung an ihrem angebotsorientierten Kurs insbesondere in der Steuerpolitik festgehalten und zugleich von Essenzialen ihrer sozialdemokratischen Programmatik Abschied genommen.

Die rot-grüne Bundesregierung hatte vor allem mit der anvisierten „Steuerreform 2000" (vgl. Kap. C.2.1.3.) Gestaltungswillen und -fähigkeit demonstriert. Gerhard Schröder vollzog als Parteichef einen politisch riskanten Kurswechsel in Richtung „sozialdemokratische Angebotspolitik", indem der Spitzensteuersatz auf 45 %, die Körperschaftsteuer auf das – auch international – niedrige Niveau von 25 % abgesenkt, die Dividendeneinkommen in der Einkommensteuer nur noch zur Hälfte angesetzt wurden usw. Charakteristisch für diese programmatische Erneuerung war auch der Pragmatismus des bündnisgrünen Koalitionspartners, der auch die vermuteten Interessen der „Neuen Mitte" stärker zu berücksichtigen versuchte.

Schröder wandte sich auch gegen die traditionelle SPD-Strategie, mit staatlichen Programmen zusätzliche Beschäftigung zu finanzieren. Solche Beschäftigungsprogramme wurden mit der Begründung abgelehnt, damit nicht nur keine dauerhaften Stellen zu schaffen, sondern sogar zum Anstieg der Arbeitslosigkeit beizutragen, weil sie Arbeitgeber und Arbeitnehmer über höhere Steuern und Sozialbeiträge bezahlen müssten.

Die rot-grüne Regierungspolitik hatte schließlich ein Essenzial sozialdemokratischer Programmatik zur Disposition gestellt: Angesichts einer wachsenden Zahl von Rentnern könnten die Renten nicht mehr ohne Strukturveränderungen gesichert werden, d.h. dass zur Sicherung des gewohnten Lebensstandards die gesetzliche Rente um Elemente privater Vorsorge ergänzt werden müsste.

b) Regieren durch Herstellung eines breiten gesellschaftlichen Konsenses

Je schwieriger für Bundeskanzler Schröder die politische Entscheidungsfindung wurde, umso mehr versuchte er durch Inkorporierung von Interessengruppen einen Konsens der Beteiligten zu finden. Dieser korporatistische Führungsstil war darauf angelegt, nicht nur die

Reaktionen der Betroffenen von Entscheidungen zu antizipieren, sondern auch die Adressaten möglichst früh in die Willensbildung einzubinden. Die auf Konsens der Betroffenen gerichtete Politik sollte dem Kanzler das Regieren erleichtern, indem er die Akzeptanz für seine Entscheidungen in der Bevölkerung zu verbreitern versuchte (Streeck 1990; kritisch: Steinmeier 2001). Kommissionen und Räte sollten dazu beitragen, eine stärker gemeinwohlorientierte Politik durchzusetzen. Die Einsetzung von Kommissionen wie für Zuwanderung, Gentechnologie, Gesundheits- und Arbeitsmarktreformen hatte für den Regierungschef den positiven Effekt, eine mit Opfern verbundene restriktive Politik im Sozialstaat mit dem Verweis auf Lösungsvorschläge der wissenschaftlichen Experten und angesehener Persönlichkeiten rechtfertigen zu können, die Reformeinschnitte für unausweichlich erklärten (Heinze 2002).

Zwar bot die „Räterepublik" grundsätzlich Chancen, den Handlungskorridor des Regierens durch eine korporatistische Politik zu erweitern, doch wurde eine solche Politik nicht nur wegen ihrer Exklusivität, sondern auch wegen ihrer negativen Folgen für den Parlamentarismus kritisiert. Das „Auswandern der Politik aus den Institutionen" schwächte die repräsentative Demokratie, da wichtige Entscheidungen von außerparlamentarischen Gremien präjudiziert wurden (Blumenthal 2002; Papier 2003; kritisch: M. G. Schmidt 2007). Die Schwächung der parlamentarischen Gesetzgebung beförderte zugleich die Gouvernementalisierung der politischen Prozesse (Korte, 2007, S. 184).

c) **Die Nutzung des Instruments der Chefsache**

Gerhard Schröder erklärte mehrfach politische Sachverhalte zur Chefsache und suggerierte damit dem Publikum, über Entscheidungskompetenz zu verfügen. Schröder entsprach dem Wunsch der Öffentlichkeit, bei Verschärfung des Problemdrucks und nach zähen kontroversen Diskussionen endlich ein „Machtwort" zu sprechen und Handlungsfähigkeit zu demonstrieren. Die Nutzung des Instruments der Chefsache versetzte Schröder in die Lage, die Zwänge der Politikverflechtung zu sprengen und Handlungsspielräume zumindest offen zu halten (T. E. Schmidt 1998, S. 611).

Schröder machte vor allem in der ersten Amtsperiode von Erklärungen zur Chefsache regen Gebrauch: Medienwirksame Beispiele für den Versuch, politische Steuerungskompetenz zurückzugewinnen, waren die Rettungsversuche für den insolvenzbedrohten Baukonzern Holzmann (Hennecke 2003, 136 ff.) und das Erreichen der Zustimmung der Länder mit großen Koalitionen im Bundesrat zur Steuerreform im Juli 2000 (Pilz 2002, S. 28 ff.). Nach monatelangen Diskussionen über den von den Medien und der Wissenschaft beklagten „Reformstau" vor und nach der Bundestagswahl 2002 gelang Schröder mit der Vorstellung seiner „Agenda 2010" im März 2003, große Aufmerksamkeit auf sich zu ziehen und zumindest anfänglich politische Handlungsfähigkeit zu demonstrieren (Pilz 2004, S. 203–217).

2.3.3 Die Regierungspolitik in der zweiten Amtszeit Schröders

Bundeskanzler Schröder hatte bei der Bundestagswahl 2002 den Irak-Krieg und die Flut in Ostdeutschland strategisch geschickt genutzt, der rot-grünen Koalition erneut die Mehrheit zu verschaffen. Dank des fulminanten Wahlkampfs Schröders und des verbesserten Wahlergebnisses der Grünen konnte die rot-grüne Bundesregierung ihre Arbeit fortsetzen (Falter u.a. 2005; Korte 2005b).

a) Stimmungsgeleitetes Regieren in der Mediendemokratie

Da politische Entscheidungen in der Mediendemokratie wie die über die Sozialreformen, die die zweite Amtszeit Schröders prägten, immer kommunikationsabhängiger geworden sind, müssen sich die politischen Akteure mehr um Zustimmung zu ihrer Person und zu den von ihnen vertretenen Inhalten bemühen als um die Lösung von Problemen (Korte 2007, S. 169). Unter den Bedingungen der Mediendemokratie geht es in erster Linie um die Aktivierung von Stimmungen, also nicht um hierarchische oder konsensorientierte Politiksteuerung. In der medialen Arena, insbesondere im Fernsehen, findet heute die politische Kommunikation zwischen den politisch Verantwortlichen und den Bürgern statt (Neidhart 1995).

Die politischen Akteure gewinnen umso mehr Entscheidungskompetenz, je mehr sie Stimmungen beeinflussen können (Korte/Hirscher 2000). Dabei können Stimmungen grundsätzlich durch medienvermittelte Personalisierung (Hervorhebung geschickten Verhandelns oder sympathischen Auftretens!) oder durch einen sich auf plebiszitäre Formen stützenden Politikstil erzeugt werden. Medienvermittelte Darstellungspolitik kann für den Amtsinhaber den Handlungsspielraum erweitern, indem er sich über die Medien direkt an die Bevölkerung wendet und um Unterstützung für seine politischen Vorhaben wirbt. Damit kann ein Parteiführer gleichsam „von außen" auf die Parteigremien in seinem Sinn einwirken (Korte 2000b).

Schröder setzte plebiszitäre Formen der Abstimmung über die Medien immer dann ein, wenn er auf innerparteiliche Widerstände wie nach der Vorstellung seiner „Agenda 2010" stieß. Die Grenzen einer solchen Politik, die primär das Fernsehen als Kommunikationsorgan benutzt, wurden aber bald deutlich, als Schröders Medienprominenz zu keiner wesentlichen Abschwächung der innerparteilichen Kritik an seiner Agenda-Politik führte (Korte 2007, S. 187).

Schröder nutzte darüber hinaus bevorzugt das Fernsehen als Kommunikationsforum, den Bundesrat als Vetospieler wegen seiner Blockadehaltung gegenüber sozialpolitischen Reformen anzuprangern. Erfolgreich stellte Bundeskanzler Schröder die über die Mehrheit im Bundesrat verfügende Union als Blockierer wichtiger Reformen dar. Damit machte Schröder der Öffentlichkeit die Mitverantwortung der Union für den Abbau der hohen Arbeitslosigkeit deutlich und konnte so leichter mit Zugeständnissen bei den Sozialreformen rechnen.

b) Zunehmende Informalisierung des Regierens

In der ersten Amtszeit war Bundeskanzler Schröder noch bemüht, im Gegensatz zu dem durch koalitions- und parteipolitische Abstimmungsmechanismen gekennzeichneten System Kohl dem institutionalisierten Regieren wieder Geltung zu verschaffen (Helms 2001; Knoll 2004). Nicht mehr Koalitionsrunden wie unter Kohl, sondern die Bundesregierung als „Führungsorgan" sollte fortan maßgeblich die Willensbildung und Entscheidungsfindung im politischen System beeinflussen. Doch der Regierungsalltag und die anfänglich unzulänglich abgestimmte Politik in der rot-grünen Koalition bewegten Schröder, informelle Formen des Regierens zu aktivieren, d.h. sich verstärkt „weicher" Techniken wie finanzieller Anreize, des Verhandelns und Moderierens sowie sich neuer Koordinationsgremien zu bedienen (Rudzio 2005; Korte 2007, S. 181 ff.).

Eine einflussreiche Rolle spielte in der zweiten Amtszeit Schröders der nach dem Chef des Kanzleramts benannte „Steinmeier-Kreis". An diesem Kreis, dem mit Ausnahme des Bundeswirtschaftsministers Clement keine Mitglieder der Bundesregierung angehörten, nahmen der Chef des Bundeskanzleramts Steinmeier, Schröders Büroleiterin Krampitz, Regierungssprecher Anda und dessen Stellvertreter Steg, der Planungschef des Bundeswirtschaftsministers Cordes und des Kanzlers Kommunikationsberater Hesse teil. Wesentliche Aufgabe dieses informellen Kreises war, die aktuelle politische Lage zu beurteilen und daraus nötigenfalls Konsquenzen in Gestalt von Strategieentwürfen zu ziehen (Korte 2007, S. 182).

c) Die Reformagenda 2010 und die Erosion der Parteimacht Schröders

Der Wahlsieg Schröders wurde also mehr durch Inszenierung des Zufalls und weniger mit voller Unterstützung der Partei errungen. Der Bundeskanzler konnte nur eingeschränkt die Machtressource Partei nutzen, da sich sowohl die Parteiorganisation als auch die SPD-Bundestagsfraktion in ihrem Engagement zurückhielten.

Die Regierungserklärung Schröders zur Agenda 2010 wurde bereits im Dezember 2002 in einer Planungsrunde unter Vorsitz von Kanzleramtschef Frank-Walter Steinmeier vorbereitet, in dem bisher ungehörte Einschnitte ins soziale System gefordert wurden (Korte 2007, S. 174 f.). Noch vor der Rede des Bundeskanzlers am 14. März 2003 hatte sich für die Regierung die innen- und außenpolitische Lage verschlechtert: Die Union verfügte nicht nur im Bundesrat über eine Blockademöglichkeit, sondern konnte im Februar 2003 durch Wahlsiege auch in Hessen und in Niedersachsen die Landesregierung bilden. Die Unterstützung der Bevölkerung gegen den Irak-Krieg konnte aber die innenpolitischen Probleme nicht verdecken.

Mit dem Bruch des Bündnisses für Arbeit am 5. März 2003 erlitt auch die auf Konsens und Moderation zielende Politik der rot-grünen Regierung eine Niederlage. Das Scheitern des konsensorientierten Politikansatzes nahm Schröder zum Anlass, einschneidende Reformen auf dem Arbeitsmarkt und im Gesundheitssystem anzukündigen. Die Vorstellung der angebotsorientierten Ziele und Inhalte der Agenda 2010, „die Leistungen des Staates zu kürzen, die Eigenverantwortung zu fördern und mehr Eigenleistung von jedem Einzelnen abzufordern" lösten vor allem bei den Gewerkschaften und der SPD-Linken heftige Kritik aus (Regierungserklärung vom März 2003; Pilz 2004, S. 203 f.).

Da die Reformagenda Schröders „überfallartig auf die SPD" herabkam und Kernelemente der SPD-Programmatik berührte, konnte auch nicht überzeugend vermittelt werden, welches gesellschaftspolitische Fernziel damit erreicht werden sollte (Korte 2007, S. 177). Die Begründung, ökonomische Sachzwänge erforderten Kürzungen im Sozialbereich, reichte für eine in sich schlüssige Reform-Kommunikation der Regierung nicht aus.

d) Die Stärkung der Parteiendemokratie

Im Februar 2004 verzichtete Bundeskanzler Schröder auf sein Amt als Parteivorsitzender, um sich nach offizieller Version stärker auf seine Aufgaben als Regierungschef konzentrieren zu können. Zum neuen Vorsitzenden wurde SPD-Fraktionschef Franz Müntefering gewählt, der für die traditionelle SPD-Mitgliedsschaft den Typus des Arbeiterführers verkörperte und deshalb für das Parteiamt geeignet erschien. Der Wechsel im Parteivorsitz von Schröder zu Müntefering dokumentierte die Zunahme des Einflusses der Partei auf die Exekutive. Schröders Verzicht stärkte zwar kurzfristig die SPD als Regierungspartei, schränkte aber zugleich seine Möglichkeiten ein, auf die Partei als Machtressource zurückzugreifen.

Müntefering übte fortan die beiden Ämter des Fraktionsvorsitzenden und Parteivorsitzenden aus und wurde damit tendenziell stärker als der Bundeskanzler. Mit der wachsenden Abhängigkeit des Kanzlers von der Partei hatte in der zweiten Amtszeit Schröders die Parteiendemokratie gegenüber der Kanzlerdemokratie an Einfluss gewonnen. Da von nun an die Partei- und Fraktionsvorsitzenden der großen Volksparteien wichtige Entscheidungskompetenzen bei sich vereinten, war der Bundestag der Gewinner des Funktionsverlustes des Kanzlers. Der Kanzler war nicht nur mit einer Mehrheit der Opposition im Bundesrat konfrontiert, sondern verlor auch zunehmend den Rückhalt in der eigenen Bundestagsfraktion. Die Niederlage der SPD bei den Landtagswahlen im Mai 2005 war schließlich für den Kanzler der Anlass, über die Auflösung des Bundestags Neuwahlen anzustreben (Korte 2005a, S. 58 f.).

2.4 Die Große Koalition

Mit der Bildung der Großen Koalition im Herbst 2005 wurden in der Öffentlichkeit große Hoffnungen in die politische Gesatltungsfähigkeit einer so großen Koalition gesetzt. Welcher Politikstil, welche Politikinhalte und welcher Modus der Konfliktaustragung prägten diese Koalition bis zur Hälfte ihrer Regierungszeit?

2.4.1 Der Weg zu Neuwahlen: Die Rolle des Bundeskanzlers, des Bundestags, des Bundespräsidenten und des Bundesverfassungsgerichts

Nach dem knappen Sieg für Rot-Grün in der Bundestagswahl 2002 verlor die SPD als größte Regierungspartei im Bund bei allen Landtagswahlen zwischen 2002 und 2005. Die Folgen der Reformpolitik der Agenda 2010 vor allem in der Arbeitsmarktpolitik wurden zuvörderst der Regierung Schröder angelastet, während die Grünen als Koalitionspartner bei allen Wahlen in den Jahren 2003 und 2004 ihr Ergebnis leicht verbessern konnten. In den elf Landtagswahlen wurden in drei Fällen rot-grüne Regierungskoalitionen durch zwei schwarz-gelbe (in Niedersachsen und in Nordrhein-Westfalen) und eine schwarz-rote (in Schleswig-Holstein) abgelöst (Jesse/Schubert 2006, S. 8 f.).

Als sich nach dem für die SPD desaströsen Ergebnis der Landtagswahl in Nordrhein-Westfalen im Mai 2005 die Bildung einer CDU-FDP-Koalition in diesem Bundesland abzeichnete, kündigten der SPD-Parteivorsitzende Franz Müntefering und Bundeskanzler Schröder Neuwahlen für den Herbst 2005 an. Schröder begründete seinen Vorschlag, Neuwahlen durchführen zu lassen, mit den Reformen der Agenda 2010, für deren Fortsetzung er die „Unterstützung einer Mehrheit der Deutschen ... für erforderlich" halte. Er sah es deshalb als seine „Pflicht" an, dem Bundespräsidenten die Herbeiführung von Neuwahlen zu ermöglichen (Feldkamp 2006, S. 21). Schröder relativierte allerdings laut Spiegel in einem Gespräch mit dem Bundespäsidenten seine vorher gegebene Begründung und sprach von einem „erhöhten Erpressungspotenzial in der Fraktion und in der Koalition" (Feldenkirchen 2005, S. 24).

Ende Juni 2005 stellte Schröder bei Bundestagspräsident Thierse den Antrag, ihm nach Art. 68 GG das Vertrauen auszusprechen. Am 1. Juli stellte dann Kanzler Schröder die Vertrauensfrage. Er begründete diese damit, dass seine Handlungsfähigkeit beeinträchtigt sei, da er „unter den aktuellen Bedingungen nicht auf das notwendige, auf stetiges Vertrauen im Sinne des Art. 28 Grundgesetz" setzen könne. Schröder machte keinen Hehl daraus, dass es sich um eine unechte, auf die Auflösung des Bundestags zielende Vertrauensfrage handelt.

II Institutionen des Bundes: Strukturen, Funktionen und Prozesse

Bei der Abstimmung kam das gewünschte Ergebnis zustande: 151 Abgeordnete stimmten mit ja (vor allem aus den Reihen der SPD), 148 enthielten sich und 296 votierten mit nein (alle Unions- und FDP-Abgeordneten sowie die Fraktionslosen Martin Hohmann, Gesine Lötzsch und Petra Pau). Werner Schulz von den Grünen nahm ostentativ nicht an der Abstimmung teil.

Der Bundespräsident nahm sich mit seiner Entscheidung, ob er dem Vorschlag des Bundeskanzlers zustimmt, viel Zeit. Am 21. Juli 2005, am Ende der vom Grundgesetz eingeräumten Frist, gab Horst Köhler in einer Fernsehansprache bekannt, dass er den Bundestag auflöst. Die Wahl des neuen Bundestags setzte er für den 18. September an. Der Bundespräsident bezog sich in seiner Begründung für diesen Schritt auf das Urteil des Bundesverfassungsgerichts von 1983, als das höchste Gericht über die Verfassungsmäßigkeit der vom damaligen Kanzler Helmut Kohl gestellten Vertrauensfrage entscheiden musste. Köhler hob in seiner Ansprache Folgendes hervor: „Nach der Entscheidung des Bundesverfassungsgerichts aus dem Jahr 1983 hat der Bundespräsident die Entscheidung des Bundeskanzlers zu beachten ... Ich habe Respekt vor allen, die gezweifelt haben, und ich habe ihre Argumente gehört und ernsthaft gewogen. Doch ich sehe keine andere Lagebeurteilung, die der Einschätzung des Bundeskanzlers eindeutig vorzuziehen ist. Ich bin davon überzeugt, dass damit die verfassungsrechtlichen Voraussetzungen für die Auflösung des Bundestags gegeben sind".

Gegen diese Entscheidung des Bundespräsidenten reichten die SPD-Abgeordnete Jelena Hoffmann und Werner Schulz von den Grünen eine Organklage ein. Die beiden Abgeordneten wiesen die Begründung Schröders zurück, er wolle sich seine Reformpolitik durch das Volk legitimieren lassen. Solche Gedanken an eine plebiszitäre Demokratie seien dem Grundgesetz fremd. Auch die Annahme einer fehlenden stabilen Mehrheit müsse nachvollziehbar sein, ein „gefühltes Misstrauen" reiche zur Rechtfertigung einer unechten Vertrauensfrage nicht aus. Ferner sei das Argument, die Regierung sei durch die Mehrheit der Opposition im Bundesrat in ihrer Handlungsfähigkeit beeinträchtigt, nicht überzeugend, da eine Bundestagswahl deren Mehrheitsverhältnisse nicht ändern würde.

Das Bundesverfassungsgericht wies im August 2005 die Klagen mit 7:1 Stimmen zurück, so dass die Neuwahlen am 18. September 2005 stattfinden konnten. Mit Bezug auf das Urteil von 1983 hob das Gericht das eigene Ermessen des Bundespräsidenten hervor, den Bundestag aufzulösen, wenn die Voraussetzungen des Artikels 68 GG erfüllt seien. Diese Voraussetzungen zielten auf den Zweck, eine handlungsfähige Regierung und deren Mehrheit im Bundestag herzustellen.

Inwieweit der Kanzler eine verlässliche Mehrheit hinter sich habe, könne „von außen nur teilweise beurteilt werden". Die Richter könnten also die Wertung des Bundeskanzlers nicht eindeutig und vollständig prüfen, gerade wenn sie sich auf die Zukunft bezog. Deshalb komme der Einschätzung des Bundeskanzlers eine große Bedeutung zu (BVerfGE 114, 122).

Nach diesen allgemeinen Aussagen kamen die Richter zum konkreten Fall der Vertrauensfrage vom Sommer 2005. Auch sie teilten die Einschätzung des Bundespräsidenten über die Lagebeurteilung des Kanzlers. Darüber hinaus zollten sie dem Kanzler ein großes „Gewicht seiner persönlichen Vertrauenswürdigkeit" (BVerfGE 114, 121 ff.).

Den Vorwurf des Strebens des Kanzlers nach einer Art Plebiszit über seine Politik – das dem Grundgesetz diametral entgegen gestanden hätte – tat das Gericht als „rhetorische Floskel" ab. Man könne im Gegenteil sogar von einer „Referenz an das Demokratieprinzip" sprechen (BVerfGE 114, 121 ff.).

Die Verfassungsrichter verteidigten sogar den Ausspruch Müntefrings vor der Abstimmung über die Vertrauenfrage, dass Schröder sehr wohl das Vertrauen der Fraktion habe. Dies habe sich auf die Person Schröders, aber nicht auf seine Politik bezogen. Außerdem ließ das Gericht das Argument der Kläger nicht gelten, wonach am Tag vor der Abstimmung noch zahlreiche Gesetze die Zustimmung der Abgeordneten fanden, also der Regierung das Vertrauen ausgesprochen wurde. Diese Gesetze hätten nämlich nicht elementar zur umstrittenen Reformpolitik des Kanzlers gehört.

In der kritischen Würdigung des Urteils wurde hervorgehoben, dass fortan die Stellung des Kanzlers im Regierungssystem gestärkt, die des einzelnen Abgeordneten und des Parlaments insgesamt geschwächt werde. Die Entwicklung zur Kanzlerdemokratie sei damit befördert worden (Prantl 2006, S. 4)

Weil die Begründung einer Vertrauensfrage künftig einfacher ist, verfügt der Kanzler nicht nur formal über die Richtlinienkompetenz, sondern bestimmt auch, ob das Parlament vorzeitig aufgelöst werden soll (Adamski 2005, S. 338ff.; Pehle 2006, S. 177–187). Die Richter haben dem Kanzler einen rechtlich kaum überprüfbaren weiten Entscheidungs- und Ermessensspielraum zugebilligt. Künftig kann der Kanzler den Kritikern seiner Politik wirkungsvoll mit der Auflösung des Bundestags drohen. Der Zwang zur Kanzlertreue wird nicht nur bei wichtigen Abstimmungen, sondern schon in der frühen Phase der Politikformulierung verstärkt.

Besonders scharfe Kritik erfährt die Begründung des Urteils. Die für die vorzeitige Neuwahl stimmende Mehrheit der Richter ist sich unschlüssig, inwieweit sie sich vom Präzedenzurteil aus dem Jahr 1983 lösen sollen oder nicht. Kritiker werfen der Senatsmehrheit vor, zuerst das Ergebnis, Neuwahlen zuzulassen, festgelegt und anschließend die Begründung dafür gesucht zu haben (Prantl 2006, S. 4).

In der Regierungszeit des Kanzlers Schröder war der Handlungsspielraum der Mehrheitsfraktionen des Bundestags weiter eingeschränkt worden: Entscheidungen über wichtige Politikinhalte wurden in außerparlamentarische Verhandlungssysteme verlagert. In Hartz-, Rürup-, Gesundheits-Kommissionen usw. wurden Entscheidungen im wesentlichen präjudiziert, so dass das Parlament nur noch in Details Nachbesserungen durchsetzen konnte. Ein besonders augenfälliges Beispiel für diese Schwächung des Parlaments lieferten die Willensbildung und Entscheidungsfindung zum Hartz-IV-Gesetz: Dem maßgeblich zwischen den Parteiführungen von SPD und Union ausgehandelten Kompromiss im Vermittlungsausschuss vom Dezember 2003 stimmten kurz darauf große Mehrheiten im Bundestag und Bundesrat zu. Die vom Verfassungsgericht konzedierte kanzlergesteuerte Auflösung des Bundestags schwächte also die inhaltlichen Mitwirkungsmöglichkeiten des Parlaments, stärkte aber zugleich die Handlungsfähigkeit des Regierungschefs zur Parlamentsauflösung.

2.4.2 Die Institutionalisierung des Koalitionsausschusses

Mit der Bildung der Großen Koalition aus CDU, CSU und SPD im Bund im Herbst 2005 ist ein Koalitionsausschuss eingerichtet worden. Laut Koalitionsvertrag hat der Koalitionsausschuss, die sogenannte Siebener-Runde, über „Angelegenheiten von grundsätzlicher Bedeutung" zu beraten und „in Konfliktfällen Konsens herbeizuführen". Die Siebener-Runde ist eine Institution, der die Kanzlerin, der Vizekanzler, die Parteichefs und die Fraktionsvorsitzenden angehören. Zu dieser Runde zählten anfangs neben den drei Parteichefs Kanzlerin Angela Merkel (CDU), Kurt Beck (SPD) und Edmund Stoiber (CSU), Vizekanzler Franz

II Institutionen des Bundes: Strukturen, Funktionen und Prozesse 135

Müntefering (SPD) sowie die Fraktionsvorsitzenden Volker Kauder (CDU) und Peter Struck (SPD) sowie CSU-Landesgruppenchef Peter Ramsauer.

Der Koalitionsausschuss hatte sich im Juli 2006 auf die „Eckpunkte" der Gesundheitsreform und im September 2006 auf deren Verschiebung auf April 2007 verständigt. Der Entscheidungsfindung in der Siebener-Runde gingen allerdings Abstimmungsverfahren mit der Parteiführung und den Ministerpräsidenten der Länder voraus: So wurde beispielsweise der Vorschlag der Verschiebung der Gesundheitsreform zunächst im CDU-Parteipräsidium mit den Ministerpräsidenten und anschließend mit weiteren Parteivertretern abgesprochen. Führende Vertreter der Länder hatten darauf gedrängt, intensiv in das Gesetzgebungsverfahren einbezogen zu werden. Die Koalitionäre wollten nicht riskieren, dass die Ministerpräsidenten auch bei einem zustimmungsfreien Gesetz wie bei dem zur Gesundheitsreform den Gesetzgebungsprozess durch einen Einspruch im Bundesrat verzögern. In der Runde selbst wurde dann schnell im Konsens festgestellt, dass die Komplexität des Gesundheitsthemas eine gründliche Befassung durch den Bundestag erforderlich mache.

2.4.3 Die eingeschränkte Richtlinienkompetenz der Kanzlerin

Während in der rot-grünen Bundesregierung der Kanzler selbst maßgebliches Steuerungszentrum war und sich gelegentlich nur mit Außenminister Joschka Fischer abstimmen musste, gibt es nach eigener Aussage der Bundeskanzlerin Merkel in der Großen Koalition vier „Kraftzentren": die Regierung, die Parteien, die Fraktionen und den Bundesrat.

Die Kanzlerin Merkel kann durch die gewachsene Bedeutung der Vetospieler von ihrer Richtlinienkompetenz nur eingeschränkt Gebrauch machen: Schon im ersten Regierungsjahr der Großen Koalition wurde deutlich, dass die Handlungsfähigkeit der Kanzlerin weniger durch programmatische Gegensätze zum praktisch gleichstarken Regierungspartner SPD als vielmehr durch parteiinterne Widerstände in den eigenen Reihen beeinträchtigt wurde.

Im Gegensatz zu Bundeskanzler Schröder, der in der Innenpolitik mit keinen großen Widerständen seitens der sozialdemokratischen Ministerpräsidenten konfrontiert wurde, hatte Kanzlerin Merkel bald erhebliche Konflikte mit ihren Parteifreunden, den unionsregierten Ministerpräsidenten, auszutragen. So hatte gerade der Streit über die Gesundheitsreform verdeutlicht, dass die CDU/CSU-Regierungschefs der Länder eine ursprünglich auch von der Kanzlerin Merkel befürwortete höhere Steuerfinanzierung des Gesundheitssystems im Sommer 2006 verhinderten.

Gleichwohl hatte die Kanzlerparteichefin auf dem CDU-Parteitag vom November 2006 in Dresden ihre Fähigkeit demonstriert, durch ihre Art der Konfliktregelung letztlich ihre parteiinterne Stellung zu stärken: Die „Methode" Merkel manifestierte sich darin, dass die Parteichefin die von ihren innerparteilichen Kontrahenten wie den CDU-Ministerpräsidenten Roland Koch, Jürgen Rüttgers, Christian Wulff und Oettinger aufgebrachte Energie gegen die Rivalen selbst wendete. So sorgte Merkel dafür, die konträren Positionen des Vertreters des „Sozialflügels" Rüttgers, der die Verlängerung der Bezugsdauer des Arbeitslosengeldes I propagierte, und des Anhängers des neoliberalen „Wirtschaftsflügels" Oettinger, der sich für eine stärkere Flexibilisierung des Arbeitsmarktes wie zum Beispiel die „Lockerung" des Kündigungsschutzes einsetzte, wechselseitig zu neutralisieren. Die schlechten Ergebnisse der Ministerpräsidenten Koch, Wulf und vor allem Rüttgers bei den Wahlen zu den Stellvertretern Merkels hatten deutlich gemacht, dass die mächtigen Landesverbände dem jeweils anderen Protagonisten die Unterstützung verweigerten.

Dagegen war zwar bei der SPD die Macht parzelliert, doch war die Rollenverteilung zwischen dem Vizekanzler Müntefering, dem Fraktionsvorsitzenden Struck und dem Parteivorsitzenden Beck weitgehend geklärt. In zentralen Politikfeldern wie der Renten-, Arbeitsmarkt-, Gesundheits- und Außenpolitik dominierte innerhalb der Großen Koalition die SPD die Union, indem sie dazu wichtige Problemstellungen artikulierte und die Inhalte der Politikfelder dank der Unterstützung der Fachbeamten in den zuständigen Ressorts maßgeblich formulierte. Das unionsgeführte Bundeskanzleramt bildete kein wirksames Gegengewicht zu diesem inhaltlichen Steuerungseinfluss der Ministerialbürokratie. Auch hier machte der Streit über die Gesundheitsreform deutlich, dass das Konfliktmanagement des Kanzleramts erhebliche Defizite aufwies (Fahrenholz 2006, S. 6).

Schon zu Beginn der Großen Koalition hatte Vizekanzler Müntefering ohne Abstimmung mit der Regierungschefin mit seiner Ankündigung, dass das Rentenalter mittelfristig angehoben werden müsse, die Diskussion über dieses umstrittene Thema bestimmt. Finanzielle Auswirkungen der Korrekturen des Hartz-IV-Gesetzes besprach Bundesarbeitsminister Müntefering mit seinem Parteikollegen, dem Bundesfinanzminister Steinbrück. Nicht selten wurde die Kanzlerin erst im Nachhinein in Kenntnis gesetzt, was die SPD-Minister beschlossen hatten.

Wie eingeschränkt die Richtlinienkompetenz der Bundeskanzlerin ist, verdeutlichte überdies der Gestaltungseinfluss der politisch-administrativen Netzwerke in den überwiegend von der SPD besetzten Bundesministerien. So zeigte sich beispielsweise bei den Verhandlungen zur Gesundheitsreform im Jahr 2006, dass die Ministerialbürokratie vielfach mit Erfolg betonte, dass die Vorschläge der CDU-Unterhändler verfassungsrechtlich bedenklich, schwierig zu verwalten oder schlicht unfinanzierbar seien: Nach dieser Methode wurden z.B. Forderungen der Union abgelehnt, Leistungen wie den Unfallschutz zu privatisieren oder den Arbeitgeberbeitrag zur Krankenversicherung festzuschreiben. Ferner hatte die von der Union präferierte Extraprämie (kleine Kopfpauschale), die Kassen von Versicherten erheben können, wenn die Zuweisungen aus dem Gesundheitsfonds nicht ausreichen, durch restriktive Durchführungsbestimmungen ihre Bedeutung verloren.

Innerhalb der Union und der SPD gab es ferner gegen die Unternehmenssteuerreform wegen der steuerlichen Entlastung von Unternehmen bei gleichzeitiger Belastung der Beitragszahler in den Sozialsystemen erhebliche Widerstände. Auch der Einsatz der Bundeswehr im Nahen Osten fand in den Regierungsfraktionen keine einhellige Zustimmung.

Im Kabinett der Großen Koalition wusste SPD-Außenminister Frank-Walter Steinmeier seine Erfahrungen als jahrelanger Chef des Kanzleramts in der Regierungszeit Schröders bei der Einschätzung seiner politischen Handlungsspielräume zu nutzen. Dem sozialdemokratischen Koalitionspartner kam zugute, dass Steinmeier von den Wählern als starker Mann der Regierungskoalition wahrgenommen wurde. Durch seine mediale Dauerpräsenz, mal als Staatsmann in Washington, mal mit Kampfweste im Afghanistan-Einsatz, mal als Vermittler im Israel-Libanon-Konflikt hatte der Außenminister anfangs in den Umfragen die Popularität der Kanzlerin überflügelt.

2.4.4 Das Fehlen einer gemeinsamen Strategie von Union und SPD

Die Regierung von Angela Merkel hatte in der ersten Phase des Regierens bis etwa zu den Landtagswahlen im März 2006 vor allem in der Außenpolitik einen guten Start. Doch danach ließ in der Innenpolitik im Zuge zunehmender Konflikte innerhalb der Großen Koalition der

Reformeifer nach. Der anfänglichen Euphorie über dieses Bündnis war bald Ernüchterung, Enttäuschung und abnehmende Zustimmung bei den Wählern gewichen.

Kanzlerin Merkel setzte schon früh die Koalition unter Zugzwang, indem sie sich festlegte, bis zum Sommer 2006 die Eckpunkte der Gesundheitsreform zu verabschieden. In den zur Beschleunigung und zur Versachlichung der Entscheidungsfindung gebildeten Arbeitsgruppen erhielten damit die Experten die Möglichkeit, ihre Divergenzen in der Öffentlichkeit auszutragen.

Trotz guter Wirtschaftsdaten, steigender Steuereinnahmen, zurückgehender Staatsverschuldung und leicht sinkender Arbeitslosigkeit im Sommer 2006 wurde immer deutlicher, dass weder die Kanzlerin eine klare Programmatik vertritt noch Union und SPD über eine gemeinsame Strategie verfügen.

Die fehlende inhaltliche Festlegung der Kanzlerin zeigte sich vor allem auf dem CDU-Parteitag im November 2006. Die Bundeskanzlerin unterstützte die konträren Forderungen des nordrhein-westfälischen Ministerpräsidnten Rüttgers nach längerer Bezugsdauer des Arbeitslosengeldes und des baden-württembergischen Ministerpräsidenten Oettinger nach „Lockerung" des Kündigungsschutzes. Da Merkel eine ernsthafte Debatte über Inhalte und damit jeden Richtungsstreit zu vermeiden trachtete, gelang es ihr, keine wirkliche Entscheidung treffen zu müssen. Die grundlegenden Ziele der Union blieben weiter verborgen. Der CDU-Parteitag von Dresden machte deutlich, die „CDU hat ein programmatisches Defizit – es heißt Angela Merkel" (Prantl 2006, S. 4).

Die fehlende gemeinsame Strategie von Union und SPD manifestierte sich besonders bei der Reform des Arbeitsmarkts und der sozialen Sicherungssysteme. Wie konzeptionslos die Politik der Großen Koalition war, verdeutlichten die Beschlüsse, Beiträge zur Renten- und Krankenversicherung zu erhöhen, die zur Arbeitslosenversicherung dagegen zu reduzieren. Auch die Mehrwehrtsteuer-Erhöhung und die steuerliche Entlastung der Unternehmen wurden als wenig konsistente Politik wahrgenommen.

Die Sozialdemokraten wollten nach ihrem neuen Grundsatzprogramm nicht nur abhängig Beschäftigte an der solidarischen Finanzierung der Sozialsysteme beteiligen, sondern auch Beamte, Freiberufler und Unternehmer stärker einbeziehen. Mittelfristig sollen im Gegenzug die Arbeitnehmerbeiträge zur Sozialversicherung gesenkt werden.

Die Union sah sich in der Großen Koalition in Abweichung von der Losung des Leipziger Parteitags 2003, Steuern und Sozialabgaben weitgehend zu senken, veranlasst, die Abgaben zu erhöhen. CDU und CSU stimmten gemeinsam mit der SPD zur Sanierung des Etats und zur Umsetzung der teuren Gesundheitsreform Steuererhöhungen zu. Solche unterschiedlichen Sichtweisen führten dazu, dass im Koalitionsvertag für besonders dringlich erachtete Reformen wie die Änderung des Kündigungsschutzes, die Föderalismus- und die Gesundheitsreform verschoben wurden. So wurde die im Koalitionsvertrag vorgesehene Regelung, die Probezeit zu verlängern und an deren Stelle die befristete Beschäftigung abzuschaffen, wegen unterschiedlicher Positionen der Koalitionspartner immer wieder hinausgeschoben. Union und SPD wollten außerdem dem ersten Teil der Föderalismusreform einen zweiten folgen lassen, um die schwierigen Finanzbeziehungen im Bundesstaat neu zu regeln. Mit der Begründung, die Materie sei zu kompliziert, wollen sich nun Bund und Länder mit der Finanzreform II Zeit lassen.

Auch der Beschluss der Großen Koalition, das Inkrafttreten der Gesundheitsreform vom Januar auf April 2007 zu verschieben, war eine Reaktion auf die koalitionsinterne Kritik an der Gesundheitsreform, insbesondere an der Konstruktion des Gesundheitsfonds (siehe Kap. C.5.). Gerade die Gesundheitspolitik machte deutlich, dass die Kanzlerin über keine schlüssige Strategie verfügte. Obwohl im Gesundheitssystem wegen der Vielzahl der Akteure mit unterschiedlichen Interessen eine Konsensfindung immer besonders schwierig war, ließ es die Regierungschefin zu, dass die Gesundheitsreform zur Schlüsselfrage für die Reformfähigkeit der Koalition stilisiert wurde.

2.4.5 Zwischenbilanz: Die Entwicklung von der Partnerschaft zur Gegnerschaft

In den ersten Monaten nach Bildung der Großen Koalition zeichnete sich der Regierungsstil durch wechselseitige Diskretion und Verlässlichkeit aus. Zu dieser Form partnerschaftlicher Konfliktregelung gehörte auch das Ritual der Vier-Augen-Gespräche zwischen der Kanzlerin Merkel und dem Vizekanzler Müntefering jeden Mittwoch vor der Kabinettssitzung. Über Inhalte und Verlauf der wöchentlichen Unterredungen ist Stillschweigen vereinbart worden.

Gleichwohl fiel es den Politikern der Großen Koalition von Anfang an schwer, unter den jahrelang erfahrenen Bedingungen der Parteienkonkurrenz zwischen den politischen „Lagern" die andere Seite nicht mehr als Gegner sondern als Partner zu betrachten. Vor dem Hintergrund der Bundestagswahlen im Jahr 2009 war bald wieder jeder Koalitionspartner darum bemüht, dem anderen keine vorzeigbaren Vorteile zu verschaffen. Eine offene und mutige Reformpolitik setzt aber voraus, das verinnerlichte Misstrauen zu überwinden und ein tragfähiges Vertrauen aufzubauen.

In der Großen Koalition war schon im ersten Regierungsjahr eine destruktive Dynamik insofern in Gang gekommen, als es den Koalitionspartnern weniger um die erfolgreiche Verwirklichung eines gemeinsam konzipierten Reformprojekts ging, als vielmehr um die Verhinderung der Vorschläge des Partners: So hielt sich die Union bei den Verhandlungen zur Gesundheitsreform zugute, die Reformvorschläge der SPD zur Einbeziehung der privaten Krankenversicherer in die solidarische Finanzierung des Systems und zur Stärkung des Wettbewerbs bei den Pharmaherstellern abgewehrt zu haben. Die SPD hob wiederum hervor, die höhere Selbstbeteiligung der Patienten, die vor allem die unteren Einkommensgruppen belastet, verhindert zu haben. Die Union plädierte für Extraprämien („Mini-Kopfpauschale)n"), die die Kassen erheben können, wenn sie mit den Zuwendungen des Fonds nicht auskommen, aber die SPD hat diese Zusatzbeiträge so sehr begrenzt (bis höchstens ein Prozent des Haushaltseinkommens), dass sich der damit verbundene Berechnungsaufwand nicht lohnt.

Auch in der Arbeitsmarktpolitik war dieses Politikmuster kennzeichnend. So schlugen die SPD und die Gewerkschaften im Herbst 2006 einen Mindestlohn in Stufen vor: Danach sollten die Tarifvertragsparteien zunächst über branchenbezogene Mindestlöhne verhandeln. Erst wenn keine tarifvertagliche Vereinbarung über Mindestlöhne zustande käme, sollte ein gesetzlicher Mindestlohn eingeführt werden. Reflexartig wurde dieser Mindestlohn-Ansatz sogleich nach seiner Vorstellung von CDU-Generalsekretär Pofalla mit der Bemerkung zurückgewiesen, diese Regelung sei mit der Union nicht zu machen.

Nach zwei Jahren Große Koalition ist der anfängliche Wille zur Lösung „großer" Probleme dem Argwohn und Misstrauen vor allem zwischen CDU-Kanzlerin Merkel und SPD-Vizekanzler Müntefering gewichen. Das Verhältnis zwischen den beiden Hauptverantwortlichen der Koalitionsregierung wurde in den Verhandlungen zur Gesundheitsreform erstmals ernsthaften Belastungen ausgesetzt. Wärend Kanzlerin Merkel auf Druck der Unions-

Ministerpräsidenten keiner ursprünglich gemeinsam beabsichtigten höheren Steuerfinanzierung im Gesundheistssystem zustimmte, setzte sich die SPD weiterhin vehement für eine steuerfinanzierte Bürgerversicherung ein. Auch in der Pflegeversicherung hatte die Regierungschefin auf eine grundlegende Reform wegen erwarteter harter Auseinandersetzungen mit den Bundesländern und den privaten Krankenkassen verzichtet.

Die Konflikte in der Koalitionsführung verschärften sich während der Verhandlungen im Koalitionsausschuss zum Mindestlohn im Juni 2007: Die Union wehrte die Einführung von gesetzlichen Mindestlöhnen mit der Begründung ab, die Lohnfindung sei die Aufgabe der Tarifpartner und nicht des Staates. Nachdem die Union wesentliche Teile der Mindstlohn-Vorschläge der SPD im Koalitionsausschuss abgelehnt hatte, beklagte sich Vizekanzler Müntefering, dass die Kanzlerin „nur noch parteipolitisch" denke, „keinerlei Führungsverhalten" mehr zeige und „als Politikerin überschätzt" werde (Knaup u.a. 2007, S. 20).

Vizekanzler Müntefering erklärte in der Öffentlichkeit, dass Gerhard Schröder immer zuerst Kanzler und dann Parteivorsitzender gewesen sei und nicht wie Angela Merkel zuerst Parteivorsitzende. Der Sozialdemokrat Erhard Eppler, der Mitglied in der ersten Großen Koalition (1966 bis 1969) war, hob die Einhaltung der Verfahrensregeln und die nicht öffentliche Austragung von Kontroversen als Vorzüge von damals hervor. Auch in der zweiten Großen Koalition könnte Bundeskanzlerin Merkel in Abstimmung mit dem Vizekanzler das Verfahren bestimmen. Merkel verstoße aber insofern gegen elementare Regeln, als sie Forderungen wie beispielsweise den Einsatz der Bundeswehr im Inneren, die einer Grundgesetzänderung mit einer Zwei-Drittel-Mehrheit im Bundestag bedürfen, nicht mit dem dafür verantwortlichen Innenminister, der Justizministerin, dem Verteidigungsminister und dem Vizekanzler abgestimmt habe. Eine Kanzlerin, die mit ihrer öffentlichen Forderung auf den Widerstand ihres sozialdemokratischen Koalitionspartners stoßen muss, agitiere und regiere nicht (Eppler 2007; S. 2).

Im Gegensatz zu den scharfen großkoalitionären Konflikten insbesondere bei der Gesundheits- und Arbeitsmarktreform hatte es in der Europa- und Außenpolitik zwischen der Kanzlerin und dem SPD-Außenminister weitgehende Übereinstimmung gegeben. So stimmten während der deutschen EU-Ratspräsidentschaft in der ersten Jahreshälfte 2007 auf der Konferenz des Europäischen Rats im März 2007 die anderen 26 Staat- und Regierungschefs den – auch von der Großen Koalition getragenen – Vorschlag der deutschen Bundeskanzlerin zu, den Ausstoß an Treibhausgasen bis zum Jahr 2020 deutlich zu reduzieren.

Auch während der Verhandlungen auf dem „EU-Gipfel" im Juni 2007 konnten Kanzlerin Merkel und Außenminister Steinmeier trotz der Haltung Polens, das einen höheren Stimmenanteil im Ministerrat forderte, und Großbritanniens, das die Verbindlichkeit der Grundrechte-Charta für ihr Rechtssystem ablehnte, gemeinsam einen Kompromiss erreichen. Die ursprünglich entworfene Verfassung wird es zwar nicht mehr geben, doch konnten ihre zentralen Teile in einem EU-„Reformvertrag" („Grundlagenvertrag") gerettet werden.

Überdies konnte die Regierung der Großen Koalition eine Verbesserung des Verhältnisses zu den USA erzielen, das wegen des Irak-Krieges unter der Kanzlerschaft Gerhard Schröders belastet war. In der neu gebildeten transatlantischen Wirtschaftskommission sind ferner Fortschritte erzielt worden, die die Unternehmen Europas bislang stark belastenden Handelshemmnisse abzubauen.

Lediglich in der Zusammenarbeit mit Russland hatte die deutsche Regierung der Großen Koalition während der EU-Ratspräsidentschaft keine vertragliche Regelung über eine Partnerschaft erreichen können. Der Bundeskanzlerin Merkel war es nicht gelungen, beispielsweise den Streit um polnische Fleischexporte nach Russland beizulegen. Der russische Präsident Wladimir Putin konnte nicht zu einer kooperativen Politik mit dem polnischen Nachbarn bewegt werden.

3 Der Bundestag

Der Deutsche Bundestag ist neben der Bundesregierung mit ihrem Verwaltungsapparat und dem Bundesrat eine der wesentlichen, am Regierungsprozess beteiligten staatlichen Institutionen. Die politische Rolle, die einem Parlament als „Volksvertretung" im politischen Gesamtsystem zukommt, hängt maßgeblich von den überkommenen Vorstellungen von Demokratie in der Gesellschaft und vom verfassungsrechtlich vorgegebenen Demokratietyp ab. Im repräsentativ-demokratischen System Deutschlands kommt der „Volkswille" nicht in seiner ursprünglichen, sondern in seiner durch Wahlen und Delegationen modifizierten Form zur Geltung. In der deutschen repräsentativen Demokratie ist das Parlament das zentrale Repräsentationsorgan. Im Parlament manifestiert sich die auf die Repräsentanten (Abgeordneten) übertragene Repräsentationspotenz aller Bürger am deutlichsten.

Um die politische Rolle des Deutschen Bundestags im politischen System beurteilen zu können, werden neben einer rechtlichen Grundlegung zunächst Stellung, Aufgaben, Zuständigkeiten und Handlungsspielräume wichtiger Akteure und Institutionen des Bundestags vorgestellt. Im Anschluß daran gilt die besondere Aufmerksamkeit der Darstellung der Funktionen des Parlaments des Bundes und ihres politischen Gewichts im politischen Entscheidungsprozess.

3.1 Grundstrukturen der Organisation

Funktionen und Arbeitsweise des Bundestags haben ihre rechtliche Grundlage in der Verfassung und in der Geschäftsordnung. Bevor die Funktionen des Parlaments und seine politische Rolle näher beschrieben und bewertet werden, werden die Organisationsstrukturen wichtiger Institutionen des Bundestags wie der Abgeordneten, der Fraktionen und der Ausschüsse gekennzeichnet.

3.1.1 Verfassungs- und geschäftsordnungsrechtliche Grundlagen

Die Abgeordneten des Bundestags werden in allgemeiner, unmittelbarer, freier, gleicher und geheimer Wahl (Art. 38 Abs. 1 GG) auf vier Jahre gewählt (Art. 39 Abs. 1 GG). Die Legislaturperiode (Wahlperiode) des Bundestags ist auf höchstens vier Jahre nach dem ersten Zusammentritt begrenzt und endet mit dem Zusammentritt eines neuen Bundestages. Im Falle seiner vorzeitigen Auflösung muss nach Art. 39 Abs. 1 GG innerhalb von 60 Tagen eine Neuwahl stattfinden. Dies erfolgte in der Geschichte des Bundestags erstmals im Sommer 1972 durch die von Bundeskanzler Willy Brandt gestellte Vertrauensfrage. Der Bundestag wählt ferner den das Hausrecht ausübenden Präsidenten, dessen Stellvertreter und die Schriftführer, und er gibt sich eine Geschäftsordnung (Art. 40 GG).

Der Bundestag als zentrales Gesetzgebungsorgan ist keiner Aufsicht und keinen Weisungen anderer Verfassungsorgane unterworfen, abgesehen von den Entscheidungen des Bundesverfassungsgerichts, die für den Bundestag verbindlich sind. Um seine Geschäfte zu regeln, gibt sich jeder Bundestag kraft eigenen Rechtes eine Geschäftsordnung (Art. 40 Abs. 1 S. 2 GG); ihre Anwendung muss jeder Bundestag neu beschließen.

II Institutionen des Bundes: Strukturen, Funktionen und Prozesse

Die Geschäftsordnung des Bundestags (GOBt) bestimmt alle für die Bundestagsarbeit erforderlichen Tatbestände wie
- die Plenarsitzungen, die Tagesordnung, die Worterteilung und Rangfolge der Redner, die Rededauer, die Abstimmungsregeln und die Stimmenzählung,
- die Bildung und Stellung der Fraktionen,
- die Wahl der Vorsitzenden und Berichterstatter der Ausschüsse sowie die Durchführung der Ausschusssitzungen,
- die Einbringung von Regierungsvorlagen, Vorlagen des Bundesrats und Anträge von Bundestagsmitgliedern,
- die erste, zweite und dritte Beratung von Gesetzentwürfen,
- die Überweisung von Gesetzentwürfen an einen Ausschuss,
- die Einberufung des Vermittlungsausschusses,
- die Abstimmung über Haushaltsvorlagen,
- große und kleine Anfragen, die Fragestunde und Petitionen (also das Interpellationsrecht).

Die den formalen Willensbildungsprozess des Bundestags regelnden Rechtsnormen sagen nur wenig aus über die faktischen Entscheidungsprozesse. So haben beispielsweise die parlamentarischen Geschäftsführer der Fraktionen einen politischen Einfluss gewonnen, der aus dem Wortlaut der Geschäftsordnung nicht hervorgeht.

Grundgesetz und Geschäftsordnung bestimmen auch die Stellung und die Funktionen wichtiger Institutionen des Bundestags wie die der Abgeordneten, Fraktionen und Ausschüsse.

3.1.2 Der Abgeordnete

In der repräsentativen Demokratie der Bundesrepublik ist der Abgeordnete der „Repräsentant des ganzen, ungeteilten, einheitlichen Bundesvolks" (Maunz 1991, S. 124). Nach dem Grundgesetz ist der Abgeordnete „an Aufträge und Weisungen nicht gebunden und nur (seinem) Gewissen unterworfen" (Art. 38 Abs. 1 Satz 2 GG). Das repräsentativ-demokratische System der Bundesrepublik schützt also dieses sogenannte freie Mandat. Im folgenden wird darzustellen sein, dass der Abgeordnete des Bundestags zwar aus der Zeit des Liberalismus stammende Privilegien besitzt, die Bedingungen des modernen, differenzierten parlamentarischen Systems den Handlungsspielraum des Abgeordneten aber begrenzen.

a) Die Sonderstellung des Abgeordneten

Entsprechend den tradierten liberalen Vorstellungen von der persönlichen und sachlichen Unabhängigkeit des Abgeordneten besitzen die Abgeordneten des Deutschen Bundestags bestimmte Privilegien:
- die Indemnität, d.h. der Abgeordnete darf für seine Äußerungen im Parlament nicht gerichtlich oder dienstlich verfolgt werden; dies gilt nicht für verleumderische Beleidigungen (Art. 46 Abs. 1 GG);
- die Immunität, d.h., dass der Abgeordnete für strafbare Handlungen nur mit Genehmigung des Bundestages strafrechtlich verfolgt werden darf (Art. 46 Abs. 2 GG); nur auf Antrag von Strafverfolgungsbehörden auf Aufhebung der Immunität eines Abgeordneten empfiehlt der Bundestagsausschuß ‚Wahlprüfung, Immunität und Geschäftsordnung' dem Bundestag, den Antrag anzunehmen oder abzulehnen;
- ein besonderes Zeugnisverweigerungsrecht (Art. 47 GG).

Außerdem erhielten die Abgeordneten besondere Vergütungen, die sogenannten Diäten, die bis zur Entscheidung des Bundesverfassungsgerichts über die Unzulässigkeit der Steuerfreiheit im Jahre 1975 nicht zu versteuern waren. In dem sogenannten Diäten-Urteil des Bundesverfassungsgerichts von 1975 wurde entschieden, dass die Abgeordneten-Bezüge Einkommen sind, die wie alle Einkommen zu versteuern sind. Beamtengehälter von Abgeordneten, die gleichzeitig Beamte sind, sind dem Gleichheitsgrundsatz widersprechende unberechtigte Privilegien.

Da die Ausübung des Mandats in der modernen Demokratie den „ganzen Menschen" erfordert und keine Nebentätigkeit mehr wie früher ist, sind die Diäten steuerlich auch als Entgelt für die in den Parlamenten geleistete hauptberufliche Tätigkeit anzusehen. Dementsprechend muss nach Meinung des Bundesverfassungsgerichts die Alimentation der Abgeordneten auch ausreichend und der Bedeutung ihres Amtes entsprechend bemessen werden.

Das Bundesverfassungsgericht entschied, dass Abgeordnete keine Beamten sind. Daher darf die Entschädigung der Abgeordneten nicht an den herkömmlichen Aufbau des Beamtengehalts angenähert werden. Da für das Bundesverfassungsgericht die Demokratie des Grundgesetzes privilegienfeindlich ist, muss prinzipiell jeder Abgeordnete eine gleich hohe Entschädigung erhalten. Das Bundesverfassungsgericht forderte deshalb, dass eine Reihe von Pauschalen, Tages- und Sitzungsgeldern, Verdienstausfallentschädigungen und gestattete Diäten entfallen müssen.

1976 verabschiedete der Deutsche Bundestag mit einer Neuregelung der Rechtstellung der Abgeordneten das Gesetz über die Besteuerung der Diäten. Danach wurde die nunmehr zu versteuernde Entschädigung erheblich angehoben. Die monatliche Kostenpauschale, die die Unkostenpauschale (Ausgaben für Sekretariat, Bürokosten usw.), die Tagesgeldpauschale (Entschädigung für Teilnahme an parlamentarischen Sitzungen) und die Reisekostenpauschale ersetzte, ist seitdem mehrmals erhöht worden. Für Mitarbeiter können Abgeordnete noch einmal Unterstützungsleistungen zuzüglich Sozialleistungen in Anspruch nehmen.

Während bis zur Regelung der Diäten-Besteuerung die Abgeordneten ihre Pensionen als Leistungen für die von ihnen an eine Versicherungskasse entrichteten Beiträge erhielten, wird nun die Altersentschädigung der Abgeordneten aus Mitteln des Bundeshaushalts finanziert. Die im öffentlichen Dienst beschäftigten Bundestagskandidaten haben vor der Wahl Anspruch auf zwei Monate Urlaub, erhalten dafür jedoch nicht wie bisher ihre Bezüge weiter ausgezahlt.

Die parlamentarischen Gremien erzielten allerdings keine Einigung über den Komplex der Lobby-Privilegien. Das undurchsichtige, mannigfache Abhängigkeiten schaffende und immer wieder Misstrauen erzeugende Problem der Beraterverträge mit Abgeordneten konnte wegen großer Meinungsverschiedenheiten zwischen und innerhalb der Fraktion gesetzlich nicht geregelt werden.

b) Der Handlungsspielraum eines Abgeordneten

Die Aktivitäten des Abgeordneten, der im modernen parlamentarischen System sein Betätigungsfeld insbesondere in der Fraktion hat, werden entscheidend von der Fraktion als einer Parteigruppierung im Bundestag bestimmt. Im folgenden wird deshalb der Frage nachzugehen sein, inwieweit der Handlungsspielraum des Abgeordneten von der Fraktion begrenzt wird. Außerdem wird zu prüfen sein, welche Faktoren grundsätzlich den Aktionsspielraum des Abgeordneten im vielfältigen formellen und informellen Beziehungsgefüge der Parlamentstätigkeit festlegen.

II Institutionen des Bundes: Strukturen, Funktionen und Prozesse

Auch wenn es im Deutschen Bundestag förmlich keinen Fraktionszwang gibt (diesen hat der Staatsgerichtshof von Bremen in einem Urteil 1953 ausdrücklich verboten), ist der Abgeordnete in der Realität der „neuen Gesetzlichkeit von Partei und Fraktion" unterworfen (so der Politikwissenschaftler Theodor Eschenburg). Der Handlungsspielraum eines Abgeordneten ist daher erheblich von den Beschlüssen seiner Fraktion abhängig, die die Abgeordneten gerade in politisch brisanten Fragen auf eine „einheitliche Linie" verpflichtet. Nur in „Gewissensfragen" wie z.B. bei der Änderung des § 218 StGB (Schwangerschaftsabbruch) haben die Fraktionen ihren Abgeordneten die Entscheidung freigestellt.

Der Abgeordnete übt aus zwei wesentlichen Gründen im Konfliktfall Fraktionsdisziplin: aus persönlichen Gründen, da er der Partei angehört, die am meisten seinen politischen Zielsetzungen entspricht, und aus pragmatischen Gründen, da er gegenüber seiner Fraktion, die zur Durchsetzung ihrer Programme und Ziele des „geschlossenen" Vorgehens bedarf, zur Loyalität verpflichtet ist.

Sind Abgeordnete „echten Gewissenskonflikten" ausgesetzt, können sie die Partei wechseln, ohne deswegen ihr Mandat zu verlieren, das durch Art. 38 GG geschützt ist. Unabhängige Abgeordnete bilden heute im parlamentarischen System der Bundesrepublik Deutschland eher die Ausnahme, da nur selten alle für die Unabhängigkeit erforderlichen Merkmale vorliegen:

- Vermögen und/oder die berufliche Existenz, die die Ausübung des Mandats nicht unbedingt zur Existenznotwendigkeit machen (wie z.B. bei einem verbandsunabhängigen freiberuflich Tätigen, dessen Mitarbeiterstab für ein weiteres „Funktionieren" seiner Kanzlei, Praxis oder seines Unternehmens sorgt),
- Sachkenntnisse, die für die Partei unentbehrlich sind und die eine erneute Kandidatenaufstellung erforderlich machen. Allerdings hat das Merkmal der Sachkenntnisse schon deshalb an Bedeutung verloren, weil große Parteien heute mehrere „austauschbare" Experten besitzen; so war z.B. der das volkswirtschaftliche Instrumentarium perfekt beherrschende ehemalige Bundeswirtschaftsminister Karl Schiller aus persönlichen und programmatischen Gründen für die SPD im Mai 1972 nicht mehr tragbar und damit durchaus ersetzbar.

Grundsätzlich ist also der Abgeordnete am abhängigsten, der sich als „Berufsabgeordneter" im Parlament nicht außergewöhnlich verdient gemacht hat und stark auf die Gunst „örtlicher Oligarchien" angewiesen ist (Zeuner 1969). Ein Abgeordneter wird sich aber innerhalb eines bestimmten Aufgabenbereichs solange einen gewissen Aktionsspielraum sichern können, d.h. erheblichen „sachbezogenen" Einfluss auf die Gestaltung politischer Gesetzesprojekte nehmen, wie die „Grundposition" seiner Partei nicht wesentlich infrage gestellt wird.

„Der „Gestaltungswille", also die Initiativkraft, die Motivation und der Einflussreichtum der Abgeordneten werden allerdings in dem schwer greifbaren System der formellen und informellen Regeln der Parlamentstätigkeit durch die Erkenntnis gelähmt, dass zwar viel gemacht werden muss, dass aber wenig machbar ist" (so der SPD-Bundestagsabgeordnete Norbert Gansel). Die Sozialwissenschaftler Badura und Reese haben in einer Studie über Bundestagsabgeordnete festgestellt, dass sich bei den meisten Parlamentariern im Laufe ihrer Parlamentstätigkeit ein Wandel ihrer Wertvorstellungen vollzogen hat (Badura/Reese 1976):

- Das politische Interesse richtet sich zunehmend nach innen, d.h. die Abgeordneten setzen sich „immer weniger mit außerparlamentarischen Personen und Problemen, dafür immer mehr mit den Meinungen und Wertungen ihrer Kollegen im Parlament auseinander".

- Die politischen Positionen der Abgeordneten werden konservativer, d.h. „die progressive politische Grundorientierung verliert an Bedeutung, die Neigung zu traditionellen Haltungen wächst und wird immer kämpferischer vorgetragen".

3.1.3 Die Fraktionen

Nach Behandlung der in den Geschäftsordnungen der einzelnen Fraktionen geregelten Stellungen und Funktionen der verschiedenen Gremien soll vor allem der Frage nachgegangen werden, welche politische Bedeutung dem Fraktionsvorstand, insbesondere dem Fraktionsvorsitzenden und den Arbeitskreisen sowie Arbeitsgruppen der Fraktionen im Willensbildungsprozess der Parlamentstätigkeit zukommt. Da die Fraktionen als Parteigruppierungen von Abgeordneten unter institutionellen und informativen Gesichtspunkten in einem besonderen Verhältnis zur Partei stehen, soll anschließend die wechselseitige Abhängigkeit zwischen Fraktion und Partei kritisch geprüft werden.

a) Rechtliche Grundlagen

„Die Fraktionen sind Vereinigungen von mindestens 5 von Hundert der Mitglieder des Bundestages, die derselben Partei oder solchen Parteien angehören, die aufgrund gleichgerichteter politischer Ziele in keinem Land miteinander in Wettbewerb stehen" (§ 10 Abs. 1 GOBt).

Die innere Organisationsstruktur der Fraktionen als Vereinigungen von Mitgliedern des Bundestags wird kraft eigenen Rechtes durch die Geschäftsordnung geregelt; sie enthalten vor allem Bestimmungen über
- die Zusammensetzung der Fraktionsvollversammlung und des Fraktionsvorstands (er besteht in der Regel aus dem Fraktionsvorsitzenden, den Stellvertretern, den parlamentarischen Geschäftsführern und weiteren Mitgliedern);
- die Beschlußorgane (die Fraktionsvollversammlung entscheidet über die Politik der Fraktion);
- die Funktionen des Fraktionsvorstands (bei der SPD führt der Vorstand die Geschäfte und plant die Arbeit des Bundestags in Übereinstimmung mit den Parteirichtlinien; bei der CDU/CSU führt der Vorstand die politischen Geschäfte im Rahmen der von der Fraktionsvollversammlung beschlossenen Richtlinien);
- die Stellung und Funktion der Arbeitskreise und Arbeitsgruppen der Fraktionen
- und die Abstimmungen im Bundestag.

b) Parlamentarischer Willensbildungsprozess

Der Einfluss der Fraktionen resultiert aus dem Zusammenwirken ihrer Mitglieder im Ältestenrat. Aus der personellen und konzeptionellen Koordinierungs- und Steuerungsfunktion der Fraktionen bleibt dem einzelnen Abgeordneten, der vorwiegend durch die Fraktionsführung repräsentiert wird, für eine programmatische „Richtungslenkung" nur ein geringer Spielraum.

Der Abgeordnete
- muss sich an die von der Fraktion aufgestellte Rednerliste halten und hat kaum Gelegenheit zu einer spontanen Debatte im Sinne eines raschen Wechsels von Rede und Gegenrede und er
- muss sich aufgrund einer Fülle komplizierter gesetzlicher Detailregelungen, die für den einzelnen Abgeordneten nicht mehr überschaubar sind, auf seine mit bestimmten Spezial-

II Institutionen des Bundes: Strukturen, Funktionen und Prozesse

kenntnissen ausgestatteten Kollegen verlassen; darin liegt aber zugleich die Chance, sich durch die Beschäftigung mit einem engen Aufgabenbereich zumindest eine gewisse Mitsprache zu sichern.

Dem Fraktionsvorsitzenden fallen folgende Führungsfunktionen zu: die Fraktion nach innen und außen zu vertreten, die Sitzungen des Fraktionsvorstands und der Vollversammlung einzuberufen und zu leiten, über die Tagesordnung zu entscheiden und die Fraktion im Parlament zu führen.

Die Stellung des Fraktionsvorstands gewinnt aber besonders dann an Bedeutung, wenn
- unterschiedliche Positionen in den Arbeitskreisen vertreten werden und somit dem Fraktionsvorstand die Verantwortung des entscheidenden Koordinators zufällt und
- über das taktische Vorgehen (Marschrichtung) und die damit verbundene Notwendigkeit des „geschlossenen" Auftretens für die anstehenden parlamentarischen Beratungen im Plenum zu entscheiden ist.

Dem Fraktionsvorsitzenden kommt dabei zu Hilfe, dass er als Vorsitzender ein partielles Informationsmonopol in Anspruch nehmen (er kann sich grundsätzlich der Informationssammlung und der -aufbereitung durch „Zulieferanten" bedienen) und die aufbereiteten Informationen in seinem Sinne zum richtigen Zeitpunkt „kanalisieren" kann.

Die parlamentarischen Geschäftsführer der Fraktionen haben deshalb eine so entscheidende Bedeutung erlangt, weil sie durch ihre zahlreichen formellen und informellen Kommunikationen auf den Willensbildungsprozess der Plenarsitzungen entscheidend einwirken können. Sie werden nach keinem bestimmten gesetzlich geregelten Wahlsystem bestellt, sondern nach interfraktionellen Absprachen über mehrere Legislaturperioden hindurch hat sich ein bestimmtes Verhältnis zwischen den im Bundestag vertretenen Fraktionen herausgebildet (die SPD-Fraktion stellt 4, die CDU/CSU-Fraktion 4 und die Bündnis '90/Grüne-Fraktion sowie die FDP-Fraktion stellen jeweils 2 parlamentarische Geschäftsführer).

Die parlamentarischen Geschäftsführer können durch Verständigung mit den Geschäftsführern der anderen Fraktionen
- das Ende einer Debatte im Plenum erreichen,
- sich auf Redezeitbeschränkungen der Abgeordneten in bestimmten Plenarsitzungen einigen,
- dem Bundestagspräsidenten eine andere Reihenfolge der Redner vorschlagen (nach § 33 GOBt ist der Bundestagspräsident nicht an eine bestimmte Reihenfolge gebunden) und
- beim Bundestagspräsidenten eine Änderung der Reihenfolge der Tagesordnungspunkte durchsetzen. Dieses Mittel ist deshalb so bedeutungsvoll, weil damit politisch brisante Themen im Plenum diskutiert, aber auch unterdrückt werden können.

Die Fraktionen des Bundestags gliedern sich in Arbeitskreise, die, ähnlich wie die Parlamentsausschüsse,
- als „Fachgremien" der Fraktionen gelten und
- zur Vorbereitung der Fraktionsarbeit im Bundestag für verschiedene Sachgebiete gebildet werden (§ 23 der Geschäftsordnung der Fraktion der SPD im Bundestag).

Die Fraktionen untergliedern die Arbeitskreise nochmals in Arbeitsgruppen, die sich aus den Fraktionsmitgliedern eines Bundestagsausschusses zusammensetzen. Durch diese Arbeitsgruppen versuchen die Fraktionen, die Routineentscheidungen dieser noch spezieller arbeitenden Fraktionsinstitutionen stärker in den Griff zu bekommen, indem die beschlossenen

Empfehlungen der Arbeitsgruppen nur „vorkehrenden" Charakter haben sollen, um Beschlüsse erst über den Arbeitskreis zu lenken und die letzte Entscheidung der Fraktion selbst zu überlassen.

Die umfangreichen und komplizierten Materien, mit denen die Abgeordneten konfrontiert werden, führten dazu, dass sich der faktische Willensbildungsprozess in anonym arbeitende Fraktionsgremien verlagert hat. Die in den Arbeitskreisen und Arbeitsgruppen tätigen und auf bestimmte Gebiete spezialisierten Abgeordneten tragen nicht nur dazu bei, der Gesamtfraktion „ein abschließendes politisches Urteil zu ermöglichen", sondern präjudizieren vielfach die Entscheidungen der meisten Fraktionskollegen durch ihre detaillierten Kenntnisse.

Zwischen Fraktion und Partei besteht insofern ein enger Zusammenhang, als die Partei einerseits die institutionelle Voraussetzung für die Fraktion ist und beide etwa die gleichen politischen Programme und Zielsetzungen vertreten, die Partei andererseits auf die Fraktion wegen ihrer „Informationsnähe" zu Gesetzesvorhaben und der Notwendigkeit erfolgreicher parlamentarischer Arbeit angewiesen ist.

Formal kann zwar keine Partei ihrer Fraktion das Verhalten im Parlament vorschreiben, doch ist die Einflussnahme der Parteiführung durch die enge Verflechtung von Parteiämtern und parlamentarischen Mandaten erheblich. Nach Wildenmann haben grundsätzlich die „Parteiführungsstäbe" die letzten politischen Entscheidungsbefugnisse. Die Rolle der Fraktionen des Bundestags hängt demnach weitgehend bei Oppositionsfraktionen von der „Funktionsgliederung der Parteiführungsstäbe" ab. Die Regierungsfraktionen, die allein schon aus parteipolitischen Gründen an der Durchsetzung der dem Parlament vorgelegten Regierungsprogramme interessiert sind, akzeptieren in der Regel die Koalitionsvereinbarungen. Die Koalitionskompromisse werden meistens durch Expertengruppen, die mit Beamten und Fraktionsmitgliedern besetzt sind, vorbereitet. Erst in „Spitzengesprächen" der politischen Führung der Koalition (hauptsächlich nehmen daran der Regierungschef, die Parteiführung, die Fraktionsvorsitzenden der Koalition sowie zuständige Fachminister teil) wird dann unter Berücksichtigung der politischen Möglichkeiten und Notwendigkeiten der Koalitionskompromiß erzielt.

Die Parteiführung der Opposition versucht die gesamte Legislaturperiode hindurch, die Entscheidung der Oppositionsfraktion zu bestimmen. Die Parteiführung der Regierungspartei(en) kann dagegen von einer durchgehenden Zustimmung der Regierungsfraktion(en) ausgehen. Die Führung der Regierungspartei(en) wird höchstens darauf bedacht sein, aus wahltaktischen Gründen gegen Ende der Legislaturperiode verstärkt auf die Regierungsfraktion(en) einzuwirken. Die Entscheidungsdominanz der Parteiführungsgremien schließt jedoch nicht aus, dass im Konfliktfall zwischen Fraktion und Partei auch manchmal die Fraktionen ihre Positionen durchsetzen.

3.1.4 Die Ausschüsse

So wie sich die Fraktionen ihrer Arbeitskreise und Arbeitsgruppen als entscheidungsvorbereitender Institutionen bedienen, kann der Bundestag seine Aufgaben nicht ohne die Detailarbeit leistenden Gremien bewältigen. Die Institutionen des Bundestags, die die Gesetzentwürfe der Bundesregierung unter Berücksichtigung der politischen Zielsetzungen der Fraktionen ergänzen, korrigieren oder auch blockieren, sind die Bundestagsausschüsse.

Die wesentlichen Aktionsfelder der Abgeordneten des Bundestags sind heute die Ausschüsse. Hier können sich die Abgeordneten profilieren, indem sie sich Expertenwissen aneignen

II Institutionen des Bundes: Strukturen, Funktionen und Prozesse

und auf diese Weise ihr Ansehen bzw. ihre (Macht-)Position innerhalb der jeweiligen Fraktion verbessern können. Die Fraktionsvertreter in den Ausschüssen haben bei ihrer Ausschussarbeit die „politischen Richtlinien der Fraktionen" zu beachten.

Im Grundgesetz werden nur drei Ausschüsse erwähnt, die vom Bundestag zu bestellen sind: Neben dem Ausschuss für Auswärtige Angelegenheiten und dem Ausschuss für Verteidigung (Art. 45a GG) ist 1992, noch vor In-Kraft-Treten des Maastrichter Vertrags, der neue Ausschuss für die Angelegenheiten der Europäischen Union eingerichtet worden (Art. 45 GG). Der Bundestag kann diesen Ausschuss ermächtigen, seine Rechte gem. Art. 23 GG gegenüber der Bundesregierung wahrzunehmen.

Das Grundgesetz und die Geschäftsordnung des Deutschen Bundestages (GOBt) überlassen es dem freien Ermessen des Bundestags, zu Beginn einer jeden Legislaturperiode Zahl und Art der Ausschüsse festzulegen. Es gibt drei Grundtypen von Ausschüssen:
- die ständigen Ausschüsse (sie sind für die Dauer einer Wahlperiode institutionalisiert),
- die besonderen Ausschüsse (sie beraten über spezielle Fragen) (§ 52 GOBt)
- die Untersuchungsausschüsse (Art. 44 GG).

Der Bundestag ist berechtigt – und auf Antrag eines Viertels der Bundestagsmitglieder dazu verpflichtet – einen Untersuchungsausschuß einzusetzen. Auf die Beweiserhebung finden die Strafprozessvorschriften sinngemäße Anwendung, und die Gerichte und Behörden sind zur Rechts- und Amtshilfe verpflichtet (Art. 44 GG).

Die Hauptaufgabe der Ausschüsse ist es, die vom Bundestag zu fassenden (Gesetzes-)Beschlüsse vorzubereiten (§ 62 GOBt) und gewisse politische Kontrollfunktionen auszuüben. Als vorbereitende Beschlussorgane des Bundestages haben sie nach Paragraph 62 Satz 2 der Geschäftsordnung des Deutschen Bundestages die Pflicht, dem Bundestag bestimmte Beschlüsse zu empfehlen, die sich nur auf die ihnen überwiesenen Vorlagen oder mit diesen in unmittelbarem Sachzusammenhang stehenden Fragen beziehen dürfen. Diese Ausschussberichte sind zwar rechtlich nicht verbindlich, haben aber eine nicht zu unterschätzende präjudizierende Wirkung.

Für die Arbeitsweise der Ausschüsse gelten die Bestimmungen der Paragraphen 54 bis 74 der Geschäftsordnung des Deutschen Bundestages. Die Ausschüsse sind zu baldiger Erledigung der ihnen überwiesenen Aufgaben verpflichtet (§ 62 GOBt). Formal sind damit die Ausschüsse angehalten, die ihnen überwiesenen Gegenstände zügig zu beraten. Faktisch werden jedoch bestimmte Beratungsgegenstände wegen Arbeitsüberlastung und auch aus taktisch-politischen Gründen zurückgestellt.

Die Ausschüsse berichten den Bundestag über Beratungen von Gesetzentwürfen und Grundsatzfragen von erheblicher Bedeutung schriftlich (§ 66 GOBt). Die Beschlüsse der Ausschüsse können mündlich durch den Berichterstatter des Ausschusses ergänzt werden (§ 66 GOBt). Die Ausschüsse wählen in diesem Fall aus ihrer Mitte für bestimmte Beratungsgegenstände einen oder mehrere Berichterstatter, die den Ausschussbericht dem Plenum zur Kenntnis bringen. Regierungsvorlagen, über die kein Beschluß des Bundestags erforderlich ist, etwa Denkschriften oder Berichte (z.B. die Materialien zum Bericht zur Lage der Nation), werden direkt an den zuständigen Ausschuss überwiesen.

Aufgrund des Zutritts- und Rederechts können die Mitglieder des Bundesrats und der Bundesregierung sowie ihre Beauftragten an den Ausschusssitzungen teilnehmen, und sie müssen jederzeit gehört werden (Art. 43 Abs. 2 GG). Wegen chronischer Arbeitsüberlastung der

Minister nehmen an den Ausschussberatungen über ministerielle Vorlagen häufig nur die für die betreffende Materie zuständigen Referenten teil. Auch wenn die meisten Vorlagen im Ausschuss unter Berücksichtigung politischer Zielvorstellungen geändert werden, macht sich doch auch hier der Einfluss der Ministerialbeamten als der Beauftragten der Bundesregierung bemerkbar, da sie als Beteiligte am Gesetzgebungsverfahren von Anfang an besonders mit den zahlreichen Vor- und Nachteilen der zu behandelnden gesetzlichen Regelungen vertraut sind.

Die Ausschüsse beraumen keine offiziellen Sitzungen an, wenn die Ausschussmitglieder bestimmte Positionen zunächst unter sich (vor-)besprechen wollen; hierzu werden vielfach interne informelle Kontakte genutzt. Wie erwähnt, werden – aufgrund der Spezialkenntnisse der Ausschußmitglieder und darüber hinaus durch politische „Richtungslenkung" der Fraktionen – die Entscheidungen des Bundestags wesentlich vorweggenommen.

Die Ausschussberatungen sind grundsätzlich nicht öffentlich, um den Verlauf der meist sehr komplizierten Beratungen möglichst nicht zu stören. Ein Ausschuss kann aber beschließen, die Öffentlichkeit zuzulassen (§ 69 Abs. 2 GOBt). Eine Sitzung ist dann öffentlich, wenn die Presse, Sachverständige, Vertreter der Interessenverbände und andere Zutritt zum Ausschuss haben. Die Nichtöffentlichkeit der Sitzung bedeutet nicht zugleich Geheimhaltung der zu beratenden Fragen, denn über die Ausschusstätigkeit kann berichtet werden (das offiziell angefertigte Protokoll darf allerdings nicht veröffentlicht werden), und auch jeder Abgeordnete, der nicht ordentliches Ausschussmitglied ist, hat Zugang zu den Sitzungen.

Die Ausschüsse können Geheimhaltung oder Vertraulichkeit beschließen. Für vertrauliche Verhandlungsgegenstände gelten die Bestimmungen der Geheimschutzordnung des Deutschen Bundestages (§ 69 Abs. 7 GOBt). Aus Geheimhaltungsgründen sind Ausschusssitzungen folgender Gremien vertraulich und nur den jeweiligen Mitgliedern zugänglich; dies betrifft
– den Verteidigungsausschuss
– den Auswärtigen Ausschuss und
– den Innenausschuss.

Seit Dezember 1992 ist durch den neu formulierten Art. 45 GG ein Ausschuss für Angelegenheiten der Europäischen Union eingerichtet worden, der die Rechte des Bundestages gemäß Art. 23 GG gegenüber der Bundesregierung wahrnehmen kann (vgl. Kap. B.6.2.). Mit der Einrichtung des EU-Ausschusses ist neben den Ausschüssen für auswärtige Angelegenheiten und für Verteidigung und dem Petitionsausschuss (Art. 45c) der vierte Bundestagsausschuss verfassungsrechtlich abgesichert worden.

Anhörungen, sogenannte Hearings, finden dann statt, wenn die Mitglieder des Ausschusses im Interesse der eigenen Meinungsbildung und der Information für die Öffentlichkeit Sachverständige, Interessenvertreter oder andere Auskunftspersonen zur Erörterung bestimmter Gesetzesvorhaben anhören (§ 70 GOBt). Experten zahlreicher sozialer Gruppen und Wissenschaftler vertreten dann in den Ausschüssen ihre meist sehr konträren Positionen: z.B. werden der Bund Freiheit der Wissenschaft, der Demokratische Hochschulbund, die Bundesassistentenkonferenz u.a. zu Fragen der Hochschulreform im Ausschuss für Bildung und Wissenschaft gehört oder Wissenschaftler und Steuerexperten legen in meist mehrtägigen Hearings ihre Standpunkte zur Steuerreform im Finanzausschuß dar. Die Hearings tragen dazu bei, den Abgeordneten mittels Dialog mit Praktikern und Wissenschaftlern alternative Handlungsmöglichkeiten mit ihren Konsequenzen aufzuzeigen. Durch die Ermöglichung eines

II Institutionen des Bundes: Strukturen, Funktionen und Prozesse

sachlichen Disputes mit einem erweiterten Expertenkreis lassen sich grundsätzlich politische Entscheidungen rationaler gestalten.

Dem Auswärtigen Ausschuss und dem Verteidigungsausschuß kommen besondere Bedeutung zu, weil sie infolge eigener Initiativen oder auf Anregung der Bundesregierung Fragen behandeln können, die über die Beschlußfassung der vom Plenum überwiesenen Gegenstände hinausgehen. Die herausragende politische Bedeutung der beiden Ausschüsse zeigt sich darin, dass
- der Auswärtige Ausschuss sich ständig mit diffizilen und politisch brisanten Fragen zu befassen hat, deren zu frühzeitige Behandlung im Plenum des Bundestags die Verhandlungen mit ausländischen Regierungsdelegationen erschweren müßte,
- der Verteidigungsausschuß das Recht hat bzw. auf Antrag eines Viertels seiner Mitglie-der verpflichtet ist, sich zu einem Untersuchungsausschuß zu konstituieren (also zu einem speziellen parlamentarischen Kontrollorgan wird) und somit unabhängig von Gesetzentwürfen grundsätzlich verteidigungspolitische Probleme behandeln kann (z.B. die nach den Terrorschlägen vom 11.9.2001 verstärkt diskutierte Frage der Zulässigkeit und Zweckmäßigkeit des Einsatzes der Bundeswehr außerhalb des NATO-Gebietes).

Darüber hinaus haben folgende Ausschüsse zusätzliche Befugnisse, die über die sonst üblichen Beratungen der vom Bundestag überwiesenen Gesetzentwürfe hinausreichen:

Der Innenausschuß kann alle den Verfassungsschutz betreffenden Fragen beraten, und dem Haushaltsausschuß kommt deshalb eine einflussreiche Bedeutung zu, weil alle Haushaltsvorlagen von ihm beraten werden müssen. Außerdem muss der Haushaltsausschuß zu jeder Finanzvorlage Bericht darüber erstatten, ob Mehrausgaben oder Mindereinnahmen zu erwarten sind und ob sich diese mit dem Haushaltsplan oder der Haushaltslage vereinbaren lassen. Der Haushaltsausschuß kann sogar Exekutivfunktionen auf der Grundlage des Haushaltsgesetzes wahrnehmen, d.h. er kann beispielsweise der Freigabe von Mitteln aus bestimmten Haushaltstiteln für den Bundesfinanzminister zustimmen.

3.2 Die Funktionen des Bundestags und ihre politische Bedeutung

3.2.1 Die Wahlfunktion

Mit der parlamentarischen Zuständigkeit für die Wahl der Regierung, insbesondere des Regierungschefs, sollte in Deutschland nach überkommenem Parlamentarismusverständnis die Rolle des Parlaments als zentrales politisches Repräsentationsorgan im politischen System hervorgehoben werden. Die Wahlfunktion des Deutschen Bundestags gleicht in der Regel allerdings einem formalen Akt, da die faktische Entscheidung über den zu wählenden Kanzler auf den Repräsentanten der stärksten Bundestags-Fraktion entfällt oder im Falle notwendiger Koalitionsregierungen in vorausgehenden Sondierungsgesprächen zur Regierungsbildung (unter Leitung der Parteiführungen) getroffen wird. Der Bundeskanzler wird auf Vorschlag des Bundespräsidenten mit absoluter Mehrheit des Bundestags gewählt (Art. 63 Abs. 1 und 2 GG).

Seit der Wiedervereinigung sah in der 12. bis 16. Legislaturperiode die Sitzverteilung im Bundestag wie folgt aus:

Legislatur- periode	CDU- CSU	SPD	FDP	PDS/ Linkspartei	Grüne	Zahl der Sitze	Überhang- mandate
1990–1994	319	239	79	17	8	662	6
1994–1998	294	252	47	30	49	672	16
1998–2002	245	298	43	36	47	669	13
2002–2005	248	251	47	2	55	603	5
2005–	226	222	61	54	51	614	16

Quelle: Feldkamp, Michael F., 2006: Deutscher Bundestag 1987 bis 2005: Parlaments- und Wahlstatistik, in: Zeitschrift für Parlamentsfragen 37, S. 3–19

Seit der ersten gesamtdeutschen Bundestagswahl 1990 ist die Zahl der gesetzlichen Vertreter im Bundestag von vorher 518 Abgeordneten (ohne Überhangmandate) durch Einbeziehung der ostdeutschen Bundesländer auf 656 Abgeordnete angestiegen. Da durch Wahlkreisgewinne der beiden großen Parteien bei der Bundestagswahl von 1994 16 Überhangmandate vergeben wurden, hatte das zweite gesamtdeutsche Parlament mit 672 Sitzen bisher die größte Zahl der Mandatsträger.

Da der Bundestag bei der Wahl vom September 2005 insgesamt 614 Sitze gegenüber 603 Sitzen in der 15. Wahlperiode (2002–2005) hatte, waren mindestens 308 Abgeordnete (in der 15. WP mindestens 302 Abgeordnete) für die Wahl des Bundeskanzlers erforderlich. Kommt im ersten Wahlgang keine absolute Mehrheit zustande (Art. 63 Abs. 2 GG), werden ein weiterer Wahlgang oder mehrere Wahlgänge erforderlich (Art. 63 Abs. 3 und 4 GG).

Verfahren zum ersten Wahlgang: Der Bundespräsident schlägt dem Plenum einen Kandidaten vor, der als Kanzlerkandidat die größte Mehrheit im Parlament hinter sich hat. Der Bundeskanzler ist dann vom Bundestag gewählt und muss vom Bundespräsidenten ernannt werden, wenn er die Stimmen der Mehrheit der Mitglieder des Bundestags auf sich vereinigt. Auch wenn bei der Wahl Angela Merkels zur Bundeskanzlerin im November 2005 mindestens 51 Abgeordnete aus den Reihen von CDU/CSU und SPD mit insgesamt 448 Sitzen gegen Merkel stimmten, wurde die Kandidatin mit 397 Ja- sowie 202 Nein-Stimmen zur Kanzlerin gewählt. Merkel erhielt damit 89 Stimmen mehr als die erforderliche Mehrheit von 308 Stimmen (Jesse/Schubert 2006, S. 53).

Weitere Wahlgänge: Wird der vom Bundespräsidenten vorgeschlagene Kandidat nicht gewählt, kann der Bundestag von sich aus innerhalb von 14 Tagen mit absoluter Mehrheit einen Bundeskanzler wählen. Erreicht ein Kandidat nicht die erforderliche Mehrheit, oder wählt der Bundestag innerhalb dieser Frist überhaupt nicht, muss „unverzüglich" ein neuer Wahlgang stattfinden, wonach derjenige Kanzler wird, der die meisten Stimmen erhält. Für diesen dritten Wahlgang ist – in bezug auf den Ermessensspielraum des Bundespräsidenten – die Art der Mehrheit entscheidend, da der mit absoluter Mehrheit gewählte Kandidat innerhalb von 7 Tagen nach der Wahl vom Bundespräsidenten ernannt werden muss, während der mit relativer Mehrheit gewählte Kandidat entweder vom Bundespräsidenten ernannt werden kann (er also nicht dazu verpflichtet ist), oder der Bundespräsident im anderen Fall das Parlament auflösen muss.

Die für die relative Mehrheit vorgesehene Wahlmöglichkeit des Bundespräsidenten ist bisher noch nicht zur Anwendung gekommen. Tritt bei einer Kanzlerwahl eine solche Situation einmal ein, dann wächst dem Bundespräsidenten eine außergewöhnliche politische Verantwortung zu, entweder den „nur" mit relativer Mehrheit Gewählten zum Kanzler zu ernennen oder über die Parlamentsauflösung Neuwahlen auszuschreiben.

Der Bundeskanzler ist rechtlich nicht verpflichtet, „freiwillig" zurückzutreten. Tritt er freiwillig zurück, so geschieht dies unter mehr oder weniger starkem parteipolitischen Druck. Der freiwillige Rücktritt eines Bundeskanzlers führt im parlamentarischen System Deutschlands zu einer „normalen" neuen Regierungsbildung, d.h. der Bundespräsident schlägt nach Art. 63 GG den Kanzlerkandidaten zur Wahl vor, auf den sich die Koalitionsmehrheit zuvor geeinigt hat oder den die Spitzengremien der größten Koalitionspartei zum Nachfolger bestimmt haben. So einigten sich im Herbst 1966 nach dem Austritt der FDP aus der Regierung Erhard – es gab für eine kurze Zeit eine Minderheitsregierung – die Fraktionsgremien auf die Große Koalition aus CDU/CSU und SPD unter dem neuen Kanzler Kiesinger. Der Rücktritt Ludwig Erhards machte den Weg für die Regierungsbildung der Großen Koalition frei, ohne dass die Instrumente des Misstrauensvotums (nach Art. 67 GG) oder der Vertrauensfrage (nach Art. 68 GG) angewandt werden mussten. Darüber hinaus stimmte nach dem Rücktritt des Bundeskanzlers Brandt im Mai 1974 der Koalitionspartner FDP dem von den SPD-Spitzengremien vorgeschlagenen Nachfolger Helmut Schmidt zu.

Im Jahr 1982 wurde Bundeskanzler Helmut Schmidt (SPD) durch ein konstruktives Misstrauensvotum von Helmut Kohl (CDU) abgelöst, der eine Koalition aus CDU/CSU und FDP bildete. Nach diesem Machtwechsel kam es im März 1983 zu einer vorgezogenen Neuwahl, in der die schwarz-liberale Koalition bestätigt wurde. Auch am 18. September 2005 kam es zu einer vorgezogenen Bundestagswahl, nachdem Bundeskanzler Schröder die Vertrauensfrage gestellt und hierauf Bundespräsident Köhler die Auflösung des Bundestags verfügte hatte. Als Ergebnis der Bundestagswahl bildeten die Unionsparteien und die SPD im November 2005 die zweite Große Koalition auf Bundesebene.

Der Bundestag hat bisher die Funktion der Wahl eines Bundeskanzlers effektiv und meistens zügig bewältigt (M. G. Schmidt 2007). Außerdem wirkt der Bundestag bei der Wahl des Bundespräsidenten in der Bundesversammlung, die sich auch aus Mitgliedern des Bundestags zusammensetzt, mit (Art. 54 Abs. 1 und Abs. 3 GG). Darüber hinaus wählt der Bundestag durch seinen Wahlausschuss die Hälfte der Richter des Bundesverfassungsgerichts (siehe Kap. B.5). Das Parlament wählt schließlich die Hälfte der Repräsentanten des Vermittlungsausschusses des Bundestags und Bundesrats.

3.2.2 Die Gesetzgebungsfunktion

Im parlamentarischen Regierungssystem ist die Gesetzgebung eine Hauptfunktion des Parlaments. Nach Art. 76 Abs. 1 GG sind Bundestag, Bundesrat und Bundesregierung befugt, einen Gesetzentwurf zur Beschlußfassung vorzulegen, also die sogenannte Gesetzesinitiative zu ergreifen. Darüber hinaus hat der Bundestag eine Mitwirkungsbefugnis in auswärtigen Angelegenheiten und in Angelegenheiten der Europäischen Union.

a) Stadien der Gesetzgebung

Ergreift der Bundesrat die Gesetzesinitiative, so wird der Gesetzentwurf zuerst an die Bundesregierung geleitet, bevor er in den Bundestag gelangt. Ein Gesetzentwurf des Bundestags geht direkt an die Bundesregierung; die Bundesregierung muss nur gegenzeichnen, ohne dass dafür eine Kabinettssitzung erforderlich ist.

Da die meisten Gesetzesinitiativen von der Bundesregierung bzw. ihrem Verwaltungsapparat ausgehen, sollen die verschiedenen Stadien der Gesetzgebung am Beispiel des Gesetzentwurfs der Bundesregierung aufgezeigt werden.

Im einzelnen spielt sich der Gesetzgebungsprozess wie folgt ab:
- In jedem Ministerium ist für ein bestimmtes Sachgebiet (Referat) ein Referent zuständig, der infolge neu auftretender Probleme (z.B. des Ausbaus von Krippenplätzen oder der Gefahren des Klimawandels in der 16. Legislaturperiode) oder aufgrund notwendig gewordener Änderungen auf Weisungen seiner Vorgesetzten oder nach Rücksprache mit seinen Vorgesetzten einen Referentenentwurf ausarbeitet;
- der Referentenentwurf wird den davon betroffenen Interessenverbänden zur Stellungnahme zugeleitet (nach der Gemeinsamen Geschäftsordnung der Bundesministerien);
- nach Eingang und mehr oder weniger intensiver Berücksichtigung der detaillierten Verbandspositionen wird in der Regel ein zweiter Referentenentwurf erstellt, der an die Ministerien zur Berücksichtigung von Ergänzungs- oder Änderungswünschen und an das Justizministerium zur Prüfung der Rechtsförmlichkeit weitergeleitet wird;
- erst jetzt wird der Gesetzentwurf an das Kabinett überwiesen, wo durch einen Kabinettsbeschluß aus dem Entwurf eine Regierungsvorlage wird;
- diese Regierungsvorlage wird zuerst dem Bundesrat zugeleitet, der in einer meist kurzen Beratung (sogenannter erster Durchgang) mit einer eigenen Stellungnahme den Regierungsentwurf an die Bundesregierung zurückweist;
- die Bundesregierung leitet den Gesetzentwurf mit ihrer Meinung zur Stellungnahme des Bundesrats an den Bundestagspräsidenten;
- in der ersten Lesung im Plenum wird in der Regel der Gesetzentwurf sofort an einen oder mehrere Ausschüsse überwiesen;
- in der nun folgenden Ausschussarbeit wird jede gesetzliche Bestimmung Satz für Satz behandelt; wird eine Änderung des Gesetzentwurfs beschlossen, geht die damit veränderte Regierungsvorlage ins Plenum;
- das Plenum muss dann entscheiden, die Regierungsvorlage verändert oder unverändert anzunehmen oder abzulehnen;
- in der zweiten Lesung, der sogenannten „Stunde des Abgeordneten", werden die gesetzlichen Bestimmungen jeweils gesondert aufgerufen, wozu jeder Abgeordnete Änderungsanträge stellen kann; über jede gesetzliche Regelung wird einzeln abgestimmt;
- beschließt der Bundestag die Annahme des Gesetzentwurfes in der zweiten Lesung, folgt darauf gleich die dritte Lesung; bei umstrittenen Entwürfen findet erst nach einer bestimmten Frist die dritte Lesung statt; wird ein Gesetzentwurf in dritter Lesung abgelehnt, ist er endgültig gescheitert.

Wenn die Gesetzesbeschlüsse des Bundestags dem Bundesrat zur Beschlußfassung erneut vorgelegt werden (der sogenannte zweite Durchgang), sind die Unterscheidungsmerkmale zwischen Einspruchsgesetzen und zustimmungsbedürftigen Gesetzen (Zustimmungsgesetzen) relevant. Bundesgesetze sind dann Einspruchsgesetze, wenn der Bundesrat gegen die Gesetze nur Einspruch einlegen kann, den der Bundestag zurückweisen kann, der Bundesrat hat also nur ein suspensives Vetorecht. Beschließt der Bundesrat mit der Mehrheit seiner Stimmen den Einspruch, so kann er mit der absoluten Mehrheit des Bundestags zurückgewiesen

II Institutionen des Bundes: Strukturen, Funktionen und Prozesse

werden. Hat der Bundesrat den Einspruch mit einer Zweidrittelmehrheit seiner Stimmen beschlossen, so kann der Bundestag den Einspruch des Bundesrats mit der Zweidrittelmehrheit, mindestens aber mit der absoluten Mehrheit seiner Mitglieder zurückweisen (nach Art. 77 Abs. 4 GG).

Zustimmungsbedürftig sind die Bundesgesetze dann, wenn sie, um wirksam zu werden, der Zustimmung des Bundesrats bedürfen. Nach Art. 79 Abs. 2 GG benötigen verfassungsändernde und -ergänzende Gesetze der Zustimmung von zwei Dritteln der Mitglieder des Bundestages und zwei Dritteln der Stimmen des Bundesrats.

Weiterhin handelt es sich um Zustimmungsgesetze, wenn
- das Bundesgebiet neu gegliedert wird (Art 29 GG),
- der Bund in Ausnahmefällen wegen eines besonderen Bedürfnisses nach bundeseinheitlicher Regelung das Verwaltungsverfahren ohne Abweichungsmöglichkeit für die Länder regelt (Art. 84 Abs. 1 Satz 5 GG),
- die Gemeinschaftsaufgaben von Bund und Ländern sowie Einzelheiten der Koordinierung näher bestimmt werden (Art. 91a Abs. 2),
- steuerpolitische Entscheidungen getroffen werden, die Bund und Länder betreffen und,
- Bundesgesetze Pflichten der Länder zur Erbringung von Geld-, Sach- und Dienstleistungen begründen (Art. 104a Abs. 4 GG) und
- die Finanzhilfen des Bundes für besonders bedeutsame Investitionen der Länder und Gemeinden näher geregelt werden (Art. 104b Abs. 2 GG).

Der Gesetzgebungsprozess kann nun folgendermaßen weiterverlaufen:

Stimmt der Bundesrat dem Gesetzentwurf ebenfalls zu, so ist nach Gegenzeichnung durch die Bundesregierung (Fachminister und Bundeskanzler) und mit der Unterschrift des Bundespräsidenten unter das Gesetz die Ausfertigung (Ratifikation bei völkerrechtlichen Verträgen) abgeschlossen. Nach der Veröffentlichung im Bundesgesetzblatt – in der Regel am 14. Tag danach – tritt das Gesetz in Kraft.

Ist der Bundesrat im Fall des Zustimmungsgesetzes mit einem Gesetzesbeschluss des Bundestags nicht einverstanden, sind folgende Entscheidungen möglich:

Verweigert der Bundesrat dem Gesetzesbeschluß des Bundestags seine Zustimmung und verzichtet der Bundestag oder die Bundesregierung auf die Anrufung des Vermittlungsausschusses, so ist das Gesetz endgültig gescheitert. Der Bundesrat hat also im Fall des Zustimmungsgesetzes ein absolutes Vetorecht.

Der Bundesrat oder ein anderes Verfassungsorgan (Bundestag oder Bundesregierung) rufen den Vermittlungsausschuß an (der Vermittlungsausschuss setzt sich aus je 16 Mitgliedern des Bundestags und des Bundesrats zusammen. Die Mitglieder des Vermittlungsausschusses sind an Weisungen nicht gebunden (Art. 77 Abs. 2 GG; § 1 der Gemeinsamen Geschäftsordnung des Bundestages und Bundesrates für den Auschuss nach Artikel 77 des Grundgesetzes – Vermittlungsausschuss –). Auch wenn der Vermittlungsausschuss keine Exekutivbefugnisse hat, so werden seine Kompromissvorschläge doch meistens akzeptiert.

Erzielt der Vermittlungsausschuss keine Einigung, so geht der Gesetzesbeschluss wieder an den Bundesrat zurück, der dann entscheiden muss, ob er seine Zustimmung geben oder verweigern soll.

Macht der Vermittlungsausschuss einen Änderungsvorschlag, so hat zunächst der Bundestag erneut Beschluss zu fassen. Stimmt die Bundestagsmehrheit dem Änderungsvorschlag zu, muss der Bundesrat über die Annahme des dann geänderten Gesetzesbeschlusses entscheiden.

Lehnt aber der Bundestag den Vermittlungsvorschlag ab, so ist der ursprüngliche Gesetzesbeschluss gültig, über den der Bundesrat wieder entscheiden muss. Dasselbe gilt, wenn der Bundesrat den Vermittlungsvorschlag ablehnt. Der dann wieder gültige ursprüngliche Gesetzentwurf des Bundestags ist nach abgeschlossenem Vermittlungsverfahren allerdings endgültig gescheitert, wenn der Bundesrat nicht zustimmt (im Fall mehrmaliger Ablehnung des Änderungsvorschlags des Vermittlungsausschusses durch Bundestag und Bundesrat kann es vorkommen, dass der Vermittlungsausschuß bis zu dreimal für Gesetzesvorhaben angerufen wird).

b) Der Bundestag als Arbeitsparlament

Der Bundestag hat in den zurückliegenden Wahlperioden einen im internationalen Vergleich beachtlichen Ausstoß an Gesetzen gehabt: In den Legislaturperioden von 1949 bis 2005 sind von den beim Bundestag eingebrachten Gesetzesvorhaben über 6400 verabschiedet worden (Feldkamp 2006, S. 13 f.). Der Bundestag wird sowohl als Arbeitsparlament, das die Ausschussarbeit, die Gesetzgebung und die Kontrolle der Regierung hervorhebt, als auch als Redeparlament mit der Betonung der parlamentarischen Debatte qualifiziert. Dass der Typ des Arbeitsparlaments überwiegt, zeigt sich daran, dass die Abgeordneten den Großteil ihrer parlamentarischen Arbeit in den Bundestagsausschüssen leisten (Oberreuter/Kranenpohl/ Sebaldt 2002).

Die Gesetzesaktivität ist umso beeindruckender, als die Gesetzgebungskompetenzen im deutschen Bundesstaat auf Bund und Länder verteilt werden. Dass sich der Bundestag trotzdem mit einer Vielzahl von Gesetzesvorlagen zu befassen hatte, ist auch auf die permanente Ausweitung der konkurrierenden Gesetzgebung (Art. 74 GG) zurückzuführen. Die Versuche der Bundesländer, im Zuge der Verfassungsänderungen nach der deutschen Vereinigung dieser Entwicklung Einhalt zu gebieten, oder die Gesetzgebungskompetenzen der Länder zu stärken, hatten nur bescheidenen Erfolg. Bis zum Ende der 15. Legislaturperiode (2005) hielt sich gleichwohl die Zahl wichtiger Grundgesetzänderungen mit 51 Neuregelungen in Grenzen. Erst die Föderalismusreform von 2006 machte eine Reihe von Verfassungsänderungen erforderlich (siehe Kap. A.3.4).

Auch die forschreitende europäische Integration führte dazu, dass sich der Bundestag mit einer Menge von EU-Vorlagen (Grün- und Weißbüchern, Mitteilungen der Europäischen Kommission, Verordnungs- und Richtlinienentwürfen des Ministerrats) befassen musste (Sturm/Pehle 2005, S. 63 ff.). Von besonderer Wichtigkeit waren und sind die vom Bundestag in nationales Recht umzusetzenden Richtlinien und Verordnungen der EU (Feldkamp 2006, S. 16).

Die rege ausgeübte Gesetzgebungsfunktion des Bundestags ist allerdings keine Messgröße dafür, dass das Parlament auch häufig gesetzesinitiativ geworden ist. Auch wenn die Zahl der Bundestags-Initiativen in den 1990er-Jahren gering zunahm, ging der überwiegende Anteil der verabschiedeten Gesetzentwürfe auf Regierungsinitiativen zurück. Diese Zunahme der von der Regierung ausgehenden Gesetzesinitiativen ist ein typisches Kennzeichen aller parlamentarischen Systeme. Nicht das Parlament als Ganzes ist vorwiegend gesetzgeberisch aktiv, sondern die Opposition im Parlament macht heute in erster Linie Gebrauch von ihrem Recht auf Gesetzesinitiativen (Beyme 1993, S. 268).

Mehrheiten im Bundestag haben überdies nicht geringe finanz-, abgaben- und schuldenpolitische Fehlentwicklungen mit zu verantworten. Alle Fraktionen haben die Entwicklung zum deutschen Steuer-, Sozialabgaben- und Verschuldungsstaat befördert: So nahm nach der Ölkrise Mitte der siebziger Jahre, als die sozialliberale Koalition die Mehrheit im Bundestag hatte, und in den 1990er-Jahren nach der Wiedervereinigung, als die CDU/CSU-FDP-Koalition die Mehrheit der Bundestagsmandate stellte, die Belastung mit Sozialabgaben und die Staatsverschuldung stark zu. Nach der Jahrtausendwende blieb im Unterschied zu den wachsenden staatlichen Schulden die Entwicklung der Abgabenquote als Summe der Steuerquote (Anteil der Steuern am Bruttoinlandsprodukt) und der Sozialbeitragsquote (Anteil der tatsächlichen Sozialbeiträge am BIP) relativ stabil. Diese Stabilisierung der Abgabenquote ist vor allem das Ergebnis der auf Senkung der direkten Steuern setzenden angebotsorientierten Finanz- und der zumindest auf Verstetigung des Niveaus der Lohnnebenkosten zielenden Sozialpolitik, einer Politik der Bundesregierung, die von der rot-grünen Bundestagsmehrheit mitgetragen wurde: So schwankte zwischen 2001 bis 2005 die Entwicklung der Steuerquote nur gering um die 23 Prozent, die der Sozialbeitragsquote um 17 Prozent, die Schuldenbestandsquote (gemäß der für den Vertag von Maastricht relevanten Abgrenzung) stieg dagegen unaufhaltsam von 58,8 Prozent auf fast 68 Prozent des BIP (JG 2006/07, S. 293, Tabelle 33).

c) **Parteipolitische Polarisierung versus Mitregentschaft der Opposition**

Die Gesetzgebung des Bundestags ist nicht nur durch Parteienwettbewerb und damit einhergehender Konfliktverschärfung, sondern auch durch Mitregieren der Opposition gekennzeichnet. In Phasen scharfer parteipolitischer Polarisierung zwischen Regierung und Opposition wie nach dem Regierungswechsel von der sozialliberalen zur konservativ-liberalen Koalition im Jahr 1982 oder wie im Rahmen der Auseinandersetzungen um die Hartz-Gesetze unter der rot-grünen Bundesregierung gab es nur wenige Gesetze, die mit großer Mehrheit des Bundestags verabschiedet wurden (M. G. Schmidt 2005).

Neben der Verschärfung der Konflikte zwischen Regierungsfraktionen und Opposition gab es zugleich eine Kooperation zwischen den parlamentarischen Führungsgremien bei wichtigen Gesetzesprojekten (z.B. bei der Regelung der Pflegeversicherung in den 1990er-Jahren, den Einsätzen der Bundeswehr im Kosovo und in Afghanistan oder der Gesundheitsreform von 2003). Paradebeispiele für die Mitregentschaft der Opposition war die breite Zustimmung des Parlaments zu Gemeinschaftverträgen der EU und zu EU-Richtlinien. Dieser „kooperative Parlamentarismus" war vielfach das Ergebnis einer erzwungenen Kooperation, die die Zustimmungspflichtigkeit vieler Gesetze oder bei Grundgesetzänderungen die Zweidrittelmehrheit erforderlich machten (von Beyme 2004, S. 278 ff.).

Die Möglichkeit der Mitregentschaft der Opposition hängt zudem mit dem Charakter des Bundestags als Arbeitsparlament zusammen. So wird beispielsweise die Opposition in die Arbeit der Parlamentsausschüsse eingebunden, in denen die Regierungs- und Oppositionsfraktionen entsprechend ihrer Fraktionsstärke vertreten sind. Außerdem sind die Vorsitzenden wichtiger Ausschüsse vielfach Repräsentanten der Oppositionsfraktionen (Schmidt 2006, S. 154).

Diese interfraktionellen Abstimmungen stoßen aber auch auf Kritik, weil dadurch nicht nur die Wirksamkeit der Oppositionsfunktion untergraben, sondern auch durch breite parlamentarische Zustimmung der Regierungsvorlagen die Tendenz der Stärkung der Exekutive unterstützt werde (Schumann 1976; Ronge 1978, S. 447 ff.).

3.2.3 Der Vermittlungsausschuss als „Überparlament"?

Im Gesetzgebungsprozess kommt dem zu gleichen Teilen mit Mitgliedern des Bundestags und Bundesrats besetzten Vermittlungsasschuss (VA) eine herausragende Rolle zu. Für Kritiker habe sich der Vermittlungsausschuss sogar zu einer Art von „Überparlament" oder „dritter Kammer" entwickelt. „Der Vermittlungsausschuss ist praktisch eine dritte Kammer ohne irgendwelche Kontrolle, die in nichtöffentlichen Beratungen eine Bedeutung und ein Gewicht in der Gesetzgebung erfährt, insbesondere bei den wesentlichen Reformgesetzen, die ihr eigentlich nicht zugedacht war" (so der frühere hessische Ministerpräsident Albert Osswald).

Die Mitglieder des Vermittlungsausschusses unterliegen zwar formal keinerlei Weisungen, haben aber faktisch bei der Kompromisssuche die vorher getroffenen Vereinbarungen „ihrer" Koalitions- oder Parteiführung zu beachten. Hat der Vermittlungsausschuss einen politisch tragfähigen Kompromiss gefunden, müssen Experten der Ministerien nur noch „gesetzestechnisch" einwandfreie Formulierungen liefern. Formulierungshilfen leisten dafür häufig die Fachreferenten der Bundesministerien, auf deren Unterstützung der Vermittlungsausschuss bei der rechtlich „wasserdichten" Abfassung der Übereinkünfte jederzeit zurückgreifen kann und dies auch tut. Der Vermittlungsausschuss ist kein Beschlussorgan, sondern er kann nur Empfehlungen an die gesetzgebenden Organe geben.

Der Vermittlungsausschuss wurde in Zeiten parteipolitisch entgegengesetzter Mehrheiten mit einer „Flut" von Anrufungen konfrontiert: Insbesondere während der sozial-liberalen Koalition im Bund (1969–1982), in der letzten Legislaturperiode der Kohl-Regierung (1994–1998) und ab 1999 bis zum Ende der rot-grünen Koalition im Jahr 2005.

Gleichwohl hat der Vermittlungsausschuss in den meisten Fällen auch nach schweren Konflikten zwischen den „politischen Lagern" einen Kompromiss gefunden, wenn auch inhaltlich oft auf kleinstem gemeinsamen Nenner. Als Paradebeispiel für eine gelungene Kompromissfindung nach monatelangen kontoversen Diskussionen über die Reformagenda 2010 des Bundeskanzlers Schröder innerhalb der SPD und mit der Union als Oppositionspartei wird der im VA erzielte „Minimalkonsens" bei der Steuer- und Arbeitsmarktreform (vor allem dem Hartz-IV-Gesetz) im Dezember 2003 genannt (Pilz 2004, S. 212–217). Die Anhänger der These vom „Überparlament" sehen sich insofern bestätigt, als in derselben Woche der Bundestag und der Bundesrat dem Kompromissvorschlag des VA zustimmten.

Insgesamt lässt sich festhalten, dass mehr „als 90 von 100 Vorschlägen des Vermittlungsausschusses" letztlich vom Bundestag und vom Bundesrat akzeptiert worden sind (Bauer 1998, S. 215–217). Nur selten hat der Vermittlungsausschuss den Gesetzgebungsprozess blockiert, er wirkte im Gegenteil häufig als „zuverlässiges Sicherheitsventil" (M. G. Schmidt 2007, S. 146). Seit Bildung der Großen Koalition im November 2005, in der die Koalitionsparteien von CDU/CSU und SPD im Bundestag und Bundesrat über eine Zweidrittelmehrheit verfügen, hat der Vermittlungsausschuss als Einrichtung schwieriger Kompromissfindung an Bedeutung verloren.

3.2.4 Die Reichweite völkerrechtlicher Mitwirkungsbefugnis

Der Tendenz der Regierungspolitik, Entscheidungen „am Parlament vorbei" zu treffen und den gesetzgeberischen Gestaltungsspielraum einzugrenzen, hat das Bundesverfassungsgericht in seinem „Blauhelmurteil" vom 12. Juli 1994 einen Riegel vorgeschoben (Bundesverfassungsgericht 2 BvE 3/92; 5/93; 7/93; 8/93). In den Leitsätzen zu diesem Urteil hat das Bundesverfassungsgericht die verfassungsrechtliche Verpflichtung der Bundesregierung betont, für einen Einsatz von Streitkräften die vorherige „konstitutive Zustimmung des Deutschen Bundestags einzuholen" (Leitsatz 3a). Mit dieser Entscheidung wird dem Parlament eine eigene politische Mitwirkungsbefugnis im Bereich der Auswärtigen Angelegenheiten eingeräumt. Das Gericht behält dem Gesetzgeber das Zustimmungsrecht zu völkerrechtlichen Verträgen vor (gemäß Art. 59 Abs. 2 Satz 1 GG) und fördert damit „die Tendenz zur verstärkten Parlamentarisierung der Willensbildung" (BVerfGE 68, 1, 85). Der hier bekräftigte sogenannte Parlamentsvorbehalt soll sicherstellen, dass vertragliche Bindungen nicht ohne Zustimmung des Bundestags eintreten sollen. Durch die vorherige Zustimmung soll das Parlament davor geschützt werden, dass sein Mitwirkungs- und Kontrollrecht unterlaufen wird. Ein mit der Regierung abgeschlossener Vertrag kann eine solche „völkerrechtliche Bindungswirkung" erzeugen, die „durch eine spätere parlamentarische Mißbilligung nicht mehr beseitigt werden kann" (BVerfGE vom 12. Juli 1994, 2 BvE 3/92, S. 98).

Nach der Interpretation des Bundesverfassungsgerichts wird aber das Mitwirkungsrecht des Parlaments zugleich auch begrenzt. Die Bundesregierung kann nicht nur für ein Zustimmungsgesetz im Sinne des Art. 59 Abs. 2 Satz 1 die Initiative ergreifen, sondern hat auch die Kompetenz, die Vertragsverhandlungen zu führen. Die Regierung kann also den Vertragsinhalt bestimmen, den das Parlament „nur insgesamt billigen oder ablehnen kann" (BVerfGE vom 12. Juli 1994, S. 98).

Liegt ein Parlamentsbeschluß für einen konkreten Streitkräfteeinsatz mit einfacher Mehrheit vor, fällt die Ausgestaltung der Vertragsbestimmungen in die Kompetenz der Regierung: Die Regierung entscheidet also über „die Modalitäten des Einsatzes, insbesondere über dessen Umfang und Dauer sowie über die notwendige Koordination in und mit den Organen internationaler Organisationen" (Verlautbarung der Pressestelle des Bundesverfassungsgerichts, Nr. 29/94, S. 2). Der Parlamentsvorbehalt berührt also nicht den für außenpolitisches Handeln verfassungsrechtlich gewährten „Eigenbereich exekutiver Handlungsbefugnis" (Art. 32 Abs. 1 GG; BVerfGE vom 12. Juli 1994, S. 141).

Die Bundesregierung muss für sogenannte „politische Verträge" im Sinne des Art. 59 Abs. 2 Satz 1 GG die Zustimmung des Gesetzgebers einholen. Nach der Auslegung des Bundesverfassungsgerichts sind nur solche internationalen Übereinkünfte politische Verträge, durch die die „Existenz des Staates, seine territoriale Integrität, seine Unabhängigkeit sowie Stellung und sein maßgebliches Gewicht in der Staatengemeinschaft berührt werden" (BVerfGE vom 12. Juli 1994, S. 100).

3.2.5 Die parlamentarische Kontrollfunktion

Die Wertschätzung der Kontrollfunktion und die Kritik an der geringen Wirksamkeit dieser Funktion in der parlamentarischen Praxis basiert noch auf einem Verständnis, das von der Gegenüberstellung des Parlaments als Ganzem und der Regierung ausgeht. Da aber heute die Kontrolle der Regierung von parteipolitisch motivierten Interessen überlagert wird, die eigene Regierung möglichst zu stabilisieren und damit die Regierungspolitik durch die Mehrheitsfraktionen zu unterstützen, verliert die parlamentarische Kontrollfunktion zwangsläufig ihren Stellenwert (Feldkamp 2006, S. 16f.; M. G. Schmidt 2007, S. 155)

Die im parlamentarischen System Deutschlands zulässige Vereinbarkeit von Abgeordnetenmandat und Regierungsamt ermöglicht eine leichtere Kontrolle der meist präsenten Regierungsmitglieder. Die Nutzung des parlamentarischen Zitierrechts erübrigt sich damit in vielen Fällen. Da die der „Richtungskontrolle" dienende Große Anfrage als parlamentarisches Recht der „Herbeirufung" von Regierungsmitgliedern (Thaysen 1976, S. 58) mit keinen Sanktionen verbunden ist, verliert sie ihre Bedeutung zugunsten von Kontrollinstrumenten wie denen der Kleinen Anfrage und der Fragestunde. Die aktuelle Stunde kam insofern der Aufwertung der Rolle des Parlaments zugute, als die im Rahmen dieses Instruments stattfindenden Debatten vielfach eine außergewöhnliche Resonanz in der Öffentlichkeit gefunden haben (Lichtenberg 1983, S. 177), nicht zuletzt, weil sie des öfteren im Fernsehen live übertragen werden.

Aber auch dieses Instrument konnte ebenso wie die anderen Kontrollfunktionen nicht wesentlich dazu beitragen, in den parlamentarischen Beratungen das Übergewicht der Fraktionsführungen und auch der Regierung zu überwinden (Loewenberg 1969, S. 489f.). Bei den Adressaten der Kontrollinstrumente war die Einseitigkeit der Auswahl auffallend: Die Anfragen richteten sich überwiegend an die Finanz-, Innen- und Verkehrsminister.

Der Untersuchungsausschuß ist ein weiteres Kontrollinstrument des Bundestags, um Handlungen staatlicher Institutionen und deren Entscheidungsträger auf ihre Rechtmäßigkeit und politische Zweckmäßigkeit hin zu überprüfen. Nach Art. 44 GG hat der Bundestag das Recht und auf Antrag eines Viertels seiner Mitglieder die Pflicht, „einen Untersuchungsausschuß einzusetzen, der in öffentlicher Verhandlung die erforderlichen Beweise erhebt". Die Öffentlichkeit kann allerdings ausgeschlossen werden.

Die Untersuchungsausschüsse sind im Verhältnis der Fraktionsstärke und nicht paritätisch aus Oppositions- und Regierungsfraktion(en) besetzt. Zwar finden die Vorschriften über die Strafprozessordnung sinngemäße Anwendung (z.B. können die befragten Personen vereidigt werden), und die Gerichte und Verwaltungsbehörden sind zur Rechts- und Amtshilfe verpflichtet, doch bedarf die Aufhebung der Amtsverschwiegenheit des beamteten Zeugen der Aussagegenehmigung seiner Behörde. Da aber diese Genehmigung vielfach nicht erteilt wird, werden gerade die wichtigen verwaltungsinternen Vorgänge nicht transparent gemacht. Die Kontrollfunktion des Bundestags kommt auch deshalb nicht wirksam zur Geltung, weil die Mitglieder des Untersuchungsausschusses nur Informationen über interne Vorgänge erhalten, wenn sie sich verpflichten, diese Informationen nicht weiterzugeben. Die Beweiserhebung der Untersuchungsausschüsse, die sich auf Urkunden, Notizen, Dokumente, Sachverständige, Zeugen u.a. bezieht, wird mit der Feststellung des Sachverhalts beendet.

Die geringe Funktionsfähigkeit des Kontrollinstruments der Untersuchungsausschüsse liegt maßgeblich darin begründet, dass der Ausschuss die Zusammensetzung des Plenums widerspiegelt und damit nicht als wirkungsvolles Instrument für die Minderheit genutzt werden kann. Auch noch so überzeugend von der Minderheit vorgetragene Kritikpunkte und nachgewiesene „Schwachstellen" können regelmäßig von der Ausschuss-Mehrheit als unbegründet zurückgewiesen werden. Die Wirkungslosigkeit der Untersuchungsergebnisse dieser Ausschüsse wird daraus ersichtlich, dass der vom Untersuchungsausschuß abzufassende Schlußbericht die Meinung der Mitglieder wiedergibt, die über die Handlungen ihrer eigenen Parteifreunde oder Parteigenossen zu befinden hatten. Die parlamentarischen Untersuchungsausschüsse sind in der Vergangenheit häufig als „Arena für politische Kämpfe im Justizgewand" benutzt worden (Prantl 2002, S. 4).

Als „Krone aller parlamentarischen Kontrollmittel" gelten im parlamentarischen System Mißbilligungsanträge und das sogenannte konstruktive Misstrauensvotum nach Art 67 GG (Beyme 2004, S. 276f.). In der Weimarer Republik diente das Misstrauensvotum vielfach nur dazu, mittels Zufallsmehrheiten Regierungen zu stürzen, ohne Mehrheiten für die Bildung einer neuen Regierung zu bekommen. Im Gegensatz dazu wurde im Bonner Grundgesetz das Instrument des Misstrauenvotums „konstruktiv" gestaltet, d.h. der Bundestag kann dem Bundeskanzler nur dann das Misstrauen aussprechen und den Bundespräsidenten um die Entlassung des Bundeskanzlers ersuchen, wenn er mit der Mehrheit der gesetzlichen Mitglieder des Bundestags gleichzeitig einen neuen Bundeskanzler wählt.

II Institutionen des Bundes: Strukturen, Funktionen und Prozesse

Für das Gelingen des konstruktiven Misstrauensvotums ist also die absolute Mehrheit erforderlich. Das erste in der Geschichte der Bundesrepublik im Bundestag versuchte Misstrauensvotum der CDU/CSU-Bundestagsfraktion gegen Bundeskanzler Willy Brandt im April 1972 scheiterte, da der vorgesehene Nachfolger Rainer Barzel nicht die nötige Zahl der Stimmen erhielt. Dieser gescheiterte Misstrauensantrag war damals zwar eine ernsthafte Bedrohung für die Existenz der Bundesregierung; aber auch die Ablehnung des Antrags konnte die Pattsituation im Bundestag nicht überwinden und führte im Herbst 1972 zu vorgezogenen Parlamentswahlen.

Das zweite – diesmal gelungene – Misstrauensvotum gegen den Kanzler Helmut Schmidt im Oktober des Jahres 1982 hat nicht nur die stabilisierende Wirkung dieses Instruments bestätigt, sondern auch die damit verbundenen „konspirativen" Begleitumstände und auch die existenzbedrohenden Gefahren des bisherigen Koalitionspartners FDP offengelegt: Die Aussage des Koalitionspartners FDP in der Bundestagswahl 1980, die sozialliberale Koalition auch nach der Bundestagswahl 1980 mit Bundeskanzler Schmidt fortsetzen zu wollen, hat nicht nur der Glaubwürdigkeit der Politik insgesamt geschadet, sondern auch die FDP als „Wende-Partei" einer starken Zerreißprobe ausgesetzt.

Eine sehr begrenzte (Kontroll-)Möglichkeit der Oppositionsfraktion, den Bundeskanzler und damit die Bundesregierung abzuberufen, ist die Ablehnung der Vertrauensfrage (Art. 68 GG), denn dieser Antrag wird vom Bundeskanzler gestellt.

Im Fall der Vertrauensverweigerung des Bundestags
- kann der Bundeskanzler dem Bundespräsidenten die Parlamentsauflösung vorschlagen (er ist also nicht dazu verpflichtet);
- kann der Bundespräsident auf Vorschlag des Bundeskanzlers innerhalb von 21 Tagen den Bundestag auflösen (er ist ebenfalls nicht dazu verpflichtet), und
- erlischt das Auflösungsrecht, wenn der Bundestag mit absoluter Mehrheit einen anderen Bundeskanzler wählt.

Die Problematik des Instruments „Vertrauensfrage" (Art. 68 GG) wurde vor allem im September 1972 deutlich, als die Regierungskoalition aus SPD und FDP die Mehrheit im Parlament verloren hatte. Unter Führung Willy Brandts wollte die SPD auf diesem Wege das Parlament vorzeitig auflösen, um damit vorzeitige Neuwahlen in die Wege zu leiten.

Um aber das Ziel der Auflösung des Bundestags zu erreichen, durfte ein Teil der SPD- und FDP-Bundestagsfraktion ihrem „eigenen" Regierungschef nicht das Vertrauen aussprechen, musste also zur Abstimmungsniederlage beitragen, um den Weg für die Parlamentsauflösung freizumachen: In der namentlichen Abstimmung zur von Willy Brandt gestellten Vertrauensfrage verweigerten die Abgeordneten der CDU/CSU dem Bundeskanzler das Vertrauen, während die Abgeordneten der SPD/FDP-Bundestagskoalition dem Bundeskanzler das Vertrauen aussprachen und die Regierungsmitglieder sich der Stimme enthielten.

Die konstruktive Anlage dieses Instruments, mit Hilfe der Vertrauensfrage dem Kanzler das Regieren zu erleichtern und zur Stabilisierung seiner Regierung beizutragen, wird in ihr Gegenteil verkehrt, wenn die Vertrauensfrage in der begründeten Annahme gestellt wird, dass sie abgelehnt wird. Die destruktive Nutzung dieses Instruments wurde 1982 noch offensichtlicher, als Bundeskanzler Kohl die Vertrauensfrage mit der Absicht stellte, sie negativ beschieden zu bekommen. Nachdem die FDP die sozialliberale Koalition aufgekündigt hatte, und Kohl mit Unterstützung großer Teile der FDP über das Misstrauensvotum gegen Schmidt zum Kanzler gewählt worden war, wollte der neue Regierungschef seine Kanzlerschaft durch Wahlen legitimieren lassen.

Das Bundesverfassungsgericht hatte trotz des offensichtlich manipulativen Charakters der über die Vertrauensfrage erreichten Parlamentsauflösung zugestimmt: „Der Bundeskanzler hatte im Dezember 1982 Anlaß, davon auszugehen, dass aufgrund der außergewöhnlichen Lage, in der sich die Abgeordneten einer Koalitionspartei nach Beendigung der bisherigen Koalition befanden, eine dauerhafte stabile Mehrheit nicht zustande gebracht werden konnte" (BVerfGE 62, 52).

Nach einer Serie von Niederlagen der SPD in Landtagswahlen kündigte Bundeskanzler Gerhard Schröder im Mai 2005 Neuwahlen an, um seine umstrittene Politik der Reformagenda 2010 durch Wahlen legitimieren zu lassen. Der Bundeskanzler, der über die Vertrauensfrage des Art. 68 GG die Parlamentsauflösung anstrebte, begründete seine am 1. Juli 2005 gestellte Vertrauensfrage mit der nicht mehr gewährleisteten Handlungsfähigkeit der Bundesregierung (Adamski 2005, S. 331–341). Für Schröder musste eine Bewertung der politischen Kräfteverhältnisse im Bundestag dazu führen, „dass ich unter den aktuellen Bedingungen nicht auf das notwendige, auf stetiges Vertrauen im Sinne des Art. 68 Grundgesetz setzen kann" (Plenarprotokoll des Deutschen Bundestags 15/185, S. 17467).

Trotz der noch vorhandenen Mehrheit der rot-grünen Koalition im Bundestag kam bei der Abstimmung über die Vertrauensfrage das von Schröder gewünschte Ergebnis zustande: 151 Abgeordnete (vor allem der SPD) sprachen Schröder das Vertrauen aus, 148 Abgeordnete enthielten sich und 296 verweigerten Schröder das Vertrauen (alle Unions- und FDP-Abgeordneten sowie drei Fraktionslose). Das gelungene, wegen der Inszenierung der Abstimmung als „unechte Vertrauensfrage" qualifizierte Verfahren (Pehle 2005, S. 177–187) erlaubte dem Bundeskanzler, dem Bundespräsidenten die Auflösung des Bundestags vorzuschlagen.

Der Bundespräsident Horst Köhler, der die vom Grundgesetz eingeräumte Frist voll ausschöpfte, gab am 21. Juli 2005 im Fernsehen bekannt, dass er das Parlament auflöst und Neuwahlen für den 18. September 2005 ansetzt. Angesichts der gewaltigen Herausforderungen des Landes wie der Arbeitslosigkeit, der Staatsverschuldung, der Krise der föderalen Ordnung und der demographischen Probleme benötige die Bundesregierung im Bundestag eine „verlässliche, handlungsfähige Mehrheit". Der Bundespräsident verwies in seiner Fernsehansprache auf die Aussage des Bundeskanzlers, dass er nicht mehr über diese Mehrheit verfüge, da ihm „mit abweichendem Abstimmungsverhalten und Austritten" gedroht wurde.

In seiner Begründung für die Parlamentsauflösung orientierte sich der Bundespräsident eng an das frühere Urteil des höchsten deutschen Gerichts: „Nach der Entscheidung des Bundesverfassungsgerichts aus dem Jahr 1983 hat der Bundespräsident die Entscheidung des Bundeskanzlers zu beachten, es sei denn, eine andere Einschätzung ist eindeutig vorzuziehen ... Doch ich sehe keine andere Lagebeurteilung, die der Einschätzung des Bundeskanzlers eindeutig vorzuziehen ist".

Nach dem Urteil des Bundesverfassungsgerichts vom 25. August 2005 war die Entscheidung des Bundespräsidenten, den Bundestag aufzulösen, verfassungskonform (BVerfGE 114, 121 f.). Das Gericht wies damit die beiden Organklagen der SPD-Abgeordneten Jelena Hoffmann und des Grünen-Abgeordneten Werner Schulz mit 7:1 Stimmen zurück. Die Entscheidung der Parlamentsauflösung liege im Ermessen des Bundespräsidenten, inwieweit noch der Zweck des Arikels 68 GG gewährleistet sei, eine handlungsfähige Regierung und auch deren Mehrheit im Bundestag herzustellen (BVerfGE 114, 121 ff.).

Das Gericht maß auch der Einschätzung der politischen Situation durch den Bundeskanzler große Bedeutung zu. Das Bundesverfassungsgericht könne „von außen nur teilweilen", ob der Kanzler eine verlässliche Bundestags-Mehrheit hinter sich habe. Deshalb sah die Senatsmehrheit ihren Beurteilungsspielraum als sehr begrenzt an. Folglich könnten die Richter die Wertung des Bundeskanzlers „nicht eindeutig und nicht vollständig" überprüfen (BVerfGE 114, 121 ff.). Das Gericht habe also das politische Ermessen des Bundeskanzlers, des Bundestags und des Bundespräsidenten zu respektieren. Die politische Handlungsfähigkeit dieser drei Verfassungsorgane dürfe deshalb nicht unangemessen eingeschränkt werden.

Um die der Vertrauensfrage innewohnenden Möglichkeiten der Manipulation zu umgehen, wird die Einführung der Selbstauflösung des Parlaments mit Zweidrittelmehrheit vorgeschlagen (z.B. seitens der Enquête-Kommission des Deutschen Bundestags). Der Einwand gegen die Selbstauflösung des Parlaments, häufige Neuwahlen zum Bundestag gefährdeten stabile Mehrheitsverhältnisse, spielt für viele Abgeordnete eine geringere Rolle als deren Abneigung gegen vorzeitige Parlamentsauflösungen: Häufigere, vielfach beschwerliche Wahlkämpfe und meist an die Laufzeiten der Legislaturperioden gekoppelte Pensionsregelungen sind in der parlamentarischen Praxis Hindernisse, die einer Selbstauflösung mit Zweidrittel-Mehrheit im Wege stehen.

3.2.6 Die Kommunikationsfunktion

Da heute nur noch ein geringer Teil politischer Vorhaben im Parlament angekündigt und diskutiert wird, verstärkt sich die „Entparlamentarisierung" der politischen Kommunikation. Außerparlamentarische Foren der politischen Kommunikation wie „Talkshows", Fernsehansprachen, Pressekonferenzen, Medieninterviews usw. haben an Bedeutung gewonnen. Strukturell veränderte Bedingungen politischer Kommunikation haben diese Tendenz zur „Entparlamentarisierung" begünstigt: Einflussfaktoren der Entwicklung zur „Mediengesellschaft" zu Lasten des Parlaments sind nach Otfried Jarren die Ausbreitung der publizistischen Medien, die immer schnellere Vermittlungsleistung von Informationen durch Medien, eine zunehmende mediale Durchdringung aller Bereiche der Gesellschaft sowie die gestiegene gesellschaftliche Aufmerksamkeit und Anerkennung der Medien (Jarren 2001, S. 11).

Auch wenn es vielen Politikern weniger um Aufmerksamkeit als vielmehr um Zustimmung geht, müssen sie dieser Zustimmung wegen die Aufmerksamkeit der Mediennutzer gewinnen. Zwar haben zahlreiche Parlamente längst Fernseh-Live-Übertragungen parlamentarischer Debatten zugelassen, doch finden angesichts der Vielzahl der Medienforen Auftritte im Parlament nur noch begrenztes Interesse. Abgeordnete müssen sich also den ständig wandelnden Bedingungen politischer Kommunikation anpassen mit der Folge, dass die Logik der Politik durch die Logik der Medien „infiziert" wird (Kriesi 2003, S. 212: Helms 2005b, S. 550).

Skeptisch beurteilt werden regelmäßig vorgestellte „Reformvorschläge", die Kommunikation des Parlaments durch wirksamere Gestaltung der Plenarsitzungen (z.B. Redezeitbegrenzung) oder durch die Zuleitung der schriftlichen Stellungnahmen der Fraktionen an die Abgeordneten vor der Parlamentsaussprache zu verbessern. Die Kommunikationsfunktion verfehlt ihren Zweck, wenn sich an den Plenardebatten weniger als die Hälfte der Abgeordneten beteiligt, und die Fragestunden weniger der Verdeutlichung der politischen Position als vielmehr der Publizitätsförderung des Abgeordneten dienen (Loewenberg 1969, S. 162).

Je mehr aber Abgeordnete sich medienwirksam „darstellen" (Korte/Fröhlich 2006, S. 260–269), ihre rhetorische Qualifikation hervorheben und sich geschickt in Szene setzen, umso weniger überzeugend kann eine „sachgerechte" Politik vermittelt werden. Die parteipolitisch orientierte Kommunikation verleitet die Abgeordneten immer wieder dazu, komplexe Materien allzu sehr zu vereinfachen, zu polemisieren, einseitig die Vorzüge der eigenen Position oder die Defizite der Politik des Gegners hervorzuheben. Solche zur Konfliktverschärfung beitragenden Debatten im Bundestag entwerten nicht nur die Kommunikation im Parlament und zwischen Parlament und Bürgern, sondern wirken auch auf das Publikum eher öde bis abstoßend (M. G. Schmidt 2007, S. 156).

Auch die Medien tragen nicht gerade zur Verbesserung der politischen Kommunikation zwischen Parlament und Bürgern bei. Das Interesse der Medien gilt bevorzugt den von Akteuren der Regierung vorgetragenen Projekten wie der Rente 67, der Einrichtung eines Gesundheitsfonds, der Einführung eines gesetzlichen Mindeslohns oder der Finanzierung der Pflegeversicherung als der parlamentarischen Diskussion über schwierige Gesetzesdetails.

Die parlamentarischen Kommunikationsdefizite können aber nicht allein dem Parlament als Ganzem angelastet werden. Angesichts des unaufhaltsamen politischen Trends zur Stärkung der Rolle der Exekutive bieten sich der Regierung vielfältige Möglichkeiten der Kommunikation, während dem einzelnen Abgeordneten nur begrenzte Darstellungsmöglichkeiten zur Verfügung stehen: So finden beispielsweise Regierungserklärungen wie die von Kanzler Schröder im Bundestag vorgestellte Reformagenda 2010 im März 2003 oder die von Kanzlerin Merkel abgegebene Erklärung zu den Verhandlungen über den europäischen Verfassungsentwurf vor dem EU-Gipfel in Brüssel im Juni 2007 starke Beachtung der Medien. Reden von weniger bekannten Abgeordneten – auch über aktuelle Themen – finden dagegen nur eingeschränktes Interesse der Öffentlichkeit.

3.3 Bedeutungsverlust des Parlaments?

Der Bundestag verliert sowohl infolge der Europäisierung der Gesetzgebung als auch innenpolitisch infolge einer Vielzahl von „Mitregenten" wie vor allem dem Bundesrat, den Kommissionen, Konsensrunden und der Ministerialbürokratie sowie dem Bundesverfassungsgericht an politischem Einfluss (Blumenthal, 2003, S. 9; Sturm/Pehle 2005; M. G. Schmidt 2007, S. 160 ff.; van Ooyen/Möllers 2006). Schränkt nicht das Erfordernis des Bundestags, Verträge der Europäischen Union ratifizieren und EU-Richtlinien in nationales Recht umsetzen zu müssen, die Entscheidungsfreiheit des Parlaments erheblich ein? Wird das deutsche parlamentarische Regierungssystem ernsthaft bedroht, wenn „wesentliche Teile staatlicher Politik in verschiedene Formen der Kooperation mit gesellschaftlichen und wirtschaftlichen Verbänden" verlagert werden (Papier 2003, S. 8)? Mutiert der Bundestag tatsächlich von einer Stätte „verantwortlicher Gesetzesproduktion" zu einer „Regulierungs- und Abstimmungsmaschinerie" (Scholz 2004, S. 109)?

Im Zuge der Europäisierung deutscher Regierungsinstitutionen (siehe Kap. B.6.2.) gerät der Bundestag in eine „Ratifikationslage" (M. G. Schmidt 2007, S. 161), die dem Bundestag nur noch eine sehr geringe Entscheidungsfreiheit lässt: Wenn auf EU-Ebene schwierig ausgehandelte Gemeinschaftsverträge in den nationalen Parlamenten zu ratifizieren oder zwischen den Staats- und Regierungschefs erzielte Kompromisse im Mitgliedsstaat umzusetzen sind, kann der Bundestag nur noch zwischen vollständiger Annahme oder Ablehnung des Kompromisses wählen. Nach den Spielregeln der parlamentarischen Demokratie wird der Bundestag „seiner" Regierung nicht in den Rücken fallen und meist die Verträge ratifizieren (Sturm/Pehle 2005, S. 73 f.).

Überdies schränkt die Zustimmungspflichtigkeit vieler Gesetze den Gestaltungsspielraum des Bundestags ein. Der auch nach der Föderalismusreform von 2006 immer noch hohe Anteil zustimmungspflichtiger Gesetze von mehr als 50 Prozent (siehe Kap. A. 3.4.) bedeutet, dass nicht der Bundestag, sondern der Bundesrat oder häufig der Vermittlungsausschuss letztlich über die Inhalte von Gesetzen entscheiden (Johne 2004, S. 10–17). Darüber hinaus beschränken Bund-Länder-Gremien wie Konferenzen des Bundeskanzlers mit den Ministerpräsidenten der Länder oder die Planungsausschüsse für die Gemeinschaftsaufgaben von Bund und Ländern die Entscheidungsautonomie des Parlaments. In den zahllosen Bund-Länder-Gremien bestimmen überwiegend Vertreter der Exekutive und nicht der Legislative den Gesetzgebungsprozess. Die zunehmende Komplexität und Kompliziertheit der Gesetzesmaterien erfordert in den Ministerien eine inhaltliche Spezialisierung, die der Ministerialbürokratie wachsende Verantwortung zuweist.

Kritiker beklagen, dass die zahlreichen von der Regierung Schröder einberufenen Kommissionen und Konsensrunden dazu führten, dass das Parlament weiter entmachtet und der politische Entscheidungsprozess intransparenter würden. Die Kritiker von Kommissionen wie der Zuwanderungskommission, der Rürup-Kommission oder der Hartz-Kommission verweisen darauf, dass zwar formal das Letztentscheidungsrecht des Parlaments nicht angetastet, die Bedeutung des Parlaments dennoch relativiert werde: Werde das Parlament als Folge der Präjudizierung von Entscheidungen durch Kommissionen auf die „Rolle der Ratifikationsinstanz reduziert", werde es auch als „Forum öffentlicher Rechtfertigung und Kritik unterschiedlicher Standpunkte" entwertet (Grimm 2001, S. 146; Papier 2003, S. 8).

Sind politische Entscheidungen das Ergebnis von Konsensgesprächen zwischen den Koalitionsparteien im Bund und der größten Oppositionspartei wie beispielsweise die Einigung über das Hartz-IV-Gesetz im Vermittlungsausschuss vom Dezember 2003, droht die in Demokratien notwendige strittige Diskussion über das politisch Gewünschte verloren zu gehen (Scharpf 1993, S. 29f.). Damit wird auch dem Wettbewerb um Wählerstimmen der Boden entzogen mit der Folge, dass parlamentarische Wahlen ihre legitimatorische Funktion verlieren (Grimm 2001, S. 147).

Darüber hinaus tragen „normersetzende" Vereinbarungen und Absprachen zwischen der Regierung und ausgewählten privaten Akteuren, die außerhalb des Gesetzgebungsverfahrens getroffen werden, zum Bedeutungsverlust des Parlaments bei. Die Zunahme solcher informellen Verhandlungslösungen ohne Gesetzesgrundlage ist auch Ergebnis unaufhaltsam ausgeweiteter Staatstätigkeit, die im Interesse effizienter Aufgabenerfüllung ein Zusammenspiel staatlicher und privater Akteure erforderlich macht (Grimm 2003, S. 197–199). Informale Verhandlungslösungen setzen sich außerdem in dem Maße durch, in dem private Akteure wie international agierende Unternehmen und globalisierte Produktionsmärkte an Steuerungseinfluss gewinnen (Crouch 2003, S. 201 ff.; Helms 2005a, S. 405–408).

Schließlich wird die Autonomie des Bundestags durch das Bundesverfassungsgericht begrenzt. Das Bundesverfassungsgericht kontrolliert nicht nur die einfache Gesetzgebung auf ihre Verfassungmäßigkeit hin, sondern legt auch höchst interpretationsbedürftige Verfassungsnormen aus. Die Verfassungsrechtsprechung ist also keineswegs auf die Kontrolle von Normen beschränkt, sondern entwickelt auch die Rechts- und Verfassungsordnung aktiv fort, d.h. sie wird auch normformulierend tätig. Die Kritik am höchsten deutschen Gericht, es habe sich zu einem „Ersatzgesetzgeber" entwickelt, verweist auf die rechtssetzende Funktion des Bundesverfassungsgerichts (Landfried 1984; Gusy 1985; Görlitz 1996; Kranenpohl 2004).

Das BVerfG wird insofern rechtssetzend tätig, als es weniger von seiner Normverwerfungskompetenz Gebrauch macht, als vielmehr eine spezifische Norm interpretiert und diese Auslegung für verbindlich erklärt. Dem Gesetzgeber stehen damit keine Handlungsalternativen mehr zur Verfügung, d.h., dass er in Bezug auf die höchstrichterlich definierte Norm keine eigenständigen Prioritäten mehr setzen kann.

Darüber hinaus kann das Bundesverfassungsgericht den Gesetzgeber auffordern, bestimmte verfassungsgemäße Neuregelungen zu treffen. Dieser Appell an den Gesetzgeber wird immer häufiger damit verknüpft, innerhalb bestimmter Fristen neue Maßstäbe zu formulieren. So hatte das Gericht z.B. im Länderfinanzausgleichs-Urteil vom November 1999 nicht nur wichtige Grundsätze vor allem zur vertikalen Steuerverteilung und zum Finanzausgleich zwischen den Ländern formuliert, sondern der Regierung und dem Gesetzgeber auch enge Fristen gesetzt: Die abstrakten Normen des Grundgesetzes sollten in einem „Maßstäbegesetz" bis Ende 2002 präzisiert und auf der Grundlage dieses Gesetzes das Ausführungsgesetz dazu, das Finanzausgleichsgesetz (FAG), bis Ende 2004 neu geregelt werden. Schließlich übt das Bundesverfassungsgericht normformulierenden Einfluss aus, wenn es keine verbindlichen Vorgaben macht, sondern lediglich Regelungen zur Schlichtung vorschlägt (BVerfGE 104, 305).

4 Der Bundesrat

Dem Bundesrat kommt als selbstständigem Verfassungsorgan ein politischer Gestaltungseinfluss zu, dessen Reichweite in der Gesellschaft häufig unterschätzt wird. Um grundlegenden Aufschluss über Zuständigkeiten und die Ausübung seiner Funktionen zu geben, sollen im folgenden die Organisation und Verfahren des Bundesrats, seine Mitwirkung an der Gesetzgebung und in europäischen Angelegenheiten und schließlich seine politische Rolle im Regierungssystem Deutschlands dargestellt werden.

4.1 Zusammensetzung, Verfahrensweise und Institutionen

Wie ist der Bundesrat zusammengesetzt und welche Abstimmungsmechanismen sowie welche leitenden Institutionen bestimmen den Entscheidungsprozess des Bundesrats?

4.1.1 Mitgliedschaft, Stimmenverteilung und Abstimmungsmodus

Die Bestellung und Abberufung der Bundesratsmitglieder durch die Landesregierungen und die Zahl der Stimmen jedes Landes sind ein Kompromiß der Verhandlungen des Verfassungsgesetzgebers. Die Senatslösung nach amerikanischem Modell, wonach sich der Senat aus direkt von den Einzelstaaten gewählten Senatoren zusammensetzt, fand aus bundesstaatlichen Gründen im Parlamentarischen Rat keine Mehrheit. Die Bedenken wurden damit begründet, dass die direkte Wahl der Bundesratsmitglieder den Bundesländern und ihren Landesregierungen das Entsendungsrecht in den Bundesrat vorenthalten und ihnen damit einen Teil ihrer Selbstständigkeit nehmen würde (Beyme 1993).

Mit der dann gefundenen Bundesratslösung, die Stimmenzahl jedes Bundeslandes nach der Einwohnerzahl zu gewichten, wurde eine „mechanische Gleichstellung der Länder" ohne Berücksichtigung ihrer Einwohnerstärke vermieden (Laufer 1991, S. 102). Außerdem wurde den Bedenken Rechnung getragen, dass bei gleichen Stimmenanteilen der Länder nur ein oder zwei Länder die Entscheidungsverfahren hätten leichter blockieren oder die großen Bundesländer sogar majorisieren können (Naßmacher 1994, S. 192f.).

Nach Art. 51 Abs. 1 GG besteht der Bundesrat „aus Mitgliedern der Regierungen der Länder, die sie bestellen und abberufen". Da die Mitgliedschaft im Bundesrat auf die Mitglieder der Landesregierungen beschränkt ist, sind demnach die Landesbeamten und die Landesparlamentarier von der Mitgliedschaft ausgeschlossen.

II Institutionen des Bundes: Strukturen, Funktionen und Prozesse 165

Die Zugehörigkeit zu einer Landesregierung wird durch die Landesverfassungen geregelt; normalerweise bestehen die Landesregierungen aus dem Ministerpräsidenten bzw. Bürgermeister (Regierungschef) und den Ministern bzw. Senatoren (nur Bayern und Baden-Württemberg haben Staatssekretäre mit Sitz und Stimme in der Landesregierung). Die Bundesratsmitglieder gehören solange dem Bundesrat an, wie sie Mitglieder ihrer Landesregierung sind. Mit der Neubildung einer Landesregierung werden auch die Bundesratsmitglieder dieses Landes neu berufen.

Ordentliche Mitglieder des Bundesrats sind formal die Ministerpräsidenten der Länder, die Bevollmächtigten der Länder beim Bund und die Justiz-, Innen- und Finanzminister. Es können allerdings insofern alle Mitglieder einer Landesregierung Mitglieder des Bundesrates werden, als sie normalerweise zu stellvertretenden Bundesratsmitgliedern bestellt werden (diese Regelung ist wegen der vielfältigen Tagesordnungspunkte auch zweckmäßig).

Die Sitzungen des Bundesratsplenums, die angesichts der Masse der zu beschließenden Gesetzesvorlagen zu Routinesitzungen geworden sind, werden nur im Ausnahmefall vom Ministerpräsidenten besucht (z.B. beim Präsidentenwechsel oder bei der Abstimmung über politisch brisante Fragen). In der Praxis gibt der Landesminister für Bundesangelegenheiten, der zugleich Bevollmächtigter des Landes beim Bund ist, die Stimme ab, während der zuständige Landesminister nur bei der Behandlung fachgebundener Vorlagen anwesend ist.

Die Zahl der Bundesratsmitglieder der einzelner Bundesländer bestimmt sich nach der Einwohnerzahl (Art. 51 Abs. 2 GG):

- Jedes Land hat mindestens drei Stimmen,
- Länder mit mehr als zwei Millionen Einwohnern haben vier Stimmen,
- Länder mit mehr als sechs Millionen Einwohnern fünf Stimmen und
- Länder mit mehr als sieben Millionen Einwohnern sechs Stimmen.

Danach entfallen seit der deutschen Vereinigung auf die einzelnen Bundesländer folgende Stimmen im Bundesrat:

Baden-Württemberg	6 Stimmen
Bayern	6 Stimmen
Nordrhein-Westfalen	6 Stimmen
Niedersachsen	6 Stimmen
Hessen	5 Stimmen
Berlin	4 Stimmen
Brandenburg	4 Stimmen
Rheinland-Pfalz	4 Stimmen
Sachsen	4 Stimmen
Sachsen-Anhalt	4 Stimmen
Schleswig-Holstein	4 Stimmen
Thüringen	4 Stimmen
Bremen	3 Stimmen
Hamburg	3 Stimmen
Mecklenburg-Vorpommern	3 Stimmen
Saarland	3 Stimmen
Gesamtzahl:	69 Stimmen

Jedes Land kann zwar soviele Mitglieder in den Bundesrat entsenden, wie es Stimmen hat, doch können diese Stimmen nur einheitlich und nur durch die anwesenden Mitglieder bzw. deren Vertreter abgegeben werden (Art. 51 Abs. 3 GG). Die Bundesratsmitglieder sind bei der Stimmabgabe an die Weisungen ihrer Landesregierung gebunden.

Der Zwang zur einheitlichen Stimmabgabe führte zur Entwicklung des folgenden Abstimmungsmodus:
- Alle Stimmen eines Landes werden von einem einzigen Mitglied, dem sogenannten Stimmführer, abgegeben;
- die Landesregierungen entscheiden einige Tage vor der Plenarsitzung des Bundesrats über die Stimmführung; an diese Kabinettsentscheidung ist der Stimmführer gebunden;
- meistens nehmen an den Plenarsitzungen nicht so viele Mitglieder teil, wie das Land Stimmen hat; in der Regel sind es zwei Mitglieder oder gar nur ein Mitglied.

Der Zwang zur einheitlichen Stimmabgabe durch einen als „Boten" der Landesregierungen fungierenden Stimmführer verlagert somit die Entscheidungen aus dem Bundesrat in die Landesregierungen.

4.1.2 Befugnisse des Präsidenten, des Direktors, der Bevollmächtigten der Länder und der Ausschüsse

Die Befugnisse wichtiger Akteure und Institutionen regelt der Bundesrat als unabhängiges Verfassungsorgan selbst. Art. 52 Abs. 1 GG bestimmt, dass der Bundesrat seinen Präsidenten auf ein Jahr wählt. Seit dem Königsteiner Abkommen aus dem Jahre 1950 wird das Amt des Bundesratspräsidenten im jährlichen Wechsel von einem Regierungschef der Länder wahrgenommen. Der Ministerpräsident aus dem einwohnerstärksten Land erhält zuerst das Präsidentenamt, das dann an den Ministerpräsidenten des nächst stärkeren Bundeslandes übergeben wird usw.

Als „Beauftragter" des Präsidenten agiert der Direktor des Bundesrats, der als Leiter des Sekretariats des Bundesrats über einen anfänglich nicht vorgesehenen Einfluss verfügt (Ziller 1984): So unterrichtet er allein den Präsidenten über alle ihm wichtig erscheinenden, den Bundesrat betreffenden Angelegenheiten und gibt zu allen bedeutsamen Fragen des Bundesrats seine Stellungnahme ab. Mit den Mitarbeitern des Sekretariats bereitet er immer die Plenarsitzungen vor. Außerdem ist er stets darum bemüht, den Kontakt zu anderen wichtigen Institutionen des Bundes aufrechtzuerhalten.

Die Landesminister für Bundesangelegenheiten, die sogenannten „Landesbevollmächtigten" beim Bund haben die einflussreiche Funktion (Laufer 1991, S. 260), die Landesregierung bei der Wahrnehmung ihrer Aufgaben im Bundesrat und in den Ausschüssen des Bundesrats zu unterstützen und in den Angelegenheiten des Bundesrats und der bundesstaatlichen Zusammenarbeit mit den übrigen Ländern Deutschlands Fühlung zu halten.

Die Bevollmächtigten der Länder haben über die funktionale Gestaltung der Bundesratsarbeit deshalb auf die Entscheidung im Bundesrat einen außergewöhnlichen Einfluss, weil sie mit dem Direktor im „Ständigen Beirat" (§ 9 GOBRat) des Bundesrats einer Institution angehören, in der die Sitzungen des Bundesrats vorbereitet, die Tagesordnung beraten und die Landesinteressen im Bundesrat geklärt und abgesprochen werden.

Die bedeutende politische Rolle der Landesbevollmächtigten resultiert neben ihrer Verfügung über den bürokratischen Apparat der Landesvertretungen aus der intensiven Beteiligung am politischen Entscheidungsprozess:

II Institutionen des Bundes: Strukturen, Funktionen und Prozesse

- Sie verkehren regelmäßig im Bundesrat und nehmen an dessen Sitzungen teil,
- sie sind über alle wesentlichen Vorhaben des Bundes, die die Länder oder ihre Partei betreffen, frühzeitig und umfassend informiert,
- sie können als Mitglieder der Landesregierungen Einfluss auf die Entscheidungen ihres Kabinetts nehmen und
- sie können als Landesabgeordnete Mitglieder der Regierungsfraktion und Inhaber von Parteiämtern sein.

Der in der Regel öffentlich verhandelnde Bundesrat „faßt seine Beschlüsse mit mindestens der Mehrheit seiner Stimmen" (Art. 52 Abs. 3 GG). Diese absolute Mehrheit bedeutet also, dass zur Beschlußfassung von insgesamt 69 Stimmen des Bundesrats mindestens 35 Stimmen erreicht werden müssen. In den Ausschüssen des Bundesrats, deren Empfehlungen die Entscheidungen des Bundesrats-Plenums vorbereiten und vorbestimmen, ist jedes Land mit einem Mitglied vertreten.

4.2 Mitwirkung an der nationalen Gesetzgebung und in europäischen Angelegenheiten

Die Hauptfunktion des Bundesrats liegt in der Mitwirkung an der Gesetzgebung des Bundes und „in europäischen Angelegenheiten". Auf welche Weise und mit welchem Ergebnis macht der Bundesrat von diesen Befugnissen Gebrauch?

4.2.1 Die Gesetzgebungsbefugnis

„Durch den Bundesrat wirken die Länder bei der Gesetzgebung und Verwaltung des Bundes und in europäischen Angelegenheiten mit" (Art. 50 GG). Der Bundesrat hat das Recht zur Gesetzesinitiative (Art. 76 Abs. 1 GG), von dem er allerdings nur selten Gebrauch macht.

Die Gesetzentwürfe der Bundesregierung müssen zuerst dem Bundesrat zugeleitet werden (Art. 76 Abs. 2 GG), der in der Regel innerhalb von 6 Wochen dazu Stellung nehmen kann. Für den Fall, dass die Bundesregierung ihren Entwurf bei Eilbedürftigkeit schon nach 3 Wochen an den Bundestag weitergeleitet hat, kann der Bundesrat seine Stellungnahme zum Regierungsentwurf innerhalb der 6 Wochen nachreichen. Im „ersten oder politischen Durchgang" prüfen die Landesvertreter die Gesetzentwürfe unter politischen und verwaltungsmäßig-praktischen Gesichtspunkten, sie können die Gesetzentwürfe billigen oder ablehnen; in der Regel schlagen sie Änderungen vor.

Der Bundesrat kann jede Grundgesetzänderung verhindern, da für die verfassungsändernden Gesetzesbeschlüsse des Bundestags eine Zweidrittelmehrheit des Bundesrats erforderlich ist (Art. 79 Abs. 2 GG).

Inwieweit der Bundesrat an Gesetzesbeschlüssen des Bundestags mitwirken kann, hängt von der Art der Bundesgesetze ab, also davon, ob es sich um Zustimmungs- oder Einspruchgesetze handelt.

Wichtige Kriterien für die Zustimmungsbedürftigkeit von Gesetzen sind
- Verfassungsänderungen von Gesetzesbeschlüssen (nach Art. 79 Abs. 2 GG);
- die Bund-Länder-Relevanz von Gesetzesbeschlüssen wie beispielsweise Haushalts- und Steuergesetze, Gemeinschaftsaufgaben von Bund und Ländern (Art. 91a GG), Besoldungsfragen öffentlich Bediensteter;
- die Eingriffsintensität in die Verwaltungshoheit der Länder (Art. 84 Abs. 1 GG) wie bei Regelungen über die Reichweite der Weisungsbefugnisse der Bundesauftragsverwaltung,

die Kompetenzabgrenzung zwischen Bundes- und Landesfinanzverwaltung oder den Aufbau und die Verfahrensweisen von Landesbehörden usw.

Stimmt der Bundesrat zustimmungsbedürftigen Gesetzesbeschlüssen des Bundestags nicht mit absoluter Mehrheit zu, ist der Gesetzentwurf gescheitert (absolutes Veto). Bei nicht zustimmungsbedürftigen Gesetzen, den sogenannten einfachen oder Einspruchsgesetzen, werden dem Bundesrat geringere Mitwirkungsbefugnisse an der Gesetzgebung des Bundes eingeräumt (aufschiebendes oder suspensives Veto) (Hesse/Renzsch 1990, S. 562–528). Legt bei Einspruchsgesetzen der Bundesrat mit der „absoluten" Mehrheit der Stimmen Einspruch ein, „so kann er durch Beschluß der Mehrheit der Mitglieder des Bundestags" (absolute Mehrheit) zurückgewiesen werden (Art. 77 Abs. 4 GG).

Der Bundesrat kann innerhalb von 3 Wochen nach Eingang der vom Bundestag beschlossenen Gesetze den Vermittlungsausschuß anrufen (vgl. Kap. B.3.2.2).

4.2.2 Europäische Mitwirkungsbefugnisse

Die Regelung auswärtiger Angelegenheiten fällt in die ausschließliche Gesetzgebungskompetenz des Bundes (Art. 73 GG) und damit in die Regierungs- und Verwaltungszuständigkeit des Bundes. Die mit dem europäischen Integrationsprozess verbundenen nationalen Kompetenzübertragungen auf Organe der Europäischen Union betreffen alle Verfassungsinstitutionen und damit auch den Bundesrat.

Besonders spürbar wurde der Verzicht auf nationale Entscheidungs- und Regelungsbefugnisse im Bereich der Verwaltungsvorschriften (z.B. in der Agrar-, Verkehrs- und Außenhandelspolitik), die in den Mitgliedsstaaten unmittelbar geltendes Recht sind und von deren Mitgestaltung Bundestag und Bundesrat ausgeschlossen sind. Bei „Entscheidungen" sowie bei „Aufsichtsklagen" der Kommission gemäß Art. 89, 90 und 169 EGV und bei Entscheidungen des Europäischen Gerichtshofs hat der mit nationalen Regierungsmitgliedern besetzte Ministerrat überhaupt keine Befugnis zur Beschlussfassung.

Auch bei den Maßnahmen zur Vollendung des Binnenmarkts (negative Integration), also bei der Politik der Beseitigung nationaler Handelshindernisse (insbesondere des Abbaus nichttarifärer Handelshemmnisse!) können zwar die Mitgliedsstaaten über den Ministerrat Einfluss nehmen, doch ist der Spielraum für die nationale Gestaltungs- und Problemlösungsfähigkeit durch EG/EU-Vorgaben erheblich eingeschränkt worden (vgl. Kap. B.6 und C.7). In der Einheitlichen Europäischen Akte von 1986 sind nämlich die Mitgliedstaaten die Verpflichtung eingegangen, durch Einführung der qualifizierten Mehrheit im Ministerrat zur Herstellung des freien Binnenmarkts die Entscheidungsfindung zu erleichtern und damit zu beschleunigen. Um diese Gemeinschaftsaufgabe zu erfüllen, hat die EU-Kommission die binnenmarktbezogenen Regelungen aufgelistet und dafür ein Programm von etwa 300 Einzelmaßnahmen zusammengestellt (Thiel 1991, S. 66).

Für wichtige Ausnahmen wie für steuerrechtliche Bestimmungen oder Regelungen, die die Freizügigkeit der Arbeitnehmer und die Niederlassungsfreiheit einiger freier Berufe betreffen, sind allerdings weiterhin einstimmige Entscheidungen des Ministerrats erforderlich. Für diese und weitere Regelungsbereiche kann die EU Richtlinien erlassen, die von den Mitgliedstaaten in nationales Recht umgesetzt werden müssen. In der Praxis hat sich allerdings gezeigt, dass der vermeintlich große Handlungsspielraum der Mitgliedstaaten bei der Umsetzung der Richtlinien dennoch begrenzt ist, weil die einmal verabschiedeten EU-Richtlinien Bundestag und Bundesrat stark binden.

Für die marktregulierenden und -gestaltenden Maßnahmen der „positiven Integration" (z.B. standortbezogene und sozialpolitische Regelungen des Umwelt-, Arbeits- und Gesundheitsschutzes) gilt ohnehin weiter das Einstimmigkeitsprinzip, so dass in diesem Bereich jeder Mitgliedsstaat die Standardfestsetzung zumindest blockieren kann (Scharpf 1994).

Infolge dieser eingeschränkten Mitgestaltungsmöglichkeiten und der lediglich offengehaltenen Vetoposition (Blockadepolitik) des Bundestags und Bundesrats haben die Ministerpräsidenten der Länder 1976 beschlossen, bei allen zukünftigen gesetzgeberischen EG-Maßnahmen "eine rechtzeitige und wirksame Abstimmung zwischen Bund und Ländern" festzuschreiben (Laufer 1991, S. 130). Nach Verabschiedung der Einheitlichen Europäischen Akte (EEA) im Jahr 1986 wirkten die Länder darauf hin, im Ausführungsgesetz zur EEA ihre Mitwirkungsbefugnisse bei Gemeinschaftsbeschlüssen zu stärken. Aufgrund dieses Ausführungsgesetzes vereinbarten die Bundesregierung und die Länder, den Bundesrat und die Länder laufend und in der Regel schriftlich über alle landesspezifischen Vorhaben zu unterrichten. Die Bundesregierung sicherte zu, den Bundesländern vor den Gesetzesbeschlüssen insbesondere im EU-Rat dann Gelegenheit zur Stellungnahme zu geben und die darin geäußerten Bedenken, Ergänzungen, Interessen usw. zu „berücksichtigen", wenn
- ausschließliche Gesetzgebungsbefugnisse der Länder betroffen sind und
- deren „wesentliche Interessen" berührt werden.

Trotz dieser Vereinbarung befürchtete die Kritik, dass diese Zusicherungen im Gefolge des EEA-Ausführungsgesetzes lediglich „in symbolische Politik umgesetzt" werden (Laufer 1991, S. 131). Erst mit der Einfügung des neuen Art. 23 ins Grundgesetz, des sogenannten „Europa-Artikels", wurde in der Sicht der Kritik den Forderungen Rechnung getragen, die Mitwirkungsrechte des Bundesrats bei der Politikformulierung der Europäischen Union zu stärken.

Nachdem im Dezember 1992 der Bundesrat dem Vertrag über die Europäische Union (Maastrichter Vertragswerk) zugestimmt hatte, beschlossen Bundestag und Bundesrat auch eine Reihe von Grundgesetzesänderungen (BGBl. I Nr. 58 vom 24.12.1992). Kernstück dieser Verfassungsänderungen ist die stärkere Mitwirkung der deutschen Länder (über den Bundesrat) in Angelegenheiten der Europäischen Union.

Neben der Ergänzung des Art. 50 GG um die Bestimmung, dass die Länder durch den Bundesrat auch „in Angelegenheiten der Europäischen Union" mitwirken, bindet der neue Art. 23 GG in seinen Absätzen 1 und 2 die Übertragung nationaler Hoheitsrechte auf die Europäische Union an die Zustimmung des Bundesrats. Abs. 3 und 4 verpflichten die Bundesregierung, „dem Bundestag Gelegenheit zur Stellungnahme vor ihrer Mitwirkung an Rechtsetzungsakten" der EU zu geben und den „Bundesrat an der Willensbildung des Bundes zu beteiligen", wenn Länderrechte berührt werden. In den Absätzen 5 und 6 des Art. 23 GG wird die Intensität der Mitwirkungsrechte des Bundesrats von der Art der Gesetzgebungszuständigkeiten des Bundes und der Länder abhängig gemacht:
- Werden im Bereich ausschließlicher Zuständigkeiten des Bundes Länderinteressen berührt, „berücksichtigt" die Bundesregierung die Stellungnahme des Bundesrats.
- Sind im Schwerpunkt Gesetzgebungsbefugnisse der Länder betroffen, ist die Auffassung des Bundesrats „maßgeblich zu berücksichtigen", wobei allerdings „die gesamtstaatliche Verantwortung des Bundes" zu wahren ist.
- Sind im Schwerpunkt ausschließliche Gesetzgebungbefugnisse der Länder betroffen, so „soll" die Wahrnehmung der Rechte Deutschlands als Mitglied der EU vom Bund auf einen – vom Bundesrat ernannten – Vertreter der Länder übertragen werden; dabei ist die gesamtstaatliche Verantwortung des Bundes zu wahren.

Die Frage, inwieweit der Europa-Artikel die Einflussnahme des Bundesrats auf die Politikformulierung der EU in der Praxis gestärkt hat, kann aufgrund fehlender Erfahrungswerte bisher noch nicht hinlänglich beurteilt werden. Auf welche Weise und mit welchem Ergebnis das Erfordernis der Wahrung „der gesamtstaatlichen Verantwortung" sowohl im Schwerpunkt der Länder-Gesetzgebungsbefugnisse als auch in der ausschließlichen Gesetzgebungskompetenz der Länder die erweiterten Mitgestaltungsmöglichkeiten des Bundesrats wieder einschränkt, wird in den nächsten Jahren zuverlässiger beurteilt werden können.

4.3 Die politische Rolle des Bundesrats

Die dem Bundesrat verfassungsrechtlich und geschäftsordnungsrechtlich gewährleisteten Befugnisse und Zuständigkeiten können moderat, aber auch konfliktorientiert genutzt werden. Im folgenden soll in Grundzügen die Frage beantwortet werden, welche institutionellen und akteurorientierten Faktoren auf welche Weise und in welchem Ausmaß im Interaktionssystem zwischen Bundesregierung, Bundestag und Bundesrat die politische Rolle des Bundesrats prägen.

4.3.1 Institutionelle Kompromisszwänge

Ein institutionelles Charakteristikum der föderalistischen Konsensusdemokratie ist die „Fesselung der Legislative und Exekutive durch machtaufteilende und gewaltenbalancierende Einrichtungen" (M. G. Schmidt 2000, S. 345). Wesentliches Element dieser Demokratieform ist der Zwang zur Konsensfindung, da die politischen Akteure im Bund und in den Ländern über Vetomöglichkeiten verfügen. Institutionen haben dabei nicht per se Vetomöglichkeiten, sondern erst politische Akteure können diese Vetopotenziale nutzen (A. Kaiser 1998, S. 525–541). Demzufolge sind für das Gelingen oder das Scheitern demokratischer Reformpolitik nicht nur institutionelle Faktoren, sondern auch die Kooperationsbereitschaft und -fähigkeit der Parteien und ihrer Akteure verantwortlich (Steffani 1999, S. 980–998).

Machen die Akteure von ihren Vetopotenzialen Gebrauch, führt dies in bikameralen Systemen wie im deutschen Bundesstaat zu Kompromisszwängen und partiellen oder totalen Blockaden der (Regierungs-)Politik. Diese Blockademöglichkeiten können unterschiedlich bewertet werden: Zweiten Kammern wird postiv zugeschrieben, zur Milderung mehrheitsdemokratischer Politik beitragen zu können. Zweite Kammern sollten sogar blockieren können, um Kompromisse zu erzwingen (Grimm 2001, S. 139). Die Zweiten Kammern attestierte Fähigkeit, zur stärkeren Legitimation des Gesamtsystems beitragen zu können wird allerdings dann in Frage gestellt, wenn sie auch als Vetospieler aktiv werden. Dies würde zu höheren Entscheidungskosten, zu „verwässerter Gesetzgebung", zu Reformverzögerungen und damit zur Verletzung des Gemeinwohls führen (Goodin 1996, S. 331).

4.3.2 Die Einflussnahme politisch-administrativer Akteure

Schon im frühen Stadium wird die Politikformulierung „im technisch-funktionalen Sinn" maßgeblich vom Verwaltungshandeln und Verwaltungsdenken der (Landes-)Beamten bestimmt. Damit beeinflussen technisch-bürokratische Maßstäbe wie die der Effizienz, der Praktikabilität und des Bewährten den Geschäftsgang und die Politikentwicklung im Bundesrat (Laufer 1993, S. 48).

Für die Einschätzung der politischen Rolle des Bundesrats ist die Einflussnahme der für Aufgaben des Bundesrats zuständigen und im Dienst ihres Bundeslands stehenden Akteure

II Institutionen des Bundes: Strukturen, Funktionen und Prozesse

von besonderem Gewicht. Gerade die hochspezialisierten Landesbeamten kennen sich aufgrund rechtzeitiger Beschäftigung mit der Vorlage in der Materie aus und tragen mehr oder weniger ihre eigenen Vorstellungen zum Tagesordnungspunkt vor.

Der Landesbeamte wird zwar formal nicht gegen die „Intention" seines Ministers vorgehen, doch faktisch haben diese politischen Richtlinien nur eine untergeordnete Bedeutung. Der Landesbeamte hat allein schon durch die Quantität der gesetzlichen Regelungen die Möglichkeit, zahlreiche Entscheidungen selbstständig zu treffen und auf die ministeriellen Entscheidungen durch die Art der Problemdarstellung und die persönlich getroffene Alternativauswahl einzuwirken.

Da die im Bundesratsplenum zu behandelnden vielen Tagesordnungspunkte nicht alle in der Landesregierung erörtert werden können, müssen möglichst viele Gegenstände in den Landesministerien detailliert behandelt werden. Deshalb fällt den Bundesratsreferenten in den Landesministerien und Staatskanzleien die Funktion zu, die Kabinettsentscheidungen für den Bundesrat vorzubereiten. Diese Bundesratsreferenten arbeiten für die Sitzungen der Landesregierung, die am Tag vor der Plenarsitzung des Bundesrats stattfinden, Empfehlungen für die Stimmführung des Landes aus. Das politische Gewicht dieser Beamten geht daraus hervor, dass – abgesehen von öffentlich und kontrovers diskutierten Gegenständen oder politisch brisanten Fragen – die Empfehlungen der Bundesratsreferenten in der Regel vom Landeskabinett akzeptiert werden.

4.3.3 Der Bundesrat als Instrument der Opposition und der Blockade

Das Grundgesetz erwähnt an keiner Stelle Befugnisse und Aufgaben der Opposition und läßt demzufolge die Nutzung des Handlungsspielraums der Opposition offen. Das Bundesverfassungsgericht hat allerdings in seiner Entscheidung zum Parteienverbot der Sozialistischen Reichspartei (SRP) im Jahre 1952 Kriterien für die freiheitlich-demokratische Grundordnung (fdGO) aufgestellt, wonach auch die Ausübung der Opposition zu den unantastbaren Bestandteilen des demokratischen Systems gehört.

a) Verfassungsrechtliche Zulässigkeit der Oppositionsfunktion

Aus dem Grundgesetz und der Geschäftsordnung des Bundesrats, die dem Bundesrat eine Reihe von Instrumenten gegenüber der Bundesregierung und der Bundestagsmehrheit zur Verfügung stellt, folgt die verfassungsrechtliche Zulässigkeit einer Bundesrats-Oppositionsfunktion:
- Der Bundesrat hat bei zustimmungsbedürftigen Gesetzen das absolute Vetorecht und bei Einspruchsgesetzen das suspensive Vetorecht.
- Der Bundesrat kann den Erlaß von Rechtsverordnungen und Verwaltungsvorschriften, die die föderative Ordnung betreffen, verhindern.
- Der Bundesrat muss im Falle des Notstands mit der Mehrheit seiner Stimmen staatlichen Eingriffen zustimmen.

Verfassungsgemäß sind demnach Bestrebungen der Opposition im Bundestag, mit Hilfe des Zustimmungserfordernisses des Bundesrats Entscheidungen der Bundesregierung und der Bundestagsmehrheitsfraktionen scheitern zu lassen. Verfassungsrechtlich ist also irrelevant, auf welche Weise Negativmehrheiten im Bundesrat zustande kommen und von welchen Motiven diese Mehrheiten geleitet werden.

Im vom Parteienwettbewerb gekennzeichneten politischen System Deutschlands wurde allerdings das bundesstaatliche Prinzip in dem Maße vom parteienstaatlichen Prinzip verdrängt, wie der klassische Dualismus von Regierung und Parlament abgelöst wurde von dem neuen Dualismus zwischen Regierung und Mehrheitsfraktion(en) einerseits und der Oppositionsfraktion(en) andererseits. Dadurch wuchs der Opposition eine stärkere Verpflichtung zur parlamentarischen Kontrolle und zur Entwicklung programmatischer und personeller Alternativen zu, die sich bei stabilen Mehrheitsverhältnissen nur bedingt erfüllen lassen. Die geringen oppositionellen Handlungsmöglichkeiten waren für Oppositionsparteien Anlaß genug, auf der Ebene föderativer Organisationsformen um so intensiver zu wirken. Diese oppositionellen Aktivitäten, deren Wahrnehmung durch die Existenz des Bundesrats auf wirksamere Weise als im Bundestag ermöglicht wurde, führten auch dazu, dass das Bundesstaatsprinzip des Art. 20 Abs. 1 GG immer mehr zugunsten des Parteienstaatsprinzips des Art. 21 Abs. 1 GG verdrängt wurde (Lehmbruch 1976; Abromeit 1992, S. 90). Die Führungsinstitutionen der politischen Bundesparteien trachteten zunehmend danach,
- die Parteiorganisationen der Länder auf eine gemeinsame Strategie und eine darauf abgestellte Taktik zu verpflichten,
- die Landtagswahlen auf bundespolitische Programme und Personen auszurichten und
- die Regierungsbildungen unter Aspekten der Zusammensetzung und Stimmführung zu beeinflussen.

b) Nutzung des Instruments der Opposition und der Blockade

In den ersten Legislaturperioden des Bundestags setzte der Bundesrat das Instrument der Opposition relativ behutsam ein und verweigerte nur selten Gesetzentwürfen seine Zustimmung (Lhotta 2003, S. 20, Tab.1). Im Zuge wachsender parteipolitischer Polarisierung versuchte aber seit der siebten Legislaturperiode (1972–1976) die CDU/CSU aufgrund ihrer konträren gesellschaftspolitischen Positionen zur SPD/FDP, den Bundesrat verstärkt als Hebel zur Verhinderung von Reformvorhaben der sozialliberalen Koalition oder als Mittel der inhaltlichen Umgestaltung der Gesetze nach ihren Zielvorstellungen zu benutzen (z.B. Hochschulrahmengesetz, Zivildienstgesetz, Berufsbildungsgesetz, Steuergesetze usw.).

Seit der politischen „Wende" von 1982, als CDU/CSU und FDP die neue Bundesregierung bildeten, fiel bis zur deutschen Vereinigung die Oppositionsrolle der Bundesländer mit SPD-geführten Landesregierungen nicht ins Gewicht: Da in den 1980er-Jahren die SPD im Bundesrat über keine (absolute) Mehrheit verfügte, musste das Oppositionsinstrument eine stumpfe Waffe bleiben. Erst als Anfang der 1990er-Jahre in den Bundesländern Niedersachsen, Hessen und Rheinland-Pfalz die CDU-regierten Landesregierungen durch SPD-geführte Regierungen abgelöst wurden, konnte die SPD ihre Oppositionsfunktion im Bundesrat zur Geltung bringen. In der 12. Legislaturperiode (1990–1994) wurde auf besondere Weise durch die häufige Anrufung des Vermittlungsausschusses deutlich, dass die SPD erst nach inhaltlichen Änderungen bei zustimmungsbedürftigen Gesetzen bedeutsame Gesetzesprojekte „passieren" ließ (z.B. bei den vereinigungsbedingten Verfassungsänderungen, beim Verbrechensbekämpfungsgesetz, beim Entschädigungsgesetz usw.).

Während der Bundesrat im Fall von Zustimmungsgesetzen wegen seines absoluten Vetorechts verfassungsrechtlich zulässig blockieren kann, haben seine Entscheidungen im Fall von Einspruchsgesetzen zumindest retardierende Wirkung. Im Gesetzgebungsprozess fungierte der Bundesrat in der Tat als „bundespolitische Regierungsinstitution" (Herzog 1987, S. 467–488), die zwar die „Tyrannei der Mehrheit" (Tocqueville 1985, S. 139ff.) bändigen konnte, im Extremfall aber auch die „Tyrannei der umgekehrten Mehrheit" ermöglichte (Lhotta 2003, S. 20).

Wird davon ausgegangen, dass in der 1. bis 14. Legislaturperiode der Anteil zustimmungspflichtiger Gesetze über 50 Prozent betrug, kann man zu Recht vom Bundesrat als einer „Mitregierung" der Länder auf Bundesebene sprechen (Lhotta, 2003, S. 20). „Mitregierung" bedeutete in diesem Fall nicht „permanente Blockade", sondern vor allem Einflussnahme auf Politikinhalte (T. König, 1997, S. 135–159). Zudem hatte der Vermittlungsausschuss von Bundestag und Bundesrat häufig drohende Blockaden abgewendet, so dass die Zahl der tatsächlich gescheiterten Gesetze außerordentlich gering war (Bauer 1998). Diesen quantitativ wenigen Fällen stehen aber qualitativ bedeutsame Fälle gegenüber, bei denen der Bundesrat aus parteitaktischen Gründen die Gesetzesvohaben der Bundesregierung und der Mehrheitsfraktionen des Bundestags blockierte.

Ein spektakuläres Blockade-Beispiel war in der 13. Legislaturperiode (1994–1998) die Ablehnung der Steuerpolitik der Regierung Kohl, als der SPD-dominierte Bundesrat unter Führung des damaligen SPD-Vorsitzenden Lafontaine Ende 1997 die Verabschiedung der Steuerreform verhinderte. Ein weiteres Beispiel einer Blockade war in der 15. Legislaturperiode (2002–2005) die Verweigerung des unionsgeführten Bundesrats, dem von Bundesfinanzminister Hans Eichel (SPD) vorgeschlagenen Vorhaben des Abbaus von Steuervergünstigungen (z.B. bei der Eigenheimzulage und der Entfernungspauschale) zuzustimmen (M. G. Schmidt 2007, S. 203).

Dass die Blockade-Politik bislang nicht stärker zum Zuge kam, ist der grundsätzlichen Antizipations- und Kooperationsfähigkeit der politischen Akteure der Regierung und Opposition in Bund und Ländern zu verdanken: So werden nicht selten hochwahrscheinliche Blockaden schon von der Mehrheit des Bundestags antizipiert und erleichtern die Kompromissfindung im weiteren Gesetzgebungsprozess. Solange überdies die beteiligten Akteure kompromissbereit und -fähig sind, können zwar Entscheidungsprozesse erheblich verzögert werden, Blockaden aber auch verhindert werden. Unter diesen Bedingungen kommen konkordanzdemokratische Mechanismen zum Tragen, bei denen die Konflikte nicht durch Mehrheitsentscheidungen sondern durch Verhandeln geregelt werden (M. G. Schmidt 2007, S. 206).

Es bleibt festzuhalten, dass trotz der Blockadeanfälligkeit des Entscheidungsprozesses im Bundesstaat das Blockadepotential bislang behutsam genutzt wurde. Auch wenn der Bundesrat für die Regierungspolitik eine „gelegentlich sicher unbequeme Hürde" war (Sturm 2001, S. 66), kann er die Politik der Bundesregierung nicht nachhaltig konterkarieren oder gar die Regierung stürzen. Abgesehen von wenigen parteipolitisch motivierten Blockaden des Bundesrats, hatte sich der Bundesrat nicht durchgängig zum großen Verhinderer im politischen System Deutschlands entwickelt. Dass der Bundesrat zwar politisch stabilisierend und bewahrend wirkte, aber weniger zu signifikanten Reformen beitrug, ist auf die ihm zugewiesene Rolle zurückzuführen, „grundsätzlich ein Mitwirkungsorgan und eben kein Leitungsorgan im Regierungssystem" zu sein (Laufer/Münch 1998, S. 190).

4.3.4 Der Bundesrat und die Große Koalition im Bund

Bei der Wahl zur Bundeskanzlerin im November 2005 konnte Angela Merkel lediglich auf 36 Stimmen im Bundesrat vertrauen, also gerade auf eine Stimme mehr als die absolute Mehrheit von 35 Stimmen. Jeder Ministerpräsident aus dem eigenen politischen Lager hätte ihr damals mit der Drohung eines Vetos Kompromisse abnötigen können. Seit den Landtagswahlen im Jahr 2006 konnte die SPD in Rheinland-Pfalz allein regieren und wurden in Sachsen-Anhalt und in Mecklenburg-Vorpommern Große Koalitionen gebildet.

Dadurch konnten die von Union und SPD regierten Länder ihre Mehrheit im Bundesrat auf beeindruckende 47 Sitze ausweiten. Bis zu den Bremer Bürgerschaftswahlen im Jahr 2007 verfügte also die Große Koalition über die Zwei-Drittel-Mehrheit, die bei 46 Stimmen liegt. Seit der Bildung der rot-grünen Koalition in Bremen gingen die drei Stimmen der Hansestadt in den „neutralen Block", so dass die Große Koalition nur noch 44 Stimmen im Bundesrat hat (Stand: Oktober 2007).

Auf die von der Union allein regierten Länder entfallen 21 Stimmen:

Bayern (CSU): 6 Stimmen, Hessen (CDU): 5 Stimmen, Thüringen (CDU): 4 Stimmen, Hamburg (CDU): 3 Stimmen, Saarland (CDU): 3 Stimmen.

Die Landesregierungen mit einer Koalition aus SPD und CDU und die von der SPD allein geführte Regierung in Rheinland-Pfalz verfügen über 23 Stimmen:

Brandenburg (SPD/CDU): 4 Stimmen, Sachsen (CDU/SPD): 4 Stimmen, Schleswig-Holstein (CDU/SPD): 4 Stimmen, Sachsen-Anhalt (CDU/SPD): 4 Stimmen, Mecklenburg-Vorpommern (SPD/CDU): 3 Stimmen, Rheinland-Pfalz (SPD): 3 Stimmen.

Die restlichen 25 Stimmen entfallen auf Länder mit CDU/FDP-Koalitionen (Baden-Württemberg, Nordrhein-Westfalen, Niedersachsen), auf eine Koalition aus SPD und Linke in Berlin und auf eine rot-grüne Koalition in Bremen.

5 Das Bundesverfassungsgericht

Das Bundesverfassungsgericht (BVerfG) wurde – als letztes der obersten Verfassungsorgane – im September 1951, zwei Jahre nach Gründung der Bundesrepublik Deutschland, errichtet. Es hat seinen Sitz in Karlsruhe und hat, verglichen mit obersten Verfassungsorganen anderer Länder und auch bezüglich der deutschen Verfassungstradition, besonders weitreichende Kompetenzen, die in ihrer Gesamtheit weit über den herkömmlichen Rahmen verfassungsrechtlicher Zuständigkeiten hinausreichen. Ursachen für diese Kompetenzfülle sind in erster Linie die Erfahrungen mit dem deutschen Rechtspositivismus zur Zeit des Nationalsozialismus. Der verfassungsgebende Gesetzgeber wollte eine Verfassungsgerichtsbarkeit schaffen, die kraft richterlicher Autorität in der Lage ist, Regierungsbeschlüsse oder Parlamentsakte (Gesetze) zu annulieren und damit eine rechtliche Kontrolle der Politik institutionalisieren. Mit der Rechtstradition einer grundsätzlichen Wahrung der Neutralität gegenüber Fragen politischer Zweckmäßigkeit wurde somit gebrochen. Die Einrichtung des Bundesverfassungsgerichtes ist Ausdruck eines Wandels des Politik- und Rechtsstaatsverständnisses, das Spannungsverhältnis zwischen dem „Primat der Politik über das Recht" oder dem „Primat des Rechts über die Politik" zugunsten des (Verfassungs-)Rechtes zu beantworten.

Zunächst sollen die Organisationsprinzipien des obersten Bundesgerichtes dargestellt werden. Neben dem Aufbau und der Zusammensetzung des Gerichtes wird das Bestellungsverfahren der Verfassungsrichter kritisch betrachtet. Anschließend erfahren die mannigfachen Zuständigkeiten des Gerichtes besondere Aufmerksamkeit, und schließlich soll die politische Rolle, die das höchste deutsche Gericht im deutschen Staate spielt, untersucht werden. Dabei wird nicht nur die gewaltenteilige Wirkung des Verfassungsgerichtes im Institutionengefüge beleuchtet, sondern auch die Beschränkung des Regierungshandelns infolge höchstrichterlicher Vorgaben.

II Institutionen des Bundes: Strukturen, Funktionen und Prozesse

5.1 Die Organisation des Bundesverfassungsgerichtes

Bevor die Zuständigkeiten und die politische Rolle des Gerichtes näher beschrieben und beurteilt werden, sollen zunächst der organisatorische Aufbau und die personelle Besetzung des höchsten deutschen Gerichtes vorgestellt werden.

5.1.1 Zusammensetzung und Struktur

Die Zusammensetzung des Bundesverfassungsgerichtes wird lediglich in Art. 94 Abs. 1 GG bestimmt, im übrigen wird auf ein Bundesgesetz verwiesen. Danach besteht das Bundesverfassungsgericht aus Bundesrichtern und anderen Mitgliedern.

Das Bundesverfassungsgericht gliedert sich in zwei Senate (§ 2 Abs. 1 BVerfGG), die jeweils über einen eigenen Zuständigkeitsbereich verfügen und eigenständige Spruchkörper darstellen. Die Zuständigkeit der Senate ist im § 14 des BVerfGG geregelt. Die Senate werden auch als „Grundrechtssenat" und „Staatsrechtssenat" bezeichnet (Beyme 1993, S. 137), weil der erste Senat sich mit Normenkontrollverfahren und Verfas-sungsbeschwerden zu befassen hat, welche die Verletzung der Grundrechte (Art. 1 bis 17 GG) oder der sogenannten „justiziellen Grundrechte" (Art. 101, 103, 104 und 33 GG) zum Gegenstand haben, während der zweite Senat Verfahren durchführt, die „staatspolitische" Bedeutung haben wie die Verfassungswidrigkeit von Parteien, Präsidenten- und Richteranklage. Ferner entscheidet der zweite Senat über Normenkontrollverfahren und Verfassungsbeschwerden, die nicht dem Ersten Senat zugewiesen sind (§ 14 Abs. 2 BVerfGG).

Bei Zweifeln darüber, welcher Senat zuständig ist, entscheidet ein aus dem Päsidenten, dem stellvertretenden Präsidenten und vier Richtern (zwei Richter aus jedem Senat) bestehender Ausschuss. Kann keine Einigung bezüglich der Zuständigkeit erzielt werden, so ist die Stimme des Präsidenten ausschlaggebend (§ 14 Abs. 5 BVerfGG). Um die zu wenig ausgewogene Belastung beider Senate zu korrigieren, sind vom Senat des Bundesverfassungsgerichtes in der Vergangenheit mehrmals Änderungen in der Verteilung der Zuständigkeiten zwischen den Senaten vorgenommen worden, was nach § 14 Abs. 3 BVerfGG möglich ist.

Bei quasi-strafrechtlichen Verfahren ist, sofern eine für den Antragsgegner nachteilige Entscheidung getroffen werden soll, eine Zwei-Drittel-Mehrheit der Mitglieder des Senats erforderlich. In den übrigen Verfahren ist für die Urteilsfindung die Zustimmung der Mehrheit der an der Entscheidung mitwirkenden Richter erforderlich, „soweit nicht das Gesetz etwas anderes bestimmt". Bei Stimmengleichheit kann kein Verstoß gegen das Grundgesetz oder sonstiges Bundesrecht festgestellt werden, das Verfassungsgericht entscheidet sich in diesem Falle für die verfassungskonforme Auslegung (§§ 15 Abs. 2, 30 Abs 1, 31 BVerfGG). Seit 1970 ist die Veröffentlichung der „dissenting opinion", der abweichenden Meinung einer Minderheit von Bundesverfassungsrichtern, in der Urteilsbegründung der Entscheidung (BVerfGE) möglich. Diese Publikationsmöglichkeit findet ihre gesetzliche Grundlage im § 30 Abs. 2 BVerfGG.

Die Beschlussfähigkeit setzt die Anwesenheit von mindestens sechs Richtern des Senates voraus (§ 15 Abs. 2 BVerfGG). Um die Beschlußfähigkeit eines Senates auch bei längerer Abwesenheit eines Verfassungsrichters (beispielsweise aufgrund langwieriger Erkrankung) garantieren zu können, wurde Anfang 1986 ein Losverfahren eingeführt, mittels dessen bei besonders dringlichen Verfahren Richter des anderen Senates als Vertretung bestimmt werden können.

Das Handeln der Verfassungsrichter muss wie jedes staatliche Handeln an Recht und Gesetz gebunden sein. Bei ihrem Amtsantritt leisten sie folgenden Eid: „Ich schwöre, dass ich als gerechter Richter alle Zeit das Grundgesetz der Bundesrepublik Deutschland getreulich wahren und meine richterlichen Pflichten gegenüber jedermann gewissenhaft erfüllen werde" (§ 11 BVerfGG). Ein Verfassungsrichter kann entlassen werden, „wenn er wegen einer entehrenden Handlung oder zu einer Freiheitsstrafe von mehr als sechs Monaten rechtskräftig verurteilt worden ist oder wenn er sich einer so groben Pflichtverletzung schuldig gemacht hat, dass sein Verbleiben im Amt ausgeschlossen ist" (§ 105 Abs. 1 Nr. 2 BVerfGG).

5.1.2 Die Richterwahl und ihre Kritik

Die Richter des Bundesverfassungsgerichtes werden je zur Hälfte vom Bundestag und vom Bundesrat gewählt (Art. 94 Abs. 1 GG und §§ 6 und 7 BVerfGG). Gewählt werden kann, wer die Befähigung zum Richteramt besitzt und ein Mindestalter von 40 Jahren aufweist (§ 3 BVerfGG). Kommt in den Wahlgremien keine Einigung zustande, so hat das Bundesverfassungsgericht ein Vorschlagsrecht (§ 7a BVerfGG). Zur Sicherstellung eines etwaigen Personalbedarfes werden beim Bundesjustizminister zwei Listen geführt. Auf der ersten Liste sind Bundesrichter, auf der zweiten alle Personen, die von einer Bundestagsfraktion, der Bundesregierung oder einer Landesregierung für das Amt des Bundesverfassungsrichters vorgeschlagen sind, aufgeführt (Hesse/Ellwein 1992, S. 442).

Die Verfassungsrichter dürfen weder dem Bundestag, dem Bundesrat oder der Bundesregierung noch entsprechenden Landesorganen angehören, anderenfalls scheiden sie bei ihrer Ernennung aus solchen Organen aus (Art. 94 Abs. 2 GG). Um beim höchsten deutschen Gericht Berufsrichter in das Amt zu bestellen, sind je Senat drei Richter aus der Zahl der Richter an obersten Gerichtshöfen des Bundes zu wählen, die dort jeweils mindestens drei Jahre tätig gewesen sein sollen (Art. 94 Abs. 1 S. 1 GG iVm § 2 Abs. 3 BVerfGG). Neben beruflichen Tätigkeiten als Richter oder Rechtsanwalt führten die Verfassungsrichter zuvor zumeist hauptamtliche Tätigkeiten im öffentlichen Dienst, der Verwaltung oder in der Politik aus oder waren in einer Hochschule oder in einem Verband tätig (Landfried 1984, S. 33 f.).

Anfänglich waren in den beiden Senaten jeweils 12 Richter vertreten, 1956 wurde ihre Zahl zunächst auf zehn, 1963 auf acht Richter pro Senat begrenzt (Beyme 1993, S. 371). Gemäß den Paragraphen 18 und 19 des Bundesverfassungsgerichtes kann ein Richter aus bestimmten Gründen von der Ausübung seines Amtes ausgeschlossen werden oder ist wegen Besorgnis der Befangenheit abzulehnen. Nach § 3 Abs. 4 BVerfGG ist mit der richterlichen Tätigkeit eine andere Tätigkeit als die eines Lehrers des Rechts an einer deutschen Hochschule unzulässig. Die Richter werden für die Dauer von 12 Jahren gewählt, wobei sie bei Erreichen der Altersgrenze, d.h. mit Vollendung des 68. Lebensjahres, aus dem Amte ausscheiden. Seit 1970 ist eine Wiederwahl ausgeschlossen (§ 4 BVerfGG). Die lange Amtsperiode und das Verbot der Wiederwahl sollen die Unabhängigkeit der Bundesverfassungsrichter gegenüber partei- und wahltaktischen Kalkülen betonen.

Wesentlicher Kritikpunkt bei der Richterwahl ist das intransparente und demokratisch nur unzureichend legitimierte Bestellungsverfahren der Auswahl und Nominierung der Kandidaten für das Verfassungsrichteramt. Obwohl das Bundesverfassungsgsgerichtsgesetz für die Richterwahl entsprechende Wahlgremien (in Bundesrat und Bundestag) vorgesehen hat, fallen die personalpolitischen Entscheidungen seit 1971 in sog. Findungskommissionen (Andersen/Woyke 1993, S. 92), in denen Vertreter der Regierungspartei bzw. der Koalitionsparteien in Absprache mit der oder den Oppositionsparteien die Personalfragen entscheidend vorklären.

Formal entscheidet zwar der aus 12 Abgeordneten bestehende Wahlausschuss des Bundestags mit Zwei-Drittel-Mehrheit über die Richterwahl. Für die Kandidatenauswahl sind aber faktisch wenige Politiker der großen Parteien ausschlaggebend, die in der Regel nicht dem Wahlausschuss angehören. Dieser streng durchgehaltene Proporz der großen Parteien führt zu einem völlig intransparenten und demokratisch unzureichenden Verfahren (Lamprecht 1996, S. 72; Starck 2001, S. 32). Im Fall kleiner Koalitionen verzichtete manchmal der größere Partner auf einen Richterstuhl (Landfried 2006, S. 234–238).

Der parteipolitischen Beeinflussung sind allerdings – trotz offensichtlicher Parteiendominanz beim Bestellungsverfahren – durch das Erfordernis der Zwei-Drittel-Mehrheit bei der Wahl Grenzen gesetzt, da alle beteiligten Akteure dem von einer Partei vorgeschlagenen Kandidaten zustimmen müssen. Immerhin führte das spezifische Verhandlungssystem dazu, dass die Besetzung der Richterstellen de facto nach einer „parteipolitischen Quotierung" vorgenommen und auch weitere Proporzgesichtspunkte (Konfession, regionale Herkunft) entsprechend berücksichtigt werden. Zwischenparteiliche Vereinbarungen sehen seit 1975 zudem vor, dass je Senat zwei Richter parteilich nicht gebunden sind (Andersen/Woyke 1993, S. 92). In der Vergangenheit wurde zudem das Bestellungsverfahren durch zum Teil kontrovers geführte personalpolitische Diskussionen im Vorfeld der Wahl in den Medien zum Politikum hochgespielt. Da aufgrund des uneinheitlichen Wahlverfahrens die Richter eine unterschiedliche demokratische Legitimation haben, wird von seiten der Wissenschaft gelegentlich ein einheitliches Verfahren angeraten (Andersen/Woyke 1993, S. 91).

Da die Zahl der gewählten Richter mit beruflicher Erfahrung in einer Anwaltskanzlei, in der Privatwirtschaft und in Parlamenten abgenommen hat, die Zahl der Richter mit einer Tätigkeit im Verwaltungs-, Justiz- und Hochschulbereich dagegen gestiegen ist, verengte sich die Erfahrung der Richter auf den justiziellen, administrativen und wissenschaftlichen Sektor (Bryde 1982, S. 153; Landfried 1996, S. 29).

Als Fazit kann festgehalten werden, dass die Auswahl und Wahl der Bundesverfassungsrichter Defizite an Transparenz, demokratischer Legitimation und Verengung der beruflichen Erfahrung aufweisen: So werde die Transparenz durch die Mitwirkung nur weniger Politiker bei der Kandidatenauswahl beeinträchtigt und die Öffentlichkeit von einer Diskussion über die Kandidaten weitgehend ausgeschlossen. Die Delegation der Richterwahl vom Bundestag auf einen Ausschuss schwäche überdies die demokratische Legitimation der über den Bundestag gewählten Richter. Schließlich schränke der Proporz der großen Parteien bei der Wahl mit der Folge zunehmender Dominanz des Justiz-, Verwaltungs- und Hochschulbereichs die Vielfalt an beruflicher Erfahrung ein (Limbach 1998; Landfried 2006, S. 238–240).

5.2 Die Zuständigkeiten

Seine Rechtsgrundlagen findet das Bundesverfassungsgericht im Grundgesetz und im Gesetz über das Bundesverfassungsgericht (BVerfGG).

Das Bundesverfassungsgericht wird oft als die ‚Hüterin der Verfassung' bezeichnet, weil die Hauptaufgabe des Verfassungsgerichtes darin besteht, zu überprüfen, ob das Handeln politisch-administrativer Akteure verfassungsgemäß ist. Die Zuständigkeiten des Bundesverfassungsgerichtes werden in Art. 93 GG und im § 13 des Bundesverfassungsgerichtsgesetzes festgelegt. Danach lassen sich die Tätigkeitsbereiche des Bundesverfassungsgerichtes in fünf Gruppen einteilen: Bundesstaatliche Streitigkeiten, Organklagen, abstrakte und konkrete Normenkontrollen, Verfassungsbeschwerden und sonstige Kompetenzen wie quasistrafrechtliche Verfahren (z.B. Grundrechtsverwirkung, Parteiverbot) und Wahlprüfungsverfahren.

Die Kompetenzen finden keine abschließende Regelung, denn durch Gesetzesänderung können dem Bundesverfassungsgericht jederzeit weitere Zuständigkeiten übertragen oder auch entzogen werden (Art 93 Abs. 2 GG). Das Gutachterverfahren beispielsweise, das eine frühzeitige Einigung der Verfassungsorgane erreichen sollte, wurde im Jahre 1956 aufgehoben (Säcker 1975, S. 58ff.). Im Folgenden sollen die bedeutsamsten Zuständigkeiten näher gekennzeichnet werden.

5.2.1 Bund-Länder-Streitigkeiten

Das Bundesverfassungsgericht kann bei Streitigkeiten, die vor allem die Ausführung von Bundesrecht durch die Länder betreffen, angerufen werden (Art. 84 Abs. 4 S. 2 GG und Art. 93 Abs. 1 Nr. 3 GG). Das Verfassungsgericht entscheidet auch in „anderen öffentlich-rechtlichen Streitigkeiten zwischen dem Bunde und den Ländern, zwischen verschiedenen Ländern oder innerhalb eines Landes, soweit nicht ein anderer Rechtsweg gegeben ist" (Art. 93 Abs. 1 Nr. 4 GG i.V.m. §§ 13 Nr. 7, 68ff. BVerfGG).

Dass es sich bei Bund-Länder-Streitverfahren häufig weniger um „echte föderative Streitigkeiten" als vielmehr um politische Richtungsstreitigkeiten innerhalb des Bundesstaates handelte (Hesse 1993, S. 252), illustrierten in der rot-grünen Regierungszeit vor allem oppositionelle Landesregierungen wie Bayern und Hessen (Kneip 2007, S. 225f.). So strengten diese Landesregierungen vor allem ordnungspolitisch motivierte Bund-Länder-Streitverfahren in der Umwelt- und Hochschulpolitik an. So erhob die bayerische Landesregierung eine von der hessischen Landesregierung unterstützte Klage gegen die rot-grüne Bundesregierung, vom Verfassungsgericht prüfen zu lassen, ob die Erkundung des Salzstocks in Gorleben zur Lagerung von Atommüll durch den Bund ohne Beteiligung der Länder ausgesetzt werden dürfe. Mit der Begründung, dass die Erkundung der Eignung des Salzstocks in die Zuständigkeit des Bundes falle, entschied das Bundesverfassungsgericht das Streitverfahren zugunsten der Bundesregierung (BVerfGE 104, 238).

Eine weitere Bund-Länder-Streitigkeit betraf Teile des Atomkonsenses zwischen Bund und Energieversorgern: Die hessische Landesregierung focht Erklärungen des Bundesumweltministeriums zu Nachrüstforderungen für das Kernkraftwerk Biblis A mit dem Argument an, dass der Bund im Rahmen seiner Auftragsverwaltung seine Befugnisse überschreite. In seiner Entscheidung vom Februar 2002 wies das Verfassungsgericht die Klage zurück, womit es indirekt den Kurs des Atomausstiegs der Bundesregierung stützte (BVerfGE 104, 249).

Die hessische Landesregierung scheiterte auch mit ihrem Versuch, per einstweiliger Anordnung den mit Bundesmitteln finanzierten Aufbau des „Kompetenzzentrums zur Unterstützung des Bologna-Prozesses" bei der Hochschulrektorenkonferenz zu verhindern. Das Bundesverfassungsgericht lehnte die einstweilige Anordnung ab und entschied sich für die Finanzierung des Kompetenzzentrums durch den Bund (BVerfGE 112, 321). Da die hessische Landesregierung von einer Weiterverfolgung der Klage absah, erledigte sich das Verfahren in der Hauptsache.

Festgehalten werden kann, dass die von Landesregierungen in den Legislaturperioden von Rot-Grün angestrengten Bund-Länder-Streitverfahren in der Umweltpolitik und der Bildungsförderung weitgehend scheiterten.

5.2.2 Organklagen

Dem Bundesverfassungsgericht obliegt die Urteilsfindung bei Streitigkeiten zwischen staatlichen Organen (Organklage). Damit gemeint sind nach Art. 93 Abs. 1 GG Streitigkeiten

II Institutionen des Bundes: Strukturen, Funktionen und Prozesse

über den Umfang von Rechten und Pflichten eines obersten Bundesorganes (Bundestag, Bundesrat, Bundesregierung, Bundespräsident, Bundestagsfraktion). Eines der bekanntesten Beispiele dieser Klageart ist die Anrufung des Verfassungsgerichtes der SPD-Fraktion bezüglich des Einsatzes deutscher Streitkräfte in Somalia 1993 (sog. „Somalia-Urteil"). Der Antragsteller sah die Mitwirkung des Parlaments für den Einsatz bewaffneter Streitkräfte gefährdet und unterzog die Regierungsentscheidung, Bundeswehrsoldaten ohne konstitutive Zustimmung des Bundestages nach Somalia zu entsenden, einer verfassungsgerichtlichen Kompetenzkontrolle.

Obwohl bis 2001 nur über 130 Verfahren Organklagen waren, blieb die quantitative Bedeutung dieses Instrumentes auch in der gesamten Regierungszeit von Rot-Grün gering: Die parlamentarische Opposition hatte gegen die Regierung Schröder und die Regierungsfraktionen lediglich drei außenpolitische und drei innenpolitische Organstreitverfahren angestrengt (Kneip 2007, S. 223 ff.). Alle drei außenpolitischen Verfahren wurden zugunsten der Regierung entschieden: die Klage der PDS-Bundestagsfraktion gegen die Beteiligung der Bundeswehr an Luftangriffen im Rahmen des Kosovo-Krieges, gegen die Zustimmung der Bundesregierung zum neuen Strategischen Konzept der Nato und die von der FDP-Bundestagsfraktion angestrengte einstweilige Anordnung gegen die Beteiligung deutscher Soldaten an den AWACS-Aufklärungsflügen über der Türkei im Rahmen des Irak-Krieges (BVerfGE 100,266; 104,151; 108,34).

Die innenpolitischen Organstreitverfahren verliefen für die rot-grüne Bundesregierung weniger erfolgreich. Das Bundesverfassungsgericht hatte bereits im April 2002 in einem Organstreit zum so genannten Parteispenden-Untersuchungsausschuss auf Antrag der CDU/CSU gegen die Regierungsfraktionen entschieden, weil sie Rechte der Minderheit im Ausschuss verletzt hätten (BVerfGE 105,197). Auch im Streit um die Besetzung der Fraktionen des Bundestags im Vermittlungsausschuss von Bund und Ländern entschied im Oktober 2002 das Verfassungsgericht zugunsten der Opposition (BVerfGE 112,118). Schließlich musste Rot-Grün beim Organstreit über die Fortsetzung der Arbeit des Visa-Untersuchungsausschusses angesichts der nahenden Bundestagswahl 2005 eine Niederlage hinnehmen: Auf Antrag der Oppositionsfraktionen aus CDU/CSU und FDP verpflichtete das Bundesverfassungsgericht den Ausschuss, bis zur Auflösung des Bundestags durch den Bundespräsidenten weiter zu arbeiten (2 BvQ 18/05 vom 15.6.2005).

5.2.3 Normenkontrollverfahren

Das Bundesverfassungsgericht übt in Form der Normenkontrolle (NK) (Art. 93 Abs. 1, Art. 100 Abs. 1, Art. 126 GG) eine Kontrollfunktion gegenüber dem Gesetzgeber aus, denn als Normenkontrolle wird die Prüfung der Vereinbarkeit von Normen (Gesetze, Rechtsverordnungen, Verwaltungsvorschriften etc.) mit höherrangigem Recht, dem Verfassungsrecht, bezeichnet. Bei der Normenkontrolle unterscheidet man zwischen der abstrakten, von einem Einzelfall losgelösten, und der konkreten Normenkontrolle, bei der eine konkrete Gesetzesbestimmung für verfassungswidrig gehalten wird.

Verfahren der abstrakten Normenkontrolle können auf Antrag von der Bundesregierung, einer Landesregierung oder mindestens einem Drittel des Bundestages beim Bundesverfassungsgericht eingeleitet werden. Der verfassungsgerichtlichen Kontrolle unterliegen jegliche Rechtsnormen. Neben Bundesgesetzen können deshalb auch Zustimmungsgesetze zu völkerrechtlichen Verträgen, Landesgesetze sowie Rechtsverordnungen des Bundes und der Länder höchstrichterlich überprüft werden (Hesse 1993, S. 254).

Häufig war das Verfahren der abstrakten Normenkontrolle ein Instrument des Minderheitenschutzes und der Opposition. Nach der Bildung der sozial-liberalen Koalition im Jahr 1969 hatte die Union als Opposition im Bund regen Gebrauch von diesem Instrument gemacht. Wichtige Beispiele für abstrakte Normenkontrollverfahren aus der Anfangszeit der Rechtsprechung des Verfassungsgerichts waren das Urteil zum Deutschlandvertrag 1952 (BVerfGE 1,396), das Saarurteil 1955 (BVerfGE 4,157) und das Urteil zur Parteienfinanzierung 1966 (BVerfGE 20,56). Die Urteile zum Grundlagenvertrag 1973 (BVerfGE 36,1) und zum Abtreibungsparagraphen 1975 (BVerfGE 39,1) gingen auf abstrakte Normenkontrollen zurück, die von unionsgeführten Landesregierungen und den Unionsparteien als Opposition im Bund angestrengt wurden. Beispiele für abstrakte Normenkontrollen aus jüngerer Zeit sind das Urteil zum Länderfinanzausgleich 1999 (BVerfGE 101, 158) und das Urteil zum Normenkontrollantrag des Landes Berlin auf Feststellung einer extremen Haushaltslage 2006 (2 BvF 3/03 vom 19.10.2006).

Auch gegen zwei hochschulpolitische Reformvorhaben der rot-grünen Bundesregierung, die Einführung von Juniorprofessuren und ein bundesweites Verbot von Studiengebühren, erhoben unionsgeführte Bundesländer abstrakte Normenkontrollklagen gegen das im August 2002 in Kraft getretene 5. und 6. Änderungsgesetz zum Hochschulrahmengesetz (Henkes/ Kneip 2003, S. 293 f.; Kneip 2007, S. 229 f.). In beiden Fällen gab das Gericht den Antragstellern statt und erklärte die Gesetze für nichtig (BVerfGE 111, 226; 112, 226).

Bei der konkreten Normenkontrolle setzt ein Gericht ein konkretes Verfahren aus, weil es eine Norm, die für die Entscheidung des Verfahrens von Bedeutung ist, für verfassungswidrig hält. Hält ein Gericht einen Gesetzentwurf für verfassungsrechtlich bedenklich, reicht es die Vorlage zum Bundesverfassungsgericht zur Überprüfung der Verfassungsmäßigkeit weiter (so genannte Richtervorlage).

Mittels der konkreten Normenkontrolle kann auch überprüft werden, ob eine Regel des Völkerrechts Bestandteil des Bundesrechtes ist. Hält das Bundesverfassungsgericht eine Norm für unvereinbar mit dem Grundgesetz, so erklärt es die Norm nach § 78 Satz 1 BVerfGG für nichtig. Gemäß § 31 Abs. 2 BVerfGG hat diese Entscheidung Gesetzeskraft.

Neben der Verfassungsbeschwerde hat in der Vergangenheit vor allem die konkrete Normenkontrolle mit insgesamt mehr als 3200 (bis zum Jahr 2001) anhängig gewordenen Verfahren quantitative Bedeutung erlangt. Politisch relevante Beispiele für konkrete Normenkontrollverfahren sind das Numerus-Klausus-Urteil 1972 (BVerfGE 33,303 ff.) und der Radikalen-Beschluss 1975 (BVerfGE 39,334 ff.) (Beyme 2004, S. 378).

5.2.4 Verfassungsbeschwerden

Die Verfassungsbeschwerde wurde erst nachträglich, und zwar 1969 durch Ergänzung des Art. 93 Abs. 1 GG um die Nr. 4a, in den Kompetenzkatalog des Bundesverfassungsgerichtes eingefügt. Beschwerdebefugt ist jedermann, der sich in seinen Grundrechten verletzt sieht. Vorausgesetzt ist die persönliche Betroffenheit, d.h. es muss ein persönliches Rechtsinteresse des Einzelnen vorliegen. Eine Popularklage ist im Grundgesetz, anders als in einigen Landesverfassungen, nicht vorgesehen. Im Bundesland Bayern etwa hat der Verfassungsgerichtshof Landesgesetze und Verordnungen für nichtig zu erklären, wenn durch sie Grundrechte verfassungswidrig eingeschränkt werden.

Sofern sich Bürger durch Akte der öffentlichen Gewalt in ihren Grundrechten verletzt sehen, übt das Verfassungsgericht mittels der Verfassungsbeschwerde gegenüber Gerichten, dem

Gesetzgeber und der Verwaltung kontrollierende Funktion aus. Die ursprüngliche Funktion der Verfassungsbeschwerde lag und liegt in der Wahrung der Grundrechte als subjektive Rechte, also im Individualrechtsschutz und nicht im Schutz der objektiven Rechtsordnung (Gusy 2006, S. 204). Hier wird die Verfassungsbeschwerde als ein Rechtsschutzmittel gegen sämtliche Akte der deutschen „Staatsgewalt" (im Sinne des Art. 20 Abs. 2 GG) verstanden, ist demzufolge für das Bundesverfassungsgericht ein „spezifischer Rechtsbehelf des Bürgers gegen den Staat" (BVerfGE 4, 27, 34; 6, 445, 448). Damit können Bürger grundsätzlich Verfassungsbeschwerde gegen alle Entscheidungen und Unterlassungen von Gesetzgebung, Exekutive und Rechtsprechung einlegen (Lechner/Zuck 1996, § 90 Rdnr. 11 ff.; Schmidt-Bleibtreu, 2004, § 90 Rdnr. 1 ff.).

Das Bundesverfassungsgericht sieht darüber hinaus eine Funktion der Verfassungsbeschwerde darin, das objektive Verfassungsrecht auszulegen und fortzubilden (BVerfGE 79, 365; 85, 109, 113). Der Verfassungsbeschwerde als spezifischem Rechtsschutzmittel fällt damit eine wichtige konkretisierende und rechtsfortbildende Funktion des objektiven Verfassungsrechts zu (BVerfGE 33, 247, 258 f.; 45, 63, 74).

Seit seinem Bestehen bis zum Jahr 2004 sind beim Bundesverfassungsgericht rund 146.000 Verfassungsbeschwerden eingegangen, so dass über 96 % aller Verfahren des Bundesverfassungsgerichts auf diese Klageart zurückgehen (Gusy 2006, S. 202). Der hohen Zahl gestellter Anträge (im Jahr 2006: über 6000 beantragte Verfassungsbeschwerden) steht aber eine auffallend geringe Erfolgsquote gegenüber.

Die Flut der Verfassungsbeschwerden gefährdete zunehmend die Grundlagen der Verfassungsgerichtsbarkeit. Für Kritiker dieses Instruments beanspruche die Vielzahl der Eingänge die Arbeitskapazität der Richter derart, dass vielfach für wichtigere Aufgaben nicht hinreichend Zeit zur Verfügung stehe (Böckenförde 1996, S. 281–284). In der Vergangenheit wurde die Antragsflut hingegen zumeist durch die Verschärfung der prozessualen Voraussetzungen (Antragsberechtigung, Formvorschriften, Vertretung im Verfahren, Fristen, Beweisführung) eingedämmt (Laufer 1970 S. 230; Beyme 2004, S. 378). Um der Flut Herr zu werden, hat das Verfassungsgericht außerdem bestimmt, dass die Beschwerdebefugnis die Erschöpfung des Rechtsweges voraussetzt. Weiterhin hat das Gericht die Einführung von Missbrauchsgebühren beschlossen. Durch Erklärungen der Unzulässigkeit von Klagen wurde die Quote der zur Entscheidung kommenden Verfassungsbeschwerden zunächst auf knapp 2 % reduziert, bis sie anfangs der 1990er Jahre im Zuge der verfassungsgerichtlichen Überprüfung von Asylverfahren wieder auf rund 6 % anstieg (Andersen/Woyke 1993, S. 89).

Der Anteil der durch Verfassungsbeschwerden zu Fall gebrachten Gesetze, Gerichtsentscheidungen oder Verwaltungsakte ist gleichwohl gering geblieben. Durch die niedrige Erfolgsquote erführen die Bürger beim Bundesverfassungsgericht lediglich „dem Anspruch nach wirksamen Grundrechtsschutz, real hingegen ganz überwiegend die Erfolglosigkeit ihrer Bemühungen" (Gusy 2006, S. 203).

Das Verfassungsgericht befasste und befasst sich überwiegend mit Fragen der Grundrechtskollision. In einem besonders bekannten Fall einer Verfassungsbeschwerde, dem sog. „Mephisto-Urteil", hatte das Bundesverfassungsgericht eine Güterabwägung zwischen dem Recht auf freie Meinungsäußerung (Art. 5 GG) und anderen schützenswerten Gütern, dem Schutz der Menschenwürde, der Privatsphäre, der persönlichen Ehre und des allgemeinen Persönlichkeitsrechtes, die in den Artikeln 1 und 2 des Grundgesetzes normiert sind, vorzunehmen. Das Verfassungsgericht hatte damals über die Publikationserlaubnis eines literarischen Werkes (Klaus Mann: Mephisto) zu entscheiden, dessen Held auffallende Ähnlichkeiten zu einer zum Zeitpunkt des Erscheinens des Buches bereits verstorbenen Persönlichkeit (dem Schauspieler Gustav Gründgens) hatte. Die Angehörigen sahen durch die – Analogieschlüsse erlaubende – detaillierte Beschreibung von Leben und Charakter des Romanhelden die persönliche Ehre des Verstorbenen verletzt.

Die meisten eingegangenen Verfassungsbeschwerden richteten sich lange Zeit gegen gerichtliche Entscheidungen (Gusy 2006, S. 202). Erst im April 2006 entschied das Bundesverfassungsgericht über eine Verfassungsbeschwerde gegen gerichtliche Entscheidungen über die Anordnung einer präventiven polizeilichen Rasterfahndung. Das Bundesverfassungsgericht beschloss, dass eine Rasterfahndung nach dem Polizeigesetz von NRW 1990 nur dann mit dem Grundrecht auf informationelle Selbstbestimmung vereinbar sei, wenn eine konkrete Gefahr für hochrangige Rechtsgüter vorliege. Eine allgemeine Bedrohungslage wie die nach den terroristischen Anschlägen vom September 2001 in den USA oder außenpolitische Spannungslagen reichten für die Anordnung der Rasterfahndung nicht aus (siehe Kap. A.II.1.3.2.).

Als Folge der Terrorismusbekämpfung gab es nach der Jahrtausendwende im Unterschied zur früheren Dominanz der Verfassungsbeschwerden gegen Gerichtsentscheidungen häufig Beschwerden gegen geänderte Grundrechte und Gesetze: So richtete sich die Verfassungsbeschwerde zur akustischen Wohnraumüberwachung („Großer Lauschangriff") gegen den neu eingefügten Art. 13 Abs. 3 GG und gegen Vorschriften der Strafprozessordnung. Mit dem Urteil vom März 2004 erklärte das Bundesverfassungsgericht zwar die in Art. 13 Abs. 2 GG im Jahr 1998 vorgenommene Verfassungsänderung für verfassungskonform, Vorschriften der Strafprozessordnung zur Durchführung der akustischen Wohnraumüberwachung zu Zwecken der Strafverfolgung aber für verfassungswidrig. Beispiele für erfolgreiche Verfassungsbeschwerden gegen Gesetze waren die Beschwerden gegen das Niedersächsische Polizeigesetz zur vorbeugenden Telefonüberwachung (Urteil vom Juli 2005) und gegen das Luftsicherheitsgesetz zum Abschuss von Flugzeugen, die als Waffe gegen das Leben von Menschen eingesetzt werden sollen (Urteil vom Februar 2006) (siehe auch Kap. A.II.1.2.).

5.2.5 Sonstige Kompetenzen

Das Bundesverfassungsgericht entscheidet ferner über quasistrafrechtliche Verfahren der Grundrechtsverwirkung gemäß Art. 18 GG, des Parteiverbotes (Art. 21 Abs. 2 GG), der Präsidenten- und Richteranklage (Art. 61 und 98 GG) sowie der Amtsenthebung eines Bundesverfassungsrichters nach § 105 BVerfGG. Schließlich entscheidet das Bundesverfassungsgericht noch über Beschwerden im Wahlprüfungsverfahren des Bundestages.

Die beiden in der Geschichte der Bundesrepublik vom Bundesverfassungsgericht ausgesprochenen Parteiverbote betrafen die Sozialistische Reichspartei (SRP) im Jahre 1952 (BVerfGE 2, 1 ff.) und die Kommunistische Partei Deutschlands (KPD) im Jahre 1956 (BVerfGE 5, 85 ff.). Das Parteiverbot der KPD blieb in der politischen Betrachtung eher wirkungslos, da sich die politische Organisation mit verändertem Namen, aber nicht wirklich veränderter Programmatik und Zielsetzung kurze Zeit später als DKP neu gründete. In der Öffentlichkeit diskutiert wurde auch eine verfassungsrechtliche Überprüfung der Nationaldemokraten und der Republikaner. Das von Bundesregierung, Bundestag und Bundesrat eingeleitete Parteiverbots-Verfahren gegen die Nationaldemokratische Partei Deutschlands (NPD) wurde wegen der „V-Mann-Problematik" im Jahr 2003 eingestellt (van Ooyen 2006, S. 346 f.).

II Institutionen des Bundes: Strukturen, Funktionen und Prozesse 183

5.3 Die politische Rolle im Wandel

Politische Bedeutung hat das Bundesverfassungsgericht zunächst deshalb erlangt, weil es das Grundgesetz konkretisiert und verbindlich auslegt. Notwendig ist dies, weil sich die „Grundgesetzväter" in vielen Punkten nur auf „formelkompromißartige" Aussagen oder Allgemeinbegriffe einigen konnten (z.B. Sozialstaatsprinzip, freiheitlich-demokratische Grundordnung usw.), die der Ausgestaltung bedürfen (Laufer 1970, S. 228). Das Bundesverfassungsgericht hat damit die oft sehr schwierige Aufgabe, aus den unbestimmten Grundnormen des Grundgesetzes Richtlinien oder Handlungsanweisungen für die Politik abzuleiten (Hesse/Ellwein 1992, S. 445). Die Geltung des Grundgesetzes konnte sich dabei in der historischen Entwicklung der Bundesrepublik in erster Linie nach der Verfassungsinterpretation des Bundesverfassungsgerichtes entwickeln, weil die Entscheidungen des Bundesverfassungsgerichtes bei den politischen Akteuren akzeptiert worden sind. Die Rechtsauffassungen des höchsten deutschen Gerichtes sind in Wissenschaft und Politik nicht zuletzt deshalb berücksichtigt worden, weil die politischen Akteure die Entscheidungsgründe im großen und ganzen als rational überzeugend und überprüfbar beurteilten und auf die richterliche Selbstbeschränkung und die Einhaltung seiner Kompetenzen vertrauten (Benda 1986, S. 135 ff.; Böckenförde 1976).

Sondervoten (abweichende Meinungen zur Entscheidung oder zu deren Begründung) haben einerseits sicherlich zur Transparenz und Nachvollziehbarkeit der höchstrichterlichen Gedankengänge und Urteilsbegründungen beigetragen. Andererseits verdeutlichen aber gerade die dissenting opinions, dass es „eine einzige oder die richtige Rechtsauffassung" nicht gibt und eine Urteilsfindung immer von politischen Überzeugungen, Traditionen, ethischen und moralischen Wertvorstellungen etc. getragen ist. Verfassungsrecht ist daher auch (immer) politisches Recht, und die Grenze zwischen verfassungsgemäßem und verfassungswidrigem Handeln ist ex ante nicht eindeutig bestimmbar, wie kontroverse politische Diskussionen auch der jüngsten Zeit zeigen (z.B. § 218 StGB, Kampfeinsätze der Bundeswehr ‚out of area'), und ex post von der Rechtsauffassung der Verfassungsrichter abhängig. Bei uneinheitlichen Rechtsauffassungen der am jeweiligen Verfahren beteiligten Verfassungsrichter entscheidet die Mehrheit der Stimmen im Senat darüber, wie das Urteil ausfällt, das künftiges Regierungs- oder Verwaltungshandeln bindet.

Bei der Behandlung der politischen Rolle des Bundesverfassungsgerichts wird die Kernfrage zu erörtern sein, inwieweit das Gericht dem Grundsatz richterlicher Selbstbeschränkung Rechnung trägt, d.h. lediglich die Verfassungsmäßigkeit von Normen überprüft, d.h. nicht in die „ureigenen" Kompetenzen der Gesetzgebung und der Regierung eingreift (Piazolo 2006, S. 302 f.). Ferner wird die nach der Wiedervereinigung dem Verfassungsgericht abverlangte schwierige Rolle, über faire und integrationsfördernde Verfahren gegenüber den ostdeutschen Bürgern zu wachen, zu beschreiben und zu beurteilen sein

5.3.1 Aktive und konservativ dominierende Rolle im politischen Prozess

Die Entwicklung zwischen 1972 und der westdeutschen „Wende" von 1982 war dadurch gekennzeichnet, dass das Bundesverfassungsgericht zunehmend eine aktive Rolle im politischen Prozess übernommen hatte. Die zunehmende Gestaltungsrolle des Bundesverfassungsgerichts verdeutlichten vor allem die Streitfälle Hochschulurteil (BVerfGE 35, 79 f.), Grundlagenvertragsurteil (BVerfGE 36, 1) und Abtreibungsurteil (BVerfGE 39, 1):

Das Urteil gegen das Vorschaltgesetz zur Hochschulreform in Niedersachsen von 1973 wurde als aktive Parteinahme gegen die auf mehr Partizipation in den Hochschulen setzenden

Reformen der sozial-liberalen Bundesregierung ausgelegt, da jedes Partizipationsmodell, das keine Stimmenmehrheit der Professoren sicherte, für verfassungswidrig erklärt wurde.

Das Grundlagenvertragsurteil von 1973 wird als weiterer Beleg dafür genannt, dass das Bundesverfassungsgericht politisch gestaltenden Einfluss zu nehmen versuchte (Schueler 1978; Beyme 1999): Zwar wurde das Gesetz zum Grundlagenvertrag zwischen der Bundesrepublik Deutschland und der DDR vom Juni 1973 für verfassungskonform erklärt, das Urteil aber zugleich mit vielen Bedenken und Auflagen verbunden. Im Widerspruch zu dem im 2. Leitsatz des Urteils hervorgehobenen Grundsatz der Selbstbeschränkung des Gerichts, das auf die Offenhaltung eines „Raums freier politischer Gestaltung" abziele, wird im 4. Leitsatz auf das Wiedervereinigungsgebot des Grundgesetzes verwiesen, das keinem Verfassungsorgan erlaube, die Wiedervereinigung der staatlichen Einheit als politisches Ziel aufzugeben.

Dem Regierungshandeln werden insbesondere in der Frage der Aufnahme anderer Teile Deutschlands in den Geltungsbereich des Grundgesetzes und in der Staatsangehörigkeitsfrage straffe Zügel angelegt: So verbiete der Art. 23 GG (alte Fassung) der Bundesregierung, nicht mehr allein, sondern nur noch im Einverständnis mit dem Vertragspartner (der DDR) über den Beitritt anderer Teile Deutschlands zur Bundesrepublik entscheiden zu können. Da ferner deutscher Staatsangehöriger nach Art. 16 GG nicht nur der Bürger der Bundesrepublik Deutschland sei, habe jeder Deutsche, der „in den Schutzbereich der staatlichen Ordnung der Bundesrepublik Deutschland gelangt, einen Anspruch auf ... alle Garantien der Grundrechte des Grundgesetzes" (8. Leitsatz des Urteils). Die Anhäufung dieser Vorgaben ist als kaum verhülltes Misstrauensvotum gegen die Bundesregierung Brandt gedeutet worden (Schueler 1978, S. 10).

Das Bundesverfassungsgericht hat in seiner Entscheidung zum § 218 StGB im Jahre 1975 (BVerfGE 39, 1) nicht nur das mit Parlamentsmehrheit verabschiedete Gesetz – das den Schwangerschaftsabbruch während der ersten 12 Wochen freigab (Fristenlösung) – im Rahmen einer abstrakten Normenkontrollklage für verfassungswidrig erklärt, sondern in der Urteilsbegründung dem Parlament (genaue) Anweisungen gegeben, wie ein verfassungskonformes Gesetz auszusehen habe. Damit hat sich das Gericht faktisch zum „Ersatz-Gesetzgeber" gemacht. Die Kritik wendet ein, dass diese faktische Übernahme quasilegislativer Macht nicht legitimiert ist (Landfried 1990, S. 88; Zens 1990).

Da die Legislative an die höchstrichterliche Rechtsprechung gebunden ist, sind die Urteile grundsätzlich zu beachten, so dass die gesetzliche Regelung von Materien den Urteilen nicht zuwiderlaufen darf. Inwieweit der Gesetzgeber aber die „Anregungen" des Bundesverfassungsgerichts aufnimmt und in Gesetzentwürfe einarbeitet, bleibt ihm generell überlassen. Die parlamentarische Wirklichkeit hat allerdings gezeigt, dass sich der Gesetzgeber weitestgehend an die Vorgaben des Verfassungsgerichtes hält, um ein entsprechendes Gesetzgebungsverfahren zügig zum Abschluß bringen zu können und nicht eine nochmalige Anrufung des höchsten deutschen Gerichtes zu „provozieren".

So war die sozialliberale Koalition gezwungen, die reformerische Gesetzgebung zum § 218 weitgehend zu ändern und verabschiedete 1976 ein Gesetz, das die vom Verfassungsgericht „angemahnte" Indikationenregelung enthielt (Landfried 1990, S. 88). Ein Schwangerschaftsabbruch verstößt danach grundsätzlich gegen den Schutz des ungeborenen Lebens und ist – außer bei Vorliegen mindestens einer der drei Indikationen des § 218 StGB – strafrechtlich zu verfolgen. Legal war der Schwangerschaftsabbruch nur bei Gefahr für Leib und Leben der Mutter oder des Kindes, bei Schwangerschaft infolge einer Vergewaltigung oder bei Vorliegen einer sozialen Notlage.

II Institutionen des Bundes: Strukturen, Funktionen und Prozesse

Erst die neueste Rechtsprechung im Zuge der Rechtsangleichung zwischen Ost- und Westdeutschland sichert Frauen nach dem am 27.7.1992 eingefügten § 218 a StGB eine Straffreiheit zu, wenn

1. „die Schwangere den Schwangerschaftsabbruch verlangt und dem Arzt durch eine Bescheinigung nach § 219 Abs. 3 S. 2 nachgewiesen hat, dass sie sich mindestens drei Tage vor dem Eingriff hat beraten lassen (Beratung der Schwangeren in einer Not- und Konfliktlage),
2. der Schwangerschaftsabbruch von einem Arzt vorgenommen wird und
3. seit der Empfängnis nicht mehr als zwölf Wochen vergangen sind.

Bei Vorliegen dieser Tatbestände beurteilt das Verfassungsgericht Schwangerschaftsabbrüche nicht mehr als rechtswidrig. Gleiches gilt, „wenn nach ärztlicher Erkenntnis ein Abbruch notwendig ist, um eine Gefahr für das Leben der Schwangeren oder die Gefahr einer schwerwiegenden Beeinträchtigung ihres körperlichen oder seelischen Gesundheitszustandes abzuwenden..." (§ 218a Abs. 2).

Das neueste Verfassungsgerichts-Urteil versucht, einen Ausgleich zu finden zwischen den konträren rechtspolitischen Auffassungen (der Parteien), dass einerseits der Gesetzgeber angehalten sei, das ungeborene Leben mit den Normen des Strafrechts zu schützen, andererseits aber darauf hinzuwirken habe, weniger durch strafrechtliche Verfolgung als vielmehr durch sozialpolitische Maßnahmen (finanzielle Hilfestellungen für werdende Mütter, Bereitstellung bezahlbaren Wohnraums für kinderreiche, aber einkommensschwache Familien oder Alleinerziehende, Versorgung mit Kinderkrippen und Kindergartenplätzen) die Bereitschaft werdender Mütter zu stärken, den Ungeborenen das Leben zu schenken.

Nach der Bildung der konservativ-liberalen Bundesregierung von 1982 wurde das Verfassungsgericht in dem Maße überfordert, wie es seitens der neuen sozialen Bewegungen von der Umwelt- und der atomaren Energiepolitik bis zur Sicherheitspolitik mit gesellschaftlichen Wertkonflikten konfrontiert wurde. Die Annahme von Klagen gegen politisch hochgradig umstrittene Maßnahmen wie beispielsweise die Aufstellung von atomaren Mittelstreckenraketen in Westdeutschland Mitte der 1980er Jahre musste deshalb das Bundesverfassungsgericht mit der Betonung des Grundsatzes richterlicher Selbstbeschränkung ablehnen. Gleichwohl sah sich das höchste Gericht dem Vorwurf ausgesetzt, bei zahlreichen, die Regierungspolitik stützenden Entscheidungen sich politisch positioniert und eine „konservative Tendenzwende" befördert zu haben (Beyme 1999, S. 428):

So hatte das Gericht 1983 gegen den klaren Wortlaut der Verfassung über den Zivildienst die Regierung bestätigt, dass der Ersatzdienst länger als der Wehrdienst dauern könne (Pieroth 1999, S. 2). Das Gericht folgte auch der Position der Bundesregierung und der Regierungsfraktionen des Bundestags, als es die Grünen von dem Ausschuss ausschloss, der die Geheimdienste kontrollierte. Schließlich stützte das Gericht die Auffassung der Bundesregierung, dass das Wahlrecht für Ausländer bei Gemeinde- und Kreiswahlen in Schleswig-Holstein verfassungswidrig sei.

5.3.2 Die „Wächterfunktion" gegenüber ostdeutschen Bürgern

Nach der Wiedervereinigung wuchs dem Bundesverfassungsgericht die wichtige integrationsfördernde Funktion zu, über faire Verfahren gegenüber den ostdeutschen Bürgern zu wachen. Die Urteile über die Wahlrechtsreform von 1990, die Politik der „Warteschleife" von 1991 und zur Eigentumsfrage stützten weitgehend die Positionen der Bundesregierung, während das Urteil über die Kriegsopferversorgung von 2000 den Grundsatz der Gleichbehandlung aller Opfer zu Lasten des Bundesetats betonte.

Das Wahlrechtsurteil von 1990 bestimmte, dass bei der ersten gesamtdeutschen Bundestagswahl die Fünfprozentklausel nicht bundesweit, sondern getrennt für West- und Ostdeutschland angewendet wird. Regionalparteien der DDR wie die PDS erhielten somit eine Chance, ohne Listenverbindung mit einer westdeutschen Gruppierung die erforderliche Mehrheit von 5 % zu erreichen. Auch die PDS, die zwar im Vermögens-Streitfall unterlag und der der Vertragsstatus verweigert wurde, erzielte zumindest einen Teilerfolg. Sie bekam zwar keine Mitgliedschaft in den Ausschüssen des Bundestags, aber dafür in den Unterausschüssen zugesprochen (BVerfGE 84, 304 ff.).

Das Bundesverfassungsgericht hatte im April 1991 die Politik der „Warteschleife" für verfassungskonform erklärt: Alle Angestellten der öffentlichen Einrichtungen, die mit der staatlichen Vereinigung nicht von Bund, Ländern und Gemeinden übernommen und damit entlassen („abgewickelt") wurden, erhielten in der „Warteschleife" für den Zeitraum von 6 Monaten (Personen über 50 Jahre für 9 Monate) im Umfang von 70 % ihre Bezüge weiterbezahlt. Die wegen pauschaler und nicht individueller Kündigung sowie wegen Verletzung der Berufsfreiheit, des Eigentumsrechts, der Rechtsweggarantie und der Menschenrechte eingereichten Verfassungsbeschwerden wurden in wesentlichen Teilen abgewiesen. Nach Auffassung des Gerichts sei die Menschenwürde nicht verletzt, weil für die Betroffenen sowohl in der „Warteschleife" als auch nach Ablauf ihrer Verträge ihr Existenzminimum durch Bezug von Arbeitslosengeld und später durch Arbeitslosen- und Sozialhilfe gesichert sei. Gegenüber Frauen im Mutterschutz, Alleinerziehenden, Behinderten und älteren Angestellten wurden geringe Zugeständnisse gemacht (BVerfGE 85, 167 ff.).

Beim Urteil über die Klage von Eigentümern gegen die „Enteignungen auf besatzungsrechtlicher Grundlage" (in der sowjetischen Besatzungszone) suchte das Bundesverfassungsgericht sowohl außenpolitischen Belangen der früheren Sowjetunion als auch den Interessen der Enteigneten gerecht zu werden (Beyme 1991, S. 430). Das Gericht bestätigte die einigungsvertragliche Regelung, die Enteignungen nicht mehr rückgängig zu machen mit der Begründung, dass keine „dem Grundgesetz verpflichtete Staatsgewalt" die Enteignungen durchsetzte. Außerdem verwies das Gericht darauf, dass bis 1949 das Grundgesetz, auf das sich die Kläger berufen, noch nicht einmal in Westdeutschland in Kraft getreten war (BVerGE 84, 90 ff.). In diesem Urteil wurde der Bundesregierung nur insoweit ein weiter Gestaltungsspielraum eingeräumt, als die Entschädigungsleistungen an die Enteigneten die „finanzielle Leistungsfähigkeit von Bund und Ländern" zu berücksichtigen hätten.

Während die Urteile zur „Warteschleife" und zu den Enteignungen in der sowjetischen Besatzungszone weitgehend der Staatsräson folgten, stellte das Urteil zur Kriegsopferversorgung der Ostdeutschen auf die notwendige integrationsfördernde Gleichbehandlung aller Opfer in Deutschland ab, auch wenn dies dem Bund zusätzliche Lasten aufbürdet. Die 1991 zugesprochenen Grundrenten Ost dürften zwar wegen der vereinigungsbedingten finanziellen Lasten zunächst nur 46 und später 87 % des Westniveaus betragen. Diese Ungleichbehandlung auf Zeit dürfe aber schon wegen des Lebensalters der Betroffenen zu keiner „Ungleichbehandlung auf Dauer" werden. Nach dem Urteil des Bundesverfassungsgerichts haben die ostdeutschen Kriegsopfer rückwirkend zum 1.1.1999 Anspruch auf eine höhere Grundrente.

Die hundertprozentige Angleichung sei auch damit gerechtfertigt, dass die Kriegsopferrente als Entschädigung für andauernde Körperschäden bezahlt werde. Niedrigere Renten in Ostdeutschland seien nicht länger zu rechtfertigen, weil die Opfer „im gleichen Krieg für den gleichen Staat erbracht wurden" (Aktenzeichen: 1 BvR 284/96, 1659/96).

5.3.3 Beeinflussung der politischen Willensbildung am Beispiel des „Blauhelmurteils"

Auch die Rechtsprechung zur Zulässigkeit internationaler Einsätze der Bundeswehr ist geeignet, Umfang und Grenzen des Regierungshandelns aufzuzeigen.
Mit der Entscheidung über internationale Einsätze der Bundeswehr vom 12. Juli 1994 („Blauhelmurteil") setzt das Bundesverfassungsgericht seine Auslegung der Kompetenzabgrenzung zwischen Bundesregierung und Parlament dahingehend fort, einer (moderaten) „verstärkten Parlamentarisierung der Willensbildung im Bereich der auswärtigen Angelegenheiten" das Wort zu reden (BVerfGE 63, 1, 85; 2 BvE 3/92; 2 BvE 3/93; 2 BvE 7/93 und 2 BvE 8/93). Mit dieser Entscheidung wird zwar die Zulässigkeit eines Einsatzes deutscher Soldaten aufgrund eines Mandats der Vereinten Nationen anerkannt, die Bundesregierung aber verpflichtet, dafür „die – grundsätzlich vorherige – konstitutive Zustimmung des deutschen Bundestags einzuholen" (Leitsatz 3a des Urteils vom 12.7.94).
Liegt ein mit einfacher Mehrheit des Bundestags gefaßter Beschluß über den Einsatz bewaffneter Streitkräfte vor, so fällt die Ausgestaltung der Modalitäten des Einsatzes, insbesondere Umfang und Dauer sowie die notwendige Koordination mit internationalen Organisationen, in die Zuständigkeit der Bundesregierung. Werden diese Handlungsbefugnisse der Regierung beachtet, ist die Form und das Ausmaß der parlamentarischen Mitwirkung „Sache des Gesetzgebers".
Das Spannungsverhältnis des Umfangs der außenpolitischen Kompetenzen zwischen Regierung und Parlament ergibt sich aus dem Zustimmungsrecht des Grundgesetzes zu völkerrechtlichen Verträgen. Art. 59 Abs. 2 Satz 1, 1. Alternat. GG bestimmt, dass „Verträge, welche die politischen Beziehungen des Bundes regeln ..., der Zustimmung" des Bundesgesetzgebers – in der Form eines Gesetzes – bedürfen. Als „politische Verträge" werden nicht alle öffentlichen internationalen Vereinbarungen interpretiert, sondern nur solche, durch die „die Existenz des Staates, seine territoriale Integrität, seine Unabhängigkeit, seine Stellung und sein maßgebliches Gewicht in der Staatengemeinschaft berührt werden" (BVerfGE 1, 372 ff., 381).
Gleichwohl wird die politische Mitwirkungsbefugnis des Parlaments durch Art. 59 Abs. 2 Satz 1 GG auch begrenzt, so dass der Bundesregierung bei internationalen Vertragsverhandlungen beachtliche eigene Kompetenzen verbleiben (Urteil vom 12.7.94, S. 98). Sie hat auch das Initiativrecht für ein Zustimmungsgesetz nach Art. 59 GG und formuliert dessen Inhalte, die der Gesetzgeber insgesamt nur billigen oder ablehnen kann. Schließlich wird die Steuerungsfähigkeit der Regierung in bezug auf die Ausgestaltung der auswärtigen Beziehungen nur begrenzt eingeschränkt, da das Zustimmungsgesetz zu internationalen Verträgen nur eine Ermächtigung ist. Die Bundesregierung behält also die Entscheidungskompetenz, ob und wann sie völkerrechtliche Verträge abschließt, aufrecht erhält oder beendet (BVerfGE 68, 1, 85 f.).

5.4 Stellung und Funktionen im politisch-institutionellen Interaktionssystem

Das Bundesverfassungsgericht spielt im politischen System Deutschlands eine bedeutende Rolle, weil seine Urteile weitreichende Konsequenzen für die Politik und nicht zuletzt auch für das individuelle Verhalten der Bürger haben können. Im folgenden soll sich deshalb der interessanten Fragestellung gewidmet werden, ob und inwieweit das Verfassungsgericht eine Trennlinie zwischen Recht und Politik ziehen kann und welcher Instrumente es sich dabei bedient. Besonders aufmerksam wird verfolgt, welche politischen Gestaltungsspielräume die Verfassungsrechtsprechung dem Regierungshandeln eröffnet bzw. in welchem Maße sie dieses beschränken kann und mit welchen Mitteln das geschieht. Einige wenige ausgewählte Verfassungsgerichtsurteile der jüngsten Geschichte verdeutlichen dabei in besonderer Weise die herausragende politische Rolle des Bundesverfassungsgerichtes im politischen System Deutschlands.

Die Entscheidungen des Bundesverfassungsgerichtes (BVerfGE) sind für die anderen Gewalten verbindlich, denn nach § 31 des Gesetzes über das Bundesverfassungsgericht (BVerfGG) binden sie die Verfassungsorgane des Bundes und der Länder sowie alle Gerichte und Behörden. In bestimmten Fällen (geregelt nach § 31 Abs. 2 BVerfGG) haben die Entscheidungen des Bundesverfassungsgerichtes Gesetzeskraft und sind unmittelbar geltendes Recht (Eckertz 1978). Die Verfassungsgerichtsurteile stellen deshalb eine nicht unbedeutende Rechtsquelle dar. Gegen die Urteile des höchsten deutschen Gerichtes gibt es keine Einspruchsmöglichkeiten.

Das Bundesverfassungsgericht ist ein gleichberechtigtes oberstes Bundesorgan. Gegenüber den fünf obersten Bundesgerichten (Bundesgerichtshof, Bundesverwaltungsgericht, Bundesfinanzhof, Bundesarbeitsgericht, Bundessozialgericht) nimmt es eine herausgehobene Stellung ein. Die besondere Stellung des Bundesverfassungsgerichtes im Institutionengefüge der Verfassungsorgane des Bundes kommt auch darin zum Ausdruck, dass es über eine eigene Verwaltung verfügt und seit 1953 nicht mehr der Leitung des Justizministeriums untersteht. Darüber hinaus hat das Bundesverfassungsgericht einen selbstständigen Einzelplan im Haushaltsplan des Bundes.

Dem Bundesverfassungsgericht kommen politische Mitwirkungsrechte zu, die zwar bedeutsam, zugleich aber auch beschränkt sind, weil das Verfassungsgericht nicht von sich aus oder zu beliebiger Zeit und damit eigeninitiativ zu politischen Themen Stellung nehmen, sondern erst nach Anrufung Dritter tätig werden kann. Deshalb stellt es ein sogenanntes passives Kontrollorgan dar. Durch die ihm zugewiesenen Kontroll- und Korrekturfunktionen verschafft das Verfassungsgericht den Rechtsstaatsprinzipien Geltung und fügt sich – durch die machtbegrenzende und machtverteilende Funktion – in das demokratiestabilisierende System der Gewaltenteilung ein (Andersen/Woyke 1993, S. 90 f.).

Politische Streitigkeiten konnten – soweit diesen Unsicherheiten der verfassungsrechtlichen Interpretation zugrundelagen – in der Geschichte der Bundesrepublik oftmals durch die höchstrichterliche Rechtsprechung entschieden werden. Damit hat das Bundesverfassungsgericht im politischen System Deutschlands eine wichtige Integrationsfunktion wahrgenommen (Andersen/Woyke 1993, S. 89 f.).

Vor allem mittels der Instrumente der abstrakten Normenkontrolle, der Organklage wie der Bund-Länder-Streitigkeiten hat das Bundesverfassungsgericht zu nahezu allen gesellschaftspolitisch relevanten Themen Stellung genommen – beispielhaft seien das Sozialstaatsgebot, die Gliederung des Bundesgebietes, die Frage der Wiederbewaffnung, des Steitkräfteeinsatzes oder der Kriegsdienstverweigerung, Mitbestimmung, Schwangerschaftsabbruch oder Radikalenerlass, Parteiverbot oder Parteienfinanzierung, Wahlkreiseinteilung oder Wahlkampfkostenerstattung angeführt. Auf diese Weise hat das Verfassungsgericht auch dazu beigetragen, den Grundkonsens zwischen den politischen Kräften zu wahren und die Funktionsfähigkeit und Stabilität des demokratischen Systems aufrecht zu erhalten.

In seiner Rechtsprechung hat das Bundesverfassungsgericht teils weitreichende inhaltliche Vorgaben gemacht, die den politischen Handlungsspielraum der Bundesregierung begrenzen. Diese Beschränkung wird von den politischen Akteuren zwar beklagt, hängt aber nicht nur vom Ausmaß der inhaltlichen Vorgaben des Urteils, sondern auch vom Umfang der Inanspruchnahme der verfassungsgerichtlichen Überprüfung politischer Entscheidungen ab, denn das Bundesverfassungsgericht behandelt ausschließlich Themen, die zur Klärung des Sachverhaltes vor das Gericht gebracht wurden. Die soziale Wirklichkeit hat dabei gezeigt, dass die jeweilige Regierung dazu neigt, sich durch die verbindlichen Beschlüsse des Verfassungsgerichtes in ihrer Machtausübung behindert zu fühlen, während die Opposition hofft, durch eine erfolgreiche Anrufung des Bundesverfassungsgerichtes den politischen Prozess beeinflussen zu können und deshalb zuweilen der Gefahr unterliegen kann, die Anrufung des Verfassungsgerichts zur Fortführung des politischen Kampfes zu instrumentalisieren (vgl. die Reden von Roman Herzog und Jutta Limbach anläßlich der Amtseinführung Limbachs in das Amt der Präsidentin des Bundesverfassungsgerichtes).

Langfristig kann es im politischen System zu einer Verschiebung des politischen Kräfteverhältnisses kommen, denn je stärker das Organ Bundesverfassungsgericht die anderen Verfassungsorgane bindet, desto aufmerksamer ist zu beobachten, ob und inwieweit die gegenseitige Kontrolle der verschiedenen Gewalten funktioniert. Potenziell besteht die Gefahr einer Verschiebung politischer Problemlösung von der exekutiven auf die judikative Gewalt. Die Gefahr einer „Justizialisierung der Politik" (Rudzio 1991, S. 319), infolgedessen zunehmend rechtliche und nicht mehr politische Instrumente eingesetzt werden, besteht dabei grundsätzlich umso eher, je öfter das Verfassungsgericht angerufen wird (Landfried 1984, S. 50 ff.).

Das Bundesverfassungsgericht kontrolliert das verfassungsgemäße Handeln politisch-administrativer Akteure. Da es gegen die Entscheidungen des Bundesverfassungsgerichtes keine Einspruchsmöglichkeit gibt, können sich die staatlichen Akteure zweier anderer Instrumente bedienen, um die Durchsetzung der Verfassungsrechtsprechung zu umgehen: Verfassungsänderung und Nichtbefolgen der höchstrichterlichen Rechtsprechung.

Die gesetzgebenden Körperschaften können die Entscheidungen des Bundesverfassungsgerichtes mit qualifizierter, sprich Zwei-Drittel-Mehrheit durch Änderung oder Ergänzung des Grundgesetzes außer Kraft setzen und somit umgehen. Durch eine Grundgesetzänderung verschaffen sich die politischen Akteure die Möglichkeit, das Verfassungsrecht an sich verändernde soziale Normen anzupassen oder neu auftretende gesellschaftspolitische Probleme verfassungsrechtlich zu normieren (Landfried 1990, S. 76) und auf diese Weise ins Blickfeld des öffentlichen Interesses zu rücken (beispielsweise die Aufnahme des Umweltschutzes als Staatszielbestimmung). Um auch nachträgliche Verfassungsänderungen justiziabel zu machen, entwickelte das Bundesverfassungsgericht die „Formel von der verfassungswidrigen Verfassungsnorm weiter" (Laufer 1970, S. 234), d.h. dass auch die durch Verfassungsänderung später ins Grundgesetz aufgenommenen Artikel mit den elementaren Grundsätzen der Verfassung übereinstimmen müssen (BVerfGE 1, 14).

Die in den Artikeln 1, 20 und 79 Absatz 3 GG normierten sogenannten „Ewigkeitsklauseln" – der Schutz der Menschenwürde, die Demokratie, Bundesstaats-, Rechtsstaats- und Sozialstaatsprinzipien sowie die grundsätzliche Mitwirkung der Länder bei der Gesetzgebung – können nicht durch Grundgesetzänderung abgeschafft werden. Auch die in Art. 19 Abs. 2 GG normierte Wesensgehaltsgarantie der Grundrechte muss bei einer Grundgesetzänderung (wie auch bei jeder Gesetzesänderung) gewahrt werden, d.h. die Grundrechte dürfen zwar (durch Gesetz) eingeschränkt, dabei aber nicht in ihrem „Wesensgehalt" oder Kernbestandteil angetastet werden. Die diesbezügliche Rechtsprechung kann durch das Bundesverfassungsgericht korrigiert werden, indem es in neueren Urteilsbegründungen von älteren Rechtsauffassungen abweicht und auf diesem Wege neue politische Gestaltungsspielräume eröffnet.

Das Verfassungsgericht verfügt nicht über eigene Instrumente, um seine Entscheidungen durchzusetzen oder die Nichtbeachtung der höchstrichterlichen Rechtsprechung (durch untätig bleibende Institutionen) zu sanktionieren. Es kann aber nach § 35 BVerfGG die Vollstreckung in seinen Entscheidungen anordnen, d.h. staatliche Institutionen (Regierung, Minister, Parlament oder Behörden) mit der Vollstreckung beauftragen und in Einzelfällen auch die Art und Weise der Vollstreckung festlegen, also die zur Durchsetzung der höchstrichterlichen Rechtsprechung erforderlichen Maßnahmen bestimmen (Laufer 1970, S. 234). Sofern Akte der (gleichen) staatlichen Institutionen vom Gericht für verfassungswidrig erklärt werden, die mit der Vollstreckung beauftragt worden sind, kann die Vollstreckung des Verfassungsgerichts-Entscheides durch Unterlassung ins Leere laufen.

6 Europäisierung der Institutionen des Bundes

Im Vordergrund der folgenden Ausführungen steht die Frage, inwieweit die Politik der Europäischen Union auf die Strukturen und Arbeitsweisen des deutschen politischen Sytems, insbesondere auf die Institutionen der Bundesregierung, des Bundestags, des Bundesrats und des Bundesverfassungsgerichts sowie auf die innerstaatliche Zusammenarbeit zwischen Bund und Ländern, zurückwirkt. Im Kern werden die Fragen zu beantworten sein, auf welche Weise und in welchem Umfang durch die Europäisierung der Handlungsspielraum der nationalen Akteure der Exekutive, der Legislative und der Judikative eingeschränkt oder erweitert worden ist.

6.1 Die Bundesregierung im europapolitischen Koordinierungsssystem

Die Bildung der Grundstrukturen der europäischen Koordinierung in Deutschland geht auf die Montanunion (1951) und die Römischen Verträge (1957) zurück. Neben dem ersten Bundeskanzler Adenauer, der in den frühen Jahren des westdeutschen Teilstaats in Personalunion die Funktion eines Außenministers wahrnahm und die europapolitischen Verhandlungen leitete, fiel bei der Koordinierung der deutschen Europapolitik zunächst dem Bundeswirtschaftsministerium aufgrund der vorwiegend wirtschaftlichen Ausrichtung des europäischen Projekts eine zentrale Rolle zu (Bulmer u.a. 2001, S. 234 ff.; Große Hüttmann, 2006, S. 205 f.). Ein Organisationserlass vom Oktober 1957 beendete die jahrelangen Kompetenzstreitigkeiten zwischen Kanzleramt, dem Auswärtige Amt und dem Bundeswirtschaftsministerium und sprach dem Kanzler im Rahmen seiner Richtlinienkompetenz die Zuständigkeit für die deutsche Europapolitik zu. Eine im Jahr 1958 unterzeichnete Vereinbarung zwischen dem Außen- und Wirtschaftsminister regelte eine Aufgabenverteilung zwischen deren Ministerien, die bis zur Bildung der rot-grünen Bundesregierung im Jahr 1998 Bestand hatte. Fortan war das Außenministerium für alle institutionellen Fragen wie die Änderung europäischer Verträge und die Erweiterung der Union federführend, während das Bundeswirtschaftsministerium für wirtschaftspolitische Fragen zuständig war (Hoyer 1998; S. 77).

Mit fortschreitender Vertiefung der europäischen Integration verschob sich auch die Machtverteilung zwischen den Ressorts. Mit dem In-Kraft-Treten des Maastrichter Vertrags im Jahr 1993 gewann das Auswärtige Amt zusätzlichen Einfluss, da das AA als einziges Bundesministerium für alle „Säulen" des Vertrags über die Europäische Union bedeutende Kompetenzen hatte. Das Wirtschaftsministerium musste dagegen auf Betreiben des designerten Finanzministers Lafontaine im Zuge der Bildung der rot-grünen Bundesregierung im Jahr 1998 europapolitische Kompetenzen abgeben, d.h. ihre Europaabteilung (Abteilung E) dem

Finanzministerium übertragen. In dem Maße, wie das Auswärtige Amt zum führenden Akteur bei den Beitrittsverhandlungen mit den ost- und mitteleuropäischen Ländern wurde, verlor das Bundeswirtschaftsministerium weiter an Bedeutung. Aber auch das Auswärtige Amt musste vor allem nach dem Ende der Amtszeit Hans-Dietrich Genschers immer wieder politische Einmischungen der Bundeskanzler Kohl und Schröder und damit die wachsende europapolitische Rolle des Kanzleramts hinnehmen.

Im Zuge der mit dem Maastrichter Vertrag eingeführten Wirtschafts- und Währungsunion (WWU) konnte das Bundesfinanzministerium infolge seiner geld- und währungspolitischen Zuständigkeit sein politisches Gewicht stärken. Zu Beginn der rot-grünen Regierungskoalition 1998 wurde das Bundesfinanzministerium weiter aufgewertet, indem es die Zuständigkeit für Grundsatzfragen und die Koordinierung der Europapolitik vom Wirtschaftsministerium erhielt. Darüber hinaus konnte das Bundesfinanzministerium seinen informationellen Steuerungseinfluss ausbauen, weil es seitdem die Aufgabe hat, den Binnenmarkt betreffende EU-Dokumente an die anderen Bundesministerien, den Bundestag und den Bundesrat weiterzuleiten. Diese Zuständigkeit versetzt das Bundesfinanzministerium grundsätzlich in die Lage, Umfang und Zeitpunkt der Informationen so zu steuern, dass andere Ministerien nur unzulänglich oder erst nach in Brüssel getroffenen Entscheidungen reagieren können (Sturm/ Pehle 2005; S. 51).

Das Bundeslandwirtschaftsministerium, dessen Zuständigkeiten schon früh im Rahmen der Gemeinsamen Agrarpolitik (GAP) vergemeinschaftet worden sind, ist in Abstimmung mit anderen EU-Agrarministern insofern erfolgreich gewesen, als es grundlegende Reformen durch Umstrukturierung der Finanzierungsstrukturen zu verhindern wusste. Aus der Sicht von Kritikern gehört das Agrarressort zu den „Bastionen sektoraler Europapolitik, die sich jeder Form der interministeriellen Koordinierung zu entziehen versucht" (Bulmer u.a. 2001, S. 248).

Alle Bundeskanzler haben bald nach ihrem Amtsantritt das Bundeskanzleramt als Steuerungs- und Koordinierungszentrale für Angelegenheiten der Europäischen Union genutzt. So hat beispielsweise nach der Bundestagswahl 2002 Bundeskanzler Schröder die Organisationsstrukturen im Kanzleramt reformiert: Anstelle der aufgelösten Grundsatzabteilung wurde eine neue Abteilung für Europapolitik eingerichtet. Trotz der vier Referate umfassenden neuen Europaabteilung fallen im Vergleich zu Frankreich oder Großbritannien die europapolitischen organisatorischen Kapazitäten des Kanzleramts bescheiden aus (Große Hüttmann 2006, S. 208). Gleichwohl sollen die Europareferate zur effektiveren Koordinierung im Mehrebenensystem beitragen: Ein Referat befasst sich mit Grundsatzangelegenheiten der EU, ein weiteres ist für die Beziehungen zu anderen EU-Mitgliedsstaaten verantwortlich und die beiden anderen Referate widmen sich „Finanz- und Wirtschaftsfragen" sowie der „Koordinierung der Europapolitik der Bundesregierung" (Sturm/ Pehle 2005, S. 49). Die Hauptaufgaben der Europareferate liegen also darin, die Kommunikation mit den Fachministerien zu pflegen und den Kanzler vor den Sitzungen des Europäischen Rats mit relevanten Informationen zu versorgen (Rometsch1996, S. 70).

Der Steuerungseinfluss des Kanzlers hängt aber weniger von den administrativen Kapazitäten im Kanzleramt, als vielmehr von den immer stärker zur Geltung kommenden intergouvernementalen Regeln und Verfahren des europäischen Entscheidungsprozesses ab. Der Europäische Rat hat zunehmend von seinen politischen Gestaltungsmöglichkeiten nicht nur bei grundsätzlichen Entscheidungen, sondern auch in konkreten politischen Fragen Gebrauch gemacht (Bertelsmann Europa-Kommission 2000, S. 22).

Diese Entwicklung ist darauf zurückzuführen, dass die Fachminsterräte häufig keinen Kompromiss finden, weil sie wegen ihrer spezifischen Zuständigkeiten nicht in der Lage sind, Forderungen und Zugeständnisse anderer Ministerräte miteinander zu verrechnen (Wessels 1997, S. 707). Nur die im Europäischen Rat versammelten Staats- und Regierungschefs sind imstande, politikübergreifende Entscheidungen zu treffen. Die vom Europäischen Rat erzielten Kompromisse können dann vom nationalen Regierungschef an den zuständigen nationalen Fachminister zur Entscheidung im EU-Ministerrat weitergereicht werden. Dem deutschen Bundeskanzler wird die „Delegation" eines solchen Kompromisses an den zuständigen Bundesminister dadurch erleichtert, dass er mit Bezug auf seine Richtlinienkompetenz grundsätzlich Weisungen erteilen kann. Die immer dominanter werdenden intergouvernementalen Entscheidungsverfahren des Europäischen Rats haben nicht nur den Gestaltungsspielraum des Bundeskanzlers innerhalb der Bundesregierung, sondern auch den des Kanzleramts in europäischen Angelegenheiten erheblich gestärkt (Bulmer/Jeffery/Paterson 1998, S. 27).

Im europapolitischen Koordinierungs- und Entscheidungssystem der Bundesregierung kommt dem „Dienstags-Kommitee", dem Brüsseler Ausschuss der Ständigen Vertreter („AStV"), dem Ausschuss der Europabeauftragten und dem Staatssekretärausschuss wachsende Beideutung zu:

Das wöchentlich tagende Dienstags-Kommitee, das sich aus Abteilungsleitern der europapolitisch zuständigen Ministerien des Bundes und häufig fachlich versierten Referenten zusammensetzt, koordiniert die Arbeit der deutschen Vertreter in den zahlreichen Arbeitsgruppen der Ministerräte. Das Kommitee beschließt – vor allem mit den Ministerien des Bundes abgestimmte – Weisungen an den deutschen Botschafter in Brüssel, der die Ständige Vertretung Deutschlands leitet. Die meisten zur Entscheidung anstehenden Fragen und Konflikte werden in diesem an Konsensfindung interessierten Dienstags-Kommitee gelöst (Derlien 2000, S. 60).

Im Ausschuss der Ständigen Vertreter (AStV oder französisch COREPER = Comité des représentants permanents), der in den Formationen COREPER II und COREPER I tagt, werden die Entscheidungen der Ministerräte der EU weitgehend vorgeklärt: Der aus den Leitern der Ständigen Vertretungen zusammengesetzte COREPER II bereitet die Entscheidungen der Räte vor, die vor allem für GASP, Justiz und Inneres, Entwicklung sowie Wirtschaft und Finanzen zuständig sind. COREPER I, in dem die stellvertretenden Botschafter tagen, trifft die Vorbereitungen für die Räte Landwirtschaft, Binnenmarkt, Arbeit und Soziales, Verkehr, Bildung und Kultur. Seit der Bildung der rot-grünen Bundesregierung im Jahr 1998 ist die EU-Koordinierung zwischen dem Auswärtigen Amt und dem Finanzministerium aufgeteilt worden. Grundsätzlich ist das Auswärtige Amt für COREPER II und das Finanzministerium für COREPER I zuständig. Nur wenn COREPER II die Entscheidungen des Rates für Wirtschaft und Finanzen vorbereitet, ist für die Koordinierung auf EU-Ebene das Bundesfinanzministerium verantwortlich.

Seit den 1970er-Jahren gibt es in allen Bundesministerien sogenannte Europabeauftragte, die Unterabteilungs-, aber meistens Referatsleiter sind. Ihre Aufgabe beteht insbesondere darin, europarelevante Informationen mit den anderen Ministerien auszutauschen. Die Europabeauftragten treten auf Einladung des Finanzministeriums in unregelmäßigen Abständen zusammen und unterstützen das „Dienstags-Kommitee" mit detaillierten Informationen.

Der Staatssekratärausschuss wird dann aktiv, wenn das „Dienstags-Komitee" nicht in der Lage ist, interministerielle Konflikte zu regeln. Dem Ausschuss gehören insbesondere die Staatssekretäre des Auswärtigen Amtes, des Wirtschafts-, Finanz- und Landwirtschaftsministeriums an, ständige Teilnehmer sind ferner ein Abteilungsleiter des Bundeskanzleramts und der Ständige Vertreter Deutschlands bei der Union. Der politische Einfluss dieses Ausschusses wird dadurch deutlich, dass die einstimmig erfolgten Beschlüsse für die beteiligten Ministerien verbindlich sind (Romesch 1996, S. 73). Der Staatssekretärsausschuss wird als „Clearingstelle" verstanden, die Bundesregierung möglichst nicht mit interministeriellen Auseinandersetzungen zu belasten, sondern sie in der Einschätzung zentraler politischer Probleme zu unterstützen.

6.2 Der Bundestag unter den Bedingungen der Europäisierung

Mit der Übertragung nationaler Regelungsmaterien auf die Ebene der Europäischen Union ist nicht nur ein Verlust legislativer Aufgaben nationaler Parlamente, sondern auch eine Europäisierung der parlamentarischen Willensbildung und Entscheidungsfindung verbunden (Scheuing 1997, S. 92; Sturm/Pehle 2005, S. 63; M. G. Schmidt 2006, S. 160). Diese Europäisierung schlägt sich in einer zunehmenden Zahl von EU-Vorlagen (z.B. Kommissions-Mitteilungen, Entwürfen von Richtlinien und Verordnungen) nieder, die in den Legislaturperioden zwischen 1990 und 2002 rund 2000 Vorlagen pro Legislaturperiode umfassen (EU-Ausschuss 2002).

Der Bundestag hat sich sowohl bei Ratifizierungsgesetzen zu neuen oder geänderten Gemeinschaftsverträgen als auch bei der Umsetzung („Transformation") von EU-Richtlinien in nationales Recht mit EU-Angelegenheiten zu befassen. Da die vom Europäischen Rat in der Zusammensetzung der Staats- und Regierungschefs verabschiedeten Verträge von den nationalen Parlamenten nur angenommen oder abgelehnt werden können, werden die nationalen Regierungsfraktionen in der Regel „ihrer" Regierung nicht in den Rücken fallen und dem Ratifizierungsgesetz zustimmen. Auch hinsichtlich der „Transformationsgesetze" kann der Bundestag nach Verabschiedung der EU-Richtlinien durch den Ministerrat faktisch keine inhaltlichen Änderungen mehr durchsetzen. Deshalb hat der Bundestag nur dann größere Mitwirkungschancen, wenn er vor den Entscheidungen auf EU-Ebene auf das Abstimmungsverhalten der Regierungsmitglieder im Ministerrat und im Europäischen Rat Einfluss nimmt.

Nachdem Versuche des Bundestags gescheitert waren, über die Einrichtung eines Unterausschusses des Auswärtigen Ausschusses oder des EG-Ausschusses bei den Beratungen von EG-Vorlagen stärker mitzuwirken, wurde erst mit der verfassungsrechtlichen Institutionalisierung eines EU-Ausschusses die Verbindlichkeit europapolitischer Entscheidungen des Bundestags gestärkt. Der Ende 1992 neu formulierte Artikel 45 GG verpflichtete den Bundestag, einen „Ausschuss für die Angelegenheiten der Europäischen Union" zu bestellen. Der Bundestag kann den Ausschuss ermächtigen, die Rechte des Bundestags nach Abs. 2 des Art. 23 GG gegenüber der Bundesregierung wahrzunehmen. Die neu geschaffenen Artikel 45 GG und 23 GG sollten in Verbindung mit dem „Gesetz über die Zusammenarbeit von Bundesregierung und Bundestag in Angelegenheiten der Europäischen Union" (EUZBBG) vom März 1993 die Mitwirkung des Bundestags an der europapolitischen Willensbildung des Bundes stärken. Art. 23 Abs. 2 GG und § 5 des „Zusammenarbeitsgesetzes" sahen fortan eine „umfassende" und „frühestmögliche" Unterrichtung des Bundestags durch die Bundesregierung vor. Ist eine zeitgerechte Befassung des Bundestags nicht möglich ist, muss die Bundesregierung einen Parlamentsvorbehalt einlegen mit der Folge, dass die Ratsentscheidung bis zur Abgabe der Stellungnahme des Bundestags vertagt werden muss.

Obwohl schon im Zustimmungsgesetz zu den Römischen Verträgen festgelegt worden ist, dass die Bundesregierung den Bundestag vor der Beschlussfassung des Ministerrats unterrichten soll, beriet in der Praxis der Bundestag häufig über EU-Richtlinien und EU-Verordnungen, die der Ministerrat längst verabschiedet hatte (Ismayer 2000, S. 293). Um die Rolle der einzelstaatlichen Parlamente in der EU zu stärken, hat sich zur Gewährleistung ausreichender Zeit für die parlamentarische Beratung auch der Rat selbst in einem Protokoll zum Amsterdamer Vertrag verpflichtet, frühestens sechs Wochen nach Vorlage durch die Kommission zu entscheiden.

Neben der Notwendigkeit, dem Bundestag ausreichend Zeit für Beratungen einzuräumen, ist die Frage von Bedeutung, welche Bindungswirkung die Stellungnahme des Bundestags für Entscheidungen der Bundesregierung im EU-Ministerrat hat.

In Wissenschaft und Politik war die Frage immer umstritten, wie verbindlich die Stellungnahme des Bundestags für das Abstimmungsverhalten der Bundesregierung im EU-Ministerrat ist. Wird der herrschenden Meinung in der Rechtswissenschaft gefolgt, kann der Bundestag die Bundesregierung nur dann auf ein bestimmtes Abstimmungsverhalten verpflichten, wenn ein förmliches Gesetz dies ausdrücklich vorsieht (Scholz 1996, Rz 118). Da sich aber nach den Spielregeln der parlamentarischen Demokratie jede Regierung auf eine Mehrheit im Parlament stützen kann, wird die Mehrheitsfraktion darauf verzichten, „ihrer" Regierung ein bestimmtes europapolitisches Abstimmungsverhalten vorzuschreiben.

Auch die „Ermächtigungsklausel" des Art. 45 GG in Verbindung mit dem Zusammenarbeitsgesetz (§ 2 EUZBBG) und der Geschäftsordnung des Bundestags (§ 91a) belegt, wie gering die Mitwirkung des Bundestags an der Willensbildung und Rechtssetzungn der Europäischen Union ist. Zwar kann der EU-Ausschuss an Stelle des Bundestags-Plenums eine Stellungnahme an die Regierung adressieren, doch ist er verplichtet, vor der Formulierung seiner Stellungnahme die Meinung der beteiligten Fachausschüsse zu hören. Dieses Verfahren ist derart kompliziert, dass die Ermächtigungsklausel in der Praxis bedeutungslos bleibt (Hölscheidt 2000, S. 34 f.).

Ähnlich wirkungslos blieb die „Generalermächtigung" des EU-Ausschusses (§ 93a der Geschäftsordnung des Bundestags), eine Stellungnahme zu einer EU-Vorlage abgeben zu können, solange keiner der Fachausschüsse widerspricht. Beispiele für solche „plenarersetzenden Beschlüsse" sind der Bericht zur EU-Grundrechtecharta von 1999 oder die Beschlüsse zum Verfassungskonvent in den Jahren 2001 und 2003, die nationalen Volksvertretungen im Konvent stärker zu vertreten (Fuchs 2004, S. 17). Bei der Umsetzung von EU-Richtlinien, die den parlamentarischen Alltag bestimmen, nutzt allerdings der EU-Ausschuss seine formalen Möglichkeiten der Beeinflussung der europapolitischen Entscheidungen der Bundesregierung „so gut wie gar nicht" (Töller 2004, S. 40).

Der EU-Ausschuss hat also im parlamentarischen Verfahren nicht die herausragende Stellung, die man von ihm aufgrund seiner verfassungsrechtlichen Institutionalisierung erwarten würde (Maurer 2002, S. 344). Der EU-Ausschuss ist im Rahmen der Arbeitsteilung zwischen den Bundestags-Ausschüssen ohnehin nur federführend, wenn grundsätzliche integrationspolitische Fragen wie beispielsweise der Ratifikationsentwurf zum Amsterdamer Vertrag oder zum Vertrag von Nizza behandelt werden. Bei der Umsetzung von EU-Richtlinien kann der EU-Ausschuss zwar mitberaten, doch sind für die Ausformulierung der Inhalte der „Transformationsgesetze" grundsätzlich die Fachausschüsse zuständig.

Die Erwartungen der Parlamentarier, mit der Neufassung der Artikel 23 und 45 GG, dem Zusammenarbeitsgesetz und der Geschäftsordnung des Bundestags auf die laufende EU-Gesetzgebung intensiv einwirken zu können, waren von vornherein zu hoch gesteckt. Diese Hoffnungen stärkerer parlamentarischer Mitwirkung orientierten sich am „herkömmlichen

II Institutionen des Bundes: Strukturen, Funktionen und Prozesse

Procedere nationalstaatlicher Gesetzgebung" (Sturm/Pehle 2005, S. 78). Während aber im nationalstaatlichen Gesetzgebungsverfahren das Parlament das „Letztentscheidungsrecht" hat, haben im Fall der EU-Vorlagen die Mitglieder der Bundesregierung im EU-Ministerrat die Entscheidungskompetenz. Die parlamentarische Kontrolle der Bundesregierung wird zudem dann zur Farce, wenn die Bundesregierung im Ministerrat mit qualifizierter Mehrheit überstimmt wird: Der Bundestag kann die Bundesregierung politisch nicht dafür verantwortlich machen, dass im EU-Ministerrat andere als von der deutschen Regierung gewünschte Mehrheiten zustande gekommen sind (Zeh 1999, S. 49; Hüttmann 2006, S. 212).

6.3 Der Bundesrat: „Verlierer" der Europäisierung im deutschen Regierungssystem?

Auch wenn seit den 1950er-Jahren die deutschen Bundesländer beharrlich versucht haben, über den Bundesrat ihre Mitwirkung am Willensbildungsprozess des Bundes zu stärken, stellt sich die Frage, inwieweit der Bundesrat seine europapolitischen Einflussmöglichkeiten tatsächlich stärken konnte. Konnten die Römischen Verträge von 1957, die „neuen" Beteiligungsverfahren der Länder im Jahr 1979, die 1987 in Kraft getretene Einheitliche Europäische Akte, die verfassungsrechtliche Einrichtung der EG-Kammer 1992, der Maastrichter Vertrag, der 1992 in das Grundgesetz eingefügte „Europa-Artikel" 23 und das dazu konkretisierte Gesetz über die Zusammenarbeit von Bund und Ländern die europapolitischen Mitwirkungsmöglichkeiten des Bundesrats wirklich ausweiten?

Vor dem Abschluss der Römischen Verträge hat der Bund den Ländern zugestanden, einen Beobachter an den Vertragsverhandlungen teilnehmen zu lassen. Damit wurde eine Tradition der Information der Länder begründet, die im Ratifizierungsgesetz zu den Römischen Verträgen bestätigt wurde (Blume/Rex 1998, S. 32). Bis heute werden im sogenannten Zuleitungsverfahren Bundestag und Bundesrat über die Entwürfe zu EU-Richtlinien und EU-Verordnungen rechtzeitig unterrichtet. Die Information erfolgt vor den Sitzungen des Ministerrats, damit der Bundesrat, vor allem sein EU-Ausschuss, seine Stellungnahme abgeben kann (Dewitz 1998, S. 74). Da aber diesem Ausschuss keine partnerschaftliche Zusammenarbeit von Bund und Ländern im Zuleitungsverfahren gelungen ist, ist sein politischer Einfluss begrenzt geblieben.

Im Jahr 1979 machte der Bund den Ländern das Zugeständnis, sich fortan mit den Länderfachministern in Europafragen abstimmen zu wollen. Nach diesem „neuen" Länderbeteiligungsverfahren sollten immer mindestens zwei Vertreter der Länder zu den Gremien der Kommission und des Ministerrates hinzugezogen werden. Wegen des hohen Koordinierungsbedarfs zwischen den Ländern konnte auch dieses Verfahren die Einflussnahme der Länder auf die europapolitische Willensbildung und Entscheidungsfindung des Bundes nicht wesentlich stärken.

Da die Länder dem Ratifizierungsgesetz zur Einheitlichen Europäischen Akte (EEA) von 1986 zustimmen mussten, sahen die Länder eine Chance, dem Bund zu weiteren Zugeständnissen in der Europapolitik zu bewegen. Stärkere Beteiligungsrechte wurden dann auch den Ländern gesetzlich, aber nicht verfassungsrechtlich zugebilligt. Im Ratifikationsgesetz zur EEA wurde vereinbart, dass der Bundesrat über Vorhaben der Europäischen Gemeinschaft rechtzeitig informiert und über Regelungen mit Folgen für die ausschließliche Gesetzgebung der Länder konsultiert wird. Außerdem sollten in diesem Gesetzgebungsbereich auf Verlangen der Länder ihre Vertreter an den Beratungen der Kommission und des Europäischen Rates teilnehmen können. Gleichwohl blieb es dem Leiter der deutschen Delegation überlassen, in welcher Weise er die Stellungnahmen des Bundesrats berücksichtigte (Sturm/Pehle 2005, S. 88 f.).

Noch vor In-Kraft-Treten des Maastrichter Vertrags richtete der Bundesrat im Jahr 1992 eine EG-Kammer ein, um rasch auf EG-Vorlagen reagieren und dazu Stellungnahmen abgeben zu können. Mit dem neuen Artikel 52 Abs. 3a GG wurde festgelegt, dass die Beschlüsse der Europakammer als Beschlüsse des Bundesrates gelten. Damit der Bundesrat nicht mehr zur Beschlussfassung über oft kurzfristig zu entscheidende EG-Initiativen ständig zusammengerufen werden muss, sollte die Europakammer den Entscheidungsprozess flexibel gestalten und erheblich beschleunigen. Die Europakammer hat allerdings die in sie gesetzten Erwartungen enttäuscht. Im Gegensatz zur Europakammer, die seit ihrer Installierung nur dreimal tagte, hat sich der EU-Ausschuss zu der Institution entwickelt, in der die europapolitische Kooperation mit dem Bund vorbereitet wird.

Da die Länder wegen der durch den Maastrichter Vertrag erforderlichen Grundgesetzänderungen dem Vertragswerk im Bundesrat mit Zweidrittelmehrheit zutimmen mussten, trotzten die Länder dem Bund weitere Zugeständnisse ab. Um die europapolitischen Entscheidungen des Bundesrats verbindlicher zu machen, setzten die Länder in den Verhandlungen mit dem Bund 1992 durch, einen neuen Artikel 23 in das Grundgesetz einzufügen.

In den Absätzen 5 und 6 des Artikels 23 GG wurden die Mitwirkungsrechte des Bundesrats je nach Art der Gesetzgebung gestärkt:
Während im Bereich ausschließlicher Gesetzgebungskompetenz des Bundes die Bundesregierung die Stellungnahme des Bundesrats lediglich zu berücksichtigen hat, ist im Schwerpunkt der Gesetzgebungsbefugniss der Länder (bei der Einrichtung ihrer Behörden oder ihrer Verwaltungsverfahren) die Auffassung des Bundesrats maßgeblich zu berücksichtigen.Durch die Föderalismusreform 2006 sind im Schwerpunkt ausschließlicher Gesetzgebung der Länder die Gebiete der schulischen Bildung, der Kultur oder des Rundfunks konkretisiert worden, in denen die europapolitischen Rechte vom Bund auf einen vom Bundesrat ernannten Vertreter der Länder übertragen wird (Art. 23 Abs. 6).

Die Bestimmungen des „Europaartikels" 23 wurden im „Gesetz über die Zusammenarbeit von Bund und Ländern in Angelegenheiten der Europäischen Union" (EUZBLG) vom März 1993 konkretisiert. Welche Auswirkungen hatten bisher die stärkeren Mitwirkungsrechte des Bundesrats durch die verfassungsrechtlichen und gesetzlichen Neuregelungen des Art. 23 GG und des Ausführungsgesetzes dazu?

So legt das Gesetz fest, dass bei einem Dissens zwischen der Bundesregierung und dem Bundesrat darüber, inwieweit der Bund die Stellungnahme des Bundesrats „maßgeblich zu berücksichtigen" habe (Art. 23 Abs. 5 Satz 2 GG), und den Dissens der Bundesrat mit Zweidrittelmehrheit bekräftigt hat, die Auffassung des Bundesrats ausschlaggebend ist. Allerdings ist die Zustimmung der Bundesregierung bei fiskalisch bedeutsamen Gesetzen erforderlich, also bei Gesetzen, die zu Ausgabenerhöhungen oder Einnahmenminderungen des Bundes führen (Oschatz/Risse 1995, S. 444).

Die Bundesregierung hat zwischen 1998 bis 2003 in 20 von 37 Fällen der Forderung des Bundesrats, seine Stellungsnahme maßgeblich zu berücksichtigen, widersprochen. Dieser Widerspruch blieb insofern folgenlos, als der Bundesrat zwar seinen von der Bundesregierung abweichenden Rechtstandpunkt bekräftigte, den Widerspruch aber letztlich hinnahm.

Auch von der Möglichkeit, die Rechte vom Bund auf einen vom Bundesrat benannten Vertreter der Länder zu übertragen, ist nur eingeschränkt Gebrauch gemacht worden. Auch wenn in europäischen Angelegenheiten die Bundesregierung grundsätzlich die Delegationsleitung hat, ist zwischen 1998 und 2004 nur in acht Fällen den Ländern in Abstimmung mit der Bundesregierung die Verhandlungsführung übertragen worden. In den drei Fällen, in denen die Bundesregierung nicht zustimmte, ermöglichte die Bundesregierung den Ländervertretern, ihre Position zumindest in der Kommission oder im Ministerrat vorzutragen (Kommissionsdrucksache 0034, S. 4).

Als Fazit ist festzuhalten, dass die Europäisierung der Politik den Bundesrat in eine defensive Rolle gedrängt hat, in der der Bund wegen des hohen Koordinierungsbedarfs zwischen den Ländern nur mühsam auf einen Konsens verpflichtet werden kann. Der Bundesrat versucht vor allem die innerstaatliche Machtverteilung der deutschen Institutionen zu bewahren, wirkt also nur selten gestaltend auf die europäische Integration ein (Oberländer 2000, S. 205). Die Umsetzung der mit dem Europaartikel dem Bundesrat zugewiesenen stärkeren Mitwirkungsrechte des Bundesrats stößt auf enge Grenzen, so dass der Bundesrat zurecht als ein „Verlierer der Europäisierung des deutschen Regierungssystem" bezeichnet werden kann (Sturm/Pehle 2005, S. 95).

6.4 Das Bundesverfassungsgericht im Spannungsfeld von Gemeinschaftsrecht und nationalem Recht

Hat das Bundesverfassungsgericht angesichts des fortschreitenden Europäisierungsprozesses neue Betätigungsfelder erhalten, oder haben das Gemeinschaftsrecht und seine Auslegung durch den Europäischen Gerichtshof (EuGH) die Kompetenzen des deutschen Verfassungsgerichts eher beschnitten?

Grundsätzlich gilt, dass gegen Zustimmungsgesetze zu völkerrechtlichen Verträgen wie beispielsweise zum Vertrag von Maastricht vor dem Verfassungsgericht eine Verfassungsbeschwerde eingereicht oder eine konkretes Normenkontrollverfahren angestrengt werden kann. Eine konkrete Normenkontrolle ermöglicht also die Prüfung der Verfassungsmäßigkeit europäischen Rechts mit nationalen Normen, lässt damit auch eine gerichtliche Überprüfung der Inhalte der europäischen Verträge zu. Bezüglich des primären Gemeinschaftsrechts, also der Gründungsverträge sowie deren Ergänzungen und Novellierungen, tritt aber das gravierende Problem auf, dass über die Auslegung der EG-/EU-Verträge der Europäische Gerichtshof entscheidet (Art. 234 EGV). Angesichts dieser Auslegungskompetenz des EuGH in Fragen des primären Gemeinschaftsrechts müssen die nationalen Gerichte Streitfragen dem EuGH zur „Vorabentscheidung" vorlegen.

Bereits in den 1970er-Jahren trat die Frage auf, ob im Fall der Unvereinbarkeit einer nationalen einfachgesetzlichen Norm mit einer Bestimmung des Gemeinschaftsrechts allein das Bundesverfassungsgericht darüber zu befinden habe. Im Juni 1971 entschied das höchste deutsche Gericht, dass mit der Übertragung von Souveränitätsrechten auf eine zwischenstaatliche Organisation (nach Art. 24 GG) auch die Hoheitsakte dieser Organisation auf nationalstaatlicher Ebene anzuerkennen seien. Demzufolge forderte das Bundesverfassungsgericht von den deutschen Gerichten, dem europäischen Recht und der Rechtsprechung des EuGH Geltung zu verschaffen (BVerfGE 31, 145, 174). Dieses Vorrangprinzip des europäischen Rechts beschränkte sich allerdings nur auf das deutsche einfachgesetzliche Recht und nicht auf das Verfassungsrecht. In den folgenden Jahren konzentrierte sich deshalb die Diskussion auf das unbeantwortet gebliebene Verhältnis des Gemeinschaftsrechts zu den nationalstaatlich garantierten Grundrechten (Lhotta/Ketelhut 2006, S. 468 ff.).

6.4.1 Konträre Positionen der Gerichte zum Rang des deutschen Verfassungsrechts und des Gemeinschaftsrechts

Dass sich das Bundesverfassungsgericht Prüfungsmöglichkeiten der Vereinbarkeit von Gemeinschaftsverordnungen mit deutschen Grundrechten vorbehielt, illustrierte eine Vorlage des Verwaltungsgerichts Frankfurt. Da ein Kläger durch eine Agrarverordnung des EWG-Ministerrats seine deutschen Grundrechte verletzt sah, legte das Frankfurter Gericht den Fall dem EuGH vor. Das deutsche Verwaltungsgericht vertrat die Auffassung, dass auch europäische Verordnungen (sekundäres Gemeinschaftsrecht) elementare Grundrechte beachten müssten und bei einem Verstoß gegen deutsche Verfassungsprinzipien der Vorrang des EG-Rechts hinter dem deutschen Verfassungsrecht zurücktreten müsse (Wolf-Niedermaier 1997, S. 103).

Im Gegensatz dazu stellte der EuGH fest, dass im Interesse der „einheitlichen Geltung des Gemeinschaftsrechts" sich das europäisches Recht nicht dem Verfassungsrecht der Mitgliedstaaten unterordnen könne (EuGH, Rs. 11/70, Slg.1970,1125). Der EuGH entschied deshalb, dass weder gemeinschaftlich geschützte Grundrechte verletzt worden seien noch gegen den Grundsatz der Verhältnismäßigkeit verstoßen worden sei.

Da sich das Verwaltungsgericht Frankfurt mit der Entscheidung des EuGH nicht zufrieden gab, legte es nun die beanstandete Regelung dem Bundesverfassungsgericht vor. Für das Verwaltungsgericht finde der Grundsatz des Anwendungsvorrangs des EuGH an den Strukturprinzipien des Grundgesetzes seine Schranken. Nachdem das Bundesverfassungsgericht die Richtervorlage für zulässig erklärt hatte, vertrat es im so genannten „Solange I-Beschluss" vom Mai 1974 die Auffassung, dass die angegriffene EWG-Agrarverordnung nicht gegen die Verfassung verstoße. Gleichwohl behielt es sich vor, gemäß den deutschen Grundrechten „subsidiären Rechtsschutz" gegenüber dem „abgeleiteten Recht der Gemeinschaft" zu gewähren (Schwarze 2001, S. 225). Mit dieser Interpretation zweifelte das Bundesverfassungsgericht die Argumentation des EuGH an, dass nur ein uneingeschränkter Vorrang des Gemeinschaftsrechts den Bestand der supranationalen Rechtsordnung gewährleiste (BVerfGE 37, 271, 278 f.). Das sekundäre Gemeinschaftsrecht sei der Kontrolle des Bundesverfassungsgerichts im Wege der Richtervorlage unterworfen, „solange der Integrationsprozess der Gemeinschaft nicht so weit fortgeschritten ist, dass das Gemeinschaftsrecht auch einen vom Parlament beschlossenen und in Geltung formulierten Katalog von Grundrechten enthält, der dem Grundrechtskatalog des Grundgesetzes adäquat ist" (BVerfGE 37, 271. 285).

Zwar stellte in der Solange I-Entscheidung das Bundesverfassungsgericht klar, dass es erst nach der gemeinschaftsrechtlich gebotenen Vorabentscheidung eingeschaltet werden dürfe. Doch sahen Kritiker darin eine Gefahr, dass der EuGH zu einer „Gutachter-Instanz" herabgestuft werde, deren Enscheidungen für die nationalen Richter nicht mehr verbindlich wären (Lhotta/Ketelhut 2006, S. 471).

6.4.2 „Solange II-Beschluss": Temporärer Rückzug von der Ausübung der Gerichtsbarkeit im Gemeinschaftsrecht

Je mehr aber der EuGH seine Grundrechte-Rechtsprechung in den 1970er und 1980er Jahren ausbaute, umso mehr erlaubte es dem Bundesverfassungsgericht, den im Solange I-Beschluss formulierten Anspruch aufzugeben, regelmäßig das Gemeinschaftsrecht auf seine Vereinbarkeit mit den deutschen Grundrechten zu überprüfen (Pernice 1995, S. 526). Das Bundesverfassungsgericht trug dieser Entwicklung insofern Rechnung, als es im „Solange II-Beschluss" vom Oktober 1986 die lang erwartete Wende vollzog (BVerfGE 73, 339). Das Gericht werde „solange die EG, insbesondere die Rechtsprechung des EuGH, einen wirksamen Schutz der Grundrechte generell gewährleisten ..., seine Gerichtsbarkeit im abgeleiteten Gemeinschaftsrechts ... nicht mehr ausüben und dieses Recht mithin nicht mehr am Maßstab des Grundgesetzes überprüfen" (BVerfGE 73, 339, 340). Das Verfassungsgericht stellte fest, dass unterdessen die Europäischen Gemeinschaften über ein Maß an Grundrechtsschutz verfügten, das „nach Konzeption, Inhalt und Wirkungsweise dem Grundrechtstandard des Grundgesetzes im wesentlichen" adäquat sei (BVerfGE 73, 339, 375). Damit wurde der EuGH als gesetzlicher Richter im Sinne des Art. 101 GG anerkannt und der Einleitung von Normenkontrollverfahren der „Boden weitestgehend entzogen" (Haltern 2005, S. 342).

Das Bundesverfassungsgericht hob ausdrücklich hervor, dass die Rechtsordnung der Mitgliedstaaten und die Gemeinschaftsrechtsordnung „nicht isoliert voneinander stehen, sondern ... miteinander verschränkt und wechselseitigen Einwirkungen geöffnet sind" (BVerfGE 73, 339, 369). Doch verwarf das Gericht keineswegs seinen Prüfungsvorbehalt gegenüber dem Gemeinschaftsrecht. Zwar werde der Vorbehalt des Bundesverfassungsgerichts, Entscheidungen der EU-Organe direkt überprüfen zu können, „zur Zeit" nicht mehr in Anspruch genommen, doch werde er im Prinzip aufrecht erhalten (Kirchhof 1989, S. 454; Kämmerer 2000, S. 45).

Die Kritik an der „Solange"-Rechtsprechung würdigte, dass unterschiedliche Leit- und Ordnungsideen durchaus integrationsfördernde Wirkungen haben können (Alter 2000, S. 489–518). Die „Solange"-Beschlüsse waren für den EuGH Anreiz, eine Grundrechte-Rechtsprechung zu entwickeln und damit die rechtliche europäische Integration zu befördern. Die „Solange"-Rechtsprechung sorgte überdies dafür, dass die deutschen Fachgerichte das Gemeinschaftsrecht stärker respektierten, indem das Bundesverfassungsgericht die Fachgerichte verpflichtete, bei Zweifeln an der Vereinbarkeit einer europäischen Norm mit dem Grundgesetz zunächst eine Vorabentscheidung des EuGH einzuholen. Da die Fachgerichte nun nicht mehr das Europarecht selbständig auslegen konnten, wurde die Gefahr einer Zersplitterung der Rechtsordnung der Gemeinschaft abgewendet (Haltern 2005, S. 396).

6.4.3 „Solange III-Beschluss": Bekräftigung verfassungsgerichtlicher Prüfungsvorbehalte gegenüber dem Gemeinschaftsrecht

Mit dem „Solange III-Beschluss" vom Oktober 1993 fällte das Bundesverfassungsgericht seine bislang umstrittenste europapolitische Entscheidung. In diesem Urteil erklärte das höchste deutsche Gericht den Vertrag von Maastricht über die Europäische Union für verfassungskonform und wies damit Verfassungsbeschwerden gegen das Zustimmungsgesetz zum Maastricht-Vertrag zurück. Die Beschwerdeführer sahen ihre Rechte auf demokratisch legitimierte Vertretung im Bundestag (Art. 38 GG) und ihr Recht auf Teilhabe an der Ausübung der Staatsgewalt (nach Art. 20 GG) verletzt. Mit der Einführung der einheitlichen europäischen Währung seien der Union Kompetenzen übertragen worden, die die deutsche Politik einem nicht mehr korrigierbaren Automatismus unterwerfen. Die Übertragung von Hoheitsrechten auf die Union „entmachte" den Bundestag in einem Ausmaß, das nicht mehr verfassungskonform sei. Das nationale Zustimmungsgesetz zum Vertrag von Maastricht und Teile des Vertrags seien deshalb mit dem Grundgesetz nicht zu vereinbaren (Pehle/Sturm 2005, S. 140).

Im Maastricht-Urteil interpretierte das Verfassungsgericht den Art. 38 GG, auf den sich die Beschwerdeführer im wesentlichen stützten, weitete seine Prüfungsvorbehalte gegenüber Gemeinschaftskompetenzen aus, ging auf die Bedeutung der Grundrechtsgarantien ein, und beurteilte die Folgen möglicher Kompetenzüberschreitungen der EU.

Das Bundesverfassungsgericht hob in seinem Urteil hervor, dass der Artikel 38 GG den Bundestag auch im europäischen Integrationsprozess weiterhin „Aufgaben und Befugnisse von substantiellem Gewicht" garantieren müsse (BVerfGE 89, 155 f.). Für das Bundesverfassungsgericht gewährleisten der Artikel 38 GG dem deutschen Wahlberechtigten sowohl das Recht zur Teilnahme an der Bundestagswahl als auch der Artikel 20 GG das Recht, an der Ausübung der Staatsgewalt teilzuhaben. Mit dieser Auslegung ging es nicht mehr nur um das grundgesetzlich garantierte Wahlrecht, sondern um die Vereinbarkeit von europäischem mit nationalem Recht.

Das Bundesverfassungsgericht dehnte ferner seine Prüfungsvorbehalte auf alle Gemeinschaftskompetenzen aus. Damit stellte es den Vorrang des Gemeinschaftsrechts unter den Vorbehalt, dass die EU ihre Aufgaben kompetenzgemäß erfülle. „Das Bundesverfassungsgericht prüft, ob Rechtsakte der europäischen Einrichtungen und Organe sich in den Grenzen der ihnen eingeräumten Hoheitsrechte halten oder aus ihnen ausbrechen" (BVerfGE 89, 155 f.). Rechtsakte also, die aus dem Kompetenzrahmen der EU „ausbrechen", sollten für de deutschen Staatsorgane keine Bindungswirkung haben.

Auch nach den Beschlüssen des Europäischen Rats im Juli 2007 werde nach Auffassung des Verfassungsgerichtspräsidenten Hans-Jürgen Papier daran festgehalten, dass „die Europäische Union ausschließlich innerhalb der ihr vertraglich zugewiesenen Zuständigkeiten tätig werden darf" (Papier 2007, S. 5). Allerdings liege ein Widerspruch darin, dass das Bundesverfassungsgericht „ausbrechende" Rechtsakte europäischer Organe in Deutschland für unverbindlich erkläre, dagegen der Europäische Gerichtshof die Letztentscheidungsbefugnis über die Auslegung und Anwendung des europäischen Rechts beanspruche.

Außerdem wird die Tendenz des Europäischen Gerichtshofs kritisiert, nationale Rechtsakte an allgemeinen Rechtsgrundsätzen zu messen, die der EuGH selbst entwickelt hat. Hier bestehe die Gefahr, dass der Europäische Gerichtshof dazu beitrage, dass die EU Kompetenzen an sich ziehe, die ihr nach den Gemeinschaftsverträgen nicht zustehen (Papier 2007, S. 5). Um der Tendenz der weiteren substanziellen Verlagerung von Hoheitsrechten auf die EU entgegenzuwirken, müsse das Prinzip der Souveränität gestärkt werden. Auch wenn das Subsidiaritätsprinzip geltendes Recht sei, muss es in der Praxis größeres Gewicht erhalten. Da aber das Subsidiaritätsprinzip erst greife, wenn eine Gemeinschaftszuständigkeit vorliege, müsse zunächst geprüft werden, ob die EU überhaupt über eine entsprechende Kompetenz verfüge. Werde die Frage bejaht, stelle sich als „Kompetenzausübungsschranke" die Frage der Subsidiarität (Papier 2007, S. 5).

Im Maastricht-Urteil wurden auch jene Akteure wie beispielsweise der EuGH gewarnt, die europäischen Kompetenzen auszubauen (Tomuschat 1993, S. 494). Die „Warnung" des Bundesverfassungsgerichts ist insofern nicht ungehört geblieben, als sich der EuGH innerhalb eines Gutachterverfahrens 1996 bezüglich der Grenzen der „dynamischen Erweiterung" der Gründungsverträge der Position des höchsten deutschen Gerichts angeschlossen hatte (Lhotta/Ketelhut 2006, S. 474).

Nach der „Solange"-Rechtsprechung hat sich das Bundesverfassungsgericht auch vorbehalten einzuschreiten, wenn der unabdingbare Grundrechtsstandard in der EU unterschritten werde. Neben dem Europäischen Gerichtshof sorgten auch die nationalen Fachgerichte dafür, dass die gemeinschaftsrechtlichen Grundrechtsstandards gewahrt würden (Papier 2007, S. 5).

6.4.4 Kritik und Fazit

Kritiker des Urteils zum Vertrag von Maastricht betonen, dass das Bundesverfassungsgericht unter Rückgriff auf Artikel 38 GG sich die Rolle eines Europäischen Gerichtshofs „höchster

Instanz" anmaße (Koch 1996). Das Bundesverfassungsgericht usurpiere mit seinem Urteil nicht nur originäre Kompetenzen des EuGH, sondern fordere auch die deutschen Gerichte und Behörden dazu auf, europäisches Recht dann nicht anzuwenden, wenn es nach eigener Einschätzung die nationale Delegationsermächtigung überschreite (BVerfGE 155, 188; Sturm/Pehle 2005, S. 142).

Im Anschluss an Lhotta und Ketelhut muss festgehalten werden, dass das Bundesverfassungsgericht seinen latenten Vorbehalt hinsichtlich der Vereinbarkeit europäischen Rechts mit dem Grundgesetz nicht aufgegeben, zumindest aber bei den Grundrechten zu Gunsten des EuGH zurückgestellt habe. Solange zwischen EuGH und Bundesverfassungsgericht kompetitive „Leit- und Ordnungsideen" dominierten, könne gegenüber den „Logiken" des Integrationsprozesses eine Konfliktverschärfung zwischen beiden Gerichten nicht ausgeschlossen werden (Lhotta/Ketelhut 2006, S. 476). Völlig offen bleibe die Frage, wie das Kooperationsverhältnis zwischen den Gerichten konkret ausgestaltet werden soll, wenn der Europäische Gerichtshof für die gesamte Europäische Union in jedem Einzelfall den Grundrechtsschutz garantiere, während das Bundesverfassungsgericht generell den unabdingbaren Grundrechtsstandard in der Gemeinschaft gewährleiste (BVerfGE 89, 155; Everling 1995, S. 61 ff.).

C POLITIKFELDER

Das Kapitel C gliedert sich in zwei Hauptabschnitte, in einen konzeptionellen und in einen politkfeldspezifischen Teil. Da im modernen politischen System von einem hohen Durchdringungsgrad von Politik und Ökonomie ausgegangen werden muss, und den verfolgten politikfeldspezifischen Strategien mehr oder weniger theoretische Leit- und Ordnungsideen zugrunde liegen, werden zuerst Grundmerkmale zentraler wirtschafts-, finanz- und sozialpolitischer Steuerung vorgestellt: Die Charakterisierung wesentlicher Prinzipien des Ordoliberalismus ist deshalb von so großer Bedeutung, weil dieses Ordnungskonzept mit seinen ordnungstheoretischen und regulierenden Prinzipien nach Ende des 2. Weltkriegs einen großen Rahmen vorgegeben hatte, innerhalb dessen Politik in der (west)deutschen Marktwirtschaft formuliert und auch weitgehend umgesetzt wurde.

Anschließend gilt der Kennzeichnung des Keynesianismus einschließlich seiner Varianten, dessen Interventionsverständnis, Ziele und Instrumente die Politikmuster in den 1960er bis Mitte der 1970er-Jahre maßgeblich prägten, besondere Beachtung. In einem weiteren Schritt wird die für das deutsche politische System wie für alle (westlichen) Industrieländer relevante Konzeption der Angebotspolitik darzustellen sein, deren Prämissen, Zielvorstellungen und Instrumente die Politikinhalte seit Ende der 1970er Jahre bis heute erheblich beeinflussten.

Besondere Aufmerksamkeit gilt des Weiteren der Erörterung des Einflusses der Europäisierung auf so zentrale deutsche Politkfelder wie die Sozial-, Beschäftigungs-, Umwelt-, Agrar-, Regional- und Strukturpolitik sowie der Außen-, Sicherheits-, Innen- und Justizpolitik.

Im Anschluss daran werden ausgewählte politikfeldspezifische Strategien in erster Linie nach Politikinhalten und der Art der Konfliktregelung gekennzeichnet. Bei der Diskussion des ersten Politikfelds, der Wirtschaftspolitik, gilt das Interesse noch allgemeinen Fragen wie dem Spannungsverhältnis zwischen demokratischer Politik und kapitalistischer Wirtschaft und dem mit der Globalisierung verbundenen Dilemma demokratischer Politik. Konkrete Inhalte und der Modus der Konfliktregelung stehen dagegen bei den Politikfeldern der Finanz-, Sozial-, Arbeitsmarkt-, Gesundheits- und Rentenpolitik im Vordergrund der Darstellung.

I Konzeptionen wirtschafts-, finanz- und sozialpolitischer Steuerung

Im Folgenden werden die Ordnungskonzepte näher beschrieben und bewertet, die in der Nachkriegszeit in (West-)Deutschland und (West-)Europa außergewöhnlichen politischen Steuerungseinfluss hatten und zum Teil weiterhin haben.

1 Der Ordoliberalismus

Die theoretischen Grundlagen des Wirtschaftssystems Deutschlands, der Sozialen Marktwirtschaft, sind von Vertretern des Ordoliberalismus entwickelt worden. Auf welche Weise und inwieweit ist die ordoliberale Konzeption in der praktischen Wirtschafts- und Sozialpolitik umgesetzt und weiterentwickelt worden?

1.1 Theoretische Grundlagen

Das System der Marktwirtschaft hat sich nach der Währungsreform 1948 in Gestalt der Sozialen Marktwirtschaft, also einer speziellen Variante der Marktwirtschaft mit einer besonderen sozialen Komponente, bald als wirtschaftlicher Organisationstypus der Bundesrepublik Deutschland etabliert. Die wirtschaftliche Ordnungskonzeption der Marktwirtschaft der Bundesrepublik baut auf dem theoretischen Modell des Liberalismus auf, das im 18./19. Jahrhundert aus dem Modell der reinen Marktwirtschaft mit den klassisch liberalen Forderungen nach individueller Selbständigkeit und Freiheit der Bürger gegenüber staatlicher Willkür entwickelt wurde. Dem von liberalen Wirtschaftswissenschaftlern der sogenannten Freiburger Schule (vor allem Eucken, aber auch Böhm, Hayek, Röpke, Rüstow u.a.) weiterentwickelten Modell der Marktwirtschaft bot sich nach dem zweiten Weltkrieg die Chance, sich in der Konfrontation mit den Realitäten des politischen und ökonomischen Systems Deutschlands zu bewähren.

1.1.1 Ordnungstheoretische Grundsätze

Der Ordoliberale Walter Eucken entwickelte ein theoretisches Modell, das im wesentlichen drei Grundprinzipien postulierte und sich von einem (kollektivistischen) Sozialismus, einem (konzeptionslosen) Interventionismus und einem (schrankenlosen) Kapitalismus distanzieren wollte (Eucken 1990; Glastetter 1992, S. 57 ff.):

a)   Der Grundsatz der individuellen Freiheit

Aus der Konzeption, dass eine Wirtschaftsordnung der Freiheit und der Würde des Menschen zu entsprechen hat, wird die Forderung nach Privateigentum und Privatautonomie abgeleitet. Dieser Grundsatz wendet sich gegen staatliche Dirigismen und schließt Sozialisierung der Produktionsmittel und zentrale wirtschaftliche Lenkung weitgehend aus.

b)   Der Grundsatz der systematischen Wirtschaftspolitik

Eine konzeptionelle Wirtschaftspolitik hat sich an einer Rangfolge politischer Ziele und darauf ausgerichteter Programme zu orientieren, um nicht eine „Wirtschaftspolitik der Experimente" im Sinne der Bekämpfung aller auftretenden Probleme durch punktuelle Interventionen betreiben zu müssen.

c)   Der Grundsatz des „starken Staates"

Der Staat soll nicht in den Wirtschaftsprozeß eingreifen, sondern nur einen für den „ungestörten" Ablauf des Wirtschaftsprozesses notwendigen rechtlichen Rahmen schaffen. Der Markt und eine von Staatsdirigismen freie Wirtschaftsordnung sind keine a priori vorgegebenen, sondern gesetzte Ordnungen, deren Herstellung, Erhaltung und notwendige Weiterentwicklung einen starken Staat notwendig machen. Der Staat soll dafür sorgen, dass die Entfaltung der individuellen Freiheit nicht zu Lasten Dritter und seiner eigenen Autorität geht.

Diese drei Grundsätze boten Eucken die Möglichkeit, den Liberalismus bei Wahrung seiner Grundelemente weiterzuentwickeln und sich gleichzeitig von den – dem schrankenlosen

Kapitalismus innewohnenden – Mißbrauchsmöglichkeiten der ungehinderten Nutzung von Freiheitsrechten zu distanzieren (Glastetter 1992, S. 58). Den Ansatzpunkt dafür, individuelle Freiheitsrechte zur Entfaltung zu bringen, sie aber zugleich Schranken zu unterwerfen, sieht Eucken im wirtschaftsverfassungsrechtlichen Grundprinzip der vollständigen Konkurrenz. Damit wird die Rolle des Staates nicht mehr wie im klassischen Liberalismus nur negativ im Sinne des Verzichts auf Eingriffe in das Marktsystem definiert, sondern auch positiv bestimmt, indem ihm die Verantwortung zugewiesen wird, das Konkurrenzsystem zu ermöglichen, zu sichern und zu kontrollieren und im Fall „ökonomisch oder sozial nicht vertretbarer Ergebnisse" zu intervenieren (Grosser 1988, S. 58).

1.1.2 Ordnungspolitische Prinzipien

Für die wirtschaftspolitische Konzeption Walter Euckens bildeten die drei Grundprinzipien den ordnungstheoretischen Rahmen, innerhalb dessen die marktwirtschaftliche Wirtschaftspolitik wesentliche konstituierende, regulierende und humanitär ergänzende (ordnungspolitische) Prinzipien zu beachten hat (Eucken 1990, S. 254 ff.).

a)   Konstituierende Prinzipien

Zu den konstituierenden Prinzipien, die die Voraussetzung für das Entstehen eines marktwirtschaftlichen Systems sind, gehören:
- die Marktform der vollständigen Konkurrenz als wirtschaftsverfassungsrechtliches Grundprinzip (viele Anbieter stehen vielen Nachfragern gegenüber), bei der sich der Preis nach dem unbeschränkten Angebot und der vielfältigen Nachfrage auf dem Markt richtet;
- die Gewährleistung des Privateigentums an Produktionsmitteln;
- der freie Zugang zu den Märkten (Gewerbe-, Produktions- und Handelsfreiheit) unter Einbeziehung des freien Zugangs von und zu den Auslandsmärkten (Freihandel);
- der Schutz der Vertragsfreiheit, sofern damit nicht die Freiheit anderer beeinträchtigt wird;
- die Identität der Dispositionsfreiheit des Unternehmers mit dessen voller Haftung (der Rentabilitätschance steht das Risiko gegenüber);
- die Konstanz der Wirtschaftspolitik zur Absicherung der Entscheidungen der Wirtschaftssubjekte gegenüber politischen Risiken.

Herausragende Bedeutung kommt sowohl dem Prinzip des Konkurrenzsystems als auch dem des Privateigentums an Produktionsmitteln zu. Wenn das Konkurrenzsystem „funktioniert", setzt es den einzelnen unter flexibilitäts- und kreativitätsfördernden Wettbewerbsdruck und erschwert zugleich die mißbräuchliche Nutzung ökonomischer Freiheitsrechte.

Andere Vertreter des Ordoliberalismus wie Wilhelm Röpke sehen allerdings im „rein" ökonomischen Konkurrenzdenken die Gefahr der Verstärkung destruktiver Entwicklungen in der Gesellschaft. Um diese ökonomisch verengte und krisenanfällige Sichtweise zu überwinden, plädiert Röpke für eine „widergelagerte Gesellschaftspolitik", die als umfassende Dezentralisierungspolitik konkretisiert werden müßte (z.B. in Gestalt überschaubarer Stadt- und Betriebseinheiten) und damit dem Sozial- und Solidaritätsprinzip stärkere Geltung verschaffen könnte (Röpke 1949).

Dem Prinzip der Sicherung des Privateigentums an Produktionsmitteln wird deshalb im klassischen wie im Ordoliberalismus eine bedeutende Funktion zugewiesen, weil ein positiver Zusammenhang hergestellt wird zwischen der individuellen Nutzung der Eigentumsrechte und den daraus resultierenden Vorteilen für die Gesellschaft (Smith 1990, S. 370f.). Die Nutzung des Privateigentums an den Produktionsmitteln und die damit verbundenen Aussichten auf Gewinn sowie möglichst unbeschränkte individuelle Verfügungsrechte darüber stimulieren die Eigeninteressen der Unternehmer, die „im Sinne des Gesamtinteresses der Gesellschaft" genutzt werden können (Hermans 1994a, S. 49).

b) Regulierende und humanitär ergänzende Prinzipien

Da der Wettbewerb in einem so strukturierten Wirtschaftssystem nicht unbedingt gewährleistet ist, sieht Eucken regulierende Prinzipien vor, um die Prozeßergebnisse und Prozeßbedingungen durch staatliche Institutionen zu regeln:

- Kontrolle der Monopole, um die Entstehung von Monopolen oder Oligopolen zu verhindern, vermeidbare Monopole aufzulösen und unvermeidbare Monopole zu steuern (Preis- und Mengenpolitik);
- Korrektur der marktbedingten Einkommensverteilung durch die Finanzpolitik (z.B. Progression der Einkommensbesteuerung), ohne die Investitionsneigung der Unternehmer zu beeinträchtigen;
- Sozialpolitik im Sinne der Sicherstellung sozialer Mindeststandards (Mindestlohn, Arbeitszeitregelung, Frauen- und Kinderarbeitsregelungen);
- Schutz der Naturquellen vor Raubbau (Wald, Grund und Boden u.a.).

Euckens Marktwirtschaftsmodell geht vom menschlichen Egoismus (Gewinnstreben) aus, das sich nicht nur im ökonomischen Konkurrenzkampf äußert, sondern auch eine Gefahr für den Bestand eines Gesellschaftssystems darstellt. Die marktwirtschaftliche Wettbewerbsordnung muss deshalb auch durch humanitäre Maßnahmen ergänzt werden.

1.2 Umsetzung und Weiterentwicklung der ordoliberalen Konzeption

Zwar wird der ordoliberalen Konzeption eine „innere Konsistenz und Schlüssigkeit" nicht abgesprochen, doch hinderte das „Denken in Ordnungen" ihre Protagonisten zugleich daran, die Konzeption als Grundlage für die Umsetzung wirtschafts- und sozialpolitischer Ziele zu nutzen (Glastetter 1992, S. 59). Dabei hätte gerade die Bewältigung der enormen Wiederaufbauprobleme in der Nachkriegssituation Deutschlands eine praktikable Umsetzung der Konzeption erfordert. In der Konfrontation des Modells der Ordoliberalen mit der politischen und wirtschaftlichen Realität sahen sich der Theoretiker Alfred Müller-Armack und der Wirtschaftspolitiker Ludwig Erhard dennoch gezwungen, die ordoliberalen Prinzipien zu relativieren (Müller-Armack 1974; Erhard 1962; Gemper 2007, S. 12ff.).

Der Grundsatz der individuellen Freiheit auf der Grundlage von Privateigentum und Privatautonomie konnte unangetastet bleiben. Die freiheitlichen Prinzipien der Marktwirtschaft, die unternehmerische Dispositionsfreiheit (vor allem die Investitions-, Preisgestaltungs- und Gewinnverwendungsfreiheit), die freie Berufs- und Arbeitsplatzwahl sowie die freie Konsumwahl standen nicht ernsthaft zur Disposition und fanden in den Wiederaufbaujahren bald eine breite Akzeptanz. Die Schwierigkeiten der politischen Umsetzung des theoretischen Modells ergaben sich aber vor allem bei der Definition des Charakters der Wettbewerbsordnung und der sozialen Dimension der Marktwirtschaft.

Müller-Armack maß den freiheitlichen Aspekten der Wettbewerbsordnung zwar weiterhin große Bedeutung bei, wies aber zugleich dem Wettbewerb die vermittelnde Funktion zu, „die

Freiheit auf dem Markt mit dem Prinzip des sozialen Ausgleichs zu verbinden" (zitiert nach Tuchtfeldt 1986). Im Müller-Armackschen Konzept sollen beide Prinzipien, das (freiheitliche) Markt- und das Sozialprinzip, grundsätzlich gleichen Rang haben. In dieser prinzipiellen Gleichrangigkeit kommt ein zweifacher Anspruch der Marktwirtschaft zum Ausdruck: Einmal soll sich wirtschaftliches Handeln nicht allein an ökonomischen Maßstäben orientieren, zum anderen muss der Vorrang sozialer, ökologischer oder kultureller Ziele vor Effizienz- oder Rentabilitätsgesichtspunkten bald die Basis jedes Wirtschaftssystems untergraben (Andreas Müller-Armack 1988, S. 12).

Den Widerspruch zwischen „Markt" und „sozial" versucht Müller-Armack durch Begründung der Notwendigkeit wirtschaftlichen Wachstums aufzulösen. Mit dem wirtschaftlichen Wachstum kann nicht nur das Ziel höheren Lebensstandards erreicht werden (bessere Versorgung mit Gütern und Diensten), sondern wirtschaftliches Wachstum ist auch ein geeignetes Mittel, wichtige staatliche Funktionen angemessener erfüllen zu können. Diese „Instrumentalfunktion" des Wachstums liegt darin, dass

– die Distributionsfunktion (Verteilung der Einkommen zwischen den verschiedenen Haushaltsgruppen) den Staat durch „Wohlstand für alle" entlasten kann,
– die Allokationsfunktion (Verteilung der „Güterproduktion" zwischen dem privaten und staatlichen Sektor) die staatliche Aufgabenerfüllung und Leistungserbringung begünstigt (bei wachstumsbedingten höheren Steuereinnahmen kann der Staat in größerem Umfang öffentliche Güter bereitstellen) und
– die Stabilisierungsfunktion des Staates erleichtert werden kann, indem ein „verstetigtes" Wachstum die Inflationsgefahren dämpfen und die Arbeitslosigkeit beseitigen helfen kann (Glastetter 1992, S. 60).

Dem wirtschaftlichen Wachstum wird also in diesen weiterentwickelten ordoliberalen Vorstellungen die Fähigkeit zugesprochen, sowohl der Zielfunktion der Lebensstandardsteigerung als auch wichtigen staatlichen Instrumentalfunktionen gerecht zu werden. Im Gegensatz zur überkommenen ordoliberalen Konzeption wird hier die Marktwirtschaft im Interesse ökonomischer Effizienz und sozialer Leistungsfähigkeit instrumentalisiert.

Der Wirtschaftspolitiker Erhard geht einen Schritt weiter, indem die theoretischen Ausgangsbedingungen Euckens stärker auf Leistungs- und Effizienzgesichtspunkte ausgerichtet werden. In bezug auf die konstituierenden Prinzipien läßt Erhard das System der vollkommenen Konkurrenz nur noch als Denkmodell gelten. Nicht mehr das Vollständigkeits-, sondern das Leistungs- bzw. das Wachstumskriterium wird maßgebend, welcher Wettbewerbsgrad ökonomisch für zweckmäßig erachtet wird (Erhard 1957, S. 181 f.; Pilz 1990, S. 23 ff.).

Auch hinsichtlich der regulierenden Prinzipien verzichtet Erhard auf eine bedingungslose Monopolkontrolle, wenn die Verhinderung oder Auflösung von Monopolen den Wachstums- und Umverteilungszielen entgegenstehen. Eine durch wirtschaftliche Konzentration erreichte Wachstums- und Wohlstandssteigerung wird als „sozialer" interpretiert als eine Wettbewerbspolitik, die auf eine wachstumsgefährdende Umverteilung hinausläuft (Erhard 1957, S. 8 ff.). Hinsichtlich des regulierenden Prinzips in der Sozialpolitik bekräftigt Erhard den instrumentellen Charakter der Sozialpolitik als einer Politik zur Sicherung sozialer Mindeststandards. Die Sozialpolitik hat die individuelle Freiheit durch Fürsorge, Vorsorge und sozialen Ausgleich „abzusichern", indem die Arbeitnehmer gegen die Wechselfälle des Lebens versichert werden (Erhard 1962, S. 305; Gemper 2007, S. 13 f.).

Die Soziale Marktwirtschaft stand nicht nur für wirtschaftlichen Erfolg, sondern entwickelte sich in der Nachkriegszeit im Bewusstsein der Öffentlichkeit der Bundesrepublik zu einem

Symbol eines gebändigten Kapitalismus, der „wirtschaftliche Leistungskraft und sozialen Ausgleich miteinander verbindet" (Ptak 2004, S. 20; Ost 1979, S. 41–63). Der mit dem wirtschaftlichen Erfolg einhergehende alltägliche Ökonomismus wurde bald der „gemeinsame sozialpsychologische Nenner" für das sich konstituierende westdeutsche politische System (Haselbach 1991, S. 12).

Die Konzeption der Sozialen Marktwirtschaft wurde aber zugleich mit dem Widerspruch zwischen theoretischer Intention und gesellschaftlicher Realität konfrontiert. An die Stelle der ordoliberalen Vorstellungen von einer „neuen" Sozialpolitik trat die sozialstaatliche Praxis in Kontinuität zur Weimarer Republik (F.-X. Kaufmann, 2001). Dabei wurden die traditionellen Strukturen und Prinzipien der deutschen Sozialversicherung fortgeführt. Entgegen den ordoliberalen Prämissen und Postulaten expandierte der Sozialstaat auch in der Sozialen Marktwirtschaft (Zacher 2001, S. 468).

Der sich seit den fünfziger Jahren in Westdeutschland formierende Sozialstaat wies eine relativ hohe Regulierungsdichte im Arbeits- und Sozialrecht und ein ausgebautes Leistungssystem der sozialen Sicherung auf. In der Wirtschaftspolitik gab es erste Ansätze einer makroökonomischen Steuerung. Sozial- und wirtschaftspolitische Maßnahmen und Gesetze wie der soziale Wohnungsbau, das Kindergeldgesetz von 1954, die Rentenreform von 1957 mit der dynamischen Anpassung an die Lohnentwicklung und das Sozialhilfegesetz von 1961 stießen grundsätzlich auf Ablehnung seitens der Ordoliberalen (Ptak, S. 279).

Drei wesentliche Faktoren förderten die Expansion des Sozialstaats: Mitgliederstarke Gewerkschaften vor allem in den Schlüsselindustrien verbesserten auf betrieblicher Ebene die Einkommenssituation der abhängig Beschäftigten und trugen auf gesamtgesellschaftlicher Ebene zur Anhebung sozialer Standards bei. Das überdurchschnittliche wirtschaftliche Wachstum und die bis Anfang der 1970-er Jahre niedrige Arbeitslosenquote begünstigten den Ausbau des Sozialstaats. Viele wirtschafts- und sozialpolitische Maßnahmen wurden überdies der Leistungsfähigkeit der Sozialen Marktwirtschaft zugeschrieben, obwohl sie zum Teil ordoliberalen Prinzipien zuwider liefen. Ausschlaggebend war dabei nicht, ob die Maßnahmen den ordnungspolitischen Grundsätzen folgten, sondern ob sie im parteipolitischen Wettbewerb Vorteile versprachen (Siebert 1997, S. 6).

Nach Beendigung der Wiederaufbauphase (Ende der 1950er-Jahre) forderte Müller-Armack den Übergang zu einer „zweiten Phase" der sozialen Marktwirtschaft, in der die Wirtschaft auf gesellschaftspolitische Ziele ausgerichtet werden müsse. Die Anforderung an die Politik in der Sozialen Marktwirtschaft, eine „vernünftige Lenkung" des gesellschaftlichen Entwicklungsprozesses einzuleiten, signalisierte aber zugleich, die frühere Auffassung von der nötigen Verknüpfung ökonomischer Effizienz mit sozialer Leistung zu revidieren und auf Dauer als nicht mehr „tragfähig" anzusehen (Glastetter 1992, S. 62). Die Grenzen der Lenkung von Wirtschaftsprozessen nach gesellschaftspolitischen Zielvorstellungen seien dann erreicht, wenn die marktwirtschaftliche Grundordnung und ihre Wachstumsprozesse gefährdet werden (Müller-Armack 1966).

Karl Schiller griff in den 1960er-Jahren die von Eucken eingeräumten systematischen Mängel der auf dezentralen Entscheidungen beruhenden Wettbewerbsordnung auf, um über die ordoliberale Position der Gestaltung des Wettbewerbs hinauszugehen. Schiller wies auf die Einseitigkeit einer „Nur-Ordnungspolitik" hin und betonte, dass die staatliche Ordnungspolitik durch eine umfassende Prozeßpolitik bzw. Globalsteuerung ergänzt werden müsse (Schiller 1964, S. 40 ff). Nach seiner Argumentation sei der Wettbewerb nicht in der Lage, die einzelnen wirtschaftlichen Interessen der Marktpartner mit den gesellschafts- und wirtschaftspolitischen Zielen hinreichend zu koordinieren. Deshalb sei neben dem Koordinationsmechanismus des Marktes im Mikrobereich eine Globalsteuerung der Makroziele (gesamtwirtschaftliche Wachstumsraten, Preise, Beschäftigung, Konsum- und Investitionsvolumen) erforderlich (Gemper 2007, S. 14f.).

Die Euckenschen Wettbewerbsvorstellungen wurden insofern modifiziert, als nun die Regel galt: „Wettbewerb soweit wie möglich, Planung soweit wie nötig". Damit behielt das Paradigma der liberalen Marktordnung mit seiner prinzipiellen Trennung von Wirtschaft und Staat seine Gültigkeit, von den staatlichen Steuerungsmaßnahmen nur vorsichtig Gebrauch zu machen. Das Konzept der Globalsteuerung tastete die private Investitionsfreiheit nicht an. Die diesem Steuerungskonzept zugrunde liegenden Plandaten sollten keinen „imperativen", sondern lediglich „indikativen" Charakter durch die Bereitstellung von sogenannten Orientierungsdaten haben (Schiller 1966, S. 62ff.). Für Kritiker könne die mit Informationen und Anreizen („incentives") betriebene Globalsteuerung kein plankonformes Adressatenverhalten erzwingen, sondern bleibe auf die „Annahme" der privaten Investoren angewiesen (Krelle 1963, S. 75).

2 Der Keynesianismus und die Weiterentwicklungen des keynesschen Ansatzes

Der Keynesianismus prägte in den 1950-er und 1960er-Jahren als politische Grundorientierung die Wirtschafts-, Finanz- und Sozialpolitik der marktwirtschaftlichen Gesellschaften des Westens. In Deutschland setzte er sich in den 1960er-Jahren als Konzeption der Globalsteuerung durch. Unterdessen ist der keynessche Ansatz zu verschiedenen Ausprägungen wie denen des „Strukturkeynesianismus" und des „Postkeynesianismus" weiterentwickelt worden.

2.1 Der „keynesianische Konsensus" als politische Grundorientierung marktwirtschaftlicher Gesellschaften

Für den amerikanischen Wirtschafts- und Sozialwissenschaftler John Kenneth Galbraith haben sich die Wirtschafts- und Sozialpolitiker der marktwirtschaftlichen Gesellschaften der Nachkriegszeit grundsätzlich am Keynes'schen Konzept orientiert. Galbraith hat deshalb diese weitgehende Übereinstimmung in der wirtschaftspolitischen Grundorientierung der westlichen Demokratien als „keynesianischen Konsensus" bezeichnet (Galbraith 1981).

Die praktizierte keynesianische Politik Ende der 1950er Jahre und in den 1960er-Jahren griff allerdings nur noch teilweise auf die Thesen des 1936 erschienenen Hauptwerks John Maynard Keynes, seiner „Allgemeinen Theorie der Beschäftigung, des Zinses und des Geldes" zurück (Keynes 1983). Trotz länderspezifisch unterschiedlicher Ausgestaltung kennzeichneten den „keynesianischen Konsensus" folgende Grundmerkmale (Dubiel 1985, S. 85):

– Eine antizyklische Stabilisierungspolitik hat für einen störungsfreien marktwirtschaftlichen Kreislauf zu sorgen, indem der Staat durch Nachfragedämpfung in der Hochkonjunktur und durch Nachfragebelebung im konjunkturellen Abschwung gegenzusteuern hat.
– Ein staatliches System vielfältiger sozialer Sicherungen soll die Opfer marktwirtschaftlicher Krisenentwicklungen vor Verelendung bewahren und ihm zumindest das materielle Existenzminimum gewährleisten.

- Eine staatliche Produktion jener Güter und Dienstleistungen, die der Markt nicht (z.B. wie in Deutschland die historisch bedingte staatliche Infrastrukturversorgung mit Schulen, Krankenhäusern, Straßen usw.) oder nur mit „markttypischen" Mängeln (z.B. fehlender oder zu wenig preiswerter Wohnraum) bereitstellt .
- Verfassungsrechtliche Anerkennung des gewerkschaftlichen Koalitionsrechts und Einbindung der Gewerkschaften in die politische und gesamtwirtschaftliche Verantwortung.

Galbraith verwies darauf, dass der „keynesianische Konsensus" die marktwirtschaftliche Ordnung und ihre Substanz nicht antaste, d.h., dass auf der Basis des Privateigentums die Investitionsfreiheit, die Gewinnverwendungsfreiheit und die bestehende Vermögensverteilung nicht zur Disposition gestellt würden (Galbraith 1981). Aus der Sicht der Kritik stünden gleichwohl die Elemente des „keynesianischen Konsensus" im Widerspruch zum herkömmlichen Marktwirtschaftsverständnis: So drücke die antizyklische Stabilisierungspolitik die Zweifel aus, ob die Marktwirtschaft aus eigener Dynamik heraus stetiges Wirtschaftswachstum und hohen Beschäftigungsstand sichern kann. Die Finanzierung von Transferleistungen aus dem Staatshaushalt (z.B. Wohngeld, Kindergeld, Bundeszuschüsse an die Renten- und Arbeitslosenversicherung) untergrabe das für das herkömmliche Sozialsystem so bedeutsame versicherungstechnische Äquivalenzprinzip, wonach nur diejenigen Ansprüche auf Sozialleistungen haben, die vorher Beiträge (Sozialabgaben) entrichtet haben. Der steigende Staatsanteil an der Produktion von Gütern und Diensten drücke überdies den Zweifel an den „Selbstheilungskräften" und der Leistungsfähigkeit des Marktes aus: Dem Staat werde die Verantwortung zugewiesen, nicht nur immer größere Finanzhilfen für den Auf- und Ausbau der öffentlichen Infrastruktur bereitzustellen (die sog. „Produktionsvoraussetzungen"), sondern auch die Folgen der steigenden Produktivität, des verschärften Wettbewerbs und der damit einhergehenden zunehmenden Kosten der Arbeitslosigkeit und Umweltzerstörung zu kompensieren. Schließlich werde die Vorstellung vom Arbeitsmarkt, auf dem die menschliche Arbeitskraft als „Faktor Arbeit" genau wie auf dem Gütermarkt die Waren den Preisregeln des Marktes unterliegen, aufgegeben: Mit der verfassungsrechtlichen Anerkennung der Gewerkschaften werde zugleich ihre politische Rolle anerkannt, als „Arbeitsmarktpartner am Markt vorbei" zuvörderst wirtschaftliche und soziale Interessen der Arbeitnehmer zu verfechten.

2.2 Die traditionelle Konzeption der Globalsteuerung

Nach der Beteiligung der Sozialdemokratie an der Bundesregierung 1966 und nach der ersten konjunkturellen Krise der Nachkriegsgeschichte der Bundesrepublik der Jahre 1966/67 fand die Politik, auf die wirtschaftliche Entwicklung stärkeren Einfluss zu nehmen, immer breitere Unterstützung. Die deutsche Version des Keynesianismus, die Konzeption der Globalsteuerung, konnte damit auch in praktische Wirtschafts- und Sozialpolitik umgesetzt werden.

Die Globalsteuerung ist darauf angelegt, mit Hilfe fiskalischer Instrumente gesamtwirtschaftliche Größen wie die des Konsums, der Investitionen, des Außenhandels („global") zu beeinflussen (Klump 1989, S. 109). Bundeswirtschaftsminister Karl Schiller als Hauptvertreter der Konzeption der Globalsteuerung plädierte für eine Politik nach dem Grundsatz: „Wettbewerb soweit wie möglich, Planung soweit wie nötig"! und begrenzte damit den staatlichen Einsatz von Steuerungsinstrumenten auf indirekte Eingriffe und auf einen möglichst kurzen Zeitraum bis zur Wiederbelebung der Konjunktur.

Die gesetzliche Grundlage für die neue Konzeption der Globalsteuerung wurde mit dem Gesetz zur Förderung der Stabilität und des Wachstums der Wirtschaft (Stabilitätsgesetz,

I Konzeptionen wirtschafts-, finanz- und sozialpolitischer Steuerung

kurz StWG) von 1967 geschaffen (BGBl. I S. 582). Dieses Gesetz stellte der Politik des Bundes nicht nur ein erweitertes konjunkturpolitisches Instrumentarium zur Verfügung, vollzog also den Übergang zur staatlichen Prozesspolitik, sondern verbesserte auch die Koordinierungsmechanismen mit den Ländern und Gemeinden, den Tarifvertragsparteien und der Bundesbank (Möller 1968). Das allgemeine Ziel der Globalsteuerung ist auf die Abschwächung der Konjunkturzyklen und der „Verstetigung" der Konjunkturentwicklung ausgerichtet. Die Ziele der Wirtschaftspolitik im einzelnen sind im § 1 des Stabilitätsgesetzes festgelegt: „Bund und Länder haben bei ihren wirtschafts- und finanzpolitischen Maßnahmen die Erfordernisse des gesamtwirtschaftlichen Gleichgewichts zu beachten. Die Maßnahmen sind so zu treffen, dass sie im Rahmen der marktwirtschaftlichen Ordnung gleichzeitig zur Stabilität des Preisniveaus, zu einem hohen Beschäftigungsstand und außenwirtschaftlichem Gleichgewicht bei stetigem und angemessenem Wirtschaftswachstum beitragen".

Weil die Ziele häufig in Konkurrenz zueinander stehen und ihre gleichzeitige Verwirklichung geradezu „magische Kräfte" erfordert, werden sie „magisches Viereck" genannt: z.B. erzeugt Vollbeschäftigung eine hohe Massenkaufkraft, die aber im Fall starker Nachfrage mit zunehmender Auslastung der Produktionskapazitäten die Preisstabilität gefährdet. Zur Erreichung dieser Ziele stehen dem Staat insbesondere steuerpolitische, kreditpolitische und ausgabenpolitische Instrumente zur Verfügung, die expansiv oder kontraktiv wirken sollen. Die sogenannte antizyklische Konjunkturpolitik versucht, ihre Steuerungsinstrumente dem jeweiligen Konjunkturverlauf entgegengerichtet einzusetzen (Hermans 1994, S. 53f.). Antizyklische Finanzpolitik bedeutet:

- in der Depression die Gesamtnachfrage über die Ausweitung der staatlichen Ausgaben und Steuererleichterungen zu steigern; eine befristete Neuverschuldung (deficit spending) wird zur Konjunkturbelebung für notwendig erachtet;
- in der Hochkonjunktur die Nachfrage durch Einschränkung staatlicher Ausgaben, (kaufkraftabschöpfende) Steuererhöhungen und Rückführung der Staatsverschuldung zu drosseln.

Das Stabilitätsgesetz hat auch wesentlich zur Politikkonzertierung zwischen Bund, Ländern und Gemeinden, den Gewerkschaften und den Arbeitgebern beigetragen. Wird nämlich eines der im § 1 des Stabilitätsgesetzes genannten Ziele gefährdet, „stellt die Bundesregierung Orientierungsdaten für ein aufeinander abgestimmtes Verhalten (Konzertierte Aktion) der Gebietskörperschaften, Gewerkschaften und Unternehmerverbände ... zur Verfügung" (§ 3 StWG). Die im Stabilitätsgesetz normierten wirtschaftspolitischen Abstimmungsmechanismen zwischen den drei Akteuren Staat, Gewerkschaften und Arbeitgeberorganisationen werden deshalb als „tripartistische" Politik bezeichnet.

2.3 Kritik der Konzeption der Globalsteuerung

Die häufig auf ein Jahr befristeten antizyklischen Maßnahmen haben bewirkt, dass die konjunkturbedingte staatliche Mehrnachfrage weniger eine erhöhte Produktion stimuliert habe als vielmehr zu Preissteigerungen genutzt werde (Preis- statt Mengeneffekte!). Ferner würden ohnehin beabsichtigte Investitionsvorhaben vorgezogen und/oder die staatlichen Hilfen in Anspruch genommen, obwohl auch ohne diese Anreize („incentives") Investitionen getätigt worden wären (Vorzieh- und Mitnahmeeffekte!).

Die der Konzeption zugrunde liegende Annahme schwacher konjunktureller Schwankungen orientiere sich an der Konjunkturentwicklung in den 1950-er und 1960er-Jahren, habe aber mit dem tiefreichenden und nachhaltigen Strukturwandel der 1980-er und 1990er-Jahre nichts mehr gemein. Eine Konzeption, die kurze Rezessionsphasen und kräftige und lang anhaltende Phasen des Konjunkturaufschwungs unterstellt, wird deshalb als untauglich für die Bewältigung der enormen Strukturprobleme moderner Gesellschaften angesehen (Hickel/Priewe 1989, S. 147 f.). Der Konzeption wird ferner vorgehalten, wegen der Timing- und Dosierungsprobleme (schwerfällige politische Entscheidungsverfahren, zu schwache Anreize oder Sanktionen!) zur Verstärkung der Konjunkturausschläge beigetragen zu haben (prozyklische Wirkung) (Hermans 1994, S. 58).

Die Anhänger der Konzeption der Globalsteuerung konnten sich keine Konjunkturlage vorstellen, bei der sowohl Arbeitslosigkeit als auch Inflation herrschen. Nach dem Erklärungsansatz der Globalsteuerung verbessert sich mit der Dauer des Konjunkturaufschwungs die Auslastung der Produktionskapazitäten und die Nachfrage nach Arbeitskräften. In der Sicht der Anhänger dieser Steuerungskonzeption treten aber nicht-konjunkturelle Arbeitslosigkeit und durch „Übernachfrage" ausgelöste Preissteigerungen nicht gleichzeitig auf. Die realen Konjunkturentwicklungen im politischen und wirtschaftlichen System Deutschlands kannten und kennen aber seit den 1970-er Jahren keine Symmetrie von Arbeitslosigkeit und Inflation (Pätzold 1991).

Die Konzeption der Globalsteuerung war auf pauschale Wachstumsförderung ausgerichtet, so dass eine regional und sektoral differenzierte Förderpolitik gar nicht vorgesehen war. Die Kurzfristigkeit des Gegensteuerns schloss eine langfristig angelegte Struktursteuerung aus. Der Konzeption wird vorgehalten, das Ausmaß der regionalen und sektoralen Strukturunterschiede unterschätzt zu haben, so dass die Gefahr möglicher Über- oder Untersteuerung gar nicht ernsthaft thematisiert wurde. Darüber hinaus wird kritisch bemerkt, dass dem Wirtschaftswachstum als kojunkturbelebendem und -stabilisierenden Faktor ein zu hoher Rang eingeräumt wird und die ökologischen Folgeprobleme des Wachstums vernachlässigt werden (Glastetter 1992, S. 76 ff.).

Die Kritik gibt ferner zu bedenken, dass die Annahme des zyklischen Budgetausgleichs, d.h. die öffentlichen Defizite im nachfolgenden Konjunkturaufschwung wieder zurückführen zu können, die politischen Widerstände gegen die Umsetzung einer strengen Konsolidierungspolitik unterschätzt (M. G. Schmidt 1993, S. 451; Sturm 1993, S. 96 ff.). Kürzungsvorhaben von in der Krise einmal gewährten Finanzmitteln für öffentliche Aufgaben stoßen auf eine breite Abwehrfront, weil eine Vielzahl von Akteuren im Bundes-, Parteien- und Wohlfahrtsstaat die Dringlichkeit der Lösung „ihrer" Probleme hervorhebt (vor allem bei regional-, struktur- und arbeitsmarktpolitischer Bedeutung), die eine Politik fiskalisch „einschneidender" Maßnahmen erheblich erschwert.

Außerdem wird gegen die nationale Konzeption der Globalsteuerung eingewendet, die außenwirtschaftlichen Einflüsse nicht hinreichend berücksichtigt zu haben. Die immer enger verflochtenen politischen und wirtschaftlichen Systeme können immer weniger die destabilisierenden Wirkungen vernachlässigen, die sich aus Kapitalexporten und -importen, aus „erratischen" Wechselkursveränderungen usw. ergeben. Die in der Globalsteuerungs-Konzeption notfalls vorgesehenen außenwirtschaftspolitischen „Flankierungen" bieten auf dem europäischen Binnenmarkt und den globalen Finanzmärkten heute keinen angemessenen Schutz mehr vor außenwirtschaftlichen Gefahren (Schlösser 1994, S. 259–264).

Schließlich wird der „technokratische und interessenharmonische" Charakter der Steuerungskonzeption kritisiert: Der Konzeption geht es in erster Linie um das „Funktionieren" der antizyklischen Maßnahmen, egal welche konjunkturbelebenden oder -dämpfenden Instrumente auch eingesetzt werden. Überdies unterstellt die Konzeption eine – das gesellschaftliche

I Konzeptionen wirtschafts-, finanz- und sozialpolitischer Steuerung

Konfliktpotential vernachlässigende – hohe Konsensbereitschaft der staatlichen und verbandlichen Akteure. Es wird ein unrealistisches „gleichgerichtetes Interesse" und Verhalten von Gebietskörperschaften und Notenbank, Unternehmen, Gewerkschaften und der abhängig Beschäftigten angenommen (Hickel/Priewe 1989, S. 149).

2.4 Die Konzeption des „Strukturkeynesianismus"

Je mehr die Politik mit strukturellen Problemen konfrontiert wurde, umso mehr traten auch die Defizite der Konzeption der Globalsteuerung zutage. Selbst seitens der Keynesianer, insbesondere seitens des modernen „Strukturkeynesianismus" war der kurzfristig angelegte Globalsteuerungs-Keynesianismus wachsender Kritik ausgesetzt (Hickel/Priewe 1989; 1994; Meißner 1989; Schui 1991; Noé 1991; 1991a; Zinn 1992).

Nach Auffassung der Vertreter des Strukturkeynesianismus, einer weiterentwickelten keynesianischen Konzeption des sozialstaatlichen und ökologischen Staatsinterventionismus, tendieren moderne Wirtschaftssysteme dazu, ihre vorhandenen Produktivkräfte nur unzulänglich zu nutzen, so dass „erhebliche Wohlfahrtsverluste entstehen" (Hickel/Priewe 1989, S. 257f.). Ein großer Teil des Arbeitskräftepotentials wird nicht genutzt oder wird im Fall des Sachkapitals (bei renditeträchtiger Anlage im Ausland) sinnvoller inländischer Verwendung (z.B. für arbeitsplatzschaffende Investitionen) entzogen. Die Möglichkeiten, das Produktionspotenzial für „zukunftsorientierte" Produktionen auszuweiten, werden nicht voll ausgeschöpft. Somit werden bedeutende „Wachstumsspielräume" verspielt (Hickel/Priewe 1989, S. 257). Zugleich entstehen dem Staat und der Gesellschaft finanzielle, politische und soziale Kosten der Arbeitslosigkeit: Der Rückgang der Zahl der Beschäftigten führt zu Steuermindereinnahmen und gleichzeitig zu enormen Ausgaben für Lohnersatzleistungen. Zudem wird jede Regierung mit politischen Belastungen in Gestalt der Gefahr von Stimmenverlusten bei Wahlen, Demonstrationen, Firmenbesetzungen, gewalttätigen Auseinandersetzungen usw. konfrontiert. Hinzu kommen noch die sozialen Kosten des „krankmachenden" Einflusses der (Dauer-)Arbeitslosigkeit und der Naturzerstörung im Fall des Verbrauchs nicht regenerierbarer Ressourcen.

Eine sozialstaatliche und ökologische Alternative zu diesen defizitären Entwicklungen sehen die Strukturkeynesianer in einer Politikkonzeption verstärkter staatlicher Interventionen unter dem Primat des verfassungsrechtlichen Sozialstaatsgebots (siehe Kap. A.4.). Diese interventionsorientierte Steuerungskonzeption des Strukturkeynesianismus baut auf folgenden Konstruktionsprinzipien auf (Hickel/Priewe 1989, S. 258):

- einer mittelfristigen Strategieorientierung,
- einer beschäftigungsorientierten Finanzpolitik und
- einer selektiven Strukturpolitik.

2.4.1 Mittelfristige Orientierung der Politikstrategie

Die vom Strukturkeynesianismus postulierte Überwindung der kurzfristigen und der Übergang zur mittelfristigen politischen Steuerung bedeuten nicht den Verzicht auf die kurzfristige Aufgabe der Konjunkturpolitik. Auch weiterhin wird eine kurzfristige Nachfragebelebung für erforderlich gehalten, um für eine bessere Auslastung des Produktionspotentials zu sorgen. Mittel- und langfristig wird in der strukturkeynesianischen Konzeption allerdings der Finanzpolitik die Aufgabe zugewiesen, „zum Erreichen eines vollbeschäftigungskonformen Produktionspotentials" beizutragen (Hickel/Priewe 1989, S. 259). Um dieses Ziel zu realisieren, muss die öffentliche Nachfrage so gelenkt werden, dass das unternehmerische Produktionspotential – einschließlich des Potentials der öffentlichen Unternehmen (z.B. Bundesbahn, Versorgungsunternehmen, Wohnungsbaugesellschaften, öffentlich-rechtliche Kreditinstitute) – erweitert werden kann: Eine expansive Finanzpolitik wird umso beschäftigungswirksamer sein, je mehr das bestehende Potential ausgelastet und neue Investitionsfelder erschlossen werden können (Dokumentation des Instituts für Arbeitsmarkt- und Berufsforschung der Bundesanstalt für Arbeit, IAB-Werkstattbericht Nr. 7/1992, S. 21).

Während in der herkömmlichen Globalsteuerungs-Konzeption eine expansive Finanzpolitik im Konjunkturaufschwung als prozyklisch verworfen wird, muss im Urteil der Vertreter der neuen Steuerungskonzeption von diesem Leitbild abgerückt werden. Die Finanzpolitik sollte solange expansiv gefahren werden, wie das Produktionspotential noch nicht „vollbeschäftigungskonform" ausgelastet ist, d.h. der „Arbeitslosensockel" – nach politisch festzulegenden Maßstäben – (zu) hoch bleibt und damit den marktwirtschaftlichen Systemen „die wirtschaftlichen und sozialen Grundlagen" zu entziehen droht (Zinn 1992, S. 117).

Solange die „Sockelarbeitslosigkeit" nicht überwunden ist, sollte der Krisenbegriff auf den gesamten Konjunkturzyklus bezogen werden. Da nach Auffassung der Strukturkeynesianer die beschäftigungspolitische Intervention des Staates ausgeweitet werden muss, sollte sich die Gegensteuerung nicht nur (kurzfristig) auf die Rezessionsphase konzentrieren, sondern auch die Phase des Konjunkturaufschwungs mit einbeziehen.

Die Vertreter der interventionistischen Steuerungskonzeption sehen zwar die Gefahren des Verlassens der kurzfristigen Politikorientierung und die Finanzierungs- und Inflationsprobleme, heben aber zugleich die mit der mittelfristigen Orientierung verbundenen Vorteile hervor. Zweifellos werfen erhöhte konjunkturstimulierende und ausgabenwirksame Maßnahmen zusätzliche Finanzierungsfragen auf, und nachfragebelebende Anreize des Staates eröffnen Spielräume für Preissteigerungen (Pätzold 1991). Die Strukturkeynesianer verweisen aber auch darauf, dass eine Reihe herkömmlicher Restriktionen ihre Bedeutung verlieren: So entfällt der Vorwurf einer kurzatmigen Politik des Stop-and-Go, die lediglich Strohfeuer- und Vorzieheffekte verursacht, aber das Ziel einer dauerhaften Investitionsbelebung verfehlt. Eine mittelfristige Orientierung der Konjunkturmaßnahmen entschärft überdies die Probleme des richtigen Timings und der angemessenen Dosierung sowie die Zeitspanne zwischen Mitteleinsatz und Mittelwirkung (Kuschel 1994, S. 45).

2.4.2 Beschäftigungsorientierte Finanzpolitik: Vorrang staatlicher Investitionstätigkeit vor privater Investitionsförderung

In der Konzeption des Strukturkeynesianismus wird mit dem Verweis auf ökonometrische Untersuchungen prinzipiell staatlichen Ausgabenprogrammen vor der ausgabenwirksamen Förderung privater Investitionen und Steuersenkungen der Vorzug gegeben (Hickel/Priewe 1989, S. 261 f.). Die strukturkeynesianische Präferenz für die Förderung staatlicher Investitionen und den Ausbau spezifischer Dienstleistungen wird mit Wirksamkeits-Argumenten und mit beschäftigungs- sowie verteilungspolitischen Defiziten der bisher praktizierten Förderpolitik begründet.

Werden die privaten Investitionen über die Ausgabenseite der öffentlichen Haushalte (mittels Finanzhilfen wie Investitions- und Zinszuschüssen) gefördert, richten sich die Bedenken gegen die in der Regel auflagenfreie Subventionierung, da die Politik – in Respektierung der privaten Investitionsfreiheit in marktwirtschaftlichen Gesellschaften – lediglich „weiche" Umweltschutz-, Arbeitsschutz- oder Gesundheitsauflagen vorgibt.

I Konzeptionen wirtschafts-, finanz- und sozialpolitischer Steuerung

Die Wirksamkeit von Finanzhilfen hängt maßgeblich von der zielgerechten Ausgestaltung des Auflagenkatalogs ab (Nowotny 1987, S. 358 f.). Die (strukturkeynesianische) Kritik setzt an der schon in der alten Bundesrepublik praktizierten breiten Förderung nach dem „Gießkannenprinzip" und der seit der deutschen Vereinigung weiter aufgestockten direkten privaten Investitionsförderung an. Da im vereinten Deutschland die Sanierung und Modernisierung der ostdeutschen Wirtschaft nahezu jedes Investitionsprojekt „förderungswürdig" macht, wird eine differenziertere, sprich: strengere Ausgestaltung des Auflagenkatalogs für erforderlich erachtet. Zudem werden die Mißbrauchsmöglichkeiten der Politik der (ausgabenwirksamen) privaten Investitionsförderung betont, da die Vorzieh- und Mitnahmeeffekte der Finanzhilfen als sehr hoch eingeschätzt werden. Auch gegen auflagenfreie Steuervergünstigungen (z.B. Investitionszulagen, Abschreibungen) und (Unternehmens-)Steuersenkungen (z.B. Körperschaftssteuer, betriebliche Vermögenssteuern) wird eingewendet, dass sie beschäftigungs- und strukturpolitisch wenig wirksam sind und bedenkliche Verteilungseffekte haben.

Die steuerliche Investitionsförderung ist für beschäftigungspolitische Zwecke aus folgenden Gründen wenig geeignet: Jede Verwaltung und jedes Unternehmen wären (schnell) überfordert, hinreichend überprüfen und nachweisen zu können, welche und wieviele Arbeitsplätze ihre Erhaltung und/oder neue Entstehung konkreten Steuererleichterungen verdanken. Vorteile der – indirekten – steuerlichen Wirtschaftsförderung liegen zwar im Rechtsanspruch auf Förderung für alle Investoren und auch im geringeren administrativen Aufwand (keine speziellen Antrags- und Bewilligungsverfahren!), doch wird die strukturpolitische Effizienz der Fördermaßnahmen relativ gering eingeschätzt: Eine gewinnabhängige steuerliche Förderpolitik (z.B. niedrigere Körperschafts- oder Gewerbeertragsbesteuerung) begünstigt Unternehmen mit hohen Gewinnen (vielfach Oligopole), während gerade Unternehmen, die sich in einer Anlauf- oder Umstrukturierungsphase befinden und niedrige Gewinne erwirtschaften, benachteiligt werden (Leibfritz/Meurer 1985). Der Einwand strukturpolitischer Unwirksamkeit könnte nach strukturkeynesianischer Auffassung in dem Maße entkräftet werden, wie die steuerlichen Fördermaßnahmen nur noch gezielt bestimmten Gebieten und Investitionszwecken zugute kommen.

Die Strukturkeynesianer befürworten aber dann eine private Investitionsförderung, wenn mit relativ geringen Mitteln „beschäftigungs- und strukturpolitisch erwünschte ... Investitionen" angeregt werden. In strukturkeynesianischer Sicht können die nötigen Anstoßwirkungen allerdings nur dann erzielt werden, wenn bei der Umsetzung der Förderprogramme ein Mindestmaß an staatlicher Mitgestaltung und Kontrolle sichergestellt wird (Hickel/Priewe 1989, S. 262). Angesichts der enormen Transferleistungen für private Investitionen in den neuen Bundesländern und den damit eröffneten Mißbrauchsmöglichkeiten kommt der Forderung, die öffentliche Mittelvergabe an strengere Auflagen zu knüpfen, große Bedeutung zu. Die aus Steuermitteln aufzubringende Regional- und Strukturförderung zum Ausgleich des Wirtschafts-, Finanz- und Sozialgefälles in Deutschland in nicht gekanntem Ausmaß rechtfertigt stärkere staatliche Mitwirkungsbefugnisse.

In der strukturkeynesianischen Konzeption gilt deshalb direkten staatlichen Investitionen und einer expansiven öffentlichen Personalpolitik die Präferenz, weil diese fiskalischen Maßnahmen zugleich das Produktionspotential steigern und unmittelbare Beschäftigungseffekte haben (Hickel/Priewe 1989, S. 262f.; Memorandum '94, S. 178–189). Bisher „ungedeckte Bedarfe" an (materieller) Infrastruktur, deren Deckung die staatliche Investitionspolitik in den nächsten Jahren vor große Herausforderungen stellt, werden vorrangig in folgenden Feldern öffentlicher Investitionstätigkeit gesehen (IAB-Werkstattbericht Nr. 7/1992, S. 21):

- in der Sanierung und Modernisierung der Verkehrs- und Kommunikationswege,
- im Auf- und Ausbau der Gemeinde-, der Landesbehörden und des Justizwesens,
- in der Stadt- und Dorferneuerung,
- im Umweltschutz (z.B. Altlastensanierung, Gewässerschutz, Landschaftssanierung, Abfallwirtschaft, Förderung von Umweltschutztechnologien usw.) und
- in der Energieversorgung.

Auch im Ausbau der personellen Infrastruktur hat die Politik umfangreiche Investitionsaufgaben zu bewältigen:
- im Bildungswesen (z.B. Ausbau des Fortbildungs- und Weiterbildungssystems, Restrukturierung der wissenschaftlichen Hochschulen) und insbesondere
- im arbeitsintensiven Bereich sozialer Dienste (z.B. Ausbau der Alten-, Kranken- und Behindertenpflege, der Rehabilitation, Neugründung von Kindergärten und Jugendeinrichtungen usw.).

2.4.3 Selektive Strukturpolitik

Die neue Steuerungskonzeption des Strukturkeynesianismus ist darauf angelegt, nicht (wie bei den ersten Konjunkturprogrammen 1967/68 herkömmlichen keynesianischen Musters) unbeabsichtigte Strukturwirkungen eintreten zu lassen, sondern die Produktionsstrukturen gezielt zu beeinflussen. In negativer Abgrenzung geht es in der strukturkeynesianischen Konzeption „nicht um pauschale Wachstumsförderung als gewinnwirtschaftlicher Selbstzweck, und auch nicht um produktindifferente Beschäftigungstherapie" (Hickel/Priewe 1989, S. 264).

Ansatzpunkt ihrer Argumentation ist der Grundsatz, dass zusätzliche Beschäftigung nur dann entsteht, wenn die Wachstumsrate des Sozialprodukts den gesamtwirtschaftlichen Produktivitätszuwachs (bei konstanter Arbeitszeit) überschreitet (Klauder 1990). So sehr der technische Fortschritt auch und gerade unter Aspekten internationalen Wettbewerbs unverzichtbar geworden ist, so beschäftigungsgefährdend ist eine Wachstumsbeschleunigung auf der Basis kapitalintensiver und produktivitätsstärkender Technologien: Eine Entkoppelung von Wirtschafts- und Beschäftigungswachstum ist die Folge („jobless-growth").

Nicht jede Form von Wirtschaftswachstum ist geeignet, das Ziel höheren Beschäftigungsstandes zu erreichen. Dem Strukturkeynesianismus geht es nicht um Beschäftigung um jeden Preis, sondern um eine Beschäftigungssteigerung über qualitatives Wachstum, also einen Wachstumstypus, der arbeitsmarktpolitischen und ökologischen Anforderungen gerecht wird (Memorandum '82, S. 168ff.). Die damit propagierte Strategie selektiver staatlicher Strukturpolitik fordert einen Wachstumstyp, der auf die regionalen und sektoralen Wirtschaftsstrukturen unter Gesichtspunkten konkreten gesellschaftlichen Nutzens Einfluß nimmt.

Die Form selektiver Strukturpolitik soll nicht nur als „Zuwachspolitik" verstanden werden, sondern zielt auch auf den sozialen und ökologischen Umbau der bestehenden Produktionsstrukturen. Grundsätzliche Bewertungsmaßstäbe einer solchen strukturkeynesianischen Politiksteuerung sind „die Humanisierung, Ökologisierung und Demokratisierung der Produktion" (Hickel/Priewe 1989, S. 265).

Die Kritikpunkte an der Konzeption des Strukturkeynesianismus – der Vorwurf, eine solche Politik führe zur „Strukturkonservierung", der ordnungspolitische Einwand gegen einen wachsenden Staatsanteil und der Hauptkritikpunkt, eine verstärkte staatsinterventionistische Politik sei nicht finanzierbar – werden in den Abhandlungen über die jeweiligen Politikfelder (Wirtschafts-, Finanz- und Arbeitsmarktpolitik) näher erörtert (vgl. Kap. C.II.).

2.5 Die „postkeynesianische" Weiterentwicklung des keynesschen Ansatzes

Der keynessche makroökonomische Ansatz schreibt den verschiedenen Märkten unterschiedliche Wirkung auf die Produktion und die Arbeitsnachfrage zu: Während auf den Güter- und Dienstleistungsmärkten die Absatzchancen und auf den Geld- und Kapitalmärkten die Renditeerwartungen einen dominanten Einfluss auf die Produktion und die Nachfrage nach Arbeitskräften haben, spielen die Arbeitsmärkte für das Beschäftigungsniveau nur eine untergeordnete Rolle (Hickel 1999, S. 123).

Im keynesschen Ansatz läßt sich die „unfreiwillige", d.h. die systembedingte Arbeitslosigkeit durch folgende Wirkungszusammenhänge erklären (Keynes 1994):

- Im Gegensatz zu neoklassischen, monetaristischen oder angebotsorientierten Positionen sind für Keynes nicht die Lohnsatzhöhe, sondern die – von der realisierbaren Nachfrage beeinflußten – Ertragserwartungen auf den Güter- und Dienstleistungsmärkten für die Sachinvestitionen entscheidend. Wird im Interesse der Bekämpfung der Arbeitslosigkeit im Sinne der Angebotspolitik der Lohnsatz gesenkt, können sich negative Beschäftigungseffekte ergeben, weil sich infolge sinkender Löhne die Absatzbedingungen für die Unternehmen verschlechtern.
- Darüber hinaus beeinflussen die Renditeerwartungen auf den Geld- und Kapitalmärkten die Entscheidungen über Sachinvestitionen. Auf den von Keynes als „Kasinokapitalismus" gekennzeichneten Märkten wie auf den – heute globalisierten – Finanzmärkten entscheiden die international erzielbaren Renditen über das Ausmaß der Sachinvestitionen. Durch diese Renditevergleiche erlangen Spekulationen einen immer größeren, bedenklichen Einfluss auf die Sachinvestitionsentscheidungen. Keynes beklagt in seiner „Allgemeinen Theorie des Geldes, des Zinses und der Beschäftigung" (von 1936) die gesamtwirtschaftliche Bedeutung von Spekulationen: Je mehr sich der „Spekulationskapitalismus" ausweite, um so mehr werde die „Arbeit" für das Wirtschaftswachstum und die Beschäftigungsentwicklung an Bedeutun verlieren (Keynes 1994, S. 134).
- Schließlich hebt Keynes den stark spekulativen Einfluß der Liquiditätshaltung, also der Haltung von Geld als „Vermögensspeicher" hervor. In einer Krise kann der Vertrauensverlust so groß werden, dass Unternehmen auch dann nicht investieren, wenn die Zinsen auf null sinken (Afhüppe/Fasse 1999, S. 26). Dominieren also pessimistische Erwartungen über die künftige Wirtschaftsentwicklung, verliere auch eine expansive Geldpolitik ihre Wirkung, weil das damit geschaffene zusätzliche Zentralbankgeld in der Spekulationskasse versickere („Liquiditätsfalle"). Das Klima pessimistischer Erwartungen verhindere eine zweckmäßige Verwendung der zusätzlichen Mittel für volkswirtschaftliche Ausgaben. Die Folgen sind eine nachfragebedingte Unterauslastung der Produktionsmöglichkeiten, eine unzulängliche Nutzung von Wachstumsmöglichkeiten und eine damit einhergehende Unterbeschäftigung.
- Aus diesen gesamtwirtschaftlichen Fehlentwicklungen leitet Keynes seine wohl bekannteste These ab: Wenn Unternehmer nicht ausreichend investieren, muss der Staat als Investor auftreten, um die nötigen Nachfrageimpulse zu geben. Zur Nachfragebelebung nimmt der Staat Kredite auf („deficit-spending") und finanziert damit zusätzliche Investitionen wie etwa Straßen, Kanalisation, Schulen, Krankenhäuser, Flughäfen usw. (Afhüppe/Fasse 1999, S. 26).

Der heutige Keynesianismus in seinen verschiedenen Varianten (Cottington 1976) versucht zu erklären, warum zwischen dem optimalen Produktionspotential und der realisierten gesamtwirtschaftlichen Wertschöpfung eine Lücke klaffen kann. Trotz der unterschiedlichen

Aussagen der Theorievarianten der „keynesschen Botschaft" (Hampe 1984) sind sich die Ansätze in der Grundaussage einig, dass interne Störungen des marktwirtschaftlichen Systems zu gesamtwirtschaftlichen Fehlentwicklungen führen können.

Die als „Post-Keynesianismus" bezeichneten Weiterentwicklungen und Ergänzungen der Kernaussagen von Keynes eignen sich aufzuzeigen, warum bei nicht ausgelasteten Produktionsmöglichkeiten und damit verbundener Unterbeschäftigung ein makroökonomisches Gleichgewicht bestehen kann. In postkeynesianischer Sicht ergibt sich eine sog. deflatorische Lücke, bei der die effektive Nachfrage nicht ausreicht, um die Produktionsmöglichkeiten auszuschöpfen, wenn die gesparten Einkommensteile nicht im selben Ausmaß wie die unternehmerische Investitionsnachfrage zunehmen. Für ertragsoptimierende Unternehmen bestehe auch kein Grund, im Umfang der wachsenden Ersparnisse der privaten Haushalte ihre Investitionen auszuweiten. Im hochentwickelten marktwirtschaftlichen System sei demzufolge die unzureichende Nachfrage auf das gesamtwirtschaftliche Übersparen zurückzuführen (Hickel 1999, S. 118).

Das Paradoxon einer reifen Ökonomie liege darin, dass mit zunehmendem Wohlstand das Wirtschaftswachstum beeinträchtigt werde. Da mit steigendem Wohlstand auch das Sparen, d.h. die Geldvermögensbildung wächst, sei nicht davon auszugehen, dass die privaten Investitionen in gleichem Umfang zunehmen. Wenn das Angebot die Nachfrage übersteigt, werden für Vertreter des Postkeynesianismus die Produktion bzw. das Volkseinkommen und damit die Ersparnisse so lange zurückgehen, bis schließlich die Entscheidungen von Angebot und Nachfrage übereinstimmen. Dieses makroökonomische Gleichgewicht habe allerdings den „bitteren Makel der Unterbeschäftigung" (Hickel 1999, S. 119).

Die keynessche Analyse der „Wohlstandsfalle" wird als Beispiel für eine ärgerliche Fehlinterpretation angeführt, dass Keynes lediglich eine auf die „kurze Frist" (Konjunkturzyklus) reduzierte Theorie entwickelt habe. Im Unterschied zu diesen Deutungen habe Keynes die „Wohlstandsfalle" als ein Langfristproblem marktwirtschaftlicher Ökonomie begriffen.

Für die Postkeynesianer weist Keynes aus dieser durch Übersparen bewirkten „Wohlstandsfalle" einen Ausweg: Finanz- und Steuerpolitik können den privaten Konsum stärken durch eine Umverteilung zugunsten von unteren Einkommensgruppen mit hoher Konsumquote und durch öffentliche Ausgabenprogramme mit Unterstützung der Geldpolitik. In nachfrageorientierten Positionen wird dabei auf den am Ende der „Allgemeinen Theorie" Keynes' angesprochenen Ausweg verwiesen. „Als das einzige Mittel zur Erreichung einer Annäherung an Vollbeschäftigung" könnte sich „eine ziemlich umfassende Verstaatlichung der Investitionen" erweisen. Für Vertreter des Postkeynesianismus erklärt diese logische „ultima ratio", als Folge der jeder Marktwirtschaft innewohnenden Entwicklung zur Arbeitslosigkeit die staatlichen Investitionen auszuweiten, die zum Teil unerbittliche Attacken gegen die „keynessche Botschaft" auslösten. Anhänger des keynesschen Denkens verweisen allerdings darauf, dass Keynes an keiner Stelle seines Werkes – auch vor dem Hintergrund des real existierenden Sozialismus in der damaligen Sowjetunion – für die Abschaffung des marktwirtschaftlichen Systems eingetreten ist. Sein Anliegen war darauf gerichtet, marktwirtschaftliche Entscheidungen zusammen mit politischer Gestaltung zu optimieren (Hickel 1999, S. 119; Pilz 1998).

Nach postkeynesianischer Auffassung ist wegen der Kluft zwischen einzelwirtschaftlicher Rationalität und gesamtwirtschaftlichem Optimum Vollbeschäftigung über das Handeln von Unternehmern nicht herstellbar. Würde nämlich ein Unternehmer – bei unausgelasteten Kapazitäten – allein investieren, würden zwar seine Produktionskapazitäten steigen, aber eine zur Auslastung erforderliche Zusatznachfrage nicht zustandekommen. Der Investor wäre am Ende schlechter gestellt als zuvor.

Da einzelwirtschaftliche Akteure kein gesamtwirtschaftlich rationales Investitionsverhalten entwickeln, könne nur der gesamtwirtschaftlich verantwortliche Staat die Wirtschaft aus der „Rationalitätsfalle" herausführen (Hampe 1984, S. 101 f.). Die öffentliche Nachfrage könne Produktion, Einkommen und Beschäftigung auf das optimale Niveau heben, wenn deren öffentliche Finanzierung die investive und/oder konsumtive Nachfrage nicht verdränge. Postkeynesianer weisen also der Finanzierung über öffentliche Kredite große Bedeutung zu. Der Behauptung der Verdrängung privatwirtschaftlicher Aktivitäten („crowding-out") wird widersprochen, weil sie auf wenig realistischen Annahmen beruhe. In dem Maße, wie nämlich die Stärkung der Wirtschaft gelingt und sich die Renditeaussichten verbessern, wächst auch das Kapitalangebot mit, so dass ein kreditfinanziertes Konjunkturprogramm zu keinen höheren Kapitalmarktzinsen führe. Die nachfrageorientierte Politik könne dabei den sogenannten Staatsausgaben-Einkommensmultiplikator nutzen, d.h., dass sich die Wirkung höherer Staatsausgaben – über steigende Wertschöpfung und Einkommen – auf die Konsumnachfrage um ein vielfaches verstärkt.

3 Die Konzeption der Angebotspolitik

Mit dem Regierungswechsel von 1982 und der Bildung der konservativ-liberalen Bundesregierung setzte sich auf Bundesebene die wirtschafts-, finanz- und sozialpolitische Konzeption der Angebotspolitik durch. Damit wurden neue Prioritäten gesetzt, die im Kern auf eine Rentabilitätsverbesserung und Kostenentlastung der Unternehmen, sprich: der Angebotsseite (Produktionsseite), zielte. Mit dieser neuen politischen Grundorientierung war gleichzeitig eine grundlegende „Neuordnung" staatlicher Aktivitäten verbunden.

3.1 Praxisrelevante theoretische Grundlagen und Prämissen

Die deutsche Konzeption der Angebotspolitik basiert auf Erklärungen und Thesen neoklassischer und monetaristischer Theorien. Zwar gehen die Neoklassik und der Monetarismus sowie die Angebotslehre gemeinsam von der Überlegenheit marktregulierter Wettbewerbsgesellschaften aus, doch unterscheiden sie sich nicht unerheblich in ihren theoretischen Begründungen wie in der Ableitung ihrer Ziele und Instrumente.

3.1.1 Grundorientierung an der Neoklassik und dem Monetarismus

Die Neoklassik versucht modelltheoretisch zu erklären, warum und auf welche Weise Wirtschaftssystemen auf der Grundlage privatwirtschaftlicher Gewinn- und Nutzeninteressen eine Tendenz zum Vollbeschäftigungs-Gleichgewicht innewohnt. Die von Leon Walras begründete „allgemeine Gleichgewichtstheorie" hat sich unterdessen zu einem komplizierten Anwendungsgebiet der Mathematik entwickelt. Diesen mathematischen Erklärungsversuchen geht es im wesentlichen darum, die Leistungsfähigkeit des Marktes, also des erfolgreichen Wirkens einer „unsichtbaren Hand" über die Märkte (Adam Smith), unter Beweis zu stellen. Die als neo-klassisch charakterisierte Wirtschafts- und Finanzpolitik zielt auf die Stärkung des Marktmechanismus als eines rationalen Mechanismus der Entscheidungsfindung sowie eines wirkungsvollen Preis- und Qualitätsregulators.

Auf der Grundlage der Nutzen- und Gewinnmaximierung der Marktteilnehmer ergibt sich nach dem neoklassischen Gleichgewichtsdenken bei völlig freier Lohn- und Preisbildung ein wirtschaftliches Gleichgewicht auf allen Märkten: Wenn die Wirtschaftspläne der Anbieter und Nachfrager erfüllt werden, gibt es keinen Anlass zu Planrevisionen, d.h. „die Märkte sind geräumt" (Hardes u.a. 1990, S. 104 f.). Auch bei Abweichungen vom Marktgleichgewicht sorgt der Marktmechanismus dafür, dass flexible Löhne und Preise wieder zum Gleichgewicht tendieren (Neumann 1983, S. 617 ff.).

Die Neoklassik unterstellt, dass die Unternehmer die mit einer bestimmten Beschäftigungsmenge produzierte Gütermenge auch jederzeit absetzen können. Diesen Zusammenhang zwischen Beschäftigung und Produktion einerseits und Nachfrage andererseits stellt das „Say'sche Theorem" her. Das nach dem französischen Ökonomen Jean Baptist Say benannte Theorem besagt, dass sich jedes Angebot – über die mit der Produktion entstehenden Einkommen – seine Nachfrage schafft. Das Say'sche Theorem berücksichtigt die Interdependenz des Arbeits-, des Güter- und des Geldmarktes, „Vermittlungsmedium ist der Preismechanismus (Lohn, Preis, Zins)" (Hardes u.a. 1990, S. 106).

Die Kritik an diesen mathematischen Erklärungsansätzen hebt hervor, dass die politisch-ökonomische Realität mit dem Marktmodell wenig gemeinsam hat, da die heutigen Marktstrukturen maßgeblich von fortschreitender Konzentration und Internationalisierung bestimmt werden (W. Vogt 1973).

Auch der Monetarismus stimmt mit der Neoklassik in der Auffassung überein, dass der „private Sektor" genügend eigene Stabilisierungskräfte entfalten kann, wenn außermarktmäßige Eingriffe in die wirtschaftliche und soziale Entwicklung weitgehend eingedämmt werden. Der Monetarismus, der die Geldmengensteuerung in den Mittelpunkt der Argumentation rückt, macht aber einen Unterschied zur Neoklassik, die „Geldhaltung" von den ökonomischen Kalkülen einzelner Wirtschaftseinheiten (z.B. Unternehmen und private Haushalte) abhängig.

Im Gegensatz zum neoklassischen Marktmodell geben die Vertreter des Monetarismus die Prämisse vollständiger Information auf (Friedman 1974, S. 314 ff.). Aufgrund unvollständiger Informationen bilden sich bei den Wirtschaftssubjekten bestimmte Erwartungen über die künftige Lohn-, Preis- und Nachfrageentwicklung heraus. Die Erwartungen der Wirtschaftssubjekte bestimmen also ihre Dispositionen.

Da aber Erwartungen auf unvollständigen Informationen beruhen, stimmen subjektive Einschätzungen der Marktchancen mit den objektiven Marktbedingungen nicht überein. Die daraus entstehenden Unterschiede zwischen erwarteter und tatsächlicher Entwicklung bilden den Kern der monetaristischen Erklärung für die kurzfristige Abweichung der Produktion und Beschäftigung vom Gleichgewicht (Hardes u.a. 1990, S. 119).

Wenn die nationale Zentralbank ihre Geldversorgung verändert, wirkt sich das zuerst auf Angebot und Nachfrage nach Arbeit und Produkten und schließlich auf die Preisentwicklung aus. Für den Monetarismus liegt die Ursache für die Inflation darin, dass die Geldmenge stärker als die Inflation wächst. Nur eine „verstetigte" Geldversorgung der Zentralbank, die sich am mittelfristigen Zuwachs des Produktionspotentials orientiert, schafft wichtige monetäre Voraussetzungen für ein stabiles Preisniveau.

Die Kritik an der Politik der potentialorientierten Geldmengensteuerung hebt die verteilungspolitischen Folgen hervor: Auch wenn die Regelbindung der Zunahme der Geldmenge im Ausmass des Produktionspotentialwachstums eingehalten wird, bedeutet ein „Zurückbleiben der Reallöhne hinter der Entwicklung der Arbeitsproduktivität" eine Einkommensumverteilung zugunsten der Unternehmensgewinne und zulasten der Arbeitseinkommen (Adam 1992, S. 151 ff.). Außerdem wird die Eingrenzung des politischen Handlungsspielraums bzw. die teilweise Reduktion der Politik beklagt, wenn sich die Politik auf die Regelung der Geldversorgung und der Marktöffnung bisher politisch regulierter Wirtschaftsbereiche beschränkt (Hickel/Priewe 1989, S. 76; 1994).

3.1.2 Ordnungs- und wirtschaftspolitische Prämissen der Angebotspolitik

Da die Hauptvertreter der Konzeption der Angebotspolitik, insbesondere der Sachverständigenrat zur Begutachtung der gesamtwirtschaftlichen Entwicklung (SVR) und die Bundesbank, bewußt Einfluß auf die Politikformulierung nehmen wollen, sind sie im Gegensatz zur Neoklassik nicht an einer umfassenden theoretischen Fundierung ihrer Lehre interessiert. Im Vordergrund ihrer praxisrelevanten Begründungen, Kritikpunkte und Folgerungen steht die grundsätzliche Intention, einzelwirtschaftliche rentable Angebotsbedingungen zu schaffen und damit gesamtwirtschaftlich optimale Entwicklungen zu fördern.

Die Argumentation der Angebotslehre geht von zwei Prämissen aus, die ihren ordnungs- und wirtschaftspolitischen Positionen zugrunde liegen. Um eine Konzentration auf die „eigentlichen" staatlichen Aufgaben zu erreichen und die Rücknahme gesetzlicher Regelungen zu begründen, ist die erste Prämisse das Vertrauen in die Eigenverantwortung der Bürger und die unternehmerische Entscheidungskompetenz. Als angebotsorientiertes Ziel einer „Neubesinnung" auf Prinzipien der Sozialen Marktwirtschaft werden zuvörderst verlässliche Rahmenbedingungen, die Stärkung der Leistungs- und Risikobereitschaft, die Sicherung des Wettbewerbs und die Verringerung bürokratischer Hemmnisse genannt (Jahreswirtschaftsbericht der Bundesregierung 1987, Ziff. 8). Für wirtschaftliche Wachstumsschwäche und hohe Arbeitslosigkeit werden die „Fesselung der Marktkräfte durch staatliche Überregulierung" verantwortlich gemacht. Um Marktkräfte wieder „freizusetzen" und privatwirtschaftliche Handlungsspielräume zu erweitern, müssen in der Sicht der Angebotspolitiker die beschäftigungs- und sozialpolitischen Aufgaben des Staates zurückgedrängt werden. Die Prämisse der Angebotspolitik, die unternehmerischen Entscheidungskompetenzen auszuweiten, bedeutet eine grundlegende Neubestimmung des Niveaus und der Struktur staatlicher Aufgaben. Die verstärkte staatliche Verbesserung rentabler einzelwirtschaftlicher Angebotsbedingungen impliziert den (teilweisen) Rückzug aus sozialstaatlichen Verpflichtungen. Die erste Prämisse enthält die Grundaussage, dass Marktwirtschaften in dem Maße sich selbstverstärkende Kräfte entfalten können, wie die Politik auf „ablauf- und ergebniskorrigierende politische Interventionen" verzichtet (Hickel/Priewe 1989, S. 75).

Die zweite Prämisse der Angebotspolitik, die von einem positiven Zusammenhang zwischen einzelwirtschaftlicher Rentabilitätssteigerung und gesamtwirtschaftlichem Beschäftigungsanstieg ausgeht, stützt sich auf das Say'sche Theorem: Dieses Theorem, nach dem das Angebot sich seine Nachfrage schafft, wird deshalb als so „wertvoll" erachtet, „weil es aufzeigt, warum es Sinn hat, auf der Angebotsseite fördernd einzugreifen" (SVR-Jg. 1977/78, Ziff. 241).

Die Angebotspolitik befürwortet die staatliche einzelwirtschaftliche Rentabilitätsförderung in der „Hoffnung", damit das gesamtwirtschaftliche Ziel der Beschäftigungszunahme erreichen zu können. Um das Vollbeschäftigungsziel zu verwirklichen, haben Finanz- und Lohnpolitik „Schlüsselrollen" zu übernehmen: Die Finanzpolitik hat nicht nur auf die Senkung der (Unternehmens-)Steuern, sondern im Verbund mit der Sozialpolitik auch auf niedrigere Lohnnebenkosten (vor allem in der sozialen Sicherung) hinzuwirken. Der Lohnpolitik wird die zentrale Rolle zugewiesen, durch Zustimmung zu moderaten Tarifabschlüssen die einzelwirtschaftlichen Kosten reduzieren und damit die Rentabilität steigern zu helfen.

3.2 Zielsetzungen und Instrumente

In der Konzeption der Angebotspolitik wird die Rolle des Staates neu bestimmt: Die finanz- und ordnungspolitischen Aktivitäten sollen verstärkt dem Zweck dienen, für die privaten Unternehmen rentable Angebotsbedingungen herzustellen und zu sichern. Dabei geht es der Angebotslehre nicht um eine durchgängige Strategie der Entstaatlichung, sondern vielmehr um die Instrumentalisierung des Staates für Zwecke einzelwirtschaftlicher Rentabilitätssteigerung. Im Kern soll der Staat einen Teil seiner sozialstaatlichen und beschäftigungspolitischen Gestaltungsverantwortung abgeben und an dessen Stelle seine finanz- und ordnungspolitischen Aktivitäten für die einzelwirtschaftliche Rentabilitätsförderung ausweiten (SVR-Jg. 1986/87, Ziff. 209).

Im Jahreswirtschaftsbericht 1988 werden die Grundlinien angebotsorientierter Politik aufgezeigt (JWB 1988, Ziff. 17):

- die Freiräume für unternehmerische Initiativen zu erweitern,
- die Rahmenbedingungen für Kapitalbildung und Innovation zu verbessern und
- die Flexibilität des Produktionsstandorts Deutschland zu verbessern.

Die angebotsorientierte Politikstrategie verfolgt dabei in erster Linie das finanzpolitische Ziel der Konsolidierung und ordnungspolitische Ziele, die mit den Instrumenten der Privatisierung und Deregulierung erreicht werden sollen.

3.2.1 Finanzpolitisches Ziel der Konsolidierung und fiskalische Instrumente

Vornehmliches Ziel der Angebotspolitik ist die Senkung der Staatsquote, um damit die Neuverschuldung zu reduzieren und/oder Handlungsspielräume für die Senkung von (Unternehmens-)Steuern zu gewinnen. Der Finanzpolitik fällt dabei die Aufgabe zu, über einen gezielten Einsatz fiskalischer Instrumente der Ausgaben-, Verschuldungs- und Steuerpolitik die Beanspruchung von Ressourcen durch den Staat (Steuereinnahmen und Personal) über niedrigere Abgaben zurückzuführen. Die finanzpolitische Angebotsstrategie ist zunächst auf die „quantitative Konsolidierung" und im Anschluß daran auf die „qualitative Konsolidierung" gerichtet.

Der quantitativen Konsolidierung geht es um den Abbau der Staatsquote, um die privatwirtschaftlichen Handlungsspielräume zu erweitern. Dieses Konsolidierungsziel bedeutet nach der offiziellen Abgrenzung der Bundesregierung (in den Finanzberichten), dass der Zuwachs der Sachausgaben geringer als der Zuwachs des (nominalen) Sozialprodukts ausfallen muss. Indikator für eine „erfolgreiche" angebotsorientierte Finanzpolitik ist demnach die globale Staatsquote, die den Anteil aller Ausgaben der Gebietskörperschaften (Bund, Länder, Gemeinden) und der Sozialversicherungen am Bruttosozialprodukt wiedergibt.

Die Staatsquote, die das Ausmaß der Beanspruchung von Ressourcen durch öffentliche Aktivitäten definiert, wird in einer engen und einer weiten Abgrenzung verwendet. Beide Abgrenzungsformen des Staatsanteils lassen unterschiedliche politische Wertungen und Schlussfolgerungen zu: Während die Staatsquote i.e.S. den Anteil der Ausgaben der Gebietskörperschaften am Bruttoinlandsprodukt wiedergibt, misst die – vom Bundesfinanzminister genannte – Staatsquote i.w.S. sowohl die Beanspruchung volkswirtschaftlicher Ressourcen durch den Staat als auch die Ausgaben der gesetzlichen Sozialversicherung.

I Konzeptionen wirtschafts-, finanz- und sozialpolitischer Steuerung

Die Vertreter der Angebotslehre und der Angebotspolitik benutzen die weite Definition der Staatsquote zur Erklärung der Wirksamkeit der bisher verfolgten Finanzpolitik und der Notwendigkeit der Fortsetzung der Haushaltskonsolidierung. Sowohl in der Abgrenzung des Staatsanteils i.e.S. als auch i.w.S konnte die angebotsorientierte Finanzpolitik auf „Konsolidierungserfolge" verweisen. Bis zum Jahr vor der staatlichen Vereinigung 1989 erreichten die Staatsquote i.e.S. mit 31,5 % und im Vereinigungsjahr 1990 die Quote i.w.S. mit 46,4 % die niedrigsten Werte in der Geschichte der alten Bundesrepublik. Seit dem Jahr 1991, in dem erstmals eine gesamtdeutsche Kennziffer ermittelt wurde, sind die Staatsquoten in beiden Abgrenzungen wieder deutlich angestiegen.

Die den Zielvorstellungen der Konzeption der Angebotspolitik folgende Senkung der Staatsquote in den 1980er Jahren war vor allem das Ergebnis mehrerer „Haushaltsoperationen", die überwiegend bei sozialen Ausgabenkürzungen ansetzten. Die vereinigungsbedingten enormen Transferleistungen für Ostdeutschland hätten die Staatsquoten noch stärker ansteigen lassen, wenn nicht entsprechend der angebotspolitischen Konzeption wiederum hauptsächlich die sozialen Ausgaben reduziert worden wären (z.B. im Spar-, Konsolidierungs- und Wachstumsgesetz von 1994). Um die Notwendigkeit der Fortsetzung der (angebotsorientierten) Politik der Haushaltskonsolidierung zu unterstreichen, verwendet der Bundesfinanzminister die weite Definition der Staatsquote: Diese Kennziffer ist geeignet, der Bevölkerung die Sorge zu suggerieren, „über die Hälfte der Produktion würden durch den Staat beansprucht" (Hickel/Priewe 1994, S. 128). Die hohen vereinigungsbedingten Finanzierungslasten und die dadurch notwendig gewordene Konzentration auf die Aufgabe der Begrenzung des Ausgabenanstiegs lassen erwarten, dass die Verfolgung des finanzpolitischen Ziels der „qualitativen Konsolidierung" hintangestellt wird. Unter den verschärften Bedingungen knapper öffentlicher Finanzierungsmittel und aufgrund der Forderungen nach einer „Verschlankung des öffentlichen Sektors" muss sich die Aufmerksamkeit der Finanzpolitik auf quantitative Maßnahmen wie die des Abbaus der Staatsquote, Abgabenquote und der Neuverschuldung konzentrieren („Ausgabenpolitik"-Gutachten 1994, S. 6ff.). Das qualitative Konsolidierungsziel, die verbleibenden Staatsausgaben und Staatseinnahmen „zielkonform" umzustrukturieren, also die Mittel vermehrt zugunsten der Förderung von Zukunftsaufgaben und -projekten umzulenken (z.B. in die Forschungs- und Technologiepolitik), wird zwar weiter verfolgt, muss aber zwangsläufig seine Dringlichkeit verlieren.

Angesichts der vereinigungsbedingten Finanzierungslasten und Transferleistungen sowie der hohen „Zukunftsbelastungen" für die öffentlichen Haushalte (z.B. demokratisch bedingte zunehmende Aufwendungen für das Gesundheitswesen, die Alterssicherung und Finanzhilfen für mittel- und osteuropäische Länder) befürchten Vertreter der Angebotspolitik, dass sich trotz des durchgesetzten Finanzierungsmusters (mit steigenden Steuern und Sozialabgaben sowie ausgeweiteter öffentlicher Kreditfinanzierung) bestenfalls „das Anwachsen der Haushaltsprobleme verlangsamen" lässt („Ausgabenpolitik"-Gutachten 1994, S. 8). Von den zur Verfügung stehenden Wegen zur Schließung der Finanzierungslücken wird in der Sicht der Angebotspolitik auch seit der Vereinigung „nachhaltigen Ausgabenkürzungen" der Vorzug gegeben. Da eine noch höhere Netto-Neuverschuldung aus verteilungs- und stabilisierungspolitischen Gründen als „kaum zumutbar" abgelehnt wird (vgl. Kap. C.II.2.), werden auch in der Steuerpolitik nur noch geringe Gestaltungsspielräume gesehen.

Der „eigentliche" Zweck der angebotsorientierten Ausgabensenkung, Spielräume für (Unternehmens-)Steuersenkungen zu gewinnen und damit zur Investitionsbelebung beizutragen, verbietet von vornherein aufkommenserhöhende Maßnahmen wie höhere Körperschaftsteuern, betriebliche Vermögensteuern, gewerbliche Einkommensteuer, Gewerbesteuer usw. Die steuerliche Erleichterung der Privatinvestitionen (z.B. Abschreibungsmöglichkeiten, Investitionszulagen) sollte solange beibehalten werden, bis durch verstärkte innovative Investitionen die „Revitalisierung der Wirtschaft erreicht" ist (K.-D. Schmidt 1984, S. 143) und eine größere Attraktivität des Wirtschaftsstandorts Deutschlands ausländische Kapitalanlagen zur Investitionstätigkeit im Inland anregt („Ausgabenpolitik"-Gutachten 1994, S. 10).

In der Konzeption der Angebotspolitik wird ferner der steuerpolitische Grundsatz vertreten, das Schwergewicht der Besteuerung von der Einkommensentstehung (z.B. bei den Löhnen und Einkommen) auf die konsumtive Einkommensverwendung (z.B. den Konsum) zu verlagern (K.-D. Schmidt 1984, S. 143). Deshalb wird eine weitere Anhebung der persönlichen Einkommenssteuerlast (über den ab 1995 erhobenen Solidaritätszuschlag hinaus) als „leistungshemmend" abgelehnt, während weitere Erhöhungen spezieller Verbrauchssteuern wie der Umsatz-, Branntwein- oder Tabaksteuer „in Betracht" gezogen werden sollten.

Erhebliche Spielräume für eine „Vergrößerung der Steuereinnahmen" sieht dagegen die angebotsorientierte Steuerpolitik in einer weiteren Durchführung von Steuervergünstigungen. Dementsprechend sollten Steuersubventionen verstärkt auf ihre „Beschäftigung und Effizienz" hin überprüft werden („Ausgabenpolitik"-Gutachten 1994, S. 11 f.).

3.2.2 Ordnungspolitische Zielsetzung und Instrumente

Ordnungspolitisches Ziel der angebotsorientierten Konzeption ist im wesentlichen, die sozialpolitisch veranlaßten Einschränkungen der privaten Eigentumsnutzung zu verringern. Arbeits- und sozialrechtliche Regelungen wie der Kündigungsschutz oder die gesetzliche Garantie von Mindestlöhnen steigern nicht nur die Kostenbelastungen der Unternehmen, sondern grenzen auch die unternehmerischen Entscheidungsfreiheiten ein: Beispielsweise werden im Kündigungsschutzgesetz „fixe Kosten" gesehen, d.h., dass mit zunehmender Dauer des Beschäftigungsverhältnisses Arbeitnehmer i.d.R. immer schwerer zu kündigen sind. Folglich werden seitens der Arbeitgeber solche Schutzregelungen als „Beschäftigungshemmnisse" aufgefasst, da einmal getroffene unternehmerische Entscheidungen und abgeschlossene Arbeitsverträge nur noch unter erschwerten Bedingungen rückgängig gemacht werden können. Mit dem Inkrafttreten des Beschäftigungsförderungsgesetzes von 1985, das erstmals neben den „Normalarbeitsverhältnissen" befristete Arbeitsverträge zuließ, wurde im Arbeitsrecht ordnungspolitischen Forderungen der Angebotspolitik zumindest punktuell Rechnung getragen (vgl. Kap. C.II.4.).

Die Rückgewinnung unternehmerischen Entscheidungsspielraums, d.h. die Stärkung privater Eigentumsrechte, entspricht der ordnungspolitischen Zielsetzung, die Eigenverantwortung der Bürger zu stärken, also die sozialen Risiken zu „reprivatisieren". Die durch die angebotsorientierte Ordnungspolitik geförderte „Individualisierung" des Erwerbslebens und der Zukunftsgestaltung hat in der Sicht der Kritik zur Folge, dass die Betroffenen zunehmd „Marktgesetzen" unterworfen und wieder von unternehmerischen Entscheidungen existenziell abhängiger werden (Hickel/Priewe 1989, S. 90).

Zur Durchsetzung der ordnungspolitischen Zielvorstellungen stehen der Angebotspolitik die Instrumente der Privatisierung und Deregulierung zur Verfügung.

3.2.2.1 Die Politik der Privatisierung

Die Politik der Privatisierung bedeutet, sowohl staatliche Beteiligungen an Unternehmen ganz oder zum Teil abzustoßen als auch öffentliche Aufgaben auf private Unternehmen zu

I Konzeptionen wirtschafts-, finanz- und sozialpolitischer Steuerung

übertragen. Die Privatisierung als bedeutendes Instrument zur Umsetzung der Konzeption der Angebotspolitik manifestiert den erklärten „Vorrang" des privaten Eigentums und der privaten Initiative „vor staatlicher Unternehmertätigkeit und staatlichem Eigentum" (Finanzbericht 1988, S. 29).

Der Bund hat seit den 1980er-Jahren eine Reihe von Bundesbeteiligungen veräußert und auf den Aktienmärkten angeboten: Bekannte Privatisierungsbeispiele sind die Vollprivatisierung der VEBA 1987, der Verkauf des Bundesanteils an der Volkswagen AG, die volle Privatisierung der VIAG 1988 und die schrittweise Absenkung der Bundesbeteiligung an der Lufthansa AG. Seit der Vereinigung hat die Bund sein neu erworbenes Eigentum in Ostdeutschland zum Teil an die neuen Länder abgegeben (z.B. Übertragung der Grundstücke der ehemaligen sowjetischen Armee), tausende von volkseigenen Betrieben privatisiert, über die Treuhand-Liegenschafts-Gesellschaft (TLG) zahlreiche Gebäude, Wälder, Schlösser und diverse Liegenschaften verkauft. Eine spezifische Form der Privatisierung ist auch die Post- und Bahnreform, also die Umwandlung der Sondervermögen des Bundes in Aktiengesellschaften.

Während die Privatisierungen von Bundesbesitz in den 1980er und 1990er-Jahren zügig voranschritten, verfügen die Länder immer noch über beachtliche Beteiligungspakete. Unterdessen haben einige Bundesländer allerdings ihre Engagements deutlich vermindert: Vorreiter dieses Privatisierungskurses sind dabei Bayern und Nordrhein-Westfalen. Die größten Beteiligungen der Länder entfallen vor allem auf die regionalen Kreditinstitute, die Stromversorgungsunternehmen, Gesellschaften des Verkehrsbereiches und der Wohnungswirtschaft, auf die Wirtschaftsförderung sowie auf Museen.

Nur noch eine untergeordnete Rolle spielen die industriellen Beteiligungen, die meist auf den Erhalt von Arbeitsplätzen abzielten und weiterhin abzielen. Arbeitsmarktpolitische Gründe für die Staatsbeteiligung werden in so bekannten Fällen wie bei der Volkswagen AG und der Übernahme der Flugzeugwerft in Lemwerder von der Deutschen Aerospace AG (DASA) angeführt.

Für das Land Bayern waren forschungs- und technologiepolitische Gründe ausschlaggebend, sich von staatlichen Beteiligungen zu trennen. Bayern hat in relativ kurzer Zeit seine Beteiligungen ganz oder zum Teil an der DASA, an der Gesellschaft für Flugtechnik, an Stahlwerken verkauft und seinen 58 %igen Anteil an dem Energieversorgungsunternehmen Bayernwerk im Rahmen seiner Privatisierung gegen einen 25 %igen Anteil an der VIAG getauscht. Privatisierungen der Rhein-Main-Donau AG, von Gaswerken und kleineren Verkehrsunternehmen sollen folgen. Die Landesregierung von Nordrhein-Westfalen will sich nur von Beteiligungen trennen, die keine besondere strukturpolitische Bedeutung haben. Zu diesen strukturpolitisch irrelevanten Beteiligungen zählen beispielsweise der Anteil an der Deutschen Pfandbrief- und Hypothekenbank AG sowie das Darlehen an dem Flughafen Düsseldorf. Nicht zur Disposition steht dagegen der 43 %ige Staatsanteil an der Westdeutschen Landesbank, die als ein wichtiges „Instrument der Strukturpolitik" eingestuft wird.

Ein Teil der Landesverkäufe wird auch als „unechte" Privatisierung bezeichnet, weil einige Staatsanteile nicht an private Haushalte oder Unternehmen veräußert, sondern an andere öffentliche Institutionen übertragen wurden: Hessen und Rheinland-Pfalz haben sich beispielsweise von Landesbank-Paketen getrennt, die wiederum hessische Sparkassen und die Westdeutsche Landesbank kauften.

3.2.2.2 Die Politik der Deregulierung

In der Konzeption der Angebotspolitik wird dem ordnungspolitischen Instrument der Deregulierung große Bedeutung beigemessen. Aus der Feststellung der Angebotspolitik, im marktwirtschaftlichen System sei ein ganzes Geflecht regulierender Eingriffe des Staates in die Märkte entstanden (z.B. Marktzutrittsbeschränkungen, Marktaufteilungen, Kapazitäts- und Preiskontrollen), bestehe also eine „Überregulierung" mit negativen Folgen für Unternehmer und Verbraucher, wird die Forderung abgeleitet, die staatlichen „Reglementierungen" bzw. Regelungen abzubauen und die privatwirtschaftlichen Freiräume zu erweitern (Held 1993, S. 215f.; Clement/Röhreke 1994, S. 294ff.; Kuschel 1994, S. 59). Die Deregulierung soll neben dem Abbau staatlicher Vorschriften einen Beitrag zur „Marktöffnung" leisten, weil im Markt und im Wettbewerb effiziente und letztlich gerechte Mechanismen der Entscheidungsfindung gesehen werden (Deregulierungskommission 1991; Soltwedel u.a. 1986, S. 1).

Ansatzpunkt der Argumentation der Befürworter einer Politik der Deregulierung ist das überall feststellbare „Regulierungsversagen" des Staates. Angebotspolitiker beklagen, dass nur „etwa die Hälfte der Wertschöpfung unter unverfälschten Wettbewerbsbedingungen stattfindet" (Mussel/Pätzold 1993, S. 163). Wesentliche Bestimmungsfaktoren für diese Wettbewerbsbeschränkungen sind:

- die zunehmende Verrechtlichung (Gerichtsurteile, „Gesetzesflut", Anhäufung von Verordnungen, Verwaltungsvorschriften usw.),
- langwierige Planungs- und Genehmigungsverfahren im Bau- und Umweltschutzbereich,
- Erfüllung von Aufgaben durch Bund, Länder und Gemeinden, die von Privaten vielfach effizienter bewältigt werden können.

Das immer enger gespannte Netz von staatlichen Regulierungen hat in der Sicht der Angebotspolitik die negativen Folgen, dass arbeitsplatzschaffende Investitionen blockiert oder sogar verhindert werden, die deutsche Innovations- und Wettbewerbsfähigkeit beeinträchtigt wird und unternehmerische Handlungsspielräume zulasten der Verbraucher begrenzt werden (Clement/Röhreke 1994, S. 294).

Die gegen die Marktöffnung vorgetragenen Argumente, dass die externen Wirkungen von Produktion und Konsum (z.B. Umwelt- und Gesundheitsschäden) „nicht internalisierbar" seien, dass lediglich unsichere und „schlecht bezahlbare Jobs", aber keine Dauerarbeitsverhältnisse geschaffen würden, und dass „gesamtgesellschaftliche, übergeordnete Ziele vorgeschützt" würden, werden von Vertretern der Angebotspolitik als „nicht stichhaltig" interpretiert (Deregulierungskommission 1991, Ziffern 8 bis 13). Zwar räumt die Angebotspolitik ein, dass die Deregulierung kurzfristig die Unternehmen durchaus zu Rationalisierungen und damit zu Entlassungen zwingen kann, langfristig aber „Freiräume für neue Betätigungsfelder" schafft und positive Beschäftigungswirkungen hat (Clement/Röhreke 1994, S. 294).

Aus angebotspolitischer Perspektive eignet sich insbesondere das Beispiel des Verkehrsmarkts, das „Regulierungsversagen" nachzuweisen und folglich eine verstärkte Deregulierungspolitik zu fordern (Deregulierungskommission 1991, Ziff. 163–169; Hamm 1992, S. 225–243). Im Straßengüterfernverkehr ist der Marktzugang durch kontingentierte Konzessionen, vorgeschriebene Tarife und zwingende Vertragskonditionen erheblich beschränkt. Eine Marktregulierung aus Gründen der Verkehrssicherheit wird deshalb für wenig überzeugend angesehen, weil der Sicherheitsgrad von der Überwachung der Fahrzeuge (Reparaturbedarf, Einhaltung der Ruhezeiten usw.) und nicht von Konzessionen und Tarifen abhänge.

I Konzeptionen wirtschafts-, finanz- und sozialpolitischer Steuerung

Auch das Umweltschutzargument ist für Angebotspolitiker keine hinreichende Rechtfertigung für Marktregulierung. So habe die Kontingentierung nicht zur Erhöhung des Marktanteils der umweltfreundlichen Eisenbahnen beitragen können. Die durch Konzessionen bewirkte Kapazitätsverknappung begünstige nur das Ausweichen auf den nichtkontingentierten Werkverkehr. Das Verbot der Rückladung für den Werkverkehr belaste sogar die Umwelt, da viele Leerfahrten unnötig Ressourcen verschwenden würden. Angebotspolitiker sehen deshalb ein effektives und zugleich gerechtes System – der verursachungsgemäßen Anlastung der Umweltkosten – darin, die Beförderungen im Werkverkehr, im Nahverkehr, im innerdeutschen Fernverkehr und im grenzüberschreitenden Fernverkehr gleichermaßen zu erfassen.

Die bisher in Deutschland durchgeführten oder eingeleiteten Deregulierungsmaßnahmen wie die im Beschäftigungsförderungsgesetz zugelassenen befristeten Beschäftigungsverhältnisse, die durch das Planungsvereinfachungs- und Investitionserleichterungsgesetz ermöglichte Beschleunigung der Planungs- und Genehmigungsverfahren (z.B. beim Bau von Autobahnen in den neuen Ländern), die mit der Novellierung des Gentechnikgesetzes verkürzten Genehmigungsverfahren von gentechnischen Anlagen und Forschungsarbeiten usw. werden von der Angebotspolitik positiv beurteilt. Doch wird zugleich mit dem Verweis auf angebotsseitige Fehlentwicklungen die Notwendigkeit betont, die Politik der „Liberalisierung" entschieden fortzusetzen (SVR-Jg. 1993/94, Ziff. 264). Für die Regierungspolitik sind – entsprechend den Zielvorstellungen der angebotsorientierten Politikberatung – in der zukünftigen Deregulierungspolitik folgende Ansatzpunkte von Bedeutung: Neben der Aufhebung oder „Lockerung" des Rabattgesetzes sollen insbesondere die Planungs- und Genehmigungsverfahren im Baubereich, im Verkehrssektor, im Umweltschutz und in Forschung und Technologie verkürzt und vereinfacht werden (Bericht der Bundesregierung über den Standort Deutschland 1994, S. 11 ff.). Dabei gilt der Deregulierung im Baubereich besondere Beachtung, d.h. die Politik hat insbesondere an der Beseitigung der Paragraphenflut in der Bauleitplanung, den unkoordinierten und zu aufwendigen Erschließungsmaßnahmen und dem zu komplizierten Baurecht anzusetzen. Die von der Angebotspolitik in Wissenschaft und Praxis in jüngster Zeit verstärkt geforderte und politisch äußerst umstrittene Arbeitsmarkt-Deregulierung wird in Kap. C.II.4. näher ausgeführt.

3.3 Kritik an der Angebotspolitik

Die Kritik an der Privatisierung hebt hervor, dass unter Bedingungen enormer staatlicher Finanzierungslücken die Verfolgung des fiskalischen Zwecks, durch Verkaufserlöse die Einnahmensituation zu verbessern, den Staat gleichzeitig seiner politischen Gestaltungsmöglichkeiten beraubt. Mit dem Verkauf seiner Beteiligungen verzichtet der Bund darauf, auf unternehmerische Entscheidungen von struktur-, regional- und arbeitsmarktpolitischer Bedeutung Einfluss zu nehmen (Pilz/Ortwein 1992, S. 64–105).

Für Vertreter (struktur-)keynesianischer Positionen ist die Angebotspolitik in dem Maße überfordert, wie konjunkturelle Probleme eine Rolle spielen. Die Anhänger einer modernen Nachfragesteuerung fordern deshalb im Interesse der Preisstabilität und eines angemessenen Wachstums, nicht allein auf die Haushaltskonsolidierung zu setzen, sondern „auch die Nachfrageseite (zu) berücksichtigen" (Krupp 1994, S. 25). In der Sicht der Kritik haben sich die unterstellten Wirkungszusammenhänge zwischen (Unternehmens-)Steuersenkungen, Investitionsbelebung, Beschäftigungssteigerung und Steuermehreinnahmen ohnehin schlicht als „Märchen" erwiesen. Die öffentlichen Defizite seien in vielen Industrieländern größer geworden mit der Folge, dass ein letztlich für alle Länder schädlicher „internationaler Steuersenkungswettlauf" eingesetzt habe (Krupp 1994, S. 25).

Die Bedenken gegen die Deregulierungspolitik richten sich vor allem gegen die in Jahrzehnten politisch „erkämpften" sozial- und arbeitsrechtlichen Schutzbestimmungen. Die mit der Erweiterung privater und unternehmerischer Freiräume begründete Deregulierungspolitik stößt umso mehr auf politische und gewerkschaftliche Kritik, je mehr die Stärkung der „Marktgesetze" mit einer Eingrenzung der Mitgestaltungs- und Mitwirkungsrechte einhergeht.

Auch in beschäftigungspolitischer Hinsicht wird das Resultat der Angebotspolitik als „nicht gerade ermutigend" bewertet. Gemessen an dem angebotsorientierten Ziel, mittel- oder langfristig gerade die Beschäftigungskrise zu überwinden, stellt die Kritik schonungslos fest, dass „dieser in Aussicht gestellte Effekt nicht eingetreten ist" (Krupp 1994, S. 25).

Die Vorbehalte gegen die Politik der „Marktöffnung" werden ferner damit begründet, dass sich mit der Zulassung privatwirtschaftlicher Konkurrenz nicht nur die „Newcomer", sondern auch die Bundesunternehmen selbst immer mehr auf die einzelwirtschaftlich rentablen Bereiche und Tätigkeiten konzentrieren („Rosinenpickerei"!); die Erfüllung infrastrukturell bedeutender Aufgaben wie die flächendeckende Grundversorgung, die nicht mehr die nötigen Kosten „trägt", wird damit langfristig gefährdet (z.B. Stillegung unrentabler Schienennetze) (Hickel/Priewe 1989, S. 92; Hickel 2006, S. 108–138).

Schließlich befürchtet die Kritik, dass die Marktöffnung auch im Bereich der Renten- und Krankenversicherung das soziale Sicherungssystem untergräbt. Entsprechend der angebotspolitischen Prämisse, die Eigenverantwortung der Bürger und die private Eigenvorsorge zu stärken, werden der Versicherungswirtschaft damit neue Geschäftsaktivitäten erschlossen (wie z.B. in der Pflegeversicherung) (Hickel/Priewe 1989, S. 92).

II Politikfeldspezifische Strategien

Bei der Kennzeichnung des ersten Politikfelds, der Wirtschaftspolitik, werden noch grundsätzliche Probleme wie das Verhältnis zwischen demokratischer Politik und kapitalistischer Wirtschaft sowie die Folgen der Globalisierung für die demokratische Politik diskutiert. Im Anschluss daran werden ausgewählte Politikfelder wie die Finanz- und Steuerpolitik, die Sozialpolitik, die Arbeitsmarktpolitik, die Gesundheits- und Rentenpolitik zu beschreiben und zu bewerten sein. Schließlich wird noch Art und Umfang des Einflusses der Europäisierung auf bedeutende deutsche Politikfelder zu erörtern sein.

1 Wirtschaftspolitik

Die folgende Kennzeichnung der Wirtschaftspolitik konzentriert sich auf die politikwissenschaftliche Frage, welche wechselseitige Abhängigkeiten, aber auch Spannungen zwischen demokratischer Politik und kapitalistischer Wirtschaft bestehen. Außerdem wird das politische Dilemma zu erörtern sei, in das die demokratische Politik infolge der Globalisierung der Finanzmärkte geraten ist.

1.1 Die prekäre Symbiose zwischen demokratischer Politik und kapitalistischer Wirtschaft

In politisch-ökonomischen Analysen wurde in den 1970er Jahren nicht das symbiotische Verhältnis zwischen demokratischem Staat und kapitalistischer Wirtschaft, sondern dessen Spannungsverhältnis mit den selbstzerstörerischen „Widersprüchen" der kapitalistischen Demokratie erklärt (Offe 1972; Habermas 1973; 1976). Die Theoretiker des „Spätkapitalismus" prophezeiten eine unvermeidliche „Legitimitätskrise", weil die kapitalistische Wirtschaft den demokratischen Staat für die Erfüllung immer anspruchsvollerer Funktionsbedingungen instrumentalisiere. Demgegenüber wurde auf konservativer Seite die „Unregierbarkeit" des demokratischen Staates mit der Eskalation politischer Ansprüche in wettbewerbsorientierten Massendemokratien erklärt. Die steigenden Ansprüche zwängen aber die Regierungen, Steuern und gesetzliche Vorschriften dermaßen zu erhöhen, dass sie letztlich die Funktionsfähigkeit kapitalistischer Wirtschaften zerstören müßten (Crozier u.a. 1975; Hennis 1977; 1979).

Neuere Interpretationen weisen darauf hin, dass demokratische Politik und kapitalistische Wirtschaft nicht nur in symbiotischer Abhängigkeit koexistieren, sondern ihr Verhältnis auch von grundlegenden Spannungen geprägt ist (Scharpf 1999, S. 36). Produktivität und Rentabilität marktwirtschaftlicher Systeme hängen sowohl vom staatlichen Rechtssystem wie insbesondere vom Eigentumsschutz als auch von der Bereitstellung der öffentlichen Infrastruktur, des Bildungssystems und verschiedener öffentlicher Leistungen ab. Der demokratische Staat ist umgekehrt auf die Leistungsfähigkeit der kapitalistischen Wirtschaft angewiesen, die den Bürgern und Wählern einmal Einkommens- und Beschäftigungschancen bietet. Zum anderen bestimmt die wirtschaftliche Leistungsfähigkeit über das Steueraufkommen, aus dem der Staat seine vielfältigen Aufgaben finanzieren kann.

Die Spannungen zwischen Politik und Wirtschaft ergeben sich daraus, dass die Souveränität des Nationalstaats territorial beschränkt ist, während die kapitalistische Wirtschaft global interagieren kann. Die Logik des marktwirtschaftlichen Wettbewerbs zwingt die Unternehmen, natürliche und menschliche Ressourcen möglichst intensiv zu nutzen („auszubeuten") und die damit verbundenen sozialen Kosten zu externalisieren. Die kapitalistische Wirtschaft trägt nicht nur zur Wohlstandssteigerung der Bürger und zu Steuereinnahmen für den Staat bei, sondern produziert auch eine ungleiche Einkommensverteilung, regionale und sektorale Disparitäten sowie konjunkturelle und strukturelle Krisen mit ihren negativen Folgen der Massenarbeitslosigkeit und Massenarmut.

Die demokratische Politik legitimiert sich dagegen wesentlich durch ihre „Verpflichtung auf Gemeinwohl und Verteilungsgerechtigkeit" (Scharpf 1999, S. 36). Der Wahlmechanismus zwingt darüber hinaus die Regierungen, auf die Interessen der Wähler Rücksicht zu nehmen. Die Politik hat demzufolge ihre Wähler vor den Folgen des Strukturwandels zu schützen, d.h. insbesondere auf die Verringerung der Arbeitslosigkeit hinzuwirken, für sozialverträgliche Regulierungen auf den Arbeitsmärkten und in der Produktion zu sorgen und für eine normativ vertretbare Einkommensverteilung zu sorgen.

Die politische Logik verlangt also von den demokratischen Regierungen, Fehlentwicklungen des dynamischen Kapitalismus möglichst einzudämmen. Politische Interventionen stoßen dabei aber auf informationelle und strukturelle Schwierigkeiten: Während profitorientierte Investoren und Unternehmen in der Lage sind, lokale Informationen über Nachfrage- und Produktionsmöglichkeiten zu nutzen, verfügt der Staat nicht über die Vorteile dezentraler

Informationsverarbeitung marktwirtschaftlicher Systeme und würde letztlich nur die der kapitalistischen Wirtschaft innewohnende Dynamik lähmen (Streit 1993).

Die zweite Schwierigkeit, politisch effektiv und effizient zu intervenieren, ergibt sich aus der strukturellen Asymmetrie zwischen Politik und kapitalistischer Ökonomie: Das Interesse der Politik ist output-orientiert, d.h. auf Wachstums- und Wohlstandssteigerung, auf Beschäftigungsmöglichkeiten und auf die Begrenzung produktionsbedingter Externalitäten gerichtet. Die kapitalistische Wirtschaft ist dagegen input-orientiert, d.h. sie versucht, Kapitaleigner zu motivieren, in Produktivitätskapazitäten zu investieren und mit den Inputs an Arbeitsleistungen marktfähige Produkte herzustellen. Allerdings erscheint diese Konstellation nur vordergründig als symmetrisch: Die Kapitaleigner müssen im Interesse der Gewinnerzielung investieren und Arbeitsplätze schaffen, während Regierungen und Gewerkschaften die Erwirtschaftung von Gewinnen im Interesse der Beschäftigung, der Arbeitslöhne und der Steuereinnahmen zulassen müssen. Diese Symmetrie trügt aber insofern, als im Unterschied zu Regierungen und Arbeitnehmern die Kapitaleigner reale Wahlmöglichkeiten haben. Ist bei Investitionen in arbeitsplatzschaffende Produktionsanlagen nicht mit der weltweit gewährten Mindestrendite zu rechnen, können sich Kapitaleigner alternativ für renditeträchtige Finanzanlagen entscheiden. Demokratischer Staat und Gewerkschaften zusammen haben also in einer kapitalistischen Wirtschaft nicht die Macht, die erwartbare Rendite von Investitionen in Produktionsanlagen unter das – von den globalen Finanzmärkten vorgegebene – Niveau der Mindestrenditen zu drücken. Wollte eine Regierung die nationalen (Real-)Zinsen dennoch unter das international vorgegebene Niveau senken, würde dies (arbeitsplatzschaffende) Sachinvestitionen gefährden und zur Kapitalflucht ins Ausland beitragen.

1.2 Das Dilemma demokratischer Politik unter Bedingungen globalisierter Finanzmärkte

Da sich mit der Öffnung weltweiter Kapitalanlagemöglichkeiten die Verteilungsrelationen zwischen Kapital und Arbeit zugunsten der Kapitaleinkommen verschoben haben, geraten demokratische Politik und Gewerkschaften in ein Dilemma. Zwar können demokratische Regierungen und Gewerkschaften die global vorgegebenen Renditeniveaus nicht mehr beeinflussen, doch sind sie in europäischen Sozialstaaten noch stark genug, die automatische Verschiebung der Verteilungsrelationen zu erschweren oder zu verhindern. Das Dilemma demokratischer Politik liegt darin, einerseits diese veränderten Verteilungsrelationen im Interesse der Sicherung der Arbeitseinkommen nicht zu akzeptieren, aber damit als Folge unterlassener Investitionen einen weiteren Anstieg der Arbeitslosigkeit hinzunehmen.

Andererseits hat die demokratische Politik weiterhin die Option, die verteilungspolitischen Konsequenzen aus der Globalisierung der Kapitalmärkte zu ziehen und durch politisches Handeln aktiv auf die Verteilungsrelationen Einfluss zu nehmen. Demokratische Politik, die die neuen ökonomischen Rahmenbedingungen aktiv ausgestalten will, muss allerdings, will sie eine Legitimationskrise vermeiden, sozialstaatliche Normen wie der sozialen Gerechtigkeit Rechnung tragen (Scharpf 1999, S. 168). Wenn zukünftig Verteilungsspielräume nur noch im Bereich der Kapitaleinkommen bestehen, müssen Parteien und Gewerkschaften, die nach wie vor das Ziel der Verteilungsgerechtigkeit verfolgen, der Politik der Verteilung der Kapitalvermögen stärkere Aufmerksamkeit widmen.

II Politikfeldspezifische Strategien

2　　Finanz- und Steuerpolitik

Die Finanzpolitik einschließlich der Steuerpolitik zeigen auf besonders anschauliche Weise, in welchem Ausmaß und in welcher Intensität angebotspolitische Positionen die politischen Prozesse der Konfliktregelung und die inhaltliche Politikformulierung bestimmen.

2.1　　Die Konsolidierungs- und Steuerpolitik in der 1. Legislaturperiode der rot-grünen Koalition

Für die Angebotspolitik gerät die seit der Vereinigung eingeschlagene Politik „massiver Erhöhungen von Steuern und Abgaben" in Konflikt mit der für vorrangig erachteten Wachstumsförderung und Verbesserung der öffentlichen Wettbewerbsfähigkeit. Die Verfechter der angebotsorientierten Konsolidierungsstrategie heben die Notwendigkeit einer Politik hervor, „auf keinen Fall" weitere Steuer- und Abgabenerhöhungen zuzulassen, sondern durch Verknüpfung der – „quantitativen" – mit der „qualitativen" Konsolidierung die Staatsverschuldung zurückzuführen. Der Finanzpolitik werden dabei durch eine wachstumsgerechte Ausgaben- und Steuerpolitik wichtige Anreizfunktionen zugewiesen (SVR-Jg. 93/94, Ziff. 287).

2.1.1　　Begründungen für die Fortsetzung des Konsolidierungskurses

Angebotspolitiker erteilten der konjunkturpolitisch begründeten Forderung, die Konsolidierung hinauszuschieben, eine Absage. Gegen den Kurs, anstelle einer strengen Konsolidierung konjunkturbelebende und kreditfinanzierte Programme aufzulegen, wurden folgende Gründe geltend gemacht (SVR-Jg. 93/94, Ziff. 292):
- Ein Nachlassen der Konsolidierungsbemühungen würde zu noch höheren Zinsbelastungen führen und den finanzpolitischen Handlungsspielraum weiter einschränken.
- Aus Steuermindereinnahmen und/oder steigenden Leistungen für die Arbeitslosigkeit resultierende Defizite wie die der 1990er-Jahre würden ohnehin in Kauf genommen und trügen nicht unwesentlich zur Konjunkturstabilisierung bei. Eine über die zu respektierenden konjunkturellen Staatsdefizite hinausgehende Verschuldung wurde allerdings als „kontraproduktiv" abgelehnt, weil sie auf längere Frist zu noch höheren Abgabenlasten führe.
- Die Verunsicherung der Konsumenten und Investoren sei auch darauf zurückzuführen, dass der Regierung eine „verläßliche Konsolidierungsstrategie" fehle.
- Um das Vertrauen ausländischer Kapitalanleger langfristig zu erhalten, sei die Rückführung der Staatsdefizite und die Präsentation einer überzeugenden Konsolidierungsstrategie von großer Bedeutung.
- Schließlich wurde das Ziel der Senkung der Staatsquote bekräftigt, um „den Privaten Aktionsräume" zu eröffnen und damit die Angebotsbedingungen zu verbessern.

Die angebotsorientierte wissenschaftliche Politikberatung hatte noch gegenüber der konservativ-liberalen Bundesregierung bezweifelt, ob 1999 ein verfassungsgemäßer Haushalt vorgelegt werden könne. Die Regierung Kohl hatte den Abbau der Verschuldung dadurch zu „lösen" versucht, dass in erheblichem Umfang auf Privatisierungserlöse zurückgegriffen wurde. Die Angebotspolitik bemängelte, dass damit keine „nachhaltige" Konsolidierung erreicht werden konnte (SVR-Jg. 1999/2000, Ziff. 288).

Auch die Konsolidierungspolitik der rot-grünen Bundesregierung war – zumindest für das Jahr 1999 – nicht geringer Kritik ausgesetzt: So wurde der „neuen" Bundesregierung vorgeworfen, im ersten Regierungsjahr keine Ausgabenkürzungen durchgesetzt zu haben.

2.1.2 Vorrang für die Einschränkung des Ausgabenanstiegs und Kritik

Um das Konsolidierungsziel zu erreichen, setzte die Angebotspolitik bei den Kürzungsmöglichkeiten der öffentlichen Haushalte auf der Ausgabenseite an, d.h. sie versuchte „in erster Linie" den Ausgabenanstieg einzuschränken. Die angebotsorientierte Finanzpolitik unterstrich zugleich die Notwendigkeit, über der Eindämmung der Ausgaben die „zielgerechte" Umstrukturierung der Ausgaben nicht zu vergessen, d.h., „wachstumspolitisch besonders wichtige" investive Ausgaben sogar zu steigern. Zur Sicherung der Wettbewerbsfähigkeit wurde dabei der Forschungs- und Technologieförderung besonderes Gewicht eingeräumt, so dass Haushaltsmittel zugunsten innovativer Investitionsausgaben umgeschichtet werden sollten.

Die größten Einsparpotentiale sah und sieht die angebotsorientierte Finanzpolitik im Abbau von – an Unternehmen gezahlte – Subventionen, in der Effizienzsteigerung des Verwaltungshandelns und in den an die privaten Haushalte fließenden sozialen Transfers (SVR-Jg. 93/94, Ziff. 302 f.).

In der angebotsorientierten Finanzpolitik wurde die Dringlichkeit des Abbaus von Subventionen damit begründet, dass die „Anreiz- und Lenkungsfunktion des Marktes" oftmals ausgeschaltet und der Strukturwandel behindert werde (Strukturkonservierung!), und dass Wachstumsverluste sowie negativ zu beurteilende verteilungspolitische Wirkungen einträten (SVR-Jg. 92/93, Ziff. 345; 93/94, Ziff. 302).

Staatliche Eingriffe werden aber aus verteilungs-, regional- und sozialpolitischen Gründen dennoch gerechtfertigt („Ausgabenpolitik"-Gutachten 1994, Tz. 34, 55 ff.): Reichen nämlich die am Markt erzielten Einkommen, insbesondere die kinderreicher Familien, „zur Deckung eines Grundbedürfnisses" nicht aus, werden am Verteilungsziel orientierte Subventionen befürwortet. Die Wohnungspolitik sollte in diesem Fall die Leistungen (Finanzhilfen, zinssubventionierte Darlehen usw.) auf „einkommensschwache Haushalte" konzentrieren, damit diese sich am Markt eine Wohnung zu einem angemessenen Preis verschaffen könnten. Entsprechend der angebotspolitischen Bedeutung des Privateigentums sollte die Finanzpolitik die Subventionierung der Wohnungseigentumsbildung auch für kinderreiche und/oder einkommensschwache Familien unterstützen. Diese einem begrenzten Empfängerkreis gewährten Hilfen stehen in angebotspolitischer Sicht aber unter dem ordnungspolitischen Vorbehalt, „die Steuerungs- und Informationsfunktion des Preissystems" nicht außer Kraft zu setzen („Ausgabenpolitik"-Gutachten 1994, Tz. 33).

Kritiker sozialer Ausgabenkürzungen machten vor allem verteilungspolitische und nachfragebedingte Argumente gegen die angebotsorientierte Ausgabenpolitik geltend (Hickel/Priewe 1994, S. 156 f.): Gegen die Kürzung und zeitliche Befristung von Lohnersatzleistungen wurde eingewendet, damit Sozialkosten (lediglich) auf Kommunen abzuwälzen. Die Bedenken richteten sich folglich gegen eine „Verschiebepolitik", die den Gemeinden durch stärkere Beanspruchung der Sozialhilfe zusätzliche Kosten aufbürde.

Außerdem wird beklagt, dass sich mit der Einschränkung von Lohnersatzleistungen die Kluft zwischen „arm und reich" weiter vertiefe. In kritischen (strukturkeynesianischen) Positionen wird „die Verkehrung von Ursache und Wirkung" hervorgehoben, da nicht die betriebswirtschaftlich bedingten Entlassungen zum entscheidenden Faktor des Beschäftigungsrückgangs erklärt, sondern die Arbeitslosen wegen ihrer (zu) hohen sozialen Absicherung für die Beschäftigungskrise verantwortlich gemacht würden (Hickel/Priewe 1994, S. 156).

Schließlich richten sich die Bedenken gegen den durch die Politik der Konsolidierung geförderten Kaufkraftentzug. Der Konsolidierungspolitik wurde vorgehalten, über die – per Nachfrageausfall – verschlechterten Absatz- und Produktionsbedingungen zu Steuermindereinnahmen und infolge steigernder Arbeitslosigkeit zu Mehrausgaben beizutragen. Die Gefahr der auf strenge Haushaltskonsolidierung ausgerichteten Politik liege darin, kurzfristige „Konsolidierungserfolge" letztendlich mit krisenbedingten Fiskalbelastungen „bezahlen", wenn nicht „überkompensieren" zu müssen (DIW-Wochenbericht 26–27/1993, S. 375).

2.1.3 Steuerpolitik

Die im Herbst 1998 gebildete rot-grüne Bundesregierung versprach gegenüber dem angebotsorientierten Konzept der alten Bundesregierung, in der Steuerpolitik einen Paradigmenwechsel zu vollziehen. Wichtige Ziele des steuerpolitischen Konzepts seien fortan eine sozialgerechtere Steuerverteilung unter Berücksichtigung der Besserstellung der Familien, der Stärkung der gesamtwirtschaftlichen Nachfrage, eine solide Finanzierbarkeit, mehr Transparenz durch den Abbau kaum noch überschaubarer Steuervergünstigungen und eine Reform der Einkommen- und Körperschaftsteuer in Verbindung mit einer Ökosteuer für Arbeit und Umwelt.

Entsprechend der Koalitionsvereinbarung zwischen SPD und Bündnisgrünen vom Oktober 1998 setzte die neue Bundesregierung gegen die angebotsorientierte Steuerpolitik ihren Entwurf eines „Steuerentlastungsgesetzes 1999/2000/2002". Schwerpunkte der rot-grünen Steuerreform sind die Senkung bei der Einkommen- und Körperschaftsteuer und die Gegenfinanzierung der dadurch bewirkten Steuerausfälle über Mehreinnahmen aus der „Verbreiterung" der Bemessungsgrundlage, d.h. aus dem Abbau von Steuervergünstigungen.

a) Das Steuerentlastungsgesetz 1999/2000/2002

Die im März 1999 verabschiedeten Maßnahmen des Steuerentlastungsgesetzes 1999/ 2000/2002 waren im wesentlichen darauf gerichtet, die Tarife bei der Einkommen- und Körperschaftsteuer zu senken, die Familien durch höheres Kindergeld zu fördern und ihnen höhere Freibeträge einzuräumen sowie zur Gegenfinanzierung Steuervergünstigungen vor allem im Unternehmensbereich abzubauen.

Die auf drei Stufen für die Jahre 1999, 2000 und 2002 angelegte Reform der Einkommen- und Körperschaftsteuer sei in den ersten beiden Schritten insofern nahezu aufkommensneutral, als die Steuermindereinnahmen als Folge der Tarifsenkungen sowie des höheren Kindergelds durch Verringerung von Steuervorteilen insbesondere bei den Unternehmen finanziert werden. Mit dieser schrittweisen Politik werde dem Kriterium der Finanzierbarkeit der Steuerreform Rechnung getragen.

Die Steuerreform wollte damit die privaten Haushalte am stärksten entlasten, die Steuerlast der mittelständischen Wirtschaft mindern und Großunternehmen am stärksten belasten. Wichtige Eckpunkte zur Änderung des Grundfreibetrags und zur Tarifsenkung der nichtgewerblichen Einkünfte, der gewerblichen Einkünfte und der Gewinne von Körperschaften waren:

– Der (steuerfreie) Grundfreibetrag zur Sicherung des Existenzminimums steigt ab 1999 auf rund 13.500/26.000 DM (Alleinstehende/Verheiratete) und wird im Jahr 2002 auf 14.000/28.000 DM erhöht.
– Der Eingangssteuersatz sinkt zum 1.1.1999 von 25,9 % auf 23,9 % und ab 2002 schließlich auf 19,9 %.

- Der Spitzensteuersatz für nicht-gewerbliche Einkünfte sinkt ab 2000 von 53 % auf 51 % und weiter auf 48,5 % im Jahr 2002.
- Der Spitzensteuersatz für gewerbliche Einkünfte sinkt ab 1999 auf 45 % und wird ab 2000 nochmals auf 43 % reduziert.
- Der Körperschaftsteuersatz für einbehaltene Gewinne sinkt in der ersten Stufe (ab 1999) von 45 % auf 40 %. Der Satz für ausgeschüttete Gewinne bleibt bei 30 % unverändert.

Diese – gegenüber den anderen Typen der Einkommensbesteuerung – betriebene Spaltung des Spitzensteuersatzes zugunsten der gewerblichen Einkünfte gilt als ordnungspolitisch problematisch, weil andere Unternehmen versuchen werden, durch Änderung der Rechtsform in die Besteuerung nach Gewerbeeinkünften zu wechseln. Um dieser absehbaren Entwicklung Einhalt zu gebieten, sollen zukünftig alle Unternehmen mit einem einheitlichen Steuersatz von 35 % belastet werden. Alle Unternehmen von Einzelkaufleuten, Handwerkern, Freiberuflern, Dienstleistern, Landwirten, Personengesellschaften (KG, OHG) bis zu Körperschaften (GmbH, AG) wurden damit unabhängig von Rechtsform, Betriebsgröße und Branche zu Steuersubjekten.

Als weiterer Schwerpunkt der Steuerreform war zwar zur Entlastung der Familien mit Kindern das Kindergeld für das erste und zweite Kind ab 1999 um jeweils 30 DM auf 250 DM angehoben worden. Im Zuge der Reform des Familienlastenausgleichs sollte das Kindergeld weiter erhöht werden. Die Anhebung des Kindergelds sollte dem Anspruch des Bundesverfassungsgerichts gerecht werden, das Existenzminimum für Kinder steuerrechtlich sicherzustellen.

Das ursprüngliche Ziel, den Steuervorteil des Ehegatten-Splittings deutlich zu kappen, musste als Folge des „Familienurteils" des Bundesverfassungsgerichts vom Januar 1999 revidiert und muss im Rahmen des Familienlastenausgleichs neu ausgestaltet werden. Das Ehegatten-Splitting, das das gesamte Einkommen eines Ehepaares halbiert und den dazugehörenden (dann niedrigeren) Steuerbetrag verdoppelt, ist seit Jahren umstritten, weil es der Ehe mit einem hohen Einkommensbezieher überproportionale Vorteile verschaffe und nichteheliche Lebensgemeinschaften benachteilige.

Der dritte Schwerpunkt der Steuerreform war darauf gerichtet, die Steuerausfälle der Tarifsenkungen durch die Verbreiterung der Steuerbemessungsgrundlage „gegenzufinanzieren". Durch Streichung folgender Steuervergünstigungen sollten Mehreinnahmen erzielt werden:
- Die steuerlichen Freibeträge für Abfindungen bei Entlassungen vermindern sich zum 1.1.1999 auf zwei Drittel der bislang gültigen Obergrenzen: Arbeitnehmer, die das 50. Lebensjahr vollendet haben und 15 Jahre im Betrieb beschäftigt waren, erhalten nur noch einen Freibetrag von 20.000 DM und Arbeitnehmer im 55. Lebensjahr mit 20-jähriger Betriebszugehörigkeit nur noch einen Freibetrag von 24.000 DM.
- Der Sparer-Freibetrag für Zinsen aus Geldvermögen ist ab 1.1.2000 von bisher 6.000/12.000 (Ledige/Verheiratete) halbiert worden. Kreditinstitute müssen nicht mehr den im Freistellungsauftrag vom Anleger angegebenen Betrag dem Bundesamt für Finanzen melden, sondern die – von der Zinsabschlagssteuer freigestellten – tatsächlich kassierten Zinsen.
- Die steuerliche Absetzbarkeit privater Schuldzinsen bei Selbständigen und Freiberuflern im Rahmen des „Mehrkontenmodells" wird eingeschränkt. Nur noch die Hälfte der Schuldzinsen bis maximal 8.000 DM können weiterhin als Betriebsausgaben abgesetzt werden.
- Die Berücksichtigung der bei Verpflegungsaufwendungen und beim Kauf eines Autos anfallenden Mehrwertsteuer wird abgeschafft oder eingeschränkt: Unternehmen können

ab 1.4.1999 nicht mehr die in Rechnungen für Essen und Reisekosten enthaltene Mehrwertsteuer als (steuermindernde) Vorsteuer in der Umsatzsteuererklärung geltend machen. Selbstständige und Freiberufler, die Autos privat und geschäftlich nutzen, können die bei der Anschaffung anfallende Mehrwertsteuer nur noch zur Hälfte als Vorsteuer angeben.
- „Abschreibungskünstler" können nur noch in einem eng gesteckten Rahmen Verluste geltend machen. Die Abschreibungsvergünstigungen werden insofern beschnitten, als Verluste bis 100.000/200.000 DM (Ledige/Verheiratete) mit „positiven" Einkünften, darüber hinausgehende Verluste aber nur noch zur Hälfte verrechnet werden dürfen; diese begrenzte Verlustzuweisung soll verhindern, dass überhaupt keine Steuern mehr zu zahlen sind, also eine Mindestbesteuerung gewährleistet wird.
- Die ursprünglich vorgesehene Abschaffung des Verlustrücktrags ist während des Gesetzgebungsverfahrens revidiert worden. Der Verlustrücktrag wird zwar auf ein Jahr und bis zu einer Million DM (vorher: zwei Jahre und zehn Mio. DM) beschränkt, bleibt aber erhalten.
- Die Spekulationsfrist für den steuerfreien Weiterkauf von Wertpapieren wird auf ein Jahr (bisher 6 Monate) verlängert, von nicht eigengenutzten Grundstücken auf 10 (bisher 2) Jahre.
- Rückstellungen, deren Bildung als Aufwendungen den zu versteuernden Gewinn schmälern, sollen zum Teil aufgelöst und die damit entstehenden Erträge versteuert („abgezinst") werden. Rückstellungen, die beispielsweise für die Entsorgung von Atommüll gebildet worden sind, müssen nun für einen bestimmten Zeitraum aufgelöst und deren Erträge abgezinst werden. Da aber die Mittel später tatsächlich gebraucht werden, dürfen die aufgelösten Rückstellungen langsam wieder angesammelt werden, so dass sich der zu versteuernde Gewinn erneut vermindert und die Unternehmen Steuern sparen können. Überdies wirkt sich die Steuerminderung durch die Bildung von Rückstellungen in dem Maße weniger stark aus, in dem die Unternehmenssteuern gesenkt werden.

Einige Maßnahmen des Steuerentlastungsgesetzes 1999/2000/2002 fanden aus keynesianischer Perspektive deshalb Zustimmung, weil die Entlastungen bei unteren und mittleren Einkommensbeziehern die binnenwirtschaftliche Nachfrage belebe: Dazu zählten die Erhöhung des (steuerfreien) Grundfreibetrags, die Senkung des Eingangssteuersatzes und die Erhöhung des Kindergelds (Arbeitsgruppe Alternative Wirtschaftspolitik 1999, S. 115 ff.).

Auch die Gewerkschaften würdigten die verteilungs- und konjunkturpolitischen Effekte des Steuerentlastungsgesetzes, das nicht nur Familien mit Kindern und Bezieher niedriger Einkommen entlaste, sondern der Konjunkturentwicklung auch wichtige Nachfrageimpulse gebe.

Die angebotspolitisch angeleitete Kritik wies darauf hin, dass dem Steuerentlastungsgesetz nicht nur eine klare Zielrichtung fehle, sondern auch keine positiven Effekte auf die Investitionen und die Arbeitsplätze habe. Erst „echte" Steuersenkungen ohne unmittelbare Gegenfinanzierung könnten die notwendigen Investitions- und Wachstumsimpulse geben; die daraus entstehenden Haushaltslücken ließen sich durch Steuermehreinnahmen aufgrund dann höherer Wachstumsraten schließen.

Massive Kritik an der Steuerreform der rot-grünen Koalition wurd insbesondere seitens der Energiekonzerne und Versicherungen erhoben. Nach bekanntem Muster, die Exit-Option ins Spiel zu bringen, drohten Versicherungen und Stromkonzerne, wegen der Verpflichtung zur

Auflösung von Rückstellungen und der damit verbundenen höheren Steuerlasten ihre Produktion ins Ausland zu verlegen.

Mit dem Verweis auf die in großen Unternehmen wie BASF, IBM und Mannesmann untersuchten Steuerbelastungen ihrer Tochterunternehmen in verschiedenen Ländern wird festgestellt, dass abgesehen von der vorteilhaften deutschen Behandlung von Pensionsrückstellungen die Abschreibungsbedingungen in vergleichbaren Industrieländern annähernd denen in Deutschland entsprächen. Die beschlossenen, teils drastischen Einschränkungen der Abschreibungsmöglichkeiten verschlechterten damit die Wettbewerbssituation der deutschen Unternehmen (Maier-Mannhart 1999, S. 24).

Außerdem wird die Spreizung der Steuersätze zwischen gewerblichen und privaten Einkünften sowie entnommenen und nicht entnommenen Gewinnen für verfassungswidrig gehalten. Das Bundesverfassungsgericht werde ohnehin den Gesetzgeber verpflichten, auf eine Annäherung der Steuersätze für alle Einkünfte hinzuwirken.

b) Die Steuerreform 2001/2003/2005: Senkung der Einkommensteuersätze und Reform der Unternehmenssteuer

Mit der im Juli 2000 verabschiedeten Steuerreform 2001/2003/2005 wurde die dritte Stufe des Steuerentlastungsgesetzes von 2002 auf 2001 vorgezogen. Die auf drei Stufen (2001, 2003 und 2005) angelegte Reform der Einkommens- und Unternehmensbesteuerung sollte neben Bürgern vor allem Unternehmen steuerlich entlasten.

Mit der Unternehmenssteuer-Reform wurden standortpolitische, eigenkapitalstärkende, mittelstandspolitische und nachfrageorientierte Ziele verfolgt: Der Standort Deutschland sollte für ausländische Investoren attraktiv werden, weil die Abschreckungswirkung nominell hoher Steuersätze entfalle. Da der Körperschaftsteuersatz lange über dem der ausgeschütteten Gewinne lag, sollte nun die stärker gesenkte Steuer auf einbehaltene Gewinne dazu beitragen, die Eigenkapitalbasis der Unternehmen zu stärken. Die Senkung der allgemeinen Einkommensteuer sollte überdies kleineren und mittleren Unternehmen zugute kommen. Schließlich sollte das Vorziehen der dritten Stufe der Reform (von 2002 auf 2001) zusätzlich kaufkräftige Nachfrage in der Bevölkerung schaffen.

Das im Juli 2000 verabschiedete Steuersenkungsgesetz sah eine deutliche Senkung des Spitzensatzes der Einkommensteuer von 51 % (2000) über 48,5 % (2001) und 47 % (2003) auf 42 % im Jahr 2005 vor. Gleichzeitig wurde der Eingangssteuersatz von 23,9 % (2000) über 19,9 % (2001) und 17 % (2003) auf 15 % im Jahr 2005 gesenkt. Der nicht zu versteuernde Grundfreibetrag stieg von 13.067 DM (1999) auf 15.011 DM im Jahr 2005.

Eckpfeiler der Reform der Unternehmensbesteuerung waren ein niedriger Körperschaftsteuersatz, die Besteuerung von Dividenden nur noch zur Hälfte in der individuellen Einkommensteuer, die pauschale Verrechnung der Gewerbesteuer und die Steuerfreiheit für Gewinne aus inländischen Beteiligungsverkäufen von Kapitalgesellschaften:

– Seit 2001 unterschied der Fiskus nicht mehr zwischen einbehaltenen und ausgeschütteten Gewinnen, indem er den Körperschaftsteuersatz einheitlich auf 25 Prozent senkte.
– Damit zukünftig beim Dividendenempfänger die Belastung seines Gewinns (zusammen mit der Körperschaftsteuer) nur noch etwa seinem persönlichen Steuersatz entspricht, wurde das „Anrechnungsverfahren" durch das „Halbeinkünfteverfahren" ersetzt: Bisher wurde die Körperschaftsteuer auf ausgeschüttete Gewinne mit der Einkommensteuer

verrechnet. Fortan mussten die Anteilseigner von Aktiengesellschaften ihre Dividenden nur noch zur Hälfte besteuern.
- Personengesellschaften – das sind rund 80 % aller Unternehmen in Deutschland – die bisher Einkommensteuer bezahlen, erhielten das Wahlrecht, sich wie eine Körperschaft besteuern zu lassen. Auch Freiberufler wie Ärzte, Architekten, Anwälte oder Landwirte konnten nun von dieser Option Gebrauch machen, wurden dadurch aber gewerbesteuerpflichtig.
- Schließlich sollten ab dem Jahr 2001 Gewinne aus Verkäufen inländischer Beteiligungen durch Kapitalgesellschaften steuerlich nicht mehr belastet werden. Die bisher schon geltende Steuerbefreiung für Verkäufe von Auslandsbeteiligungen wurde damit auf Inlandsbeteiligungen ausgedehnt.

Zwar wurden gegen die unterschiedliche steuerliche Behandlung von Körperschaften und Personengesellschaften weiterhin verfassungsrechtliche Bedenken erhoben, doch hielt die Bundesregierung dieses komplizierte Optionsverfahren aus fiskalischen Gründen für notwendig. Das einfachere Verfahren, die Einkommensteuersätze radikal auf die Höhe der Körperschaftsteuer zu senken, wollte die Bundesregierung wegen befürchteter enormer Steuerausfälle nicht riskieren.

Die mit der Unternehmenssteuerreform verbundenen Steuerausfälle sollten zum Teil durch Einschränkung der Abschreibungsbedingungen „gegenfinanziert" werden: Die – den Gewinn schmälernde – degressive Abschreibung für bewegliche Wirtschaftsgüter des Anlagevermögens wurde von 30 Prozent, auf höchstens 20 Prozent gesenkt.

Der stärker abgesenkte Steuersatz für einbehaltene Gewinne könne, so lauten die Befürchtungen aus Wirtschaft und Wissenschaft, die Unternehmen veranlassen, Gewinne im Unternehmen zu lassen und sie nicht beschäftigungswirksam zu reinvestieren. Um diesen sogenannten Lock-in-Effekt zu vermeiden, will die Regierungskoalition einen Anreiz schaffen, die aus den Beteiligungsverkäufen erzielten Gewinne nicht zu versteuern und dafür wieder beschäftigungswirksam anzulegen.

Im Gegensatz zur herkömmlichen SPD-Programmatik, die Steuerpolitik als wichtiges Umverteilungsinstrument zu nutzen, setzten die SPD-geführte Bundesregierung und die Regierungsfraktion auf den Selbstfinanzierungseffekt ihrer Reform. Aus dieser Perspektive führe weder die Senkung des Spitzensteuersatzes auf 45 % im Jahr 2005 noch die Steuerbefreiung von Gewinnen aus dem Verkauf von Beteiligungen zu bedenklichen Steuermindereinnahmen. Die Steuerausfälle würden sich deshalb in Grenzen halten, weil realisierte Gewinne in der Regel zu höheren Ausschüttungen führten, die dann von den privaten Anteilseignern zu versteuern seien. Die Reform begünstige ferner effiziente Unternehmensstrukturen, die über höheres Wachstum und zusätzliche Arbeitsplätze Steuermehreinnahmen erwarten lasse.

Erhebliche Bedenken wurden ferner gegen die Anrechnungsmöglichkeit der Gewerbe- auf die Einkommensteuer bei kleineren Personengesellschaften geltend gemacht: Diese Regelung für nichtkörperschaftspflichtige Unternehmen mache das Steuerrecht noch komplizierter und mißbrauchsanfälliger. Damit werde auch ein Zusammenhang zwischen zwei Steuerarten hergestellt, die steuersystematisch nichts miteinander zu tun hätten.

Die Steuerbefreiung von Beteiligungsverkäufen hatte vor allem auf den Finanzmärkten positive Reaktionen ausgelöst. Die wesentliche Erleichterung der Verkäufe von Unternehmensteilen würde zur Steigerung der Firmenwerte und der Gewinne insbesondere bei Banken und Versicherungen mit großem Beteiligungsbesitz führen, da dann die Institute weniger rentable Beteiligungen abstoßen und mit den Erlösen lohnendere Engagements eingehen könnten.

Dies würde primär die Stellung der Banken im europäischen Wettbewerb stärken. Die Banken verfügten beim Abstoßen von Beteiligungen über einen großen Spielraum, da sie im Gegensatz zu den Assekuranzen keine so umfangreichen stillen Reserven halten müssten.

Die nachfrageorientierte Kritik hob dagegen hervor, dass der Verzicht der Besteuerung von Veräußerungsgewinnen inländischer Kapitalgesellschaften erhebliche Steuergeschenke an die Konzerne seien. Diese Steuerentlastungen führten zu massiven Verlusten an öffentlichen Einnahmen. Die Steuermindereinnahmen gefährdeten die öffentliche Finanzierung wichtiger Infrastrukturmaßnahmen und des Ausbaus qualifizierter Dienstleistungen in Bildung und Forschung (Memorandum 2007, S. 108).

2.2 Die Politik der Senkung der Staats-, Steuer- und Schuldenquote in der zweiten Amtszeit der Regierung Schröder

Nachdem am Ende der ersten Legislaturperiode von Rot-Grün die Staatsquote einen vorläufigen Höchststand erreicht hatte (2002: 48,1 %), war die Regierung ordnungspolitisch daran interessiert, den Staatsanteil zumindest nicht noch stärker anwachsen zu lassen. Trotz der mit den Steuerreformen der ersten Amtszeit der Regierung Schröder verbundenen Steuerausfälle blieb die rot-grüne Finanzpolitik darauf ausgerichtet, insbesondere aus Gründen des Standortwettbewerbs das Steuerniveau tendenziell abzusenken. Schließlich musste wegen verfassungsrechtlicher und europapolitischer Vorgaben einer weiteren Staatsverschuldung Einhalt geboten werden. Welchen Erfolg hatte nun die Regierung Schröder mit ihren selbst gesetzten Zielen, auf niedrigere Staats-, Steuer- und Schuldenquoten hinzuwirken?

2.2.1 Kontinuierliche Rückführung der Staatsquote

In den 1990er-Jahren stieg die Staatsquote (Anteil aller staatlichen Ausgaben am Bruttoinlandsprodukt) als Folge der Wiedervereinigung in erster Linie durch den gewachsenen Finanzierungsbedarf in Ostdeutschland. Demzufolge hatte die Staatsquote im Jahr 1996 einen Höchststand von 49,3 % erreicht (Hulverscheidt 2007, S. 21). Die seitdem bis zum Jahr 2001 tendenziell zurückgegangene Staatsquote war das Ergebnis sinkender Ausgaben im Bereich der öffentlichen Dienstleistungen und vor allem der öffentlichen Investitionen. Die auf das Bruttoinlandsprodukt bezogene Quote der öffentlichen Investitionen ist von 2,7 % Anfang der 1990er Jahre auf nur noch rund 1,2 % im Jahr 2006 zurückgefallen (Hickel 2006, S. 86).

Bei der Interpretation der Staatsquote muss zwischen den Ausgaben der Gebietskörperschaften, also des Bundes, der Länder und der Gemeinden, und denen der gesetzlichen Sozialversicherung unterschieden werden. Während die Staatsquote im weiteren Sinn in Deutschland tendenziell wenig unter 50 % lag, bewegte sich die Staatsquote im engeren Sinn, also die der Gebietskörperschaften, seit Beginn der 1990er Jahre durchgängig in der Nähe von 30 % (SVR-Gutachten 2005/06, S. 241). Überproportional gewachsene Ausgaben der sozialen Sicherungssysteme, insbesondere die Kosten der hohen Arbeitslosigkeit, hatten also entscheidend zum Anstieg der gesamten Staatsquote beigetragen. Demzufolge wird mit dem Verweis auf die Staatsquote im weiteren Sinn der nicht korrekte Eindruck erweckt, dass fast die Hälfte der gesamtwirtschaftlichen Ressourcen durch staatliche Ausgaben beansprucht werde. Die in die gesamte Staatsquote einbezogenen Sozialversicherungsbeiträge sind aber keine staatlichen Ausgaben, sondern werden nach wie vor überwiegend vom Arbeitgeber und Arbeitnehmer finanziert.

Die Staatsquote hatte zu Beginn der zweiten Legislaturperiode von Rot-Grün in den Jahren 2002 und 2003 den höchsten Stand mit 48,1 und 48,5 % erreicht. Da die Zunahme der staatlichen Ausgaben im Jahr 2004 deutlich hinter dem Wachstum des nominalen Bruttoinlandsprodukts zurückblieb, verringerte sich die Staatsquote gegenüber dem Vorjahr um mehr als einen Prozentpunkt auf 47,1 %:

Tabelle „Finanzpolitische Kennziffern"

	2000	2001	2002	2003	2004	2005	2006
Staatsquote	47,6	47,6	48,1	48,5	47,1	46,8	45,7
Abgabenquote, darunter							
– Steuerquote	25,0	23,3	22,8	22,8	22,3	22,5	23,0
– Sozialbeitragsquote	17,3	17,1	17,1	17,2	16,9	16,7	16,2
Finanzierungssaldo	1,2	2,8	3,7	4,0	3,7	3,2	2,2

Quelle: Sachverständigenrat zur Begutachtung der gesamtwirtschaftlichen Entwicklung, Jahresgutachten 2006/2007. S. 293, Tabelle 33.

Weil sich die staatlichen Ausgaben auch im Jahr 2005 weniger stark erhöhten als das wachsende Bruttoinlandsprodukt, verringerte sich die Staatsquote abermals auf 46,8 %. Der noch im Jahr 2004 ermittelte deutliche Rückgang der Staatsquote vor allem infolge von Einsparungen im Gesundheitswesen schwächte sich aber im Jahr 2005 ab.

Die rot-grüne Bundesregierung hatte das Ziel, die Staatsquote zu senken, weitgehend erreicht. Der Blick auf die Entwicklung der Staatsquote in Deutschland seit 1980 verdeutlicht, dass vor der Wiedervereinigung das niedrigste Niveau mit rund 43 %, 1996 mit über 49 % einen Höhepunkt erreicht hatte und im Jahr 2006 mit rund 45 % wieder auf niedriges Niveau zurückgegangen war. Im internationalen Vergleich lag Deutschland 2006 mit rund 45 % im Mittelfeld:

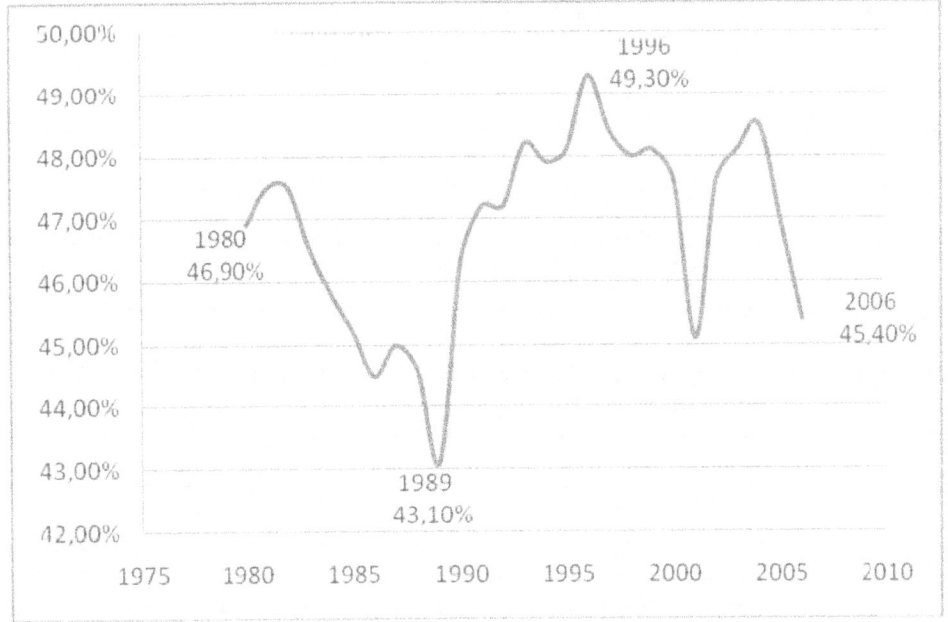

Entwicklung der Staatsquote in Deutschland (Zahlen: Bundesfinanzministerium, 2007).

Staatsquoten des Jahres 2006 im Vergleich (Angaben in Prozent des nominalen BIP)

2.2.2 Senkung der Abgabenquote: erfolgreiche Reduzierung der Steuerquote und mäßiger Rückgang der Sozialbeitragsquote

Während die Abgabenquote als Summe der Steuerquote (Anteil der Steuern einschließlich der Steuern an die EU am Brottoinlandsprodukt) und der Sozialbeitragsquote (Anteil der tatsächlichen Sozialbeiträge am Bruttoinlandsprodukt) noch zu Beginn der zweiten Amtsperiode der Regierung Schröder im Jahr 2002 und im Jahr 2003 bei rund 40 % lag, ging sie im Jahr 2004 auf 39,2 zurück (Tabelle „Finanzpolitische Kennziffern").

Im letzten Jahr der Regierung Schröder blieben die geleisteten Steuern und Sozialversicherungsbeiträge annähernd gleich, so dass sich die Steuerquote (von 22,3 auf 22,5 %) und die Sozialbeitragsquote (von 16,9 auf 16, %) kaum änderten (Tabelle „Finanzpolitische Kennziffern"). Gleichwohl ging ganz im Sinne angebotsorientierter Ordnungs- und Steuerpolitik seit 2000 bis zum Ende der rot-grünen Koalition die Steuerquote nahezu kontinuierlich von 25,0 auf 22,5 % zurück.

II Politikfeldspezifische Strategien

Wie der Blick auf die Zusammensetzung der Steuereinnahmen zeigt, ist diese Entwicklung neben dem schwachen gesamtwirtschaftlichen Wachstums vor allem auf geringere Einnahmen aus direkten Steuern, insbesondere auf die in mehreren Schritten vollzogene Senkung der Einkommensteuersätze in der 1. Legislaturperiode von Rot-Grün, zurückzuführen.

Schaubild 3

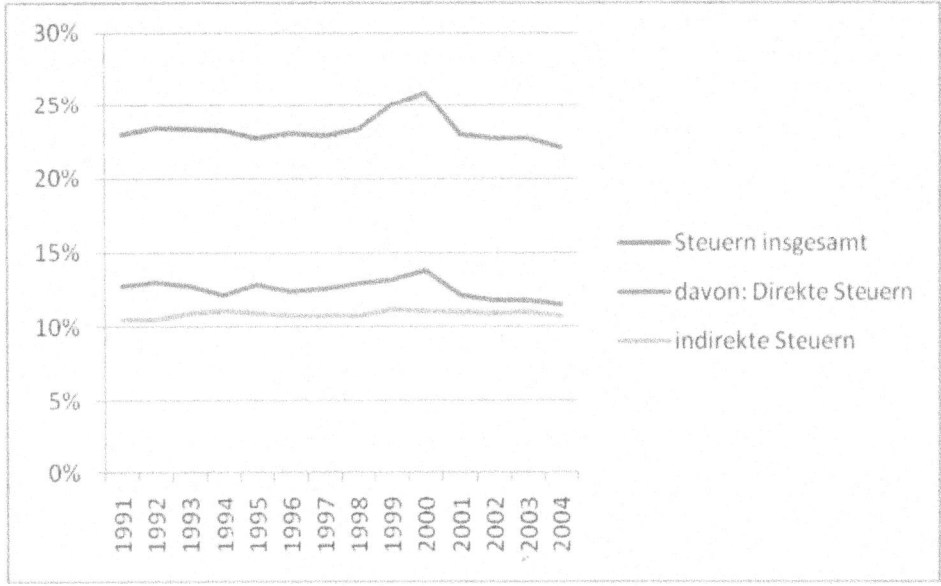

Steuerquoten in Deutschland.

Als Fazit kann festgehalten werden, dass das Ziel der rot-grünen Bundesregierung, die Steuerquote abzusenken, erreicht worden ist. Durch die in mehreren Stufen vollzogenen Steuersenkungen konnte die Steuerquote von durchschnittlich 24 % Ende der 1990er Jahre auf gute 22 % zurückgeführt werden. Die Sozialbeitragsquote hatte sich trotz restriktver Sozialpolitik in den Jahren 2002 bis 2005 nur unwesentlich reduziert.

2.2.3 Das Scheitern des Ziels des Abbaus staatlicher Defizite

Für die 2. Legislaturperiode von Rot-Grün wurden zwar im Koalitionsvertrag vom Oktober 2002 noch der Abbau der Arbeitslosigkeit und der Staatsverschuldung als vorrangig zu lösende Aufgaben genannt, doch stieg seit 2002 der Finanzierungssaldo (Anteil der Nettokreditaufnahme am Bruttoinlandsprodukt) wieder stark an. Dieser Saldo bewegte sich in den Jahren 2002 bis 2005 zwischen 3,2 und 4,0 % (SVR-Jg. 2006/07, S. 293). Damit hatte Deutschland in diesen vier Jahren die Defizitbegrenzung des Europäischen Stablitäts- und Wachstumspakts nicht eingehalten (SVR-Jg. 2006/07, S. 281).

Der abrupte Anstieg des so genannten strukturellen Defizits, der Differenz zwischen konjunkturbereinigten Einnahmen und um konjunkturelle Einflüsse bereinigten staatlichen Ausgaben, hatte seinen Ursprung im Jahr 2001. Der Rückgang der staatlichen Einnahmen war insbesondere auf temporäre Ausfälle durch die Körperschaftsteuerreform und die erste Stufe der Senkung des Einkommensteuersatzes zurückzuführen (SVR-Jg. 2005/06, Ziff. 137).

Während die staatlichen Ausgaben in den Jahren 2001 und 2002 noch anstiegen und damit zur Verfestigung des entstandenen Defizits beitrugen, verfolgte die rot-grüne Finanzpolitik im Jahr 2003 eine zurückhaltende Ausgabenpolitik. Im Jahr 2004 konnten durch Einsparungen im Gesundheitswesen die strukturellen Ausgaben weiter zurückgeführt werden. Diese Ausgabenreduzierung war in dem Maße erforderlich, wie im Jahr 2004 die Einnahmmenausfälle aus der zweiten Stufe der Senkung der Einkommensteuersätze teilweise ausgeglichen werden mussten (SVR-Jg. 2006/07, Ziff. 381). Im Jahr 2005 erschwerten vor allem auf der Einnahmenseite konjunkturbedingte Mindereinnahmen bei der Mehrwertsteuer und Mindereinnahmen bei der Lohnsteuer und den Sozialversicherungsbeiträgen als Folge der gedämpften Lohnpolitik die Rückführung des Finanzierungssaldos auf lediglich 3,2 %.

Trotz aller politischen Ankündigungen, die Staatsverschuldung zurückführen zu wollen, ist festzuhalten, dass Deutschland in der zweiten Amtszeit Schröders keine erfolgreiche Konsolidierung unternahm (Wagschal 2007, S. 259, 263).

2.3 Die Finanzpolitik der Großen Koalition

Im folgenden wird zu erörtern sein, inwieweit die Große Koalition an der Grundausrichtung der restriktiven Finanzpolitik der Vorgängerregierung festhielt, und welche Ziele mit welchem Erfolg mit der Unternehmenssteuerreform verfolgt wurden.

2.3.1 Die Fortsetzung der Konsolidierungspolitik

Die Finanzpolitik der Großen Koalition hat den Konsolidierungskurs gegenüber der rot-grünen Vorgängerregierung insofern abgeschwächt, als sie aufgrund konjunkturbedingter Steuermehreinnahmen gegenüber 2005 ihre ursprünglich für das Jahr 2006 geplante Neuverschuldung von 38 Mrd. Euro auf rund 28 Mrd. Euro reduzierte. Gleichwohl überschritt damit die Neuverschuldung der schwarz-roten Finanzpolitik die öffentlichen Investitionen im Umfang von 23 Mrd. Euro (Memorandum 2007, S. 100 ff.).

Die Bundesregierung rechtfertigte die gegenüber den öffentlichen Investitionen höhere Neuverschuldung mit dem Verweis auf die „Störung des gesamtwirtschaftlichen Gleichgewichts" nach Art. 115 GG. Diese Begründung stieß seitens der angebotsorientierten Politikberatung des Sachverständigenrats nicht nur auf verfassungsrechtliche, sondern auch auf wachstums-, beschäftigungs- und verteilungspolitische Bedenken: Die Notwendigkeit der Konsolidierung öffentlicher Finanzen ergebe sich nicht primär aus verfassungsrechtlichen Vorgaben des Artikels 115 Grundgesetz und der Erfüllung der Maastrichter Verschuldungskriterien. Die eigentlichen Konsolidierungsgründe seien, dass ein hoher Schuldenstand die langfristigen Wachstums- und Beschäftigungschancen beeinträchtige und die Schuldenlasten künftigen Generationen aufbürde. Damit der zukünftige politische Gestaltungsspielraum erhalten und nicht durch hohe Staatsverschuldung beeinträchtigt werde, sei eine Fortsetzung der Konsolidierungsbemühungen unverzichtbar (SVR-Jg. 2006/07, Ziff. 33).

2.3.2 Die Unternehmenssteuerreform

Auch wenn die Erhöhung des Normalsatzes der Mehrwertsteuer um 3 Prozentpunkte ab 2007 trotz befürchteter Preiserhöhungen und rückläufiger Konsumnachfrage vorwiegend fiskalisch mit notwendigen Steuermehreinnahmen begründet wurde, hatte die Große Koalition ihren finanzpolitischen Schwerpunkt auf die Reform der Unternehmenssteuer gelegt (Bach 2005; SVR-Jg.2006/07, Ziff. 36, 138; Spengel/ Reister 2006).

II Politikfeldspezifische Strategien

Da die von der Bundesregierung im Juli 2006 beschlossenen Eckpunkte zur Unternehmenssteuerreform, insbesondere die Steuersätze für Kapitalgesellschaften zu senken und eine Abgeltungssteuer auf alle privaten Kapitaleinkünfte (Zinsen, Dividenden, Spekulationsgewinne) einzuführen, heftige Kritik auslösten, verschob die Bundesregierung den Beginn der Unternehmenssteuerreform auf 2008.

Wesentliche Ziele der im Koalitionsvertrag genannten Unternehmenssteuerreform sind, die Standortattraktivität zu verbessern und die steuerliche Belastung von Kapital- und Personengesellschaften anzugleichen. Die Regierung der Großen Koalition begründete ihre Absenkung des Gesamtsteuersatzes für Kapitalgesellschaften insbesondere damit, eine Anpassung der Steuersätze an wichtige Niedrigsteuerländer in Osteuropa zu erreichen. Abgesenkte Körperschaftssteuersätze sollten nicht nur die Verlagerung von Produktionsstätten in Niedrigsteuerländer erschweren, sondern auch den Standort Deutschland für ausländische Investitionen attraktiver machen (SVR-Jg.2006/07, Ziff. 38).

Die Bundesregierung hatte in ihren Eckpunkten beschlossen, die steuerliche Gesamtbelastung der Körperschaften von etwa 39 % auf unter 30 % zu senken (SVR-Jg. 2006/07, Ziff. 37). Damit die Steuerlasten von einkommensteuerpflichtigen Personenunternehmen und körperschaftssteuerpflichtigen Kapitalgesellschaften angeglichen werden, sollten die Personengesellschaften durch eine Begünstigung von einbehaltenen Gewinnen entlastet werden. Werden die einbehaltenen Gewinne in späteren Jahren entnommen, werden die Personengesellschaften nach dem Einkommensteuertarif mit dem Spitzensteuersatz von 42 % besteuert.

Die Große Koalition hatte erstmals die Einkommensteuer „dualisiert", d.h., dass alle Kapitaleinkünfte wie Zinsen, Dividenden und private Veräußerungsgewinne – mit Ausnahme der Einkünfte aus Vermietung und Verpachtung – mit einer Abgeltungssteuer belastet wurden. Die Abgeltungssteuer erfasst aber nicht nur private Kapitaleinkünfte, sondern auch Fremkapitalzinsen.

Dass bei der Ermittlung der Bemessungsgrundlage für körperschaftssteuerpflichtige Kapitalgesellschaften über die Gewinne hinaus auch Fremdkapitalzinsen hinzuzurechnen werden, ist eine Reaktion des Bundesfinanzministers auf die steuermindernde Gewinnverschiebung von Kapitalgesellschaften ins Ausland: Die global agierenden Kapitalgesellschaften verlagerten häufig ihre in Deutschland erzielten Gewinne in Niedriglohnländer, indem Darlehen an den deutschen Konzern über eigens dafür gegründete Töchter im Niedrigsteuerland vergeben wurden. Die Zinszahlungen für diese Dauerschulden an die Tochter im Ausland und die sich daraus ergebenden höheren Gewinne der Tochter unterliegen dann relativ niedrigen Steuersätzen.

Die von Interessenvertretern der Industrie geforderte „Zinsschranke" soll die zu versteuernden Gewinne nicht voll um die Zinszahlungen ausweiten und damit die steuerliche Belastung in Grenzen halten. Nach dem Referentenentwurf zur Reform der Unternehmenssteuer sollen lediglich bis zu 30 % der Zinszahlungen an die ausländische Tochter dem zu versteuernden Gewinn im Inland zugeschlagen werden.

2.3.3 Kritische Würdigung der Vorschläge zur Unternehmenssteuersenkung 2008

Die wissenschaftliche Politikberatung des Sachverständigenrats bewertet die Senkung der Sätze der Körperschaftsteuer positiv. Auch wenn die effektive Steuerbelastung von Kapitalgesellschaften immer noch über dem Durchschnitt der Belastung in den EU-Staaten liege, verbessere die Reform die steuerliche Attraktivität des Standorts Deutschland. Die Abgeltungssteuer und die damit verbundene Ausweitung der zu versteuernden Gewinne wird aber deshalb kritisiert, weil höhere Kapitalkosten für eigenfinanzierte Investitionen zu einer Verschlechterung der Investitionsbedingungen führten (SVR-Jg. 2006/07, Ziff. 38).

Für die Kritiker der Arbeitsgruppe Alternative Wirtschaftspolitik profitierten von der Senkung der Körperschaftsteuersätze typisch mittelständische Kapitalgesellschaften im verarbeitenden Gewerbe, deren effektive Steuerbelastung um ein Viertel geringer ausfalle. Noch größere Vorteile aus sinkenden Steuersätzen hätten Banken, da Belastungen durch die Gegenfinanzierung in Gestalt von eingeschränkten Abschreibungsmöglichkeiten kaum ins Gewicht fielen (Memorandum 2007, S. 116).

Die Steuerreform habe aber auch nicht zu unterschätzende Nachteile: So würden sinkende Körperschaftsteuersätze den inländischen Investitionen nur schwache Impulse geben und der Verlagerung von Investitionen ins Ausland nicht entscheidend Einhalt gebieten. Deshalb seien auf den Arbeitsmärkten keine signifikanten Beschäftigungseffekte zu erwarten.

Die Unternehmenssteuerreform verschärfe die Ungleichheit der Steuerlastverteilung. Während Unternehemen absolut und relativ entlastet würden, nehme die steuerliche Belastung der Arbeitseinkommen über wachsende Lohn- und Mehrwertsteuer zu. Das Prinzip der ökonomischen Lastenverteilung werde in dem Maße unterminiert, wie die Steuersätze aus privaten Kapitaleinkommen von denen der Arbeitseinkommen abgespalten werden. Wenn Kapitaleinkommen nur noch mit 25 Prozent besteuert werden, Arbeitseinkommen dagegen im Rahmen der progressiven Einkommensbesteuerung bis zu einem Spitzensteuersatz von 42 Prozent belastet werden, widerspreche dies dem Grundsatz gerechter Lastenverteilung (Memorandum 2007, S. 117).

Schließlich habe der öffentliche Sektor durch die Steuerreform nicht geringe Steuermindereinnahmen hinzunehmen. Der von der Reform erwartete Selbstfinanzierungseffekt, wonach die Steuerreform Investitionen und wirtschaftliches Wachstum belebe und gleichsam automatisch höhere Steuereinnahmen bringe, werde in Zweifel gezogen. Als Folge geringerer staatlicher Einnahmen sei vielmehr zu befürchten, dass ökonomisch und ökologisch bedeutende öffentliche Infrastrukturinvestitionen nicht mehr ausreichend finanziert werden können (Memorandum 2007, S. 117).

3 Sozialpolitik

Bei der grundlegenden Darstellung der Inhalte und der Konfliktregelung im Feld der Sozialpolitik wird der Begriff Sozialpolitik weit gefasst, werden also sozialpolitische Politikfelder wie die Gesundheits-, Arbeitsmarkt- und Rentenpolitik detailliert beschrieben und bewertet.

3.1 Vom sozialpolitischen Konsens zur Konfliktverschärfung

Nach der Wiedervereinigung fand die institutionelle Angleichung des Sozialsystems der beiden deutschen Staaten in Politik und Wirtschaft grundsätzlich eine breite Zustimmung, so dass zunächst die Parteiendifferenzen hintangestellt werden konnten und der Herstellung der staatlichen Einigung Vorrang eingeräumt wurde. Die Bedenken der Bundesländer konnten in dem Maße ausgeräumt werden, wie der Bund und die Sozialversicherung die Finanzierungslasten der Einheit übernahmen (Seibel/Benz/Mäding 1993). Die Regierungen in Bund und

Ländern und die SPD-Opposition im Bund einigten sich alsbald – durch Übergangsfristen und Anpassungshilfen – auf die Übertragung der westdeutschen Institutionen des Sozialversicherungssystems auf das Gebiet der DDR (Maydell 1996). Damit wurde der Weg für eine „Große Koalition" in der Sozialpolitik frei.

Ein Schwerpunkt der Sozialpolitik war ab 1990 die forcierte Angleichung der ostdeutschen an die westdeutschen Renten. Mit der raschen Anhebung der ostdeutschen Sozialrenten konnte die Bundesregierung die Leistungen der Einheit demonstrieren: „zielgenau, öffentlichkeitswirksam und mit großem Anklang beim Publikum" (M. G. Schmidt 1998, S. 139).

Auch die Abfederung der nach der Einführung der Marktwirtschaft in Ostdeutschland entstandenen Massenarbeitslosigkeit wurde bald zu einer der größten Herausforderungen der Sozialpolitik im vereinten Deutschland. Die Arbeitsmarktpolitik übernahm vor allem in den neuen Bundesländern wichtige sozialpolitische Funktionen. Sie expandierte zuvörderst im Bereich der „aktiven Arbeitsmarktpolitik", d.h. arbeitsmarktpolitische Maßnahmen wie Fortbildung und Umschulung, Arbeitsbeschaffung, Lohnkostenzuschuss Ost nach § 249 h AFG, konjunkturell und strukturell bedingte Kurzarbeit und Vorruhestand kamen voll zum Zuge.

Aber die Sozialpolitik wurde in der ersten Hälfte der 1990er Jahre nicht nur vom Ziel der Herstellung gleichwertiger sozialer Bedingungen in Deutschland bestimmt. Die konservativ-liberale Regierungskoalition setzte auch Schritt für Schritt die angebotspolitisch angeleitete Politik der Flexibilisierung der Arbeitszeit und der Deregulierung des Arbeitsmarkts durch. Darüber hinaus wurde die Familienpolitik weiter ausgebaut, insbesondere das Kindergeld neu geordnet und aufgestockt. Ferner wurde mittels der Altersteilzeit, des Altersübergangsgelds und der Teilrente der „gleitende Übergang" in den Altersruhestand gefördert.

Ein wichtiges sozialpolitisches Reformprojekt der konservativ-liberalen Regierungskoalition war das Gesundheitsstrukturgesetz (GSG) (BGBl. I 1992, S. 2266). Dieses Gesetz konnte durch eine „Große Koalition" zwischen CDU/CSU und SPD – unter Ausschluss der gesundheitspolitischen Verbände – verwirklicht werden (Lehmbruch 1998, S. 172; Bandelow 1998, S. 210). Hauptziele des GSG waren, durch staatliche Sparvorgaben auf seiten der Gesundheitsanbieter und durch höhere Selbstbeteiligung die Kostensteigerung zu bremsen und durch Strukturveränderungen im Gesundheitswesen eine hohe Effektivität und Effizienz zu erreichen. Inhaltliche Schwerpunkte dieser Gesundheitsreform waren die Ablösung des tagesgleichen Pflegesatzes durch eine leistungsorientierte Vergütung, die regionale Kassenzulassungsbeschränkung nach Bedarfsgesichtspunkten, die Einführung eines einnahmeorientierten Risikostrukturausgleichs zwischen den Krankenkassen und einer Positivliste für Arzneimittel sowie größere Wahlfreiheiten der Versicherten gegenüber den Krankenkassen (Bandelow 1998).

Mit Verabschiedung des Gesundheitsstrukturgesetzes erweiterte der Staat seine Interventionsmöglichkeiten in das Gesundheitswesen durch Vorgaben für Leistungserbringung, Honorare und Kassenzulassungsbeschränkungen. Als Konsequenz aus der weitgehenden Verfehlung des Ziels der Ausgabenbegrenzung leitete Mitte der 1990er Jahre der Bundesgesundheitsminister Horst Seehofer – auch auf Betreiben der FDP hin – einen Kurswechsel ein: Fortan sollten die „Selbststeuerung" im Gesundheitswesen durch einen größeren Wettbewerb zwischen den Krankenkassen und durch Mobilisierung von Rationalisierungsreserven gestärkt sowie die Beitragssätze stabilisiert werden. Der größte Teil des nun neu gestalteten Gesetzentwurfs der Bundesregierung zur Gesundheitsreform (3. Stufe) scheiterte allerdings im Jahr 1996 an der SPD-Mehrheit im Bundesrat und im Vermittlungsausschuss: Vor allem die Pläne zur Reform der Krankenhausfinanzierung und zur Stärkung der Selbstverwaltung in der ambulanten Versorgung fanden nicht die erforderliche Zustimmung (M. G. Schmidt 1998, S. 142).

Besonders großes sozialpolitisches Gewicht hatte in der 12. Legislaturperiode (1990–1994) neben dem Gesundheitsstrukturgesetz die Einführung der Pflegeversicherung (BGBl. I 1994, S. 1014). Die Pflegeversicherung wurde zwar 1994 im Konsens zwischen Regierung und Opposition verabschiedet, doch bildete sie zugleich den Auftakt zu einer stärker konflikthaften Phase der Sozialpolitik (Jochem 1999, S. 29).

Mit ihr wurde nach langem Streit über Form und Finanzierung der Pflegeversicherung die fünfte Säule der Sozialversicherung unter dem Dach der gesetzlichen Krankenversicherung errichtet. Zwischen den Parteien und den Tarifvertragspartnern war vor allem umstritten, ob die herkömmliche Beitragsfinanzierung oder – wie in Österreich – eine steuerfinanzierte „Volksversicherung" angewendet werden sollte, oder ob gar eine private (Pflicht-)Versicherung die Absicherung des Risikos übernehmen sollte. Die Arbeitgeber und die FDP lehnten eine paritätische Finanzierungsbeteiligung ab, da der Pflegefall nicht ursächlich mit Erwerbsarbeit zusammenhänge. Der ehemalige Bundesarbeitsminister Blüm, der Arbeitnehmerflügel der CDU und die SPD verständigten sich schließlich auf die Absicherung des Pflegerisikos im Rahmen der Sozialversicherung.

Die Einigung kam zustande, nachdem die SPD auf den vermeintlich sicheren Pfad der Sozialversicherungsbefürworter einschwenkte (Götting/Hinrichs 1993, S. 54–57) und die Unionsparteien und die Liberalen zur Kostenentlastung der Arbeitgeber die Abschaffung eines Feiertags (des Buß- und Bettags) erreichten. In den meisten Bundesländern, in denen ein Feiertag gestrichen wurde, werden die Beiträge je zur Hälfte von den Arbeitnehmern und den Arbeitgebern finanziert (ab 1.7.1996: 1,7 % des Bruttoeinkommens bis zur Beitragsbemessungsgrenze in der gesetzlichen Krankenversicherung). Nur im Bundesland Sachsen, in dem kein Feiertag abgeschafft wurde, tragen die Arbeitnehmer den gesamten Beitrag zur Pflegeversicherung.

Im sozialpolitisch relevanten Feld der Arbeitsmarktpolitik kam es nach der Phase eines breiten vereinigungsbedingten Konsenses über den notwendigen Ausbau „aktiver" arbeitsmarktpolitischer Maßnahmen in den neuen Bundesländern ab 1993 zu einer „Wende rückwärts" (J. Schmid 1998, S. 163). Mit der zehnten Novelllierung des Arbeitsförderungsgesetzes im Jahr 1993 wurden zwar – gegen Proteste der SPD-Opposition, der Gewerkschaften und Vertreter der CDA – bereits die Mittel für Arbeitsbeschaffungsmaßnahmen gekürzt, doch wurde noch das Förderinstrument des § 249 h AFG für die neuen Länder eingeführt, das für bestimmte gemeinnützige Tätigkeiten Lohnkostenzuschüsse gewährt. Der arbeitsmarktpolitische Bruch der parteienübergreifenden Zusammenarbeit erfolgte mit Inkrafttreten des Ersten und Zweiten Gesetzes zur Umsetzung des Spar-, Konsolidierungs- und Wachstumsprogrammes 1993. Die Verabschiedung dieser Gesetze, die die größten Einsparungen im Bereich der Arbeitsmarktpolitik in der Ära Kohl erzielten, markierten „die Auflösung des Konsenses zur sozialverträglichen Gestaltung der deutschen Vereinigung" (Heinelt/Weck 1998, S. 164). Die Beratungen zu diesem Gesetz verdeutlichten, dass sich die arbeitsmarktpolitischen Positionen zwischen Bundesregierung und SPD-Opposition bzw. Gewerkschaften verhärteten.

Auch bei der Formulierung der arbeitsmarktpolitisch relevanten Gesetze der Jahre 1996 und 1997 (Wachstums- und Beschäftigungsförderungsgesetz, Arbeitslosenhilfereform und Reform der Arbeitsförderung) verzichtete die Bundesregierung in dem Maße auf eine Konsensfindung mit der SPD und den Gewerkschaften, wie die FDP innerhalb der Regierungskoalition ihre angebotsorientierten Vorstellungen zur Arbeitsmarktpolitik zur Geltung bringen konnte. Die Gesetze enthielten nicht nur Leistungskürzungen insbesondere bei der aktiven

Arbeitsmarktpolitik, sondern zielten auch auf eine konflikttrachtige Verschiebung der Strategie: Der Trend zu einer „fürsorgerischen Arbeitsmarktpolitik" setzte sich insofern durch, als immer mehr die Organisation von Arbeit für Arbeitslose und Sozialhilfeempfänger zum vorrangigen Ziel der Arbeitsmarktpolitik erhoben wurde (Heinelt/Weck 1998, S. 168–184).

Mit Verschärfung der Krise auf dem Arbeitsmarkt und dem System kollektiver Arbeitsbeziehungen nach der Rezession von 1993 nahmen auch die Divergenzen in der Arbeitsmarkt- und Sozialpolitik zu: Die steigende Arbeitslosigkeit spitzte den Streit über Maßnahmen zur Verbesserung der Beschäftigungssituation zu, die Auseinandersetzungen über die Tarifpolitik in Ostdeutschland eskalierten, der Mitgliederverlust der Gewerkschaften und die Aushöhlung der Arbeitgeberorganisationen gefährdete das „wohlgeordnete" Modell industrieller Beziehungen (Czada 1998, S. 69f.).

Unter diesen Krisenbedingungen wurde auf Vorschlag der IG Metall ein „Bündnis für Arbeit" geschaffen, das anfangs 1996 zu den Kanzlergesprächen mit Gewerkschafts- und Arbeitgebervertretern führte. Während im ersten Gespräch dieser „Kanzlerrunde" noch das gemeinsame Ziel der Halbierung der Arbeitslosenrate bis zum Jahr 2000 formuliert und Bereiche notwendiger beschäftigungspolitischer Weichenstellungen „aufgelistet" wurden (IAB-Kurzbericht 1996), scheiterte im April 1996 der erste Anlauf zu einem Bündnis für Arbeit.

Nach den für die Parteien der Regierungskoalition erfolgreichen Landtagswahlen im Frühjahr 1996 rückte die Bundesregierung von ihrer bislang konsensorientierten Politik ab und lehnte sich einseitig an die Forderungen der Arbeitgeber und des Koalitionspartners FDP an (Bispinck 1997, S. 67). Anlass für das Scheitern des Bündnisses war die Präsentation des Entwurfs zum Wachstums- und Beschäftigungsförderungsgesetz. Die SPD-Opposition und die Gewerkschaften werteten das „Sparpaket" als Angriff auf den Sozialstaat und als konjunkturpolitisch kontraproduktiv, da es Prinzipien der sozialen Gerechtigkeit verletze und wegen der Schwächung der gesamtwirtschaftlichen Nachfrage wirtschaftspolitisch verfehlt sei (M. G. Schmidt 1998, S. 146).

Die Gewerkschaften erhoben vor allem massiven Widerstand gegen die Absenkung der Lohnfortzahlung im Krankheitsfall von 100 % auf 80 % des Lohns, die „Lockerung" des Kündigungsschutzes nur noch für Betriebe mit mehr als 10 Arbeitnehmern (vorher 5) und die schrittweise Anhebung der Rentenaltersgrenzen für Frauen von 60 auf 65 und für langjährig Versicherte von 63 auf 65 Jahre.

Ab Mitte der 1990er-Jahre entwickelte sich die FDP als „Steuersenkungspartei" und durch deutliche Akzentuierung angebotspolitischer Positionen immer mehr zu einem „Blockadefaktor konsensualer Politikgestaltung" (Lehmbruch 1998, S. 173). Das Einschwenken der Regierungskoalition auf einen härten Sparkurs gegenüber der Opposition und den Gewerkschaften war eine Zäsur in der Sozialpolitik Deutschlands: Das Scheitern des Bündnisses für Arbeit und die Konfliktaustragung über das Wachstums- und Beschäftigungsförderungsgesetz machten deutlich, dass „der sozialpolitische Konsens zwischen Arbeit und Kapital bzw. der CDU/CSU und der SPD erschöpft war" (Jochem 1999, S. 34). Die für die alte Bundesrepublik charakteristische „Große Koalition" in der Sozialpolitik wurde immer stärker von einer konfliktorischen Sozialpolitik abgelöst (M.G. Schmidt 1998, S. 146).

Die sozialpolitischen Divergenzen erreichten mit dem – 1997 verabschiedeten – Rentenreformgesetz 1999 (BGBl. I, S. 2998) ihren Höhepunkt. Mit diesem Gesetz sollte der demographisch bedingte Anstieg der Beitragssätze mittelfristig abgeschwächt werden. Der durch dieses Gesetz eingefügte demografische Faktor schwächt die Rentenanpassung in dem Maße ab, in dem die Lebenserwartung und die Rentenbezugsdauer zunehmen, so dass mit einer Absenkung des Rentenniveaus zu rechnen ist. Das Rentenreformgesetz setzt nicht nur die Altersgrenzen ab dem Jahr 2000 herauf, sondern erhöht auch den Bundeszuschuss und verstärkt nochmals die Berücksichtigung von Kindererziehungszeiten (Michaelis 1998, S. 41–47).

Die SPD-Opposition war dagegen darauf bedacht, Leistungskürzungen möglichst zu vermeiden. Die Stabilisierung des Rentenniveaus sollte durch die Einbeziehung der (Schein-)Selbstständigen in die Versicherungspflicht gesichert werden. Die SPD lehnte nicht nur ein niedrigeres Rentenniveau kategorisch ab, sondern hielt auch höhere Altersgrenzen erst dann für möglich, wenn dies die Arbeitsmarktlage zuließe.

Wie sehr sich die Fronten in der Rentenpolitik unterdessen verhärtet hatten, zeigte nicht nur die Ablehnung des nicht zustimmungspflichtigen Gesetzentwurfs durch den SPD-geführten Bundesrat, so dass eine Zurückweisung dieses Einspruches durch die Bundestags-Mehrheit erforderlich wurde. Auch beim zustimmungspflichtigen Teil des Gesetzes zur Refinanzierung des zusätzlichen Bundeszuschusses konnten erst die Verhandlungen im Vermittlungsausschuss einen Kompromiss erreichen: Der Vermittlungsausschuss einigte sich darauf, durch Erhöhung der Mehrwertsteuer von 15 auf 16 % den höheren Bundeszuschuss zu finanzieren. Die Widerstände der Opposition und der Gewerkschaften gegen bedeutende Inhalte des Rentenreformgesetzes 1999 machten aber zugleich deutlich, welche Barrieren einer Konsensfindung in der Rentenpolitik am Ende der 1990er Jahre entgegenstanden (Hinrichs 1998).

3.2 Die Sozialpolitik in der ersten rot-grünen Koalition

Mit Bildung der rot-grünen Koalition im Jahr 1998 wurden sowohl ein sozialpolitischer Kurswechsel in der Rentenpolitik vollzogen als auch sozialpolitische Maßnahmen der Regierung Kohl korrigiert, deren Rücknahme im Wahlkampf versprochen worden war. Darüber hinaus verfolgte Rot-Grün in der ersten Legislaturpolitik (1998 bis 2002) eine gewerkschaftsfreundliche Politik, die sich in einer mitbestimmungsstärkenden Änderung des Betriebsverfassungsgesetzes, in der Unterstützung expansiver Lohnpolitik und in der Duldung korporatistischer Politik hinsichtlich der Frühverrentung älterer Arbeitnehmer zeigte.

3.2.1 Rentenpolitischer Kurswechsel und arbeitsmarktpolitische Kontinuität

In der Rentenpolitik nahm die neue rot-grüne Bundesregierung Abschied von der Politik der Lebensstandardsicherung der Rentner und ging von der niveauorientierten zur einnahmenorientierten Alterssicherungspolitik über (Alber 2001, S. 267f.; M. G. Schmidt 2007b, S. 295). Außerdem hatte zur Überraschung vieler eine SPD-geführte Regierung in Gestalt der Riesterschen Rentenreform eine kapitalgedeckte private Altersvorsorge durchgesetzt.

Der Rentenreform lagen ungünstige Prognosen zur demographischen Entwicklung zugrunde, denen zufolge nach 2040 auf einen Rentner nur noch knapp zwei Erwerbsfähige kommen sollten. Diese Annahmen wurden als Begründung der Reformbedürftigkeit des umlagefinanzierten Rentensystems herangezogen. Um die Alterssicherung finanzierbar zu erhalten, sollte die gesetzliche Rente um eine kapitalgedeckte Altersvorsorge ergänzt werden. Nach schwierigen Verhandlungen der Bundesregierung mit den unionsregierten Landesregierungen wurde durch eine Politik des „Tauschgeschäfts" schließlich ein Konsens gefunden. Erst nach zahlreichen Zugeständnissen der Regierungskoalition erhielt die Riestersche Rentenreform im Jahr 2001 im Bundesrat die erforderliche Mehrheit (Pilz 2004, S. 128).

Die Arbeitsmarktpolitik kennzeichnete sich dagegen in der ersten rot-grünen Koalition weitgehend durch Kontinuität aus. Die rot-grüne Bundesregierung unterstützte zunächst nur einige Pilotprojekte und initiierte ein Programm gegen Jugendarbeitslosigkeit. Erst nach Einsetzung der Hartz-Kommission Anfang 2002 wurde vor dem Hintergrund hoher Arbeitslosigkeit in der wissenschaftlichen und öffentlichen Diskussion verstärkt die Notwendigkeit grundlegender Arbeitsmarktreformen hervorgehoben. Die Vorstellung des Hartz-Papiers im Sommer 2002, mit dem ein grundlegender Richtungswechsel in der Arbeitsmarktpolitik angekündigt wurde, bildete dann den Auftakt zu einem langwierigen konfliktreichen Prozess der Kompromissfindung (Pilz 2004, S. 124; Schmid 2007, S. 271–294)

3.2.2 Neuregelung der Scheinselbstständigkeit und der geringfügigen Beschäftigung

Nach dem Regierungswechsel von 1998 im Bund war die Sozialpolitik als erstes darauf bedacht, vor allem die im Bundestagswahlkampf zugesagten Änderungen zur Lohnfortzahlung im Krankheitsfall und zum Kündigungsschutz umzusetzen. Nach dem Gesetz zu Korrekturen in der Sozialversicherung und zur Sicherung der Arbeitnehmerrechte (Korrekturgesetz) hat ein Arbeitnehmer ab dem 1. Januar 1999 wieder ab dem ersten Krankheitstag einen gesetzlichen Anspruch auf Lohnfortzahlung im Krankheitsfall in voller Höhe des ihm zustehenden Arbeitsentgelts. Auch die von der Kohl-Regierung beschlossene Anrechnung von Maßnahmen der medizinischen Vorsorge oder Rehabilitation auf den Urlaub wurde rückgängig gemacht. Auch die Lockerung des Kündigungsschutzes wurde korrigiert: Ab dem 1.1.1999 unterliegen Betriebe mit mehr als 5 Beschäftigten (vorher 10) wieder dem Kündigungsschutzgesetz. Diese von der rot-grünen Bundesregierung eingeleitete Kurskorrektur der angebotsorientierten Maßnahmen der Deregulierung stieß weder bei den Oppositionsparteien noch bei den Arbeitgeberverbänden auf nennenswerten Widerstand.

Im Gegensatz zu den wenig kontrovers diskutierten maßvollen Korrekturen bei der Lohnfortzahlung und beim Kündigungsschutz haben die Neuregelungen des Korrekturgesetzes zur Scheinselbstständigkeit und zu den geringfügigen Beschäftigungsverhältnissen wegen ihrer Konzeptionslosigkeit und ihrer handwerklichen Unzulänglichkeiten scharfe Kritik hervorgerufen.

Die Neuregelung der Scheinselbstständigkeit war darauf angelegt, die „Flucht aus der Sozialversicherungspflicht" zu stoppen. Die Reform zielte auf diejenigen Arbeitnehmer, die sozialversicherungspflichtige Arbeitnehmerverhältnisse auflösten, um die Arbeit – kostengünstiger – von vermeintlich selbstständigen Unternehmen ausführen zu lassen. Die „Umwidmung" der Mitarbeiter von Arbeitnehmern zu Auftragnehmern entlastet zwar die Unternehmen von der Zahlung ihres Arbeitgeberanteils zur Sozialversicherung, führte aber gleichzeitig zu nicht geringen Beitragsausfällen bei den Sozialkassen. Um dieser Praxis zu begegnen, wollte die Neuregelung des Scheinselbstständigen-Gesetzes die „angeblichen Selbstständigen" mit strengeren Regeln als bisher der Scheinselbstständigkeit überführen. Die rot-grüne Bundesregierung legte keine neuen Kriterien für die Feststellung der Scheinselbstständigkeit fest, sondern erschwerte den Betroffenen die Möglichkeit, unbemerkt an einer Überprüfung durch den Sozialversicherungsträger vorbeizukommen.

Nach dem Korrekturgesetz wurde Scheinselbstständigkeit vermutet, wenn zwei der folgenden vier Kriterien erfüllt sind: mit Ausnahme von Familienangehörigen werden keine versicherungspflichtigen Arbeitnehmer beschäftigt, Betroffene sind regelmäßig und im Wesentlichen nur für einen Auftraggeber beschäftigt, für den Beschäftigten liegt eine typische

Arbeitsleistung vor (Eingliederung in den Betrieb und Weisungsgebundenheit) und Betroffene treten nicht in unternehmerischer Tätigkeit auf. Das Korrekturgesetz behandelte Auftraggeber von Scheinselbstständigen wie Arbeitgeber, d.h., dass sie Arbeitgeber- und Arbeitnehmeranteile zur Sozialversicherung zu entrichten haben.

Der politische Streit entzündete sich vor allem daran, dass das Gesetz bereits Scheinselbstständigkeit vermutet, wenn zwei der vier Kriterien erfüllt sind. Die Kritik hob die Gefahr hervor, dass zahlreiche Existenzgründer ihre Selbstständigkeit einbüßen könnten und sozialversicherungspflichtig würden, oder dass solche Existenzgründungen in Zukunft kaum noch möglich seien.

Missverständnis und Kritik lösten auch die Umkehr der Beweislast aus: Während bisher die Sozialversicherungskassen beweisen mussten, dass Scheinselbstständigkeit vorliegt, müssen nun die Betroffenen nachweisen, dass sie nicht scheinselbstständig sind. Allerdings kommt dieses Verfahren erst dann zur Anwendung, wenn die Betroffenen nicht bereit sind, zur Aufklärung des Sachverhalts mit dem Sozialversicherungsträger zusammenzuarbeiten.

Die Kritik der vom Bundsarbeitsminister eingesetzten Regierungskommission am Scheinselbstständigengesetz, es habe wegen der nicht eindeutig erkennbaren Überprüfungskompetenzen der Sozialkassen zu einer nicht hinnehmbaren Verunsicherung der Betroffenen geführt, führte zu Nachbesserungen des Vermutungsverfahrens und des Kriterienkatalogs. Nun kommt das Vermutungsverfahren erst dann zur Geltung, wenn die Betroffenen selbst die Aufklärung ihres Status verhindert haben, indem sie wesentliche Auskünfte verweigerten.

Nach einer verwirrenden Präsentation unterschiedlicher Entwürfe zur Reform geringfügiger Beschäftigungsverhältnisse seitens der neuen Regierungskoalition ist am 1.4.1999 die Neuregelung dieser Beschäftigungsform in Kraft getreten. Eine geringfügige Beschäftigung liegt dann vor, wenn sie regelmäßig weniger als 15 Stunden in der Woche ausgeübt wird und wenn das Arbeitsentgelt 630 DM im Monat nicht übersteigt. Mit dieser Neuregelung wird die Geringfügigkeitsgrenze bundeseinheitlich festgeschrieben, also nicht mehr dynamisch angepasst. Die bisherige Pauschalbesteuerung durch den Arbeitgeber (20 % Lohnsteuer zuzüglich Kirchensteuer und Solidaritätszuschlag) wird durch eine Arbeitgeber-Beitragspflicht zur gesetzlichen Rentenversicherung (12 %) und zur Krankenversicherung (10 %) ersetzt.

Im Rahmen der Neuregelung wurde festgelegt, dass die Einnahmen aus geringfügiger Beschäftigung bis zur Geringfügigkeitsgrenze steuerfrei sind: Auf Antrag des Arbeitnehmers bescheinigte das Finanzamt, dass der Arbeitgeber den Arbeitslohn für eine geringfügige Beschäftigung steuerfrei auszuzahlen hat.

Für geringfügig Nebentätige (2. Job) hat sich die Besteuerung ihres Einkommens nicht geändert: Sie können weiterhin die Möglichkeit der Pauschalbesteuerung durch den Arbeitgeber nutzen oder das Einkommen normal – unter Vorlage einer Lohnsteuerkarte – versteuern. Das Einkommen einer geringfügigen Nebenbeschäftigung ist aber ab dem 1.4.1999 voll versicherungspflichtig. Verdient beispielsweise ein Arbeitnehmer hauptberuflich monatlich brutto 5.000 DM und in einem Nebenjob zusätzlich 630 DM, dann sind für das gesamte Erwerbseinkommen in Höhe von 5.630 DM Sozialversicherungsbeiträge zu zahlen. Infolge der Einbeziehung der Einkommen aus der Nebenerwerbstätigkeit in die Beitragspflicht verringert sich gegenüber der früheren Regelung das Nettoeinkommen. Die Einführung der Sozialversicherungspflicht für Einkommen aus dem Nebenjob erhöht auch die Abgabenbelastung für die Unternehmen (Schwarze/Heineck 1999, S. 2 und 5). Den Rentenversicherungsbeiträgen aus der geringfügigen (Haupt-)Beschäftigung stehen nach dem Äquivalenzprinzip Leistungen des Versicherungsträgers gegenüber. Ein geringfügig Beschäftigter erwirbt innerhalb eines Jahres allerdings nur einen Rentenanspruch von monatlich etwa 4 DM (SVR-Jg. 1999/2000, S. 92).

Die Kritik bewertete die Neuregelung bei den geringfügigen Beschäftigungsverhältnissen für „verfehlt", weil sie den arbeitsmarktpolitischen Aspekt völlig außer Acht lasse: Da die 630-DM-Jobs nicht in erster Linie ein versicherungsrechtliches, sondern ein arbeitsmarktpolitisches Problem seien, gefährdeten sie langfristig die Finanzierungsbasis des sozialen Sicherungssystems (Memorandum '99 der Arbeitsgruppe Alternative Wirtschaftspolitik, S. 92). Die soziale Absicherung der vorwiegend von Frauen wahrgenommenen geringfügigen Beschäftigung würde nur marginal verbessert. Der Erosion des „Normalarbeitsverhältnisses" würde nicht entgegengewirkt.

Anstatt Probleme zu lösen, würden auf dem Arbeitsmarkt, im Steuerrecht und im Sozialversicherungsrecht neue Probleme geschaffen: Die Kritiker geben zu Bedenken, dass erstmals eine Einkommensart, die Einkommen gering Beschäftigter (im Hauptberuf) völlig von der Besteuerung freigestellt würden. Im Sozialversicherungsrecht würde das Äquvalenzprinzip insofern ausgehöhlt, als den eingezahlten Beiträgen keine „angemessenen" Leistungsansprüche bei Eintritt sozialer Risiken gegenüberstünden (Memorandum '99, S. 92).

Die Neuregelung der 630-DM-Jobs, wonach geringfügig Beschäftigte selbst keine Sozialversicherungsbeiträge zu entrichten haben, mache sozial-, arbeitsmarkt- und finanzpolitisch nur Sinn, wenn der Staat die Beiträge zur Sozialversicherung bei Geringqualifizierten mit niedrigen Bruttolöhnen subventioniere und somit durch höhere Nettolöhne Anreize für eine Arbeitsaufnahme schaffe.

Die nach der Neuregelung prognostizerten Beschäftigungsverluste betrafen weniger die 630-Mark-Jobs als Hauptbeschäftigung als vielmehr die 630-Mark-Kräfte, die neben ihren voll sozialversicherungspflichtigen Hauptberuf einem Nebenjob nachgingen: Wegen der eingeführten Abzüge bei Steuern und Sozialabgaben haben rund ein Drittel dieser 630-Mark-Jobber ihren Nebenjob aufgegeben. Auch das Ziel, mit der Neuregelung neue sozialversicherte Arbeitsplätze zu schaffen, ist fehlgeschlagen. Lediglich zwei Prozent der Billigjobs sind in reguläre Beschäftigerhältnisse umgewandelt worden: Die Unternehmen glichen die weggefallenen Billigjobs vor allem durch Überstunden aus, nutzten Produktivitätsreserven und nahmen zumindest vorübergehend Qualitätseinbußen in Kauf (Hagelüken 2000, S. 25)

Im Gegensatz zu diesen kritischen Positionen hebt Bundesarbeitsminster Riester in einer Zwischenbilanz die Vorzüge der Neuregelung der 630-Mark-Jobs hervor: Immerhin sei es gelungen, die Aufteilung normaler sozialversicherungspflichtiger Stellen in Billigjobs zu stoppen. Den geringfügig Beschäftigten drohe überdies wegen der Zahlung von Renten- und Krankenversicherungsbeiträgen keine Altersarmut mehr. Schließlich hätten die Sozialversicherungen von der Neuregelung kräftig profitiert. Die Mehreinnahmen kämen vor allem den Krankenkassen zugute, ohne dass sie unmittelbar daraus resultierende Gegenleistungen zu erbringen hätten. In der Rentenvericherung dagegen stehen den zusätzlichen Einnahmen höhere Ansprüche gegenüber (Hagelüken 2000).

3.3 Die Sozialpolitik der rot-grünen Koalition 2002–2005

Ein grundlegender Richtungswechsel in „neoliberale" Richtung erfolgte mit den Hartz-Reformen in der Arbeitsmarktpolitik (Butterwegge 2006, S. 188–202). In der Gesundheitspolitik verstärkte Rot-Grün die im Wahlkampf heftig kritisierte Eigenbeteiligung der Patienten. Die

Rentenpolitik der zweiten rot-grünen Koalition ist durch Kontinuität und Wandel gekennzeichnet: Während die einnahmenorientierte Politik der Alterssicherung fortgesetzt wurde, mussten insbesondere diejenigen zukünftigen Rentner Einbußen hinnehmen, die eine lange Schul- und Hochschulausbildung hatten (M. G. Schmidt 2007b, S. 296 ff.).

Die Sozialpolitik der zweiten rot-grünen Koalition wurde maßgeblich durch die Reformpolitik der „Agenda 2010" geprägt, die Bundeskanzler Schröder in seiner Regierungserklärung vom März 2003 vorstellte. Die Reformagenda verfolgte im Interesse der Erhaltung des Sozialstaats vor allem die Ziele, „die Leistungen des Staates (zu) kürzen, die Eigenverantwortung (zu) fördern und mehr Eigenleistung von jedem Einzelnen ab(zu)fordern" (Regierungserklärung des Bundeskanzlers vom März 2003, S. 1). Die Agenda-Politik zur Reform des Arbeitsmarkts, des Gesundheits- und Rentensystems war eine Abkehr von der im Wahlkampf in Aussicht gestellten Sozialpolitik der Kontinuität und der Stärkung der sozialen Sicherung. Damit lautete die Botschaft an die Bürger: „Ende der Ausbaustrecke der Sozialpolitik – Beginn einer Umbau- und Rückbauzone" (M. G. Schmidt 2007b, S. 298).

3.3.1 Die Agenda-Politik des Bundeskanzlers Schröder zur Arbeitsmarkt- und Gesundheitsreform

Mit den „Hartz-Gesetzen", mit denen die vier Stufen der Arbeitsmarktreform gemäß den Vorschlägen der (Hartz-)Kommission bezeichnet wurden (Moderne Dienstleistungen am Arbeitsmarkt 2002), wurde ein grundlegender Kurswechsel in Richtung angebotsorientierte Arbeitsmarktpolitik vollzogen (vgl. Kap. C.4.6). Die „Hartz-Reformen" lösten nicht nur bei den Gewerkschaften und vielen SPD-Wählern scharfe Kritik aus, sondern entfachten einen bis dahin unbekannten Proteststurm in weiten Teilen der Bevölkerung. Viele Kritiker befürchteten durch die Maßnahmen der Hartz-IV-Reform, insbesondere durch die Zusammenlegung der Arbeitslosen- und Sozialhilfe zum Arbeitslosengeld II und die Verkürzung der Bezugsdauer des Arbeitslosengeldes, substantielle Kürzungen von Sozialleistungen (Bäcker/Koch 2004). Auch wenn von den rund 2,15 Millionen privaten Haushalten, die 2004 noch Arbeitslosenhilfe bezogen, ab 2005 rund 839.000 Arbeitslosengeld II-Bezieher durch verbesserte legale Hinzuverdienstmöglichkeiten geringfügig höhere Einkommen als vorher hatten (M. G. Schmidt 2007b, S. 301), wurde die Mehrheit der Hartz-IV-Empfänger finanziell schlechter gestellt (Butterwegge 2006, S. 194).

Nicht wenige Hartz-IV-Empfänger beklagten darüber hinaus, dass ihren durch Beitragszahlungen erworbenen Rechtsansprüchen auf Sozialleistungen nicht ausreichend Rechnung getragen werde. Die Hartz-IV-Regelung, einem Jahrzehnte lang versicherten Arbeitnehmer nach längerer Arbeitslosigkeit nur noch Fürsorgeleistung zu gewähren, werteten viele Leistungsempfänger als grobe Ungerechtigkeit. Im Vergleich zu klassischen beitragsfinanzierten Leistungen müssten solche Leistungen als minderwertig und als überzogen abgesenkt für den Fall eingeschätzt werden, dass die Anrechnung von Vermögen auf das ALG II leistungsmindernd wirkt.

Auch die Befürworter von Hartz IV, insbesondere wirtschaftswissenschaftliche Politikberater und Arbeitgeberverbände, sahen ihre Erwartungen enttäuscht, mit den arbeitsmarktpolitischen Neuregelungen mehr Effizienz und mehr beschäftigungspolitische Effektivität erreichen zu können.

Die Folgen der Arbeitsmarktreformen für die Regierung Schröder sind ambivalent zu beurteilen: Zwar wurde dem Kanzler Mut zur Agenda 2010 und Standfestigkeit bei deren Umsetzung attestiert, doch erwiesen sich die politischen Kosten der Reformen für die Stabilität der rot-grünen Koalition als letztlich zu hoch: Die heftigen Proteste gegen die Hartz-Gesetze gingen bei den Landtagswahlen der Jahre 2004 und 2005 zulasten der SPD und vergrößerten dadurch die Mehrheit des unionsgeführten Bundesrats (Hilmer/Müller-Hilmer 2006; Zohlnhöfer 2007, S. 145–148).

Wesentlicher Bestandteil der Agenda 2010 waren auch die Vorschläge zur Gesundheitsreform. Auch wenn Bundeskanzler Schröder bei seinen Plänen für das Gesundheitswesen im Gegensatz zu seinen konkret formulierten arbeitsmarktpolitischen Vorschlägen vage blieb, hatte er in seiner Regierungserklärung vom März 2003 bereits angekündigt, das Krankengeld aus dem Leistungskatalog der gesetzlichen Krankenkassen herauszunehmen. Des Weiteren verwies er auf die Notwendigkeit, so genannte versicherungsfremde Leistungen der gesetzlichen Krankenversicherung wie das Mutterschaftsgeld zu streichen. Außerdem plädierte der Kanzler dafür, zur Stärkung der Eigenverantwortung Instrumente wie die Praxisgebühr und Selbstbehalte zu nutzen. Sein Vorschlag, im Interesse der Stärkung des Wettbewerbs im Gesundheitswesen das Vertragsmonopol der Kassenärztlichen Vereinigungen abzuschaffen, scheiterte allerdings aufgrund des massiven Widerstands der Union und der organisierten Ärzteschaft bei der konkreten Umsetzung im Gesetzgebungsverfahren.

Mit dem In-Kraft-Treten der Gesundheitsreform 2004 (vgl. Kap. C.5), die auf einen parteiübergreifenden Kompromiss der SPD und der Union im Sommmer 2003 zurückging, hatte vor allem die Einführung der Praxisgebühr von 10 Euro pro Quartal eine kontroverse öffentliche Diskussion ausgelöst. Darüber hinaus wurde der Zahnersatz aus dem Leistungskatalog der gesetzlichen Kassen gestrichen, sodass alle gesetzlich Versicherten ab dem 1. Juli 2005 bei einer gesetzlichen oder privaten Krankenkasse eine Zusatzversicherung abschließen müssen. Auch das Krankengeld, das von der siebten Krankheitswoche an von den Kassen zu zahlen ist, müssen die Arbeitnehmer seit der Gesundheitsreform 2004 allein, d.h. ohne Arbeitgeberbeitrag finanzieren. Auch das Sterbe- und Entbindungsgeld wird nicht mehr von den gesetzlichen Kassen finanziert. Schließlich wurden die Zuzahlungen bei einem Krankenhausaufenthalt sowie für Arzneimittel und Heilmittel (z.B. für einen Rollstuhl oder ein Hörgerät) erhöht.

3.3.2 Die einnahmenorientierte Alterssicherungspolitik

Schon der Einstieg in die kapitalgedeckte „Riester-Rente" in der ersten Legislaturperiode der rot-grünen Koalition war eine Abkehr von der traditionellen SPD-Programmatik. Auch die Einführung eines Nachhaltigkeitsfaktors in die Rentenformel, der ähnlich wie der von der Union vertretene und von Rot-Grün abgeschaffte Demographiefaktor wirkte, war ein Kurswechsel von der leistungsniveauorientierten zur einnahmenorientierten Rentenpolitik (vgl. 6. Kapitel). Der Nachhaltigkeitsfaktor der rot-grünen Koalition berücksichtigt bei der Rentenanpassung das Zahlenverhältnis von Beitragszahlern und Rentenbeziehern. Nimmt also die Zahl der Rentner infolge der Alterung der Gesellschaft zu, werden die Sätze der Rentenanpassung gesenkt. Diese Wirkung erzielte schon der Demographiefaktor des Bundessozialministers Blüm in der Regierung Kohl (M. G. Schmidt 2007b).

Die rot-grüne Koalition vollzog insofern einen Bruch bei der Politik der Rentenanpassung, als erstmals in der Nachkriegsgeschichte ab 2004 drei Jahre lang die Altersrenten nominal nicht erhöht wurden („Nullrunden"). Außerdem hatten ab 1.4.2004 die Rentner den vollen Beitrag zur Pflegeversicherung zu zahlen. Überdies bedeutet die beschlossene, langfristig (bis zum Jahr 2040) steigende Besteuerung der Renten, die so genannte nachgelagerte Besteuerung, eine nicht geringe Belastung hoher Rentenbezüge. Schließlich werden im Unterschied zu den Ausbildungsjahren der Facharbeiterschaft die Zeiten des Schul- und Hochschulbesuchs ab 2008 nicht mehr pauschal angerechnet mit der Folge, dass Neurentner aus dieser Gruppe mit erheblichen Einschnitten rechnen müssen.

Außerdem senkte die rot-grüne Bundesregierung die Schwankungsreserve als Finanzpolster der Rentenversicherung, mit der kurzfristige Einnahmenausfälle überbrückt werden sollen, von 50 auf 20 Prozent. Auch wenn dieser Beschluss Rentenkürzungen vermeiden sollte, machte die geschmälerte Schwankungsreserve das Alterssicherungssystem von Zuwendungen aus dem Staatshaushalt abhängiger. Gegen diese kurzfristige Politik wurde eingewendet, dass solche Beschlüsse „dem Vertrauen in die gesetzliche Rentenversicherung nicht zuträglich" sind (Rische 2005, S. 15).

4 Arbeitsmarktpolitik

Die vorwiegend angebotspolitisch angeleitete Arbeitsmarktpolitik der alten Bundesrepublik und auch des vereinten Deutschlands sieht in wirtschaftlichen Wachstumsraten eine wichtige Voraussetzung dafür, die Beschäftigungslage dauerhaft zu verbessern. Angebotsorientierte Strategien der Beschäftigungssteigerung weisen der Lohnpolitik und verbesserten institutionellen Angebotsbedingungen Schlüsselrollen bei der Überwindung der Arbeitslosigkeit zu. Zahlreiche Anforderungen der Angebotspolitik an eine Politik zur Verbesserung der Beschäftigungssituation sind in arbeitsmarktpolitisch relevanten Gesetzesänderungen und neuen Gesetzen weitgehend umgesetzt worden.

Auch wenn seit dem Jahr 2006 ein leichter Rückgang der jahresdurchschnittlichen Arbeitslosenzahlen zu registrieren ist, bleibt die Rückführung der Arbeitslosigkeit eine zentrale Herausforderung für Politik und Wirtschaft.

Schaubild 4

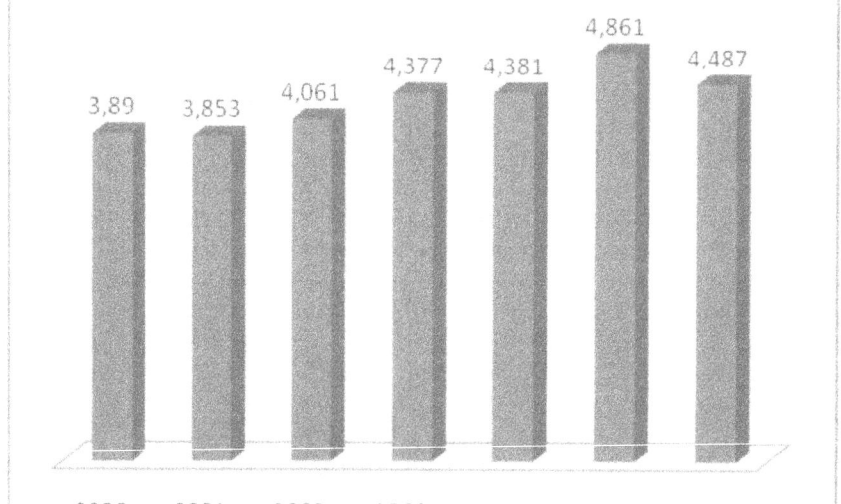

Gemeldete Abeitslose in Deutschland

II Politikfeldspezifische Strategien

4.1 Allgemeine arbeitsmarktpolitische Zielsetzung

Mit der Neuregelung des Arbeitsförderungs-Reformgesetzes im Jahr 1997 ist die angebotspolitische Ausrichtung der Arbeitsmarktpolitik, die Eigenverantwortung der Arbeitsmarktakteure zu betonen, noch verstärkt worden: Die bisherige anspruchsvolle Zielsetzung des § 1 des alten Arbeitsförderungsgesetzes, auf einen hohen Beschäftigungsstand, die Verbesserung der Berufsstruktur und die Förderung des Wachstums hinzuwirken, ist weggefallen. An deren Stelle rückte das Ziel der Arbeitsvermittlung und der Eingliederung von Arbeitslosen in den Vordergrund. Trotz der Rücknahme sozial- und arbeitsmarktpolitischer Maßnahmen der Regierung Kohl (z.B. bei der Lohnfortzahlung im Krankheitsfall und beim Kündigungsschutz in Kleinbetrieben) und vorübergehender höherer Förderung aktiver arbeitsmarktpolitischer Maßnahmen (Arbeitsbeschaffungs- und Strukturanpassungsmaßnahmen) hat auch die rot-grüne Bundesregierung in der Arbeitsmarktpolitik die angebotsorientierte Grundorientierung beibehalten. Inwieweit ist nun die seit Ende 2005 im Bund regierende Große Koalition in der Lage, bei ordnungspolitisch besonders strittigen Fragen wie der Flexibilisierung des Arbeitsmarkts und den Regelungen des Mindestlohns einen Konsens zu finden?

4.2 Arbeitsmarktpolitisches Leitbild und arbeitsmarktpolitische Maßnahmen

Mit dem In-Kraft-Treten des Arbeitsförderungs-Reformgesetzes im April 1997 und der Einfügung des Arbeitsförderungsgesetzes in das Dritte Buch des Sozialgesetzbuches (SGB) am 1. Januar 1998 vollzog sich ein grundlegender Richtungswechsel in der deutschen Arbeitsmarktpolitik (G. Schmid/Wiebe 1999, S. 357–396). Die Gesetzesreform bedeutet eine Abkehr von „der vorsorgenden Rolle der Arbeitsmarktpolitik", d.h., dass die Verantwortung für die Beschäftigung weniger dem Staat als vielmehr den Akteuren des Arbeitsmarkts zugewiesen wird (Rabe/G. Schmid 1999, S. 21–30): Demnach haben Arbeitnehmer eine erweiterte persönliche Verantwortung für ihre Lage am Arbeitsmarkt zu übernehmen und auch – in abgeschwächter Form – die Arbeitgeber bei ihrer Entscheidungsverantwortung voll die Belange der Beschäftigten zu berücksichtigen sowie möglichst Entlassungen und damit die Inanspruchnahme von Leistungen zu vermeiden. Mitwirkungspflichten bei der Vermittlung und Beratung unterstreichen die besondere Verantwortung der Arbeitsmarktakteure.

Das neue arbeitsmarktpolitische Leitbild hebt die stärkere individuelle Verantwortung und die Bereitschaft zu höherer Flexibilität hervor. Dieser neuen Grundorientierung liegt eine Arbeitsethik („workfarism") zugrunde, die Ansprüche der Arbeitsmarktakteure in dem Maße gewährleistet, wie im Gegenzug Pflichten und drohende Sanktionen betont werden. Mit der Reform des Arbeitsförderungsgesetzes von 1997 wird also nicht mehr ein möglichst hoher Beschäftigungsstand als Norm angestrebt, sondern die Arbeitsvermittlung und Eingliederung von Arbeitslosen in den Vordergrund gerückt. Die Zuweisung verstärkter Eigenverantwortung schlägt sich in verschärften Zumutbarkeitsregeln bei der Aufnahme einer Beschäftigung und in der Rücknahme von Leistungen nieder (Rabe/G. Schmid 1999, S. 22; Sell 1998, S. 532–549): Unabhängig vom Berufsabschluss ist nun nach einem halben Jahr Arbeitslosigkeit jede Beschäftigung zumutbar, die ein Nettoentgelt in Höhe des Arbeitslosengelds einbringt. Den Beschäftigungssuchenden wird nicht nur die Inkaufnahme höherer Pendelzeiten abverlangt, sondern die Teilnehmer an Abeitsbeschaffungsmaßnahmen müssen auch ein abgesenktes Arbeitsentgelt hinnehmen.

Das seit Januar 1998 in das Sozialgesetzbuch III aufgenommene Arbeitsförderungsgesetz will als arbeitsmarktpolitische Schwerpunkte die berufliche und räumliche Mobilität verbessern, die Wiedereingliederung von Langzeitarbeitslosen und Einstellungen bei Neugründungen fördern.

Mit der Bildung der rot-grünen Bundesregierung im Herbst 1998 erfolgte in der Arbeitsmarktpolitik kein grundlegender Kurswechsel, auch wenn zaghaft neue Akzente gesetzt wurden. So wurde nach dem von der neuen Regierung beschlossenen Korrekturgesetz nicht nur die hundertprozentige Lohnfortzahlung im Krankheitsfall wieder hergestellt, sondern auch die Anrechnung von Abfindungen auf das Arbeitslosengeld außer Kraft gesetzt. Nach vielen Jahren wurden die Haushaltsmittel der Bundesanstalt für Arbeit nicht mehr gekürzt, sondern die Mittel für die aktive Arbeitsmarktpolitik sogar leicht aufgestockt. Insbesondere für Ostdeutschland wurden gegenüber 1998 mehr Mittel für die aktive Arbeitsmarktpolitik bereitgestellt. Für Gesamtdeutschland wurde außerdem ein Sofortprogramm für Jugendliche beschlossen, das Anreize für etwa 100.000 Ausbildungsplätze schaffen sollte.

Während die Maßnahmen zur Förderung der beruflichen und räumlichen Mobilität, Trainingsmaßnahmen und Einstellungszuschüsse als „flankierende Arbeitsmarktpolitik" in der angebotsorientierten Wirtschafts- und Sozialpolitik weitgehend Unterstützung finden (Friedrich/Wiedemeyer 1998, S. 313), werden die „passiv-vorsorgenden" Programme von Arbeitsbeschaffungsmaßnahmen (ABM) oder der größte Teil der Strukturanpassungsmaßnahmen (SAP) strikt abgelehnt. Die angebotsorientierte Kritik hebt die negativen Wirkungen dieser staatlich bezahlten Maßnahmen hervor, da die Gelder vorwiegend über die Wertschöpfung in den Unternehmen hervorgebracht werden müssten. Deshalb verursachten die mit der expansiven Politik des zweiten Arbeitsmarkts verbundenen Belastungen einen erheblichen Teil der Arbeitslosigkeit.

4.3 Wachstum als Voraussetzung einer positiver Beschäftigungsentwicklung

Die Angebotspolitik geht von den Erfahrungen wirtschaftlicher Rezessionen aus, wonach auch im Konjunkturaufschwung das Niveau der Arbeitslosigkeit nicht wesentlich gesenkt werden konnte. Deshalb wird ein wesentlicher Ansatzpunkt für die Verbesserung der Beschäftigungslage in einem längerfristigen Wachstumsprozess gesehen. Bei einem nachhaltigen Anstieg des Bruttoinlandsprodukts nimmt „üblicherweise" auch die Nachfrage nach Arbeitskräften zu. Dreh- und Angelpunkt einer arbeitsplatzschaffenden Wachstumssteigerung ist die Investitionstätigkeit: Die in der angebotspolitischen Argumentation unterstellten Wirkungszusammenhänge zwischen Investitionsbelebung, Produktionszunahme und Beschäftigungsanstieg kommen umso mehr zur Geltung, je mehr „Investitionen das neueste technologische Wissen verkörpern und damit auch eine größere Arbeitsproduktivität mit sich bringen" (SVR-Jg. 93/94, Ziff. 365).

Darüber hinaus wird der Qualifizierung der Arbeitnehmer großes Gewicht eingeräumt, da von den „Investitionen in Humankapital" eine höhere Arbeitsproduktivität und damit zugleich steigende Wachstumsraten des Bruttoinlandsprodukts erwartet werden. Der angebotsorientierten Wirtschafts- und Finanzpolitik fällt also die Aufgabe zu, durch günstige Rahmenbedingungen (z.B. Unternehmenssteuersenkungen, Steuervergünstigungen für Risikokapital) und durch Deregulierungsmaßnahmen Anreize für zusätzliche Investitionen zu schaffen und über eine höhere Produktion die Nachfrage nach Arbeitskräften zu stimulieren.

Für die Vertreter der angebotsorientierten Arbeitsmarktpolitik hängt – bei wirtschaftlichem Wachstum – das Ausmaß des Beschäftigungsanstiegs wesentlich von der Qualität der Lohnpolitik und von verbesserten institutionellen Bedingungen ab.

II Politikfeldspezifische Strategien

4.4 Angebotsorientierte Strategie der Bekämpfung der Arbeitslosigkeit

In der angebotsorientierten Strategie der Arbeitsmarktpolitik kommt der Lohnpolitik eine zentrale Rolle beim Abbau der Arbeitslosigkeit zu. Nach angebotspolitischer Auffassung stellen die Löhne „den wichtigsten originären Kostenfaktor der Unternehmen" dar (SVR-Jg. 93/94, Ziff. 368). Auch wenn die Löhne einschließlich der Lohnnebenkosten als Kostenfaktor im Mittelpunkt der angebotsorientierten Forderungen nach (Kosten-)Entlastung der Angebotsseite stehen, werden andere wichtige beschäftigungspolitische Einflussfaktoren wie die Kapitalkosten, die Energiekosten und Wechselkursschwankungen (z.B. verteuert ein gegenüber dem Dollarkurs steigender Euro-Kurs die deutschen Exporte!) nicht ignoriert.

Als notwendige Bedingung für eine wieder günstige Beschäftigungsentwicklung werden ferner eine größere Flexibilität des Arbeitsmarktes und die dafür erforderliche Änderung der institutionellen Bedingungen angemahnt.

4.4.1 Produktivitätsorientierte Lohnpolitik und Lohndifferenzierung

In der Konzeption der produktivitätsorientierten Lohnpolitik ist der Produktivitätszuwachs der entscheidende Maßstab für eine beschäftigungskonforme Lohnpolitik. Die an diesem Produktivitätsmaßstab ausgerichtete Lohnpolitik verlangt also, dass die (nominalen) Löhne nicht stärker als die (Arbeits-)Produktivität steigen, also Steigerungen der Lohnstückkosten (Verhältnis von Lohnsatz zur Arbeitsproduktivität) vermieden werden sollten. Nehmen die Nominallöhne stärker als die Arbeitsproduktivität zu, erhöhen sich die Lohnstückkosten mit unterschiedlichen Folgen für die Entwicklung der Beschäftigung:

- Die Unternehmen werden versuchen, Arbeit durch Kapital zu substituieren, d.h. die gestiegenen Lohnstückkosten durch arbeitsplatzsparende Rationalisierungsmaßnahmen aufzufangen.
- Die Unternehmen werden versuchen, die erhöhten Lohnstückkosten auf die Preise zu überwälzen, sobald Konjunkturlage und Absatzerwartungen dies zulassen. Steigen die Preise stärker als die Nominallöhne an, können die dann sinkenden Reallöhne die gesamtwirtschaftliche Nachfrage dämpfen und die Investitionstätigkeit sowie die Einstellungsbereitschaft der Unternehmen beeinträchtigen.
- Gestiegene Lohnstückkosten können die gleichen negativen Rückwirkungen auf die Investitions- und Beschäftigungsentwicklung haben, wenn die Unternehmen Preiserhöhungen auf dem Markt nicht durchsetzen können.

In einer Situation hoher Arbeitslosigkeit gilt für die angebotsorientierte Arbeitsmarkpolitik sogar als ein „Grundpfeiler einer beschäftigungsorientierten Lohnpolitik", die Tariflohnanhebungen „unterhalb der Rate des gesamtwirtschaftlichen Produktivitätsfortschritts zu halten" (SVR-Jg. 1999/2000, Ziff. 341).

Die Befürworter der produktivitätsorientierten Lohnpolitik betonen die Notwendigkeit, die gesamten Arbeitskosten zu betrachten (SVR-Jg. 93/94, Ziff. 369). Da der Produktivitätsfortschritt den Spielraum für den Anstieg der gesamten Arbeitskosten vorgibt, sind die Lohnnebenkosten mit unterdessen über 80 % des „normalen" Bruttolohns von entscheidendem Gewicht. Während tarifvertragliche und betriebliche Regelungen wie das Urlaubs- und Weihnachtsgeld oder die Zuwendungen für Kindergärten, Kantinen, Jubiläen usw. von den Unternehmen mitgestaltet und prinzipiell geändert werden können, werden die gesetzlichen Lohnnebenkosten, insbesondere die Arbeitgeberbeiträge zur Sozialversicherung, von politischen Entwicklungen bestimmt. Insbesondere die seit der deutschen Vereinigung gestiegenen

Sozialversicherungsbeiträge haben die Arbeit Schritt für Schritt verteuert, sodass bei (fortschreitender) Zunahme der Lohnnebenkosten die Nachfrage nach Arbeitskräften (weiter) gedämpft wird.

Außerdem misst die angebotsorientierte Arbeitsmarktpolitik den Lohnstrukturen erhebliche beschäftigungspolitische Bedeutung bei. Den Tarifvertragsparteien wird eine große Verantwortung zugewiesen, bei Lohnverhandlungen den verschiedenen Wirtschafts- und Beschäftigungsstrukturen in den Branchen, Regionen und Betrieben Rechnung zu tragen und die Unterschiede in der Qualifikation der Arbeitnehmer zu berücksichtigen. Auch wenn es an Maßstäben fehlt, an denen abgelesen werden kann, welche Lohnstrukturen beschäftigungspolitisch „angemessen" sind, sollten die Lohnentwicklung und die Lohnstrukturen in zukünftigen Tarifverhandlungen stärker differenziert werden.

Eine regionale und branchenmäßige Lohndifferenzierung ist dort unproblematisch, wo prosperierende Branchen und Regionen mit hohem Beschäftigungsstand überdurchschnittliche Löhne zahlen können. Sind Branchen dagegen von Betriebsschließungen bedroht, sollte der Strukturwandel dadurch erleichtert werden, dass Lohnzurückhaltung und sogar Lohnkürzungen „den Unternehmen Zeit geben ..., die Produktion auf wettbewerbsfähige Produkte umzustellen" (SVR-Jg. 93/94, Ziff. 372).

Eine regionale Differenzierung der Löhne ist dann geboten, wenn Stillegungen und/oder Entlassungen regional bedeutsamer Unternehmen zu hoher Arbeitslosigkeit führen und die wirtschaftlichen, finanziellen und sozialen Strukturen ganzer Regionen gefährden. In einer „vorübergehenden" Lohnzurückhaltung wird deshalb ein hilfreiches Instrument gesehen, die Attraktivität einer Region zu stärken und zur Neuansiedlung beizutragen.

Die angebotsorientierte Arbeitsmarktpolitik plädiert überdies dafür, die Löhne nach Qualifikationen zu differenzieren. Vor einer die Qualifikationen vernachlässigenden und nivellierenden Lohnpolitik wird deshalb gewarnt, weil damit nicht nur „falsche Anreize" gesetzt werden, sondern auch die Einstellungsmöglichkeiten gering qualifizierter Arbeitnehmer erschwert werden.

Als Grundpfeiler einer beschäftigungsorientierten Lohnpolitik wird eine notwendige Differenzierung der Lohnstruktur angesehen, d.h., dass insbesondere eine „Lohndifferenzierung nach unten" ermöglicht werden sollte (SVR-Jg. 1999/2000, Ziff. 341). Dabei fordert die Angebotspolitik, die Verschiebung der Nachfrage nach Arbeit zu Ungunsten der weniger Qualifizierten zu berücksichtigen: Während im Zeitraum zwischen 1980 und 1998 der Beschäftigungsabbau im verarbeitenden Gewerbe fast ausschließlich auf Personen ohne abgeschlossene Berufsausbildung entfiel, ging im Dienstleistungsbereich die zusätzliche Nachfrage überwiegend zugunsten der Ausgebildeten. Eine Nivellierung der Lohnstruktur setze „falsche Anreize" zu arbeitsplatzreduzierenden Rationalisierungsinvestitionen, forciere also den Prozess zum Nachteil der wenig Qualifizierten. Die angebotsorientierte Arbeitsmarktpolitik geht dagegen von positiven Wirkungen für Arbeitsplätze aus, wenn die Lohnstruktur nach unten ausgefächert werden kann. Die Anhänger einer verstärkten Lohndifferenzierung verweisen darauf, dass gerade im Niedriglohnbereich, vor allem bei den einfachen Dienstleistungen, neue Arbeitsplätze entstanden sind.

4.4.2 Verbesserung institutioneller Bedingungen

Die Anhänger der Strategie der angebotsorientierten Arbeitsmarktpolitik räumen institutionellen Bedingungen wie gesetzlichen Normen (z.B. dem Sozialgesetzbuch (SGB) III) einen hohen Stellenwert ein, weil sie über unterschiedliche Anreize die Funktionsweise des Arbeitsmarktes maßgeblich bestimmten. In angebotspolitischen Positionen werden die Anreize „falsch" gesetzt, wenn mit arbeitsmarktpolitischen Maßnahmen wie den – Lohnkostenzuschüsse gewährenden – Arbeitsbeschaffungsmaßnahmen (ABM) und Einarbeitungszuschüssen (EZ) der Eindruck erweckt werde, dass der Staat ausreichend Arbeitsplätze zur Verfügung stellen müsse. Die Einwände gegen diese „erhaltungsorientierte" Strategie auf dem Arbeitsmarkt werden damit begründet, dass eine solche Politik dem Menschen zwar kurzfristig geringere Härten zumute, sie aber mittelfristig umso länger von Transferzahlungen abhängig mache (SVR-Jg. 91/92, Ziff. 262; Rabe/G. Schmid 1999, S. 21–30).

Da in angebotspolitischer Sicht das entscheidende Kriterium für die Schaffung und Sicherung von Arbeitsplätzen – ihre Rentabilität – erfüllt sein muss, entstehen solange keine stabilen Beschäftigungsverhältnisse, wie „alte, unrentable Arbeitsplätze dauerhaft erhalten bleiben" (SVR-Jg. 91/92, Ziff. 292). Mit der Subventionierung von Arbeitsplätzen würden Kapital und Arbeitskräfte „gebunden", die anderweitig produktiver verwendet werden könnten. Ziel der angebotsorientierten Arbeitsmarktpolitik ist deshalb eine „möglichst schnelle Rückkehr zum normalen Arbeitsmarkt" (SVR-Jg. 93/94, Ziff. 376; Sperling 1994, S. 396–402).

Arbeitsmarktpolitische Maßnahmen sollten deshalb von normalen Arbeitsverträgen differenziert, d.h. tariflich abgestuft werden, sich auf eng definierte Zielgruppen beziehen (z.B. auf Langzeitarbeitslose) und zeitlich begrenzt gefördert werden. Die angebotsorientierte Arbeitsmarktpolitik beurteilt die Politik der Ausweitung des so genannten „zweiten Arbeitsmarkts" (der aktiven arbeitsmarktpolitischen Maßnahmen) mit umso größerer Skepsis, je mehr er – über zusätzliche Tätigkeitsfelder (besonders für arbeitsbeschaffende Maßnahmen) und einen erweiterten förderungsberechtigten Personenkreis – „in die Nähe einer allgemeinen Lohnsubvention" rücke (SVR-Jg. 93/94, Ziff. 383).

Angebotspolitiker wenden sich zudem gegen die weit gefassten Kündigungsschutzbestimmungen in Deutschland. Da mit zunehmender Beschäftigungsdauer Entlassungen immer schwieriger werden, werden die Regelungen des Kündigungsschutzes in angebotspolitischer Sicht zu einem „fixen Kostenfaktor" der unternehmerischen Kalkulation. Als „schäd-lich" wird auch die extensive Auslegung durch die Rechtsprechung gekennzeichnet, die die einstellungshemmenden Rückwirkungen nicht hinreichend in Betracht ziehe.

Die Politik der Verbesserung institutioneller Regelungen zielt maßgeblich darauf ab, im System kollektiver Arbeitsbeziehungen die Entscheidungskompetenzen von der Verbandsebene auf die betriebliche Ebene zu verlagern und den tarifpolitischen Handlungsspielraum weniger durch Gesetz festzulegen als ihn vielmehr durch die Tarifvertragspartner selbst ausgestalten zu lassen (Neumann/Scharper 1998, S. 76–112; Friedrich/Wiedemeyer 1998, S. 207–209; Hartwich 2006, S. 34–38).

Um den Anforderungen an die betriebliche Flexibilität stärker zu genügen, wird eine Reform des Flächentarifvertrags durch Verringerung der Regelungsdichte angestrebt. Da weder die Arbeitgeber noch die Gewerkschaften die Ordnungs- und Schutzfunktion der Tarifverträge grundsätzlich aufgeben wollten, sollten im Flächentarifvertrag zukünftig nur noch Rahmenbedingungen festgelegt werden, während die Betriebe die konkreten Arbeits- und Lohnbedingungen aushandeln sollten.

Auch wenn die Gefahr nicht ausgeschlossen werden könne, dass sich der lohnpolitische Konflikt von der Verbandsebene durch eine permanente Lohndiskussion auf die betriebliche Ebene verlagere, soll die Tarifpolitik durch eine Reform des Flächentarifvertrags flexibler auf unterschiedliche betriebliche Bedingungen reagieren können. Da der Flächentarifvertrag für die gesamte Branche gilt, zu der sowohl für den lokalen Markt produzierende Handwerksbetriebe als auch globale Automobilkonzerne gehören, könne auf die unterschiedlichen Kostenstrukturen und Absatzmöglichkeiten nur begrenzt Rücksicht genommen werden. Verhandlungen auf Betriebsebene eröffneten somit Möglichkeiten, betriebsspezifischen Bedingungen stärker Rechnung zu tragen.

Tarifverträge erlauben bisher keine Abweichungen von den getroffenen Vereinbarungen (§ 4 Abs. 3 TVG), es sei denn, der Arbeitsvertrag enthält für den Arbeitnehmer günstigere Bedingungen, als sie der Tarifvertrag enthält (Günstigkeitsprinzip). Die Angebotspolitik fordert, dieses Prinzip in ökonomischer Hinsicht „umzuinterpretieren", d.h., dass auf Lohnzuwächse verzichtet werden kann, wenn im Gegenzug die Sicherung von Arbeitsplätzen vereinbart wird. Tarifverträge sollten künftig generell eine Öffnungsklausel enthalten: Die Betriebe könnten dann in wirtschaftlichen Notlagen vom Tarifvertrag abweichen (Härteklausel). Außerdem sollten bei Neugründungen Sonderregelungen zugelassen werden (Ausnahmeklausel).

Auch die Rechtsprechung hat die Frage geprüft, ob es für die Arbeitnehmer günstig ist, durch einen niedrigeren Lohn oder eine längere Arbeitszeit zur Sicherung des Arbeitsplatzes oder zur Reduzierung des Arbeitsplatzrisikos vom Tarifvertrag abzuweichen (SVR-Jg. 1999/2000, Ziff. 361). Das Bundesarbeitsgericht legte bislang das Günstigkeitsprinzip eng aus: Nach dem Urteil vom April 1999 erklärte es eine Betriebsvereinbarung mit dem Burda-Verlag, im Tausch gegen eine fünfjährige Beschäftigungsgarantie ohne Lohnausgleich länger zu arbeiten, für unzulässig. Diesem Urteil zufolge habe der Betriebsrat nicht das Recht, eine solche Vereinbarung zu schließen. Die Spitzenverbände der Wirtschaft forderten deshalb den Gesetzgeber auf, nicht nur aus dem Gerichtsurteil, sondern auch aus dem Sanierungsfall des Bauunternehmens Holzmann Konsequenzen zu ziehen, bei dem die Betriebsparteien als Sanierungsbeitrag der Arbeitnehmer unbezahlte Mehrarbeit vereinbarten. Das Tarifrecht sollte dahingehend „gelockert" werden, dass Arbeitnehmer künftig nicht mehr gegen Tarifrecht verstießen, wenn sie zur Sicherung ihrer Arbeitsplätze auf Lohn verzichteten.

Die Gewerkschaften knüpfen Abweichungen vom Tarifvertrag zur Arbeitsplatzsicherung an die Bedingung, dass beide Tarifvertragsparteien zustimmen müssen. Andernfalls sei zu befürchten, dass Öffnungs- oder Revisionsklauseln einen Tarifsenkungswettbewerb zulasten der Arbeitnehmer auslösen. Die Gewerkschaften sehen überdies im Fall der ökonomischen „Uminterpretation" des Günstigkeitsprinzips die Gefahr, dass die Betriebsräte bei einer Nichtzustimmung zu geringeren Lohnanstiegen oder sogar Lohnsenkungen mit dem Verweis auf dann notwendige Entlassungen „erpressbar" würden.

4.5 Kritik und alternative Lösungsansätze

Die Kritik gibt zu bedenken, ob nicht eine produktivitätsorientierte Lohnpolitik das Investitions- und Beschäftigungsziel konterkariere. Geringe Lohnsteigerungen seien insofern „kontraproduktiv", als die nötigen Anreize zu Produktivitätssteigerungen und forciertem Strukturwandel fehlten. „Moderate" Lohnanpassungen, (Lohn-),,Nullrunden" oder gar Lohnsenkungen verfehlten nämlich dann den angestrebten Kostensenkungseffekt, wenn davon negative, sprich: leistungshemmende Wirkungen auf die Entwicklung der Arbeitsproduktivität ausgingen. Geht die Arbeitsproduktivität infolge niedriger Lohnzuwächse oder sinkender Löhne zurück, könne die Kostensenkung (mehr als) aufgezehrt werden (Akerlof/Yellen 1986; Kromphardt/Schettkat 1993, S. 522).

Die Vorschläge, durch kostensenkende Maßnahmen wie untertarifliche Bezahlung oder Arbeitszeitverlängerung ohne (vollen) Lohnausgleich werden wegen des unterstellten Ursache-Wirkungs-Zusammenhangs kritisiert. Die (angebotsorientierten) Vorschläge unterstellten, dass Kostensenkungen Preissenkungen nach sich zögen, die wiederum zu einem höheren Absatz führten. Diese Entwicklung setze allerdings voraus, dass die Nachfrage elastisch auf Preisänderungen reagiere (also „preiselastisch" ist) und die Kaufkraft der Nachfrage insgesamt erhalten bleibe. Diese Kaufkraft-Bedingung sei aber gerade dann nicht gegeben oder gefährdet, wenn die Nachfrager durch Lohnsenkungen Einkommenseinbußen erlitten (Kalmbach 1985, S. 370ff.).

Angesichts der Höhe und Dauer der Arbeitslosigkeit tritt die Kritik für eine Stärkung der aktiven Arbeitsmarktpolitik ein (Bogai u.a. 1992; Buttler 1993, S. 283ff.; Ch. Müller 1993, S. 38ff.; Bundestag-Drucksache 12/4294 vom 5.2.93). Die Befürworter der aktiven Arbeitsmarktpolitik orientieren sich an den Grundsätzen, dass

- die aktive, produktive Arbeitsförderung Vorrang vor Lohnersatzleistungen haben sollte,
- die aktive Arbeitsmarktpolitik zu „verstetigen" ist und
- der „zweite Arbeitsmarkt" gegenüber dem „ersten Arbeitsmarkt" nachrangig bleiben sollte.

Die Kritik bemängelt, dass sich die Vorwürfe der (Lohn-)Subventionierung einseitig gegen die Beschäftigung im zweiten Arbeitsmarkt richteten, während traditionell an den ersten Arbeitsmarkt geleistete massive Subventionen (z.B. an die Landwirtschaft, den Bergbau, die Raumfahrt- und Werftindustrie) nicht in der gleichen Schärfe infrage gestellt würden (Kromphardt/Schettkat 1994, S. 523). Zudem wird zu bedenken gegeben, dass die Erfüllung der Kriterien für die Durchführung aktiver arbeitsmarktpolitischer Maßnahmen wie z.B. Arbeitsbeschaffungsmaßnahmen – das öffentliche Interesse, die Zusätzlichkeit oder die Befristung – nicht klar von anderen Subventionierungsbereichen abgegrenzt würden. Das Kriterium der Zusätzlichkeit, das eine Substitution „normaler" Arbeitsplätze durch subventionierte ABM verhindern soll, bleibe unscharf. Dieses nicht näher definierte Kriterium lasse lediglich die Durchführung von Tätigkeiten zu, die ohne AFG-Bezuschussung nicht ausgeführt werden könnten.

4.6 Die Hartz-Gesetze der Regierung Schröder

Angesichts der nach der Jahrtausendwende anhaltenden desolaten Lage auf dem Arbeitsmarkt wurde die Bekämpfung der Arbeitslosigkeit zum beherrschenden Thema im Bundestagswahlkampf 2002. Nach dem Scheitern des korporatistischen Bündnisses für Arbeit, dass sich aus Vertretern der Bundesregierung, der Arbeitgeberverbände, der Gewerkschaften und der Wissenschaft zusammensetzte, wurde auf Betreiben des Bundeskanzlers Schröder im Februar 2002 die Kommission für moderne Dienstleistungen am Arbeitsmarkt – die nach dem VW-Personalvorstand benannte Hartz-Kommission – eingesetzt (Pilz 2004, S. 151; Trampusch 2004, S. 200).

Unmittelbarer Auslöser für die Einsetzung der 15-köpfigen Hartz-Kommission war der Skandal um falsche Vermittlungszahlen der Bundesanstalt für Arbeit in Nürnberg. Schröder beauftragte die Kommission Konzepte zu entwickeln, die Vermittlung von Arbeitslosen zu beschleunigen und die hohe Arbeitslosigkeit in Deutschland zu reduzieren. Sie sollte vor allem Vorschläge machen, wie die Arbeitsmarktpolitik effizienter gestaltet und die Bundesanstalt für Arbeit reformiert werden könnte. Die aus gegensätzlichen Gruppen bestehende

Kommission fand nach sechsmonatigen Verhandlungen einen Konsens und legte im August 2002 ihren Maßnahmenkatalog, das Hartz-Papier, vor.

Die Arbeitsmarktpolitik sollte sich künftig an der neuen Leitidee „Eigeninitiativen auslösen – Sicherheit einlösen" orientieren. Im Sinne des „Förderns und Forderns" wurde der politische Wechsel weg von einer aktiven hin zu einer aktivierenden Arbeitsmarktpolitik fortgesetzt. Die Arbeitslosen sollten eigenes Integrationsengagement zeigen, das lediglich durch staatliche Dienstleistungs- und Förderangebote ergänzt wird (Hartz-Kommission 2002, S. 19–20). Die Formulierung und Umsetzung der vier Hartz-Gesetze verlangten nicht nur den Arbeitslosen erhebliche Opfer ab, sondern lösten auch bislang ungekannte politische und soziale Konflikte aus. Im Folgenden werden die Inhalte der Gesetze beschrieben und kritisch bewertet (Seifert 2005, S. 18 f.).

4.6.1 Das Hartz-I-Gesetz

Das „Erste Gesetz für moderne Dienstleistungen am Arbeitsmarkt", das Hartz-I-Gesetz, trat am 1. Januar 2003 in Kraft. Auch wenn dieses Gesetz nicht der Zustimmung des Bundesrats bedurfte, kam es zu konfliktreichen Debatten innerhalb der rot-grünen Regierungsfraktion und mit den Gewerkschaften. Die Einführung von Personal-Service-Agenturen, die Neuregelungen zur kürzeren Vermittlungsdauer von Arbeitslosen, die strengeren Zmutbarkeitsregelungen und Bedürftigkeitsprüfungen lehnten sich eng an die Vorschläge der Hartz-Kommission an (Pilz 2004, S. 161).

a) Personal-Service-Agenturen

Den zu modernen und effizienten Dienstleistungszentren umstrukturierten Arbeitsämtern werden so genannte Personal-Service-Agenturen (PSA) – private Leiharbeitsfirmen – angegliedert. Die Personal-Service-Agenturen schließen mit den Arbeitsämtern Verträge ab und vermitteln dann Arbeitslose an Entleihfirmen. Mit der Leiharbeit soll ein „Klebeeffekt" erzielt werden, d.h., dass die Leiharbeitnehmer die Möglichkeit erhalten, sich in der Entleihfirma zu qualifizieren und somit dauerhaft übernommen zu werden (Berthold/Berchem 2006, S. 120).

Die Leiharbeitnehmer werden grundsätzlich nach dem „Equal-Pay-Prinzip" bezahlt, sodass Leiharbeitnehmer und Festangestellte den gleichen Lohn erhalten. Von diesem Gleichbehandlungsgrundsatz kann allerdings in den ersten sechs Wochen des Beschäftigungsverhältnisses und im Fall anderer tarifvertraglicher Regelungen abgewichen werden.

Um auch die Zeitarbeit flexibilisieren und den Kündigungsschutz lockern zu können, musste das Arbeitnehmerüberlassungsgesetz geändert werden. Damit Leiharbeitnehmer über 24 Monate hinaus bei einer Leiharbeitsfirma tätig sein können, musste das Befristungsvervot aufgehoben werden. Der Kündigungsschutz wurde insofern gelockert, als die Entleihfirma bei schlechter Auftragslage den Leiharbeiter entlassen und bei guter Auftragslage wieder einstellen kann. Bei einer Kündigung der Entleihfirma wird der Leiharbeiter nicht arbeitslos, sondern genießt den Kündigungsschutz der PSA und wird dort eine bestimmte Zeit weiterbeschäftigt. Für die Beschäftigung von Arbeitslosen beziehen die PSA monatliche Pauschalzahlungen oder erhalten Vermittlungsprämien, wenn es gelingt, einen Arbeitslosen in ein festes Angestelltenverhältnis zu bringen (Pilz 2004, S. 161 f.; Butterwegge 2006, S. 190).

b) Meldepflicht, Zumutbarkeitsregelungen und Bedürftigkeitsprüfung

Um die Vermittlungsdauer von Arbeitslosen zu verkürzen, ist die Pflicht eingeführt worden, sich unmittelbar nach der Kündigung beim Arbeitsamt persönlich arbeitslos zu melden. Ansonsten ist mit einer Kürzung des Arbeitslosengeldes zu rechnen. Der Arbeitgeber muss den von ihm entlassenen Arbeitnehmer für die Stellensuche oder Maßnahmen der Bundesanstalt für Arbeit freistellen.

Die Zumutbarkeitsregelungen wurden nach dem Prinzip der Förderns und Forderns verschärft. Findet ein Arbeitsloser in seiner Heimatregion innerhalb von drei Monaten keine neue Stelle, ist ihm ein Umzug in eine andere Region zuzumuten. Der Umzugszwang greift nur dann nicht, wenn famliäre Bindungen vorliegen. Im Falle der Ablehnung eines Stellenangebots hat der Arbeitslose die Unzumutbarkeit nachzuweisen (Pilz 2004, S. 162).

Nach dem Hartz-I-Gesetz müssen sich die Empfänger von Arbeitslosenunterstützung einer strengeren Bedürftigkeitsprüfung unterziehen. Die Einkommen des Ehe- oder Lebenspartners werden stärker auf den Leistungsbezug angerechnet. Die Vermögensfreibeträge und die Mindestfreibeträge für berufstätige (Ehe) Partner wurden reduziert. Arbeitslosengeld und Arbeitslosenhilfe werden nicht mehr der Lohnentwicklung angepasst (Butterwegge 2006, S. 190).

c) Kritik

Positiv zu beurteilen ist, dass das Hartz-I-Gesetz die Bedingungen für Zeitarbeiter verbessert hat, nicht nur in ein festes Beschäftigungsverhältnis zurückzukehren, sondern auch während der Zeit, in der sie nicht „verliehen" sind, sich im Rahmen von Förderprogrammen weiter zu qualifizieren (Seifert 2005, S. 23).

Negativ anzumerken ist allerdings, dass nur wenige Unternehmen die Leiharbeiter als Festangestellte übernommen haben (Hartwich 2006, S. 30). Auch die Bezahlung nach dem Grundsatz des „gleichen Lohns für alle" hat die Zeitarbeit verteuert mit der Folge, dass sich vor allem für Geringqualifizierte die Chancen für eine feste Anstellung vermindert haben. Außerdem war gerade diejenige Klientel, die besonders auf Förderung angewiesen war, in den PSA unterrepräsentiert: So sind Frauen, ältere Arbeitnehmer, Personen ohne abgeschlossene Berufsausbildung, Langzeitarbeitslose, Ausländer oder Schwerbehinderte nur vereinzelt, jugendliche Arbeitslose dagegen verstärkt vertreten (Oschmiansky 2004, S. 36). Solange Arbeitsplatzmangel herrschte und nur wenige offene Stellen angeboten wurden, wurden Leiharbeiter nur selten in eine feste Stellung übernommen (Butterwegge 2006, S. 190).

Diese evidenten Mängel veranlassten im November 2005 die Große Koalition, die PSA wegen ihres begrenzten Erfolges nicht mehr flächendeckend einzurichten. Auch in der von der schwarz-roten Bundesregierung in Auftrag gegebenen Studie „Die Wirksamkeit moderner Dienstleistungen am Arbeitsmarkt" wurde eine ernüchternde Bilanz gezogen. So verlängere sich sogar durch das Verweilen in der PSA die durchschnittliche Arbeitslosigkeit. Die durch die PSA anfallenden Kosten pro Monat überträfen außerdem die ansonsten entstandenen Transferleistungen bei weitem, lautet ein weiteres Manko (Bundesministerium für Arbeit und Soziales 2006, S. XIX–XX).

Die Neuregelung, durch die Meldepflicht gekündigter Arbeitnehmer die Vermittlung zu beschleunigen, ändert wenig an dem Problem der „Bestenauslese": Im Gegensatz zu qualifizierten Arbeitskräften haben schwer vermittelbare Arbeitslose immer geringere Aussichten, von den Arbeitsagenturen geeignete Arbeitsplätze angeboten zu bekommen.

Der Verzicht auf die Anpassung der Arbeitslosenunterstützung an die allegemeine Lohnentwicklung führt zwar zu Ausgabeneinsparungen bei der Bundesagentur für Arbeit und im Bundeshaushalt, setzt aber Langzeitarbeitslose gleichzeitig der Gefahr aus, von Armut bedroht zu werden (Butterwegge 2006, S. 190).

4.6.2 Das Hartz-II-Gesetz

Mit dem „Zweiten Gesetz für moderne Dienstleistungen am Arbeitsmarkt", das der Zustimmung des Bundesrats bedurfte und am 1. Januar 2003 in Kraft trat, wurden die neuen Instrumente der Ich-AG und die Mini- bzw. Midi-Jobs geschaffen. Diese Instrumente sollten die Selbstständigkeit fördern und die Schwarzarbeit eindämmen (Berthold/Berchem 2006, S. 129f.). Während die Einführung der Ich-AGs politisch nicht ernsthaft umstritten war, erreichten bei den Mini- und Midi-Jobs die Regierungs- und Oppsitionsparteien erst nach schwierigen Verhandlungen im Vermittlungsausschuss von Bundestag und Bundesrat einen Kompromiss. Vor allem die Art der Finanzierung der Mini- und Midi-Jobs und Zweifel an ihrer Effizienz und Effektivität lösten Kritik aus. Während die rot-grüne Regierungskoalition mit Rücksicht auf die Gewerkschaften und den linken SPD-Flügel bei der Leiharbeit das Prinzip des gleichen Lohns für gleiche Arbeit nicht aufgab, setzte sich die Union bei der Neugestaltung der Mini-Jobs weitgehend durch (Pilz 2004, S. 163).

a) Die Ich-AG

Der Existenzgründungszuschuss (auch Ich-AG genannt) wurde mit dem Hartz-II-Gesetz als weiteres Förderinstrument neben dem Überbrückungsgeld eingeführt. Staatliche finanzielle Hilfen sollten Arbeitslose dazu bewegen, eine Selbstständigenexistenz aufzubauen. Die finanzielle Unterstützung war auf drei Jahre begrenzt (600 Euro im ersten Jahr, 360 Euro im zweiten und 240 Euro im dritten Jahr), war steuerfrei und wurde nur ausbezahlt, wenn das Einkommen des Ich-AGlers 25.000 Euro pro Jahr nicht überschritt. Die Existenzgründer galten zwar in der Ich-AG als Selbstständige, wurden aber dennoch in der Rentenversicherung pflichtversichert.

Obwohl sich einige Arbeitslose, die sich selbstständig machten, mit dem – nach dem früheren Verdienst bemessenen – Überbrückungsgeld finanziell besser stellten als die Ich-AGler, waren die Klein-Selbstständigen der Ich-AG nach dem Auslaufen der Förderung häufig in ihrer Existenz bedroht. Gleichwohl sind mit der Ich-AG und dem Überbrückungsgeld zum Teil positive Erfahrungen gemacht worden, da sie die Chancen der Beendigung von Arbeitslosigkeit besonders von Frauen und Langzeitarbeitslosen erhöhten (Hartwich 2006, S. 32).

b) Mini- und Midi-Job

Das Hartz-II-Gesetz änderte auch die geringfügigen Beschäftigungsverhältnisse. Mit Einführung der Mini-Jobs wurde die Geringfügigkeitsschwelle von ehemals 325 Euro auf 400 Euro angehoben. Da auch die Arbeitszeitschwelle von 15 Stunden pro Woche aufgehoben wurde, können Beschäftigte in Mini-Jobs fortan mehr als 15 Stunden tätig sein.

Seitdem ist jeder Job, der bis 400 Euro entlohnt wird, für den Arbeitnehmer steuer- und sozialabgabenfrei. Der Arbeitgeber musste anfänglich eine Pauschale von 25 Prozent abführen (zwölf Prozent an die Rentenversicherung, elf Prozent an die Krankenkassen und zwei Prozent an den Staat). Seit dem 1. Januar 2006 ist die Pauschale auf 30 Prozent erhöht worden. Die Mini-Jobs wurden noch mehr in Privathaushalten begünstigt, da der Arbeitgeber lediglich eine Pauschalabgabe von 12 Prozent zu entrichten hat und 10 Prozent seiner Aufwendungen von der Steuer absetzen kann.

Außerdem wurden die so genannten Midi-Jobs eingeführt. In einer Gleitzone von 401 bis 800 Euro zahlt der Arbeitgeber die üblichen Sozialbeiträge (2007: etwa 20 Prozent), während der Arbeitnehmer mit zunehmendem Einkommen von vier auf 20 Prozent steigende Sozialversicherungsbeiträge zu zahlen hat. Die Midi- wie die Mini-Jobs sollen den Weg aus der Schwarzarbeit ebnen und den Arbeitsmarkt flexibilisieren helfen (Berthold/Berchem 2006, S. 124f.).

c) Einrichtung von Job-Centern

Mit Hartz II wurden die Arbeits- und Sozialämter in – von der Bundesagentur für Arbeit und von den Gemeinden getragene Job-Center – umgewandelt. Ihre zentrale Aufgabe besteht darin, ihren „Kunden" alle arbeitsmarktspezifischen Leistungen zur Beratung, Vermittlung, Integration und Lebensunterhaltssicherung anzubieten. Job-Center sind nicht nur für die Betreuung Arbeitsloser, sondern auch für Ausbildungssuchende zuständig. Mit dem Hartz-II-Gesetz erhielten die Arbeitsämter das Recht, die Sozialdaten der Sozialhilfeempfänger zu nutzen, soweit sie für die Aufgabenerfüllung der Job-Center erforderlich sind. Die Job-Center sollen sich auf Dauer zum alleinigen und umfassenden Ansprechpartner für alle Arbeitssuchenden und Arbeitgeber entwickeln (Pilz 2004, S. 153).

d) Kritik

Da die Gründung einer Ich-AG anfänglich kein inhaltliches Konzept und keinen Finanzplan voraussetzte, kam es zu nicht geringen Fehlallokationen der bereit gestellten Mittel. Kritiker werfen der Politik vor, dass sich die Erfinder des Konzepts der Ich-AG nicht in die Mentalität der Existenzgründer hineingedacht hätten. Die Erwartung unternehmerischer Risikobereitschaft und wirtschaftlicher Kreativität von jahrzehntelang abhängig Beschäftigten sei absurd (A. Müller 2004, S. 31; Butterwegge 2006, S. 190f.).

Die Vielzahl neu entstandener Mini-Jobs ging einher mit Verdrängungs-, Substitutions- und Mitnahmeeffekten: Zahlreiche Arbeitsplätze von Voll- und Teilzeitbeschäftigten wurden durch 400-Euro-Jobs ersetzt. Die Mini-Jobs kamen nicht in erster Linie den Arbeitslosen, sondern überwiegend Hausfrauen, Studierenden, Schülern und Rentnern zugute. Mini-Jobs wurden also primär als Zusatzverdienst, Midi-Jobs dagegen kaum angenommen (Hartwich 2006, S. 32). Die Aufhebung der Begrenzung der wöchentlichen Arbeitszeit hat nicht nur zu einem Anstieg der Mini-Jobs, sondern auch zu einer Verlängerung der Arbeitszeit und zu einer Absenkung des Lohnniveaus geführt (Butterwegge 2006, S. 192).

Da bei den Mini- und Midi-Jobs keine vollen Beiträge in die Renten- und Krankenversicherung gezahlt werden, entstehen für die Sozialversicherungen erhebliche Einnahmenausfälle. Dennoch müssen die Renten- und Krankenkassen den vollen Leistungsanspruch gewährleisten. Um die Schwächung der Einnahmenseite bei gleichzeitiger Belastung der Ausgabenseite auszugleichen, sind die Folgen solcher Beschäftigungsverhältnisse tendenziell steigende Sozialabgaben.

Auch die Bilanz der Studie zur „Wirksamkeit moderner Dienstleistungen am Arbeitsnmarkt" fällt ernüchternd aus. So werde das Hauptziel der Mini-Jobs, den Weg in eine reguläre Beschäftigung zu ebnen und damit die Arbeitslosenzahlen zu senken, verfehlt (Bundesministerium für Arbeit und Soziales 2005, S. XXIV–XXV).

4.6.3 Das Hartz-III-Gesetz

a) Umstrukturierung der Bundesanstalt für Arbeit

Das am 1. Januar 2004 in Kraft getretene Harzt-III-Gesetz betrifft vor allem Änderungen der Organisationsstrukturen der Bundesanstalt für Arbeit (BA). Stärker auf betriebswirtschaftliche Kriterien ausgerichtete Managementkonzepte sollten die Bundesagentur zu einem erfolgsorientierten Dienstleister umformen. Die Bundesagentur sollte vor allem vermittlungsfördernde Leistungen erbringen und für die Existenzsicherung bei Arbeitslosigkeit sorgen.

Die von Bundesanstalt für Arbeit in Bundesagentur für Arbeit umbenannte Organisation wurde in drei Teile gegliedert: die Zentrale, die Regionaldirektionen (die bisherigen Landesarbeitsämter) und die örtlichen Agenturen für Arbeit (die bisherigen Arbeitsämter). Die lokalen Agenturen sind nicht mehr von der Zentrale weisungsabhängig, sondern setzen die vorgegebenen Ziele selbst verantwortlich um. Als zentrale Anlaufstelle für alle wichtigen Dienstleistungen der ehemaligen Arbeits- und Sozialämter wurden bei den Agenturen für Arbeit flächendeckend JobCenter eingerichtet. Die Fallmanager (die ehemaligen Arbeitsvermittler) haben sich verstärkt darauf zu konzentrieren, mit den Betrieben zu kooperieren und neue Stellen zu aquirieren.

Der Verwaltungsrat der BA beschloss im Juli 2004 bei allen 180 Agenturen für Arbeit in Deutschland so genannte „Kundenzentren" einzurichten. Speziell auf Informationskunden, Beratungskunden (insbesondere Langzeitarbeitslose) und Betreuungskunden zugeschnittene Programme sollen die Nachfrager nach und die Anbieter von Arbeitsplätzen optimal versorgen.

b) **Kritik**

Erst die Umstrukturierungen der Bundesanstalt für Arbeit schufen notwendige Voraussetzungen für eine wirksame Lenkung und Kontrolle der Leistungen der Arbeitsagentur. Das Ziel einer effizienteren Vermittlung ist allerdings nur in begrenztem Maße erreicht worden (Butterwegge 2006, S. 192).

Aus fiskalischer Sicht konnte die Bundesagentur für Arbeit in den Jahren 2006 und 2007 sogar Überschüsse erzielen, die auf Einsparungen auf der Ausgabenseite infolge der durch die Hartz-Gesetze veranlassten restriktiven Arbeitsmarktpolitik und abnehmender Arbeitslosigkeit sowie auf Beitragsmehreinnahmen durch die höhere Beschäftigung zurückgingen. Auch wenn durch die Überschüsse der Bundesagentur die Beitragssätze und damit die Lohnnebenkosten reduziert werden konnten, boten deswegen die Unternehmen nicht automatisch mehr Arbeitsplätze an.

Die durch Hartz III erfolgte Einteilung in Betreunugs,- Beratungs- und Informationskunden ist wegen der damit einhergehenden kundenorientierten und verstärkt wirtschaftlichen Arbeitsweise positiv zu bewerten. Die starke Betonung betriebswirtschaftlicher Effizienz birgt allerdings die Gefahr der Benachteiligung einzelner (Arbeitslosen-)Gruppen. So komme die Einteilung der Langzeitarbeitslosen in Beratungskunden einer Herabwürdigung gleich und erschwere die Reintegration ins Erwerbsleben (Bundesministerium für Arbeit und Soziales 2006, S. V–XI).

4.6.4 Das Hartz-IV-Gesetz

Während die Gesetze Hartz I bis Hartz III vor allem für die Arbeitslosen fördernde Maßnahmen regelten, beinhaltete das politisch umstrittene Hartz-IV-Gesetz eine Reihe von Restriktionen und fordernde Elemente. Mit dem Hartz-IV-Gesetz sollte nicht nur durch restriktive Leistungsgewährung der Staatshaushalt entlastet, sondern auch durch verstärkten Druck auf die Arbeitslosen Beschäftigungsanreize geschaffen werden. Das Hartz-IV-Gesetz markiert insofern eine Zäsur in der Entwicklung des Sozialstaats, als gravierende Änderungen des

Arbeits- und Sozialrechts gewachsene Prinzipien des Systems der sozialen Sicherung und die Grundorientierung der Arbeitsmarktpolitik (Übergang vom Welfare- zum Workfare-Modell) in Frage stellten (Bäcker/Koch 2004, S. 88).

a) **Arbeitslosengeld I und Arbeitslosengeld II**

Mit dem am 1. Januar 2005 in Kraft getretenen Hartz-IV-Gesetz wurde die Bezugsdauer des beitragsfinanzierten Arbeitslosengeldes von 32 Monaten auf 12 Monate und die für ältere Arbeitnehmer (über 55 Jahre) auf 18 Monate verkürzt. Das Arbeitslosengeld heißt fortan Arbeitslosengeld I (ALG I). Die bisherige Arbeitslosenhilfe und die Sozialhilfe für alle erwerbsfähigen Empfänger wurden vom Jahr 2005 an zum Arbeitslosengeld II (ALG II) zusammengelegt. Der Regelsatz für ALG II wurde im Westen auf 345 Euro und im Osten auf 331 Euro festgesetzt. Aufwendungen für Miete und Heizkosten werden zusätzlich erstattet. Seit Mitte 2006 gelten einheitliche Regelsätze in Ost- und Westdeutschland.

Neu eingerichtet wurde die so genannte Bedarfsgemeinschaft, in der der Antragsteller gemeinsam in einer Wohnung mit Personen lebt, die weder mit ihm verwandt oder verheiratet noch ihm gegenüber zum Unterhalt verpflichtet sind. Bei der Bedürftigkeitsprüfung wird das Einkommen und Vermögen der in der Bedarfsgemeinschaft lebenden Personen berücksichtigt. Die Haushaltsverkleinerung infolge der Trennung von Paaren oder des Auszugs jugendlicher Arbeitsloser aus dem Haushalt der Eltern ließ überdies die Zahl anspruchsberechtigter Bedarfsgemeinschaften von rund 2,5 Millionen (2003) auf 3,7 Millionen (2005) ansteigen (Die Zeit vom 27.10.2005, S. 23).

Während ursprünglich Hartz IV vorsah, dass Verwandte ersten Grades, also Eltern und Kinder, keine Unterhaltszahlungen vor der Auszahlung des ALG II leisten müssen, änderte die Große Koalition diese Regelung. Demnach müssen Eltern wieder für ihre Kinder, die unter 25 Jahre alt sind, aufkommen. Auch die in einer Bedarfsgemeinschaft lebenden Ehe- und Lebenspartner müssen füreinander Unterhalt zahlen. Diese strengere Bedürftigkeitsprüfung hat dazu geführt, dass die Zahl der erwerbslosen Leistungsempfänger zurückging.

Hartz IV hat auch die Anrechnung von Vermögen auf das Arbeitslosengeld II neu geregelt. Da Freigrenzen von 200 Euro pro Lebensjahr festgesetzt worden sind (bei einem über 57-Jährigen sogar 520 Euro), bleiben beispielsweise bei einem 40-Jährigen 8000 Euro unangetastet. Auch selbst genutztes Wohneigentum, Betriebsrenten und die Riester-Rente bleiben verschont („Schonvermögen"). Für die Empfänger von Arbeitslosengeld II werden überdies Beiträge in die Kranken-, Pflege- und Rentenversicherung einbezahlt (Koch/Walwei 2005; S. 10–12; Zimmermann 2005, S. 5).

Die steuerfinanzierte Leistung der Sozialhilfe bleibt als Sozialgeld erhalten und wird nicht erwerbsfähigen Arbeitslosen gewährt. Für die ALG II-Empfänger übernehmen 69 so genannte Optionskommunen die Betreuung in alleiniger Regie. Die Betreuung für die übrigen ALG II-Empfänger teilen sich die Kommunen und die örtlichen Arbeitsagenturen. Die Leistungsbezieher werden nun – wie im Rahmen von Hartz III beschlossen – gebündelt von Arbeitsgemeinschaften (einem Zusammenschluss der Kommunen mit den örtlichen Arbeitsagenturen) in JobCentern betreut: Die Kommunen übernehmenn die Kosten für Heizung, Unterkunft und einmalige Leistungen, sie sind zuständig für Kinderbetreuungsleistungen, Schuldner- und Suchtberatung und für nötige Hilfen zur Eingliederung (BMWA 2004; S. 54).

Die örtlichen Arbeitsagenturen übernehmen dagegen die arbeitsmarktbezogene Beratung, Vermittlung und Förderung von Maßnahmen zur Integration in Arbeit. Fallmanager kümmern sich um die Langzeitarbeitslosen (angestrebtes Betreuungsverhältnis 1:75 bei Jugendlichen, 1:150 bei Erwachsenen). Ferner treffen sie Eingliederungsvereinbarungen, in denen die Hilfen der Agentur und die Pflichten des Hilfebedürftigen festgelegt werden.

b) Zuverdienstmöglichkeiten

Um die Anreize für die Aufnahme einer Erwerbsarbeit zu verbessern, müssen sich die Arbeistlosen künftig einen geringeren Betrag ihres Nebenverdienstes auf das Arbeitslosengeld II anrechnen lassen. Bei einem geringen Verdienst bis 400 Euro werden 15 Prozent nicht auf die ALG II-Leistung angerechnet. Bei einem Zusatzverdienst zwischen 400 und 900 Euro sinkt der Anrechnungssatz sogar auf 70 Prozent. Verdient ein Arbeitsloser zwischen 900 und 1500 Euro beträgt der Anrechnungssatz wieder 85 Prozent (Pilz 2004, S. 215).

c) Zumutbarkeitsregelungen und „Ein-Euro-Jobs"

Mit Hartz IV wurden die Zumutbarkeitsregelungen für die Annahme angebotener Arbeit weiter verschärft. Für Langzeitarbeitslose gilt die Verpflichtung, nahezu jeden legalen Job, auch Mini-Jobs und Teilzeitstellen, anzunehmen. Sie müssen auch Beschäftigungen annehmen, die unterhalb des Tariflohns oder des ortsüblichen Entgelds liegen. Durch eine „grobe" Orientierung an ortsüblichen Verdiensten soll allerdings Lohndumping vermieden werden. Lehnt ein Langzeitarbeitsloser ein zumutbares Angebot ab, kann seine Regelleistung um 30 Prozent gekürzt werden. Jugendliche unter 25 Jahren erhalten im Fall der Ablehnung einer angebotenen Arbeit für drei Monate kein Arbeitslosengeld II mehr (Koch/Walwei 2005, S. 12 f.).

Mit Hartz IV wurden für ALG-II-Empfänger, bei denen alle Eingliederungsmaßnahmen fehlschlagen und die keine reguläre Beschäftigung oder Ausbildung finden, so genannte Arbeitsgelegenheiten für zusätzliche gemeinnützige Arbeiten geschaffen. Diese Tätigkeiten werden deshalb als „Ein-Euro-Jobs" bezeichnet, weil die Langzeitarbeitslosen dafür zusätzlich zur Grundsicherung eine Aufwandsentschädigung von einem oder zwei Euro erhalten. Diese Neuerung soll Schwervermittelbare wieder schrittweise in den Arbeitsmarkt integrieren und deren grundsätzliche Arbeitsbereitschaft kontrollieren (Berthold/Berchem 2005, S. 146).

d) Kritik

Hartz IV markiert insofern eine Zäsur in der Arbeitsmarkt-, Beschäftigungs- und Sozialpolitik, als erstmals in der Geschichte Nachkriegsdeutschlands eine Sozialleistung ersatzlos gestrichen worden ist (Pilz 2004, S. 214). Für Kritiker sei mit Hartz IV der Abschied vom Prinzip der Lebensstandardsicherung als wichtigem Element des deutschen Sozialstaats eingeläutet worden (Butterwegge 2006, S. 189–201). Hartz IV stand und steht für Befürchtungen und reale Entwicklungen, dass sich der Kreis der potentiell von Armut betroffenen Menschen erheblich ausweitet (Stolterfoht 2004, S. 42). Auch wenn von den 2,15 Millionen privaten Haushalten, die 2004 noch Arbeitslosenhilfe bezogen, ab 2005 immerhin rund 839.000 Arbeitslosengeld II-Bezieher wegen der leicht verbesserten legalen Hinzuverdienstmöglichkeiten mehr Geld als vorher erhielten, bedeutete für die Mehrheit der Abstieg auf Sozialhilfeniveau finanzielle Einbußen (M. G. Schmidt 2007b, S. 301).

Nach offizieller Definition gilt als arm, wer über ein Nettoeinkommen von weniger als 60 % des gesellschaftlichen Durchschnitts verfügt. So nahm dem 2. Armuts- und Reichtumsbericht der Bundesregierung zufolge in Deutschland die – auf der Basis des sozio-ökonomischen Panels (SOEP) berechnete – Einkommensarmutsquote von 12,0 % (1999) auf 17,4 % (2005) zu (DIW-Wochenbericht Nr. 12/2007, S. 177). Auch wenn mehrere Faktoren wie die längere Dauer von Armutsphasen und mehrfache Notlagen (Wohnungsprobleme, Konsumdefizite, Arbeitslosigkeit, fehlende Rücklagen) die zunehmende Armut beeinflussten, haben auch die Leistungskürzungen insbesondere des Hartz-IV-Gesetzes zu dieser Entwicklung beigetragen (DIW-Wochenbericht Nr. 12/2007, S. 181).

Ab dem 1. Januar 2005 (nach dem Kommunalen Optionsgesetz) konnten 69 Landkreise und kreisfreie Städte ohne Beteiligung der jeweiligen Agentur für Arbeit in ihren örtlichen Arbeitsverwaltungen tätig werden (in den „Optionskommunen"). An dieser von der Union und der FDP durchgesetzten Dezentralisierung der Arbeitsmarktpolitik wurde kritisiert, dass die Fragmentierung der Zuständigkeiten die Verunsicherung und Entrechtung der Betroffenen gefördert habe. In dem Maße, wie Kommunen in die Arbeitsvermittlung und Arbeitsmarktpolitik einbezogen werden, degeneriere die Bekämpfung der Erwerbslosigkeit zu einem Fürsorge- und Finanzierungsproblem, ohne dass die Einhaltung qualitativer Standards bei der Einkommenssicherung auf örtlicher Ebene ausreichend kontrolliert würde. Mit der Erosion der zentralstaatlichen Verantwortung für die Arbeitslosenunterstützung werde die aktive auf eine bloß noch „aktivierende" Arbeitsmarktpolitik reduziert (Butterwegge 2006, S. 197; Hanesch 2004 S. 664).

Nicht nur Leistungskürzungen, sondern auch die erneut verschärften Zumutbarkeitsregeln üben auf Arbeitslose einen verstärken Druck aus, ihre Arbeitskraft zu noch niedrigeren Löhnen anzubieten. Kritiker dieser noch restriktiveren Regelungen betonen, dass damit keine Rücksicht mehr auf die Würde sowie auf den Berufs- und Qualifikationsschutz der Betroffenen genommen werde. Die persönlichen Betreuer der Langzeitarbeitslosen verfügten über ein zunehmend größeres Drohpotential gegenüber ihren „Kunden" (Oschmianski, S. 27).

An den Ein-Euro-Jobs wird kritisiert, dass Langzeitarbeitslose gegen eine geringe „Mehraufwandsentschädigung" nicht mehr nur unbedingt gemeinnützige Arbeit, sondern auch im öffentlichen Interesse liegende und zusätzliche Arbeit leisten müssen, wollen sie nicht, dass ihre Leistung um 30 Prozent gekürzt wird. Außerdem verschärften die Ein-Euro-Jobs auf dem Arbeitsmarkt den Verdrängungswettbewerb. Geringqualifizierte in Normalarbeitsverhältnissen wurden und werden durch ALG II-Bezieher ersetzt mit der Folge, dass das Lohnniveau nach unten gedrückt werde. Hartz IV befördere die Entwicklung, dass tarifliche Bezahlung zur Ausnahme werde, „prekäre Beschäftigung die Regel" (Bongards 2004, S. 64).

4.7 Die Arbeitsmarktreformen der Großen Koalition

Die Evaluierung der ersten drei Hartz-Gesetze belebte die Diskussion über die Notwendigkeit der Einführung von Kombilöhnen, also der Kombination von Sozialleistungen und Niedriglöhnen (oder Mindestlöhnen) insbesondere für Geringqualifizierte und Langzeitarbeitslose (Hartwich 2006, S. 33). Auch wenn die Gefahr von Mitnahmeeffekten durch die Arbeitgeber besteht, wenn nicht subventionierte Arbeitsplätze in subventionierte umgewandelt werden, ist die Wiederaufnahme einer Beschäftigung von gering qualifizierten und langfristig Arbeitslosen von großem individuellen und gesellschaftlichen Nutzen.

In die Richtung Kombilohn tendieren die Hinzuverdienstmöglichkeiten beim Arbeitslosengeld II. Auch der Vorschlag, Älteren bei nachlassender Leistung die Chance einer regulären Weiterbeschäftigung zu bieten, indem ihnen ein staatlicher Zuschuss gezahlt wird, wird als ein sinnvoller Kombilohn angesehen: Hier müsste keine Sozialleistung gewährt, sondern könnte eine subventionierte Arbeitsleistung entlohnt werden (Hartwich 2006, S. 33).

Schließlich haben sich die Partner der Großen Koalition darauf verständigt, den Arbeitsmarkt weiter zu flexibilisieren. Dabei geht es um ordnungspolitisch stark umstrittene Maßnahmen wie die Neugestaltung des Günstigkeitsprinzips, die Ausweitung betrieblicher Öffnungsklauseln in Tarifverträgen und die „Lockerung" des gesetzlichen Kündigungsschutzes.

4.7.1 Ansatzpunkte für Arbeitsmarktreformen: Die Defizite der Förderinstrumente der Bundesagentur für Arbeit

Die Große Koalition setzte bei den durch Evaluierungen nachgewiesenen Defiziten arbeitsmarktpolitischer Förderinstrumente an und nahm Änderungen insbesondere an den Hartz-Gesetzen vor, ohne die Arbeitsmarktreformen der „Agenda 2010" grundsätzlich in Frage zu stellen.

Während zwischen April 2003 bis Dezember 2005 jede Arbeitsagentur verpflichtet war, mindestens eine Personal-Service-Agentur (§ 37c SGB III) einzurichten, um Arbeitnehmer befristet als Zeitarbeiter einzustellen und zu verleihen, sind ab 2006 die Arbeitsagenturen nicht mehr dazu verpflichtet. Das Ziel der PSA, Arbeitslose in ein dauerhaftes Arbeitsverhältnis zu vermitteln, sei weitgehend fehlgeschlagen. Der Übergang in eine dauerhafte Beschäftigung als Folge der Teilnahme in einer PSA sei sogar erschwert worden: Es habe sich gezeigt, dass die Zeitarbeiter in der PSA gebunden wurden und damit die Bereitschaft zur Arbeitsplatzsuche eher nachgelassen habe (SVR-Gutachten 2006/2007, Ziff. 500; Hartwich 2006, S. 32).

Von den „Mini-Jobs" in den drei Arten der geringfügig entlohnten Beschäftigungsverhältnisse, der geringfügigen Beschäftigung in Privathaushalten und der kurzfristigen Beschäftigung galt in der fachlichen und politischen Diskussion den geringfügig Beschäftigten die größte Aufmerksamkeit. Zwar hatten im Jahr 2005 knapp 5 Millionen Menschen ein geringfügiges Beschäftigungsverhältnis, doch wurde kritisch angemerkt, dass diese Personen zu einem erheblichen Teil Hausfrauen, Rentner, Schüler und Studenten sind, deren Beschäftigung nicht vorrangig gefördert werden sollte.

Kritiker der „Mini-Jobs" verweisen darauf, dass vor allem geringfügig entlohnte Beschäftigung im Unternehmensbereich sozialversicherungspflichtige Beschäftigungsverhältnisse verdrängte: Unternehmen zerlegten Vollzeitarbeitsplätze in Mini-Jobs oder reguläre Arbeitsplätze sind erst gar nicht geschaffen worden. Außerdem wurden Hausfrauen, Rentner usw. zu einer ernsthaften Konkurrenz für Arbeitslosengeld II-Empfänger, weil eine Hausfrau für einen Mini-Job 400 Euro bezog, während der Arbeitslose, der mit dem Mini-Job 400 Euro hinzuverdiente, sich 80 Prozent dieses geringen Lohns auf sein Arbeitslosengeld II anrechnen lassen musste. Schließlich wird der steuerliche Missbrauch von Mini-Jobs beklagt, indem z.B. Freiberufler für ihre Familienangehörigen Arbeitsplätze deklarieren, ohne dass tatsächlich dafür Löhne bezahlt worden sind.

Diese Verdrängungseffekte könnten dann in einem milderen Licht beurteilt werden, wenn Mini-Jobs eine Brückenfunktion zu dauerhaften Beschäftigungsverhältnissen ausübten. Eine empirische Studie kam allerdings zu dem Ergebnis, dass der genannte Personenkreis die geringfügige Beschäftigung nicht als Durchgangsstation auf dem Weg zu einer regulären Beschäftigung, sondern in erster Linie als Hinzuverdienstmöglichkeit ansah (Fertig, Kluve und Scheuer 2005).

II Politikfeldspezifische Strategien

Im August 2006 sind die beiden Förderinstrumente zur Aufnahme einer selbstständigen Tätigkeit, das Überbrückungsgeld und der Existenzgründungszuschuss (Bezuschussung der Ich-AG), durch das neue Instrument des Gründungszuschusses ersetzt worden. Das 1986 eingeführte Überbrückungsgeld, das für sechs Monate in Höhe des Arbeitslosengeldes und der darauf entfallenden pauschalierten Sozialversicherungsbeiträge gewährt wurde, war insofern erfolgreich, als der Wiedereintritt in die Arbeitslosigkeit insbesondere bei den Älteren und Langzeitarbeitslosen und in Ostdeutschland bei den Frauen erschwert wurde. Der Existenzgründungszuschuss, der die Ich-AG im ersten Jahr mit 600 Euro, im zweiten Jahr mit 360 Euro und im dritten Jahr mit 240 Euro förderte, konnte zwar nicht verhindern, dass nach Ablauf des ersten Förderjahres viele ihre Selbstständigkeit aufgaben, doch blieben bei diesem Förderinstrument mehr ehemals Abeitslose selbstständig als beim Überbrückungsgeld (SVR-Gutachten 2006/2007, Ziff. 503 f.; Baumgartner 2006).

Den neuen Gründungszuschuss können Arbeitslosengeld-Empfänger beziehen, die sich selbstständig machen wollen und noch mindestens 90 Tage Anspruch auf Arbeitslosengeld haben. Gefördert werden nur Unternehmensgründungen, in denen mindestens 15 Wochenstunden im Haupterwerb gearbeitet wird. Die Förderdauer bis zu 15 Monaten ist in zwei Phasen unterteilt: In den ersten neun Monaten erhalten die Empfänger des Gründungszuschusses ihr individuelles monatliches Arbeitslosengeld und eine Pauschale von 300 Euro zur Absicherung in der gesetzlichen Sozialversicherung. In den restlichen sechs Monaten erhalten die Empfänger nur noch die Pauschale in Höhe von 300 Euro für die Sozialversicherung. Diese Pauschale wird allerdings nur dann gezahlt, wenn der geförderte Unternehmer zuvor seine hauptberufliche Tätigkeit nachweist. Für die Gewährung des Gründungszuschussese ist die Stellungnahme einer „fachkundigen Einrichtung" (z.B. der Industrie- und Handelskammer) und für die zuständige Arbeitsagentur die Darlegung der persönlichen und fachlichen Eignung notwendig (SVR-Gutachten 2006/2007, Ziff. 507).

Seit der Zusammenlegung der Arbeitslosenhilfe und Sozialhilfe im Jahr 2005 wurde das arbeitsmarkpolitische Instrument der so genannten Arbeitsgelegenheiten stark genutzt. Arbeitsgelegenheiten nach dem Sozialgesetzbuch II (§ 16 Abs. 3), die so genannten „Ein-Euro-Jobs" oder „Zusatzjobs" in der überwiegend genutzten Variante (der Mehraufwandsvariante), nahmen im Jahr 2005 über rund 600.000 Teilnehmer wahr. Arbeitsgelegenheiten – in der Mehraufwandsvariante – müssen im öffentlichen Interesse liegen, zusätzlich, wettbewerbsneutral und arbeitsmarktpolitisch zweckmäßig sein.

Die im Jahr 2005 angebotenen Stellen für Arbeitsgelegenheiten stammten überwiegend aus den Bereichen Gesundheits-, Veterinär- und Sozialwesen, Erziehung, Unterricht und öffentliche Verwaltung, Verteidigung und Sozialversicherung. Das vorrangige Ziel der Arbeitsgelegenheiten ist weniger die direkte Arbeitsmarktintegration als vielmehr die Förderung der sozialen Integration. Einer Fallmanagerbefragung der Arbeitsgemeinschaften zufolge wird der Nutzen der Teilnahme an einer Arbeitsgelegenheit vor allem im geregelten Tagesablauf, im erhöhten Selbstwertgefühl und in zusätzlichen finanziellen Mitteln gesehen.

Gleichwohl kam der Forschungsbericht des Instituts für Arbeit und Berufsforschung (IAB) zu dem Ergebnis, dass die Förderung durch Ein-Euro-Jobs bislang wenig zielorientiert war. Die Personengruppen, die wie ältere Personen, Personen ohne Berufsausbildung und Personen mit gesundheitlichen Einschränkungen besonders gefördert werden sollten, hatten deutlich geringere Integrationschancen in den Arbeitsmarkt durch eigenständige Arbeitssuche als andere. Lediglich Jugendliche und junge Erwachsene nutzten überdurchschnittlich die Teilnahme an einer Arbeitsgelegenheit (Wolff und Hohmeyer 2006).

4.7.2 Grundzüge eines angebotspolitischen Kombilohnvorschlags

Im Auftrag der Bundesregierung legte der Sachverständigenrat zur Begutachtung der gesamtwirtschaftlichen Entwicklung im August 2006 einen Vorschlag zum Kombilohn vor, eine Sozialleistung (z.B. Arbeitslosengeld II) mit einem Niedriglohn zu kombinieren (SVR-Gutachten 2006/2007; Ziff. 520ff.).

Nach Auffassung des Sachverständigenrats muss ein Kombilohn vor allem die Ziele verfolgen, die Beschäftigung von „Problemgruppen" wie Geringqualifizierten und Langzeitarbeitslosen zu stimulieren und ein Mindesteinkommen wie das Arbeitslosengeld II (Alg II) zu sichern. Internationale und nationale Erfahrungen mit Kombilöhnen hätten gezeigt, dass das Arbeitsangebotsverhalten der Arbeitnehmer neben Lohnzuschlägen oder der Anrechnungshöhe des Erwerbseinkommens inbesondere durch die Höhe der Lohnersatzleistung (z.B. des Arbeitslosengelds II) beeinflusst werde.

Das Arbeitslosengeld II sei als Ansatzpunkt für eine Arbeitmarktreform besonders geeignet, weil rund drei Viertel der Leistungsempfänger Geringqualifizierte und Langzeitarbeitslose sind und die Leistungen voll in das Steuer-Transfer-System integriert sind. Darüber hinaus diene das Arbeitslosengeld II nicht nur der Sicherung eines Mindesteinkommens, sondern auch der Förderung der Erwerbstätigkeit, da geringe Erwerbseinkommen hinzuverdient werden dürfen.

Um die Anreize zur Aufnahme auch niedrig entlohnter Tätigkeiten zu erhöhen, schlägt der Sachverständigenrat vor, den Regelsatz für erwerbsfähige Leistungsempfänger (beim Arbeitslosengeld II: 345,– Euro) um 30 Prozent zu senken und die Hinzuverdienstmöglichkeiten für Erwerbseinkommen zwischen 200 und 800 Euro zu verbessern (Modul 2 des SVR-Vorschlags, Ziff. 528f.) Der Anrechnungssatz des Erwerbseinkommens (Hinzuverdienstes) auf das Arbeitslosengeld II sollte von gegenwärtig 80 Prozent auf 50 Prozent gesenkt werden, sodass man von dem hinzuverdienten Einkommen die Hälfte behalten kann.

Die Absenkung des Regelsatzes bewirkt, dass die damit verbundene Einkommenseinbuße die Attraktivität einer regulären Beschäftigung unmittelbar erhöht, selbst wenn dafür nur ein Niedriglohn bezahlt wird. Die Leistungskürzung beim Arbeitslosengeld II verschafft dem Fiskus (dem Bundeshaushalt) zugleich mehr Spielraum, den Anrechnungssatz des Erwerbseinkommens auf das Alg II spürbar senken zu können.

Während also Kombilöhne unstrittig Chancen für zusätzliche Beschäftigung im Niedriglohnsektor eröffnen, und Mindestlöhne deutsche Arbeitsplätze vor ausländischer Konkurrenz schützen können, ist in Politik und Wissenschaft umstritten, inwieweit Mindestlöhne Entlassungen induzieren (Hartwich 2006, S. 23, 33).

4.7.3 Begründung für Mindestlöhne und ihre Kritik

Im Zusammenhang mit Kombilöhnen und der Arbeitnehmerfreizügigkeit innerhalb der Europäischen Union wird in Teilen der Politik und der Wissenschaft zunehmend die Einführung von gesetzlichen Mindestlöhnen gefordert. Der im Frühjahr 2007 erzielte Kompromiss der Großen Koalition sieht vor, den tariflichen Mindestlohn in weiteren zahlreichen Branchen einzuführen.

Die Befürworter von gesetzlichen Mindestlöhnen begründen Lohnuntergrenzen mit folgenden Argumenten:

- Die mit Kombilöhnen verbundene größere Lohnspreizung könne zu nicht existenzsichernden Löhnen führen. Deshalb müsse ein Mindestlohn dafür sorgen, dass „gute Arbeit" auch gerecht entlohnt werde. Die Zuwanderung und Beschäftigung „billiger" ausländischer Arbeitnehmer durch die Arbeitnehmerfreizügigkeit und Dienstleistungsfreiheit in der Europäischen Union verstärke die Gefahr, dass immer weniger existenzsichernde Arbeitseinkommen erzielt werden. Während die Gewerkschaften einen branchenübergreifenden Stundenlohn von 7,50 Euro fordern, tritt die SPD für branchenspezifische Mindestlöhne ein. Arbeitgeber und Gewerkschaften sollten in möglichst vielen Branchen Mindestlöhne vereinbaren. Diese Mindestlöhne müssten dann die Regierung für allgemeinverbindlich erklären, sodass sie für in- und ausländische Anbieter gleichermaßen gelten. Damit solle verhindert werden, dass die vom Jahr 2009 an auch in Deutschland voll wirksame EU-Dienstleistungs-Richtlinie, die ausländischen Unternehmen mit ihren Arbeitskräften den Zugang zum deutschen Markt erleichtert, zu einem „Dumping-Wettlauf um die niedrigsten Löhne" und damit zu nicht mehr existenzsichernden Arbeitseinkommen führe (Müntefering 2007, S. 33).

- Die in zahlreichen Ländern existierenden Mindestlöhne hätten nicht zu den befürchteten Arbeitsplatzverlusten geführt. So zeigen ökonometrische Studien, dass bei einem Mindestlohn von 7,50 Euro rund 70.000 Arbeitsplätze geschaffen werden könnten (Bartsch 2006). In den 20 der 27 EU-Staaten, in denen es gesetzliche Mindestlöhne gibt, führten Mindestlöhne von über 8 Euro wie in Luxemburg, Irland, Frankreich, Niederlande und Grobritannien zu keinen negativen Beschäftifgungseffekten (Memorandum 2007, S. 75).
- Mindestlöhne könnten dazu beitragen, das Ausmaß einer durch Kombilöhne erleichterten Lohnsenkung zu begrenzen. Eine Verständigung von Arbeitgebern und Arbeitnehmern auf einen unter der Arbeitsproduktivität liegenden Lohn wird nämlich dadurch begünstigt, dass der Arbeitgeber zunächst eine Lohnsenkung vornehmen und anschließend diesen abgesenkten Lohn mithilfe der Zuschüsse des Staates wieder auf das ursprüngliche Niveau anheben könnte. Eine solche Lohnsenkung schaffe keine neuen Arbeitsplätze, sondern diene nur der „Bereicherung" der Arbeitgeber zu Lasten der Steuerzahler.
- Mindestlöhne könnten unter Bedingungen weltweit gestiegenen Angebots an Arbeitskräften der wachsenden „Lohnsetzungsmacht" der Unternehmen Grenzen setzen.

Aus der Sicht angebotsorientierter Kritiker verkenne das Argument, der Kombilohn begünstige die Lohnspreizung im Niedriglohnsektor, die Therapie zum Abbau der Arbeitslosigkeit. Die qualifikatorische Lohndifferenzierung sei essentieller Bestandteil der Therapie. Denn Arbeitplätze könnten nur geschaffen und erhalten werden, wenn die Arbeitskosten des Arbeitsplatzes nicht höher als seine Produktivität sind. Deshalb könnten Kombilöhne, die auch eine Lohndifferenzierung „nach unten" zuließen, vor allem „Problemgruppen" wie Geringqualifizierten und Langzeitabeitslosen helfen, einen Arbeitsplatz zu finden. Mindestlöhne, die eine beschäftigungsfördernde Lohndifferenzierung verhindern wollen, konterkarierten dagegen die beabsichtigte Beschäftigungswirkung von Kombilöhnen für die „Problemgruppen".

Angebotspolitiker und -theoretiker räumen zwar ein, dass die Lohnspreizung im Niedriglohnbereich nicht zur Existenzsicherung reichen könne, doch könne und soll dann der Staat einspringen, indem er durch Lohnsubventionen in Kombination mit Sozialleistungen die zu niedrigen Marktlöhne aufstockt. Aus der Sicht angebotsorientierter Wirtschaftspolitik ist es nicht Aufgabe der Unternehmen sondern des Staates, für existenzsichernde Einkommen zu sorgen. In der Marktwirtschaft sollten die Löhne die Knappheitsrelation des Faktors Arbeit wiedergeben. Die Berücksichtigung von Verteilungs- und Gerechtigkeitsnormen habe der Staat über das Steuer- und Transfersystem zu leisten, nicht aber über Eingriffe in die Lohnfindung durch gesetzliche Mindestlöhne (SVR-Gutachten 2006/2007, Ziff. 547).

Die Kritiker des Mindestlohns weisen also nicht den Unternehmern sondern den Staat die Verantwortung zu, für ein „anständiges" Einkommen zu sorgen. Da bundesweite Mindestlöhne den Wettbewerb beeinträchtigten und damit sowohl die Verbraucher als auch die Beschäftigten schädigten, treten Angebotspolitiker nicht für Mindestlöhne sondern für Mindesteinkommen ein: „Wer ... ehrliche Arbeit leistet, erhält vom Staat die Garantie, dass er in der Summe für sich und seine Famlie angemessen sorgen kann" (Glos 2007, S. 20).

In diesem Zusammenhang wird auch der Vorwurf erhoben, Kombilöhne seien im Fall erheblicher Lohnspreizung nach unten sittenwidrige Löhne, die durch tarifvertragliche oder gesetzliche Mindestlöhne verhindert werden könnten. Aus ökonomischer Sicht wären Löhne dann sittenwidrig, wenn die Entlohnung erheblich unter der Arbeitsproduktivität (dem Grenzprodukt der Arbeit) liegen würde. Da im Einzelfall ein sittenwidriger Lohn schwer nachweisbar ist, ist auf dem Arbeitsmarkt das Kriterium zur Bestimmung sittenwidriger Löhne weniger die Arbeitsproduktivität als vielmehr der ortsübliche Lohn (SVR-Gutachten 2006/2007, Ziff. 548).

Aus der Sicht der Angebotspolitik werden Mindestlöhne zur Verhinderung der Konkurrenz durch ausländische Arbeitnehmer als verwerfliche protektionistische Maßnahmen bewertet. Mindestlöhne wirkten wie „Einfuhrzölle auf den ausländischen Faktor Arbeit" innerhalb der Europäischen Union. Während niemand für die Wiedereinführung von Warenzöllen plädiere, seien genauso Mindestlöhne zur Abwehr ausländischer EU-Arbeitnehmer abzulehnen (SVR-Gutachten 2006/2007, Ziff. 549).

Im Gegensatz zu dieser ökonomischen Sichtweise der Angebotspolitiker heben die Anhänger des Mindestlohns die sozial- und beschäftigungspolitische Verantwortung der Politik in demokratischen Sozialstaaten hervor. So stiegen zwar mit dem Einsatz ausländischer billiger Arbeitskräfte hierzulande Wachstum und Beschäftigung, doch sei gleichzeitig mit mehr inländischen Arbeitslosen sowie „negativen Auswirkungen auf Löhne und Beschäftigungschancen für Geringqualifizierte" zu rechnen (Bundesministerium für Arbeit und Soziales 2006, S. I–XXVII).

Da das Pro-Kopf-Einkommen in den osteuropäischen Staaten im Durchschnitt bei einem Viertel des EU-Niveaus liegt, drängen nach Expertenschätzung mit Einführung der Dienstleistungsfreiheit in der EU vier Millionen osteuropäischer Arbeitskräfte zur Arbeit nach Westen. Noch ist der scharfe Lohndruck in Branchen wie z.B. der Fleischindustrie die Ausnahme, solange nur in Sonderfällen zu extrem niedrigen Löhnen legal gearbeitet werden darf, die meisten Branchen aber vor harter Lohnkonkurrenz geschützt sind.

Wird aber der Arbeitsmarkt unkontrolliert geöffnet, könnten Dienstleister beispielsweise aus der Zeitarbeitsbranche nach Belieben billige Kräfte aus Osteuropa importieren. Nach deutschem Arbeitsrecht müssten die Verleihfirmen lediglich einen Firmensitz in Warschau oder Bratislava eröffnen und die dortigen Tarife anwenden. Dann könnten sie legal osteuropäische Zeitarbeiter zu Niedriglöhnen in Deutschland beschäftigen. Nahezu alle europäischen Regierungen haben unterdessen gesetzliche Lohnuntergrenzen festgelegt, um sich vor unerwünschter Arbeitskräftekonkurrenz zu schützen. So beträgt im Jahr 2007 die Höhe der gesetzlichen Mindest-Stundenlöhne in westeuropäischen Ländern wie Frankreich 8,27 Euro, in den Niederlanden 8,13 Euro und in Großbritannien 7,96 Euro, in osteuropäischen Ländern wie in Tschechien nur 1,76 Euro und in Polen 1,34 Euro.

Schaubild 5

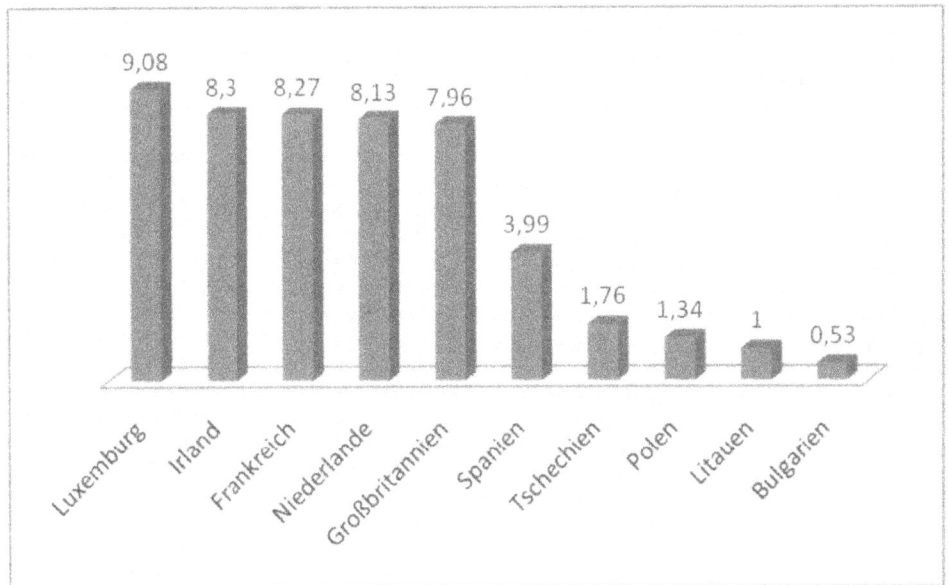

Beispiele für gesetzliche Mindeststundenlöhne in € (Stand 2007)

Außerdem wird unter Verweis auf Erfahrungen im Ausland bestritten, dass Mindestlöhne zu Arbeitsplatzverlusten in Deutschland führten. Die angebotsorientierten Kritiker des Mindestlohns räumen zumindest für die Vereinigten Staaten und Großbritannien ein, dass Lohnuntergrenzen keine oder allenfalls geringe negative, bisweilen sogar positive Beschäftigungseffekte hatten. Für die USA muss als vorläufiges Fazit empirischer Untersuchungen festgehalten werden, dass keine gesicherten negativen Beschäftigungseffekte festgestellt werden konnten (Flinn 2006). Auch für Großbritannien, das ein wesentlich flexibleres Regelwerk auf dem Arbeitsmarkt als Deutschland hat, kamen Studien nach mehrfacher Anhebung des gesetzlichen Mindestlohns zu dem Resultat, dass der Mindestlohn keine signifikanten Beschäftigungseffekte hatte (Machin/Wilson 2004; Stewart 2004).

Die Gegner des Mindestlohns verweisen auf empirische Analysen für Frankreich als ein Land, welches wegen seines ähnlichen Institutionengefüges auf dem Arbeitsmarkt am ehesten mit Deutschland vergleichbar sei. Für Frankreich hatten aufgrund der Anhebung des französischen Mindestlohns empirische Studien beachtliche negative Arbeitsmarktwirkungen vor allem bei Jugendlichen und Frauen ermittelt (Neumark/Wascher 1999; Abowd et al. 2004). Eine aktuellere Untersuchung stellt allerdings bei Mindestlöhnen für sich genommen keine negativen Beschäftigungseffekte fest, hebt aber die beschäftigungsfeindlichen Auswirkungen von Mindestlöhnen in Verbindung mit hohen Abgaben hervor (Bassanini/Duval 2006).

Die Befürworter von Mindestlöhnen betonen, dass in einigen Branchen der Abschluss tariflicher Mindestlöhne Sinn mache, während in anderen Branchen nur ein gesetzlicher Mindestlohn das Marktversagen korrigieren könne (Esslinger 2007, S. 4). Gerade in Branchen, in denen Dienstleistungen in Kleinbetrieben erbracht werden, wie im Friseur-, Bewachungs-, Hotel- oder Zustellgewerbe, sei infolge des geringen gewerkschaftlichen Organisationsgrads die Verhandlungsmacht der abhängig Beschäftigten gering. In diesen Branchen würden vielfach keine existenzsichernden Löhne gezahlt. In der öffentlichen Diskussion genannte eklatante Beispiele dafür waren die Friseurin in Sachsen im ersten Gesellenjahr mit einem Stundenlohn von 3,82 Euro oder das Hotel-Zimmermädchen, das tariflich nicht nach dem Stundenlohn, sondern nach der Anzahl der Zimmer entlohnt wurde; die oft zu knapp bemessenen Zeitvorgaben führten zu unbezahlten Überstunden.

Tarifliche Löhne nützten in diesen Branchen deshalb wenig, weil die „Lohnsetzungsmacht" der Arbeitgeber so stark sei, dass auch „Verhandlungen" nur sehr niedrige Löhne hervorbrächten. Tarifliche Löhne seien dagegen in Branchen wie in der Metallindustrie oder in der chemischen Industrie mit organisations- und konfliktfähigen Gewerkschaften sinnvoll, in denen existenzsichernde Löhne aushandelbar seien. Solche Löhne müssten dann gesetzlich gegen Unternehmer gesichert werden, die nicht dem Arbeitgeberverband angehören (Hickel 2006, S. 207–212; Bofinger 2005, S. 54–64).

Anders als in den meisten europäischen Ländern hatte die Große Koalition keine Lohnuntergrenze für die ganze Republik festgelegt. Um gleichwohl den drohenden Lohnwettbewerb aus Osteuropa zu kanalisieren, plädierte z.B. der Bundesarbeitsminister für branchenspezifische Mindestlöhne.

4.7.4 Der Kompromiss zum Mindestlohn

a) Schwieriger Verhandlungsprozess und Ergebnisse

Der Koalitionsausschuss der Großen Koalition hatte im März 2007 eine Grundsatzentscheidung für Mindestlöhne getroffen. Zur Klärung der noch offenen Streitpunkte zwischen Union und SPD wurde die Einsetzung einer Arbeitsgruppe beschlossen, der der Bundesarbeitsminister Müntefering, der Bundeswirtschaftsminister Glos und der Kanzleramtsminister de Maizière angehörten (Bannas 2007, S. 2).

Entgegen den Erwartungen der Großen Koalition, eine Einigung über die Regelung des Mindestlohns nach den Beratungen des Koalitionsausschusses im Mai 2007 zu erzielen, resümierte der SPD-Vorsitzende Kurt Beck, dass SPD und Union lediglich ihre „grundsätzlich unterschiedlichen Positionen" ausgetauscht hätten. Offen blieben weiterhin die Ausgestaltung der Hilfen für Niedrigverdiener, Regelungen für sittenwidrige Löhne und der branchenbezogene Geltungsbereich für Mindestlöhne per Entsendegesetz.

In den Koalitionsverhandlungen vom Mai 2007 hatten sich hinsichtlich der Hilfen für Niedrigverdiener die Positionen insofern angenähert, als die Union die Einführung eines – auf den Wirtschaftswissenschaftler Peter Bofinger zurückgehenden – Erwerbstätigenzuschusses nicht mehr strikt ablehnte (Bofinger 2006, S. 321 f.; SVR-Jahresgutachten 2006/07, Ziff. 571–575). Um zu verhindern, dass Erwerbstätige mit Löhnen zwischen 800 und 1.300 Euro ihr geringes Einkommen mit Arbeitslosengeld II aufstocken müssen, sollen sie Zuschüsse erhalten. Die Zuschüsse sollen degressiv gestaffelt werden, d.h., dass Verdienste ab 800 Euro einen Zuschuss von 20 % bekommen, dieser Zuschuss aber mit zunehmendem Verdienst zurückgeht. Außerden sollen die Zuverdienstregelungen für Arbeitslosengeld-II-Bezieher, die weniger als 800 Euro verdienen, neu geregelt werden.

Der Koalitionsausschusses der Großen Koalition beschloss im Juni 2007, die Einführung der geplanten Lohnzuschüsse (Erwerbstätigenzuschüsse) vorerst zurückzustellen. Über die von der SPD vorgeschlagene Variante des Bofinger-Modells soll erst wieder gesprochen werden, wenn über die Höhe der tariflichen Mindestlöhne Klarheit besteht.

Da die Rechtsprechung bisher die Vorschriften über sittenwidrige Löhne sehr unterschiedlich ausgelegt hatte, sollten die Rechtsvorschriften darüber durch den Gesetzgeber präzisiert werden. Gerade in nicht tarifgebundenen Betrieben kam es wegen frei vereinbarer Arbeitslöhne nicht selten zu „Lohnwucher". Zwar sind Rechtsgeschäfte nichtig (§ 138 Absatz 2 BGB), bei denen Leistung und Gegenleistung in einem „auffälligen Missverhältnis" stehen, doch hatten Gerichte dieses Missverhältnis uneinheitlich ausgelegt. Außerdem kann sich ein Wucherer nach dem Strafgesetzbuch strafbar machen, allerdings gibt es im Gesetz keine Definition über „unangemessen" niedrige Löhne. Mangels eines gesetzlichen Mindestlohns orientierten sich die Gerichte an den Tariflöhnen der jeweiligen Branche. Der Bundesgerichtshof beispielsweise wertete eine Vergütung als sittenwidrig, die den niedrigsten Tariflohn um ein Drittel unterschritt.

Die Partner der Großen Koalition waren sich darüber einig, dass grundsätzlich sittenwidrige Löhne in Deutschland nicht erlaubt sein sollten (Abschlussbericht der Arbeitsgruppe Arbeitsmarkt 2007). Die in der Rechtsprechung übliche Grenze sollte gesetzlich festgelegt werden, wonach Löhne sittenwidrig sind, wenn sie ein Drittel unter dem ortsüblichen Lohn liegen. Der Vorschlag der Union, 30 % unter dem Tarif liegende Löhne zu verbieten, würde die Lage von Niedrigstverdienern sogar noch verschlechtern: Bezogen auf das beliebte Beispiel der Friseuse aus Sachsen, die laut Tarif 3,92 Euro verdient, würde das heißen, dass sie nur noch einen tariflichen Lohn von 2,67 Euro erhielte.

Die SPD fordert deshalb einen so genannten Auffang-Mindestlohn, der eine absolute Grenze nach unten bilden soll. In Gebieten, in denen der ortsübliche Stundenlohn nur bei drei oder vier Euro liege, sei eine weitere Kürzung um 20 oder 30 % den Menschen nicht zumutbar. Die Sozialdemokraten fordern demzufolge ein Existenzminimum von 1.000 bis 1.100 Euro für arbeitende Menschen.

Das ursprüngliche Vorhaben von SPD und Union, für sittenwidrige Löhne eine gesetzliche Regelung zu treffen, scheiterte in den Verhandlungen des Koalitionsausschusses im Juni 2007, da die SPD darauf bestand, mit dem „Auffang-Mindestlohn" zusätzlich eine absolute Grenze nach unten einzuziehen. Die Union wandte sich gegen diesen Mindestlohn zwischen 1.050 bis 1.100 Euro pro Monat, der höher als die staatliche Hilfe für Hartz-IV-Empfänger ausfallen sollte, weil er letztlich eine Art generelle Lohnuntergrenze bilden würde. Dies stelle für die Union einen ordnungspolitisch bedenklichen staatlichen Eingriff in die Lohnfindung dar.

In den Beratungen des Koalitionsausschusses vom Mai 2007 zeigte sich die Union kompromissbereit, mehr Branchen als bisher in das Entsendegesetz aufzunehmen. Bundesarbeitsminister Müntefering (SPD) schlug vor, tarifliche Mindestlöhne durch Ausweitung des Arbeitnehmer-Entsendegesetzes in weiteren Branchen einzuführen: „Faire Löhne" sollten fortan in der Fleischverarbeitung, bei den Friseuren, im Einzelhandel, im Hotel- und Gaststättengewerbe, im Landschafts- und Erwerbsgartenbau, im Bewachungsgewerbe, in der Zeitarbeit, bei Postdiensten und in der Entsorgungswirtschaft bezahlt werden.

In den Verhandlungen des Koalitionsausschusses vom Juni 2007 einigte sich die Große Koalition über die Aufnahme weiterer Branchen in das Entsendegesetz, um die dort von den Tarifpartnern festgelegten Lohnuntergrenzen sodann vom Bundesarbeitsminister für allgemeinverbindlich zu erklären. Branchen wie die Zeitfirmen, das Bewachungs- und Entsorgungsgewerbe sowie die Postdienste sollten auf diesem Weg bald einen Mindestlohn bekommen. Dieses Verfahren könnte auch beispielsweise für Friseure, Hotels und Gaststätten sowie den Einzelhandel angewendet werden, wenn die von SPD und Union vereinbarten

Voraussetzungen erfüllt sind, d.h. in den betreffenden Branchen eine Tarifbindung der Beschäftigten von mehr als 50% besteht. Da nach Auskunft der zuständigen Verbände im Friseurgewerbe die Mehrheit der Beschäftigten auf Länderebene und in Hotels und Gaststätten die Mehrheit der Beschäftigten tariflich gebunden sind (Frankfurter Rundschau vom 20.6.2007, S. 2), können Arbeitgeber und Gewerkschaften gemeinsam bis Ende März 2008 die Aufnahme in das Entsendegesetz beantragen. Im Einzelhandel ist die Tarifbindung weniger präzise einzuschätzen, sodass in den Koalitionsverhandlungen unklar blieb, ob der Einzelhandel unter das Entsendegesetz fällt (Frankfurter Allgemeine Zeitung vom 20.6.2007, S. 2).

Lange bestand allerdings zwischen den Koalitionspartnern Dissens, wie Tariflöhne über das Entsendegesetz für die ganze Branche für verbindlich erklärt werden sollten. Während die SPD eine Rechtsverordnung der Bundesregierung für ein geeignetes Mittel hielt, wollte die Union die Tarifparteien entscheiden lassen. Der Vorschlag der Union barg allerdings für den Koalitionspartner die Gefahr, dass die Arbeitgeber durch ihr tarifvertragliches Vetorecht Lösungen jederzeit blockieren könnten. Die SPD wandte sich deshalb gegen ein Vetorecht der Arbeitgeber, während sich die Union dafür aussprach.

Im Koalitionsausschuss wurde dann im Juni 2007 beschlossen, dass die spätere Aufnahme weiterer Branchen in das Entsendegesetz ein neu einzurichtender sechsköpfiger Ausschuss von Vertretern der Gewerkschaften und der Arbeitgeberverbände prüfen muss. Auf Betreiben der SPD wurde das Vetorecht der Arbeitgeber erheblich eingeschränkt: Branchen werden nur dann nicht in das Entsendegesetz aufgenommen, wenn fünf oder alle sechs Ausschussmitglieder gegen den Mindestlohn sind.

In Branchen mit niedriger oder gar keiner Tarifbindung soll das zu aktualisierende Mindestarbeitsbedingungsgesetz von 1952 die Festlegung von Lohnuntergrenzen ermöglichen. Für Branchen wie das fleischverarbeitende Gewerbe, Land- und Gartenbau sowie Forstwirtschaft sollen unabhängige Experten in einem Hauptausschuss und in Fachausschüssen über Notwendigkeit und Höhe von Mindestlöhnen entscheiden. Einigen sich die Ausschüsse nicht, kann die Bundesregierung per Rechtsverordnug Mindestlöhne verbindlich festlegen.

b) Vorzüge und Defizite

Kritiker flächendeckender Mindestlöhne begrüßen die Entscheidung des Koalitionsausschusses, keine gesetzlichen Mindestlöhne einzuführen. Sie bekräftigen ihre wiederholt vorgetragene Position, dass bei einer gesetzlichen Lohnuntergrenze von bespielsweise 6,50 Euro erhebliche Beschäftigungssschäden entstanden wären.

Damit Beschäftigte ihren Lebensunterhalt bestreiten können, wird der Ansatz als konsequent gewürdigt, die Tarifpartner in bestimmten Branchen Lohnuntergrenzen festlegen zu lassen, die dann vom Arbeitsminister für allgemeinverbindlich erklärt werden (Hulverscheidt 2007, S. 4). Kritiker heben allerdings hervor, dass der Anwendung des Entsendegesetzes nicht geringe Hürden entgegen stehen. So müssen laut Koalitionsvereinbarung die beiden Voraussetzungen erfüllt sein, dass die Tarifstandards das gesamte Bundesgebiet abdecken und mindestens die Hälfte der Beschäftigten erreichen. In vielen Niedriglohnbranchen wie im Bäcker-, Friseur- und Fleischerhandwerk, im Bewachungsgewerbe, in der Floristik, im Hotel- und Gaststättengewerbe bezweifelt das gewerkschaftsnahe Forschungsinstitut WSI, dass die Voraussetzungen erfüllt werden können.

Im Gegensatz zu den Vorzügen des Entsendegesetzes, dass in Branchen wie den Postdienstleistungen oder der privaten Entsorgungswirtschaft „Fortschritte" verspreche (Sievers 2007, S. 2), werde das Mindestarbeitsbedingungsgesetz von 1952 seinen Zweck verfehlen (Dienstleistungsgewerkschaft Verdi 2007): Das Verfahren gilt deshalb als kompliziert, weil die Vielzahl regional unterschiedlicher branchenbezogener Mindestlöhne kaum kontrollierbar sei.

Für Kritiker haben schließlich die Koalitionsvereinbarungen vom Juni 2007 ein weiteres Mal deutlich gemacht, dass ordnungspolitische Divergenzen in der Großen Koalition grundlegende Reformen wie die Einführung eines gesetzlichen Mindestlohns einerseits oder die Kapitaldeckung der Pflegeversicherung andererseits verhindern. Union und SPD mussten endgültig erkennen, dass sie ihre grundlegenden arbeitsmarkt- und wirtschaftspolitischen Überzeugungen mit dem jeweils anderen Koalitionspartner nicht durchsetzen können (Hulverscheidt 2007, S. 4).

4.7.5 Staatliche Zuschüsse zu den Sozialbeiträgen und Senkung der Zahl der „Aufstocker"

Der in der Großen Koalition von der SPD-Führung vorgestellte Vorschlag, bei niedrigen Löhnen die Sozialversicherungsbeiträge zu subventionieren, geht von rund 1,1 Millionen Menschen im Jahr 2007 aus, die so wenig verdienen, dass sie Anspruch auf ergänzendes Arbeitslosengeld II haben. Diese so genannten Aufstocker erhalten also Hartz-IV-Leistungen, obwohl sie eine gering bezahlte Beschäftigung haben. Diese über eine Millionen Aufstocker waren für den Arbeitsminister Franz Müntefering Anlass, seine Forderung nach einem Mindestlohn zu bekräftigen.

Wird nach Verdienstgruppen differenziert, gab es Anfang 2007 rund 344.000 Menschen, die mehr als 800 Euro brutto verdienten und trotzdem auf Hartz-IV-Leistungen angewiesen waren. Dies ist ein Anteil von ca. 6 % an den über 5 Millionen Empfängern von Arbeitslosengeld II. Auf diese Gruppe von Aufstockern konzentriert sich die politische Diskussion, also auf Erwerbstätige, die regulär und voll arbeiten, ihren eigenen Lebensunterhalt und den ihrer Familie aber nicht bestreiten können. Weitere 191.000 Menschen, die monatlich zwischen 400 und 800 Euro verdienten, stockten ihr Erwerbseinkommen mit Hartz-IV-Leistungen auf. Die größte Gruppe, die die Fürsorgeleistungen erhielt, waren die 558.000 Betroffenen, die weniger als 400 Euro verdienten (Bovensiepen 2007, S. 6)

Über 400.000 Menschen stockten Anfang 2007 ihr niedriges Einkommen nicht mit dem Hartz-IV-Regelsatz von 347 Euro auf, sondern erhielten lediglich Zuschüsse zu Miet- und Heizkosten. Während früher Geringverdiener häufig Wohngeld beantragten, werden heute Hartz-IV-Leistungen bevorzugt, weil sie höher als das Wohngeld ausfallen.

Nach dem Hartz-IV-Prinzip des „Förderns und Forderns" hat der Gesetzgeber das Aufstocken in gewissen Umfang unterstützt. Mit den neuen Regeln für Zuverdienste von Arbeitslosen sollten Erwerbslose motiviert werden, auch niedrig bezahlte Arbeitsplätze anzunehmen. Diese Regelungen haben aber teilweise zu Missbrauch geführt, weil Arbeitgeber ihre Mitarbeiter mit dem Wissen niedrig entlohnen, dass sie ihr Einkommen mit staatlicher Unterstützung aufbesssern können.

Wird nach Sektoren differenziert, sind die meisten Aufstocker im Dienstleistungssektor beschäftigt. Zusätzliche Hartz-IV-Leistungen zu ihren niedrigen Verdiensten erhalten vor allem Beschäftigte bei Steuerberatern, Architekten, PR-Firmen sowie im Gastgewerbe, in sozialen und medizinischen Einrichtungen und im Einzelhandel (Bovensiepen 2007, S. 6).

Damit Menschen zu ihrem knappen Verdienst nicht zusätzlich Hartz-IV beantragen müssen, sollen nach Vorstellungen der SPD – in Anlehnung an einen Vorschlag des Ökonomen Peter Bofinger – geringe Einkommen sogar bis zu 1.300 Euro von Sozialabgaben befreit werden (Bofinger 2006, 232–239). „Wer heute 1.000 Euro brutto verdient, wird vielfach fürsorgeberechtigt, weil er 200 Euro Sozialabgaben zahlen muss" (Müntefering 2007, S. 33). Durch die staatliche Ersetzung der Sozialbeiträge erhöht sich in diesem Fall der Lohn um 20 %. Wenn sich der Anrechnungssatz des Erwerbseinkommens auf das Arbeitslosengeld II nicht ändert, muss der Staat infolge des höheren Erwerbseinkommens weniger für Alg II zahlen. Die Zahlung von Sozialabgaben werde also teilweise durch Einsparungen beim Arbeitslosengeld finanziert.

Im Rahmen der im Sommer 2007 entfachten Diskussion über die Anpassung der Hartz-IV-Sätze, die von Unions-Ministerpräsidenten Dieter Althaus (Thüringen) und Edmund Stoiber (Bayern) als Folge gestiegener Lebensmittelpreise gefordert worden war, machte Bundesarbeitsminister Franz Müntefering zur Bedingung eines höheren Arbeitslosengelds die Einführung eines gesetzlichen Mindestlohns. Mit der Verknüpfung von Arbeitslosengeld II und Mindestlohn griff Müntefering eine ordnungspolitische Grundsatzfrage auf: Im Kern ging und geht es dabei um das wachsende Heer der „Aufstocker", die so niedrige Löhne erhalten, dass sie mit staatlichen Zuschüssen wenigstens auf Hartz-IV-Niveau kommen.

Die geltende Regelung, wonach die Hartz-IV-Leistungen entsprechend der Rentensteigerung (im Jahr 2007: 0,57 %) jährlich angepasst werden (im Jahr 2007 von 345 Euro auf 347 Euro) müsste also geändert werden, damit sich künftig die Hartz-IV-Sätze gemäß der Preisentwicklung anpassen könnten. Eine Erhöhung der Regelsätze beim Arbeitslosengeld würde gleichzeitig eine Erhöhung der Zuschüsse an die Aufstocker bedeuten. Während damit dem Staat zusätzliche finanzielle Lasten aufgebürdet würden, müsste im Fall der Einführung von gesetzlichen Mindestlöhnen die Wirtschaft teilweise die höheren Lasten tragen.

4.7.6 Die Flexibilisierung des Tarifvertragssystems

Auch wenn die Flexibilisierung des Arbeitsmarkts in der Großen Koalition wegen unterschiedlicher ordnungspolitischer Positionen zwischen Union und SPD ein konflikträchtiges Thema ist, soll nach Auffassung der Koalition über Möglichkeiten und Grenzen einer „Lockerung" des Arbeitsrechts verhandelt werden. Die seitens der Angebotspolitik geforderte Flexibilisierung des Tarifvertragswesens ist deshalb zwischen Parteien und Tarifvertragspartnern so konflikträchtig, weil das wesentliche Ziel dieser Flexibilisierung „im Ergebnis eine Spreizung des Lohn- und Gehaltsgefüges nach oben und unten bewirkt" (Hartwich 2006, S. 38). Dabei geht es vor allem um die Neuinterpretation des Günstigkeitsprinzips, die Ausweitung von Öffnungsklauseln in Tarifverträgen und die Flexibilisierung des Kündigungsschutzes.

a) Erweiterung des Günstigkeitsprinzips

Nach dem Tarifvertragsgesetz (§ 4 Abs. 3) bestimmt das Günstigkeitsprinzip, dass vom Tarifvertrag abweichende Regelungen zu Lohn und Arbeitszeit nur zugunsten des Arbeitnehmers geändert werden dürfen. Das Günstigkeitsprinzip sollte aus der Sicht der Angebotspolitik dahingehend erweitert werden, dass bei betrieblichen Notlagen von den Lohn- und Arbeitszeitbedingungen des Tarifvertrags abgewichen werden darf, um Arbeitsplätze zu erhalten. Deshalb zielen die Reformvorschläge darauf ab, das Günstigkeitsprinzip um die „Beschäftigungssicherheit" zu erweitern: Zukünftig sollte nicht mehr möglich sein, dass Betriebe schließen müssen, weil die Gewerkschaften keine konsensfähigen Konzessionen machen wollten (Bispinck 2002, S. 13–38; SVR-Gutachten 2005/2006, Ziff. 310).

b) Flexibilisierung von Flächentarifverträgen

Die „Verbetrieblichung" der Flächentarifverträge, die in Deutschland auf Regional- und Branchenebene abgeschlossen werden, schreitet infolge kaum noch überschaubarer Abweichungen durch betriebliche Öffnungs- und Härteklauseln voran (Bispinck 2005, S. 63). Die Zahl der in Gewerkschaften und Arbeitgeberverbänden organisierten Betriebe und die damit einhergehende Tarifbindung dieser Betriebe ist stetig zurückgegangen: Im Jahr 2004 sind in Westdeutschland nur noch 43 % und in Ostdeutschland nur noch 23 % der Betriebe tarifgebunden (Hickel 2006, S. 205).

Rund drei Viertel der tarifgebundenen Unternehmen nutzten 2005 die Möglichkeit, vor allem durch Sonderregelungen über variable Arbeitszeiten vom Flächentarifvertrag abzuweichen. Die Gewerkschaften stimmten Öffnungsklauseln dann immer häufiger zu, wenn sie als Gegenleistung für Zugeständnisse bei den Löhnen und der Arbeitszeit Beschäftigungsgarantien für die Arbeitnehmer erreichen. So genannte „beschäftigungssichernde Tarifverträge" erlauben den Betriebsparteien bei Auftragsmangel, die wöchentliche Arbeitszeit und das entsprechende Entgelt zu kürzen (Hartwich 2006, S. 36). In existenzgefährdeten Unternehmen, für die noch eine Überlebenschance besteht, werden Lohnkürzungen – allerdings auf der Basis eines allgemeinen Sanierungsprogramms – zugelassen.

Der Flächentarifvertrag bot und bietet durch die tarifliche Friedenspflicht den Vorteil, dass die Unternehmen weitgehend ungestört produzieren können: Während der Laufzeit der Tarifverträge konnten alle Unternehmen vor Störungen insbesondere durch Arbeitskämpfe bei Zulieferern geschützt werden. Bei einem Übergang zu häufigeren betrieblichen Verhandlungen sind nicht die Betriebsräte, sondern weiterhin die Gewerkschaften verhandlungsberechtigt. Kritiker des geltenden Tarifvertragssystems befürchten deshalb, dass die Gewerkschaften nach einer „Dominostrategie" gezielt auf bestimmte Unternehmen nach und nach Druck ausüben und ihre Lohnforderungen stärker als bisher durchsetzen können.

Angebotspolitisch orientierte Ökonomen plädieren deshalb dafür, die Tarifhoheit auf die Betriebsräte auszuweiten (Neumann/Schaper 1998, S. 98). Dagegen wird allerdings eingewendet, dass ein mit Kompetenzen zum Abschluss eines Tarifvertrags ausgestatteter Betriebsrat, der an die Stelle einer zentral gesteuerten Gewerkschaft tritt, mit der Tarifordnung unvereinbar ist: Das Betriebsverfassungsgesetz bestimmt nämlich in, dass der „Vorrang des Tarifvertrags vor der Betriebsvereinbarung" (§ 77 Abs. 3) gilt. Mit der Übertragung der Kompetenz an den Betriebsrat, Tarifverträge abzuschließen, würde gegen diese Regelung des Betriebsverfassungsgesetzes verstoßen und die „Unabdingbarkeit" der Tarifnormen angetastet (Hartwich 2006, S. 37).

c) „Lockerung" des Kündigungsschutzes

In der öffentlichen und wissenschaftlichen Diskussion wird die Notwendigkeit eines Kündigungsschutzes weitgehend nicht bestritten, weil der Arbeitnehmer auf die Erhaltung eines Arbeitsvertrags dringlich angewiesen sei, während gerade bei hoher Arbeitslosigkeit die Unternehmen aus einer Vielzahl von Bewerbern auswählen, auf kapitalintensivere Produktionsverfahren oder auf eine Verlagerung der Arbeitsplätze in Niedriglohnländer ausweichen könnten. Außerdem erhöhe der Kündigungsschutz die Rechtssicherheit und verringere damit die Vertragskosten. Schließlich müssten bei einem ausgeprägten Kündigungsschutz die Kosten der Entlassungen eher im Unternehmen „internalisiert" und könnten nicht so leicht auf die Arbeitslosenversicherung übertragen werden (SVR-Gutachten 2006/2007).

Aus angebotspolitischer Sicht sorge ein flexiblerer Kündigungsschutz dafür, dass die Dynamik auf dem Arbeitsmarkt erhöht und damit die Arbeitslosigkeit besonders der gering Qualifizierten bekämpft werde (OECD 2004; SVR-Gutachten 2006/2007, Ziff. 554ff.). Der allgemeine Kündigungsschutz stärke zwar die Verhandlungsmacht der Arbeitsplatzbesitzer, könne aber bei ökonomischer Betrachtung zu einem höheren Lohnniveau führen. Je mehr der Kündigungsschutz ausgebaut ist, um so weniger müssten die Beschäftigten dann befürchten, durch Arbeitslose zu geringeren Lohnkosten ersetzt zu werden. Dieses höhere Lohnniveau gefährde aber Arbeitsplätze.

Die schwarz-rote Bundesregierung hatte im Koalitionsvertrag vereinbart, den Kündigungsschutz durch eine längere Probezeit zu flexibilisieren. Die Probezeit („Wartezeit") sollte auf 24 Monate ausgeweitet werden. Im Gegenzug sollte die Möglichkeit der Arbeitgeber, Arbeitsverträge zu befristen, spürbar eingeschränkt werden. Die Probezeit von 24 Monaten sollte allerdings insofern eingeschränkt werden, als der Kündigungsschutz weiterhin beispielsweise für Betriebsratsmitglieder, Arbeitnehmer in Elternzeit, Wehrdienstleistende und Arbeitnehmerinnen im Mutterschutz gelten sollte.

Diese Einschränkungen des Kündigungsschutzes lehnten allerdings die Unternehmensverbände ab, weil sie keine zusätzliche Flexibilität sondern das Gegenteil brächten. Die 367 Gewerkschaften kritisierten dagegen die Ausweitung der Probezeit mit der Begründung, dass damit Arbeitnehmerrechte abgebaut würden.

5 Die Gesundheitspolitik

Seit der Wiedervereinigung sind drei bedeutende gesundheitspolitische Gesetze verabschiedet worden: Das im Konsens zwischen Union und SPD im Jahr 1993 in Kraft getretene „Gesundheitsstrukturgesetz", das als Kompromiss zwischen der rot-grünen Bundesregierung und der Union beschlossene „Gesundheitssystem-Modernisierungsgesetz" von 2004 und die stark kritisierte Gesundheitsreform 2007 der zweiten Großen Koalition.

5.1 Das Gesundheitsstrukturgesetz von 1993

Das Gesundheitsstrukturgesetz führte die so genannte Budgetierung der Ausgaben ein, d.h., dass die Höhe der Ausgaben begrenzt („gedeckelt") wurde. Durch die „Deckelung" der Ausgaben konnte zwar der Anstieg der Gesamtausgaben begrenzt werden, doch drängte diese Regelung die Ärzte dazu, noch mehr Einzelleistungen zu erbringen (Hamsterradeffekt!). Dies hatte einen rapiden Verfall der Vergütungen pro Leistung zur Folge (Pilz 2004, S. 186f.).

Das Gesundheitsstrukturgesetz führte außerdem einen die Kassenarten übergreifenden Risikostrukturausgleich (RSA) ein, der die Unterschiede bei den Einnahmen der Kassen verringern sollte. Der Risikostrukturausgleich sollte nicht nur das Solidaritätsprinzip stärken, sondern auch vor dem Hintergrund der neu eingeführten Wahlfreiheit in der GKV die Chancengleichheit der Kassen erhöhen. Um die unterschiedlichen finanziellen Folgen der Mitgliederstrukturen der Kassen etwas abzumildern, wurden folgende Kriterien zugrunde gelegt: Einkommen, Zahl der mitversicherten Familienangehörigen, Altersstruktur und Verteilung der Geschlechter. Von der Wahlfreiheit profitierten insbesondere die Betriebskrankenkassen mit niedrigen Beiträgssätzen, zu denen immer mehr Versicherte von den relativ teuren Allgemeinen Ortskrankenkassen und Ersatzkassen wechselten (Bäcker u.a. 2000; Memorandum 2001, S. 91).

5.2 Das Gesundheitssystem-Modernisierungsgesetz (GMG) von 2004

Aufgrund der unterschiedlichen gesundheitspolitischen Positionen zwischen den Regierungsparteien SPD und Bündnis 90/Die Grünen auf der einen Seite und der Union als Oppositionspartei im Bund auf der anderen Seite und den entgegengesetzten Mehrheiten im Bundestag und Bundesrat, machte anfangs des Jahres 2003 der damalige SPD-Fraktionsvorsitzende Franz Müntefering an die Union das Angebot, bei der Gesundheitsreform zusammenzuarbeiten (Egle/Ostheim/Zohlnhöfer 2003). Trotz fundamental divergierender Auffassungen zwischen den Regierungs- und Oppositionsparteien vor allem über die Finanzierung des Zahnersatzes und des Krankengeldes kam im Juli 2003 unter Verhandlungsführung der Bundesgesundheitsministerin Ulla Schmidt und des CSU-Gesundheitsexperten Host Seehofer ein parteiübergreifender Gesundheitskonsens zustande. Die damals beschlossenen „Eckpunkte" regelten insbesondere Streichung von Leistungen der gesetzlichen Kassen, Gebühren für Arztbesuche und Zuzahlungen für Medikamente und Krankenhausaufenthalte, neue integrierte Versorgungsmodelle, verstärkte Verpflichtungen zur Qualitätssicherung und Änderungen im Arzneimittelsektor. Das auf der Grundlage der Eckpunkte verabschiedte Gesundheitssystem-Modernisierungsgesetz (GMG) zielte vor allem darauf ab, die Beitragssätze zur gesetzlichen Krankenversicherung zu senken (Gerlinger 2003, S. 6–13; Hartmann 2003, S. 259–287).

5.2.1 Leistungsausgrenzungen, Einführung von Gebühren und erhöhte Zuzahlungen

Schon in den Eckpunkten des gesundheitspolitischen Kompromisses ist festgelegt worden, dass der Zahnersatz aus dem Leistungskatalog gestrichen wird. Das im Januar 2004 in Kraft getretene GMG verpflichtete dann die gesetzlich Versicherten, eine Zusatzversicherung bei einer gesetzlichen oder privaten Krankenkasse abschließen zu müssen. Demnach müssen vom 1. Juli 2005 an Erwerbstätige und Rentner ohne Beteiligung der Arbeitgeber und Rentenkassen einen Sonderbeitrag von 0,4 Prozent auf ihren Kassenbeitrag zahlen.

Das ab der siebten Krankheitswoche von der Kasse zu zahlende Krankengeld müssen die Arbeitnehmer ab 2006 allein, d.h. ohne Arbeitgeberbeitrag finanzieren. Das Krankheitsrisiko der Erwerbstätigen wurde insofern privatisiert, als alle gesetzlich krankenversicherten Arbeitnehmer verpflichtet wurden, bei der GKV eine Krankengeldversicherung abzuschließen. Dafür ist ein Sonderbeitrag von 0,5 Prozent des Einkommens bis zur Beitragsbemessungsgrenze zu entrichten. Auch versicherungsfremde Leistungen wie das Sterbe- und Entbindungsgeld müssen seitdem alle Versicherten selbst finanzieren.

Das Gesundheitssystem-Modernisierungsgesetz führte die in der Öffentlichkeit auf starke Ablehnung stoßende Praxisgebühr ein. Ein Patient muss für einen Arztbesuch zehn Euro pro Quartal zahlen, wenn er zunächst den Hausarzt aufsucht. Geht ein Patient ohne Besuch eines Hausarzt gleich zum Spezialisten, muss er dort nochmals zehn Euro zahlen. Damit sollen die Rolle des Hausarztes gestärkt und unnötige Arztbesuche eingeschränkt werden.

Die Zuzahlungen auf Medikamente und Heilmittel sowie bei einem Krankenhausaufenthalt wurden erhöht: Patienten müssen sich an jedem verschriebenen Medikament mit zehn Prozent beteiligen, mindestens aber fünf Euro und höchstens 10 Euro zuzahlen. In der Klinik müssen die Patienten maximal 28 Tage zehn Euro pro Tag zahlen.

Das GMG erweiterte auch die Spielräume für integrierte Versorgungssysteme. Um eine engere Verzahnung von ambulanter und stationärer Versorgung zu erreichen, wurden medizinische Versorgungszentren ähnlich den Polikliniken der DDR zugelassen. Seitdem öffnen sich Krankenhäuser für eine ambulante Behandlung im Rahmen so genannter Disease-Management-Programme (DMPs), d.h. sektor- und fachübergreifender Programme für chronisch Kranke, und für hochspezialisierte Leistungen.

Das ursprüngliche Vorhaben der Bundesregierung, im Interesse eines stärkeren Wettbewerbs das Vertragsmonopol der Kassenärztlichen Vereinigungen (KVs), also das alleinige Recht der KVs zum Abschluss von Kollektivverträgen mit den gesetzlichen Kassen, zu beseitigen, konnte aufgrund des massiven Widerstands der Ärzteverbände und auch der Union nicht verwirklicht werden. Den gesetzlichen Krankenkassen wurde weiterhin nicht erlaubt, direkt mit den Ärzten ohne die KVs Einzelverträge über die Behandlungskosten abzuschließen. Den Kassen wurde lediglich der Abschluss von Einzelveträgen mit Ärzten zugestanden, die sowohl an der ambulanten als auch an der stationären Versorgung teilnehmen.

5.2.2 Kritik

Abgesehen von den positiv bewerteten Maßnahmen des Gesundheitskompromisses zur besseren Zusammenarbeit zwischen den niedergelassenen Ärzten und den Krankenhäusern sowie zur Gründung von Gesundheitszentren stieß der parteienübergreifende Kompromiss auf heftige Kritik (Pilz 2004, S. 200–203; Hartmann 2006, S. 62–65).

Kritisch wurde hervorgehoben, dass dieser gesundheitspolitische Konsens den Anfang vom Ende des Solidaritätsprinzips bedeute. So sei die Leistungsausgrenzung beim Zahnersatz und Krankengeld eine Abkehr vom Bismarck-Modell der paritätischen Finanzierung zwischen Arbeitnehmern und Arbeitgebern. Ferner seien Instrumente der gesetzlichen Kassen wie die flexible Tarifgestaltung, die Einführung von Bonussystemen und Beitragsrückzahlungen Beispiele für die schleichende Entwertung des Solidaritätsprinzips.

Die Kritik bemängelte vor allem die einseitige Lastenverteilung zwischen den Leistungsanbietern und den Patienten: Während sich die Pharmaindustrie mit nur geringen Einsparungen an der Reform beteiligte, die Apotheker nur einen geringen Wettbewerb ausgesetzt wurden und den Ärzten lediglich eine „Honorar-Nullrunde" für das Jahr 2004 abverlangt wurde, hätten die Patienten und Versicherten die größten Lasten zu tragen.

Die Auswirkungen von Zuzahlungen wie bei der Praxisgebühr, den Medikamenten oder dem Klinikaufenthalt werden unterschiedlich bewertet: Die Befürworter der Zuzahlungen heben deren positive Wirkung hervor, nicht nur zum Abbau der Defizite im Gesundheitssystem beitragen, sondern auch das teure „Ärzte-Hopping" und den Verbrauch überflüssiger Arzneien und Hilfsmittel eindämmen zu können. Die Gegner von Zuzahlungen heben dagegen die bedenklichen Gesundheitsfolgen hervor, wenn Patienten aus Kostengründen auf notwendige Arztbesuche oder die Prävention bei Zähnen verzichten. Überdies werde das Solidaritätsprinzip umso mehr ausgehöhlt, je mehr sich die Versicherten und Patienten allein an den Gesundheitskosten beteiligen müssten.

Außerdem stieß auf Kritik, dass die Qualitätskontrolle im Gesundheitswesen nicht wie ursprünglich geplant von einem staatlichen Institut, sondern von einer Stiftung überwacht wird. Die Unabhängigkeit einer Stiftung werde deshalb bezweifelt, weil trotz der Sicherung eines Mitspracherechts des Bundesgesundheitsministeriums die Kontrolle vornehmlich bei denen liege, die kontrolliert werden sollen. Unterstützung finden dagegen die Maßnahmen, Ärzte und sonstige Gesundheitsberufe zu kontinuierlichen Fortbildungen zu verpflichten (Hartmann 2006, S. 64).

Schließlich beklagten die Kritiker, dass ein weiteres Mal darauf verzichtet wurde, die von der Pharmaindustrie bekämpfte Positivliste, die ein Verzeichnis unumstritten nützlicher Medikamente als Kassenleistung enthalten sollte, einzuführen. Da aber nicht verschreibungspflichtige Medikamente aus dem Leistungskatalog der Kassen gestrichen wurden, musste die Pharmaindustrie mit geringen Umsatzeinbußen rechnen. Kritisiert wurde ferner die nur schwache Stärkung des Wettbewerbs auf dem Arzneimittelmarkt: Apotheken dürfen zwar wie bisher billigere Arzneien aus dem Ausland importieren, müssen aber einen Preisabstand von 15 % zu dem Preis des in Deutschalnd produzierten Medikaments einhalten.

5.3 Die Gesundheitsreform 2007

Die schwarz-rote Bundesregierung hatte im Juli 2006 ihre „Eckpunkte" zur Gesundheitsreform vorgestellt. Die von der Regierung der Großen Koalition selbstgesetzten Ziele wurden insofern verfehlt, als die Lohnnebenkosten erhöht wurden, die private Krankenversicherung nicht an der solidarischen Finanzierung beteiligt wurde, und der Wettbewerb zwischen Kassen, Ärzten und Kliniken nicht verstärkt sondern abgeschwächt wurde. Gleichwohl wurde nach monatelangen Auseinandersetzungen innerhalb der Großen Koalition im Oktober 2006 ein Gesundheitskompromiss erzielt. Nachdem der Gesetzentwurf auch im Bundestag und Bundesrat mit der erforderlichen Mehrheit verabschiedet worden war, trat die Gesundheitsreform am 1. April 2007 in Kraft.

Der Koalitionsausschuss beschloss im Juli 2006 neben Beitragserhöhungen für die gesetzlich Versicherten zum 1. Januar 2007, die Strukturen der privaten Krankenkassen zu erhalten, schrittweise auf die Steuerfinanzierung der Kindermitversicherung umzustellen und vor allem einen Gesundheitsfonds einzurichten. Nach dem Gesundheitskompromiss von Union und SPD im Oktober 2006 ist die ursprünglich ab 2008 vorgesehene Einführung des Gesundheitsfonds auf den 1. Januar 2009 verschoben worden. Nach Verabschiedung der Gesundheitsreform im Bundestag und Bundesrat im Februar 2007 trat die Reform am 1. April 2007 in Kraft. Viele Regeln gelten allerdings erst ab dem Jahr 2009.

5.3.1 Der Gesundheitsfonds

Durch die Gesundheitsreform wird ab 1. Januar 2009 die Höhe der Beiträge nicht mehr durch die Krankenkassen, sondern durch die Regierung bundesweit festgesetzt. Die Beiträge fließen fortan nicht mehr an die Kassen, sondern an den neuen Gesundheitsfonds. Dann gehören die unterschiedlichen Beiträge der Kassen der Vergangenheit an. Die Bundesregierung legt künftig per Rechtsverordnung ohne Zustimmung der Länder einen einheitlichen Tarif für alle Kassen fest. Alle Versicherten müssen künftig ähnlich wie bei Renten-, Arbeitslosen-, und Pflegeversicherung einen Einheitsbeitrag zahlen. Die Höhe des erstmals ab 2009 zu entrichtenden Einheitsbeitrags ist umstritten: Experten erwarten, dass der durchschnittliche Kassensatz von 14,8 Prozent (im Jahr 2007) auf dann 15,3 bis 16 Prozent des Bruttoeinkommens ansteigt.

Wie der Gesundheitsfonds oganisiert ist verdeutlicht folgendes Schaubild 6:

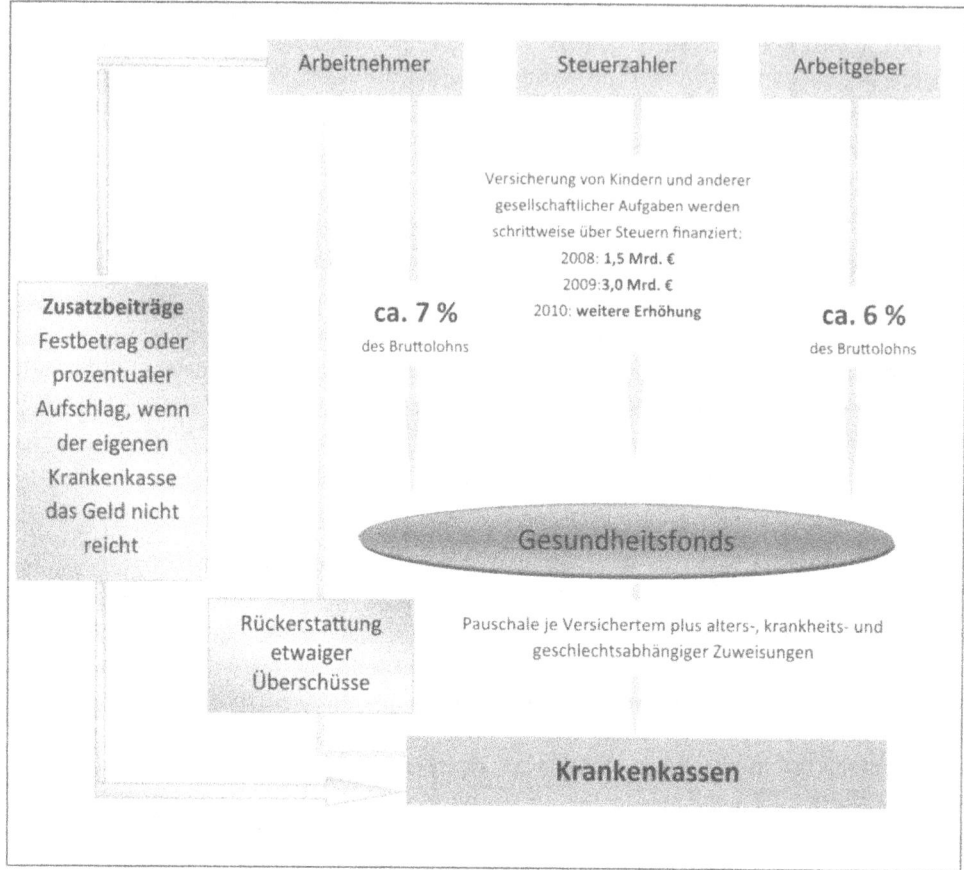

Die Beiträge aller gesetzlich Versicherten werden direkt in den Gesundheitsfonds eingezahlt: Die Arbeitnehmer zahlen einen Beitrag von ca. 8,5 % des Bruttolohns und die Arbeitgeber von ca. 7,5 % des Bruttolohns. Die von der Union ursprünglich geforderte Festschreibung des Arbeitgeberbeitrags konnte die SPD in den Verhandlungen verhindern. Die Entscheidung, rund 95 % der Ausgaben aller Kassen aus dem Fonds durch Beitragsmittel zu finanzieren, stand im Widerspruch zum Koalitionsvertrag, der eine Senkung der Lohnzusatzkosten „zur Förderung der Beschäftigung" vorsieht, was gleichzeitig eine höhere Steuerfinanzierung erfordert hätte. Gleichwohl wurde noch vor der parlamentarischen Verabschiedung der Gesundheitsreform vereinbart, den Zuschuss aus Steuermitteln von 2,5 Milliarden Euro (2007) auf 14 Milliarden Euro im Jahr 2016 zu erhöhen. Auch wenn die Gegenfinanzierung noch ungeklärt ist, sollen mit den steigenden staatlichen Zuschüssen versicherungsfremde Leistungen wie die Mitversicherung von Kindern oder das Mutterschaftsgeld bezahlt werden.

Aus dem Gesundheitsfonds erhalten die Kassen für jeden Versicherten eine einheitliche Pauschale. Erzielen die Krankenkassen damit Überschüsse, können sie ihren Kunden einen Bonus zahlen. Kommen dagegen die Kassen mit den Zuweisungen aus dem Gesundheitsfonds nicht aus, können sie von den Versicherten einen Zusatzbeitrag bzw. eine Extraprämie („Mini-Kopfpauschale") einfordern.

Union und SPD hatten bereits in ihren Eckpunkten zur Gesundheitsreform vereinbart, dass dieser Zusatzbeitrag nicht höher als ein Prozent des Haushaltseinkommens ausfallen dürfe. Diese Ein-Prozent-Regelung, die vor allem kranke und ältere Versicherte vor Überforderung schützen sollte („Überforderungsklausel"), hatte zu monatelangen Auseinandersetzungen in der Großen Koalition geführt. Die Union hatte die Regelung in Frage gestellt, weil die Klausel unpraktikabel und wettbewerbsfeindlich sei. Die Union begründete ihre Bedenken damit, dass Kassen mit „schlechten Risiken" (hoher Anteil älterer und kranker Versicherter) wie die AOK ihren Finanzbedarf über die Extraprämien kaum decken könnten. Politiker der Union aus Bund und Ländern befürchteten, dass dann der einheitliche Kassenbeitrag steigen müsste. Um diese Beitragserhöhung zu vermeiden, müsste nach Vorstellungen der Union die Grenze auf zwei bis drei Prozent erhöht werden. Für Sozialdemokraten war aber diese Ein-Prozent-Regelung unantastbar, weil sie darin einen Schutzmechanismus sahen, alte und arme Menschen nicht zu überfordern.

Im Gesundheitskompromiss vom Oktober 2006 einigten sich die Koalitionspartner darauf, zwar die Ein-Prozent-Regelung beizubehalten, das eine Prozent aber nicht mehr auf das Haushaltseinkommen, sondern auf das beitragspflichtige Einkommen zu beziehen. Im Gegensatz zum Hauhaltseinkommen, das noch um Freibeträge bereinigt werden kann, fällt das beitragspflichtige Einkommen höher aus, sprich: Die Kassen können im Sinne der Union höhere Beiträge erheben.

Der Gesundheitskompromiss vom Oktober 2006 enthielt allerdings eine Formel, die wegen der Belastung niedriger Einkommensgruppen nicht geringe Konflikte ausgelöst hatte. Danach darf ein Zusatzbeitrag ohne Einkommensprüfung von maximal acht Euro eingezogen werden, auch wenn damit bei niedrigen Einkommen die Ein-Prozent-Grenze überschritten wird. Die acht Euro dürfen also auch von Niedrigverdienern und sozial Schwachen eingefordert werden. Wenn jemand beispielsweise monatlich 400 Euro verdient, wären das zwei Prozent seines Einkommens, sodass die Ein-Prozent-Klausel überschritten wird. Diese Regelung erzeugte bei Sozialdemokraten heftige Kritik, da sie darin die Einführung der von CDU und CSU angestrebten Kopfpauschale durch die Hintertür sahen. Verlangt die Kasse einen Zusatzbeitrag von mehr als acht Euro, muss sie das Einkommen aller Versicherten prüfen.

5.3.2 Einführung der Versicherungspflicht für jeden Bürger

Künftig muss jeder Bürger versichert sein. Um die auf 200.000 bis 300.000 geschätzten nicht versicherten Menschen (ca. 0,2 bis 0,3 % der Bevölkerung) künftig abzusichern, erhalten sie dort einen Schutz, wo sie früher versichert waren: Während für gesetzlich Versicherte die Pflicht von April 2007 an gilt, müssen sich privat Versicherte von Januar 2009 an versichern. Um bereits früher in den Genuss des Versicherungsschutzes zu kommen, können sich Privatversicherte von Juli 2007 an in den günstigen so genannten Standardtarif einschreiben (nach der alten Regelung galt dieser nur für ältere Menschen). Der Standardtarif, der wegen der geringen Honorierung bei den Ärzten unbeliebt war, ging mit der Gesundheitsreform in dem neuen Basistarif auf.

5.3.3 Änderung des Leistungskatalogs

Für einige Patienten sind die Leistungen ausgeweitet worden. So werden höhere Leistungen für Impfungen, Eltern- und Kindkuren sowie für Reha-Leistungen für alte Menschen gewährt. Die häusliche Betreuung ist für Schwerkranke und Sterbende verbessert worden und Krebskranke können sich leichter in einer Klinik behandeln lassen. Diesen patientenfreundlichen Verbesserungen stehen auch Nachteile gegenüber: Wer an Vorsorgeuntersuchungen nicht teilnimmt, soll künftig bei Krankheit höhere Zuzahlungen leisten. Die Selbstbeteiligung bei Komplikationen mit Tätowierungen oder Piercings wird erhöht.

5.3.4 Finanzausgleich

Die Kassen erhalten aus dem Fonds neben der einheitlichen Pauschale für jeden Versicherten einen Zuschlag für Alte und Kranke. Dieser Zuschlag wird über einen Finanzausgleich zwischen den Kassen sowie unter den Bundesländern berechnet. Die Höhe der Zuschläge ist deshalb von Bedeutung, weil sie darüber entscheidet, ob eine Kasse ihre Versicherten noch extra belasten muss oder nicht. Die Union will den Umfang des Finanzausgleichs gering halten. Anhand wissenschaftlicher Untersuchungen sollen bestimmte Krankheiten festgelegt werden, für die die Kosten erstattet werden. So sollen beispielsweise Krankheiten wie angeborene Leiden oder bestimmte Krebserkrankungen in den Finanzausgleich einbezogen werden. Die SPD will dagegen, dass möglichst viele Krankheitskosten ausgeglichen werden.

Beim Finanzausgleich zwischen finanzstarken und finanzschwachen Krankenkassen und unter den Bundesländern erzielte die Große Koalition im Oktober 2006 einen Kompromiss. Der dann ins Gesetz eingefügte „alters- und risikoadjustierte" Ausgleich erweitert ab 2009 den bis dahin geltenden Finanzausgleich um zwei Elemente: Künftig wird sich der Ausgleich an den Häufigkeiten der in der jeweiligen Kasse auftretenden Krankheiten orientieren.

In den Verhandlungen zur Gesundheitsreform wurde auch über die Verteilung der Gelder unter den Bundesländern heftig gerungen. Um vor allem Bedenken der Länder Bayern und Baden Württemberg, die große Ausgleichszahlungen leisten, Rechnung zu tragen, werden die unterschiedlichen Belastungen der Länder nicht mehr, wie bisher, nur zu 92 Prozent, sondern zu 100 Prozent ausgeglichen. Eine „Länderschutzklausel" sieht vor, dass in Ländern mit Kassen, die viele gut Verdienende versichern, in einer Übergangsphase die Mehrbelastungen begrenzt werden, d.h., je Land und Jahr maximal 100 Millionen Euro betragen sollen.

5.3.5 Private Versicherung

Ein wichtiges gesundheitspolitisches Reformziel der Großen Koalition war auch, für mehr Wettbewerb in der privaten Versicherung zu sorgen (Butterwegge 2006, S. 325).

Künftig müssen private Versicherungen einen Basistarif anbieten, der allen Bürgern offen steht und den gleichen Schutz wie die gesetzliche Krankenversicherung gewährt. Für den Basistarif gelten nicht die üblichen Regeln, d.h., dass der private Versicherer jeden Kunden versichern muss (Kontrahierungszwang) und das individuelle Risiko für die Prämienhöhe keine Rolle spielen darf. Die Prämien dürfen sich nur nach Alter oder Geschlecht unterscheiden. Der Basistarif darf den Höchstbeitrag der gesetzlichen Krankenversicherung (2007: für Arbeitgeber- und Arbeitnehmeranteil rund 500 Euro) nicht überschreiten.

Für Privatversicherte ist der Wechsel in den Basistarif eines anderen Anbieters nur während des ersten Halbjahres 2009 möglich. Danach ist für Altkunden die Nutzung des Basistarifs im eigenen Unternehmen nur für alte und bedürftige Menschen möglich. Neukunden können immer den Basistarif wählen. Der Wechsel von der gesetzlichen zur privaten Kasse ist insofern erschwert worden, als das Einkommen von Gutverdienenden drei Jahre hintereinander über der Versicherungspflichtgrenze (2007: brutto 3.975 Euro) liegen muss.

Kann ein gering Verdienender seinen Beitrag nicht zahlen, erhält er einen Nachlass, der von den Sozialämtern oder der Arbeitsagentur finanziert wird. Die Privatkassen dürfen einem zahlungsunfähigen Bürger nicht mehr kündigen. In diesem Fall ruht der Schutz und die Versicherung muss nur eine Notfall-Versorgung zahlen. Als Folge dieser Sonderregelung für arme Privatversicherte befürchten die Versicherer Beitragsausfälle, sodass mit Prämiensteigerungen von 10 bis 20 % gerechnet wird.

Im Bereich der privaten Krankenversicherung können Versicherte künftig beim Wechsel zu einem anderen privaten Anbieter ihre angesparten Altersrückstellungen mitnehmen („Portabilität"). Der Wechsel bleibt allerdings schwierig: Da ein Mitglied einer privaten Kasse seine Rückstellungen nur im Umfang des Basistarifs mitnehmen darf, lohnt sich für einen Versicherten der Wechsel nicht, wenn er einen über den Basistarif hinausgehenden Schutz bei einem neu ausgewählten Anbieter haben will. Diese Regelung dürfte den Wettbewerb unter den privaten Anbietern nicht gerade fördern. Auch auf die ursprünglich geplante Mitnahme der Altersrückstellungen beim Wechsel von der privaten zur gesetzlichen Kasse ist im Gesundheitskompromiss verzichtet worden.

5.3.6 Maßnahmen im Arzneimittelsektor

Unumstritten waren in den Koalitionsverhandlungen zwischen Union und SPD die Vorhaben, die Methoden der Bezuschussung in der Pharmaindustrie zu ändern. Laut Transparency International hat die „Unterstützung" der Ärzte durch die Pharmaindustrie für die Verordnung bestimmter Medikamente die Korruption nicht unwesentlich begünstigt. Um in Zukunft diese Art der Bezuschussung zumindest zu erschweren, sollen die Hersteller zur Mitteilung verpflichtet werden, welche Mediziner in welchem Umfang die Vergünstigung erhalten.

Im Eckpunktepapier zur Gesundheitsreform wurde noch die Freigabe der Arzneimittelpreise beschlossen. Statt fester Abgabepreise sollten fortan nur noch Höchstpreise gelten. Dies schuf für Krankenkassen und Apotheken die Möglichkeit, mit den Arzneimittelherstellern Rabatte auszuhandeln. Die daraus resultierenden Preisvorteile können in Gestalt niedrigerer Preise für Medikamente an die Patienten weitergegeben werden. Die Politik setzt dabei darauf, dass die Apotheker dem Patienten das preisgünstigste Präparat und nicht das Präparat abgeben, bei dem sie den größten Rabatt ausgehandelt haben.

Die Koalitionspartner waren sich darüber einig, dass direkte Verhandlungen zwischen Herstellern, Apotheken und Kassen für verstärkten Preiswettbewerb sorgen sollen. So können künftig Apotheken, wenn sie preiswert eingekauft haben, die Nachlässe an die Patienten weitergeben. Das ursprünglich vorgesehene Einsparvolumen von mindestens 500 Millionen Euro (im Jahr 2007) ist vor der parlamenatrischen Verabschiedung der Reform abgemildert worden. Diese Summe soll nicht mehr in einem, sondern in zwei Jahren aufgebracht werden. Überdies muss die Apotheken-Branche in Zukunft auf Einnahmen verzichten, da die Apothekenrechenzentren nicht mehr bestimmte Verordnungsdaten an die Pharmaindustrie verkaufen dürfen.

5.3.7 Ärztehonorare

Bis spätestens 2011 soll ein neues Honorarsystem eingeführt werden. Die niedergelassenen Ärzte werden künftig ihre Leistungen nicht mehr nach einem komplizierten Punktesystem, sondern in Euro und Cent abrechnen. Die neue Gebührenordnung sieht Pauschalvergütungen und wenige Einzelleistungen in Verbindung mit gestaffelten Preisen vor. Ähnlich wie heute schon in den Kliniken werden auch für Fachärzte Fallpauschalen eingeführt. Eine Fallpauschale soll künftig als Pauschalbetrag alle ärztlichen Leistungen eines Behandlungsfalls abschließend honorieren. Da die Vergütung unabhängig von der Verweildauer eines Patienten beim Arzt erfolgt, sollen durch die Fallpauschale medizinisch nicht notwendige Behandlungszeiten vermieden werden. Um regionalen Unterschieden Rechnung zu tragen, können in den Bundesländern die Kassenärztlichen Vereinigungen mit den Krankenkassen Zu- und Abschläge von den bundeseinheitlichen Werten aushandeln. Durch die Reform werden kassenartspezifische Vereinbarungen über Vergütungen abgeschafft, sodass künftig alle Kassen grundsätzlich den gleichen Preis für eine Leistung zahlen.

Hat aber eine Arztpraxis die erlaubte Leistungsmenge überschritten, werden hausärztliche Leistungen – lediglich nach Alter und Geschlecht der Versicherten differenziert – pauschal vergütet. Nur für besonders förderungswürdig angesehene Hausbesuche sind Einzelleistungsvergütungen möglich.

Fachärztliche Leistungen werden je nach Arztgruppe in Form von Grund- und Zusatzpauschalen vergütet. Verursachen Diagnosen einen hohen therapeutischen Aufwand und hohe Kosten, können zusätzlich diagnosebezogene Pauschalen je Facharztgruppe vereinbart werden. Mengenausweitungen, die über das „medizinisch Notwendige" hinausgehen, sollen außer durch die gestaffelten Preise durch Restriktionen wie Überweisungsvorbehalte usw. erschwert werden (SVR-Jahresgutachten 2006/2007, Ziff. 231).

Durch die Gesundheitsreform 2007 wird die Budgetierung abgeschafft und damit die Bestimmung des Risikos der Morbidität (Verhältnis der Erkrankten zu den Gesunden) von den Ärzten auf die Krankenkassen verlagert. Künftig werden Mehrleistungen, die auf eine höhere Morbidität der Versicherten zurückzuführen sind, durch die Kassen höher honoriert.

Mit dem neuen Honorierungssystem soll auch das Verhalten der Ärzte, sich in bestimmten Regionen niederzulassen, gesteuert werden. Das ursprüngliche Vorhaben, Ärzten in unterversorgten Gebieten höhere und in überversorgten Gebieten geringere Vergütungen zu zahlen, ist auf Druck der Interessenverbände von Ärzten kurz vor der parlamentarischen Verabschiedung der Reform im Bundestag aufgegeben worden. Fortan erhalten Ärzte in unterversorgten Gebieten wie Brandenburg zwar Zuschläge, doch sind Abzüge für Ärzte in Ballungsgebieten wie beispielsweise in München nicht mehr vorgesehen.

5.3.8 Reform der Organisation der Krankenkassen

Die Gesundheitsreform 2007 lässt kassenartenübergreifende Fusionen zu. Die Erleichterung der Kassenfusionen zielt darauf ab, durch die Verringerung der Anzahl der etwa 250 Krankenkassen Einsparungen zu erreichen: Die fusionierten Kassen können Mengeneffekte (Skaleneffekte) nutzen und Verwaltungskosten senken. Außerdem hat der Gesetzgeber die Kassen verpflichtet, ihre Schulden bis spätestens 2008 abzubauen.

Mit der Gesundheitsreform wurde ein gemeinsamer Spitzenverband aller gesetzlichen Kassen geschaffen, der die Interessen der Kassen in gemeinsamer Selbstverwaltung vertritt. Dieser „Spitzenverband Bund der Krankenkassen" kann Kollektivverträge für „zwingend einheitlich zu treffende Entscheidungen (z.B. Rahmenverträge für Vergütungen auf Bundesebene, Mindeststandards für Qualitätsanforderungen) abschließen. Nicht zuständig ist der Spitzenverband für wettbewerbliche Aufgaben wie zum Beispiel Hausarzttarife oder Rabattverträge mit Arzneimittelherstellern, bei denen die Krankenkassen völlige Vertragsfreiheit haben (SVR-Jahresgutachten 2006/2007, Ziff. 311 f.).

5.3.9 Defizite und Vorzüge der Reform

Die Kritiker der Gesundheitsreform weisen vor allem auf verteilungs-, beschäftigungs- und wettbewerbspolitische Defizite sowie auf Finanzierungsprobleme und steigende Verwaltungskosten hin (Lauterbach 2007). Als wesentlicher Kritikpunkt wird die einseitige Lastenverteilung zwischen den Anbietern und Nachfragern medizinischer Leistungen hervorgehoben (Gammelin 2006, S. 17): Während Millionen von gesetzlich Versicherten ab 2007 mit höheren Kassenbeiträgen konfrontiert wurden, blieben die Leistungsanbieter größtenteils verschont.

So müssen die Medikamentenhersteller keine gravierenden Preissenkungen und Umsatzeinbußen befürchten, da die jahrelang geforderte Einführung einer Positivliste abermals abgelehnt worden ist. Auch die neue Möglichkeit der Kassen und Apotheken, mit den Arzneimittelherstellern Rabatte auszuhandeln, muss nicht zwingend zu Einsparungen bei den Kassen und niedrigeren Preisen für Medikamente führen: Die Kritiker befürchten, dass die Apotheker nicht das preisgünstigste Medikament abgeben, sondern das Präparat, für das sie den größten Rabatt erhalten. Die Gefahr sei nicht auszuschließen, dass es weniger zu einem Wettbewerb um Preise als vielmehr um Rabatte komme (SVR-Gutachten 2006/2007, Ziff. 308)

Die Überforderungsklausel, die verhindern sollte, dass Geringverdiener mehr als ein Prozent des beitragspflichtigen Einkommens aufbringen müssen, hatte nach Verabschiedung der Eckpunkte, aber auch nach dem Gesundheitskompromiss vom Oktober 2006 heftige Konflikte zwischen den Koalitionspartnern hervorgerufen. Diese Sozialklausel würde nicht nur wegen ihrer komplizierten Regelungen den Verwaltungsaufwand ansteigen lassen, sondern ausgerechnet jene Kassen in Bedrängnis bringen, die besonders viele Geringverdiener als Mitglieder haben.

Den Konflikten zwischen der Union und der SPD lagen unterschiedliche Interpretationen der Sozialklausel zugrunde. Während die Union die acht Euro als „Sockelbetrag" auffasste, der in jedem Fall mindestens zu zahlen sei, sollte nach Auffassung der Sozialdemokraten die Mini-Prämie von acht Euro nur in Ausnahmefällen verlangt werden.

Die Große Koalition einigte sich schließlich darauf, dass der Zusatzbeitrag höchstens ein Prozent des beitragspflichtigen Einkommens betragen und nur bis zur Beitragsbemessungsgrenze von 3.562,50 Euro (2007) erhoben werden darf: Wer 2.000 Euro verdient, zahlt also maximal 20 Euro im Monat, wer beispielsweise 3.800 Euro verdient, zahlt höchstens einen Zusatzbeitrag von 36 Euro. Ein Niedriglohn-Empfänger von beispielsweise monatlich 400 Euro muss den vollen Betrag des Zusatzbeitrags von acht Euro entrichten. Liegt der Beitrag über acht Euro, können nach der Härteklausel arme Rentner, Sozialhilfe-Empfänger und Langzeitarbeitslose beim Sozialamt oder den Arbeitsagenturen einen Nachlass erhalten. Gleichwohl wurde der grundsätzlich für alle geltende Zusatzbeitrag von mindestens acht Euro als Versuch kritisiert, die Kopfpauschale durch die Hintertür einzuführen. Denn auch die von der Union befürwortete Kopfpauschale sah für Geringverdiener einen sozialen Ausgleich vor (Pilz 2004, S. 255–259; Richter 2005, S. 693–697).

Darüber hinaus wurden die beschäftigungspolitischen Folgen der beschlossenen höheren Kassenbeiträge und damit steigender Lohnnebenkosten kritisiert. Das ursprünglich immer wieder betonte Ziel der Koalition, die Beitragszahlungen von den Löhnen zu entkoppeln, ist also fehlgeschlagen. Höhere Krankenversicherungsbeiträge und damit einhergehende höhere Arbeitskosten gefährden nicht nur Arbeitsplätze, sondern bürdeten den Bürgern ab 2007 über die Erhöhung der Mehrwertsteuer und der Rentenbeiträge hinaus weitere Abgabenlasten auf.

Kritiker heben außerdem hervor, dass der Wettbewerb zwischen den Kassen nicht gestärkt, sondern abgeschwächt werde (Wissenschaftlicher Beirat beim BMWi 2006). Während bisher die Beitragssätze etwa zwischen 11 und gut 15 % schwankten, setzt künftig ein Bundesverband für alle Krankenkassen einen einheitlichen Satz fest.

Die Kritiker sehen den Wettbewerb vor allem zwischen den privaten Krankenversicherungen eingeschränkt, da Neukunden der privaten Kassen zwar einen Teil ihrer Rückstellungen mitnehmen können, etwa ein Drittel ihres Sparkontos aber bei der bisherigen Versicherung zurücklassen müssen. Der Wechsel von einem Versicherer zum anderen ist zudem nur in einen Basistarif möglich. Für die bereits zum Zeitpunkt des in Kraft tretens der Reform privat Versicherten wird der Wechsel ferner dadurch erschwert, dass sie nur im ersten Halbjahr 2009 davon Gebrauch machen dürfen (Spiegel 4/2007, S. 79)

Für die Kritiker der Reform ist das zentrale Ziel nicht erreicht worden, „die Finanzierung des Gesundheitssystems auf eine bessere Grundlage zu stellen" (Lauterbach 2006, S, 30). Der angekündigte Paradigmenwechsel, das Gesundheitssystems allmählich von der Beitragsfinanzierung auf eine Steuerfinanzierung umzustellen, ist gescheitert. Im verabschiedeten Haushalt 2006 hatte die Koalition sogar das Gegenteil beschlossen: Der Zuschuss aus dem Bundeshaushalt an die GKV wurde von 4,2 Milliarden Euro im Jahr 2006 auf 1,5 Euro im Jahr 2007 gekürzt. Obwohl Bundeskanzlerin Merkel und die SPD ursprünglich für eine höhere Steuerfinanzierung eintraten, blockierten die Ministerpräsidenten der Union vor Verabschiedung der Eckpunkte dieses Vorhaben.

Das komplizierte Erhebungs- und Verteilungssystem des Fonds mache nur Sinn, wenn er seitens der Parteien als Zwischenschritt auf dem Weg zur Kopfpauschale oder zur Bürgerversicherung verstanden werde: In den Fonds „fließe das Geld sozialdemokratisch (einkommensabhängig) hinein und komme christdemokratisch (als Pauschale) wieder heraus" (Butterwegge 2006, S. 326). In der Fondslösung sehen offenbar beide Partner der Großen Koalition die Chance, ihr Konzept nach der nächsten Bundestagswahl durchsetzen zu können.

Für den Vorsitzenden der Deutschen Angestellten-Kasse, Herbert Rebscher, sei die Einführung des Gesundheitsfonds ein Schachzug der Bundeskanzlerin Merkel gewesen, den Einstieg in die Kopfpauschale der CDU zu organisieren und sich der Privatisierung des Krankheitsrisikos hinzuwenden. Da die durch die Politik einheitlich festzusetzenden Beitragssätze nur schwer erhöht werden könnten, müssten die nötigen Finanzmittel über eine wahrscheinlich schnell steigende Mini-Prämie, die sich zu einer Kopfpauschale entwickle, beschafft werden. In Zeiten eigener Mehrheiten könnte dann der prozentuale Versichertenbeitrag (der Zusatzbeitrag) zu einem Pro-Kopf-Betrag umgewandelt werden (Rebscher 2006, S. 6). Eine Anhebung des Zusatzbeitrags als „kleiner Kopfpauschale" durch eine Kasse würde im Gegensatz zu Steuererhöhungen, die alle erwerbstätigen Bürger treffen, keinen breiten Widerstand in der Öffentlichkeit auslösen. Die bisherige Deckelung des Zusatzbeitrags (bis maximal ein Prozent des beitragspflichtigen Einkommens) könnte leicht aufgehoben werden, so dass die kleine schnell zu einer großen Kopfpauschale werden könnte (Butterwegge 2006, S. 328). Die Kritiker sehen darin die Gefahr, dass ein unsoziales „Zwei-Kassen-System" entstünde, in dem es einen verstärkten Wettbewerb um die „guten Risiken" (junge, gesunde und kostengünstige Versicherte) sowie die Abwehr älterer, ärmerer und chronisch Kranker durch die Kassen gebe (Böhning 2006, S. 8).

Im Fall einer sozialdemokratischen Regierungsmehrheit verbessere sich auch für die SPD die Chance, über einen zentralen Beitragseinzug eine Bürgerversicherung einzuführen. Ein Gesundheitsfonds könnte auch die in der Bürgerversicherung vorgesehenen zusätzlichen Einnahmen wie die aus Kapital- oder Immobilienvermögen einziehen.

Massive Kritik hat des Weiteren die mit dem Fonds verbundene zunehmende Bürokratie ausgelöst. Höhere Verwaltungskosten entstehen dadurch, dass wie bisher die Beschäftigten der Krankenkassen (2006: etwa 30.000) die Einkünfte ihrer Mitglieder ermitteln und sie in Beiträge umrechnen. Alle Beiträge der Versicherten fließen dann in den Fonds, aus dem jede Kasse für jeden Versicherten einen pauschalen Betrag erhält. Die damit verbundene „Doppelbürokratie" muss letztlich vom Beitragszahler aufgebracht werden. Kritiker heben nicht nur die steigenden Verwaltungskosten hervor, sondern verweisen auch darauf, dass die Erhebung des Beitrags, der ein Prozent des beitragspflichtigen Einkommens nicht überschreiten darf, unpraktikabel sei.

Bei den Verhandlungen zur Gesundheitsreform blieb in der Großen Koalition lange die Frage ungeklärt, wie die Zuschläge für Alte und Kranke berechnet und mit dem Finanzausgleich der Kassen in Einklang gebracht werden können. Die Kritiker rechnen deshalb mit noch mehr Bürokratie, weil an die Stelle des ohnehin schon komplizierten Finanzausgleichs ein „alters- und risikoadjustierter" Ausgleich tritt, der die Krankheitshäufigkeiten von Millionen von Patienten erfassen und bewerten soll. Vor allem befürchteten große Versorgerkassen wie die AOK, DAK oder Barmer mit einem hohen Anteil kranker und alter Menschen zu wenig Geld aus dem Fonds zu erhalten. Diese Kassen mit „schlechten Risiken" müssten in der Konsequenz die Extraprämien immer weiter erhöhen.

Der Einspareffekt der Reformmaßnahmen sei sehr ungewiss, da zugleich kostentreibende Maßnahmen beschlossen worden sind: So sollen die Kassen mehr Geld für Eltern-Kind-Kuren, Impfungen, Stebehospize und Präventionsangebote bereitstellen. In der Pflegeversicherung wird die häusliche Krankenpflege auf Senioren-WG und Heime ausgedehnt.

Auch die geplante Reform der Ärztehonorare wird nach Schätzung der Experten den niedergelassenen Ärzten Zusatzeinnahmen verschaffen und damit den Kassen höhere Ausgaben verursachen. Zwar ist positiv zu beurteilen, dass die neue Gebührenordnung, Leistungen in Euro abzurechnen, für mehr Transparenz für Patienten und Kassen sorgt und die Kalkulationssicherheit der Ärzte erhöht. Doch ist noch nicht absehbar, inwieweit das neue Honorierungssystem die Anreize eindämmt, Leistungen auszuweiten und medizinisch nicht notwendige Leistungen zu erbringen. Kritisiert wird außerdem, dass die ursprünglich für das Jahr 2007 vorgesehene Honorarreform auf Druck der Interessenverbände ein weiteres Mal auf das Jahr 2011 verschoben worden ist (SVR-Gutachten 2006/2007, Ziff. 307; Lauterbach 2007, S. 105–109).

Als einer der Vorzüge der Gesundheitsrefom ist hervorzuheben, dass die Apotheken künftig mit der Pharmaindustrie niedrigere Preise aushandeln können. Dieser preisdämpfende Effekt bietet realistische Chancen, die Kassenkosten um mehrere Millionen Euro zu senken. Kritisch ist allerdings anzumerken, dass sich in der Schlussphase der parlamentarischen Beratungen die Ärztelobby mit ihrer Forderung durchsetzte, für weniger Medikamente Höchstpreise vorzuschreiben und mehr Arzneimittel von der neuen Kosten-Nutzen-Bewertung auszunehmen (Lauterbach 2007, S. 94–104).

Als ebenso sinnvoll ist zu bewerten, dass sich die kostensparenden Möglichkeiten für Kassenfusionen erweitert haben. Bislang durfte sich eine Ortskrankenkasse nicht mit einer Betriebskrankenkasse zusammenschließen, weil sie Mitglieder unterschiedlicher Kassenverbände waren. In Zukunft steht kassenübergreifenden Fusionen nichts mehr im Wege. Befürworter der Erleichterung von Kassenfusionen sehen weniger die Gefahr der Installierung einer Einheitskasse nach (real)sozialistischer Tradition als vielmehr die Möglichkeit, Synergieeffekte nutzen, die betriebswirtschaftliche Effizienz steigern und eine „Marktbereinigung" erreichen zu können (Weller 2006, S. 27f.; Sell 2006, S. 211f.).

6 Rentenpolitik

Die zunehmende Alterung der deutschen Bevölkerung, die enormen Beitragsausfälle infolge der Arbeitslosigkeit, die Zunahme prekärer Beschäftigungsverhältnisse, das frühe Renteneintrittsalter, die wachsende Rentenbezugsdauer usw. stellen die Rentenpolitik vor außergewöhnliche Herausforderungen. Um die Muster dieses heute zentralen Politikfelds zu kennzeichnen, werden im Folgenden zunächst relevante Faktoren vorgestellt, die zur Problemverschärfung und zu wachsendem politischem Handlungsdruck geführt haben. Wie die Politik auf den Problemdruck reagiert hat, soll anhand der Rentenreformen 1992, 1999, 2001, des „Rentennotpakets" der rot-grünen Bunndesregierung und der „Rente mit 67" der Großen Koalition verdeutlicht werden.

Die Rentenpolitik in Deutschland war seit Anfang der 1970er Jahre aus beschäftigungspolitischen Gründen darauf angelegt, das Renteneintrittsalter abzusenken, um Platz für die Beschäftigung jüngerer Arbeitnehmer zu schaffen. Finanzielle Gründe zwangen aber die Rentenpolitik, die Lebensarbeitszeit wieder zu verlängern.

Die Einführung der flexiblen Altersgrenze im Jahre 1973, die den Eintritt in den vorgezogenen Ruhestand bei Männern bereits mit 63 Jahren (für ältere Arbeitslose, Schwerbehinderte) und für Frauen mit 60 Jahren ermöglichte, führte zu erheblichen Mehrausgaben der Rentenversicherung. Auch der Anstieg der Renten wegen Berufs- und Erwerbsunfähigkeit hat wesentlich zur Senkung des Renteneintrittsalters beigetragen: Das durchschnittliche Renteneintrittsalter betrug Ende der 1990er Jahre knapp 63 Jahre, das bei verminderter Erwerbsfähigkeit sogar nur rund 52 Jahre. Durch die Rentenreformen der rot-grünen Koalition wurde der Trend zum Vorruhestand deutlich abgeschwächt, d.h., dass im Jahr 2006 Männer die Rente etwa 1,2 Jahre und Frauen gut 0,8 Jahre später in Anspruch nahmen als vor 10 Jahren. Die von der Großen Koalition beschlossene Einführung der „Rente mit 67" soll über Abschläge von der Rente das gesetzliche Renteneintrittsalter weiter erhöhen.

6.1 Entwicklung des Beitragssatzes

Ein Blick auf die Entwicklung der Beitragssätze in der Rentenversicherung zeigt, wie der Beitragssatz noch Anfang der 1990er Jahre bei 17,5 % lag, aber Ende der 1990er Jahre auf knapp über 20 % anstieg. Ab 2000 konnte der Beitragssatz auch wegen der Einnahmen aus der Ökosteuer auf annähernd 19 % gesenkt werden. Infolge hoher Arbeitslosigkeit und damit einhergehender Beitragsausfälle sowie zunehmender Rentenbezugsdauer nahm der Beitragssatz trotz Sparmaßnahmen ab 2003 bis 2005 auf 19,5 % zu. In der Großen Koalition stieg er ab 2006 wieder auf 19,9 % an (Pilz 2004, S. 170). Die Rentenreformen seit den 1990er Jahren dienten aber nicht nur der mittelfristigen Stabilisierung des Beitragssätze, sondern auch langfristig der behutsamen Absenkung des Rentenniveaus.

6.2 Die Rentenreformen 1992, 1999 und 2001

Mit der 1989 beschlossenen und 1992 in Kraft getretenen Rentenreform sollten die desolaten Rentenfinanzen auf Dauer saniert und stabilisiert werden (Hofmann 1992, S. 16). Der absehbare Anstieg des Beitragssatzes durch eine sinkende Anzahl von Beitragszahlern und einer steigenden Zahl von Rentnern sollte begrenzt werden. Um den Anstieg des Beitragssatzes zu dämpfen, wurde in der Rentenformel von der Brutto- zur Nettoanpassung übergegangen (Ruland 2001, S. 2f.).

Außerdem wurde das Renteneintrittsalter heraufgesetzt, um Anreize zur längeren Arbeit zu schaffen und damit die Zahl der Beitragszahler zu erhöhen. Die Heraufsetzung der Altersgrenze verfolgte das Ziel, dass länger Beiträge eingezahlt und – bei gleich bleibender Lebenszeit – kürzere Zeit Leistungen bezogen werden (Hegelich 2006, S. 80). Darüber hinaus wurden mit der Rentenreform 1992 Abschläge von 0,3 % der Rente für jeden Monat eingeführt, den der Renteneintritt vor dem 65. Lebensjahr liegt. Der dadurch erwartete positive Beschäftigungseffekt sollte das Verhältnis von Beitragszahlern und Rentenempfängern zugunsten höherer Einnahmen und niedrigerer Ausgaben in der Rentenversicherung verbessern.

Das noch in der Regierung Kohl 1997 verabschiedete Rentenreformgesetz 1999 sollte bis zum Jahr 2000 die gesamten Sozialversicherungsbeiträge auf unter 40 % senken. Die Reform zielte darauf ab, die Anhebung der Altersgrenzen für die Frühverrentung deutlich zu beschleunigen. Außerdem wurden die Anrechnungszeiten für die Ausbildung verkürzt.

Als wesentliches Element der Reform wurde der so genannte demographische Faktor eingeführt (Hinrichs 2003, S. 9). Angesichts der Kosten steigender Lebenserwartung und des sich verschlechternden Verhältnisses von Beitragszahlern und Rentenempfängern sollten die Lasten durch Änderung der Rentenformel auf Beitragszahler und Rentner ausgewogen verteilt werden. Um einen zusätzlichen Bundeszuschuss zu finanzieren wurde mit der Rentenreform 1997 zugleich die Mehrwertsteuer erhöht. Das Mehraufkommen aus dieser Steuer ermöglichte einen höheren Bundeszuschuss, um die versicherungsfremden Leistungen der Rentenversicherung zum Teil abzudecken (Ruland 2001, S. 5).

Die rot-grüne Bundesregierung hatte die gesetzlichen Altersgrenzen und die Abschlags-Regelungen nicht angetastet. Im Fall der Arbeitslosigkeit kann man frühestens ab dem 60. Lebensjahr (mit Abschlägen von bis zu 18 %) und bei Altersteilzeit vom 55. Lebensjahr an (mit gleichen Abschlägen wie bei der Arbeitslosigkeit) vorzeitig Rente beanspruchen.

Nach Amtsantritt der rot-grünen Koalition wurde sofort der demographische Faktor ausgesetzt. Als Zwischenlösung wurde für die Jahre 2000 und 2001 beschlossen, die Rentenanpassung an die Inflationsrate zu koppeln. Mit der Rentenreform 2001 wurde die Rentenformel insofern geändert, als wieder die Bruttolohnentwicklung zugrunde gelegt wurde, allerdings um die Beiträge zur Rentenversicherung gemindert. Unberücksicht blieben damit Änderungen der Beitragssätze in anderen sozialen Sicherungssystemen, die wie die Kranken- und Pflegeversicherung sowie die Arbeitslosenversicherung nichts direkt mit der Alterssicherung zu tun haben (Ruland 2001, S. 6f.).

Die Rentenreform 2001, die nach dem damaligen Bundesarbeitsminister Walter Riester benannte Riester-Rentenreform, sollte anfänglich insbesondere für eine Beitragsstabilisierung im Alterssicherungssystem sorgen. Vor Verabschiedung der Riester-Rente wurde in der wissenschaftlichen und politischen Diskussion die Frage kontrovers diskutiert, inwieweit die beitragsfinanzierte gesetzliche Rente um eine kapitalgedeckte private Altersvorsorge ergänzt werden könnte und müsste. Im Kern setzte dann die Politik in der Rentenreform 2001 auf den Ausbau der privaten und betrieblichen Altersvorsorge.

6.3 Kontroverse Diskussion über Mindestsicherung und private Altersvorsorge

Die mit der Rentenreform 2001 beschlossene Absenkung des Rentenniveaus entfachte eine Diskussion über Möglichkeiten und Grenzen der Einführung von Mindestsicherungselementen und privaten Formen der Alterssicherung.

Die Befürworter einer höheren Rentenaltersgrenze weisen darauf hin, dass aus arbeitsmarktpolitischen Gründen die Erhöhung erst bei verbesserter Arbeitsmarktsituation wirksam werden sollte. Den Versicherten sollte jedoch schon heute signalisiert werden, dass nur durch ein späteres Ausscheiden aus dem Erwerbsleben die Renten nicht geschmälert werden (Schmähl, S. 720). Eine Verlängerung der Erwerbsphase verlangt allerdings neben einem guten Gesundheitszustand der Beschäftigten eine stärkere Einbindung in Qualifizierungsmaßnahmen. Solche Investitionen in das Humankapital, die die Produktivität der Arbeitskraft erhalten oder sogar steigern helfen, kommen dem Arbeitgeber wie dem Arbeitnehmer zugute (Kommission VI für gesellschaftliche und soziale Fragen der Deutschen Bischofskonferenz 1998, S. 7).

Der seit 1997 verstärkt diskutierte Vorschlag zur Einführung einer bedarfsorientierten Grundsicherung in der gesetzlichen Rentenversicherung sollte sicherstellen, dass Rentner keine Sozialhilfe mehr beziehen und nicht mehr befürchten müssen, dass auf das Vermögen ihrer Kinder zurückgegriffen wird. Zur Verhinderung von Altersarmut sollte deshalb Rentnern mit einem Einkommen unter der Armutsschwelle eine steuerfinanzierte Grundsicherung gewährt werden.

Die Verfechter der steuerfinanzierten Grundsicherung gehen davon aus, dass künftig infolge der teils freiwilligen, teils unfreiwilligen Unterbrechung der Erwerbstätigkeit durch Phasen der Nicht-Erwerbstätigkeit und Teilzeitbeschäftigung immer mehr Versicherte keine befriedigenden Alterseinkommen erzielen. Die Grundsicherung zielt also auf Bereiche geringer Einkommen und unregelmäßiger Beschäftigung, um die aus Beiträgen abgeleiteten – unter dem Sozialhilfeniveau liegenden – Rentenansprüche aufzustocken (Weeber 1990, S. 18).

Die Einwände gegen dieses Grundsicherungsmodell werden damit begründet, dass nicht zusammenpassende unterschiedliche Finanzierungsformen vermischt werden. Es bestehe außerdem die Gefahr, die Grundsicherung als Rechtfertigung für den Abbau des beitragsfinanzierten Rentensystems zu missbrauchen. Die Kritiker der Grundsicherung heben hervor, dass die Altersarmut in Deutschland quantitativ nicht ins Gewicht falle: So waren Ende 1997 nach Angaben des Verbandes Deutscher Rentenversicherungsträger (VDR) nur 6 % der Sozialhilfeempfänger älter als 65 Jahre bzw. von allen Rentnern nur 1,3 % Sozialhilfeempfänger. Demzufolge müsse die Bekämpfung der Armut zuerst bei jungen Familien und bei alleinerziehenden Müttern und Vätern ansetzen, um deren vielfach angespannte Finanzsituation zu verbessern.

Problematische Auswirkungen der Grundsicherungsreform werden in der Verwischung des Beitrags- und Steuersystems gesehen. Wird für die armen Alten anstelle der steuerfinanzierten Sozialhilfe die Grundsicherung von der gesetzlichen Rentenversicherung gezahlt, würden erhebliche Akzeptanzprobleme auftreten (Schmähl 1998, S. 587): Während Sozialhilfe zwar bedürftigkeitsgeprüft, aber ohne die Erbringung von Vorleistungen gewährt werde, erhielten Rentner ihre Leistungen nur gegen erbrachte Vorleistungen. Beitragszahler müssten sich in dem Maße düpiert fühlen, wie andere Leistungsempfänger soziale Transfers erhalten, ohne vorher Beiträge entrichtet zu haben.

Die Kritik betont im allgemeinen, dass die Einführung von Grundsicherungskonzepten einen Bruch mit dem im deutschen Sozialsystem vorherrschenden Versicherungsprinzip darstelle. An der bedarfsorientierten Grundsicherung in der Rentenversicherung im besonderen wird bemängelt, dass das Versicherungsprinzip der Rente mit dem Fürsorgeprinzip der Sozialhilfe vermengt werde. Die Glaubwürdigkeit des Rentensystems werde damit insofern untergraben, als Versicherte mit geringeren Beitragszahlungen dann sogar höhere Leistungen erhielten als Versicherte, die höhere Beiträge entrichtet haben. Wird nämlich die bisher geleistete Sozialhilfe als Rente umtituliert, hänge die Höhe des Leistungsbezugs davon ab, ob ein Rentner allein lebt oder nicht. Ein alleinstehender Rentner beispielsweise, der lebenslang Beiträge entrichtet hat, könnte dann benachteiligt werden gegenüber dem, der nur kurze Zeit oder nur wenige Beiträge in die Rentenkasse gezahlt hat.

Die Bedenken richten sich auch gegen die Gefahr, mit der Grundsicherung den Abbau des Rentenversicherungssystems zu rechtfertigen. Eine Politik der Rentenkürzungen lasse eine größere Akzeptanz erwarten, wenn dafür Sorge getragen wird, durch die Garantie einer sozialen Grundsicherung Ungerechtigkeiten weitgehend auszuschließen. Einer solchen Strategie wird vorgehalten, dass sie nicht nur bequem, sondern auch billig sei: Die Politik könne scheinbare soziale Balance wahren, indem sie mit Rentenkürzungen enorme Ausgaben einspare, zugunsten der alten Armen eine Erhöhung der Grundsicherung mangels Bedürftiger aber nur geringe Ausgabensteigerungen zur Folge habe (Hujer 1999, S. 23).

Vor dem Hintergrund tendenziell sinkenden Rentenniveaus werden verstärkt unterschiedliche Kombinationen der umlagefinanzierten gesetzlichen Alterssicherung mit Formen privater Kapitalbildung diskutiert: Schon seit langem liegt der Vorschlag vor, die gesetzliche Alterssicherung auf eine steuerfinanzierte Grundrente zu beschränken (Miegel 1995, S. 146–156). Während die Grundrente jedem denselben (steuerfinanzierten) Betrag gewährt, will die bedarfsabhängige Grundsicherung nur Lücken auffüllen (Weeber 1990, S. 127 ff.; Krupp 1998, S. 588).

Da der Vorschlag der Grundrente keine private Versicherungspflicht vorsieht, müssten sich die Betroffenen zusätzlich absichern, um nicht nur auf die bescheidene Grundrente angewiesen zu sein. Nach den bisherigen Erfahrungen seien erhebliche Versorgungslücken zu befürchten, da selbst mittlere Einkommensgruppen nur unzulängliche private Vorsorge träfen (Krupp 1998, S. 587). Bei einer zu niedrig bemessenen Grundrente wäre Altersarmut die zwingende Folge.

Die Kritiker der kapitalfundierten Alterssicherung verweisen auf die vielfach unterschätzten Risiken, die mit einer sich weltweit erhöhenden Kapitalfundierung verbunden sind (Schmähl 1998, S. 720 f.; Krupp 1998, S. 587). In dem Maße, wie die Möglichkeiten inländischer Kapitalanlagen begrenzt sind und ausländische Anlagen höhere Renditen versprechen, steigen auch die Risiken. Mit welchen Unwägbarkeiten eine private Vorsorge nach dem Kapitaldeckungsverfahren zu rechnen hat, verdeutlichen in der zweiten Hälfte der 1990er Jahre die Krisen der Finanzmärkte in Mexiko, Rußland und Asien sowie der Crash auf den Finanzmärkten nach der Jahrtausendwende.

Die Kritik wendet sich auch dagegen, die verschiedenen Formen der Alterssicherung allein an ihrer „Rendite" zu messen. Ein reiner Renditevergleich ignoriere die Anpassungsfähigkeit des Umlageverfahrens in wirtschaftlichen Wachstumsphasen und gegenüber politischen Herausforderungen wie beispielsweise der Einführung der dynamischen Rente 1957 oder den rentenpolitischen Maßnahmen nach der deutschen Vereinigung 1990. Zu denken müsse ferner die Intransparenz der Kosten geben, da die Kosten der individuellen Absicherung ein Vielfaches der Kosten in der Sozialversicherung betragen (Schmähl 1998, S. 721).

Die Gegner einer weitgehenden Ablösung der Umlagefinanzierung durch die Kapitalfundierung plädieren dafür, diese außerhalb des staatlichen Sektors auszubauen. Die Stärkung des Kapitaldeckungsverfahrens bei der heute schon wichtigen betrieblichen und privaten Altersvorsorge verdiene im Sinne einer Risikostreuung politische Unterstützung (Krupp 1997, S. 289-298; G. Wagner u.a. 1998, S. 833-840). Die Riester-Rentenreform 2001 trug dieser Überlegung insofern Rechnung, als sie im Kern auf den Ausbau der privaten und betrieblichen Altersvorsorge setzte (Hegelich 2006, S. 89f.)

6.4 Staatliche Förderung der privaten Altersvorsorge

Die eigentliche Neuerung der Riester-Rentenreform 2001 war die Einführung der staatlich geförderten kapitalgedeckten Alterssicherung (Pilz 2004, S. 170 ff.). Die Rentenreform bietet Förderungsmöglichkeiten für die freiwillige private Altersvorsorge und die betriebliche Altersvorsorge an. Das deutsche Alterssicherungssystem enwickelt sich dadurch ähnlich wie das der Schweiz in Richtung eines modernen Drei-Säulen-Systems, das eine gesetzliche, betriebliche und eine private Rente umfasst.

Um in den Genuss der Förderung der privaten Altersvorsorge zu kommen, muss ein Altersvorsorgevertrag abgeschlossen worden sein. Förderungsberechtigt sind grundsätzlich alle versicherungspflichtigen Angestellten und Arbeiter der gesetzlichen Rentenversicherung. Ausgenommen sind allerdings Angestellte und Arbeiter des öffentlichen Dienstes, da diese über eine zusätzliche staatliche Absicherung in Form einer Betriebsrente (früher öffentliche Zusatzversorgung) verfügen, sowie Beamte, freiwillig Versicherte und Selbständige. Die Riestersche Rentenreform gewährt zur Förderung der privaten Altersvorsorge staatliche Zulagen und Steuervergünstigungen.

Die Förderung der Zulagen (Grundzulage und Kinderzulage) hängt von der Höhe des geleisteten Eigenbeitrags ab. Die Höchstförderung wird dann erreicht, wenn der so genannte Mindestbeitrag erbracht wird. Während im Jahr 2002 dieser Eigenbeitrag noch 1 % des Bruttoeinkommens (des beitragspflichtigen Vorjahreseinkommens) maximal bis zur Beitragsbemessungsgrenze betrug, konnten ab 2008 bis 4 % des Bruttoeinkommens abzüglich der Zulagen (Grundzulage 154 Euro und erhöhte Kinderzulage 300 Euro) für die private Altersvorsorge verwendet werden (SVR-Jahresgutachten 2001/2002, Ziff. 246).

Alternativ zur direkten staatlichen Förderung können die Aufwendungen für die private Altersvorsorge als Sonderausgaben steuerlich abgesetzt werden. Der in vier Stufen erhöhten absetzbaren Sonderausgaben betrugen ab dem Jahr 2008 höchstens 2.100 Euro (SVR-Jahresgutachten 2001/2002, Tabelle 34, S. 149). Erweist sich die Steuervergünstigung als vorteilhafter als die Zulagenförderung, muss das Finanzamt den Differenzbetrag im Rahmen der Einkommensteuerveranlagung erstatten.

6.5 Ausbau der betrieblichen Altersvorsorge

Die Rentenreform 2001 hat auch die kapitalgedeckte betriebliche Altersvorsorge grundlegend geändert. Bisher konnten die Arbeitgeber die betriebliche Altersvorsorge den Arbeitnehmern als freiwillige Sozialleistung anbieten. „Seit dem 1. Januar 2002 haben nunmehr die Beschäftigten grundsätzlich das Recht, von ihrem Arbeitgeber den Aufbau einer betrieblichen Altersvorsorge durch Beiträge aus ihren Arbeitsentgelten („Entgeltumwandlung") verlangen" (Bundestags-Drucksache 14/9503, S. 11). Damit erhielten die Arbeitnehmer anstelle der bislang freiwilligen Leistungen der Arbeitgeber einen Rechtsanspruch auf betriebliche Altersvorsorge. Allerdings erfolgt die „Entgeltumwandlung" nicht aus einem zusätzlichen sondern aus dem bestehenden Lohn. Die Leistungen aus der bestehenden Lohnsumme werden in in einen Pensionsfonds oder in eine Versicherung einbezahlt (Hegelich 2006, S. 89).

6.6 Die bedarfsorientierte Grundsicherung

Nach dem – die Riester-Rentenreform flankierenden – Gesetz über eine bedarfsorientierte Grundsicherung im Alter und bei Erwerbsminderung vom Juni 2001, das zum 1. Januar 2005 ins Sozialgesetzbuch XII (§§ 41–46) integriert wurde, können einkommensschwache Rentner ihre Rente auf ein Niveau aufstocken lassen, das 15 % über dem Regelsatz der Sozialhilfe liegt. Die bedarfsorientierte Grundsicherung soll vor allem den über 6 Millionen Rentnern und den dauerhaft erwerbsunfähigen Erwachsenen zugute kommen, deren Einkommen niedriger als der Regelsatz der Sozialhilfe von 347 Euro (2007) ist.

Personen, die das 65. Lebensjahr vollendet haben, und dauerhaft Erwerbsgeminderte erhalten auf Antrag die Leistungen der Grundsicherung, werden also auf ihre Bedürftigkeit hin überprüft (§ 41 SGB XII). Außerdem müssen sie sich das Einkommen und Vermögen des Ehegatten oder Lebenspartners sowie des Partners einer eheähnlichen Gemeinschaft anrechnen lassen (§ 43 SGB XII). Im Unterschied zur Sozialhilfe verzichtete allerdings das Gesetz auf Unterhaltsansprüche der Leistungsberechtigten gegenüber ihren Eltern und Kindern, sofern deren Jahreseinkommen weniger als 100.000 Euro beträgt (Pilz 2004, S. 176f.; Butterwegge 2006, S. 176f.).

6.7 Das „Rentennotpaket" und Programm zum Umbau der Rentenversicherung in der zweiten Amtszeit der Regierung Schröder

Das Ende 2003 im Vermittlungsausschuss beschlossene „Rentennotpaket" und das danach von Bundestag und Bundesrat verabschiedete Maßnahmenbündel war weniger eine rentenpolitische Konkretisierung der Agenda 2010 des Kanzlers Schröder als vielmehr eine Reaktion auf die steigenden Defizite in der Rentenkasse. Sparmaßnahmen sollten vor allem dazu beitragen, den Beitragssatz von 19,5 % stabil zu halten.

Im Rahmen des „Rentennotpakets" wurden insbesondere die Verschiebung des Auszahlungstermins der Rente, die Senkung der Schwankungsreserve, die Einführung einer „Nullrunde" und die Zahlung des vollen Beitrags zur Pflegeversicherung beschlossen. Im Vermittlungsausschuss einigten sich die rot-grüne Regierungskoalition und die Union als Oppositionspartei darauf, den Auszahlungstermin der Rente für neue Rentner auf das Monatsende zu verschieben. Die Schwankungsreserve als Finanzpolster der Rentenversicherung wurde von 50 auf 20 % einer Monatsausgabe gesenkt. Zur Vermeidung steigender Rentenausgaben wurden ferner die nominalen Renten nicht angehoben, sodass sich die Rentner erstmals in der Nachkriegszeit mit einer „Nullrunde" begnügen mussten. Schließlich mussten die Rentner ab 1. April 2004 den vollen Beitragssatz von 1,7 % zur Pflegeversicherung entrichten (Pilz 2004).

Das nach der parlamentarischen Verabschiedung des Rentennotprogramms von der Bundesregierung beschlossene Programm zum umfassenden Umbau der Rentenversicherung zielte auf grundlegende Strukturreformen (Pilz 2004, S. 218f.). Das Programm sollte die Ankündigung des Bundeskanzlers in der Agenda 2010 umsetzen, dass sich die Rentner auf geringere Rentenzuwächse einstellen müssten. Ferner sollten die Rentenbeiträge bis 2020 unter 20 % und bis 2030 unter 22 % gehalten werden (Bundestags-Drucksache 14/9503, S. 16).

Zu den wichtigsten Vorhaben dieses langfristig angelegten Regierungsprogramms gehörte die Einführung des Nachhaltigkeitsfaktors, der dann auch 2005 in die Rentenformel eingefügt worden ist. Dieser Nachhaltigkeitsfaktor modifiziert die Rentenformel dahingehend, dass „das Verhältnis von Leistungsbeziehern und versicherungspflichtig Beschäftigten bei der Rentenanpassung berücksichtigt" wird (BMGS 2004). Dieser Faktor modifiziert also die Nettoanpassung der Renten in dem Maße, wie sich Lebenserwartung und Arbeitslosigkeit ändern. Angesichts der tendenziell zunehmenden Rentenbezugsdauer trägt damit der Nachhaltigkeitsfaktor langfristig zur Absenkung des durchschnittlichen Rentenniveaus bei (Pilath 2007, S. 1). Das Renten-Umbauprogramm sollte darüber hinaus den Trend zur Frühverrentung insofern stopppen, als Arbeitnehmer fortan nicht mehr mit 60 Jahren, sondern erst mit 63 Jahren in Ruhestand gehen können. Die Altersgernze sollte grundsätzlich schrittweise angehoben werden.

Die Schwankungsreserve, die noch im Rahmen des „Rentennotprogramms" gekürzt wurde, sollte wieder von 20 Prozent (2004) auf 250 Prozent einer Monatsausgabe ansteigen. Um diese höhere Schwankungsreserve auch finanzieren zu können, sollte der Rentenbeitrag in den nächsten Jahren nicht gesenkt werden.

Während die Anrechnung der Zeiten des Schul- und Hochschulbesuchs in der Rentenversicherung entfallen sollte, sollten die betrieblichen Ausbildungszeiten weiterhin berücksichtigt werden. Diese Änderung der Anrechnungszeiten ging vor allem zu Lasten jener Gruppen, die auf die Fortsetzung der bildungsfreundlichen Programmatik der rot-grünen Koalition gesetzt hatten (M. G. Schmidt 2007b, S. 298).

Schließlich wurde im Regierungsprogramm beschlossen, die so genannte nachgelagerte Rentenbesteuerung einzuführen. Künftig sollen Angestellte und Arbeiter ihre Renten jenseits bestimmter Freibeträge versteuern. In langen Übergangsphasen soll der zu versteuernde Betrag schittweise bis 2040 ansteigen. Trotz der Freibeträge werden vor allem Haushalte mit hohen Rentenbezügen stärker als heute belastet. Die Mehrheit der Rentner, rund drei Viertel, wird allerdings wegen hoher Freibeträge von der Steuer nicht erfasst. Im Gegenzug sollen die Bürger ihre Rentenversicherungs-Beiträge bis zu einer gewissen Einkommensgrenze, die bis zum Jahr 2025 erhöht wird, steuerlich absetzen können.

6.8 Die Rentenpolitik der Großen Koalition

Auf Betreiben des Vizekanzlers Franz Müntefering hatte die Bundesregierung der Großen Koalition im November 2006 beschlossen, die „Rente mit 67" einzuführen. Der Bundestag verabschiedete die Kabinettsvorlage zur Anhebung der Altersgrenze im März 2007. Außerdem stimmte die schwarz-rote Bundesregierung einem Paket zur Beschäftigungsförderung Älterer wie der „Initiative 50 plus" und Änderungen zur Riesterrente zu.

6.8.1 Rente mit 67

Auf der Grundlage der Regierungsbeschlüsse beschloss der Bundestag die schrittweise Erhöhung des gesetzlichen Renteneintrittsalters (Bundestags-Gesetzentwurf 16/3794; 16/4372;

II Politikfeldspezifische Strategien

16/4420). Die Altersgrenze wird von 2012 an in Zwei-Monatsschritten und ab 2024 in Ein-Monatsschritten von 65 Jahren auf 67 Jahre angehoben. Im Jahr 2029 soll das Renteneintrittsalter dann bei 67 Jahren liegen. Für Geburtsjahrgänge ab 1947 gelten erstmals höhere Altersgrenzen, und Geburtsjahrgänge ab 1964 können erst mit 67 Jahren ohne Abschläge in Rente gehen:

Schaubild 7

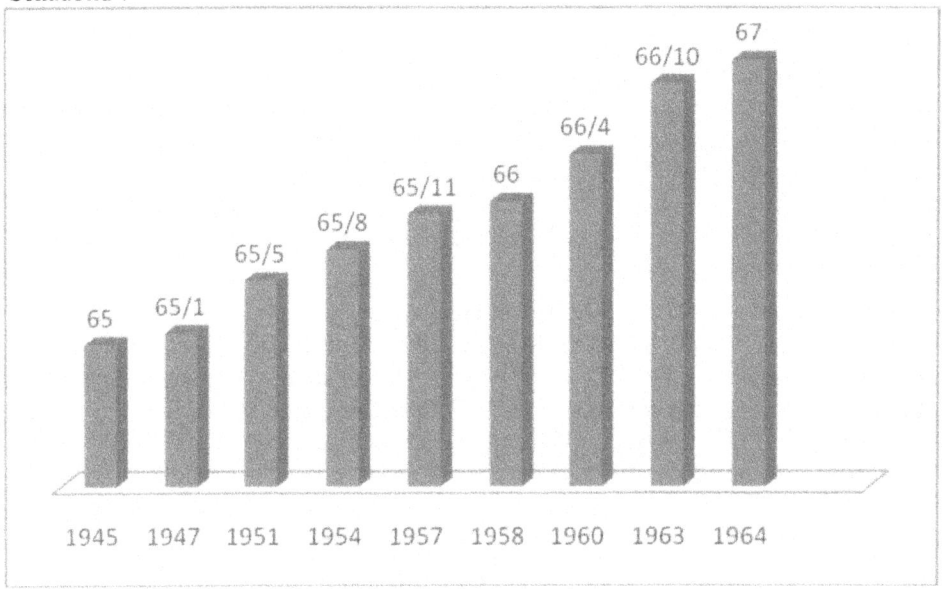

Renteneintrittsalter der Geburtsjahrgänge ab 1945 (Lebensjahre / -monate)

Nach der Rentenreform 2007 der Großen Koalition können Beschäftigte frühestens vom 63. Lebensjahr an in den Ruhestand wechseln. In diesem Fall müssen sie Einbußen hinnehmen und zwar einen Abschlag von 0,3 Prozent pro Monat. Wer mehr als 45 Jahre Versicherungsbeiträge gezahlt hat, kann ohne Abschläge in den Ruhestand wechseln. Die Regierung will damit besonders Handwerker und Arbeiter mit häufig langen Versicherungszeiten unterstützen.

6.8.2 „Initiative 50 plus" und Änderungen der Riesterrente

Die „Initiative 50 plus" soll älteren Arbeitnehmern ermöglichen, leichter eine Arbeitsstelle zu finden. Da nur 45 % der über 55-Jährigen arbeiteten, soll mit der Initiative der Anteil auf 50 % gesteigert werden. Dafür wurde ein Kombilohn eingerichtet, d.h., dass ein älterer Arbeitnehmer einen staatlichen Zuschuss für seine Lohneinbußen erhält, wenn dieser einen schlechter bezahlten Job annimmt als vor seiner Arbeitslosigkeit. Da durchschnittlich 1,2 Millionen Arbeitslose älter als 50 Jahre sind, erhalten auch Arbeitgeber einen Eingliederungszuschuss, wenn sie einen Arbeitslosen über 50 Jahre für mindestens ein Jahr einstellen.

Die Regeln für die Riesterrente ändern sich insofern, als Berufseinsteiger unter 21 Jahren für den Abschluss eines Riestervertrags eine Prämie von einmalig 100 Euro erhalten. Der Kinderzuschlag steigt für die im Jahr 2008 und später geborenen Kinder von 138 Euro auf 300 Euro.

6.9 Kritische Würdigung der Rentenreformen

Für Kritiker der Riester-Rentenreform fungiere die staatlich geförderte private Altersvorsorge nicht als Ergänzung der gesetzlichen Rentenversicherung, sondern – infolge der alleinigen Finanzierung durch Arbeitnehmer – als teurer Ersatz für bislang paritätisch finanzierte Leistungen der sozialen Sicherung (Steffen 2000, S. 95 f.). Die Riester-Rentenreform liefe demzufolge auf eine Teil-Privatisierung der sozialen Sicherung hinaus. Außerdem führe die Reform zu einer bloßen Minimalabsicherung großer Teile der Bevölkerung gegenüber den „Wechselfällen des Lebens".

Die Einführung der bedarfsorientierten Grundsicherung wird insofern positiv bewertet, als sie Millionen von Rentnern mit zu niedrigen Einkommen eine minimale Verbesserung ihrer Einkommenslage gebracht hat. Kritisch wird allerdings hervorgehoben, dass das neue Grundsicherungsgesetz gerade in Bezug auf die Höhe der Leistungen „halbherzig und verbesserungsbedürftig" sei (Buhr 2003, S. 155). Außerdem wird beklagt, dass sich die Antragsteller der Grundsicherung einer nicht selten diskriminierend wirkenden Bedürftigkeitsprüfung unterziehen müssen.

Das politisch erklärte Ziel, das Rentenniveau absenken zu wollen, ist weitgehend erreicht worden: Die Rentenreformen hatten ab dem Jahr 2006 zu einem deutlichen Rückgang des ausgezahlten Altersgeldes geführt. Die Einstiegs-Renten des Jahres 2006 sanken gegenüber den Rentenbezügen des Jahres 2000 bis zu 15 %. Während im Jahr 2000 die Rente im Schnitt in Ost und West 883 Euro betrug, verfügte ein männlicher Rentner, der 2006 in den Ruhestand gegangen war, nur noch über eine durchschnittliche monatliche Netto-Rente von 790 Euro im Westen und 836 Euro im Osten. Im Durchschnitt betrug die Rente im Jahr 2003 rund 66 % des Bruttoeinkommens der über 65-Jährigen (Bovensiepen 2007, S. 6).

Für die Befürworter geringerer Renten belegten die sinkenden Auszahlungen die Wirksamkeit der Rentenreformen der vergangenen Jahre. Als Folge der Politik, Anreize zur Frühverrentung abzuschaffen, können heute Menschen unter 65 nicht mehr in Rente gehen, ohne Abschläge in Kauf nehmen zu müssen. Auch wenn sich der Trend zur Frühverrentung in Deutschland deutlich abgeschwächt hat, waren im Jahr 2006 noch auf die Hälfte der ausgezahlten Renten Abschläge fällig geworden. In der immer noch großen Zahl der Rentner, deren Rente durch Abschläge gemindert wird, lag und liegt also ein wichtiger Grund für die sinkenden Altersgelder (Bovensiepen 2007, S. 6).

Im Jahr 2006 wurden die Renten rund ein Jahr später als vor zehn Jahren in Anspruch genommen. Auch die von der Großen Koalition beschlossene „Rente mit 67" sollte dazu beitragen, nicht nur das Renteneintrittsalter zu erhöhen, sondern auch über weitere Abschläge Einsparungen bei den Rentenausgaben zu erzielen. Gewerkschaften und Sozialverbände werteten die „Rente mit 67" als Rentenkürzungsprogramm, weil viele Beschäftigte gar nicht so lange arbeiten könnten und Arbeitsplätze für Ältere fehlten. Für den Vorsitzenden des Deutschen Gewerkschaftsbundes, Michael Sommer, führten diese Regelungen zur „Altersarmut von morgen".

Kritiker sehen überdies in der so genannten 1945er-Regel, wonach Menschen keine Abschläge hinnehmen müssen, die mit mehr als 45 Versicherungsjahren vorzeitig in den Ruhestand wechseln, eine Benachteiligung vor allem von Frauen, Jobabbrechern und kranken Arbeitnehmern, die vielfach nur geringe Beitragszeiten nachweisen können. Zudem werde das der gesetzlichen Rentenversicherung zugrunde liegende Prinzip der (Teilhabe-)Äquivalenz verletzt, wonach gleichen Beitragsleistungen gleiche Rentenansprüche gegenüberstehen (SVR-Jg. 2006/07, Ziff. 25; Pilath, 2007, S. 1).

7 Europäisierung deutscher Politikfelder

Hier wird Europäisierung als interaktiver Prozess verstanden, der die Auswirkungen der Entscheidungen politischer Institutionen, politischer Programme und politischer Prozesse der EU-Ebene auf die deutsche Politik betrifft. Im Folgenden interessieren primär die Rückwirkungen der Politik der mit zunehmenden Kompetenzen ausgestatteten Europäischen Union auf die Politikinhalte, Politikinstrumente und Problemlösungsansätze deutscher Politikfelder wie der Sozial-, Beschäftigungs-, Umwelt-, Agrar-, Regional- und Strukturpolitik sowie der Außen-, Sicherheits-, Verteidigungs-, Innen- und Justizpolitik.

7.1 Kompetenzausweitung der EU durch die europäischen Verträge

Mit der Gründung der Europäischen Gemeinschaft für Kohle und Stahl (EGKS) begann die Europäisierung (1951). Mit Verabschiedung der Römischen Verträge von 1957 entstanden die Europäische Atomgemeinschaft und die Europäische Wirtschaftsgemeinschaft, die ausschließlich auf die wirtschaftliche Konzentration ausgerichtet waren. Die 1968 zu den Europäischen Gemeinschaften fusionierten Atom- und Wirtschaftsgemeinschaft weiteten insbesondere ihre wirtschaftlichen und geringerem Maße ihre redistributiven Politikkompetenzen aus. Mit der Einheitlichen Europäischen Akte von 1986 wurde beschlossen, den Binnenmarkt zum 1. Januar 1993 zu vollenden. Der 1993 in Kraft getretene Maastrichter Vertrag schuf die Europäische Gemeinschaft als 1. Säule, die Gemeinsame Außen- und Sicherheitspolitik (GASP) als 2. Säule und die Zusammenarbeit in der Innen- und Justizpolitik als 3. Säule. In den einzelnen Politikfeldern fallen die Europäisierungsgrade recht unterschiedlich aus.

Wird zwischen regulativer Politik (marktschaffende und marktkorrigierende Maßnahmen) und redistributiver (umverteilender) Politik unterschieden, sahen die Römischen Verträge noch keine nennenswerten marktkorrigierenden Kompetenzen vor. In den 1960er und 1970er Jahren trug vor allem die Rechtsprechung des Europäischen Gerichtshofs zur Erweiterung der regulativen (marktkorrigierenden) EU-Politik in den Bereichen des Umwelt-, Verbraucher-, Gesundheits- und Arbeitsschutzes bei (Stone Sweet/Sandhotz 1997; Hitzel-Cassagnes 2000; Magiera/Trautmann 2006). Auch die Verträge von Maastricht (1993), Amsterdam (1999) und Nizza (2003) haben die marktkorrigierenden Kompetenzen der EU schrittweise ausgeweitet (z.B. im produktionsbezogenen Umweltschutz der Luftreinhaltepolitik).

Auch die redistributive EU-Politik hat vor allem für struktur- und finanzschwache Mitgliedsstaaten eine nicht zu unterschätzende Bedeutung. So verteilt die EU in der Gemeinsamen Agrarpolitik und in der Strukturpolitik über die Strukturfonds (Regional-, Sozial-, Kohäsionsfonds) erhebliche finanzielle Ressourcen (Hartwig 2006, S. 338–348). Im Zuge der EU-Osterweiterung werden zusätzliche Mittel für so genannte kapazitätsbildende und stabilitätsschaffende Maßnahmen bereit gestellt, die weit über die bisherige Förderung der Strukturpolitik hinausgehen.

7.2 Politikfeldspezifisch unterschiedlicher Europäisierungsgrad

Auch wenn die Europäisierung unterdessen das gesamte Politikspektrum der Nationalstaaten umfasst, variiert der Europäisierungsgrad je nach Politikfeld beträchtlich. So sind beispielsweise die gesetzgeberischen Kompetenzen der EU in der Steuer-, Kultur-, Bildungspolitik und Energiepolitik äußerst eingeschränkt, d.h., dass in diesen Politikfeldern intergouvernementale Entscheidungsverfahren, also Verfahren zwischen den nationalen Regierungen, dominieren (Börzel 2006, S. 497).

7.2.1 Sozial- und Beschäftigungspolitik

In der Sozial- und Beschäftigungspolitik sowie im System der Arbeitsbeziehungen ist der Europäisierungsgrad gering, da vor allem die Nationalstaaten mit hohen sozialen Standards (z.B. Schweden und Deutschland) kein Interesse an einer – mit Absenkung der Standards verbundenen – EU-weiten Harmonisierung haben (M. G. Schmidt 2005; S. 251–254). Auch eine Europäisierung der Beschäftigungspolitik im Sinne der Öffnung der Arbeitsmärkte muss wegen des damit einhergehenden Lohndrucks durch (osteuropäische) Niedriglohnländer auf Widerstände in Mitgliedsstaaten mit relativ hohen Löhnen stoßen. Dementsprechend scharf war die Kritik an der EU-Dienstleistungs-Richtlinie, die nach Übergangsfristen die Beschäftigung ausländischer Arbeitnehmer in Deutschland wesentlich erleichtert (vgl. Kap. C.4.7.). Eine Verlagerung der Zuständigkeiten der Tarifpartner im System der Arbeitsbeziehungen auf die EU-Ebene steht nicht ernsthaft zur Diskussion. Die in Deutschland durch das Grundgesetz geschützte Tarifautonomie als grundsätzlich einigungsförderndes System wird weder von der Politik noch den Tarifvertragsparteien in Frage gestellt (Neumann/Schaper 1998, S. 96–109). Gleichwohl bemühen sich die Regierungen der Mitgliedsstaaten um eine stärkere Koordinierung ihrer Sozial- und Beschäftigungspolitik, wie 2006/2007 die deutsch-französischen Auseinandersetzungen um Arbeitsplatzverlagerungen bei dem Flugzeugunternehmen Airbus zeigten.

7.2.2 Umweltpolitik

Den größten Einfluss hat die Europäisierung auf Politikinhalte, Politikinstrumente und Lösungsansätze in der marktkorriegerenden Umweltpolitik ausgeübt: Auch wenn Deutschland im Vergleich zu osteuropäischen Ländern strengere Umweltstandards hat, musste die deutsche Umweltgesetzgebung durch die EU veranlasste höhere Standards beispielsweise im Bereich des Wasserhaushalts und des Naturschutzes realisieren (Jänicke 2006, S. 412f.). Auch der Ende der 1980er Jahre durch die EU-Kommission eingeleitete Wechsel des Einsatzes von Instrumenten weg von Geboten und Verboten hin zu mehr finanzieller Anreizsteuerung ging in der deutschen Umweltpolitik mit einer Neuorientierung der Politikinstrumente einher (Knill 2003). Am stärksten hat die Europäisierung den deutschen Lösungsansatz der vorbeugenden Steuerung durch Gebote und Verbote in Frage gestellt. Gegen den Widerstand deutscher Behörden mussten letztlich Ansätze wie die EU-Umweltverträglichkeitsprüfung oder die EU-Richtlinie zur Integrierten Vermeidung und Kontrolle von Umweltverschmutzung umgesetzt werden (Börzel 2006, S. 499). Aber auch umgekehrt hatte die deutsche Umweltpolitik viele Politikinhalte der EU wesentlich mitbestimmt. So trugen die administrativen Kapazitäten Deutschlands dazu bei, dass EU-policies wie die Luftreinhalte- und Abfallpolitik größtenteils nach deutschem Vorbild gestaltet wurden (Börzel 2002).

7.2.3 Politik in den Bereichen der Telekommunikation, des Flug- und Straßengüterverkehrs und des Versicherungswesens

Im Bereich der marktschaffenden Politik hat die Europäisierung Reformen in Deutschland wie die Liberalisierung der Telekommunikation, des Flug- und Straßengüterverkehrs oder des Versicherungswesens forciert. Bei der Privatisierung öffentlicher Güter und Dienste macht die EU allerdings – im Unterschied zur marktkorrigierenden Politik – keine konkreten Vorgaben hinsichtlich der Re-Regulierung. Die Europäisierung hat also hier nur indirekte Auswirkungen, d.h., dass den Mitgliedsstaaten die Entscheidung über Art und Umfang der Standards und der Politikinstrumente weitgehend überlassen wird (Héritier/Thatcher 2002).

7.2.4 Regulative Sozialpolitik

Sogar in der regulativen Sozialpolitik, in der also rechtliche Instrumente die Politik gestalten, haben Richtlinien der EU (z.B. zur Gleichbehandlung von Frauen und Männern am Arbeitsplatz oder zur gleichen Entlohnung) weit reichende Gesetzesänderungen bewirkt (Falkner 2005). So wurde beispielsweise das Nachtarbeitsverbot für Frauen aufgehoben und die Beschäftigung von Frauen in allen Bereichen der Bundeswehr zugelassen.

7.2.5 Agrarpolitik sowie Regional- und Strukturpolitik

Im Bereich der redistributiven Politik, insbesondere in der Gemeinsamen Agrarpolitik und der Regional- und Strukturpolitik, hat die Europäisierung unterschiedliche Auswirkungen gehabt: So ist in der Agrarpolitik die Europäisierungswirkung deshalb begrenzt, weil die EU das deutsche protektionistische System (z.B. Preisgarantie für landwirtschaftliche Produkte oder Strukturhilfen für bäuerliche Kleinbetriebe) weitgehend unangetastet ließ (kritisch dazu Sturm/Pehle 2005, S. 257–275).

In der Struktur- und Regionalpolitik ist dagegen der Einfluss der Europäisierung beträchtlich. Mit dem Verweis auf mögliche Wettbewerbsgefährdung hat die EU-Kommission schon in den 1980er Jahren erfolgreich darauf hingewirkt, die Strukturhilfen für Deutschland einzuschränken (Wolf 2005; Hartwig 2006). Nach der Wiedervereinigung vollzog sich allerdings in der deutschen Regionalpolitik ein grundlegender Wandel. Nachdem sich die Bundesregierung durchgesetzt hatte, dass vor allem die neuen Bundesländer als strukturschwache Gebiete aus den Strukturfonds erhebliche Mittel erhalten, wurde im Gegenzug die EU-Förderung strengen Regeln unterworfen. Die neuen Bundesländer mussten sich fortan in das EU-Politikprogramm für die Mittelverwendung des Kohäsionsfonds einfügen, das die Kommission für die südeuropäischen Mitgliedsstaaten entwickelt hatte (Sturm/Pehle 2005, S. 317–334).

7.2.6 Außen, Sicherheits- und Verteidigungspolitik sowie Innen- und Justizpolitik

In der Außen-, Sicherheits- und Verteidigungspolitik sowie der Innen- und Justizpolitik hatten die Nationalstaaten bis zum Vertrag von Maastricht weitgehend die Zuständigkeiten für die innere und äußere Sicherheit als Kernelemente staatlicher Souveränität. Mit dem Maastrichter Vertrag wurden der EU erstmals Kompetenzen für die Außen- und Sicherheitspolitik (Zweite Säule) und für die Innen- und Justizpolitik (Dritte Säule) zugewiesen. Die Ausübung dieser 1980er Jahren erfolgreich darauf hingewirkt, die Strukturhilfen für Deutschland einzuschränken (Wolf 2005; Hartwig 2006). Nach der Wiedervereinigung vollzog sich allerdings in der deutschen Regionalpolitik ein grundlegender Wandel. Nachdem sich die Bundesregierung durchgesetzt hatte, dass vor allem die neuen Bundesländer als strukturschwache Gebiete aus den Strukturfonds erhebliche Mittel erhalten, wurde im Gegenzug die EU-Förderung strengen Regeln unterworfen. Die neuen Bundesländer mussten sich fortan in das EU-

Politikprogramm für die Mittelverwendung des Kohäsionsfonds einfügen, das die Kommission für die südeuropäischen Mitgliedsstaaten entwickelt hatte (Sturm/Pehle 2005, S. 317–334).

In der Außen-, Sicherheits- und Verteidigungspolitik sowie der Innen- und Justizpolitik hatten die Nationalstaaten bis zum Vertrag von Maastricht weitgehend die Zuständigkeiten für die innere und äußere Sicherheit als Kernelemente staatlicher Souveränität. Mit dem Maastrichter Vertrag wurden der EU erstmals Kompetenzen für die Außen- und Sicherheitspolitik (Zweite Säule) und für die Innen- und Justizpolitik (Dritte Säule) zugewiesen. Die Ausübung dieser 1980er Jahren erfolgreich darauf hingewirkt, die Strukturhilfen für Deutschland einzuschränken (Wolf 2005; Hartwig 2006). Nach der Wiedervereinigung vollzog sich allerdings in der deutschen Regionalpolitik ein grundlegender Wandel. Nachdem sich die Bundesregierung durchgesetzt hatte, dass vor allem die neuen Bundesländer als strukturschwache Gebiete aus den Strukturfonds erhebliche Mittel erhalten, wurde im Gegenzug die EU-Förderung strengen Regeln unterworfen. Die neuen Bundesländer mussten sich fortan in das EU-Politikprogramm für die Mittelverwendung des Kohäsionsfonds einfügen, das die Kommission für die südeuropäischen Mitgliedsstaaten entwickelt hatte (Sturm/Pehle 2005, S. 317–334).

In der Außen-, Sicherheits- und Verteidigungspolitik sowie der Innen- und Justizpolitik hatten die Nationalstaaten bis zum Vertrag von Maastricht weitgehend die Zuständigkeiten für die innere und äußere Sicherheit als Kernelemente staatlicher Souveränität. Mit dem Maastrichter Vertrag wurden der EU erstmals Kompetenzen für die Außen- und Sicherheitspolitik (Zweite Säule) und für die Innen- und Justizpolitik (Dritte Säule) zugewiesen. Die Ausübung dieser Zuständigkeiten unterlag allerdings bis dahin strikt intergouvernementalen Regeln und Verfahren.

Erst nach In-Kraft-Treten des Amsterdamer Vertrags (1999) erhielt die EU eigenständige Kompetenzen bei der Friedensbeschaffung und Friedenserhaltung außerhalb des eigenen Territoriums. Seit In-Kraft-Treten des Nizza-Vertrags (2003) verfügt die EU über weitgehende Zuständigkeiten in der inneren und äußeren Sicherheit. Während aber in der Außen- und Verteidigungspolitik die Kompetenzen strikt von den nationalen Regierungen ausgeübt werden, sind die Innen- und Justizpolitik wie insbesondere die Asyl-, Einwanderungs- und Visapolitik zum Teil „vergemeinschaftet" worden (Müller-Graff/Kainer 2006, S. 69–72).

Auch wenn die europäischen Verträge die Zuständigkeiten der EU in der Gemeinsamen Außen- und Sicherheitspolitik (GASP) und in der Europäischen Sicherheits- und Verteidigungspolitik (ESVP) erweitert haben, und die nationalen Regierungen verstärkt ihren Willen äußern, in der Außen- und Verteidigungspolitik zukünftig stärker mit „einer Stimme" aufzutreten, dominieren weiterhin intergouvernementale Strukturen und Verfahren. Die europäische Außen- und Verteidigungspolitik wird maßgeblich von Institutionen gestaltet, in denen unterschiedliche nationale Interessen koordiniert werden müssen. So verfügt das politische und sicherheitspolitische Komitee (PSK), das sich aus hohen Beamten der Ständigen Vertretungen der Mitgliedsstaaten zusammensetzt, über besondere Kontroll- und Leitungsbefugnisse. Politisches Gewicht hat auch der Ausschuss der Ständigen Vertreter (AStV), da diese mit Botschaftern der Mitgliedsstaaten besetzte Institution über außen- und verteidigungspolitisches Expertenwissen verfügt. Das PSK und der AStV werden von Arbeitsgruppen aus Regional- und Fachexperten der nationalen Außenministerien und den GASP-Botschaftsräten der Ständigen Vertretungen unterstützt (Regelsberger 2006, S. 270).

Im Jahr 2000 hat die GASP im Generalsekretariat des Rats einen Militärausschuss (EUMC) installiert, der militärische und zivile Planungen entwirft. Die für das operative außen- und sicherheitspolitische Tagesgeschäft zuständige „Policy Unit" arbeitet dem mit dem Vertrag von Amsterdam geschaffenen Hohen Vertreter für die GASP (Art. 26 EUV) zu.

7.2.7 Asyl-, Einwanderungs- und Visapolitik

Die Vereinbarung des 1993 in Kraft getretenen Schengener Übereinkommens einschließlich des Durchführungsübereinkommens, die den Wegfall der Grenzkontrollen an den Binnengrenzen regelte, erforderte eine gemeinsame Politik gegenüber Nicht-Unionsbürgern (Drittstaatenangehörigen) an den Außengrenzen der Europäischen Union. Da die Entscheidungen in der Asyl-, Einwanderungs- und Visapolitik, abgesehen von Ausnahmen, dem Einstimmigkeitprinzip im Ministerrat unterliegen, können einzelne Nationalstaaten die weitere Ausweitung europäisierter Kompetenzen in diesen Politikfeldern verhindern. Die Vertragsänderung von Amsterdam hat die EU-Asylpolitik ermächtigt, materielle Asylvoraussetzungen insbesondere zum Flüchtlingsrecht zu erlassen. Demnach kann der Ministerrat Mindestnormen zur Anerkennung von Flüchtlingen festlegen, eine ausgewogene Verteilung auf das Gemeinschaftsgebiet fördern und Bedingungen für einen längerfristigen Aufenthalt regeln.

Die auf der Grundlage des Amsterdamer Vertrags erlassene Dubliner Verordnung räumt in Verbindung mit der Eurodac-Verordnung (Einführung einer Fingerabdruck-Datenbank) der EU die Zuständigkeit ein, beispielsweise Mehrfachanträge zu verhindern. Der Asylanspruch selbst ist in einer Richtlinie von 2004 geregelt worden, die im Einklang mit der Genfer Flüchtlingskonvention Mindestnormen für die Anerkennung von Personen als Flüchtlinge festlegt. Diese Richtlinie stärkt zwar den Europäisierungsgrad der Asylpolitik, doch ist sie nur ein beachtlicher Schritt auf dem Weg zur gänzlichen Harmonisierung dieses Politikfelds.

Die Einwanderungspolitik bemüht sich, vertretbare Voraussetzungen für Drittstaatenangehörige zu schaffen, die sich länger als drei Monate in EU-Mitgliedsländern aufhalten. Die auf die „Steuerung der Migrationsströme" angelegte Einwanderungspolitik will vor allem illegale Einwanderung abwehren und legal eingereiste Drittstaatenangehörige fair behandeln. In verschiedenen Rückführungsübereinkommen mit Herkunftsländern ist die Rückführung illegal Eingewanderter teilweise harmonisiert worden. Eine EU-Richtlinie aus dem Jahr 2003 ist einwanderungspolitisch insofern von Bedeutung, als sie Rahmenbedingungen für eine langfristige und dauerhafte Aufenthaltsgenehmigung, auch für den Zugang zum Arbeitsmarkt, festgelegt hat. Die Europäisierung der Einwanderungspolitik ist gleichwohl deshalb weiter stark begrenzt, weil den Mitgliedsstaaten vorbehalten bleibt, innerstaatliche Regelungen beizubehalten oder neue einzuführen, wenn sie mit dem EG-Vertrag und internationalen Abkommen vereinbar sind.

Dagegen ist die Visapolitik der EU, die einheitliche Voraussetzungen für einen kurzzeitigen Aufenthalt von Drittstaatenangehörigen geschaffen hat, weitgehend europäisiert. Ein gemeinsames Visum wurde schon durch die Schengener Übereinkommen eingeführt. Vergemeinschaftet sind nicht nur die Verfahren zur Ausstellung der Visa, sondern auch die Benennung der Staaten, deren Bürger visapflichtig sind.

D   Literaturverzeichnis

Abromeit, Heidrun, 1992: Der verkappte Einheitsstaat, Opladen.

Abromeit, Heidrun, 1993: Interessenvermittlung zwischen Konkurrenz und Konkordanz, Studienbuch zur Vergleichenden Lehre politischer Systeme, Opladen.

Adam, Hermann, 1992: Wirtschaftspolitik und Regierungssystem der Bundesrepublik Deutschland, Opladen.

Adamski, Heiner, 2005: Auflösung des Bundestages, in: Gesellschaft – Wirtschaft – Politik 54, S. 331–341.

Adamy, Wilhelm/Bosch, Gerhard/Knuth, Matthias, 1993: Arbeitsmarkt, in: M. Kittler (Hrsg.): Gewerkschafts-Jahrbuch 1993, Köln.

Adolf, Jörg, 2000: Reform des deutschen Föderalismus: Reorganisation der Entscheidungsverfahren, in: Wirtschaftsdienst, Heft IV, S. 230–235.

Afhüppe, Sven/Fasse, Markus, 1999: Lehrbuch gegen die Krise, in: Die Zeit vom 23.9., S. 26.

Alber, Jens, 2001: Der deutsche Sozialstaat in der Ära Kohl: Diagnosen und Daten, in: S. Leibfried/ U. Wagschal (Hrsg.): Der deutsche Sozailstaat. Bilanzen – Reformen – Perspektiven, Frankfurt a.M./ New York, S.171–198.

Albers, Willi, 1977: Transferzahlungen an Haushalte, in: Handbuch der Finanzwissenschaft (HdF), Bd. 1, Tübingen.

Alemann, Ulrich von, 1975: Partizipation – Demokratisierung – Mitbestimmung, Opladen

Alemann, Ulrich von (Hrsg.), 1981: Neokorporatismus, Frankfurt a.M./New York.

Alemann, Ulrich von/Heinze, Rolf (Hrsg.), 1981a: Verbände und Staat, Vom Pluralismus zum Korporatismus, Analysen, Positionen, Dokumente, Opladen.

Almond, Gabriel/Coleman, John, 1960: The Politics of the Developing Areas, Princeton.

Almus, Matthias, u.a., 1998: Die gemeinnützige Arbeitnehmerüberlassung in Rheinland-Pfalz – eine ökonometrische Untersuchung des Wiedereingliederungserfolges, in: Mitteilungen aus der Arbeitsmarkt- und Berufsforschung, Nr. 3, S. 558–574.

Alter, Karen J., 2000: The European Union's Legal System and Domestic Policy: Spillover or Backlash?, in: International Organization 54, S.489–518.

Altmann, Jörn, 1992: Wirtschaftspolitik, Stuttgart-Jena.

Altmeyer, Jens, 1998: Föderale Finanzbeziehungen unter Anpassungsdruck, Eine vergleichende Untersuchung zur Regelung vereinigungsbedingter Verteilungskonflikte in der bundesdeutschen Verhandlungsdemokratie, Konstanz.

Altvater, Elmar, 1998: Ort und Zeit unter den Bedingungen ökonomischer Globalisierung, in: D. Messner (Hrsg.): Die Zukunft des Staates und der Politik, Möglichkeiten und Grenzen politischer Steuerung in der Weltgesellschaft, Bonn, S. 74–97.

Andersen, Sveine S./Eliassen, Kjell A. (eds.), 1996: The European Union: How Democratic is it?, London.

Andersen, Uwe/Woyke, Wichard (Hrsg.), 1993: Handwörterbuch des politischen Systems der Bundesrepublik Deutschland, Opladen.

Andersen, Uwe: Konjunktur- und Beschäftigungspolitik, in: D. Grosser (Hrsg.), 1985: Der Staat in der Wirtschaft der Bundesrepublik, Opladen.

Andreas, Peter, 1996: U.S.-Mexico: Open Markets, Closed Border, in: Foreign Policy, Heft 103, S. 51–69.

Appelbaum, E./Schettkat, R.: Employment Trends in Industrialized Economies, in: Discussion Papers des Wissenschaftszentrums Berlin FSI 93–313.

Arbeitsgruppe Armut und Unterversorgung 1985: Bedarfsbezogene Grundsicherung – Ein tragfähiges Fundament für die Sozial- und Wirtschaftspolitik, Frankfurt a.M.

Arbeitsgruppe Bildungsbericht am Max-Planck-Institut für Bildungsforschung, 1994: Das Bildungswesen in der Bundesrepublik Deutschland, Strukturen und Entwicklung im Überblick, Reinbek.

Arbeitsgruppe Öffentlicher Sektor: Sparhaushalt nicht konjunkturgerecht, in: DIW-Wochenbericht, 1993: Heft 26–27.

Arnold, Michael, 1993: Solidarität 2000, Die medizinische Versorgung und ihre Finanzierung nach der Jahrtausendwende, Stuttgart.

Articus, Stephan, 2003: Sozialpolitische Verantwortlichkeiten klären, in: K. Deufel/M. Wolf (Hrsg.): Ende der Solidarität? Die Zukunft des Sozialstaates, Freiburg im Breisgau, S. 256–263.

Assheuer, Thomas/ Perger, Werner A. (Hrsg.): Was wird aus der Demokratie?, Opladen 2000.

„Ausgabenpolitik"-Gutachten des Wissenschaftlichen Beirats (Hrsg.), 1994: Perspektiven staatlicher Ausgabenpolitik, in: Schriftenreihe des Bundesministeriums der Finanzen, Heft 51.

Bach, Hans-Uwe/Gaggermeier, Christian/Klinger, Sabine, 2005: Sozialversicherungspflichtige Beschäftigung. Woher kommt die Talfahrt?, in: Aktuelle Analysen 26 vom 28. Dezember.

Bach, Stefan: Koalitionsvertrag: Belastungen durch die Mehrwertsteuererhöhungen werden nur zum Teil durch Senkung der Sozailbeiträge kompensiert, in: DIW-Wochenbericht 47/2005.

Bachrach, Peter/Baratz, Morton S., 1977: Macht und Armut, Eine theoretisch-empirische Untersuchung, Einleitung von Claus Offe, Frankfurt a.M.

Bäcker, Gerhard, 1987: Der Wertschöpfungsbeitrag zur Rentenversicherung: Kein Königsweg auf der Suche nach neuen Finanzierungsfundamenten des Sozialstaates, in: R. G. Heinze u.a. (Hrsg.): Sozialstaat 2000 – Auf dem Weg zu neuen Grundlagen der sozialen Sicherung, Bonn.

Bäcker, Gerhard, 1993: Solidarische Bewältigung der Einigungsfolgen, Sozialpolitik, Herausforderungen im vereinigten Deutschland, in: R. Hickel/E.-U. Huster/H. Kohl (Hrsg.): Umverteilen, Schritte zur sozialen und wirtschaftlichen Einheit Deutschlands, Köln.

Bäcker, Gerhard/Bispinck, Reinhard/Hofemann, Klaus/Naegele, Gerhard, 2000: Sozialpolitik und soziale Lage in Deutschland, Bde. 1 und 2, Köln.

Bäcker, Gerhard/Hanisch, Walter, 1993: Nicht den Kernbestand des Sozialstaates in Frage stellen, Ein zweiter Arbeitsmarkt mit Löhnen unter Tarif ist sozial und ökonomisch unsinnig, in: Frankfurter Rundschau vom 11.8., S. 12.

Bäcker, Gerhard/Koch, Angelika, 2004: Unterschiede zwischen zukünftigem Arbeitslosengeld II und bisheriger Arbeitslosen- und Sozialhilfe, in: Soziale Sicherheit Nr. 3, S. 88–95.

Bäcker, Gerhard/Welzmüller, Reinhard, 1987: Bedarf es einer Neuorientierung der Sozialpolitik?, in: WSI-Arbeitsmaterialien, Nr. 15.

Badura, Bernhard/Reese, Jürgen, 1976: Jungparlamentarier in Bonn – ihre Sozialisation im Deutschen Bundestag, Stuttgart.

Literaturverzeichnis

Bandelow, Nils C., 1998: Gesundheitspolitik, Der Staat in der Hand einzelner Interessengruppen?, Opladen.

Bandelow, Nils C., 2006: Gesundheitspolitik: Zielkonflikte und Politikwechsel trotz Blockaden, in: M. G. Schmidt/R. Zohlnhöfer (Hrsg.): Regieren in der Bundesrepublik Deutschland. Innen- und Außenpolitik seit 1949, S. 159–176.

Baratto von, Mario/Clauss, Jan-Ulrich, 1991: Internationale Organisationen, Frankfurt a.M.

Bartling, Hartwig/Luzius, Franz, 1991: Grundzüge der Volkswirtschaftslehre, München.

Bartsch, Klaus, 2006: Makroökonomische Wirkungsanalyse der Einführung eines gesetzlichen Mindestlohns in Deutschland. Eine Untersuchung mit dem makroökonomischen Deutschlandmodell LAPROSIM. Gutachten im Auftrag des ver.di-Bundesvorstands, April 2006.

Bartsch, Klaus/Heise, Arne/Tofaute, Helmut, 1994: Grundzüge eines Modernisierungs- und Beschäftigungsprogramms (MB) für die Bundesrepublik Deutschland, in: WSI-Mitteilungen, Heft 6.

Bassanini, A./Duval, R., 2006: Employment Patterns in OECD-Countries: Reassessing the Role of Policies and Institutions, OECD Economics Department Working Paper 486.

Bauer, Thomas, 1998: Der Vermittlungsausschuss: Politik zwischen Konkurrenz und Konsens, Universität Bremen: Dissertation.

Baumgartner, 2006: The sustainability of supported start-up firms of formerly unemployed people, in: DIW-Discussion Paper.

BDI, Bundesverband der Deutschen Industrie, 1994: Umsteuern mit Ökosteuern?, in: Drucksache Nr. 278.

BDI, Bundesverband der Deutschen Industrie, 1997: BDI wendet sich mit Nachdruck gegen EU-Energiesteuer-Richtlinie, Pressemitteilung 29/97, Köln 14.3.

Bechthold, Ilse, 1998: Der große Lauschangriff: Ende der Privatsphäre, in: T. Müller-Heidelberg u.a. (Hrsg.): Grundrechte-Report 1998, S. 153–158.

Beck, Kurt, 2004: „Hintergrundinformationen der rheinland-pfälzischen Landesregierung zur Ländermitwirkung in EU-Angelegenheiten im Zusammenhang mit den Reformüberlegungen zu Art. 23 GG", in: Kommissions-Drucksache 0034, Ministerpräsident des Landes Rheinland-Pfalz.

Beck, Ulrich, 1986: Risikogesellschaft, Auf dem Wege in eine andere Moderne, Frankfurt a.M.

Beck, Ulrich, 1998/90: On the Way toward an Industrial Risk Society, in: International Journal of Political Economy 19, S. 1–19.

Beck, Ulrich, 1999: Aufbruch in die Zweite Moderne, in: M. Bissinger (Hrsg.): Stimmen gegen den Stillstand, Roman Herzogs Berliner Rede und 33 Antworten, Hamburg, S. 44–51.

Beck, Ulrich, 1999a: Die „Warum – nicht – Gesellschaft", in: Die Zeit vom 25.11., S. 13 f.

Beck, Ulrich, 1999b: Macht und Gerechtigkeit. Über die Zukunft der Sozialdemokraten, in: Süddeutsche Zeitung vom 2.8., S. 8.

Becker, Irene/Hauser, Richard, 2004: Soziale Gerechtigkeit – eine Standortbestimmung. Zieldimensionen und empirische Befunde, Berlin.

Behrens, Peter, 1994: Die Wirtschaftsverfassung der Europäischen Gemeinschaft, in: G. Brüggemeier (Hrsg.): Verfassungen für ein ziviles Europa, Baden-Baden.

Benda, Ernst, 1981: Gedanken zum Sozialstaat, Vortrag vor dem Kommunikationsforum Recht-Wirtschaft-Steuern, Köln.

Benda, Ernst, 1983: Politischer Gestaltungswille und Verfassungsauftrag – Die friedenssichernde Aufgabe des Rechts, Vortrag anlässlich der Rechtspolitischen Tagung des Landesarbeitskreises Christlich-Demokratischer Juristen, Bremen.

Benda, Ernst, 1986: Die Verfassungsgerichtsbarkeit der Bundesrepublik Deutschland, in:
Chr. Starck/A. Weber (Hrsg): Verfassungsgerichtsbarkeit in Westeuropa, Bd. 1, Baden-Baden.

Benda, Ernst, 1993: Der Rechtsstaat, in: U. Andersen/W. Woyke (Hrsg.): Handwörterbuch des politischen Systems der Bundesrepublik Deutschland, Opladen.

Benz, Arthur, 1985: Föderalismus als dynamisches System, Zentralisierung und Dezentralisierung im föderativen Staat, Opladen.

Benz, Arthur, 1989: Regierbarkeit im kooperativen Bundesstaat – Eine Bilanz der Föderalismusforschung, in: St. von Bandemer/G. Wewer (Hrsg.): Regierungssystem und Regierungslehre, Opladen.

Benz, Arthur, 1991: Umverteilung durch Verhandlungen?, Kooperative Staatspraxis bei Verteilungskonflikten, in: Staatswissenschaften und Staatspraxis 2.

Benz, Arthur, 1993: Reformbedarf und Reformchancen des kooperativen Föderalismus, in:
W. Seibel/A. Benz/H. Mäding: Verwaltungsreform und Verwaltungspolitik im Prozess der deutschen Einigung, Baden-Baden.

Benz, Arthur, 1999: Der deutsche Föderalismus, in: PVS-Sonderheft 30, S. 135–153.

Benz, Arthur, 1999a: „Ende der Politikverflechtungsfallen? – Der kooperative Bundesstaat im veränderten Parteienwettbewerb", Vortrag an der Fern-Universität Hagen am 7.1.1999.

Benz, Arthur, 2004: „Zur Reform der Kompetenzverteilung im Bundesstaat", in: Kommissions-Drucksache 0017.

Benz, Arthur, 2005: Kein Ausweg aus der Politikverflechtung? – Warum die Bundesstaatskommission scheiterte, aber nicht scheitern musste, in: Politische Vierteljahresschrift (PVS), Heft 2, Juni,
S. 204–214.

Benz, Arthur/Scharpf, Fritz W./Zintl, Reinhard, 1992: Horizontale Politikverflechtung, Zur Theorie von Verhandlungssystemen, Frankfurt a.M./New York

Berger, Roland, 1997: Innovationen und beschleunigter wirtschaftlicher Strukturwandel – Wege in eine zukunftsfähige Gesellschaft am Standort Deutschland, in: M. Bissinger (Hrsg.): Stimmen gegen den Stillstand, Hamburg, S. 53–65.

Berg-Schlosser, Dirk/Stammen, Theo, 1992: Einführung in die Politikwissenschaft, München.

Bericht der Bundesregierung über den Stand der Umsetzung der Maßnahmen zur Zukunftssicherung des Standortes Deutschland und des Aktionsprogramms für mehr Wachstum und Beschäftigung 1994, in: Bundestags-Drucksache 12/6907.

Bermbach, Udo, 1994: Direkte Demokratie, in: E. Holtmann (Hrsg.): Politik-Lexikon, München-Wien.

Bermbach, Udo/Blanke, Bernhard/Böhret, Carl, 1990: Spaltungen der Gesellschaft und die Zukunft des Sozialstaates, Opladen.

Bertelsmann Europa-Kommission, 2000: Europas Vollendung vorbereiten. Forderungen an die Regierungskonferenz 2000, Gütersloh.

Berthold, Norbert, 1993: Europäische Währungsordnung – quo vadis?, in: Wirtschaftsdienst 9,
S. 450–454.

Berthold, Norbert, 1994: Arbeitslosigkeit, Arbeitszeitverkürzung und Arbeitsplatzbesitzer,
in: Wirtschaftsdienst, Heft 4.

Berthold, Norbert, 2002: Der Sozialstaat der Zukunft – mehr Markt, weniger Staat, hrsg. von Friedrich-Naumann-Stiftung, Bonn.

Berthold, Norbert/Hank, Rainer, 1999: Bündnis für Arbeit, Korporatismus statt Wettbewerb,
in: Beiträge zur Ordnungstheorie und Ordnungspolitik, Heft 159.

Beschlussempfehlung und Bericht des Sonderausschusses „Europäische Union (Vertrag von Maastricht)", in: Bundestags-Drucksache 12/3885.

Bettermann, Karl A., 1962: Grundrechte und institutionelle Garantien, Berlin.

Beyme, Klaus von, 1990: Die vergleichende Politikwissenschaft und der Paradigmenwechsel in der politischen Theorie, in: Politische Vierteljahresschrift, Heft 3.

Beyme, Klaus von, 1992: Die politischen Theorien der Gegenwart, Opladen.

Beyme, Klaus von, 1997: Funktionenwandel der Parteien in der Entwicklung von der Massenmitgliederpartei zur Partei der Berufspolitiker, in: O. W. Gabriel u.a. (Hrsg.): Parteiendemokratie in Deutschland, Opladen.

Beyme, Klaus von, 2004: Das politische System der Bundesrepublik Deutschland. Eine Einführung, Wiesbaden (10. Aufl.).

Beyme, Klaus von, 2006: Föderalismus und Identitätspolitik. Ein Lob des asymmetrischen Föderalismus, Heidelberg (i.E.).

Biedenkopf, Kurt, 1998: „Effizienz vor Solidarität", Focus-Interview mit dem sächsischen Ministerpräsidenten Kurt Biedenkopf, in: Focus 1/98.

Billing, Werner, 1993: Bundesverfassungsgericht, in: U. Andersen/W. Woyke (Hrsg.): Handwörterbuch des politischen Systems der Bundesrepublik Deutschland, Opladen .

Bispinck, Reinhard, 1997: The Chequered History of the Alliance for Jobs in: G. Fajertag/Ph. Pochet (eds.): Social Pacts in Europe, Brussel.

Bispinck, Reinhard, 2002: Tarifpolitik und Beschäftigungssicherung. Eine Bilanz der vergangenen 15 Jahre, Berlin, S. 13–38.

Bissinger, Manfred u.a. (Hrsg.), 1999: Konsens oder Konflikt?, Wie Deutschland regiert werden soll, Hamburg.

Blasche, Siegfried/Döring, Diether (Hrsg.), 1998: Sozialpolitik und Gerechtigkeit, Frankfurt a.M./ New York.

Bletschacher, G./Klodt, H.,1992: Strategische Handels- und Industriepolitik, Tübingen.

Blume, Gerd/Rex, Alexander Graf von, 1998: Weiterentwicklung der inhaltlichen und personellen Mitwirkung der Länder in Angelegenheiten der EU nach Maastricht, in: F.H.U. Borkenhagen (Hrsg.): Europapolitik der deutschen Länder, Opladen, S. 29–49.

Blumenthal von, Julia, 2002: Auswanderung der Politik aus den Institutionen: Schwächung der repräsentativen Demokratie. Replik auf Eberhard Schuett-Wetschky, in: Zeitschrift für Politikwissenschaft 12, S. 3–26.

Blumenthal von, Julia, 2003: Auswanderung aus den Verfassungsinstitutionen. Kommissionen und Konsensrunden, in: Aus Politik und Zeitgeschichte, Heft B 43; S. 9–15.

Bundesministerium für Wirtschaft und Arbeit (BMWA), 2004: Hartz IV. Menschen in Arbeit bringen, Berlin

Bode, Bernard, 2006: Föderalismus in neuem Gewand, in: Das Parlament vom 3.7., S. 1.

Böckenförde, Ernst B., 1969: Entstehung und Wandel des Rechtsstaatsbegriffs, Festschrift für Adolf Arndt, Frankfurt.

Böckenförde, Ernst-Wofgang, 1976: Die Methoden der Verfassungsinterpretation – Bestandsaufnahme und Kritik, in: Neue Juristische Wochenschrift (NJW) 29.

Böckenförde, Ernst-Wolfgang, 1996: Die Überlastung des BverfG, in: Zeitschrift für Rechtspolitik (ZRP) 1996, S. 281–284.

Böckenförde, Ernst-Wolfgang, 1999: Wie viel Staat die Gesellschaft braucht, in: Süddeutsche Zeitung vom 8.11., S. 10.

Böhning, Björn, 2006: Risiken und Nebenwirkungen. Die von der großen Koalition angepeilte Gesundheitsreform ist teuer und ungerecht, in: Frankfurter Rundschau vom 12.8.2006.

Böhret, Carl u.a., 1988: Innenpolitik und Politische Theorie, Ein Studienbuch, Opladen.

Böhret, Carl/Junckers, Marie-Therese, 1976: Führungskonzepte für die öffentliche Verwaltung, Darstellung – Kritik – Anwendungsprobleme, Stuttgart u.a.

Börzel, Tanja, 2002: Pace-Setting, Foot Dragging and Fence Sitting: Member State Responses to Europeanization, in: Journal Common Market Studies 40, S. 193–214.

Börzel, Tanja, 2006: Europäisierung der deutschen Politik?, in: M.G. Schmidt/ R.Zohlnhöfer (Hrsg.): Regieren in der Bundesrepublik Deutschland, Wiesbaden.

Bofinger, Peter, 2006: Wir sind besser als wir glauben. Wohlstand für alle, Reinbek bei Hamburg.

Bogai, Dieter u.a., 1992: Arbeitsplatzförderung statt Lohnersatz, in: IAB-Werkstattbericht, Nr. 7.

Bogai, Dieter, 1994: Arbeitszeitverkürzung und Beschäftigung, in: Wirtschaftsdienst, Heft 9.

Bonin von, Konrad, 1979 : Zentralbanken zwischen funktioneller Unabhängigkeit und politischer Autonomie, Baden-Baden.

Borchert, Jürgen, 1999: Rettung vor der Rentenkatastrophe kommt aus der Schweiz, in: Süddeutsche Zeitung vom 4.1., S. 22.

Bosch, Gerhard, 1993: Neue Herausforderungen und Konzepte der zukünftigen Strukturpolitik, in: H. W. Jablonowski/R. Simons (Hrsg.): Strukturpolitik in Ost und West, Köln.

Bovensiepen, Nina, 2007: Weniger Geld im Ruhestand, in: Süddeutsche Zeitung vom 6.8., S. 6.

Bovensiepen, Nina, 2007: Das Leben der Aufstocker, in: Süddeutsche Zeitung vom 17.8., S. 6.

Brand, Karl-Werner, 1985: Neue soziale Bewegungen in Westeuropa und in den USA: ein internationaler Vergleich, Frankfurt a.M.

Braun, Dietmar, 1993: Zur Steuerbarkeit funktionaler Teilsysteme: Akteurtheoretische Sichtweisen funktionaler Differenzierung moderner Gesellschaft, in: Politische Vierteljahresschrift, Sonderheft 24.

Braun, Dietmar, 1995: Der bundesdeutsche Föderalismus an der Wegscheide, Interessenkoalitionen, Akteurskonflikte und institutionelle Lösungen, in: Staatswissenschaften und Staatspraxis, Heft 2, S. 101–135.

Breuel, Birgit, 1993: Überlebensfähigen Unternehmen die Regeneration ermöglichen, in: Wirtschaftsdienst, Heft 2.

Brinkmann, Heinz U., 1994: Präsidentielle Regierungssysteme, in: E. Holtmann (Hrsg): Politik-Lexikon, München – Wien.

Brümmerhoff, Dieter, 1988: Finanzwissenschaft, München-Wien.

Bryde, Brun-Otto, 1982: Verfassungsentwicklung, Stabilität und Dynamik im Verfassungsrecht der Bundesrepublik Deutschland, Baden-Baden.

Buchanan, J.M./Tollison, R. D./Tullock, G. (Hrsg.), 1980: Toward Theory of Rent Seeking Society, Collage Station.

Buchstein, Hubertus/Nullmeier, Frank, 2006: Einleitung: Die Postdemokratie-Debatte, in: Postdemokratie. Ein neuer Diskurs?, Forschungsjournal Neue Soziale Bewegungen, Heft 4, S. 16–22.

Bugiel, Carsten, 1991: Volkswille und repräsentative Entscheidung, Zulässigkeit und Zweckmäßigkeit von Volksabstimmungen nach dem Grundgesetz, Baden-Baden.

Bulmer, Simon/Maurer, Andreas/Paterson, William, 2001: Das Entscheidungs- und Koordinationssystem deutscher Europapolitik: Hindernis für eine neue Politik?, in: H. Schneider/M. Jopp/ U. Schmalz (Hrsg.), 2005: Eine neue deutsche Europapolitik? Rahmenbedingungen – Problemfelder – Optionen, Bonn, S. 231–265.

Bulmer, Simon/ Jeffery, Charlie/ Paterson, William E., 1998: Deutschlands europäische Diplomatie: Die Entwicklung des regionalen Milieus, in: W.Weidenfeld (Hrsg.): Deutsche Europapolitik: Optionen wirksamer Interessenvertretung, Bonn, S. 11–102.

Bundesbericht Forschung des Bundesministeriums für Forschung und Technologie, Bonn 1994

Bundesministerium der Finanzen (BMF) (Hrsg.), 1998: Symmetrische Finanzpolitik 2010 – Reformen: National gestalten und international mitgestalten, Bonn.

Bundesministerium der Finanzen (BMF) (Hrsg.), 1999: Steuerreform 2000, Steuern senken – Wachstum stärken – Arbeitslosigkeit bekämpfen, Berlin.

Bundesministerium der Finanzen (BMF) (Hrsg.), 1999a: Finanzbericht 2000, Bonn

Bundesministerium für Arbeit und Soziales, 2006: Die Wirksamkeit moderner Dienstleistungen am Arbeitsmarkt, Berlin

Bundesminister für Finanzen (BMF), 1997: Umweltsteuern aus finanzwissenschaftlicher Sicht – Gutachten des Wissenschaftlichen Beirats beim BMF, Schriftenreihe, Heft 63, Bonn.

Bundesministerium für Gesundheit und soziale Sicherung (BMGS), 2004: Rente, Berlin.

Bundesrat (Hrsg.), 1989: Vierzig Jahre Bundesrat, Baden-Baden.

Bundesrat (Hrsg.), 1992: Handbuch des Bundesrats für das Geschäftsjahr 1991/92, München.

Bundestags-Drucksache (BT-Drucksache) 12/6000, 1993: Bericht der Gemeinsamen Verfassungskommission, Bonn.

Bundestags-Drucksache (BT-Drucksache) 14/9503, 2002: Unterrichtung durch die Bundesregierung, Nationaler Strategiebericht Alterssicherung, Berlin.

Bundesverfassunsgericht: Entscheidung zur akustischen Wohnraumüberwachung („Großer Lauschangriff"): http://www.bverfg.de/entscheidungen/rs20040303_1bvr237898.html.

Bundesverfassungsericht: Entscheidung zur Rasterfahndung: http://www.bverfg.de/entscheidungen/rs20060404_1bvr051802.html.

Bundesverfassungsgericht: Entscheidung zur vorbeugenden Telefonüberwachung: http://www.bverfg.de/entscheidungen/rs20050727_1bvr066804.html.

Bundesverfassungsgericht: Entscheidung zum Luftsicherheitsgesetz: http://www.bverfg.de/entscheidungen/rs20060215_1bvr035705.html.

Bundesverfassungsgericht: Entscheidung zum Anspruch des Landes Berlin auf Sanierungshilfen http://www.bverfg.de/entscheidungen/fs20061019_2bvf000303.html.

Bundesvereinigung Deutscher Arbeitgeberverbände (BDA) (Hrsg.), 1994: Sozialstaat vor dem Umbau, Leistungsfähigkeit und Finanzierbarkeit sichern, Köln.

Bündnis 90/ Die GRÜNEN, 1996: Einstieg in eine ökologisch-soziale Steuerreform – Ein Beitrag zu einem zukunftsfähigen Deutschland, Bonn, November.

Butler, David/Ranny, Austin (Hrsg.), 1994: Referendums around the World, Washington D.C.

Butterwegge, Christoph, 2006: Krise und Zukunft des Sozialstaates, Wiesbaden (3. Aufl.).

Buttler, Friedrich, 1993: Ein zweiter Arbeitsmarkt ist unverzichtbar, in: Wirtschaftsdienst, Heft 6.

Buttler, Friedrich/Teriet, Bernhard, 1994: Ein Instrument zur Eindämmung der Arbeitslosigkeit, in: Wirtschaftsdienst, Heft 9.

Caesar, Rolf, 1981: Der Handlungsspielraum von Notenbanken, Baden-Baden

Cecchini, Paolo, 1988: Europa '92. Der Vorteil des Binnenmarktes, Cecchini-Bericht

Cerny, Philip G., 1997: Paradoxes of the Competition State: The Dynamics of Political Globalization, in: GO 32, S. 251–274.

Christensen, Björn/Schimmelpfennig, Axel, 1998: Arbeitslosigkeit, Qualifikation und Lohnstruktur in Westdeutschland, in: Die Weltwirtschaft, Heft 2, S. 177–186.

Clement, Rainer, 1991: Wo steht die Bundesrepublik im internationalen Technologiewettlauf, in: Wirtschaftsdienst, Heft 3.

Clement, Rainer/Röhreke, Henning, 1994: Beschäftigungsprobleme und strukturelle Fehlentwicklungen, Hamburg.

Coddington, A.: Keynesian Economics: The Search for the First Principles, in: Journal of Economic Literature, vol. 14/1976.

Czada, Roland, 1993: Konfliktbewältigung und politische Reform in vernetzten Entscheidungsstrukturen, Das Beispiel der kerntechnischen Sicherheitsregulierung, in: R. Czada/M. G. Schmidt (Hrsg.): Verhandlungsdemokratie, Interessenvermittlung, Regierbarkeit, Opladen.

Czada, Roland, 1994: Politik der Vereinigung und politischer Wandel in Deutschland, Ms. des 19. DVPW-Kongresses, Potsdam.

Czada, Roland, 1998: Der Vereinigungsprozess – Wandel der externen und internen Konstitutionsbedingungen, in: G. Simonis (Hrsg.): Deutschland nach der Wende, Neue Parteistrukturen, Opladen, S. 55–86.

Czada, Roland, 1999: Reformloser Wandel, Stabilität und Anpassung im politischen Akteursystem der Bundesrepublik, in: Th. Ellwein/ E. Holtmann (Hrsg.): 50 Jahre Bundesrepublik Deutschland, PVS-Sonderheft 30, S. 397–411.

Czada, Roland/Schmidt, Manfred G. (Hrsg.), 1993: Verhandlungsdemokratie, Interessenvermittlung, Regierbarkeit, Opladen.

Czempiel, Ernst-Otto, 1987: Die Zukunft des Nationalstaates, in: K. von Beyme u.a. (Hrsg.): Politikwissenschaft, Band III, Außenpolitik und Internationale Politik, Stuttgart u.a.

Däubler, Wolfgang, 1990: Das Arbeitsrecht 1, Reinbek.

Dahrendorf, Ralf, 1994: Die Zukunft des Nationalstaates, in: Merkur 48, S. 751–761.

Daniels, Arne, 1998: Gemischtes Doppel in: Die Zeit vom 10.12., S. 37.

Daniels, Arne/Hanke Thomas, 1999: Lohn der Angst, in: Die Zeit vom 20.5., S. 21 f.

Darnstädt, Thomas, 2005: „Brüchige Grundlage", in: Der Spiegel, Nr. 46, S. 28–30.

Darnstädt, Thomas, 2007: Im Vorfeld des Bösen, in : Der Spiegel, Nr. 28, S. 18–30.

Darnstädt, Thomas/ Fleischhauer, Jan/ Knaup, Horand/ Neukirch, Ralf, 2006: Großer Wurf ins Leere, in: Der Spiegel, Nr. 11, S. 24–28.

Dehousse, Renaud/Weiler, Joseph H. H., 1990: The Legal Dimension, in: W. Wallace (Hrsg.): The Dynamics of European Integration, London, Pinter, S. 242–260.

Deregulierungskommission, 1991: Marktöffnung und Wettbewerb, Stuttgart.

Derlien, Hans-Ulrich, 1991: Regimewechsel und Personalpolitik, in: Verwaltungswissenschaftliche Beiträge, Bamberg.

Derlien, Hans-Ulrich/Pippig, Günter, 1990: Die administrative Elite, Kontinuität und Wandel 1949–1984, in: Eliten in der Bundesrepublik Deutschland, Der Bürger im Staat, Heft 1.

Dettling, Warnfried, 1999: Gute Zeiten für Einzelkämpfer, in: Die Zeit vom 19.8., S. 8.

Deutsch, Karl, 1966: The Nerves of Government, New York, Free Press.

Deutsche Bundesbank, 1976: Währung und Wirtschaft in Deutschland 1876–1975, a.M.

Deutsche Bundesbank, 1993: Geldpolitische Aufgaben und Instrumente. Sonderdruck Nr. 7, Frankfurt a.M.

Deutsche Bundesbank (Hrsg.), 1998: Die Umsetzung der Geldpolitik des ESZB durch die Deutsche Bundesbank und ihre Ausformung in den Allgemeinen Geschäftsbedingungen, in: Monatsbericht November, S. 19–26.

Deutsche Bundesbank, o.J.: Die Aufgaben der Deutschen Bundesbank im Rahmen des ESZB, Dokumentation im Internet, Frankfurt a.M.

Deutsche Bundesbank, o.J.: Die Die Organisation der Bundesbank, Dokumentation im Internet, Frankfurt a.M.

Dewitz, Lars von, 1998: Der Bundesrat – Bilanz der Arbdeit im EU-Ausschuss seit 1992, in: F.H.U. (Hrsg.): Europapolitik der deutschen Länder, Opladen S. 69–83.

„Diskussionsgrundlage" der Kirchen, 1994: Zur wirtschaftlichen und sozialen Lage in Deutschland, Diskussionsgrundlage für den Konsultationsprozess über ein gemeinsames Wort der Kirchen, in: Gemeinsame Texte 3, Hannover-Bonn.

Dittgen, Herbert, 1999: Grenzen im Zeitalter der Globalisierung, Überlegungen zur These vom Ende des Nationalstaates, in: Zeitschrift für Politikwissenschaft, Heft 1, S. 3–26.

DIW, Deutsches Institut für Wirtschaftsforschung, 1997: Sonderregelungen zur Begrenzung von Wettbewerbsnachteilen bei der Energiebesteuerung, in: DIW-Wochenbericht 22/92.

DIW, Deutsches Institut für Wirtschaftsforschung, 1999: Öffentliche Haushalte 1999/2000: Keine Abkehr von der restriktiven Linie, in: DIW-Wochenbericht, Heft 34–35, S. 619–632.

DNR, Deutscher Naturschutzring, 1997: Ökologische Steuerreform – Positionspapier, Freiburg, Juni.

Döhler, Marian/Manow-Borgwardt, Philipp, 1992: Korporatisierung als gesundheitspolitische Strategie, in: Staatswissenschaft und Staatspraxis 3.

Döring, Diether u.a., 1995: Gerechtigkeit im Wohlfahrtsstaat, Marburg.

Döring, Diether (Hrsg.), 1999: Sozialstaat in der Globalisierung, Frankfurt a.M.

Dubiel, Helmut, 1985: Was ist Neokonservatismus?, Frankfurt a.M.

Easton, David, 1953: The Political System, An Inquiry into the State of Political Science, New York.

Easton, David, 1967: A Systems Analysis of Political Life, New York u.a.

Eckertz, Rainer, 1978: Die Kompetenz des Bundesverfassungsgerichts und die Eigenheit des Politischen, in: Der Staat, S. 183–203.

„Eckpunkte-Papier" der Ministerpräsidenten vom 5. Juli 1990, in: Zeitschrift für Parlamentsfragen, Jg. 21, S. 461–463.

Eichener, Volker, 1997: Effective European Problem-Solving: Lessons from the Regulation of Occupational Safety and Environmental Protection, in: Journal of European Public Policy 4, S. 591–608.

Einecke, Helga, 1999: Reform der Bundesbankstruktur, Welteke bekennt Farbe, in: Süddeutsche Zeitung vom 9.12., S. 25.

Elias, Norbert, 1987: Wandlungen der Wir-Ich-Balance, in: N. Elias: Die Gesellschaft der Individuen, Frankfurt a.M., S. 207–316.

Ellwein, Thomas, 1966: Einführung in die Regierungs- und Verwaltungslehre, Bd.1, Stuttgart u.a.

Ellwein, Thomas, 1970: Regierung und Verwaltung, 1. Teil, Regierung als politische Führung, Stuttgart u.a.

Ellwein, Thomas, 1976: Regieren und Verwalten, Eine kritische Einführung, Opladen.

Ellwein, Thomas/Hesse, Joachim, Jens, 1987: Das Regierungssystem der Bundesrepublik Deutschland, Opladen.

Ellwein, Thomas/Zoll Rainer, 1973: Berufsbeamtentum, Anspruch und Wirklichkeit, Düsseldorf.

Ellwein, Thomas/Holtmann, Everhard (Hrsg.), 1999: Rahmenbedingungen – Entwicklungen – Perspektiven, in: PVS Sonderheft 30.

Emminger, Otmar, 1986: D-Mark, Dollar, Währungskrisen. Stuttgart.

Engel, Christian, 1997: Rat der Europäischen Union, in: W. Weidenfeld/B. Wessels (Hrsg.): Europa von A bis Z, Bonn, S. 284–289.

Enquête-Kommission „Demographischer Wandel", 1998, Zweiter Zwischenbericht, Bundestags-Drucksache 13/11460 vom 5.10. Kapitel II.

Eppler, Annegret, 2006: Föderalismusreform und Europapolitik, in: Aus Politik und Zeitgeschichte, Heft 50, S. 18–23.

Eppler, Erhard, 2007: Das Beispiel der Kanzlerin, in: Süddeutsche Zeitung vom 7./8., S. 2.

Erdmenger, Klaus,1994: Regierungssystem der Bundesrepublik Deutschland, in: E.Holtmann (Hrsg.): Politik-Lexikon, München-Wien.

Erhard, Ludwig, 1957: Wohlstand für alle, Düsseldorf.

Erhard, Ludwig, 1962: Deutsche Wirtschaftspolitik: Der Weg der Sozialen Marktwirtschaft, Frankfurt/Main-Düsseldorf-Wien.

Esser, Josef/Fach, Wolfgang/Väth, Werner, 1983: Krisenregulierung, Frankfurt a.M.

Esslinger, Detlef, 2007: Der Tarif allein kann es nicht richten, in: Süddeutsche Zeitung vom 5.3., S. 4

Eucken, Walter, 1990: Grundsätze der Wirtschaftspolitik, 6. Auflage, Tübingen.

Europäische Zentralbank, o.J.: Ziele und Aufgaben des ESZB, Dokumentation im Internet, Frankfurt a.M.

Europäische Zentralbank, o.J.: Organisation des Europäischen Systems der Zentralbanken (ESZB), Dokumentation im Internet, Frankfurt a.M.

Everding, Ulrich, 1995: Bundesverfassungsgericht und Gerichtshof der Europäischen Gemeinschaften nach dem Maastricht-Urteil, in: A. Randelzhofer/R. Scholz/D. Wilke (Hrsg.): Gedächtnisschrift für Eberhard Grabitz, München, S. 57–75.

Fahrenholz, Peter, 2006: Von Parteifreunden umzingelt, in: Süddeutsche Zeitung vom 7./8., S. 6.

Falkner, Gerda/Treib, Oliver/Hartlapp, Miriam/Leiber, Simone, 2005: Complying with Europe. EU-Harmonization and Soft Law in the Member States, Cambridge.

Falter, Jürgen W./Rattinger, Hans, 1997: Die deutschen Parteien im Urteil der öffentlichen Meinung 1977–1994, in: O. W. Gabriel u.a.: Parteiendemokratie in Deutschland, Opladen, S. 495–513.

Falter, Jürgen W./Gabriel, Oscar W./Weßels, Bernhard (Hrsg.), 2005: Analysen aus Anlass der Bundestagswahl 2002, Wiesbaden.

Feick, Jürgen/Jann, Werner, 1988: „Nations matter" – Vom Eklektizismus zur Integration in der vergleichenden Policyforschung?, in: M. G. Schmidt (Hrsg.): Staatstätigkeit, in: Politische Vierteljahresschrift (PVS), Sonderheft 19.

Feldenkirchen, Markus u.a., 2005: Schröders Legenden, in: Der Spiegel vom 6.Juni, S. 24 ff.

Feldkamp, Michael F., 2006: Chronik der Vertrauensfrage des Bundeskanzlers am 1.Juli 2005 und der Auflösung des Deutschen Bundestags am 21. Juli 2005, in: Zeitschrift für Parlamentsfragen, Heft 1.

Fertig, Michael/Kluve, Jochen/Scheuer, Markus, 2005: Was hat die Reform der Mini-Jobs bewirkt?, Berlin.

Fijalkowski, Jürgen, 1989: Vorwort, in: R. Billerbeck: Plebiszitäre Demokratie in der Praxis, Berlin, S. 7-12.

Finer, S. E.: Almond's Concept of „The Political System": A Textual Critique, Government and Opposition, 1969/70, S. 3-21.

Finetti, Marco, 2006: Die Unis können nur noch dichtmachen, in: Süddeutsche Zeitung vom 5.5.2006, S. 4.

Fischer, Helmut, 1988: Finanzzuweisungen, Theoretische Grundlegung und praktische Ausgestaltung im bundesstaatlichen Finanzausgleich Australiens und der Bundesrepublik Deutschland, Berlin.

Fischer, Karsten, 2006: Die jüngste Versuchung der Demokratie. „Postdemokratie" und Politiknetzwerke, in: Postdemokratie. Ein neuer Diskurs?, Forschungsjournal Neue Soziale Bewegungen, Heft 4, S.47-57.

Flassbeck, Heiner, 1999: 50 Jahre Sozialpartnerschaft – Ein (Auslauf-)Modell?, in : P. Hampe/J. Weber (Hrsg.): 50 Jahre Soziale Mark(t)wirtschaft, Eine Erfolgsstory vor dem Ende?, München, S. 129-149.

Flassbeck, Heiner, 1999a: „Was Hans Eichel nicht versteht", in: Süddeutsche Zeitung vom 1.10, S. 27.

Forsthoff, Ernst, 1972: Der Staat der Industriegesellschaft, München.

Forsthoff, Ernst, 1976: Rechtsstaat im Wandel, Verfassungsrechtliche Abhandlungen, München.

Fraenkel, Ernst, 1973: Strukturanalyse der modernen Demokratie, in: derselbe: Reformismus und Pluralismus, Hamburg.

Frankenberg, Günter, 1994: Solidarität in einer „Gesellschaft der Individuen", Stichworte zur Zivilisierung des Sozialstaats, in: derselbe (Hrsg.): Auf der Suche nach der gerechten Gesellschaft, Frankfurt a.M.

Franz, Wolfgang, 2000: „Alles beim alten", in: Süddeutsche Zeitung vom 11.1., S. 2.

Frentzel, Gerhard/Jäkel, Ernst, 1967: Die deutschen Industrie- und Handelskammern und der DIHT, Frankfurt-Bonn.

Friedman, Milton, 1970: Die optimale Geldmenge und andere Essays, München.

Friedman, Milton, 1971: Kapitalismus und Freiheit, Stuttgart.

Friedrich, Horst/Wiedemeyer, Michael, 1998: Arbeitslosigkeit – ein Dauerproblem, Dimensionen, Ursachen, Strategien, Opladen.

Fuchs, Michael, 2004: Der Ausschuss für die Angelegenheiten der Europäischen Union, in: Zeitschrift für Parlamentsfragen 35/1, S. 3-24.

Funke, Norbert: Eine geldpolitische Strategie für eine Europäische Zentralbank, in: Wirtschaftsdienst 1/1994, S. 50-56.

Gabriel, Oskar W., 1994: Bürgerinitiativen, in: E. Holtmann (Hrsg.): Politik-Lexikon, München-Wien.

Galbraith, John Kenneth, 1981: The Conservative Onslaught, in: The New York Review of Books, 22.1.

Gammelin, Cerstin, 2006: Stille Gewinner, in: Die Zeit vom 10.8., S. 17.

Gandenberger, Otto, 1983: Thesen zur Staatsverschuldung, in: K. H. Hansmeyer (Hrsg.): Staatsfinanzierung im Wandel, Schriftenreihe des Vereins für Socialpolitik, N.F. 134.

Gandenberger, Otto, 1989: Einkommensabhängige staatliche Transfers Baden-Baden.

Ganser, Karl, 1978: Politikverflechtung zwischen Bund und Ländern – Beobachtungen am Rande der Bundesverwaltung, in: J. J. Hesse (Hrsg.): Politikverflechtung im föderativen Staat, Baden-Baden.

Geissler, Heiner, 1976: Die neue soziale Frage, Analysen und Dokumente, Freiburg.

Gemper, Bodo, 2007: Ludwig Erhard revisited, in: Aus Politik und Zeitgeschichte, Heft 13, S.10-16.

Genschel, Philipp / Plümper, Thomas, 1997: Regulatory Competition and International Corporation, in: Journal of European Public Policy, Heft 4, S. 626–642.

Gerlinger, Thomas, 2003: Rot-grüne Gesundheitspolitik 1998–2003, in: Aus Politik und Zeitgeschichte, B 33–34, S. 6–13.

Gerlinger, Thomas/ Mosebach, Kai/ Schmucker, Rolf, 2006: Mehr Gerechtigkeit durch den Gesundheitsfonds?, in: Prokla, Heft 4 (Nr.145), S. 615–620.

Gerner, Gernot, 1999: Blechtrommel Adieu, Zeitschrift-Interview mit Andrea Nahles, Gernot Erler und Sigmar Mosdorf, in: Die Zeit vom 18.7., S. 5f.

Gerstenberger, Wolfgang, 1990: Grenzen fallen, Märkte öffnen sich, in: Strukturberichterstattung 1990, Schriftenreihe des Ifo-Instituts für Wirtschaftsforschung, Nr. 127, Berlin-München.

Geschäftsberichte der Deutschen Bundesbank, laufende Jahrgänge.

Geske, Otto-Erich, 1998: Eine neue Finanzverfassung zur Wiederherstellung eines strikten Konnexitätsprinzips?, in: Wirtschaftsdienst, Heft 9, S. 556–564.

Glaeßner, Gert-Joachim, 1999: Demokratie und Politik in Deutschland, Opladen.

Glastetter, Werner, 1992: Allgemeine Wirtschaftspolitik, Mannheim.

Glos, Michael, 2007: Ein anständiges Einkommen, aber kein Mindestlohn, in: Süddeutsche Zeitung vom 11.5.2007, S. 20.

Glotz, Peter, 1986: Freiwillige Arbeitslosigkeit?, Zur neueren Diskussion um das „garantierte Grundeinkommen", in: M. Opielka/G. Vobruba (Hrsg.): Das garantierte Grundeinkommen, Frankfurt a.M.

Goerlich, Helmut: Hergebrachte Grundsätze und Beitrittsbeamtentum, Eine Notiz aus der deutschen Vereinigung, Juristische Zeitung 1991, S. 76–78.

Görlitz, Axel (Hrsg.), 1996: Politische Justiz, Baden-Baden.

Götting, Ulrike/ Hinrichs, Karl, 1993: Probleme der politischen Kompromissbildung bei der gesetzlichen Absicherung des Pflegefall-Risikos, Eine vorläufige Bilanz, in: Politische Vierteljahrsschrift (PVS) 31, Heft 1, S. 47–71.

Götz, Klaus H., 1995: National Governance and European Integration: Intergovernmental Relations in Germany, in: Journal of Common Market Studies 33, S. 91–116.

Gordon, Roger H./Bovenberg, A. Lans, 1996: Why is Capital So Immobile Internationally?, in: American Economic Review, Heft 6, S. 1057–1075.

Grasselt, Nico, 2006: Führung in Politik und Wirtschaft: Instrumente, Stile und Techniken. Diplomarbeit, Universität Duisburg-Essen.

Greven, Michael Th., 1990: Vom „Sozialstaat" zur „Sozialpolitik", in: U. Bermbach/B. Blanke/ C. Böhret (Hrsg.): Spaltungen der Gesellschaft und die Zukunft des Sozialstaats, Opladen.

Grimm, Dieter, 1995: Braucht Europa eine Verfassung?, München.

Grimm, Dieter (Hrsg.), 1996: Staatsaufgaben, Frankfurt a.M.

Grimm, Dieter, 1997: Blockade kann nötig sein, in: Die Zeit vom 10.10., S. 14f.

Grimm, Dieter, 1999: Ohne Volk keine Verfassung, in: Die Zeit vom 18.3., S. 4f.

Grimm, Dieter, 2001: Die Verfassung und die Politik. Einsprüche in Störfällen, München.

Grimm, Dieter, 2001: Die bundesstaatliche Verfassung – Politikblockade?, in: ders.: Die Verfassung und die Politik. Einsprüche in Störfällen, München 2001, S. 139–150.

Grimm, Dieter, 2004: „Zugriffsrechte und Öffnungsklauseln bei der konkurrierenden Gesetzgebung", in: Kommissions-Drucksache 0018.

Gros, Jürgen, 2000: Das Kanzleramt im Machtgeflecht von Bundesregierung, Regierungsparteien und Mehrheitsfraktionen, in: K.-R. Korte/G. Hirscher (Hrsg.): Darstellungspolitik oder Entscheidungspolitik? Über den Wandel von Politikstilen in westlichen Demokratien, München, S. 85–105.

Große Hüttmann, 2006: Europapolitik: Spricht Deutschland mit einer Stimme?, in: R.Sturm/H. Pehle (Hrsg.), Wege aus der Krise?, Opladen, S. 203–220.

Grosser, Dieter (Hrsg:), 1985: Der Staat in der Wirtschaft der Bundesrepublik Deutschland, Opladen.

Grosser, Dieter u.a., 1988: Soziale Marktwirtschaft, Geschichte – Konzept – Leistung, Stuttgart.

Grottian, Peter/Murswieck, Axel, 1974: Zur theoretischen und empirischen Bestimmung von politisch-administrativen Handlungsspielräumen, in: Dieselben (Hrsg.): Handlungsspielräume der Staatsadministration, Hamburg.

Grünwald, Gerald, 1998: Das Rückwirkungsverbot und die deutsche Vereinigung, in: T. Müller-Heidelberg u.a. (Hrsg.): Grundrechte-Report 1998, Hamburg, S. 267–272.

Guggenberger, Bernd, 1993: Plebiszitäre Elemente in der repräsentativen Demokratie?, in: G. Hirscher (Hrsg.): Repräsentative Demokratie und politische Repräsentation, München, S. 145–162.

Guggenberger, Bernd/Offe, Claus (Hrsg.), 1984: An den Grenzen der Mehrheitsdemokratie, Politik und Soziologie der Mehrheitsregel, Opladen.

Guggenberger, Bernd/ Würtenberger, Thomas (Hrsg.), 1998: Hüter der Verfassung oder Lenker der Politik?, in: Das Bundesverfassungsgericht im Widerstreit, Baden-Baden.

Gusy, Christoph, 1985: Parlamentarischer Gesetzgeber und Bundesverfassungsgericht, Berlin

Gusy, Christoph, 2006: Die Verfassungsbeschwerde, in: R. C. van Ooyen/M. H. W. Möllers (Hrsg.): Das Bundesverfassungsgericht im politischen System, Wiesbaden, S. 201–213.

Gutachten über die Finanzreform in der Bundesrepublik Deutschland (Troeger-Gutachten), 1966: Kommission für die Finanzreform (Hrsg.), Stuttgart u.a.

Habermas, Jürgen, 1994: Faktizität und Geltung, Beiträge zur Diskurstheorie des Rechts des demokratischen Rechtsstaates, Frankfurt a.M.

Hampe, Peter, 1984: Was Keynes wirklich wollte ... Bekanntes, weniger Bekanntes und ziemlich Unbekanntes in seinem konjunktur- und beschäftigungspolitischem Denken, in: Derselbe (Hrsg.): Friedmann contra Keynes – Zur Kontroverse über die Konjunktur- und Beschäftigungspolitik, München.

Hampe, Peter/Weber, Jürgen (Hrsg.), 1999: 50 Jahre Soziale Mar(k)twirtschaft, Eine Erfogsstory vor dem Ende?, München 1999.

Hanesch, Walter, 1995: Sozialpolitische und arbeitsmarktbedingte Armut, Strukturmenge und Reformbedarf in der sozialen Sicherheit bei Arbeitslosigkeit, in: Aus Politik und Zeitgeschichte B 31–32/95, S. 14–23

Hanesch, Walter, 2001: Neuordnung der sozialen Sicherung bei Arbeitslosigkeit. Zur Integration von Arbeitslosenhilfe und Sozialhilfe, in: I. Becker/N. Ott/G. Rolf (Hrsg.): Soziale Sicherung in einer dynamischen Gesellschaft. Festschrift für Richard Hauser zum 65. Geburtstag, Frankfurt a.M./ New York.

Hanke, Christian, 1994: Informale Regeln als Substrat des parlamentarischen Verhandlungssystems, Zur Begründung einer zentralen Kategorie der Parlamentarismusforschung, in: Zeitschrift für Parlamentsfragen (Zparl), Heft 3.

Hanke, Peter, 1994: Macht und Herrschaft, in: E. Holtmann (Hrsg.): Politik-Lexikon, München-Wien.

Hanke, Thomas, 1994: Ein nebulöser Dialog, in: Die Zeit vom 14.10.

Hanke, Thomas, 1999: Klassenkampf unter Genossen, in: Die Zeit vom 29.4., S. 24.

Hankel, Wilhelm, 1993: Die sieben Todsünden der Vereinigung, Berlin.

Hardes, Heinz-Dieter, 1974: Einkommenspolitik in der BRD, Stabilität und Gruppeninteressen: Der Fall Konzertierte Aktion, Frankfurt/New York.

Hardes, Heinz-Dieter. u.a., 1993: Volkswirtschaftslehre, Eine problemorientierte Einführung, Tübingen.

Harnischfeger, Horst, 1969: Planung in der sozialstaatlichen Demokratie, Frankfurt.

Harnoß, Hans, 1970: Parlamentarische Demokratie und Verbände in der Bundesrepublik Deutschland, in: Verbände und Herrschaft, Pluralismus in der Gesellschaft, Bonn.

Hartmann, Anja, 2003: Patientennah, leistungsstark, finanzbewusst? Die Gesundheitspolitik der rot-grünen Bundesregierung, in: Ch. Egle/T. Ostheim/R. Zohlnhöfer (Hrsg.): Das rot-grüne Projekt. Wiesbaden.

Hartmann, Anja, 2006: Gesundheitspolitik: Mehr Probleme als Lösungen?, in: R. Sturm/H. Pehle (Hrsg.): Wege aus der Krise? Die Agenda der zweiten Großen Koalition, Opladen & Farmington Hills, S. 59–75.

Hartwich, Hans-Hermann, 1970: Sozialstaatspostulat und gesellschaftlicher Status quo, Köln-Opladen.

Hartwich, Hans-Hermann, 1990: Gefährdungen des demokratischen Sozialstaates in historischer Perspektive, in: U. Bermbach/B. Blanke/C. Böhret (Hrsg.): Spaltungen der Gesellschaft und die Zukunft des Sozialstaates, Opladen.

Hartwich, Hans-Hermann,1993: Perspektiven des Wohlfahrtsstaates im Strukturwandel der industriellen Beziehungen, in: H.-D. Klingemann/W. Luthardt (Hrsg.): Wohlfahrtsstaat, Sozialstruktur und Verfassungsanalyse, Opladen.

Hartwich, Hans-Herrmann, 2005: Die Krise der Tarifautonomie. Das Tarifsystem zwischen Erosion und Anpassung, in: Gesellschaft, Wirtschaft, Politik 54 (4), S. 491–515.

Hartwich, Hans-Hermann, 2006: „Arbeitsmarktreformen" in der Agenda der neuen Bundesregierung, in: R. Sturm/ H. Pehle (Hrsg.): Wege aus der Krise? Die Agenda der zweiten Großen Koalition, Opladen & Farmington Hills, S. 23–39.

Hartwich, Hans-Hermann/Wewer, Göttrik (Hrsg.), 1992: Regieren in der Bundesrepublik IV, Opladen.

Hartwich, Hans-Hermann/Wewer, Göttrik (Hrsg.), 1993: Regieren in der Bundesrepublik V, Opladen.

Hartwig, Ines, 2006: Struktur- und Regionalpolitik, in: W. Weidenfeld/W. Wessels (Hrsg.): Europa von A bis Z, Berlin (9. Aufl.), S. 338–348.

Hartwig, Ines/Umbach, Gaby, 2006: Rat der EU, in: W.Weidenfeld/W. Wessels (Hrsg.): Europa von A bis Z, Berlin (9. Aufl.), S. 325–331.

Haselbach, Dieter, 1991: Autoritärer Liberalismus und Soziale Marktwirtschaft: Gesellschaft und Politik im Ordoliberalismus, Baden-Baden.

Haslinger, Franz, 1981: Volkswirtschaftliche Gesamtrechnung, München-Wien

Häuser, Karl, 1993: Der Staatskredit im Lichte der intergenerativen Gerechtigkeit, in: H. Schlesinger/ M. Weber/G. Ziebarth: Staatsverschuldung ohne Ende?, Zur Rationalität und Problematik des öffentlichen Kredits, Darmstadt.

Häuser, Karl, 1993: Staatsverschuldung auf dem wachstumspolitischen Prüfstand, in: H. Schlesinger/ M. Weber/G. Ziebarth: Staatsverschuldung ohne Ende?, Zur Rationalität und Problematik des öffentlichen Kredits, Darmstadt Heft 12.

Hegelich, Simon, 2006: Reformkorridore des deutschen Rentensystems, Wiesbaden.

Heilmann, Martin, 1992: Vorschläge zur Neuordnung des Bund-Länder-Finanzausgleichs im vereinten Deutschland – eine kritische Bestandsaufnahme, in: E. Wegner (Hrsg.): Finanzausgleich im vereinten Deutschland, Marburg.

Heinelt, Huber/Weck, Michael, 1998: Arbeitsmarktpolitik, Vom Vereinigungskonsens zur Standortdebatte, Opladen.

Heinelt, Hubert/Bosch, Gerhard/Reissert, Bernd (Hrsg.), 1994: Arbeitsmarktpolitik nach der Vereinigung, Berlin.

Heinze, Rolf G., 2002: Die Berliner Räterepublik. Viel Rat – wenig Tat?, Wiesbaden.

Heinze, Rolf G./Olk, Thomas/Hilbert, Josef, 1988: Der neue Sozialstaat, Analyse und Reformperspektiven, Freiburg.

Heinze, Rolf G./Voelzkow, Helmut, 1991: Regionalisierung der Strukturpolitik in Nordrhein-Westfalen, in: B. Blanke/S. Benzler (Hrsg.): Staat und Stadt, in: Politische Vierteljahresschrift (PVS), Sonderheft 22.

Heinze, Rolf, G./Schmid, Josef/Strünck, Christoph, 1998: Vom Wohlfahrtsstaat zum Wettbewerbsstaat, Arbeitsmarkt- und Sozialpolitik in den neunziger Jahren, Opladen.

Heise, Arne, 1994: Arbeitslosigkeit: Konjunkturell oder strukturell?, in: Wirtschaftsdienst, Heft 12.

Heise, Arne/Meißner, Werner/Tofaute, Helmut (Hrsg.), 1994: Marx und Keynes und die Krise der Neunziger, Marburg.

Held, Ansgar, 1993: Deregulierung in Deutschland – Ein Erfolg?, in: Wirtschaftsdienst, Heft 4.

Heller, Hermann, 1976: Rechtsstaat oder Diktatur?, in: O. E. Kempen (Hrsg.): Sozialstaats-prinzip und Wirtschaftsordnung, Frankfurt a.M.

Helms, Ludger, 2004: Presidents, Prime Ministers and Chancellors: Executive Leadership in Western Democracies. Basingstoke.

Helms, Ludger 2005a: Der Wandel politischer Kontrolle in den parlamentarischen Demokratien Westeuropas, in: Zeitschrift für Parlamentsfragen 35, S. 390–410.

Helms, Ludger 2005b: Metamorphosen des Parlamentarismus in Europa, in: Leviathan, Heft 4, S. 544–560.

Henkel, Hans-Olaf, 1997: Für eine Reform des politischen Systems, in: M. Bissinger (Hrsg.): Stimmen gegen den Stillstand, Hamburg, S. 87–90.

Henkel, Hans-Olaf, 1998: Jetzt oder nie, Ein Bündnis für Nachhaltigkeit in der Politik, Berlin.

Henkel, Hans-Olaf, 2000: „Abwehren von Blödsinn", in: Der Spiegel, Heft 3, S. 105.

Henkes, Christiaian/ Kneip, Sascha, 2003: Die Bildungspolitik der rot-grünen Bundesregierung 1998–2002, in: C. Egle/T. Ostheim/R. Zohlnhöfer (Hrsg.): Das rot-grüne Projekt. Eine Blanz der Regierung Schröder 1998–2002, Wiesbaden, S. 283–303.

Henneke, Hans-Jörg, 2003: Die dritte Republik. Aufbruch und Ernüchterung, München.

Hennis, Wilhelm, 1968: Aufgaben einer modernen Regierungslehre, in: derselbe: Politik als Praktische Wissenschaft, München.

Hennis, Wilhelm, 1977: Zur Begründung der Fragestellung, in: W. Hennis/P. Kielmansegg/U. Matz (Hrsg.): Regierbarkeit, Studien zu ihrer Problematisierung, Stuttgart.

Hennis, Wilhelm, 1997: Am Föderalismus liegt es nicht, Aber der Bundesrat hat sich als kapitale Fehlkonstruktion erwiesen, in: Frankfurter Allgemeine zeitung vom 14.8., S. 31.

Hennis, Wilhelm, 1998: Auf dem Weg in den Parteienstaat, Aufsätze aus vier Jahrzehnten, Stuttgart.

Henrichsmeyer, Wilhelm/Gans, Oskar/Evers, Ingo, 1988: Einführung in die Volkswirtschaftslehre, Stuttgart.

Héritier, Adrienne (Hrsg.), 1993: Policy-Analyse, Kritik und neue Orientierung, in: PVS- Sonderheft 24.

Héritier, Adrienne, 1993: Regulative Politik in der Europäischen Gemeinschaft: Die Verflechtung nationalstaatlicher Rationalitäten in der Luftreinhaltepolitik, Ein Vergleich zwischen Großbritannien und der Bundesrepublik Deutschland, in: W. Seibel (Hrsg.): Festschrift für Thomas Ellwein, Baden-Baden.

Héritier, Adrienne, 1997: Die Koordination von Interessenvielfalt im europäischen Entscheidungsprozess, Regulatives Europa als „Patchwork", in: A. Benz/W. Seibel (Hrsg.): Theorieentwicklung in der Politikwissenschaft – eine Zwischenbilanz, Baden-Baden, S. 261–279.

Héritier, Adrienne/Thatcher, Mark (Hrsg.), 2002: Regulatory Reform in Europe, Special Issue of the Journal of European Public Policy 9 (6).

Hermans, Arnold, 1994: Gesamtwirtschaftliche Grundlagen, in: N. Konegen (Hrsg.): Wirtschaftspolitik für Politikwissenschaftler, Ausgewählte Entscheidungsfelder, Münster Hamburg.

Hermans, Arnold, 1994a: Wirtschaftspolitik und Wirtschaftspolitische Konzeptionen in der Bundesrepublik Deutschland, in: N. Konegen (Hrsg.): Wirtschaftspolitik für Politikwissenschaftler, München-Hamburg.

Herrmann, Anneliese/Ochel, Wolfgang/Wegner, Manfred, 1990: Bundesrepublik und Binnenmarkt '92, Berlin-München.

Herzog, Roman, 1997: Aufbruch ins 21. Jahrhundert, „Berliner Rede" vom 26. April 1997, in: Bulletin des Presse- und Informationsamtes der Bundesregierung, Nr. 33.

Herzog, Roman, 2006: Dieser Kompromiss – oder keiner, in: Süddeutsche Zeitung vom 30.05., S. 2.

Hesse, Joachim Jens, 1985: Policy-Forschung zwischen Anpassung und Eigenständigkeit Wider die „Moden" der politikwissenschaftlichen Staats- und Verwaltungsforschung, in: H.-H. Hartwich: Policy-Forschung in der Bundesrepublik Deutschland, Opladen.

Hesse, Joachim Jens, 1987: Aufgaben einer Staatslehre heute, in: Th. Ellwein u.a. (Hrsg.): Jahrbuch zur Staats- und Verwaltungswissenschaft, Bd. 1, Baden-Baden.

Hesse, Joachim Jens, 1993: Das föderative System der Bundesrepublik vor den Herausforderungen der deutschen Einigung, in: W. Seibel/A. Benz/H. Mäding (Hrsg.): Verwaltungsreform und Verwaltungspolitik im Prozess der deutschen Einigung, Baden-Baden.

Hesse, Joachim Jens/Benz, Arthur, 1990: Die Modernisierung der Staatsorganisation, Institutionspolitik im internationalen Vergleich, Baden-Baden.

Hesse, Joachim Jens/Ellwein, Thomas,1992: Das Regierungssystem der Bundesrepublik Deutschland, Opladen.

Hesse, Konrad, 1999: Grundzüge des Verfassungsrechts der Bundesrepublik Deutschland, Heidelberg (20. Aufl.).

Hetmeier, Heinz, 2004: Auswirkungen der europäischen Integration auf die deutsche Bundesverwaltung: Europapolitik aus der Perspektive des BMWi, in: H.Siedentopf (Hrsg.): Der eurpäische Verwaltungsraum – Beiträge einer Fachtagung, Baden-Baden, S. 171–175.

Hickel, Rudolf, 1998: Standort-Wahn und Euro-Angst, Die sieben Irrtümer der deutschen Wirtschaftspolitik, Reinbek bei Hamburg.

Hickel, Rudolf, 1999: Angebotsdoktrin in der Krise: Gründe für die Revitalisierung der keynesschen Makroökonomik, in: P. Hampe/J. Weber (Hrsg.): 50 Jahre Soziale Mark(t)wirtschaft, Eine Erfolgsstory vor dem Ende?, S. 95–128.

Hickel, Rudolf/Priewe, Jan, 1989: Finanzpolitik für Arbeit und Umwelt, Köln.

Hickel, Rudolf/Priewe, Jan, 1994: Nach dem Fehlstart: Ökonomische Perspektiven der deutschen Einigung, Frankfurt a.M.

Hickel, Rudolf, 2006: Kassensturz. Sieben Gründe für eine andere Wirtschaftspolitik, Reinbek bei Hamburg.

Hilmer, Richard/Müller-Hilmer, Rita, 2006: Die Bundestagswahl vom 18. September 2005: Votum für Wechsel in Kontinuität, in: Zeitschrift für Parlamentsfragen 37, S. 183–218.

Hilpert, Ulrich, 1993: Optionen innovatorischer Entwicklungen und Bedingungen industriegeschichtlicher Strukturen, in: D. Eißel (Hrsg.): Wirtschaftsstandort Ostdeutschland, Bestandsaufnahme und Bedingungen für den Wiederaufbau, Marburg.

Hilpert, Ulrich/Holtmann, Everhard (Hrsg.), 1998: Regieren und intergouvernementale Beziehungen, Opladen.

Hinrichs, Karl, 1998: Reforming the Public Pension Scheme in Germany: The End of Traditional Consensus?, in: ZeS-Arbeitspapier Nr. 11, Bremen.

Hinrichs, Karl, 2003: The politics of Pension Reform in Germany, Paper prepared for the Conference „Pension Reform in Europe: Shared Problems, Sharing Solutions?", London School of Economics, Hellenic Observatory/The European Institute, London, 5th December 2003.

Hirsch, Burkhard, 1998: Ausufernde Telefon-Überwachung im Strafverfahren?, Bemerkungen zur Aushöhlung des Art. 10 GG, in: T. Müller-Heidelberg u.a. (Hrsg.): Grundrechte-Report 1998, S. 133–137.

Hirsch, Joachim, 1972: Ansätze einer Regierungslehre, in: G. Kress/D. Sennghaas (Hrsg.): Politikwissenschaft, Frankfurt a.M.

Hitzel-Cassagnes, Tanja, 2000: Der Europäische Gerichtshof: Ein europäisches „Verfassungsgericht"?, in: Aus Politik und Zeitgeschichte, B 52–53, S. 22.30.

Höland, Armin, 2002: Gesetzesrecht, Tarifrecht, Betriebsrecht. Betriebliche Bündnisse und lokaler Rechtsgebrauch, in: H.Seifert (Hrsg.): Betriebliche Bündnisse für Arbeit; Berlin, S. 39–63.

Hölscheidt, Sven, 2000: Mitwirkungsrechte des Bundestags in Angelegenheiten der EU, in: Aus Politik und Zeitgeschichte B 28, S. 31–38.

Hoffmann, Andreas, 2007: Alles in einen Topf, Was sich durch die neuen Regeln ändert, in: Süddeutsche Zeitung vom 3./4.02., S. 7.

Hoffmann, Wolfgang, 1998: Die soziale Trutzburg in: Die Zeit vom 10.12., S. 11 f.

Hofmann, Gunther, 1994: Der Kanzler von der Sonnenseite, in: Die Zeit, vom 2.9., S. 7.

Hofmann, Gunther, 1999: Die Sehnsucht nach Gleichheit, in: Die Zeit vom 5.8., S. 5.

Hofmann, Gunther, 1999a: Kohl am Abgrund, in: Die Zeit vom 16.12., S. 1.

Hofmann, Hans-Joachim,1992: Die Rentenreform, Düsseldorf.

Hofmann, Wolfgang/Müller, Mario, 1999: Pflicht zum Risiko, in: Die Zeit vom 24.6., S. 19.

Hohm, Karel Heintz, 1983: Parteiendemokratie und Volksentscheid, Stabilisierung der Parteiendemokratie durch die Einführung direkt-demokratischer Elemente in das Grundgesetz, in: Demokratie und Recht, Ziff. 11, S. 406–411.

Holtmann, Everhard (Hrsg.), 1994: Politik-Lexikon, München-Wien.

Holtmann, Everhard, 1994: Politisches System, in: derselbe (Hrsg.): Politik-Lexikon München-Wien

Hornekamp, Karl, 1979: Formen und Verfahren direkter Demokratie, Frankfurt/a.M.

Hoyer, Werner, 1998: Nationale Entscheidungsstrukturen deutscher Europapolitik, in: W.-D. Eberwein/ K. Kaiser (Hrsg.): Deutschlands neue Außenpolitik, Band 4: Institutionen und Ressourcen, München, S.75–86.

Hrbek, Rudolf, 1986: Doppelte Politikverflechtung: Deutscher Föderalismus und europäische Integration, Die deutschen Länder im EG-Entscheidungsprozess, in: R. Hrbek/U. Thaysen (Hrsg.): Die deutschen Länder und die Europäischen Gemeinschaften, Baden-Baden, S.13–17.

Hrbek, Rudolf, 1989: Miterlebt – Mitgestaltet, Der Bundesrat im Rückblick, Stuttgart.

Hrbek, Rudolf/Thaysen, Uwe (Hrsg.), 1986: Die deutschen Länder und die Europäischen Gemeinschaften, Baden-Baden.

Huber, Joseph, 1983: Duale Sozialpolitik – Fremdversorgung und Eigenbeteiligung, in: M. Opielka u.a.: Die Zukunft des Sozialstaats, Stuttgart.

Hujer, Marc, 1999: Riesters Potpourri, in: Süddeutsche Zeitung vom 6.8., S. 23.

Hulverscheidt, Claus, 2007: Berliner Reibereien, in: Süddeutsche Zeitung vom 20.6., S. 4.

Huppert, Walter, 1973: Industrieverbände, Organisation und Aufgaben, Probleme und neue Entwicklungen, Berlin.

IAB, Institut für Arbeitsmarkt- und Berufsforschung, 1996: Strategien für mehr Beschäftigung, in: IAB Kurzbericht Nr. 7, Nürnberg.

Ipsen, Hans-Peter, 1968: Über das Grundgesetz, Hamburger Universitätsrede vom 17. November 1949, in: E. Forsthoff (Hrsg.): Rechtsstaatlichkeit und Sozialstaatlichkeit, Darmstadt.

Ismayer, Wolfgang, 2000: Der Deutsche Bundstag, Opladen.

Jänicke, Martin, 1990: Erfolgsbedingungen von Umweltpolitik im internationalen Vergleich, in: Zeitschrift für Umweltpolitik und Umweltrecht, Heft 3.

Jänicke, Martin, 1992: Ökologische und politische Modernisierung, in: Österreichische Zeitschrift für Politikwissenschaft, Heft 1, S. 433–449.

Jänicke, Martin, 1993: Vom Staatsversagen zur politischen Modernisierung, Ein System aus Verlegenheitslösungen sucht seine Form, in: C. Böhret/G. Wewer (Hrsg.): Regieren im 21. Jahrhundert – zwischen Globalisierung und Regionalisierung, Opladen.

Jänicke, Martin, 2006: Umweltpolitik auf dem Wege zur Querschnittspolitik, in: M. G. Schmidt/ R. Zohlnhöfer (Hrsg.): Regieren in der Bundesrepublik Deutschland. Innen- und Außenpolitik seit 1949, Wiesbaden, S. 404–418.

Jansen, Dorothea/ Schubert, Klaus (Hrsg.), 1995: Netzwerke und Politikproduktion. Konzepte, Methoden, Perspektiven, Marburg.

Jarren, Otfried, 2001: „Mediengesellschaft" – Risiken für die politische Kommunikation, in: Aus Politik und Zeitgeschichte, B 41–42, S.10–19.

Jeffery, Charlie, 1995: The Non-Reform of The German Federal System after Unification, in: West European Politics, S. 252–272.

Jesse, Eckhard/ Schubert, Thomas, 2006: Bundestagswahl 2005, in: Einsichten und Perspektiven, Themenheft 1, hrsg. von der Bayerischen Landeszentrale für politische Bildungsarbeit, München.

Jessop, Bob, 1996: Veränderte Staatlichkeit, in: D. Grimm (Hrsg.): Staatsaufgaben, Frankfurt.

Joerges, Christian/Neyer, Jürgen, 1997: Transforming Strategic Interaction in Deliberative Problem-Solving, in: Journal of European Public Policy, Heft 4, S. 609–625.

Jörke, Dirk, 2005: Auf dem Weg zur Postdemokratie, in: Leviathan, Heft 4, S.482–491.

Jörke, Dirk, 2006: Warum „Postdemokratie"?, in: Postdemokratie. Ein neuer Diskurs? Forschungsjournal Neue Soziale Bewegungen, Heft 4, S. 38–46.

Johanson, John/Mattson, L. G., 1987: Inter-organizational Relations in Industrial Systems: A Network Approach Compared with the Transaction-Cost-Approach, in: International Studies of Management and Organization 18.

Johne, Roland, 2004: Bundesrat und parlamentarische Demokratie. Die Länderkammer zwischen Enscheidungshemmnis und notwendigem Korrektiv in der Gesetzgebung, in: Aus Politik und Zeitgeschichte, B 50–51, S. 10–17.

Jung, Otmar, 1994: Grundgesetz und Volksentscheid. Gründe und Reichweite der Entscheidungen des Parlamentarischen Rates gegen Formen direkter Demokratie, Opladen.

Kaase, Max, 1985: Politische Beteiligung, konventionelle und unkonventionelle, in: M.G. Schmidt (Hrsg.): Westliche Industriegesellschaften, München.

Kämmerer, Jörn-Axel, 2000: Föderale Kompetenzkonflikte und Grundrechtsjudikatur in Europa, in: W. Graf Vitzthum (Hrsg.): Europäischer Föderalismus. Supranationaler, subnationaler und multiethnischer Föderalismus in Europa, Berlin, S. 37–55.

Kaiser, André, 1998: Vetopunkte der Demokratie. Eine Kritik neuerer Ansätze der demokratietypologie und ein Alternativvorschlag, in: Zeitschrift des Parlaments (ZParl), 29, S. 525–541.

Kaiser, Karl, 1995: Die neue Weltpolitik – Folgerungen für Deutschlands Rolle, in: K. Kaiser/ H.-P. Schwarz (Hrsg.): Die neue Weltpolitik, Bonn, S. 497–511.

Kalmbach, Peter, 1985: Lohnhöhe und Beschäftigung, Ein Evergreen der wirtschaftspolitischen Debatte, in: Wirtschaftsdienst, Heft 7.

Kalmbach, Peter, 1999: Zur Wiedervorlage: John Maynard Keynes, in: Süddeutsche Zeitung vom 5./6.6., S. 27.

Kaltenborn, Bernhard, 1996: Sichtung und Bewertung von Grundsicherungskonzepten verschiedener gesellschaftlicher Gruppen, Expertise für die Hans-Böckler-Stiftung, Köln.

Kant, Martina, 1998: „Gefahr im Vollzug" statt „Gefahr im Verzuge", in: T. Müller-Heidelberg u.a. (Hrsg.): Grundrechte-Report 1998, S. 158–163.

Karr, Werner, 1999: Kann der harte Kern der Arbeitslosigkeit durch einen Niedriglohnsektor aufgelöst werden?, in: IAB-Kurzbericht Nr. 3/99.

Kaufmann, Xaver-Franz, 1997: Herausforderungen des Sozialstaats, Frankfurt a. M.

Kaufmann, Franz-Xaver, 2001: Der Begriff Sozialpolitik und seine wissenschaftliche Deutung, in: Bundesministerium für Arbeit und Sozialordnung (Hrsg.): Geschichte der Sozialpolitik in Deutschland, Bd.1, Baden-Baden, S. 3–101.

Kaufmann, Franz-Xaver, 2002: Sozialpolitik und Sozialstaat: Soziologische Analysen, Reihe Sozialpolitik und Sozialstaat, Band 1, Opladen.

Kerscher, Helmut, 1999: Übergriffe auf Bonner Hoheitsgebiet, in: Süddeutsche Zeitung vom 20./21.2., S. 2.

Keynes, John Meynard, 1994: Allgemeine Theorie der Beschäftigung, des Zinses und des Geldes, unveränderter Nachdruck, Berlin.

Kimminich, Otto, 1997: Einführung in das Völkerrecht, Tübingen/Basel.

Kirchhof, Paul, 1989: Gegenwartsfragen an das Grundgesetz, in: Juristenzeitung 44, S. 453–465.

Kirchhof, Paul, 1999: „Zu schnelle Vereinheitlichung gefährdet Europa", in: Süddeutsche Zeitung vom 27./28.11., S. 40.

Kirchhof, Paul, 1999a: „Das Geld gehört den Kindern, nicht den Eltern", SZ-Interview mit Paul Kirchhoff, in: Süddeutsche Zeitung vom 11.5., S. 12.

Klanberg, Frank, 1987: Bedarf es einer Neuorientierung der Sozialpolitik?, in: WSI-Arbeitsmaterialien, Nr. 15.

Klatt, Hartmut, 1982: Parlamentarisches System und bundesstaatliche Ordnung, Konkurrenzföderalismus als Alternative zum kooperativen Bundesstaat, in: Aus Politik und Zeitgeschichte B 31.

Klingemann, Hans-Dieter/Luthardt, Wolfgang (Hrsg.), 1993: Wohlfahrtsstaat, Sozialstruktur und Verfassungsanalyse, Opladen.

Klodt, Henning/Schmidt, Klaus-Dieter, 1989: Weltwirtschaftlicher Strukturwandel und Standortwettbewerb, Kieler Studien, Institut für Weltwirtschaft, Bd. 228, Tübingen.

Kloepfer, Michael, 2006: Schriftliche Stellungnahme zur öffentlichen Anhörung des Rechtsausschuses des Deutschen Bundestags zur Föderalismusreform – Umweltschutz am 18. Mai.

Klute, Jürgen, 1999: Pragmatismus als Ideologie, in: Die Zeit vom 23.9., S. 11.

Klump, Rainer, 1989: Einführung in die Wirtschaftspolitik, WiSt Taschenbuch, München.

Knaup, Bettina, 1994: Plebiszitäre Verfahren als Ergänzung der repräsentativen Demokratie, in: Stiftung Mitarbeit (Hrsg.): Beiträge zur Demokratie-Entwicklung von unten, Bd. 6.

Kneip, Sascha, 2007: Anschieber oder Bremser? Das Bundesverfassungsgericht und die Reformpolitik der rot-grünen Bundesregierung, in: C. Egle/R. Zohlnhöfer (Hrsg.): Ende des rot-grünen Projektes. Eine Bilanz der Regierung Schröder 2002–2005, Wiesbaden, S. 215–238.

Knill, Christoph, 2003: Europäische Umweltpolitik. Steuerungsprobleme und Regulierungsmuster im Mehrebenensystem, Opladen.

Koalitionsvertrag: „Gemeinsam für Deutschland – mit Mut und Menschlichkeit. Koalitionsvertrag zwischen CDU, CSU und SPD, 11.11.2005"; ab S. 144: „Ergebnis der Koalitionsarbeitsgruppe zur Föderalismusreform (Stand 7.11.2005)", Berlin.

Koch, Eckard, 1996: Das deutsche Bundesverfassungsgericht als Europäischer Gerichtshof höchster Instanz?, in: U. Immenga/W. Möschel/D. Reuter (Hrsg.): Festschrift für Ernst-Joachim Mestmäcker, Baden-Baden, S. 397–409.

Koch, Susanne/Walwei, Ulrich, 2005: Hartz IV: Neue Perspektiven für Langzeitarbeitslose?, in: Aus Politik und Zeitgeschichte, Heft 16.

Köhler, Claus, 1993: Die Krise des EWS und die Europäische Währungsunion. Gefahr für die wirtschaftliche Freizügigkeit in Europa, in: Wirtschaftsdienst, Heft 9.

König, Klaus, 1981: System und Umwelt der öffentlichen Verwaltung, in: K. König/H.J. von Oertzen/F. Wagener (Hrsg.): Öffentliche Verwaltung in der Bundesrepublik Deutschland, Baden-Baden.

König, Thomas, 1998: Regierungswechsel ohne politischen Wandel? Ein Vergleich des wirtschaftspolitischen Handlungsspielraums der Regierung Kohl, einer Regierung Schröder, einer großen Koalition und einer SPD-Alleinregierung, in: Zeitschrift für Parlament 29, S. 478–495.

Kohl, Christian, 2006: Einigung über Solidarpaktgeld, in: Süddeutsche Zeitung vom 30.11.2006, S. 7.

Kohler-Koch, Beate u.a., 1997: Interaktive Politik in Europa, Regieren im Netzwerk der Integration, Opladen.

Kommission „Fortentwicklung der Rentenversicherung", 1997: Eckpunkte für die Rentenreform '99, Bonn

Kommission der Europäischen Gemeinschaften, 1993: Wachstum, Wettbewerbsfähigkeit, Beschäftigung – Weißbuch, Brüssel.

Kommission VI für gesellschaftliche und soziale Fragen der Deutschen Bischofskonferenz, 1998: Mehr Beteiligungsgerechtigkeit, Bonn.

Konegen, Norbert (Hrsg.), 1994: Wirtschaftspolitik für Politikwissenschaftler, Ausgewählte Entscheidungsfelder, Münster-Hamburg.

Korte, Karl-Rudolf, 2006: Politik und Regieren in Deutschland. Strukturen, Prozesse, Entscheidungen, München-Wien-Zürich (2. Aufl.).

Kranenpohl, Uwe, 2004: Funktionen des Bundesverfassunsgerichts. Eine politikwissenschaftliche Analyse, in: Aus Politik und Zeitgeschichte, B 50–51, S. 39–46.

Krebs, Carsten/Reiche, Danyel, 1996: Der mühsame Weg zu einer ökologischen Steuerreform, Frankfurt a. M.

Krebs, Carsten/Reiche, Danyel/Rocholl, Martin, 1998: Die ökologische Steuerreform – was sie ist, wie sie funktioniert, was sie uns bringt, Basel.

Kreile, Michael, 1994: Europäische Gemeinschaft, in: Holtmann, Everhard/Brinkmann, Ulrich/Pehle, Heinrich (Hrsg.): Politik-Lexikon, München.

Kriesi, Hanspeter, 1991: Direkte Demokratie in der Schweiz, in: Aus Politik und Zeitgeschichte. B. 23/91, S.44–54.

Kriesi, Hanspeter, 2003: Strategische politische Kommunikation: Bedingungen und Chancen der Mobilisierung öffentlicher Meinung im internationalen Vergleich, in: F.Esser/B.Pfetsch (Hrsg.): Politische Kommunikation im internationalen Vergleich. Grundlagen, Anwendungen, Perspektiven, Wiesbaden, S. 208–239.

Krings, Günter/Gönner, Tanja, 2004: „Unseren Föderalismus erneuern!", in: Kommissions-Drucksache 0019.

Kromphardt, Jürgen/Schettkat, Ronald, 1993: Wer soll das bezahlen?, Anmerkungen zur beschäftigungspolitischen Diskussion, in: Wirtschaftsdienst, Heft 10

Kronberger Kreis, (Hrsg.), 1986: Bürgersteuer – Entwurf einer Neuordnung von direkten Steuern und Sozialleistungen, Bad Homburg.

Kronberger Kreis (Hrsg.), 1992: Einheit und Vielfalt in Europa, Für weniger Harmonisierung und Zentralisierung, Bd. 25, Bad Homburg.

Krupp, Hans-Jürgen, 1994: Programm ohne Erfolg, Die Bilanz der Angebotspolitik ist ernüchternd, in: Die Zeit vom 18.3., S. 16.

Krupp, Hans-Jürgen, 1997: Ist das Kapitaldeckungsverfahren in der Alterssicherung dem Umlageverfahren überlegen?, in: WSI-Mitteilungen, Heft 5, S. 289–298.

Krupp, Hans-Jürgen, 1998: Langfristige Perspektiven der Alterssicherung, in: Wirtschaftsdienst, Heft 10, S. 582–590.

Kühl, Jürgen, 1994: Finanzierung der Arbeitsmarktpolitik, Schriftenreihe der Senatsverwaltung für Arbeit und Frauen, Bd. 2, Berlin.

Kunig, Peter, 1986: Das Rechtsstaatsprinzip, Tübingen.

Küpper, J., 1985: Die Kanzlerdemokratie, Frankfurt.

Kuschel, Andreas, 1994: Geldpolitik, in: N. Konegen (Hrsg.): Wirtschaftspolitik für Politikwissenschaftler, Ausgewählte Entscheidungsfelder, Münster, S. 127–173.

Kuschel, Andreas, 1994: Grundlagen der allgemeinen Wirtschaftspolitik, in: N. Konegen (Hrsg.): Wirtschaftspolitik für Politikwissenschaftler, Ausgewählte Entscheidungsfelder, Münster-Hamburg, S. 33–61.

Kutsch, Martin, 2005: Unerwünschte Hausaufgaben – Die Gesetzgeber ignorieren die Vorgaben aus Karlsruhe, in: Bürgerrechte & Polizei/Cilip 82, 3, S. 16ff.

Lambsdorff, Graf Otto v., 1997: „Blockade-Mehrheit des Bundesrats", in: Süddeutsche Zeitung vom 22.7., S. 2.

Lampert, Heinz/ Althammer, Jörg, 2001: Lehrbuch der Sozialpolitik, Berlin-Heidelberg-New York (6. Aufl.).

Lamprecht, Rolf, 1996: Vom Mythos der Unabhängigkeit. Über das Dasein und Sosein der deutschen Richter, Baden-Baden (2. Aufl.).

Landfried, Christine, 1984: Bundesverfassungsgericht und Gesetzgeber, Wirkungen der Verfassungsrechtsprechung auf die parlamentarische Willensbildung und die soziale Realität, Baden-Baden.

Landfried, Christine, 1996: Bundesverfassungsgericht und Gesetzgeber, Baden-Baden (2. Aufl.).

Landfried, Christine, 2006: Die Wahl der Bundesverfassungsrichter und ihre Folgen für die Legitimität der Verfassungsgerichtsbarkeit, in: R. C. van Ooyen/Martin H. W. Möllers (Hrsg.): Das Bundesverfassungsgericht im politischen System, Wiesbaden, S. 229–241.

Lange, Klaus-Jürgen, 1966: Die Rechtsstellung der Interessenverbände, Würzburg.

Lange, Peter,1992: The Politics of the Social Dimension, in: A. M. Sbragia (Hrsg.): Euro-Politics, Institutions and Policymaking in the „New" European Community, Washington D.C. Brookings, S. 225–256.

Laufer, Heinz,1970: Die demokratische Ordnung, Eine Einführung, Stuttgart u.a.

Laufer, Heinz,1970a:Verfassungsgerichtsbarkeit als politische Kontrolle, in:PVS-Sonderheft 2.

Laufer, Heinz, 1991: Das föderative System der Bundesrepublik Deutschland, München.

Laufer, Heinz, 1993: Bundesrat, in: U. Andersen/W. Woyke (Hrsg.): Handwörterbuch des politischen Systems der Bundesrepublik Deutschland, Opladen.

Laufer, Heinz/ Münch, Ursula, 1998: Das föderative System der Bundesrepublik Deutschland, Opladen.

Lechner, Hans/Zuck, Rüdiger, 1996: Bundesverfassungsgerichtsgesetz, Kommentar (4. Aufl.), Art. 90 Rdnr. 11 ff.

Le Grand, Julian, 1993: Ein Wandel in der Verwendung von Policy-Instrumenten: Quasi-Märkte und Gesundheitspolitik, in: A. Héritier (Hrsg.): Policy-Analyse, Kritik und Neuorientierung, in: Politische Vierteljahresschrift, Sonderheft 24.

Lehmbruch, Gerhard, 1967: Proporzdemokratie: Politisches System und politische Kultur in der Schweiz und in Österreich, Tübingen.

Lehmbruch, Gerhard, 1976: Parteienwettbewerb im Bundesstaat, Stuttgart.

Lehmbruch, Gerhard, 1977: Liberal Corporatismus and Party Government, in: Political Studies 10, S. 91–126.

Lehmbruch, Gerhard, 1987: Administrative Interessenvermittlung, in: A. Windhoff-Héritier (Hrsg.): Verwaltung und ihre Umwelt, Festschrift für Th. Ellwein, Opladen.

Lehmbruch, Gerhard, 1990: Die improvisierte Vereinigung: Die dritte deutsche Republik, in: Leviathan, S. 462–468.

Lehmbruch, Gerhard, 1991: The Organization of Society, Administrative Strategies and Policy Networks, in: R. Czada/A. Windhoff-Héritier (Hrsg.): Political Choice – Institutions, Rules and the Limits of Rationality, Frankfurt.

Lehmbruch, Gerhard, 1992: Die deutsche Vereinigung: Strukturen und Politikentwicklung und strategische Anpassungsprozesse, in: B. Kohler-Koch (Hrsg.): Staat und Demokratie in Europa, Opladen.

Lehmbruch, Gerhard, 1992a: Konkordanzdemokratie, in: M.G. Schmidt (Hrsg.): Lexikon der Politik, Bd. 3: Die westlichen Länder, München, S. 206–211.

Lehmbruch, Gerhard, 1998: Parteienwettbewerb im Bundesstaat, Regelsysteme und Spannungslagen im Institutionengefüge der Bundesrepublik Deutschland, 2. Aufl., Opladen.

Lehmbruch, Gerhard, 2001: Der unitarische Bundesstaat in Deutschland: Pfadabhängigkeit und Wandel, in: A. Benz/ G. Lehmbruch (Hrsg.): Föderalismus. Analysen in entwicklungsgeschichtlicher und vergleichender Perspektive. PVS-Sonderheft 32, S. 53–110.

Lehner, Franz, 1988: Institutionelle Determinanten der Wirtschaftspolitik in westlichen Demokratien, Ansätze und Elemente einer systemischen Theorie, in: H.H. Hartwich (Hrsg.): Macht und Ohnmacht politischer Institutionen, Opladen.

Lehner, Franz/ Widmaier, Ulrich, 2002: Vergleichende Regierungslehre, 4. Auflage, Opladen.

Lhotta, Roland, 2003: Zwischen Kontrolle und Mitregierung. Der Bundsrat als Oppositionskammer?, in: Aus Politik und Zeitgeschichte, Heft 43, S. 16–22.

Lichtenberg, Peter, 1983: Die Aktuelle Stunde im Deutschen Bundestag, Berlin.

Lijphart, Arend, 1984: Democracies, New Haven – London.

Lijphart, Arend, 1994: Democracies: Forms, Performance and Constitutionell Engineering, in: European Journal of Political Research 25, S. 1–17.

Limbach, Jutta, 1998: Die Akzeptanz verfassungsgerichtlicher Entscheidungen, in: J. Brand/ D. Strempel (Hrsg.): Soziologie des Rechts. Festschrift für Erhard Blankenburg zum 60. Geburtstag, Baden-Baden.

Lindblom, Charles E., 1975: Inkrementalismus: Die Lehre vom „Sich-Durchwursteln", in: W.-D. Narr/C. Offe (Hrsg.): Wohlfahrtsstaat und Massenloyalität, Köln.

Linder, Wolf, 1994: Swiss Democracy, Possible Solutions to Conflict in Multicultural Societies, New York.

Lindner, Claus Johann, 1990: Kritik der Theorie der partizipatorischen Demokratie, Opladen.

Lisken, Hans/Mokros, Reinhard, 1998: Europol – eine „entfesselte" Polizeimacht, in: T. Müller-Heidelberg u.a. (Hrsg.): Grundrechte-Report 1998, S. 200–205.

Locke, John, 1973: Two Treatises on Government, 1689, zitiert nach: W. Ripper, Weltgeschichte im Aufriß, Bd. 2, Frankfurt.

Loewenberg, Gerhard, 1969: Parlamentarismus im politischen System der BRD, Tübingen.

Lompe, Klaus, 1975: Möglichkeiten und Grenzen politischer Planung in parlamentarischen Demokratien, Hannover.

Lowi, Theodore J., 1972: Four Systems of Policy, Politics and Choice, in: Public Administration Review 33.

Luthardt, Wolfgang, 1988: Konkurrenz- und Konkordanzdemokratie im Vergleich, Bundesrepublik Deutschland, Österreich, Schweiz, in: W. Luthardt/A.Waschkuhn (Hrsg.): Politik und Repräsentation, Beiträge zur Theorie und zum Wandel politischer und sozialer Institutionen, Marburg.

Luthardt, Wolfgang, 1988: Parlamentarische Demokratie, Formen direkter Demokratie, Partizipation, in: Recht und Politik 24, Heft 1, S. 40–49.

Luthardt, Wolfgang, 1992: Institutionen direkter Demokratie in der Schweiz und in anderen westeuropäischen Staaten – ein empirischer Beitrag zur Demokratietheorie, in: Zeitschrift für Parlamentsfragen 23, Heft 1, S. 148–162.

Luthardt, Wolfgang, 1994: Direkte Demokratie, Ein Vergleich in Westeuropa, Baden-Baden.

„Maastricht-Gutachten", 1994: Gutachten des Wissenschaftlichen Beirats beim Bundesministerium der Finanzen: Zur Bedeutung der Maastricht-Kriterien für die Verschuldungsgrenzen von Bund und Ländern, in: BMF-Schriftenreihe, Heft 54 Bonn.

Maddison, Angus, 2003: The World Economy. Historical Statistics, Paris.

Magiera, Siegfried/ Trautmann, Ramona, 2006: Europäischer Gerichtshof, in: W. Weidenfeld/ W. Wessels (Hrsg.): Europa von A bis Z, Berlin (9. Aufl.), S.197–201.

Maier, Franz, 1982: Arbeitsbeschaffungsmaßnahmen als Instrument aktiver Arbeitsmarktpolitik, in: F.W. Scharpf u.a. (Hrsg.): Aktive Arbeitsmarktpolitik, Frankfurt.

Maier, Franz, 1986: Further training and labour market policy, A Study on the Situation in Federal Republic of Germany, Discussion Paper I I N/LMP 86–16, Berlin.

Maiwald, Christian (Hrsg.), 2006: Grundgesetz. Text, Föderalismusreform mit Begleitgesetz und Einführung, Heidelberg u.a.

Majone, Giandomenico, 1994: The European Community: An „Independant Fourth Branch of Government"?, in: G. Brüggemeier (Hrsg.): Verfassungen für ein ziviles Europa, Baden-Baden, S. 23–43.

Marin, Bernd, 1990: Generalized Political Exchange, Antagonistic Cooperation and Integrated Policy Circuits, Frankfurt a.M.

Marin, Bernd/Mayntz, Renate (Hrsg.), 1991: Policy-Networks: Empirical Evidence and Theoretical Considerations, Frankfurt a.M. 1991.

Marks, Gary u.a., 1996: European Integration since the 1980s, State Centric versus Multi-Level Governance, in: Journal of Common Market Studies 34, S. 341–378.

Matzner, Egon, 1982: Sozialstaat und Neokonservatismus, Perspektiven des Wohlfahrtsstaates, in: Die Neue Gesellschaft, Heft 11.

Maunz, Theodor/Zippelius, Reinhold, 1991: Deutsches Staatsrecht, Ein Studienbuch, München.

Maydell, Bernd u.a., 1996: Die Umwandlung der Arbeits- und Sozialordnung, Opladen.

Mayntz, Renate, 1978: Soziologie der öffentlichen Verwaltung, Heidelberg.

Mayntz, Renate, 1992: Interessenverbände und Gegenwart – Die Verbände-Studie der Bertelsmann-Stiftung, in: R. Mayntz (Hrsg.): Verbände zwischen Mitgliederinteressen und Gemeinwohl, Gütersloh.

Mayntz, Renate, 1993: Policy-Netzwerke und die Logik von Verhandlungssystemen, in: A. Héritier (Hrsg.): Policy-Analyse, Kritik und Neuorientierung, Politische Vierteljahresschrift/Sonderheft 24.

Mayntz, Renate/Scharpf, Fritz W, 1973.: Kriterien, Voraussetzungen und Einschränkungen aktiver Politik, in: dieselben (Hrsg.): Planungsorganisation, Die Diskussion um die Reform von Regierung und Verwaltung, München.

Mc Kinsey-Gutachten, 1991: Überlegungen zur kurzfristigen Stabilisierung und langfristigen Steigerung der Wirtschaftskraft in den neuen Bundesländern, Düsseldorf.

Meißner, Werner u.a., 1989: Wirtschaftsstruktur und Strukturpolitik, München.

Memorandum '94 der Arbeitsgruppe Alternative Wirtschaftspolitik, 1994: Wirtschaftsreformen statt Standortparolen: Politik gegen Massenarbeitslosigkeit, Sozialabbau und Umweltzerstörung, Köln.

Memorandum1998 der Arbeitsgruppe Alternative Wirtschaftspolitik, 1998: Bewegung in Europa, Blockade in Deutschland – Kurswechsel für Beschäftigung, Köln.

Memorandum1999 der Arbeitsgruppe Alternative Wirtschaftspolitik, 1999: Mehr Konsequenz beim Kurswechsel – Vorrang für Beschäftigung, Umwelt und Gerechtigkeit, Köln.

Memorandum 2001 der Arbeitsgruppe Alternative Wirtschaftspolitik, 200: Modernisierung durch Investitions- und Beschäftigungsoffensive, Köln.

Memorandum 2007 der Arbeitsgruppe Alternative Wirtschaftspolitik, 2007: Mehr und bessere. Beschäftigung, ökologischer Umbau und soziale Gerechtigkeit – Demokratische Wirtschaftspolitik statt Aufschwungtaumel, Köln.

Merkel, Wolfgang, 1993: Ende der Sozialdemokratie?, Machtressourcen und Regierungspolitik im westeuropäischen Vergleich, Frankfurt a.M.

Messner, Dirk (Hrsg.), 1998: Die Zukunft des Staates und der Politik, Möglichkeiten und Grenzen politischer Steuerung in der Weltgesellschaft, Bonn 1998.

Mestmäcker, Ernst-Joachim, 1994: Über das Verhältnis der Europäischen Wirtschaftsordnung zu den Mitgliedstaaten, in: Veröffentlichungen der Joachim Jungius-Gesellschaft 77, S. 149–169.

Meyer, Hans, 2002: Repräsentative Demokratie und Plebiszit. Fünfundzwanzig Thesen, in: U.Willems (Hrsg.): Demokratie auf dem Prüfstand. Bürger, Staaten, Weltwirtschaft, Opladen 2002, S. 75–82.

Meyer, Thomas, 2004: Die Agenda 2010 und die soziale Gerechtigkeit, in: Politische Vierteljahresschrift (PVS), Heft 2, S. 181–190.

Meyer-Krahmer, Frieder, 1993: Welche Technologiepolitik braucht der Standort Deutschland?, in: Wirtschaftsdienst, Heft 11.

Michaelis, Klaus, 1998: Das Rentenreformgesetz 1999, Die Angestellten-Versicherung 45, S. 41–47.

Middlemas, Keith, 1995: Orchastrating Europe, The Informal Politics of European Union 1973–1995, London.

Miebach, Bernhard, 1991: Soziologische Handlungstheorie, Opladen.

Mill, John Stuart, 1924: Grundsätze der politischen Ökonomie: Mit einigen ihrer Anwendungen auf die Sozialphilosophie, Jena.

Mill, John Stuart, 1970: Die Freiheit, hrsg. von Adolf Grabowsky, Darmstadt.

Mitschke, Joachim, 1995: Jenseits der Armenfürsorge, Das Bürgergeld kann unbürokratisch und ermessensfrei das Existenzminimum sichern, in: Die Zeit vom 8.12., S. 30

Mitschke, Joachim, 1995a: Bürgergeld, in: Volkswirtschaftliche Korrepondenz der Adolf-Weber-Stiftung, Nr. 8.

Mitschke, Joachim, 1997: „Wahl zwischen zwei Übeln", in: Die Zeit vom 3.10., S. 27.

Mohr, Arno, 1997: Grundzüge der Politikwissenschaft, 2. Auflage, München-Wien.

Molitor, Bruno, 1973: Negative Einkommensteuer als sozialpolitisches Instrument, Jahrbuch für Sozialwissenschaften, Göttingen.

Möller, Alex, 1968: Gesetz zur Förderung der Stabilität und des Wachstums der Wirtschaft und Art. 9 Grundgesetz, Kommentar unter besonderer Berücksichtigung der Entstehungsgeschichte, Hannover.

Möllers, Martin H. W., 2006: Paradigmenwechsel im Bereich der Menschenwürde? Der Einfluss der Staatsrechtslehre auf die Rechtsprechung des Bundesverfassungsgerichts, in: R. C. van Ooyen/ M. H. W. Möllers (Hrsg.), 2006: Das Bundesverfassungsgericht im politischen System, Wiesbaden, S. 351-366.

Monatsberichte der Deutschen Bundesbank, laufende Jahrgänge

Montesquieu, Charles Baron de, 1748: Vom Geist der Gesetze, Leipzig.

Montesquieu, Charles Baron de, 1951: L'esprit des lois, deutsch: Vom Geist der Gesetze (übersetzt von E. Forsthoff).

Moosdorf, Sigmar/Lord Sainsbury of Turville, 1999: Der Mensch im Mittelpunkt, veröffentlicht in: Handelsblatt vom 20.9., S. 7.

Morlock, Martin, 2000: Durchsichtige Taschen oder schwarze Koffer?, in: Aus Politik und Zeitgeschichte, Heft B 16, S. 6–14.

Mühlmaier, Frank/Vobruba, Georg, 1995: Gerechtigkeit im sozialpolitischen Diskurs, in: D. Döhring u.a. (Hrsg.): Gerechtigkeit im Wohlfahrtsstaat, S. 11–63.

Muhr, Gerd, 1983: Sozialpolitik in der Wirtschaftskrise – Leitlinien des DGB für die Sozialpolitik, in: Soziale Sicherheit, Heft 1.

Müller, Albrecht, 2004: Die Reformlüge. 40 Denkfehler, Mythen und Legenden, mit denen Politik und Wirtschaft Deutschland ruinieren, München.

Müller, Christine, 1993: Auswege aus der Beschäftigungskrise, in: Jahrbuch für Arbeit und Technik 1993, Bonn.

Müller-Armack, Alfred, 1966: Wirtschaftsordnung und Wirtschaftspolitik, Frankfurt.

Müller-Armack, Alfred, 1974: Genealogie der Sozialen Marktwirtschaft, Bern-Stuttgart.

Müller-Armack, Andreas, 1988: Das Konzept der Sozialen Marktwirtschaft – Grundlagen, Entwicklung, Aktualität, in: D. Grosser u.a.: Soziale Marktwirtschaft, Geschichte – Konzept – Leistung, Stuttgart u.a.

Müller-Rommel, Ferdinand, 1988: Interessengruppenvertretung im Deutschen Bundestag, in: U. Thaysen (Hrsg.): US-Kongreß und Deutscher Bundestag, Opladen.

Müller-Rommel, Ferdinand/Pieper, Gabriele, 1991: Das Bundeskanzleramt als Regierungszentrale, in: Aus Politik und Zeitgeschichte, B 21–22

Münch, Ursula/ Zinterer, Tanja, 2000: Reform der Aufgabenteilung zwischen Bund und Ländern: Eine Synopse verschiedener Reformansätze zur Stärkung der Länder 1985–2000, in: Zeitschrift für Parlamentsfragen, Heft 31, S. 657–680

Müntefering, Franz, 2007: „Eine breite Schneise", in: Der Spiegel vom 5.3., S. 29–33

Murswieck, Axel, 1975: Regierungsreform durch Planungsorganisation, Opladen

Murswieck, Axel, 1995: Regieren – Regierbarkeit – Unregierbarkeit, in: Lexikon der Politik, Bd.1: Politische Theorien, München, S. 533–539

Nägel, Frank, 1996: Regionale Wirtschaftspolitik im kooperativen Bundesstaat, Ein Politikfeld im Prozess der deutschen Vereinigung, Opladen

Narr, Wolf-Dieter/Offe, Claus (Hrsg.), 1975: Wohlfahrtsstaat und Massenloyalität, Köln

Naschold, Frieder, 1973: Gesellschaftsreform und politische Planung, in: F. Naschold/V. Väth (Hrsg.): Politische Planungssysteme, Opladen

Nassmacher, Hiltrud, 1994: Politikwissenschaft, München-Wien

Neidhardt, Friedhelm, 1995: Prominenz und Prestige. Steuerungsprobleme massenmedialer Öffentlichkeit, in: Berlin Brandenburgische Akademie der Wissenschaften, Jahrbuch 1994, Berlin, S. 233–245

Neidhart, Leonhard, 1970: Plebiszit und pluralitäre Demokratie, Bern.

Neidhart, Leonhard, 1992: Grundlagen und Besonderheiten des schweizerischen Systems, in: H. Abromeit/W.Pommerehne (Hrsg.): Staatstätigkeit in der Schweiz, Bern u.a., S. 15–42

Nell-Breuning von, Oswald, 1983: Worauf es mir ankommt, Zur sozialen Verantwortung, Freiburg-Basel-Wien

Neumann, Lothar F./Scharper, Klaus, 1998: Die Sozialordnung der Bundesrepublik Deutschland, Frankfurt/New York

Neumann, Manfred, J.M., 1998: Ein Einstieg in die Kapitaldeckung der gesetzlichen Renten ist das Gebot der Stunde, in: Wirtschaftsdienst, Heft 5, S. 259–264

Niclauß, Karlheinz, 1974: Demokratiegründung in Westdeutschland, Die Entstehung der Bundesrepublik von 1945 bis 1949, München

Niclauß, Karlheinz, 1988: Kanzlerdemokratie, Bonner Regierungspraxis von Konrad Adenauer bis Helmut Kohl, Stuttgart u.a.

Nicolaysen, Gert, 1999: Die Kommission in der Krise, Die Krise der Europäischen Union, Zeitgespräch, in: Wirtschaftsdienst, Heft V, S. 275–286

Nicolaysen, Gert/Nowak, Carsten: Teilrückzug des BVerFG aus der Kontrolle der Rechtmäßigkeit gemeinschaftsrechtlicher Rechtsakte: Neuere Entwicklungen und Perspektiven, in: NJW 2001, S. 1233–2138

Nienhaus, Volker,1993: Der Haushalt der Europäischen Gemeinschaften, in: Aus Politik und Zeitgeschichte, Beilage zur Wochenzeitung Das Parlament, B 18.

Nitschke, Kai, 2006: Der Knast wird härter, in: Das Parlament vom 23.10., Nr.43, S. 3.

Noé, Claus, 1991: Mark für Markt – Mark für Macht: die Republik hat sich übernommen, Bonn-Belin.

Nowotny, Ewald, 1987: Der öffentliche Sektor, Einführung in die Finanzwissenschaft, Berlin-Heidelberg.

Nullmeier, Frank, 1992: Der Zugriff des Bundes auf die Haushalte der Gemeinden und Parafisci, in: H.-H. Hartwich, G. Wewer (Hrsg.): Regieren in der Bundesrepublik IV, Opladen, S. 147–180.

Oberhauser, Alois, 1994: Zurück in die 30er Jahre?, Zur Haushaltskonsolidierungsstrategie des SVR, in: Wirtschaftsdienst, Heft 2.

Oberländer, Stefanie, 2000: Aufgabenwahrnehmung im Rahmen der EU durch Vertreter der Länder. Theorie und Praxis im Vergleich, Baden-Baden.

Oberndörfer, Dieter, 1998: Integration oder Abschottung? – Auf dem Weg zur postnationalen Republik, in: Zeitschrift für Ausländerrecht und Ausländerpolitik, Heft 1, S. 3–14.

Oberreuter, Heinrich, 1993: Bundestag, in: U. Andersen/W. Woyke (Hrsg.): Handwörterbuch des politischen Systems der Bundesrepublik Deutschland, Opladen.

Oberreuter, Heinrich/Kranenpohl, Uwe/Sebaldt, Martin (Hrsg.), 2002: Der deutsche Bundestag im Wandel. Ergebnisse neuerer Parlamentarismusforschung, Wiesbaden (2. Aufl.).

Obst, Claus-Henning, 1986: Chancen direkter Demokratie in der Bundesrepublik Deutschland, Zulässigkeit und politische Konsequenzen, Köln.

OECD, 2004: Employment Outlook, Paris.

OECD, 2004: Social Expenditure Data Base 2004, Paris.

Offe, Claus, 1972: Strukturprobleme des kapitalistischen Staates, Frankfurt a.M.

Offe, Claus, 1984: Korporatismus als System nichtstaatlicher Makrosteuerung?, Notizen über seine Voraussetzungen und demokratischen Gehalte, in: Geschichte und Gesellschaft 10.

Offe, Claus, 1995: Micro-Aspects of Democratic Theory: What makes for the Deliberative Competence of Citizens?, Berlin.

Offe, Claus, 1998: Demokratie und Wohlfahrtsstaat: Eine europäische Regime-Form unter dem Stress der europäischen Integration, in: W. Streeck (Hrsg.): Internationale Wirtschaft und nationale Demokratie, Frankfurt a.M./New York, S. 99–136.

Offe, Claus, 2006: Struturprobleme des kapitalistischen Staates. Aufsätze zur politischen Soziologie, Frankfurt/a.M.

Ooyen van, Robert Chr., 2006: Die Parteiverbotsverfahren vor dem Bundesverfassungsgericht, in: R. Chr. van Ooyen/M. H. W. Möllers (Hrsg.): Das Bundesverfassungsgericht im politischen System, Wiesbaden, S. 333–349.

Ooyen van, Robert Chr./Möllers, Martin H.W. (Hrsg.), 2006: Das Bundesverfassungsgericht im politischen System, Wiesbaden.

Ortwein, Heike, 1990: Die Währungs-, Wirtschafts- und Sozialpolitik im deutschen Einigungsprozeß. Politische Entscheidungsfindung und Politikfeldanalyse. Ms., München.

Oschatz, Georg-Berndt/Risse, Horst, 1995: Die Bundesregierung an der Kette der Länder? Zur europapolitischen Mitwirkung des Bundesrates, in: Die öffentliche Verwaltung 48 (11), S. 437–452.

Oschmiansky, Frank, 2004: Reform der Arbeitsvermittlung (Erhöhung der Geschwindigkeit, einschließlich neue Zumutbarkeit und PSA), in: W. Jann/G. Schmid (Hrsg.): Eins zu Eins? Eine Zwischenbilanz der Hartz-Reformen am Arbeitsmarkt, Berlin, S. 31–42.

Ossenbühl, Fritz, 1990: Landesbericht Bundesrepublik Deutschland, in: derselbe (Hrsg.): Föderalismus und Regionalismus in Europa, Baden-Baden.

Ost, Friedhelm, 1979: Die Soziale Marktwirtschaft im Bewusstsein der Öffentlichkeit, in: Wirtschaftspolitische Chronik, Heft 1, S. 41–63.

Panitch, Leo, 1979: The Developement of Corporatism in Liberal Democracies, in: Ph. C. Schmitter/ Lehmbruch G. (Hrsg.): Trends Towards Corporatist Intermediation, Beverly Hills.

Papier, Hans-Jürgen, 1991: Untersuchungen im Bereich Genehmigung, Aufsicht, Nachrüstung, Untersuchung im Rahmen der wissenschaftlich-fachlichen Beratung zur Novellierung des Atomgesetzes, in: R. Lukes (Hrsg.): Reformüberlegungen zum Atomrecht, Köln.

Papier, Hans-Jürgen, 2003: Reform an Haupt und Gliedern. Eine Rede gegen die Selbstentmachtung des Parlaments, in: Frankfurter Allgemeine Zeitung (FAZ) vom 31. Januar, S. 8.

Papier, Hans-Jürgen, 2007: „Das muss sich ändern", in: Frankfurter Allgemeine Zeitung (FAZ) vom 24. Juli, S. 5.

Pätzold Jürgen, 1991: Stabilisierungspolitik, Bern.

PDS, 1995: Positionspapier des Arbeitskreises „Ökologische Steuerreform" der PDS-Bundestagsgruppe, Bonn 28. April.

PDS, 1998: Diskussionsangebot zur Energiesteuer, Berlin.

Peffekoven, Rolf, 1980: Finanzausgleich I: Wirtschaftstheoretische Grundlagen, in: Handwörterbuch der Wirtschaftswissenschaft, Bd. 2, Stuttgart a.a.

Peffekoven, Rolf, 1990: Deutsche Einheit und Finanzausgleich, in: Staatswissenschaften und Staatspraxis, Heft 4.

Peffekoven, Rolf, 1998: Reform des Länderfinanzausgleichs tut not, in: Wirtschaftsdienst, Heft 2, S. 80–83.

Peffekoven, Rolf, 1999: Das Urteil des Bundesverfassungsgerichts zum Länderfinanzausgleich, in: Wirtschaftsdienst, Heft 12, S. 709–715.

Pehle, Heinrich, 2006: Verfassungspraxis im Zwielicht? Die Problematik „unechter Vertrauensfragen" und „vorgezogener" Bundestagswahlen, in: E. Jesse/R. Sturm (Hrsg.): Bilanz der Bundestagswahl 2005. Voraussetzungen, Ergebnisse, Folgen, hrsg. von der Bayerischen Landeszentrale für politische Bildungsarbeit, München, S. 177–187.

Perschau, Hartmut, 1998: Es geht um Aufhol-Chancen!, Zehn Thesen zum bundesstaatlichen Finanzausgleich, in: Wirtschaftsdienst, Heft 10, S. 73–76.

Pierson, Paul, 1994: Dismantling the Welfare State?, Reagan, Thatcher and the Politics of Retrenchment, Cambridge.

Pierson, Paul, 1996: The New Politics of the Walfare State, in: World Politics, Heft 48, S. 147–149

Pfetsch, Frank R., 1992: Ursprünge der Zweiten Republik, Prozesse der Verfassungsgesetzgebung, Opladen.

Piazolo, Michael (Hrsg.), 1995: Das Bundesverfassungsgericht, München.

Piazolo, Michael, 1999: Zum Demokratieprinzip in der Europäischen Union – sieben Thesen und ein Plädoyer, in: Bayerische Landeszentrale für politische Bildungsarbeit (Hrsg.): Fragen an die Europäische Union, München, S.41–51.

Piazolo, Michael, 2004: Der Rechtsstaat, hrsg. von der Bayerischen Landeszentrale für politische Bildungsarbeit, München (3. Aufl.).

Piazolo, Michael, 2006: „Ein politisch Lied! Pfui! Ein garstig Lied?", in: R. Chr. van Ooyen/ M. H. W. Möllers (Hrsg.): Das Bundesverfassungsgericht im politischen System, Wiesbaden, S. 293–303.

Pierer, Heinrich v./Weyrich, Claus: Wir brauchen Innovationsführerschaft, Zehn Thesen zum Wirtschaftsstandort Deutschland, in: M. Bissinger (Hrsg.): Stimmen gegen den Stillstand, Hamburg, S. 184–193.

Pieroth, Bodo, 1999: „Das Gericht hat seine Grenzen überschritten", in: Süddeutsche Zeitung vom 20./21.2., S. 2.

Pilath, Monika, 2007: Alte an die Arbeit, in: Das Parlament vom 12.3., S. 1.

Pilz, Frank, 1990: Die soziale Marktwirtschaft in der Bundesrepublik Deutschland, Konzeption und Wirklichkeit, in: I. Broer/G. Hufnagel (Hrsg.): Marktwirtschaft – Ordnung der Freiheit? Forum Siegen Beiträge, Heft 3.

Pilz, Frank, 1998: Der Steuerungs- und Wohlfahrtsstaat Deutschland. Politikgestaltung versus Fiskalisierung und Ökonomisierung, Opladen.

Pilz, Frank, 1998a: Die Förderpolitik für Ostdeutschland und ihr Interaktionssystem, in: U. Hilpert/ E. Holtmann (Hrsg.): Regieren und intergouvernementale Beziehungen, Opladen, S. 165–188.

Pilz, Frank, 2001: Frisst die Globalisierung den Sozialstaat auf?, in: H. Oberreuter/M. Piazolo (Hrsg.): Global denken. Die Rolle des Staates in der internationalen Politik zwischen Kontinuität und Wandel, S. 139–156.

Pilz, Frank, 2002: Das bundesstaatliche Finanzsystem und sein Reformspielraum: Von der Anpassungsfähigkeit zur Reformunfähigkeit der Politik?, in: Zeitschrift für Politik, Heft 1, S. 1–35.

Pilz, Frank, 2004: Der Sozialstaat. Ausbau – Kontroversen – Umbau, hrsg. von der Bundeszentrale für politische Bildung, Band 452, Bonn.

Pilz, Frank, 2006: Das Bundesverfassungsgericht und der Sozialstaat, in: R. Chr. Ooyen van/M. H. W. Möllers. (Hrsg.): Das Bundesverfassungsgericht im politischen System, Wiesbaden, S. 405–418

Pilz, Frank, 2006a: Der Sozialstaat unter den Bedingungen der Globalisierung, Vortrag in der Karl-Theodor-Molinari-Stiftung am 19.07.2006, Berlin (unveröffentlichtes Manuskript)

Pilz, Frank/Ortwein, Heike, 1992: Das vereinte Deutschland, Stuttgart-Jena.

Piper, Nikolaus, 2000: Bündnis für Arbeit, in: Süddeutsche Zeitung vom 15./16.1., S. 25.

Poguntke, Thomas/Webb, Paul (Hrsg.), 2005: The Presidentialization of Politics: A Comparative Study of Modern Democracies, Oxford.

Pollack, Mark A., 1997: Delegation, Agency and Agenda Setting in the European Community: International Organization, Heft 51, S. 99–130.

Positionspapier der Fraktionsvorsitzenden der Landtage in der Föderalismuskommission, „Die Reform des Föderalismus", in: Kommissions-Drucksache 0036.

Prätorius, Rainer, 1994: Bürokratie(-theorien), in: E. Holtmann (Hrsg.): Politik-Lexikon, München-Wien.

Prantl, Heribert, 2002: Untauglicher Versuch am untauglichen Objekt. Nicht einmal Karlsruhe kann den Missbrauch des Untersuchungs-Ausschusses verhindern, in: Süddeutsche Zeitung vom 9.4., S. 4.

Prantl, Heribert, 2005: Ein Gericht steht Spalier, in: Süddeutsche Zeitung vom 26.08., S. 4.

Prantl, Heribert, 2006: Denn sie wussten nicht, was sie tun, in: Süddeutsche Zeitung vom 12.12., S. 4.

Preuß, Ulrich K., 1996: Risikovorsorge als Staatsaufgabe, in: D. Grimm (Hrsg.): Staatsaufgaben, Frankfurt a.M. 1996, S. 523–551.

Preuß, Ulrich K., 1998: Die Wahl der Mitglieder des BVerfG als verfassungsrechtliches und -politisches Problem, in: Zeitschrift für Rechtspolitik 1998, Nr. 10.

Projektgruppe für Regierungs- und Verwaltungsreform beim Bundesminister des Innern, 1969: Erster Bericht zur Reform der Struktur von Bundesregierung und Bundesverwaltung, Bonn, August.

Ptak, Ralf, 2004: Vom Ordoliberalismus zur Sozialen Marktwirtschaft. Stationen des Neoliberalismus in Deutschland, Opladen.

Puschke, Jens/Singelnstein, Tobias, 2005: Verfassungsrechtliche Vorgaben für heimliche Informationsbeschaffungsmaßnahmen, in: Neue Juristische Wochenschrift (NJW), S. 3534 ff.

Rabe, Birgitta/Schmid, Günther, 1999: Eine Frage der Balance: Reform der Arbeitsmarktpolitik, in: Aus Politik und Zeitgeschichte, B 37, S. 21–30.

Rancière, Jacques, 2002: Das Unvernehmen. Politik und Philosophie, Frankfurt/Main.

Rancière, Jacques, 2005: La haine de la dèmocratie, Paris.

Rancière, Jacques, 2006: Politik gibt es nur als Ausnahme, in: Polar – Halbjahresmagazin für Politische Philosophie und Kultur, Nr.1, S. 73–78.

Rebscher, Herbert, 2006: Merkels wahre Motive. Die Gesundheitsreform bereitet den Ausstieg aus der sozialen Krankenversicherung vor, in: Frankfurter Rundschau vom 29.7.

Recktenwald, Horst Claus, 1983: Lexikon der Staats- und Geldwirtschaft, München.

Regelsberger, Elfriede, 2006: Gemeinsame Außen- und Sicherheitspolitik, in: W. Weidenfeld/ W. Wessels (Hrsg.): Europa von A bis Z, Berlin, S. 265–271.

Reinermann, Heinrich, 1975: Programmbudgets in Regierung und Verwaltung, Möglichkeiten und Grenzen von Planungs- und Entscheidungssystemen, Baden-Baden.

Renzsch, Wolfgang, 1997: Einheitlichkeit der Lebensverhältnisse und Wettbewerb der Regionen, in: Staatswissenschaften und Staatspraxis, Heft 1, S. 87–100.

Renzsch, Wolfgang, 1998: Die Finanzierung der deutschen Einheit und der finanzpolitische Reformstau, in: Wirtschaftsdienst, Heft 6, S. 348–356.

Renzsch, Wolfgang, 1999: Das Urteil zum Finanzausgleich: Enge Fristensetzung, in: Wirtschaftsdienst, Heft 12, S. 716–721.

Renzsch, Wolfgang, 1999a: Aufgabenschwerpunkte und -verschiebungen im Bund, in: PVS-Sonderheft 30, S. 363–384.

Rheinisch-Westfälisches Institut für Wirtschaftsforschung, 1995: Aktuelle Bestandsaufnahme des Transfer-Systems in der Bundesrepublik unter Effektivitäts- und Anreizgesichts-Punkten, Gutachten im Auftrag des Bundesministers für Arbeit und Sozialordnung, Essen.

Richter, Emanuel, 2006: Das Analysemuster der „Postdemokratie". Konzeptionelle Probleme und strategische Funktionen, in: Forschungsjournal Neue Soziale Bewegungen. Postdemokratie. Ein neuer Diskurs?, Heft 4, S. 23–37.

Riehl-Heyse, Herbert, 1999: SZ – Interview mit Wilhelm Hennis über das „System Kohl", in: Süddeutsche Zeitung vom 18./19.12., S. 13.

Riester, Walter, 1999: „Ich bin nicht der Bremser", in: Zeitschriftgespräch mit Arbeitsminister Walter Riester über Billig-Jobs und Reformen, Die Zeit vom 29.4., S. 23 f.

Rische, Herbert, 2005: Wir werden mit weiteren Renten-Nullrunden leben müssen, in: Frankfurter Allgemeine Zeitung vom 24.10., S. 15.

Ritter, Ernst-Hasso, 1990: Das Recht als Steuerungsmedium im kooperativen Staat, in: Staatswissenschaften und Staatspraxis, Heft 1.

Rohe, Karl, 1978: Politik, Begriffe und Wirklichkeiten, Stuttgart u.a.

Rohwer, Bernd, 1992: Regieren als Sicherung finanzpolitischer Handlungsspielräume, in: H.-H. Hartwich/G. Wewer (Hrsg.): Regieren in der Bundesrepublik IV, Opladen.

Rometsch, Dietrich, 1996: The Federal Republic of Germany, in: D. Rometsch/W.Wessels (Hrsg.): The European Union and Member States. Towards Institutional Fusion? Manchester/New York, S. 61–104.

Rommelfanger, Ulrich, 1988: Das konsultative Referendum, Eine verfassungstheoretische, rechtliche und vergleichende Untersuchung, Berlin 1988.

Ronge, Volker, 1978: Parlamentarismuskritik, in: K. Sontheimer/H. H. Röhring (Hrsg.): Handbuch des politischen Systems der Bundesrepublik Deutschland, Opladen.

Röpke, Wilhelm, 1949: Civitas humana, Erlenbach-Zürich.

Roßmann, Robert, 2007: Föderalismusreform verfehlt ihr wichtigstes Ziel, in: Süddeutsche Zeitung vom 19.1., S. 6.

Ross, Jan, 1999: Ein neuer Glaube, in: Die Zeit vom 15.7., S. 3.

Rossbrey, Petra/Schuon, Karl Theodor/ Strübel, Michael, 1986: Krise des Repräsentativsystems, in: K. Th. Schuon (Hrsg.): Politische Theorie des Demokratischen Sozialismus, Marburg, S. 171–179.

Rousseau, Jean-Jaques, 1959: Staat und Gesellschaft, hrsg. von Kurt Weigand, München.

Rousseau, Jean-Jaques, 1988: Schriften, hrsg. von Henning Ritter, Frankfurt a.M.

Rudzio, Wolfgang, 2005: Informelles Regieren. Zum Koalitionsmangement in deutschen und österreichischen Regierungen. Wiesbaden.

Rudzio, Wolfgang, 2006: Das politische System der Bundesrepublik Deutschland, Opladen.

Ruland, Franz, 1991: Herausforderungen an den hundertjährigen Generationenvertrag, in: Soziale Sicherheit, Heft 12.

Ruland, Franz, 2001: Schwerpunkte der Rentenreformen in Deutschland, in: NJW – Neue juristische Wochenschrift, 11/2001, Band 48, S. 3505–3511.

Rüb, Friedbert W., 1998: Versicherungsprizip und soziale Gerechtigkeit, in: S. Blasche/Döring, Diether (Hrsg.): Sozialpolitik und Gerechtigkeit, Frankfurt a.M./ New York 1998.

Rürup, Bernd, 1987: Wertschöpfungsbeiträge: Eine Antwort auf die langfristigen Risiken der Gesellschaft der gesetzlichen Rentenversicherung, in: R.G. Heinze u.a. (Hrsg.): Sozialstaat 2000, Bonn.

Rürup, Bernd, 1998: Interview im Bonner Generalanzeiger vom 12. November, S. 6.

RWI, Rheinisch-Westfälisches Institut für Wirtschaftsordnung, 1996: Regionalwirtschaftliche Wirkungen von Steuern und Abgaben auf dem Verbrauch von Energie – Das Beispiel Nordrhein-Westfalen, Essen.

Sachverständigenkommission zur Vorklärung finanzwissenschaftlicher Fragen für kurzfristige Neufestlegungen des Umsatzsteueranteils, 1981: Maßstäbe und Verfahren zur Verteilung der Umsatzsteuer, in: Schriftenreihe BMF, Heft 30, Bonn, S. 22 ff.

Sachverständigenrat zur Begutachtung der gesamtwirtschaftlichen Entwicklung, 2006: Expertise: Arbeitslosengeld II reformieren: Ein zielgerichtetes Kombilohnmodell.

SVR (Sachverständigenrat zur Begutachtung der gesamtwirtschaftlichen Entwicklung) – Jahresgutachten 2006/07, in: Bundestags-Drucksache 16/3450.

Säcker, Horst, 1975: Das Bundesverfassungsgericht, München.

Sarcinelli, Ulrich, 2005: Politische Kommunikation in Deutschland, Wiesbaden.

Schäfer, Ingeborg Eleonore, 1994: Bürokratische Macht und demokratische Gesellschaft, Kontrolle der öffentlichen Verwaltung und ein internationaler Vergleich, Opladen.

Scharf, Wolfgang, 1994: Die negative Einkommensteuer: Ein problematisches Konzept der Steuer- und Sozialpolitik, in: Wirtschaftsdienst, Heft 3.

Scharpf, Fritz W., 1975: Demokratietheorie zwischen Utopie und Anpassung, Kronberg/Taunus.

Scharpf, Fritz W., 1978: Die Theorie der Politikverflechtung – ein kurzgefaßter Leitfaden, in: J. J. Hesse (Hrsg.): Politikverflechtung im föderativen Staat, Baden-Baden.

Scharpf, Fritz W., 1985: Die Politikverflechtungs-Falle: Europäische Integration und deutscher Föderalismus im Vergleich, in: Politische Vierteljahresschrift, Heft 25.

Scharpf, Fritz W., 1987: Sozialdemokratische Krisenpolitik in Europa, Frankfurt-New York.

Scharpf, Fritz, W., 1991: Die Handlungsfähigkeit des Staates am Ende des zwanzigsten Jahrhunderts, in: Politische Vierteljahrsschrift (PVS), Heft 4, S. 621–634.

Scharpf, Fritz W., 1991a: Political Institutions, Decisions Styles, and Policy Choices, in: R. Czada/ A. Windhoff-Héritier (Hrsg.): Political Choice, Institutions, Rules, and the Limits of Rationality, Frankfurt a.M.

Scharpf, Fritz W., 1993: Versuch über Demokratie im verhandelnden Staat, in: R. Czada/M. Schmidt (Hrsg.): Verhandlungsdemokratie, Interessenvermittlung, Regierbarkeit, Opladen.

Scharpf, Fritz W., 1993a: Positive und negative Koordination in Verhandlungssystemen, in: A. Héritier (Hrsg.): Policy-Analyse, Kritik und Neuorientierung, in: Politische Vierteljahresschrift, Sonderheft 24

Scharpf, Fritz W., 1993b: Von der Finanzierung der Arbeitslosigkeit zur Subventionierung niedriger Einkommen, in: Gewerkschaftliche Monatshefte 44.

Scharpf, Fritz W., 1994: Politische Optionen im vollendeten Binnenmarkt, Von der negativen Integration zur Mehrebenenpolitik, Ms. des 19. DVPW-Kongresses, 25.–28. Aug.

Scharpf, Fritz W., 1994a: Die negative Einkommensteuer – Ein beschäftigungspolitisches Instrument?, in: Wirtschaftsdienst, Heft 3.

Scharpf, Fritz, 1995: Subventionierte Niedriglohnbeschäftigung statt bezahlter Arbeitslosigkeit?, in: Zeitschrift für Sozialreform, Bd. 41, S. 65–82.

Scharpf, Fritz, W., 1996: Negative und positive Integration in the Political Economy of European Welfare States, in: G. Marks u.a.: Governing the European Union, London, S. 15–39.

Scharpf, Fritz, W., 1996/97: Demokratische Politik in Europa, in: D. Grimm et. al. (Hsg.): Zur Neuordnung der europäischen Union: Die Regierungskonferenz 1996/97, Baden-Baden.

Scharpf, Fritz, W., 1997: Globalisierung als Beschränkung der Handlungsmöglichkeiten nationalstaatlicher Politik, in: Discussion Paper des Max-Planck-Instituts für Gesellschaftsforschung, S. 5–32.

Scharpf, Fritz, W., 1998: Demokratie in der transnationalen Politik, in: W. Streeck (Hrsg.): Internationale Wirtschaft, Nationale Demokratie, Herausforderungen für die Demokratietheorie, Frankfurt a.M./New York.

Scharpf, Fritz W., 1999: Regieren in Europa, Effektiv und demokratisch?, Frankfurt/New York

Scharpf, Fritz W., 1999a: Föderale Politikverflechtung: Was muss man ertragen – was kann man ändern?, in: K. Morath (Hrsg.), Reform des Föderalismus, Bad Homburg S. 23–36.

Scharpf, Fritz W., 2005: Nationale Politik in offenen Märkten, in: Globales Wirtschaften, Neue Gesellschaft/ Frankfurter Hefte, Hefte 1+2, S. 48–52.

Scharpf, Fritz W., 2006: „Die Kleinen haben Angst vor Konkurrenz", in: Tageszeitung vom 8.5., S. 4.

Scharpf, Fritz W., 2006a: Föderalismusreform: Weshalb wurde so wenig erreicht?, in: Aus Politik und Zeitgeschichte, Heft 50, S. 6–11.

Scharpf, Fritz W., 2007: Nicht genutzte Chancen der Föderalismusreform, in: C. Egle/R. Zohlnhöfer (Hrsg.): Ende des rot-grünen Projektes. Eine Bilanz der Regierung Schröder 2002–2005, S. 197–214

Scharpf, Fritz W./Reissert, Bernd/Schnabel, Fritz (Hrsg.), 1976 und 1977: Politikverflechtung I und II, Kronberg/Taunus.

Scharrer, Hans-Eckart, 1995: Die EU nach der Norderweiterung, in: Wirtschaftsdienst 1.

Schatz, Heribert, 1994: Politische Planung im Regierungssystem der Bundesrepublik Deutschland, Göttingen.

Schatz, Heribert/van Ooyen, Robert Chr./Werthes, Sascha, 2000: Wettbewerbsföderalismus. Aufstieg und Fall eines politischen Streitbegriffs, Baden-Baden.

Schefold, Dian, 1994: Rechtsstaat, in: E. Holtmann (Hrsg.): Politik-Lexikon, München-Wien, S. 545–549.

Schelsky, Helmut, 1976: Der selbständige und betreute Mensch, Politische Schriften und Kommentar, Stuttgart.

Scheuner, Ulrich, 1962: Struktur und Aufgaben des Bundesstaates in der Gegenwart, in: Die öffentliche Verwaltung (DÖV), S. 641 ff.

Schiller, Karl, 1966: Marktwirtschaftliche Globalsteuerung, in: Der Volkswirt, Nr. 51/52 vom 23.12.

Schimanke, Dieter, 1985: Verwaltungsvereinfachung als Topos, in: Th. Ellwein/J.J. Hesse (Hrsg.): Verwaltungsvereinfachung und Verwaltungspolitik, Baden-Baden.

Schlösser, Hans-Jürgen, 1994: Außenwirtschafts- und Währungspolitik, in: N. Konegen (Hrsg.): Wirtschaftspolitik für Politikwissenschaftler, Münster-Hamburg.

Schmähl, Winfried, 1992: Die Finanzierung der Rentenversicherung im vereinten Deutschland, in: Wirtschaftsdienst, Heft 1.

Schmähl, Winfried, 1997: Alterssicherung – quo vadis?, in: Jahrbücher für Nationalökonomie und Statistik, Bd. 216, S. 413–435.

Schmähl, Winfried, 1998: Perspektiven der Sozialpolitik nach dem Regierungswechsel, in: Wirtschaftsdienst, Heft 12, S. 713–722.

Schmid, Günther/Wiebe, Nicola, 1999: Die Politik der Vollbeschäftigung im Wandel, Von der passiven zur interaktiven Arbeitsmarktpolitik, in: M. Kaase/G. Schmid (Hrsg.): Eine lernende Demokratie, 50 Jahre Bundesrepublik Deutschland, Berlin, S. 357–396.

Schmid, Josef, 1998: Stellenwert, Strukturen und Wandel des Politikfeldes im Wohlfahrtsstaat, in: J. Schmid/R. Niketta (Hrsg.): Wohlfahrtsstaat, Krise und Reform im Vergleich, Opladen.

Schmid, Thomas, 1984: Befreiung von falscher Arbeit, Berlin.

Schmidt, Eberhard, 1974: Die verhinderte Neuordnung 1945 bis 1952, Frankfurt.

Schmidt, Manfred G., 1985: Politikwissenschaft, in: H.-H. Hartwich: Policy-Forschung in der Bundesrepublik Deutschland, Ihr Selbstverständnis und ihr Verständnis zu den Grundfragen der Politikwissenschaft, Opladen.

Schmidt, Manfred G., 1990: Die Politik des mittleren Weges, Besonderheiten der Staatstätigkeit in der Bundesrepublik Deutschland, in: Aus Politik und Zeitgeschichte, B 9–10, S. 23–31.

Schmidt, Manfred G., 1992: Regieren in der Bundesrepublik Deutschland, Grundwissen Politik, Bd. 5, Opladen.

Schmidt Manfred G., 1993: Die politische Verarbeitung der deutschen Vereinigung im Bund-Länder-Verhältnis, in: W. Seibel/A. Benz/H. Mäding (Hrsg.): Verwaltungsreform und Verwaltungspolitik im Prozeß der deutschen Einigung, Baden-Baden.

Schmidt, Manfred G., 1998: Das politische Leistungsprofil der Demokratien, in: M. Greven (Hrsg.): Demokratie – eine Kultur des Westens?, Opladen, S. 181–199.

Schmidt, Manfred G., 1998a: Sozialpolitik in Deutschland, Historische Entwicklung und internationaler Vergleich, Opladen.

Schmidt, Manfred G., 2000: Demokratietheorien, Opladen.

Schmidt, Manfred G., 2005: Sozialpolitik in Deutschland. Historische Entwicklung und internationaler Vergleich, Wiesbaden.

Schmidt, Manfred G., 2007a: Das politische System Deutschlands, München.

Schmidt, Manfred G., 2007b: Die Sozialpolitik der zweiten rot-grünen Koalition (2002–2005), in: C. Egle/ R. Zohlnhöfer (Hrsg.): Ende des rot-grünen Projektes. Eine Bilanz der Regierung Schröder 2002–2005; S. 295–312.

Schmidt, Thomas E., 1998: Die Mythologie der Chefsache, in: Neue Gesellschaft/ Frankfurter Hefte, Heft 7, S. 611–613.

Schmidt, Thomas E., 2006: Die wilde 16, in: Die Zeit vom 14.6., S. 4.

Schmidt-Bleibtreu, Bruno, in: T. Maunz u.a., 2004: Bundesverfassungsgerichtsgesetz, Loseblattwerk, Stand: Januar, München, § 90 Rdnr. 1 ff.

Schmitt, Carl, 1926: Der Gegensatz von Parlamentarismus und moderner Massendemokratie, Berlin.

Schmitter, Philipp C., 1979: „Still the Century of Corporatism?", in: Ph. Schmitter/G. Lehmbruch (Hrsg.): Trends Towards Corporatist Intermediation, Beverly Hills/London.

Schmuck, Otto, 1997: Europäisches Parlament, in: W. Weidenfeld/W. Wessels (Hrsg.): Europa von A bis Z, Bonn, S. 183–190.

Schneider, Hans-Peter, 1981: Kooperation, Konkurrenz oder Konfrontation?, Entwicklungstendenzen des Föderalismus in der Bundesrepublik, in: Klönne u.a.: Lebendige Verfassung – das Grundgesetz in Perspektive, Berlin.

Schneider, Hans-Peter, 2005: Struktur und Organisation des Bildungswesens in Bundesstaaten. Ein internationaler Vergleich, in: Forum Föderalismus 2005.

Schneider, Jens/Ramelsberger, Annette, 2007: Koalition sucht nach innerer Sicherheit, in: Süddeutsche Zeitung vom 20.7., S. 5.

Scholz, Karel, 1996: Tax Policy and the Working Pure – the Earned Income Tax Credit, in: Focus, Vol. 15, No. 3, S. 1–12.

Scholz, Rupert, 1996: Art. 23, in: Maunz-Dürig: Kommentar zum Grundgesetz (Loseblattsammlung).

Scholz, Rupert, 2002: Voraussetzungen und Grenzen plebiszitärer Demokratie, in: U. Willems (Hrsg.): Demokratie auf dem Prüfstand. Bürger, Staaten, Weltwirtschaft, Opladen, S. 83–92.

Schreckenberger, Waldemar, 1994: Informelle Verfahren der Entscheidungsvorbereitung zwischen der Bundesregierung und den Mehrheitsfraktionen, in: Zeitschrift für das Parlament 25/3, S. 329–346.

Schreiber, Wilfried, 1968: Soziale Ordnungspolitik heute und morgen, Köln.

Schreyer, M., 1986: Mindesteinkommen – Stolper- oder Meilenstein für eine grüne Zukunft?, in: M. Opielka/G. Vobruba (Hrsg.): Das garantierte Grundeinkommen, Frankfurt a.O.

Schröder-Blair-Papier, 1999: Der Wege nach vorne für Europas Sozialdemokraten. Ein Vorschlag von Gerhard Schröder und Tony Blair, Bundeskanzleramt, Bonn, S. 1–17.

Schrupp, Jürgen u.a., 1999: Zuschüsse zu den Sozialversicherungsbeiträgen im Niedriglohnbereich: Wenig zielgerichtet und teuer, in: DIW-Wochenbericht, Heft 27, S. 1–16.

Schui, Herbert, 1991: Die ökonomische Vereinigung Deutschlands, Bilanz und Perspektiven, Heilbronn.

Schulin, Bernd, 1993: Sozialrecht, Ein Studienbuch, Düsseldorf.

Schultze, Rainer-Olaf, 1997: Wieviel Asymmetrie verträgt der Föderalismus?, in: D. BergSchlosser/ G. Riescher/A. Waschkuhn (Hrsg.): Politikwissenschaftliche Spiegelungen: Ideenkurs – Instrutionelle Fragen – Politische Kultur und Sprache Augsburg.

Schulze Buschoff, Karin, 2000: Die Flexibilisierung der Arbeitszeiten in der Bundesrepublik Deutschland, in: Aus Politik und Zeitgeschichte, D 14–15/2000, S. 32–38.

Schultz, Tanjev, 2006: Bildungswirrwarr hoch sechzehn, in: Süddeutsche Zeitung vom 30.05., S. 2.

Schumann, Hans-Gerd (Hrsg.), 1976: Die Rolle der Opposition in der Bundesrepublik Deutschland, Darmstadt.

Schuppert, Gunnar Folke, 1993: Finanzbeziehungen im Föderalismus als Problem des Regierens, in: H.-H. Hartwich/G. Wewer (Hrsg.): Regieren in der Bundesrepublik V, Opladen.

Schuppert, Gunnar Folke, 2005: Governance im Spiegel der Wissenschaftsdisziplinen, in: ders. (Hrsg.): Governance-Forschung.Vergewisserung über Stand und Entwicklungslinien, Baden-Baden, S. 371–469.

Schuster, Rudolf, 1994: Deutsche Verfassungen, München.

Schuster, Rudolf, 1994a: Die Verfassungen aller deutschen Länder, München.

Schwarze, Johannes/Heineck, Guido, 1999: Rückgang der Nebenerwerbstätigkeit durch Einführung der Sozialversicherungspflicht wird überschätzt, in: DIW-Wochenbericht 37, S. 1–8.

Schwerdtfeger, Gunther, 1972: Unternehmerische Mitbestimmung der Arbeitnehmer und Grundgesetz, Berlin.

Seidel, B./Franzmeyer, F. u.a., 1989: Die Besteuerung der Unternehmensgewinne – sieben Industri - länder im Vergleich, Beiträge zur Strukturforschung, Heft 111/Berlin.

Seifert, Hartmut, 1998: Arbeitszeitpolitik in Deutschland: auf der Suche nach neuen Wegen, in: WSI-Mitteilungen, Heft 9, S. 579–586.

Seifert, Hartmut (Hrsg.), 2002: Betriebliche Bündnisse für Arbeit. Rahmenbedingungen- Praxiserfahrungen – Zukunftsperspektiven, Berlin.

Sell, Stefan, 1998: Entwicklung und Reform des Arbeitsförderungsgesetzes als Anpassung des Sozialrechts an flexible Erwerbsformen?, in: Mittab, 31, S. 532–549.

Sell, Stefan, 2006: Über eine bereits gescheiterte Gesundheitsreform, in: Die Krankenversicherung, Heft 7–8, S. 211 f.

Sellin, Volker, 1984: Regierung, Regime, Obrigkeit, in: O. Brunner u.a. (Hrsg.): Geschichtliche Grundbegriffe, Bd. 5, Stuttgart, S. 361–421.

Siebert, Horst,1992: Standortwettbewerb – nicht Industriepolitik, in: Die Weltwirtschaft, H. 4.

Siebert, Horst, 1997: Marktkräfte für mehr Wohlstand und Beschäftigung freisetzen, in: Handelsblatt vom 23.1., S. 6.

Sievers, Markus, 2007: Die meisten werden weiter wenig verdienen, in: Franfurter Rundschau vom 20.6., S. 2.

Simon, Walter, 1976: Macht und Herrschaft der Unternehmerverbände BDI, BDA und DIHT, Köln.

Simons, Rolf, 1993: Arbeitsorientierte Strukturpolitik in Ostdeutschland, in: H.W. Jablonowski/ R. Simons (Hrsg.): Strukturpolitik in Ost und West, Zwischen Steuerungsbedarf und ordnungspolitischem Sündenfall, Köln.

Singelnstein, Tobias, 2007: Größte Hürde im „Kampf gegen Terror" wird umgangen, in: T. Müller-Heidelberg u.a. (Hrsg.): Grundrechte-Report 2007. Zur Lage der Bürger- und Menschenrechte in Deutschland, Frankfurt am Main, S.108–111.

Smith, Adam, 1990: Der Wohlstand der Nationen, 5. Auflage, München.

Sörries, Bernd, 1997: Die Entsenderichtlinie: Entscheidungsprozeß und Rückkoppelungen im Mehrebenensystem, in: Industrielle Beziehungen, Bd. 4, Nr. 2, S. 125–149.

Soltwedel, Klaus u.a., 1986: Deregulierungspotentiale in der Bundesrepublik, Tübingen.

Sondermemorandum der Arbeitsgruppe Alternative Wirtschaftspolitik, 1999: Arbeit, Umwelt, Gerechtigkeit – Beschäftigungspolitik statt Sparbesessenheit, Bremen, Spt.

Sontheimer, Kurt, 1993: Grundzüge des politischen Systems der Bundesrepublik Deutschland, München.

Sontheimer, Kurt, 2000: Vom Unheil und Segen einer Affäre, in: Aus Politik und Zeitgeschichte, Heft B 16, S. 3–5.

Sozialgesetzbuch (SGB) XII, 2006: Sozialhilfe. Textausgabe mit ausführlichem Sachregister und einer Einführung von Prof. Dr. Albrecht Brühl, in: Beck-Texte im dtv, München.

Spahn, Paul Bernhard, 1997: Die „Technik des Verwaltens" muss überwunden werden, in: Wirtschaftsdienst, Heft 11, S. 627–631.

Späth, Lothar, 1993: Eine Chance für zukunftsweisende Neuansätze, in: Wirtschaftsdienst, Heft 2.

Spengel, Christoph/ Reister, Timo: Unternehmenssteuerreform 2008, in: ZEW-news, Oktober 2006.

Sperling, Ingeborg, 1994: Probleme des „zweiten Arbeitsmarktes", in: Wirtschaftsdienst, H. 8.

Spieker, Manfred, 1986: Legitimationsprobleme des Sozialstaats, Stuttgart.

SRU – Sachverständigenrat für Umweltfragen, 2006: Der Umweltschutz in der Föderalismusreform, Stellungnahme, Februar.

Stammen, Theo (Hrsg.), 1967: Strukturwandel der modernen Regierung, Darmstadt.

Staudt, Alois (Hrsg.), 1981: Christliche Soziallehre auf dem Prüfstand, Limburg.

Staudt, Erich, 1993: Innovation im Konsens ist Nonsens!, in: Wirtschaftsdienst, Heft 11.

Starck, Christian, 1991: Das Bundesverfassungsgericht in der Verfassungsordnung und im politischen Prozess, in: P. Badura/H. Dreier (Hrsg.): Festschrift 50 Jahre Bundesverfassungsgericht, Tübingen.

Steffani, Winfried, 1987: Mehrheitsentscheidung und Minderheiten in der pluralistischen Verfassungsdemokratie, in: R. Roth/D. Rucht (Hrsg.): Neue soziale Bewegungen in der Bundesrepublik Deutschland, Bonn.

Steffani, Winfried, 1999: Der parlamentarische Bundesstaat als Demokratie, in: ZParl, 30, S. 980–998.

Steinmeier, Frank-Walter, 2001: Abschied von den Machern, in: Die Zeit vom 1.3.; S. 16.

Stelzenmüller, Constanze, 1994: Direkte Demokratie in den Vereinigten Staaten von Amerika. Baden-Baden.

Stern, Klaus, 1984: Das Staatsrecht der Bundesrepublik Deutschland, Bd.1, Grundbegriffe und Grundlagen des Staatsrechts, Strukturprinzipien der Verfassung, 2. Aufl., München.

Steuer, Werner, 1993: Maastricht und der deutsche Bundestag, in: Wirtschaftsdienst 3.

Stober, Rolf, 1989: Zur wirtschaftlichen Bedeutung des Bundesstaatsprinzips, in: Bayerische Verwaltungsblätter (BayVBl.), S. 97 ff.

Stolterfoht, Barbara, 2004: Abkehr vom Sozialversicherungsstaat?, Sozial- und armutspolitische Schlussfolgerungen aus Anlass von Hartz IV, in: Zeitschrift für Sozialistische Politik und Wirtschaft, Heft 140, S. 38–45.

Stone Sweet, Alec/Sandholz, Wayne, 1997: European Integration and Supranational Governance, in: Journal of European Public Policy 4, S. 297–317.

Strasser, Daniel, 1991: Die Finanzen Europas, Luxemburg.

Strategiepapier der Arbeitsgruppe Benchmarking des Bundesministers für Arbeit, 1999: „Unausgeschöpfte Potentiale", in: Der Spiegel vom 10.5., Heft 19.

Streeck, Wolfgang, 1993: From Market Making to State Building?, Reflections on the Political Economy of European Social Policy, Ms., University of Resconson Madison.

Streeck, Wolfgang, 1998: Gewerkschaften zwischen Nationalstaat und Europäischer Union, in: D. Messner (Hrsg.): Die Zukunft des Staates und der Politik, Möglichkeiten und Grenzen politischer Steuerung in der Weltgesellschaft, Bonn, S. 218–246.

Streeck, Wolfgang, 1998a: Internationale Wirtschaft, nationale Demokratie, Herausforderungen für die Demokratietheorie, Frankfurt a.M./New York 1998.

Streeck, Wolfgang, 1999: Korporatismus in Deutschland, Frankfurt a.M.

Streeck, Wolfgang/Heinze, Rolf, 1999: An Arbeit fehlt es nicht, in: Der Spiegel, Heft 19, S. 38-45.

Streit, Manfred E., 1986: Marktwirtschaftliche Ordnungspolitik im demokratischen Wohlfahrtsstaat, in: M. Kaase (Hrsg.): Politische Wissenschaft und politische Ordnung, Analysen zur Theorie und Empirie demokratischer Regierungsweise, Opladen.

Sturm, Roland, 1990: Die Politik der deutschen Bundesbank, in: K. von Beyme/M. G. Schmidt (Hrsg.): Politik in der Bundesrepublik Deutschland, Opladen.

Sturm, Roland, 1992: Konkurrenz oder Synergie? Nationale und europäische Industriepolitik, in: Politische Vierteljahresschrift (PVS), Sonderheft 23.

Sturm, Roland, 1992a: Staatsverschuldung, Ursachen, Wirkungen und Grenzen staatlicher Verschuldungspolitik, Opladen.

Sturm, Roland, 1995: Politische Wirtschaftslehre, Opladen.

Sturm, Roland/Pehle, Heinrich, 2005: Das neue deutsche Regierungssystem, Wiesbaden.

Sturm, Roland/Pehle, Heinrich, 2006: Wege aus der Krise? – Die Agenda der zweiten Großen Koalition, Opladen/Farmington Hills.

Suhr, Dieter, 1970: Rechtsstaatlichkeit und Sozialstaatlichkeit, in: Der Staat 9.

SVR-Jg. (Jahresgutachten des Sachverständigenrats zur Begutachtung der gesamtwirtschaftlichen Entwicklung): Bundestags-Drucksache, laufende Jahrgänge.

Taylor, Paul, 1983: The Limits to European Integration, New York, Columbia-University.

Thaysen, Uwe, 1976: Parlamentarisches Regierungssystem in der Bundesrepublik, Opladen.

Thaysen, Uwe, 1992: Gemeinsame Verfassungskommission, Stenographischer Bericht, Dritte Öffentliche Anhörung „Bürgerbeteiligung und Plebiszite", Bonn 17.Juni.

Thiel, Elke, 1998: Die Europäische Union, Von der Integration der Märkte zu gemeinsamen Politiken, Opladen.

Tipke, Klaus, 1993: Die Steuerrechtsordnung, Band I, Band II und Band III, Köln.

Tipke, Klaus/ Lang, Joachim, 1996: Steuerrecht, 15. Aufl., Köln.

Titmuss, Richard M., 1974: Essays on Social Policy. An Introduction, London.

Töller, Annette Elisabeth, 2004: Dimensionen der Europäisierung – Das Beispiel des Deutschen Bundestages, in: Zeitschrift für Parlamentsfragen, 35/1, S. 25-50.

Tomuschat, Christian, 1993: Die europäische Union unter der Aufsicht des Bundesverfassungsgericht, in: EuRGZ, S.489-496.

Transfer-Enquête-Kommission, 1981: Das Transfersystem in der Bundesrepublik Deutschland, Stuttgart.

Troitzsch, Klaus, 1979: Volksbegehren und Volksentscheid, Eine vergleichende Analyse direktdemokratischer Verfassungsinstitutionen unter besonderer Berücksichtigung der Bundesrepublik Deutschland und der Schweiz, Meisenham am Glan.

Tsebelis, George, 1995: Decision Making in Political Systems: Comparison of Presidentialism, Parlamentarism, Multicameralism and Multipartism, in: British Journal of Political Science 25, S. 289-325.

Tuchtfeldt, Egon, 1986: Soziale Marktwirtschaft als wirtschafts- und gesellschaftpolitische Aufgabe, in: Politische Studien, Heft 290.

Tuchtfeldt, Egon, 1988: Grundlagen der Wirtschaftspolitik, in: O. Issing (Hrsg.): Allgemeine Wirtschaftspolitik, München.

Tudyka, Kurt P./Tudyka, Juliane, 1973: Verbände, Geschichte, Theorie, Funktion. Ein biographisch-systematischer Versuch, Frankfurt.

Urban, H.-J., 1995: Krise und Erneuerung des Sozialstaats, in: H. Schmitthenner (Hrsg.): Der „schlanke" Staat. Zukunft des Sozialstaates – Sozialstaat der Zukunft, Hamburg.

Veen, Hans-Joachim, 1982: Einführung: Politikwissenschaft zwischen Selbstliquidation und politischer Integration, in: K. D. Bracher u.a. (Hrsg.): Entwicklungslinien in der Politikwissenschaft in der Bundesrepublik Deutschland, Melle.

Vilmar, Fritz, 1983: Partizipation, in: W. W. Mickel: Handlexikon zur Politikwissenschaft, München.

Vobruba, Georg, 1986: Die Entflechtung von Arbeit und Essen – Lohnarbeitszentrierte Sozialpolitik und garantiertes Grundeinkommen, in: M. Opielka/G. Vobruba (Hrsg.): Das garantierte Grundeinkommen, Entwicklung und Perspektiven einer Forderung, Frankfurt a.M.

Vobruba, Georg,1992: Wirtschaftsverbände und Gemeinwohl, in: R. Mayntz (Hrsg.): Verbände zwischen Mitgliederinteressen und Gemeinwohl, Güterloh.

Vogel, David, 1997: Trading up, Consumer and Invironmental Regulation in a Global Economy, Cambridge.

Vogt, Winfried, 1973: Zur Kritik der herrschenden Wirtschaftstheorie, in: derselbe (Hrsg.): Seminar Politische Ökonomie – Zur Kritik der herrschenden Nationalökonomie, Frankfurt a.M.

Voigt, Rüdiger, 1995: Der kooperative Staat. Auf der Suche nach einem neuen Steuerungsmodell, in: R.Voigt (Hrsg.): Der kooperative Staat. Krisenbewältigung durch Verhandlungen? Baden-Baden, S. 33–92.

Wagener, Frido, 1978: Milderungsmöglichkeiten nachteiliger Folgen vertikaler Politikverflechtung, in: J. J. Hesse (Hrsg.): Politikverflechtung im föderativen Staat, Baden-Baden.

Wagner, Bert/Kirner, Ellen/Leinert Johannes/Meinhardt Volker, 1998: Kapitaldeckung: Kein Wundermittel für die Altersvorsorge, DIW-Wochenbericht, Heft 46, S. 833–840.

Wagschal, Uwe, 2007: Auf dem Weg zum Sanierungsfall? Die rot-grüne Finanzpolitik seit 2002, in: C. Egle/R. Zohlnhöfer (Hrsg.): Ende der rot-grünen Projektes. Eine Bilanz der Regierung Schröder 2002–2005, Wiesbaden, S. 241–270.

Wallace, William, 1994: Rescue or Retreat?, The Nation State in Western Europe 1945–93, in: Political Studies 42, S. 52–76.

Wallraff, Herrmann Josef (Hrsg.), 1982: Sozialethik im Wandel der Gesellschaft, Limburg.

Walter, Franz/Müller, Kay, 2004: Graue Eminenzen der Macht. Küchenkabinette in der deutschen Kanzlerdemokratie. Von Adenauer bis Schröder, Wiesbaden.

Waschkuhn, Arno, 1998: Demokratietheorien: Politik, theoretische und ideengeschichtliche Grundzüge, München/Wien.

Weber, Jürgen, 1981: Die Interessengruppen im politischen System der Bundesrepublik Deutschland, München 1.

Wegener, Erich, 1985: Das garantierte Mindesteinkommen und die Marktwirtschaft, in: Leviathen, Heft 1.

Weizsäcker, Robert K. von, 1999: Steuerstaat und politischer Wettbewerb: Grenzen der öffentlichen Finanzwirtschaft, in: Th.Ellwein/E. Holtmann (Hrsg.): 50 Jahre Bundesrepublik Deutschland, Rahmenbedingungen – Entwicklungen – Perspektiven, Opladen, S. 598–615.

Weller, Mchael, 2006: Gesundheitsreform. Passt nicht!, in: Gesundheit und Gesellschaft, Heft 7–8, S. 27 f.

Wessels, Wolfgang, 1997: Das politische System der Europäischen Union, in: W. Ismayr (Hrsg.): Die politischen Systeme Westeuropas, Opladen, S. 693–722

Wewer, Göttrik, 1998: Politische Kommunikation als formeller und informeller Prozeß, in: O. Jarren/ U. Sarcinelli/U. Saxer (Hrsg.): Politische Kommunikation in der demokratischen Gesellschaft, Opladen, S. 324–329.

Wewer, Göttrik, 1999: Regieren in Bund und Ländern (1948–1998), in: Th. Ellwein/E. Holtmann (Hrsg.): 50 Jahre Bundesrepublik Deutschland, Rahmenbedingungen – Entwicklungen – Perspektiven, PVS Sonderheft 30, S. 496–519.

Wick, Ulrich, 1993: Risikogesellschaft und Vorsorgestaat – Zwischenbilanz einer Diskussion, in: F. Ewald, Der Vorsorgestaat, Frankfurt, S. 535–558.

Wicke, Lutz, 1991: Umweltökonomie und Umweltpolitik, München.

Wieland, Joachim, 1998: Der Vermögensteuerbeschluß – Wende in der Eigentums-Rechtssprechung?, Zu den denkwürdigen Umständen einer vielbeachteten Entscheidung, in: B. Guggenberger/ Th. Würtenberger (Hrsg.): Hüter der Verfassung oder Lenker der Politik?, Das Bundesverfassungsgericht im Widerstreit, Baden-Baden, S. 173–188.

Willke, Helmut, 1983: Entzauberung des Staates, Überlegungen zu einer societalen Steuerungstheorie, Königstein/Taunus

Willke, Helmut, 1989: Systemtheorie entwickelter Gesellschaften, Weinheim

Willke, Helmut, 1992: Die Ironie des Staates, Grundlinien einer Staatstheorie polizentrischer Gesellschaft, Frankfurt a.M.

Windhoff-Héritier, Adrienne, 1987: Policy-Analyse, Eine Einführung, Frankfurt a.M.

Wissenschaftlicher Beirat beim Bundesfinanzministerium (BMF), 1995: Einnahmeverteilung zwischen Bund und Ländern, Probleme und Lösungsmöglichkeiten, Schriftenreihe des Bundesministeriums für Finanzen, Heft 56, Bonn.

Wissenschaftlicher Beirat beim Bundesministerium für Finanzen (BMF), 1992: Gutachten zum Länderfinanzausgleich in der Bundesrepublik Deutschland, in: Schriftenreihe des Bundesministeriums der Finanzen, Heft 47, Bonn.

Wissenschaftlicher Beirat beim Bundesministerium für Wirtschaft (BMWi), 1998: Grundlegende Reform der gesetzlichen Rentenversicherung, Bonn.

Wissenschaftlicher Beirat beim Bundesministerium für Wirtschaft (BMWi), 2006: Mehr Wettbewerb im System der Gesetzlichen Krankenversicherung, Stellungnahme.

Wittkämper Gerhard, W., 1963: Grundgesetz und Interessenverbände, Köln-Opladen.

Wolf, Frieder, 2006: Bildungspolitik: Föderale Vielfalt und gesamtstaatliche Vermittlung, in: M. G. Schmidt/R. Zohlnhöfer (Hrsg.): Regieren in der Bundesrepublik Deutschland. Innen- und Außenpolitik seit 1994, S. 221–241.

Wolff, J./Hohmeyer, K., 2006: Förderung von arbeitslosen Personen im Rechtskreis des SGB II durch Arbeitsgelegenheiten: Bislang wenig zielgruppenorientiert, in: IAB-Forschungsbericht 10.

Wolf-Niedermaier, Anita, 1997: Der Europäische Gerichtshof zwischen Recht und Politik. Der Einfluss des EuGH auf die föderale Machtbalance zwischen der Europäischen Gemeinschaft und ihren Mitgliedstaaten, Baden-Baden.

Wolin, Sheldon S., 2001: Tocqueville between Two Worlds, Princeton.

Woll, Artur, 1992: Wirtschaftspolitik, München.

Woyke, Wichard (Hrsg.), 1984: Europäische Gemeinschaft, München.

Zacher, Hans, F., 1990: Verfassung und Sozialrecht, Aspekte der Begegnung, in: H. Mauser (Hrsg.): Das akzeptierte Grundgesetz, München, S. 67–90.

Zacher, Hans F., 2001: Grundlagen der Sozialpolitik in der Bundesrepublik Deutschland, in: Bundesministerium für Arbeit und Sozialordnung und Bundesarchiv (Hrsg.): Geschichte der Sozialpolitik in Deutschland, Bd. 1, Baden-Baden, S. 333–384.

Zeh, Wolfgang, 1999: Bundestag und Bundesrat bei der Umsetzung von EU-Recht, in: Derlien, Hans-Ulrich/Murswieck, Axel (hrsg.): Der Politikzyklus zwischen Bonn und Brüssel, Opladen, S. 39–51.

Zens, Maria, 1990: Karlsruhe, der § 218 und die Demokratie, in: Blätter für deutsche und internationale Politik.

Zentralbankrat der Deutschen Bundesbank, 1999: Überlegungen und Vorschläge zur künftigen Organisationsstruktur der Deutschen Bundesbank, in: Monatsbericht Juli.

Zeuner, Bodo, 1969: Innerparteiliche Demokratie, Berlin.

Zilian, Hans-Georg/Flecker, Jörg (Hrsg.), 1998: Flexibilisierung – Problem oder Lösung?, Berlin, S. 9–29.

Ziller, Gerhard, 1984: Der Bundesrat, Bonn.

Zimmer, Annette, 1999: Staatsfunktionen und öffentliche Aufgaben, in: Th. Ellwein/E. Holtmann (Hrsg.): 50 Jahre Bundesrepublik Deutschland, Rahmenbedingungen – Entwicklungen – Perspektiven, PVS-Sonderheft 30, Opladen/Wiesbaden, S. 310–326.

Zimmermann, Klaus: Eine Zeitwende am Arbeitsmarkt, in: Aus Politik und Zeitgeschichte, Heft 16.

Zinn, Karl Georg, 1992: Soziale Marktwirtschaft: Idee, Entwicklung und Politik der bundesdeutschen Wirtschaftsordnung, Mannheim u.a.

Zippelius, Reinhold, 1994: Geschichte der Staatsideen, München.

Zohlnhöfer, Reimut, 2007: Zwischen Kooperation und Verweigerung: Die Entwicklung des Parteienwettbewerbs 2002–2005, in: C. Egle/R. Zohlnhöfer (Hrsg.): Ende des rot-grünen Projektes. Eine Bilanz der Regierung Schröder 2002–2005, S. 124–150.

Zukunftskommission der Friedrich-Ebert-Stiftung (Hrsg.), 1998: Wirtschaftliche Leistungsfähigkeit, sozialer Zusammenhalt, ökologische Nachhaltigkeit, Drei Ziele – ein Weg, Bonn.

Zunker, Albrecht, 1992: Finanzplanung und Bundeshaushalt, Zur Koordinierung und Kontrolle durch den Bundesfinanzminister, Frankfurt.

Zürn, Michael, 1998: Regieren jenseits des Nationalstaats, Frankfurt a.M.

Zürn, Michael, 1998a: Gesellschaftliche Denationalisierung und Regieren in der OECD-Welt, in: B. Kohler-Koch (Hrsg.): Regieren in entgrenzten Räumen, PVS-Sonderheft 29, Opladen, S. 91–120.

Stichwortverzeichnis

A
absolutes Vetorecht 171
abstraktes Normenkontrollverfahren 59
Abweichungsbefugnis 64
Agenda-Politik 252
Agrarpolitik 305
Allokationsfunktion 207
Alterssicherungspolitik 253
angebotsorientierte Politik 127
angebotsorientierte Sozialpolitik 80
Angebotspolitik 219
Antizipationsfähigkeit 173
Äquivalenzprinzip 78
Arbeitslosengeld I 267
Arbeitslosengeld II 267
Arbeitslosensockel 214
Arbeitslosenversicherung 79
Arbeitsmarktpolitik 254
Arbeitsmarktreform 252, 269
Ärztehonorar 289
Asylpolitik 307
Aufstocker 279
Auslegungskompetenz 197
ausschließliche Gesetzgebung 48
Ausschuss 146
Ausschuss der Ständigen Vertreter 192
Außenpolitik 305
außerparlamentarisches Verhandlungssystem 134
Auswärtiger Ausschuss 148

B
Bedürfnisklausel 49
Beitragsbemessungsgrenze 79
Beitragsfinanzierung 87
Beitragsgerechtigkeit 89
Beschäftigungspolitik 304
betriebliche Altersvorsorge 298
Blockadeanfälligkeit 173
Blockadepolitik 94
Bundeskanzler 104
Bundesrat 91, 100, 164
Bundesregierung 91, 100, 104
Bundesstaatsprinzip 38
Bundestag 91, 100, 140
Bundesverfassungsgericht 91, 174
Bund-Länder-Politikverflechtung 44
Bürgerversicherung 292

C
COREPER = Comité des représentants permanents 192

D
demographischer Faktor 295
Demokratieprinzip 26
Deregulierung 226
Deregulierungspolitik 92
Disincentiv-Effekte 55
Distributionsfunktion 207
Dividendeneinkommen 128

E
Ein-Euro-Job 268
Einheitliche Europäische Akte (EEA) 195
Einigungsvertrag 31
Einkommensteuer 128
Einwanderungspolitik 307
Entflechtung 69
Entparlamentarisierung 161
Erforderlichkeitsklausel 62
EU-Reformvertrag (Grundlagenvertrag) 139
Europaartikel 196
Europäische Mitwirkungsbefugnis 168
Europäische Polizeiamt (Europol) 15
Europäisierung 190
Europäisierungsgrad 303
Ewigkeitsklausel 17
Exekutivföderalismus 46
Existenzminimum 80, 122
Extraprämie („Mini-Kopfpauschale") 138

F
Fehlbetragsschlüssel 53
Finanzausgleichsgesetz (FAG) 52
Finanzhilfe 68

Finanzplanung 110
Finanzplanungsrat 121
Finanzpolitik 120, 121, 214
Finanzverfassung 120
Finanzverfassungsrecht 51
Flächentarifvertrag 281
Föderalismus 36
Föderalismusreform 2006 60
Fraktion 144
Freiheitsrecht 20
Fürsorgeprinzip 83, 85

G
Gauck-Behörde 113
Gemeinsame Agrarpolitik 191
Gemeinschaftsaufgabe 68
Gemeinschaftsrecht 197
Gerechtigkeitsprinzip 81
Gesetzentwurf 151
Gesetzesinitiative 151
Gesetzgebungsbefugnis 167
Gesetzgebungsfunktion 151
Gesundheitsfond 285
Gesundheitspolitik 282
Gesundheitsreform 135, 252
Gesundheitsreform 2007 285
Gesundheitssystem-Modernisierungsgesetz (GMG) 283
Gewaltenmonismus 24
Gleichheitsgrundsatz 22, 122
globalisierter Finanzmarkt 230
Globalisierung 36
Globalsteuerung 210
Große Koalition 65, 106, 132
Großer Lauschangriff 18
Großer Steuerverbund 51
Grundsatz der Verhältnismäßigkeit 16
Grundsicherung 296
Günstigkeitsprinzip 280
gütliches Einvernehmen 27

H
Hartz-Gesetz 261
Hartz-II-Gesetz 264
Hartz-III-Gesetz 265
Hartz-IV 66
Hartz-IV-Gesetz 266
Haushaltsdisziplin 115

I
Ich-AG 264
Immunität 141
Indemnität 141
Informalisierung 125
informelle (netzwerkartige) Interaktion 101
Initiative 50 plus 301
Innenausschuss 148
Innenpolitik 305
Integrationspolitik 97
intergouvernementales Verhandlungssystem 43
Internationalisierung 102

J
Job-Center 265
Justizpolitik 305

K
Kabinettsprinzip 104, 114
Kanzlerprinzip 104, 105
Keynesianismus 203
Koalitionsrunde 127
Kohäsionspolitik 44
Kombilohnvorschlag 272
Kommission zur Modernisierung der bundesstaatlichen Ordnung (Kombo) 60
Kompromisszwang 170
Konfliktaustragung 103
Konkordanzdemokratie 26
Konkurrenzdemokratie 26
konkurrierende Gesetzgebung 48
konkurrierende Gesetzgebungskompetenz 62
Konsens 128
Konsensfindung 103, 127
Konsolidierung 222
Konsolidierungspolitik 76, 242
Konstituierendes Prinzip 205
konstruktives Misstrauensvotum 31
Konvergenzkriterien 115
Kooperationsfähigkeit 173
kooperativer Bundesstaat 43
kooperativer Föderalismus 44
Kopfpauschale 292
Korb I 58
Korb II 58
Körperschaftsteuer 128
korporatistischer Führungsstil 128
Kündigungsschutz 281

Stichwortverzeichnis

L
Länderfinanzausgleich 53
Landesbevollmächtigter 166
Landesverfassung 31
Leistungsgerechtigkeit 80
Leistungsprinzip 78
Lex-Posterior-Regelung 64
Lohnersatzleistung 79

M
Maastrichter Vertragswerk 169
Maßstäbegesetz 57
Mehrebenensystem 43
Midi-Job 264
Mindesteinkommen 80
Mindestlohn 272
Mindestsicherung 296
Mini-Job 264
Mini-Kopfpauschale 287
Ministerial-Bürokratie 112
Misstrauensvotum 159
Mittelbeschaffung 50
Mitwirkungsrecht 31
Monetarismus 219

N
Nachhaltigkeitsfaktor 253
negative Integration 91, 168
negative Koordination 45
Neoklassik 219
Neoliberalismus 80
nichttarifäre Handelshemmniss 168
Nivellierungsverbot 49
Normenkontrollverfahren 179

O
Ordnungspolitisches Prinzip 205
Ordoliberalismus 203
Organklage 178

P
paritätische Finanzierung 87
parlamentarischer Willensbildungsprozess 144
Parteiendemokratie 131
partizipatorische Demokratie 33
Personalisierung 130
Personal-Service-Agentur 270
plebiszitäre Komponente 30
Plichtversicherung 86
Policy-Dimension 3
Politics-Dimension 3

Politik des mittleren Weges 118
Politiknetzwerk 45
Politikverflechtungsfalle 43
Polity-Dimension 3
positive Integration 91
Postdemokratie 36
private Altersvorsorge 295
private Versicherung 288

R
Rasterfahndung 21
Rechtsstaatsprinzip 12
Rechtsweggarantie 24
Regierungslehre 11
Regierungspolitik 125
Regierungssystem 11
Regionalpolitik 305
Regulative Sozialpolitik 305
Rente mit 67 300
Rentenpolitik 294
Rentenversicherung 79
repräsentativ-demokratisches System 140
repräsentative Demokratie 27
Ressortprinzip 104, 109
Richtlinienkompetenz 128
Riester-Rentenreform 295

S
Say'sches Theorem 221
Selektive Strukturpolitik 216
Sicherheitspolitik 305
Siebener-Runde 135
Sockelarbeitslosigkeit 214
Solange II-Beschluss 198
Solidaritätsprinzip 83
Solidarpakt 58
Solidarpakt II 57
Sozialabgabe 210
Sozialbeitragsquote 240
Soziale Marktwirtschaft 208
soziales Sicherungssystem 83
Sozialpolitik 88, 121, 244, 304
Sozialstaatsgebot 75
Sozialstaatspartei 88
Sozialstaatsprinzip 74
Spitzensteuersatz 128
Stabilisierungsfunktion 207
Steuerentlastungsgesetz 235
Steuerfreibetrag 122
Steuerpolitik 81, 121, 233
Steuerreform 129

Steuerungskapazität 12
Strukturkeynesianismus 214
Strukturpolitik 44, 305
suspensives Vetorecht 171
System Kohl 125

T
Tarifvertragssystem 280
Teilnahmerecht 31
Telekommunikationsüberwachung 16
Transferleistung 94
Treuhandanstalt 113

U
Umweltgesetzbuch 73
Umweltpolitik 304
Unitarisierung 39
Unternehmenssteuerreform 242
Untersuchungsausschuss 158

V
Verbundföderalismus 47
Verfassungsbeschwerden 180
Verfassungsgericht 14
Verfassungskommission 32
Verfassungsprinzip 12
Verhandlungsdemokratie 36
Vermittlungsausschuss 134, 153

Vermögensteuer 124
Versicherungsprinzip 78
Versorgungsprinzip 83, 85
Verteidigungsausschuss 148
Verteidigungspolitik 305
Vertrauensfrage 31, 159
Vertrauensschutz 25
Vetospieler 130
Visapolitik 307
Volksabstimmung 32
Volksbegehren 31
Volksentscheid 31
Volksinitiative 31

W
Warteschleife 123
Wesensgehaltsgarantie 20
Wesentlichkeitstheorie 14
Wettbewerbsföderalismus 38
Wirtschaftspolitik 228
Wirtschaftsverfassung 116
Wohlfahrtsstaat 76

Z
Zentralisierung 41
Zusatzbeitrag 138, 287
Zustimmungsgesetz 152

L
Länderfinanzausgleich 53
Landesbevollmächtigter 166
Landesverfassung 31
Leistungsgerechtigkeit 80
Leistungsprinzip 78
Lex-Posterior-Regelung 64
Lohnersatzleistung 79

M
Maastrichter Vertragswerk 169
Maßstäbegesetz 57
Mehrebenensystem 43
Midi-Job 264
Mindesteinkommen 80
Mindestlohn 272
Mindestsicherung 296
Mini-Job 264
Mini-Kopfpauschale 287
Ministerial-Bürokratie 112
Misstrauensvotum 159
Mittelbeschaffung 50
Mitwirkungsrecht 31
Monetarismus 219

N
Nachhaltigkeitsfaktor 253
negative Integration 91, 168
negative Koordination 45
Neoklassik 219
Neoliberalismus 80
nichttarifäre Handelshemmniss 168
Nivellierungsverbot 49
Normenkontrollverfahren 179

O
Ordnungspolitisches Prinzip 205
Ordoliberalismus 203
Organklage 178

P
paritätische Finanzierung 87
parlamentarischer Willensbildungsprozess 144
Parteiendemokratie 131
partizipatorische Demokratie 33
Personalisierung 130
Personal-Service-Agentur 270
plebiszitäre Komponente 30
Plichtversicherung 86
Policy-Dimension 3
Politics-Dimension 3

Politik des mittleren Weges 118
Politiknetzwerk 45
Politikverflechtungsfalle 43
Polity-Dimension 3
positive Integration 91
Postdemokratie 36
private Altersvorsorge 295
private Versicherung 288

R
Rasterfahndung 21
Rechtsstaatsprinzip 12
Rechtsweggarantie 24
Regierungslehre 11
Regierungspolitik 125
Regierungssystem 11
Regionalpolitik 305
Regulative Sozialpolitik 305
Rente mit 67 300
Rentenpolitik 294
Rentenversicherung 79
repräsentativ-demokratisches System 140
repräsentative Demokratie 27
Ressortprinzip 104, 109
Richtlinienkompetenz 128
Riester-Rentenreform 295

S
Say'sches Theorem 221
Selektive Strukturpolitik 216
Sicherheitspolitik 305
Siebener-Runde 135
Sockelarbeitslosigkeit 214
Solange II-Beschluss 198
Solidaritätsprinzip 83
Solidarpakt 58
Solidarpakt II 57
Sozialabgabe 210
Sozialbeitragsquote 240
Soziale Marktwirtschaft 208
soziales Sicherungssystem 83
Sozialpolitik 88, 121, 244, 304
Sozialstaatsgebot 75
Sozialstaatspartei 88
Sozialstaatsprinzip 74
Spitzensteuersatz 128
Stabilisierungsfunktion 207
Steuerentlastungsgesetz 235
Steuerfreibetrag 122
Steuerpolitik 81, 121, 233
Steuerreform 129

Steuerungskapazität 12
Strukturkeynesianismus 214
Strukturpolitik 44, 305
suspensives Vetorecht 171
System Kohl 125

T
Tarifvertragssystem 280
Teilnahmerecht 31
Telekommunikationsüberwachung 16
Transferleistung 94
Treuhandanstalt 113

U
Umweltgesetzbuch 73
Umweltpolitik 304
Unitarisierung 39
Unternehmenssteuerreform 242
Untersuchungsausschuss 158

V
Verbundföderalismus 47
Verfassungsbeschwerden 180
Verfassungsgericht 14
Verfassungskommission 32
Verfassungsprinzip 12
Verhandlungsdemokratie 36
Vermittlungsausschuss 134, 153

Vermögensteuer 124
Versicherungprinzip 78
Versorgungsprinzip 83, 85
Verteidigungsausschuss 148
Verteidigungspolitik 305
Vertrauensfrage 31, 159
Vertrauensschutz 25
Vetospieler 130
Visapolitik 307
Volksabstimmung 32
Volksbegehren 31
Volksentscheid 31
Volksinitiative 31

W
Warteschleife 123
Wesensgehaltsgarantie 20
Wesentlichkeitstheorie 14
Wettbewerbsföderalismus 38
Wirtschaftspolitik 228
Wirtschaftsverfassung 116
Wohlfahrtsstaat 76

Z
Zentralisierung 41
Zusatzbeitrag 138, 287
Zustimmungsgesetz 152

www.ingramcontent.com/pod-product-compliance
Lightning Source LLC
Chambersburg PA
CBHW080354030426
42334CB00024B/2873